Neuroteología católica

Andrew B. Newberg
Universidad Thomas Jefferson, Filadelfia, Pensilvania

Mary Clare Smith
Hermanas de Notre Dame, Chardon, Ohio

 Bridging Languages and Scholarship

Serie en Filosofía de la Religión

 VERNON PRESS

Copyright © 2025 por los autores.

Todos los derechos reservados. Queda prohibida la reproducción total o parcial de esta publicación, así como su almacenamiento en un sistema de recuperación de datos o su transmisión de cualquier forma o por cualquier medio, ya sea electrónico, mecánico, por fotocopia, grabación u otros, sin la autorización previa de Vernon Art and Science Inc.
www.vernonpress.com

En las Américas:
Vernon Press
1000 N West Street, Suite 1200,
Wilmington, Delaware 19801
Estados Unidos

En el resto del mundo:
Vernon Press
C/Sancti Espiritu 17,
Málaga, 29006
España

Serie en Filosofía de la Religión

Número de control de la Biblioteca del Congreso (EEUU): 2025937454

Digital Object Identifier (DOI): 10.54094/b-cc4dce019d

ISBN: 979-8-8819-0339-8

Also available: 979-8-8819-0287-2 [Hardback]; 979-8-8819-0338-1 [PDF, E-Book]

Esta es una traducción del título *Catholic Neurotheology* con ISBN 978-1-64889-898-3; DOI:10.54094/b-ebf076cf97

Los nombres de productos y empresas mencionados en esta obra son marcas registradas de sus respectivos propietarios. Aunque se ha puesto el máximo cuidado en la preparación de esta obra, ni los autores ni Vernon Art and Science Inc. podrán ser considerados responsables de cualquier pérdida o daño causado o supuestamente causado directa o indirectamente por la información contenida en ella.

Se ha hecho todo lo posible por localizar a todos los titulares de los derechos de autor, pero si alguno ha sido pasado por alto inadvertidamente, el editor estará encantado de incluir los créditos necesarios en cualquier reimpresión o edición posterior.

Extractos de la traducción inglesa del *Catecismo de la Iglesia Católica* para uso en los Estados Unidos de América Copyright © 1994, United States Catholic Conference, Inc.,--Libreria Editrice Vaticana. Usado con permiso. Traducción inglesa del *Catecismo de la Iglesia Católica: Modificaciones de la Editio Typica* copyright © 1997, United States Conference of Catholic Bishops-Libreria Editrice Vaticana.

Nihil obstat: Reverendo Gerald Bednar, JD, PhD
             Censor deputatus

Imprimátur: Reverendísimo Edward C. Malesic, JCL
             Obispo de Cleveland

Dado en Cleveland, Ohio, el 1 de febrero de 2024.

El *Nihil obstat* y el *Imprimatur* son declaraciones oficiales de que un libro o folleto está libre de errores doctrinales o morales. No implican que quienes han concedido el *Nihil obstat* y el *imprimatur* estén de acuerdo con el contenido, las opiniones o las afirmaciones expresadas.

Se otorgaron el Nihil Obstat (Reverendo Gerald Bednar, JD, PhD) y el Imprimatur (Reverendísimo Edward C. Malesic, JCL) (Cleveland, Ohio, USA, 1 de febrero de 2024) a la versión original en inglés de Neuroteología católica, que posteriormente se tradujo al español. El Nihil Obstat y el Imprimatur son declaraciones oficiales de que un libro o folleto está libre de errores doctrinales o morales. No implica que quiénes otorgaron el Nihil Obstat y el Imprimatur estén de acuerdo con el contenido, las opiniones o las declaraciones expresadas. Dado que las citas del Catecismo de la Iglesia Católica (CIC) se tradujeron del inglés, es posible que no siempre coincidan textualmente con el CIC oficial en español.

Diseño de portada: Vernon Press. Imagen de fondo de Freepik.

Tabla de Contenidos

	Agradecimientos	vii
	Nota del autor	ix
	Resumen	xi
Capítulo 1	Introducción a la Neuroteología Católica	1
Capítulo 2	Investigaciones neuroteológicas en el pensamiento católico	19
Capítulo 3	Consideraciones epistemológicas y fe	49
Capítulo 4	Metodología en Neurociencia y el catolicismo	77
Capítulo 5	El libre albedrío y el cerebro	101
Capítulo 6	La respuesta del cuerpo a la la experiencia religiosa	121
Capítulo 7	La neurofisiología de los rituales católicos	137
Capítulo 8	La neurofisiología de las prácticas católicas	173
Capítulo 9	Psicología y catolicismo	195
Capítulo 10	La espiritualidad desde una perspectiva neuroteológica	217
Capítulo 11	Misticismo, catolicismo y cerebro	251
Capítulo 12	Implicaciones teológicas católicas	287
Capítulo 13	Santidad, gracia, alma y cerebro	309
Capítulo 14	Críticas, aclaraciones y orientaciones futuras	333

Bibliografía	361
Índice	413

Agradecimientos

Damos las gracias a los colegas que nos han proporcionado consejos útiles, apoyo, contribuciones y sugerencias para este libro.

Deseamos agradecer principalmente a nuestros consultores: Reverendo Gerald Bednar, Ph.D., JD; James Beauregard, Ph.D.; Reverendo Steven Payne, OCD, Ph.D.; Reverendo Juan José Sanguineti, Ph.D.; Margarita Vega, Ph.D.; y Joel Johnson, Ph.D. También se les menciona con sus afiliaciones en nuestra Nota del Autor. La experiencia y las recomendaciones de nuestros asesores han sido inestimables. Cualquier error en este trabajo no es atribuible a nuestros consultores o asesores.

Nos gustaría agradecer al P. Juan José Sanguineti y a Adriana Irace por su ayuda con la traducción del libro.

También debemos dar las gracias a mis colegas (de la ABN), entre ellos Daniel Monti, M.D. y Nancy Wintering, M.S.W., y a mis maravillosos mentores Abass Alavi, M.D. y Eugene d'Aquili, M.D., Ph.D. El Dr. d'Aquili, que falleció hace 25 años, se habría emocionado especialmente con este libro, ya que era católico y le encantaban todos los rituales y ceremonias católicos. También queremos dar las gracias a las Hermanas de Notre Dame, Linda Zagzebski, Ph.D., y Sofia Carozza, Ph.D. Por último, debemos agradecer a Blanca Caro Duran, Maria Bajo Gutierez, Argiris Legatos, y al resto del personal de Vernon Press su excelente trabajo y el alto nivel académico que han mantenido en la producción de nuestro libro.

Nota del autor

Andrew B. Newberg es neurocientífico del Departamento de Medicina Integral y Ciencias de la Nutrición de la Universidad Thomas Jefferson de Filadelfia (PA); Mary Clare Smith es Hermana de Notre Dame y psicóloga asesora de Chardon (OH).

Los consultores fueron: Gerald Bednar, antiguo profesor de teología sistemática en el Seminario St. Mary Seminary and Graduate School of Theology, Wickliffe, Ohio; James Beauregard, neuropsicólogo y profesor de la Rivier University, Nashua, New Hampshire; Steven Payne, profesor y presidente del Carmelite Institute of North America de la Catholic University of America, Washington, DC; Juan José Sanguineti, profesor emérito de Filosofía en la Pontificia Universidad de la Santa Cruz, Roma, y actualmente profesor en la Universidad Austral, Buenos Aires, Argentina; Margarita Vega, profesora de Filosofía en la Dominican School of Philosophy and Theology, Berkeley, California; y Joel Johnson, profesor de Filosofía en el Borromeo Seminary College y en la John Carroll University, Cleveland, Ohio. Andrew B. Newberg contribuyó a los aspectos neuroteológicos del estudio. Mary Clare Smith y los consultores contribuyeron principalmente a los aspectos relacionados con el catolicismo y la psicología.

La correspondencia relativa a este libro debe dirigirse a Andrew Newberg, e-mail: Andrew.Newberg@jefferson.edu, y/o a Mary Clare Smith, mcsmith8920@gmail.com.

Resumen

El tema de la "Neuroteología" ha suscitado cada vez más interés en el mundo académico, religioso, científico y popular. Se han escrito varios libros sobre la relación entre el cerebro y la experiencia religiosa y se han publicado numerosos artículos académicos sobre el tema. La prensa popular también ha prestado gran atención a la neuroteología, con artículos importantes en *Newsweek, Time, The New Scientist, Readers Digest* y *Popular Mechanics*. Las comunidades científica y religiosa se han mostrado muy interesadas en obtener más información sobre la neuroteología, cómo abordar este tema y cómo pueden integrarse la ciencia y la religión de alguna manera que preserve a ambas.

Sin embargo, no ha habido intentos extensos de explorar más específicamente cómo el pensamiento y la experiencia religiosos católicos pueden cruzarse con el cerebro y la neurociencia. El propósito de la *Neuroteología católica* es abordar plenamente esta área pionera. Los temas están relacionados con un enfoque neuroteológico de las creencias fundacionales que surgen del aprendizaje católico de la Escritura y la Tradición, una exploración de los diferentes elementos del catolicismo, una exploración de prácticas y rituales específicamente católicos, y una revisión de la mística católica. Se consideran estudiosos católicos específicos en términos de la relación entre sus ideas/enseñanzas y diferentes procesos cerebrales. *Neuroteología católica* aborda estos temas con la esperanza de que los lectores, independientemente de su formación, sean capaces de comprender las complejidades y la amplitud de la neuroteología desde una perspectiva católica. En términos más generales, los temas incluyen una revisión de las neurociencias y las técnicas neurocientíficas; experiencias religiosas y espirituales; desarrollo y análisis teológico; liturgia y ritual; epistemología, filosofía y ética; e implicaciones sociales, todo ello desde una perspectiva católica.

Capítulo 1
Introducción a la Neuroteología católica

Catolicismo y ciencia

La relación entre la Iglesia católica y la ciencia tiene un largo y rico pasado. Por un lado, siempre ha habido una aceptación de la ciencia en el contexto de la comprensión de los cielos, incluidos los acontecimientos astronómicos, así como el conocimiento de la física básica asociada a la construcción de estructuras sagradas como la Basílica de San Pedro. Por otro lado, los científicos, en particular los que se oponen a la religión, señalan con frecuencia la problemática detención de Galileo por parte de la Iglesia a causa de sus descubrimientos astronómicos o su firme oposición a la teoría de la evolución de Darwin, ya que ambas ideas alejaban a la humanidad del centro del universo, causando una gran consternación teológica.

En primer lugar, convendría aclarar los términos. ¿Qué entendemos por *ciencia*? "La ciencia es la búsqueda y aplicación del conocimiento y la comprensión del mundo natural y social siguiendo una metodología sistemática basada en pruebas" (Science Council, 2023). La ciencia sigue una metodología que incluye la medición objetiva de datos mediante la recopilación de pruebas, la formulación de hipótesis, la experimentación y la observación, la evaluación válida y fiable, el razonamiento por inducción a partir de ejemplos o hechos hasta llegar a reglas universales, la repetición de los experimentos, su análisis y la verificación mediante la revisión por pares.

En segundo lugar, ¿qué entendemos por *religión*? Podemos empezar por definir la religión. El catedrático emérito de Filosofía, Religión y Teología Robert C. Neville propone: "el compromiso humano con la ultimidad expresado en articulaciones cognitivas, respuestas existenciales a la ultimidad que dan una definición última al individuo, y patrones de vida y rituales frente a la ultimidad" (*Defining religion: Ensayos de filosofía de la religión*, 2018, en Simmons, 2019, p. 3).

Teólogo jesuita, consultor del *Catecismo de la Iglesia Católica* y autor del *Diccionario Católico Moderno* (1980), el reverendo John A. Hardon define la religión como:

> Virtud moral por la que una persona está dispuesta a rendir a Dios el culto y el servicio que merece. A veces se identifica con la virtud de la

justicia hacia Dios, cuyos derechos tienen su origen en su completo dominio sobre toda la creación. La religión es también un conjunto de todas las virtudes que surgen de la relación del ser humano con Dios como autor de su ser, del mismo modo que el amor es un conjunto de todas las virtudes que surgen de la respuesta del ser humano a Dios como destino de su ser. La religión corresponde así a la práctica de la piedad hacia Dios como Creador del universo. (Cultura Católica, 2023)

En tercer lugar, *el catolicismo*. El cristianismo cuenta hoy con unos 2.400 millones de fieles, de una población de 7.800 millones de habitantes. Los cristianos, incluidos católicos, protestantes, ortodoxos y otros grupos representan el 31,11% de la población total. Entre los cristianos, la fe más numerosa es la católica romana, con 1.250.319.000 miembros, sólo superada por los musulmanes suníes (Estadísticas y Datos, 2022).

¿Existen variaciones dentro del catolicismo? El catolicismo es el mismo en todas partes, ya que todos sus miembros se adhieren a las creencias básicas expresadas en el *Catecismo de la Iglesia Católica (CIC)*. Esto significa reconocer a Jesucristo como Dios, confesar una sola fe, iniciados por un solo bautismo, formando un solo Cuerpo, vivificados por un solo Espíritu, con una sola esperanza (cf. Ef 4,3-5), y finalmente superar todas las divisiones (*CIC*, 866). El único sistema de creencias, que comunica el rico y profundo misterio de Cristo, se expresa en una diversidad de tradiciones litúrgicas (*CIC*, 1201). La Iglesia primitiva se dividió en tres comunidades principales: Roma, Antioquía y Alejandría, cada una con sus prácticas litúrgicas y su organización. En la actualidad, el *Catecismo* nombra siete ritos[1] con expresiones litúrgicas transmitidas de generación en generación, aprobadas en cuanto que cumplen el criterio de "fidelidad a la Tradición apostólica, es decir, comunión en la fe y en los sacramentos recibidos de los apóstoles, comunión significada y garantizada por la sucesión apostólica" (*CIC*, 1209). Para este estudio, consideraremos "católico" a las iglesias e individuos que aceptan el *Catecismo de la Iglesia Católica*.

Aunque muchas cosas han cambiado desde el siglo XVII, temas como la evolución y el origen del universo enfrentan con frecuencia a ciencia y religión. Por otro lado, hay casos en los que la religión y la ciencia siguen encontrando un diálogo productivo entre ellas. Por ejemplo, el Observatorio Vaticano ha estado a la vanguardia de recientes investigaciones astronómicas. El diálogo entre teología y ciencia "debe seguir creciendo en profundidad y alcance", respetando la integridad de cada campo, según el Papa Juan Pablo II en su mensaje al Director del Observatorio Vaticano, Rev. G. V. Coyne, S.J.: "La ciencia puede purificar a la religión del error y la superstición; la religión puede purificar a la ciencia de la idolatría y los falsos absolutos. Cada una puede atraer a la otra a un mundo más amplio, un mundo en el que ambas puedan florecer" (1988).

En el prólogo a su encíclica *Fides et Ratio* (Fe y Razón) (1998), el Papa llamó a la fe y a la razón dos alas que elevan el espíritu humano a la contemplación de la verdad: a la sabiduría, no sólo a las cosas verdaderas en ámbitos específicos como la física, la química, la neurología o la psicología, sino a las causas últimas a la luz del fin o propósito de todas las cosas. La razón plantea preguntas que no puede responder. El teólogo cardenal Joseph Ratzinger, Papa emérito Benedicto XVI (1927-2022) señaló la fe como la capacidad de un nuevo tipo de conocimiento. La fe, escribió,

> no es un acto de la (razón) sola, no es simplemente un acto de la voluntad o del sentimiento, sino un acto en el que todos los poderes espirituales están trabajando juntos. Sólo porque la profundidad del alma -el corazón- ha sido tocada por la Palabra de Dios, toda la estructura de poderes espirituales se pone en movimiento y se une en el "Sí" de creer. (*Pilgrim Fellowship of Faith* [2005] citado en Baglow, 2020, párrafo 6)

Por ello, muchos creen que hay espacio para una interacción constructiva entre ciencia y religión. Quizá la mejor oportunidad para el diálogo se encuentre en las ciencias cognitivas. Después de todo, es razonable preguntarse qué ocurre en el cerebro cuando las personas son religiosas o espirituales. Si alguien reza, está utilizando diversos procesos cognitivos, como la atención, la memoria y el lenguaje, además de emociones como el amor o la alegría. Así, cuando leemos un texto sagrado como la Biblia, utilizamos nuestras capacidades lingüísticas para leer las palabras, procesos cognitivos para interpretarlas en un concepto y emociones que hacen que estos conceptos tengan un significado personal. Procesos cognitivos específicos como el razonamiento causal, el pensamiento abstracto, el pensamiento holístico y el pensamiento binario pueden formar parte de un esfuerzo religioso, espiritual o teológico.

Hay muchas cuestiones fascinantes que pueden abordarse por igual desde el punto de vista religioso y científico cuando se trata de cómo se entrecruzan el cerebro y la religión. Todo ello confluye en el campo a veces denominado *neuroteología*. Esta disciplina emergente reúne una variedad de otros campos con el objetivo de comprender la relación o el vínculo entre el cerebro y los fenómenos religiosos y espirituales.

También deberíamos subrayar desde el principio que por *neuroteología* católica no queremos decir que haya una parte del cerebro, o un grupo de partes, que haga a uno católico. Tampoco queremos decir que los católicos tengan cerebros fundamentalmente diferentes de los seguidores de otras tradiciones. Lo que queremos decir es que hay formas en las que el catolicismo en sí mismo -sus doctrinas, creencias, rituales, prácticas y experiencias- se cruza con el cerebro humano. Comprender esta relación con el mayor detalle posible podría proporcionar información esencial para quienes son católicos, además de para quienes desean entender el catolicismo lo mejor posible.

Antes de entrar en un debate más profundo sobre la propia neuroteología, conviene situarla en el contexto más amplio de la relación entre ciencia y religión. Como ya se ha dicho, científicos y teólogos han estado a menudo enfrentados. En *Religion in an Age of Science* (*La religión en la era de la ciencia*, 1990), el académico Ian Barbour elabora sistemáticamente varias relaciones posibles entre ciencia y religión. Por ejemplo, además de la relación de *conflicto* más directamente opuesta, la ciencia y la religión a veces pueden interactuar no interactuando. Esto concuerda con la famosa afirmación del célebre antropólogo Stephen J. Gould, que se refirió a la ciencia y la religión como "magisterios no superpuestos" (autoridades). Esta perspectiva sugiere que los dominios de la religión y la ciencia son separados e *independientes* y, por tanto, nunca deberían interactuar en temas comunes.

Aunque esto es conceptualmente razonable porque el mundo físico (o natural) y el sobrenatural pueden considerarse generalmente como separados, la historia ha demostrado que hay muchos temas en los que tanto la ciencia como la religión tienen algo que decir. La teoría de la evolución ha sido especialmente problemática, así como la cosmología general. La idea de que Dios ha creado tanto el mundo físico como a los seres humanos es claramente una perspectiva religiosa. La ciencia, por su parte, sostendría que el mundo se creó esencialmente a sí mismo mediante el Big Bang y que los seres humanos llegaron finalmente al planeta a través de un complejo proceso de evolución biológica. En este caso, tanto la ciencia como la religión parecen tener algo que decir sobre cómo empezó el universo y cómo llegó hasta nuestros días. Mantenerlas como magisterios no superpuestos en este contexto parece, en el mejor de los casos, problemático. De algún modo, parecen necesitar algún tipo de diálogo que les permita discutir ciertos temas sobre los que ambas tienen algo que decir.

Este es el tercer tipo de interacción descrito por Barbour: *el diálogo*. La ciencia y la religión han podido dialogar con frecuencia sobre diversos temas relacionados con las actividades humanas y la naturaleza del mundo. La esperanza es que el diálogo sea fructífero y que tanto la ciencia como la religión contribuyan al debate. Por desgracia, con frecuencia se impone un enfoque opuesto, sobre todo cuando las perspectivas científica y religiosa son discordantes.

El cuarto tipo de interacción, *la integración*, no ha sido generalmente la relación típica entre ciencia y religión. Sin embargo, hay muchas cuestiones en las que explorar formas de unir ciencia y religión puede ofrecer posibilidades interesantes. Por ejemplo, tal vez sea posible encontrar formas de vincular las perspectivas religiosa y cosmológica sobre los orígenes del universo, y ciertamente algunos lo han intentado.

Esto nos lleva de nuevo al tema de la neuroteología, que podría ser un campo maduro para un enfoque integrador entre ciencia y religión. Mientras que algunos pueden debatir si el cerebro crea a Dios o Dios crea el cerebro, la neuroteología puede entablar debates mucho más ricos y matizados, como pretendemos mostrar en las páginas que siguen.

Comprender la neuroteología

Veamos un poco más de cerca qué es la neuroteología como posible campo de estudio para que podamos entender mejor dónde podrían producirse diálogos o integraciones específicas.

Es importante señalar que nos proponemos considerar la neuroteología desde la perspectiva católica y, a la inversa, el catolicismo desde la perspectiva neuroteológica. Este punto es fundamental, ya que pretendemos desarrollar un enfoque dialógico o integrador que aúne ciencia y religión. La neuroteología, para ser eficaz, debe ser una verdadera *vía de doble sentido*. No puede ser sólo una evaluación científica del catolicismo, y no puede ser sólo una visión católica de la ciencia. La neuroteología sugiere que tanto la ciencia como su contraparte religiosa (por ejemplo, el catolicismo) puedan formar parte de un enfoque integrador que mantenga la integridad de ambas.

Un reto para el diálogo o la integración entre ciencia y religión se deriva de sus diferentes formas de conocer. Las epistemologías de la ciencia y la religión se tratarán con más detalle en el capítulo tercero. Las diferencias epistemológicas implican que la ciencia parte de datos del ámbito natural y extrae conclusiones racionales verificables empíricamente. La teología católica depende de la revelación para responder a las cuestiones últimas. Comienza con la fe como respuesta divinamente inspirada a la revelación, interpretada por la enseñanza magisterial, y trabaja heurísticamente para aplicar las creencias religiosas en su contexto.

Antes de entrar en un debate más amplio, conviene tener en cuenta varios puntos importantes sobre la neuroteología como término. Aunque neuroteología parece ser el término más utilizado actualmente para describir este campo, existen otras posibilidades. Podrían considerarse "biorreligión", "psicoespiritualidad" y muchos otros. Cada posibilidad tiene sus puntos fuertes y débiles. Por diversas razones, tanto en lo que respecta al mundo académico como al público en general, *la neuroteología* parece ser el término que se ha impuesto.

En mi anterior trabajo (Andrew Newberg [A. B. N.]) sobre los *Principios de la Neuroteología* (2010), se han planteado varios puntos importantes para que el término sea lo más preciso y útil posible. Ya hemos tratado uno de los aspectos básicos, que es que la neuroteología debe ser una vía de doble sentido, que respete y considere por igual la ciencia y la religión. Del mismo modo, cualquier conclusión derivada de un análisis neuroteológico debe ser accesible tanto para la religión como para la ciencia. En otras palabras, si se diseña un estudio para explorar los efectos del rosario en el cerebro, es esencial asegurarse de que el rosario se rece con la mayor precisión y devoción posibles. Del mismo modo, la ciencia del cerebro debe ser lo más rigurosa y exacta posible para captar el poder del rosario en un individuo determinado.

Otro punto importante sobre la neuroteología como término es que ambos lados del término deben considerarse en sentido amplio. El lado *neuro* debe incluir no sólo la neurociencia y la neuroimagen, sino una variedad de otros enfoques que puedan ayudarnos a comprender el componente biológico del ser humano. Así, los estudios de diversas afecciones médicas y neurológicas, la neuroquímica, la psicología e incluso la antropología pueden contribuir potencialmente a la neuroteología. Los estudios sobre la conciencia y la evaluación neurocientífica cognitiva de la relación entre la mente y el cerebro también desempeñan papeles destacados en este debate.

La segunda mitad del término -*teología*- es, por supuesto, una disciplina específica cuyo objetivo es explorar los conceptos fundamentales de una tradición determinada, como el catolicismo. Las distintas religiones pueden ampliar la teología en diversas direcciones. El catolicismo ha sido particularmente rico en su tradición teológica. Son muchos los teólogos que a lo largo de los últimos 2.000 años han explorado y debatido los fundamentos y conceptos de la tradición cristiana. La exégesis bíblica también es fundamental para la teología cristiana. La neuroteología puede aplicarse sin duda a toda la gama de principios y temas teológicos. Al fin y al cabo, la teología es también una disciplina cognitiva que utiliza diversos procesos cerebrales para investigar, discriminar y debatir sobre los fundamentos de la creencia cristiana. En este sentido, la neuroteología puede explorar el modo en que la persona humana se involucra en la propia teología, así como en las experiencias religiosas y espirituales, centrándose específicamente en los correlatos neurofisiológicos de los pensamientos, sentimientos y comportamientos humanos. La vertiente teológica de la neuroteología va mucho más allá de la mera exploración de la teología propiamente dicha. Puede fundamentar conceptualmente aspectos neurobiológicos del ámbito religioso y espiritual, que es el foco de la neuroteología.

La neuroteología puede realizar una amplia exploración de rituales, prácticas, creencias, comportamientos y experiencias. Esto último es especialmente relevante para el campo de la neuroteología. Un número creciente de estudios ha intentado explorar las experiencias religiosas y espirituales, desde la experiencia leve que se puede tener al entrar en una iglesia y asistir a misa hasta experiencias místicas profundas *como la unio mystica*.

De hecho, se podría argumentar que la neuroteología ha formado parte de la tradición católica casi desde sus orígenes. Las historias de Jesús y el desarrollo de los rituales y prácticas católicas siempre tienen en cuenta el funcionamiento de la mente humana, aunque el conocimiento específico del cerebro y sus funciones tuvo que esperar hasta el siglo XX. El uso de diversos rituales, imágenes, canciones y escritos tiene un impacto en las experiencias sensibles del cerebro que ayudan a dar vida a los elementos básicos de la tradición católica. Conceptos como el bien y el mal, el libre albedrío, la moralidad, el pecado original, la revelación y la salvación incluyen todos algún aspecto y comprensión de la persona humana, ya sean nuestras emociones, pensamientos o comportamientos.

Aunque los primeros enfoques teológicos eran doctrinales en su mayor parte, las exploraciones más recientes del catolicismo y el cristianismo han incluido planteamientos relacionados con los procesos cognitivos y emocionales. Por ejemplo, en el siglo XVIII, el filósofo, teólogo y biblista alemán Friedrich Schleiermacher (1768-1834) hizo hincapié en la religión como un sentido principalmente cognitivo, visceral o intuitivo: *un sentimiento de dependencia absoluta*. El filósofo y teólogo alemán Rudolf Otto (1869-1937), en su libro *Idea de lo sagrado* (1923), describe la esencia de la conciencia religiosa como asombro, una mezcla de temor y fascinación, un *mysterium tremendum et fascinans*.

El catedrático de psicología y teología James Ashbrook, escribiendo con la catedrática de religión y ciencia Carol Rausch Albright específicamente desde la perspectiva cristiana en su libro *The Humanizing Brain* (1997), amplía cómo diversos procesos y comportamientos cerebrales se asocian con fenómenos religiosos y espirituales. *¿Qué fue del alma? Perspectivas teológicas y científicas sobre la naturaleza humana* (1998), editado por el psicólogo cognitivo Warren Brown, la profesora de filosofía cristiana Nancey Murphy y el profesor de psicología H. Newton Malony, propone una explicación fisicalista no dualista y no reductiva de la persona humana. Con estudiosos de la biología contemporánea, la genética, la ciencia cognitiva, la filosofía, la teología, la ética y los estudios bíblicos, el libro busca la consonancia entre las ciencias de la naturaleza humana y la antropología cristiana (Spezio, 2000).

Catolicismo y asimilación

¿Qué hay de la "catolicidad" en el catolicismo? El mandato aún vivo y eficaz de Pentecostés es extender la buena nueva a todos los pueblos, tiempos y lugares. La Iglesia fue llamada por primera vez "católica" (griego *kath'holou*), "entera" o "universal" por Ignacio de Antioquía en el año 115 d.C. El término fue útil durante los siglos siguientes para distinguir la Iglesia verdadera/completa de los grupos separados (griego *hairein*, "tomar" o "elegir" una parte para el todo) y la "herejía", que significa sectaria (Rausch, 1998, p. 26). La "catolicidad" es hoy más compleja y matizada de lo que puede parecer a primera vista. Como afirma *Lumen Gentium*, 13, del Vaticano II:

> En virtud de la catolicidad, el todo y cada una de las partes se fortalecen por el compartir común y por el esfuerzo común para alcanzar la plenitud en la unidad. El pueblo de Dios no es sólo una asamblea de pueblos diferentes, sino que hay diversidad entre sus miembros. Algunos ejercen el ministerio sagrado, los que están en el estado religioso estimulan a otros a la santidad con su ejemplo, y las iglesias particulares conservan su legítima variedad de tradiciones y contribuyen a la unidad ([abreviado] Galliardetz y Clifford, 2012, p. 129)

El Espíritu Santo hace que la variación no sea polémica. El decreto *Orientalium Ecclesiarum* (1964) del Vaticano II del Papa Pablo VI reconoció la importancia teológica de las iglesias orientales en la comunión católica romana. La Iglesia apoya todo lo que es bueno en capacidades, recursos y costumbres humanas (*LG* 13, en Abad, 1966). Mientras que la evangelización siguió históricamente a la colonización europea, la inculturación ha adquirido hoy un nuevo significado. La actual expansión del catolicismo en el Sur global puede considerarse "la transformación demográfica más rápida y arrolladora del catolicismo en sus 2.000 años de historia" (cf. "Diez megatendencias que configuran la Iglesia católica", *All things Catholic*, 2006, en Gailliardetz y Clifford, 2012, p. 136-137).

Inculturación significa permiso eclesial para que la fe cristiana encuentre expresiones culturales variadas (Juan Pablo II, *Catechesi Tradendae*, 1979, 53). El gobierno sinodal se remonta a la institución del Sínodo de los Obispos en 1965. El Papa Francisco, en particular con el Sínodo sobre la Sinodalidad (octubre 2021-octubre 2024), alentó la consulta sinodal: "El mundo en el que vivimos exige que la Iglesia refuerce la cooperación en todos los ámbitos de su misión. Es este camino de sinodalidad el que Dios espera de la Iglesia, caminando juntos-laicos, pastores, el Obispo de Roma" (*Revista Ecuménica*, 2022, p. 3).

La Iglesia católica reconoce que ser "católico" no equivale a ser "católico romano". Todos los católicos deben aspirar a la perfección cristiana. La falta de santidad y las divisiones entre los cristianos impiden a la Iglesia alcanzar la catolicidad plena. La Iglesia representa tanto un signo de catolicidad plena como, por desgracia, una falta de santidad en diversos grados. Fuera de los límites del catolicismo romano hay personas cuyas vidas ejemplifican el Evangelio, incluso hasta el martirio. La catolicidad significa que la misión universal de la Iglesia se extiende a todos. "La misericordia y la bondad de Dios son ilimitadas para toda la creación. La mente y la energía de Dios son verdaderamente católicas" (*Revista Ecuménica*, 2022, p. 10).

El catolicismo incluye una amplia variedad de teologías, espiritualidades y expresiones de la vida cristiana. Es pluralista y sigue un enfoque "ambos/y" en lugar del "o lo uno o lo otro" (protestante). No sólo la Escritura, sino la Escritura *y la* tradición; no sólo la gracia, sino la gracia *y la* naturaleza; no sólo la fe, sino la fe *y* las obras. (Rasch, 1998, p. 26)

La catolicidad se refiere a la globalidad. Es inclusivo y levanta una "gran tienda".

En la Iglesia primitiva, una distinción importante entre el cristianismo y las religiones circundantes era que reivindicaba un único origen para la revelación sobre la que se fundaba: "Dios, que en otro tiempo y de diversas maneras habló a los padres por medio de los profetas, en estos últimos tiempos nos ha hablado por medio de su Hijo" (Hb 1:1-2). El único Mediador había venido a cumplir las profecías. Sólo los Apóstoles custodiaron y transmitieron el Mensaje sagrado que había de "lograr purificar, asimilar, transmutar y tomar en sí las creencias multicolores, las formas de culto, los códigos del deber, las escuelas de pensamiento, a través de las cuales siempre se movía. Era Gracia y Verdad" (Newman, 1845, en Newman Reader, 2023, p. 2).

El teólogo y filósofo británico Cardenal John Henry Newman (1801-1890), en su *Ensayo sobre el desarrollo de la doctrina cristiana* (1845), observó que el desarrollo doctrinal puede y ha asimilado conceptos filosóficos, costumbres o ritos no cristianos, transformándolos a ellos más que a la doctrina. La Iglesia primitiva, por ejemplo, integró categorías y términos filosóficos griegos en aras de la precisión doctrinal. "Cuanto más poderosa, independiente y vigorosa sea la idea, mayor será su poder para asimilar ideas externas sin perder su identidad" (Murphy, 2023, p. 4).

El catolicismo considera la mente humana deferente a la verdad revelada y adherente a la fe doctrinal. La verdad fundada en la revelación no es una cuestión de opinión. Las diversas sectas tenían elementos de verdad, pero los Concilios y los Papas debían proteger el principio dogmático, acogiendo cuidadosamente las nuevas corrientes de pensamiento verdadero en un cuerpo de creencias ya existente. A lo largo de los siglos, este proceso permitió al credo absorber y desarrollarse sin distorsiones (Newman, 1845, en Newman Reader, 2023, p. 7).

El plan de Newman para una universidad consistía en desarrollar mentes sintetizadoras que pudieran distinguir expresiones específicas esenciales -en este caso, lo que es esencial para la doctrina católica- de instancias culturales específicas y cambiantes. "El catolicismo entiende que el conocimiento obtenido a través de las ciencias humanas (revelación natural) está en consonancia con la revelación sobrenatural y es un componente de ella" (Kirsch, 2023, p. 33).

El principio de catolicidad/asimilación de la Iglesia puede tomarse como "método" para este estudio de la intersección de la neurociencia con la teología católica. Lo que sea cierto en los estudios neurocientíficos puede incorporarse a la catolicidad católica. Allí donde las divergencias epistemológicas impiden la integración, el diálogo es bienvenido para el beneficio recíproco de los dos campos.

Neuroteología y definiciones

Ya hemos abordado varios conceptos importantes, como mente, cerebro, conciencia, alma, espiritual y religioso, sin definir lo que queremos decir con ellos. Cuando hablamos de términos desafiantes, ricos, complejos y con múltiples capas, y que pueden entenderse desde diversas perspectivas -términos como alma, conciencia, persona, mente y yo-, nos proponemos definirlos inicialmente lo mejor posible, y después hablar de ellos cíclicamente, mostrando nuevas dimensiones a medida que surgen dentro de los diversos temas del capítulo. Cada uno de estos términos puede abordarse desde distintos puntos de vista. El primer capítulo de *Principios de Neuroteología* hace hincapié en la importancia de las definiciones y en los retos que plantean. Por ejemplo, debemos considerar de dónde proceden las definiciones. ¿Deben proceder de las disciplinas científicas o teológicas? ¿O deben proceder de un enfoque altamente integrado que incluya también la sociología, la antropología y la filosofía? Evidentemente, habrá diferencias en la forma de construir las definiciones dependiendo de la disciplina de origen de la definición. Algunos términos quizá se definan mejor desde una perspectiva u otra. *El alma* quizá se defina mejor desde la perspectiva teológica, mientras que *el cerebro* lo haría desde la perspectiva de la neurociencia. Pero ¿qué ocurre con términos como *mente* o *conciencia*? Podrían abordarse desde cualquier punto de vista. Por ello, quizá sea aconsejable que cualquier definición incluya tantas perspectivas como sea posible. En el contexto del catolicismo, es esencial considerar algunos de los textos sagrados y escritos teológicos a través de los tiempos cuando se trata de términos complejos como *alma* o *mente*.

También es importante tener en cuenta que, sean cuales sean las definiciones con las que empecemos, debemos esperar que haya un proceso dinámico por el que evolucionen con el tiempo y a medida que se aporten nuevos datos y conceptos. Nuestro enfoque será cíclico: empezaremos con definiciones

Introducción a la Neuroteología católica 11

básicas de términos y los veremos desde ángulos adicionales a medida que se repitan en el contexto de otros temas. En cuanto a la oración, por ejemplo, si algún día un experimento descubre que la oración activa importantes zonas emocionales del cerebro, tendremos que considerar qué es la oración y cómo funciona. En este ejemplo, podríamos definir la oración como un proceso más emocional que cognitivo. Mientras tanto, debemos mantener la mente abierta a todas estas definiciones y a cualquier información futura que pueda sugerir una modificación. A lo largo de este libro, utilizaremos definiciones basadas en la filosofía y la teología existentes, pero también fomentaremos una exploración más amplia de todas las definiciones para incluir diversas perspectivas científicas.

El último punto sobre las definiciones, por el momento, es que la neuroteología nos desafiaría a explorar cómo funciona el propio cerebro para comprometerse con estas definiciones. En otras palabras, ¿hay personas más propensas a buscar definiciones de base espiritual, mientras que otras son más propensas a buscar definiciones de base científica? Y si es así, ¿qué significa esto sobre la naturaleza de las propias definiciones? Esperamos que, en algún momento, el objetivo de la neuroteología sea ayudar a orientar la investigación y la erudición hacia definiciones más precisas y universales de estos conceptos tan complejos.

¿Cuál sería una razón de peso para leer este libro? El Papa Francisco reflexiona sobre la importancia de comprender términos básicos como *cuerpo*, *mente* y *alma*, que desde hace tiempo son fundamentales para una visión cristiana católica de la realidad y de la persona humana. Necesitamos comprender bien el significado de estos términos y otros similares, así como la estructura y las funciones del cerebro, tanto para la filosofía y la teología como para la ciencia. Una comprensión básica de la filosofía, la teología y la neurociencia y de cómo se interrelacionan puede ayudar a las personas de fe a interpretar los hallazgos neurocientíficos sin incertidumbre ni confusión. Las personas que se identifican como agnósticas o ateas podrían entender mejor cómo los resultados neurocientíficos podrían afectar a sus amigos y asociados religiosos.

El Papa Francisco escribe:

> *Cuerpo, mente y alma.* Gracias a los estudios interdisciplinarios, podemos apreciar mejor la dinámica de las relaciones entre nuestro estado físico, nuestro bienestar psicofísico y nuestra vida espiritual. El progreso de la investigación en ciencias médicas también ha planteado una serie de cuestiones antropológicas y éticas. La dimensión de la *mente* hace posible la autocomprensión. Incluso se tiende a identificar nuestra humanidad con el cerebro y los procesos neurológicos, aunque

éstos no explican todo lo que nos define como humanos. No podemos poseer una mente sin materia cerebral, pero la mente no puede reducirse a la mera materialidad del cerebro. Gracias a las recientes ciencias naturales y humanas, la relación entre las dimensiones material y no material de nuestro ser -la cuestión mente-cuerpo, durante siglos dominio de filósofos y teólogos- interesa ahora por la relación mente-cerebro.

En un contexto científico, el término *mente* debe entenderse de forma interdisciplinar. Por lo general, la mente indica una realidad ontológicamente distinta de nuestro sustrato biológico, aunque en interacción con él. *La mente* suele indicar el conjunto de las facultades humanas, sobre todo en lo que respecta al pensamiento. Se cuestiona el origen de facultades humanas como la sensibilidad moral, la mansedumbre, la compasión, la empatía, la solidaridad, los gestos filantrópicos, el sentido estético y la búsqueda de lo infinito y lo trascendente.

En la tradición judeo-cristiana, así como en la filosófica griega, estos rasgos humanos se asocian con la dimensión trascendente e inmaterial de la persona humana, nuestra *alma*. Se entiende que el alma es el principio que organiza el cuerpo y el origen de nuestras cualidades intelectuales, afectivas y volitivas, incluida la conciencia moral. La Escritura y la reflexión filosófica y teológica consideran que el alma define nuestra singularidad humana, incluida nuestra apertura a lo sobrenatural y a Dios. Esta apertura a lo trascendente atestigua el valor infinito de cada persona humana (Mensaje de vídeo, Quinta Conferencia Internacional: *Exploring Mind, Body, and Soul*, 2021, adaptado)

¿Por qué la neuroteología católica?

Dada la perspectiva más amplia de la neuroteología y su objetivo de comprender la relación entre religión y cerebro, el siguiente paso importante es empezar a aplicar los planteamientos neuroteológicos a tradiciones religiosas concretas. El catolicismo es un objetivo especialmente fructífero por su rico desarrollo en términos de prácticas, rituales, creencias y perspectivas teológicas. Estos elementos tan desarrollados del catolicismo se prestan excepcionalmente bien a la neuroteología.

Exploraremos las muchas y fascinantes formas en que la neuroteología puede beneficiarse de un tratamiento del catolicismo y viceversa. También hay algunas razones personales para esta exploración. Aunque Andrew Newberg no es católico, su mentor en neuroteología, el difunto Eugene d'Aquili, sí lo era y lo introdujo en muchos de los complejos y cautivadores rituales asociados al catolicismo. d'Aquili fue un católico devoto durante toda su vida. Esto incluía la participación en misa durante todo el año litúrgico, en particular con el mayor esplendor de las fiestas de Navidad y Pascua. Cabe destacar que la familia de d'Aquili era noble en Roma, y que su familia era administradora de una abadía, por lo que pudo rastrear los registros de las actividades de su familia hasta aproximadamente el año 750 d.C. Gran parte de sus primeros trabajos se centraron en los principios del cristianismo, y del catolicismo en particular.

La Hna. Mary Clare es una religiosa católica y psicóloga consejera con un posgrado en educación religiosa. Contribuyó a este estudio en neuroteología un curso de Cerebro Transfigurado en el Seminario Santa María y la Escuela de Posgrado de Teología, Cleveland, que se ofreció de 2017 a 2021. El curso fue financiado por una subvención Templeton Science in Seminaries para cursos en todo Estados Unidos que incorporan la ciencia en los planes de estudio de los seminarios. Andrew Newberg fue uno de los presentadores destacados por teleconferencia del curso impartido por el reverendo Michael Woost[2] y el difunto Edward Kaczuk. Este libro también explora otros temas relacionados con la neuroteología desde una perspectiva cristiana, incluidos algunos trabajos de Patrick McNamara, profesor de psicología en la Universidad Northcentral y de neurología en la Universidad de Boston, y Patricia Bennet, becaria de la Comunidad de Iona en Escocia. Bennet propone un lugar para la exploración neuroteológica en la vinculación de "la experiencia de la relacionalidad humana y los resultados de salud, . . . para reunir diversas perspectivas neurobiológicas y teológicas sobre la relacionalidad humana y la salud como una forma de ampliar la comprensión de la conexión entre ellos" (2019c, p. 103). Propone "un modelo para una posible vía que conecte la experiencia relacional y la salud a través de mecanismos de señalización inmunitaria" (p. 104).

Para este estudio ha sido esencial la inestimable ayuda de los consultores: Rev. Gerald Bednar, profesor de teología sistemática durante 31 años en el Seminario St. Mary y en la Escuela Superior de Teología, Cleveland; James Beauregard, neuropsicólogo, autor (2019, 2023) y profesor en la Universidad Rivier, Nashua, New Hampshire; Rev. Stephen Payne, OCD, autor, profesor y presidente del Instituto Carmelita de América del Norte en la Universidad Católica de América, Washington, DC; Rev. Juan José Sanguineti, autor y profesor emérito de filosofía, Pontificia Universidad de la Santa Cruz, Roma, y profesor de filosofía en la Universidad Austral, Washington, DC; Rev. John K. K., autor y profesor emérito de filosofía, Pontificia Universidad de la Santa Cruz, Roma. Juan José Sanguineti, autor y profesor emérito de filosofía, Pontificia Universidad de la Santa Cruz, Roma, y profesor de filosofía en la Universidad Austral, Buenos Aires, Argentina; Margarita Vega, profesora de filosofía en la

Escuela Dominicana de Filosofía y Teología, Berkeley, California; y Joel Johnson, profesor de filosofía en la Universidad John Carroll y en el Borromeo Seminary College, Cleveland.

Dados estos antecedentes históricos, personales y profesionales, la exploración de la neuroteología católica parece lo más apropiado. Con esto en mente, planeamos explorar la amplia gama de temas asociados con el catolicismo, desde sus rituales y prácticas hasta sus creencias y principios teológicos.

Visión general

Con respecto al enfoque general que adoptamos en este libro, desarrollaremos y exploraremos muchas ideas asociadas con el catolicismo y consideraremos cómo los rituales, las prácticas, las experiencias y las creencias asociadas con la tradición pueden relacionarse con el cerebro. El **capítulo primero** (Introducción a la neuroteología católica) considera a grandes rasgos algunas de las formas en que el catolicismo y la ciencia pueden interrelacionarse. Introduce el campo potencial de la neuroteología, particularmente desde una perspectiva católica. Se ofrece una visión general de los capítulos y del libro.

El capítulo segundo (Investigaciones neuroteológicas en el pensamiento católico) reflexiona sobre la persona humana como centro de la ciencia y la teología, los objetivos de la neuroteología y la necesaria actitud de humildad. Explica una comprensión hilemórfica de la unidad mente-cuerpo humana. Se repasa la fisiología neuronal y se ofrece una visión católica del alma, la conciencia y la persona espiritual. Se consideran brevemente las terapias para mejorar el bienestar.

El capítulo tercero (Consideraciones epistemológicas y fe) orienta la neuroteología hacia la metafísica y vuelve a considerar términos básicos, en particular *la mente*. La epistemología se presenta a través del realismo teísta de Maritain y de los niveles de conciencia de Lonergan, ofrecidos como dos ejemplos de posibles maneras de ordenar algunos desafíos contemporáneos de la neurociencia en su diálogo con el catolicismo. Entre las teorías actuales de la ciencia cognitiva se encuentra la noción de que la cognición puede describirse con 4 ES: encarnada, incorporada, enactiva y extendida. Se considera la teología en su relación con la mente humana, la gracia y la experiencia espiritual.

El capítulo cuarto (Metodología en la neurociencia y el catolicismo) examina los paradigmas y métodos de la ciencia y la religión, así como los retos que plantean la medición de la experiencia subjetiva y la obtención de imágenes del cerebro. *El alma* vuelve a ser el tema central, ahora en relación con la metodología neurocientífica.

Introducción a la Neuroteología católica 15

El capítulo quinto (El libre albedrío y el cerebro) define el libre albedrío a la luz del catolicismo, distinguiendo los ámbitos de la filosofía y la neurociencia. La moral, la responsabilidad y la virtud se relacionan con la neuroteología.

El capítulo sexto (La respuesta del cuerpo a la experiencia religiosa) analiza la respuesta fisiológica/neural a la experiencia religiosa, los resultados de salud asociados a la práctica religiosa y los mecanismos para evaluar los efectos, todo ello principalmente desde una perspectiva católica.

El capítulo séptimo (Neurofisiología de los rituales católicos) ofrece una sinopsis de la teología sacramental católica y repasa *la materia y la forma* de los sacramentos del Bautismo, la Confirmación, la Eucaristía, la Reconciliación, la Unción de los Enfermos, el Orden y el Matrimonio. Las áreas y redes neuronales se asocian con los elementos sensoriales, lingüísticos y decisionales de los sacramentos.

El capítulo octavo (Neurofisiología de las prácticas católicas) considera los correlatos neuronales y el funcionamiento cerebral de la oración y las prácticas católicas, incluyendo la Liturgia de las Horas, la lectura de las Escrituras, la meditación, la bendición, los sacramentales, las reliquias y las peregrinaciones.

El capítulo noveno (Psicología y catolicismo) trata de las relaciones entre la psicología y la neurociencia en relación con los trastornos y la espiritualidad/religiosidad. La psicología se contempla desde una perspectiva católica de antropología filosófica y teología, particularmente en lo que se refiere a la relación humana con Dios.

El capítulo décimo (La espiritualidad desde una perspectiva neuroteológica) estudia la espiritualidad desde una perspectiva neuroteológica y explora el potencial de la espiritualidad como puente para el diálogo entre ciencia y teología. Se centra en la experiencia autotrascendente, la neurobiología interpersonal y las dimensiones teológicas. Se hace un repaso de las principales espiritualidades católicas.

El capítulo undécimo (Misticismo, cerebro y catolicismo) define y describe el misticismo específicamente desde la perspectiva católica, la neurofisiología de los estados místicos, la connaturalidad y la experiencia de la gracia con consideraciones neurocientíficas.

El capítulo duodécimo (Implicaciones teológicas) examina la revelación y su relación con la neurobiología, una visión católica del alma y la ética neurobiológica católica en relación con el razonamiento moral, los ejemplares, la muerte cerebral y la resurrección.

El capítulo décimotercero (Gracia, santidad, alma y cerebro) considera la llamada universal a la santidad, la gracia, la connaturalidad y la sintonía, la perspectiva en segunda persona y el crecimiento en santidad.

El capítulo décimocuarto (Críticas, aclaraciones y orientaciones futuras) revisa las principales críticas al campo potencial en evolución de la neuroteología en relación con sus supuestos teóricos. Se describen algunas posibilidades actuales para corregir el rumbo. Se examinan los retos que plantea el intento de integrar la neurociencia y la teología. Se consideran posibilidades teóricas prometedoras como el pluralismo coordinado y los espacios transversales. Se estudian sugerencias para la formación de licenciados en neuroteología.

Esperamos que este tratamiento de la neuroteología sea beneficioso para su desarrollo como campo académico, al tiempo que contribuya a nuestra comprensión de la fe católica. Como ocurre con todas las exploraciones neuroteológicas, el objetivo es ayudar a determinar mejor cómo los diversos elementos de una tradición religiosa como el catolicismo pueden comprenderse más profundamente con los nuevos conocimientos actualmente disponibles sobre el cerebro humano. Del mismo modo, esperamos que las investigaciones científicas, en particular de los fenómenos religiosos, incluida la experiencia religiosa, también se beneficien de la interacción a medida que exploramos la neurociencia en su relación con el catolicismo.

El Catecismo de la Iglesia Católica (*CIC*, 1995) está estructurado sobre los cuatro pilares de la catequesis o transmisión de la fe: *CIC* Parte 1: el credo; Parte II, los sacramentos; Parte III, la vida de fe; y Parte IV, la oración.

La Parte I reflexiona filosófica y teológicamente sobre la persona humana, integrando ideas y métodos de la neurociencia. A grandes rasgos, sería posible relacionar la Parte I *del CIC* (el credo) con los Capítulos Uno (Introducción a la neuroteología católica), Dos (Investigaciones neuroteológicas en el pensamiento católico) y Tres (Epistemología).

La Parte II *del CIC* (los sacramentos) se corresponde con los Capítulos Siete (Neurofisiología de los rituales católicos) y Ocho (Neurofisiología de las prácticas católicas) sobre los siete sacramentos, las prácticas devocionales y los sacramentales.

La Parte III *del CIC* (mandamientos y bienaventuranzas) se asocia con los Capítulos Cinco (El libre albedrío y el cerebro), Seis (La respuesta del cuerpo a la experiencia religiosa) y Nueve (Psicología y catolicismo).

Podría decirse que la Parte IV del CIC (oración) se corresponde con los Capítulos Diez (Espiritualidad desde una perspectiva neuroteológica), Once (Mística), Doce (Implicaciones teológicas) y Trece (Santidad, gracia, alma y cerebro). El capítulo catorce (Críticas, aclaraciones y orientaciones futuras) podría decirse que se inspira en el *CIC* en general, en el diálogo entre la neurociencia y la teología católica que es la neuroteología católica.

Preguntas de estudio:

1. ¿Cómo veían los Papas Juan Pablo II y Benedicto XVI la relación entre la fe católica y la ciencia?
2. ¿Cuál de las relaciones entre ciencia y religión de Barbour (conflicto, independencia, diálogo o integración) cree que caracteriza mejor la interacción de la neurociencia con el catolicismo?
3. ¿Por qué términos como *mente, cerebro* y *alma* son cruciales en un campo como la neuroteología?

Notas finales

[1] Los siete ritos son: "latino, bizantino, alejandrino o copto, siríaco, armenio, maronita y caldeo. (Todos los ritos católicos) son de igual derecho y dignidad" (*Sacrosanctum Concilium* [*SC*] 4) y expresan válidamente la fe común (*CIC*, 1203). La asistencia a cualquier rito cumple la obligación dominical.

[2] El reverendo Michael Woost es ahora obispo.

Capítulo 2
Investigaciones neuroteológicas en el pensamiento católico

Ciencia y teología respecto al ser humano

La neuroteología representa un nexo fascinante para el diálogo entre la ciencia y la teología. Con esto queremos decir que la neuroteología representa el potencial para encontrar formas productivas que permitan a la Iglesia católica interactuar con la ciencia y que, en última instancia, sean beneficiosas para ambas. La neurociencia, y más concretamente la neuroteología, es un enfoque que puede permitir al catolicismo mantener la fuerza de su perspectiva filosófica, teológica y espiritual, sin dejar de encontrar valor en la dimensión biológica con respecto a las creencias, experiencias y prácticas religiosas. Por supuesto, en la actualidad, la neuroteología no es todavía una disciplina plenamente definida con posiciones y enfoques generalmente aceptados. Las opiniones expresadas aquí son las mías (A. B. N) sobre las posibilidades de este campo potencial. Para el diálogo entre la neuroteología y el catolicismo, dado que tanto la neurociencia como la Iglesia se centran en "lo que significa ser humano", éste sería un buen punto de partida.

La historia de la filosofía y la teología examina con frecuencia los componentes de la *persona humana*. La parte física o biológica de la persona humana suele referirse a la sangre, los órganos y los tendones del cuerpo que mantienen unido nuestro ser físico, además de las dimensiones sensoriales de la vista, el oído, el tacto, el gusto y el olfato. Y, por supuesto, el aspecto biológico de la persona humana incluye el cerebro con sus miles de millones de neuronas y cuatrillones de interconexiones que, al menos desde una perspectiva científica, son la fuente fisiológica de la imaginación humana, los sentidos interiores, las emociones, los deseos y los recuerdos.

La alegoría del carro del filósofo griego Platón (428-348 a.C.) en el *Fedro* proporciona una metáfora importante para la tradición filosófica y espiritual occidental. Antiguo incluso en su época, posiblemente procedente de Egipto o Mesopotamia, el mito que reelaboró Platón retrata a un auriga, que representa la razón o el intelecto, el aspecto del alma que guía a ésta hacia la verdad y conduce a dos caballos alados hacia las alturas celestiales. Un caballo es de espíritu blanco, audaz e irascible, y representa la inclinación positiva, racional y moral de la naturaleza humana. El caballo negro, apetitivo, deseoso, concupiscible representa las pasiones irracionales del alma. Según Sócrates, las procesiones de carros en el cielo son dirigidas por Zeus. El caballo blanco intenta ascender, y el caballo oscuro tira del carro de vuelta a la tierra. Las almas inmortales que tienen éxito se acercan a ver la realidad divina y crecen en sabiduría y bondad. Otras almas son incapaces de elevarse y, en un esfuerzo discordante, no logran vislumbrar la realidad eterna. El carro cae a tierra, los caballos pierden sus alas y el alma se encarna en carne humana. Las almas que han visto más verdad nacerán como filósofo o artista; las que han visto menos verdad serán menos favorecidas. Las que no hayan visto la verdad en absoluto no pasarán a la forma humana (Jowett, s.f.).

La filosofía platónica sentó las bases de la tradición mística cristiana. Los Padres de la Iglesia introdujeron una nueva trayectoria basada en el relato de la creación *ex nihilo* del Génesis, en la Encarnación, la Escritura, la liturgia y la relación de gracia con Dios (Louth, 2007, en Howells, 2002, p. 322).

Tomás de Aquino (1224-1274), filósofo y teólogo dominico italiano cuyo sistema doctrinal y desarrollo por sus seguidores se conoce como tomismo, denominó al aspecto biológico el *actus hominus*. **Este** se distinguía *del actus humanus* con nuestras cualidades humanas, como el lenguaje, el pensamiento y la toma de decisiones. Ambos lados nos unen en una sola persona humana. Con René Descartes (1596-1650), filósofo y científico francés, seminal en el surgimiento de la filosofía y las ciencias modernas, existía una clara separación entre el cuerpo y el alma, o el cuerpo y la mente. Hoy en día, la neurociencia tiende a mantener una visión materialista del cerebro, según la cual todo es finalmente reducible a lo físico. Esto preserva la validez del método científico y la experimentación empírica en el estudio de los seres humanos. Sin embargo, si la conciencia y la mente son completamente reducibles a las funciones biológicas del cerebro, las dimensiones psicológicas y espirituales de una persona casi se evaporan. Existen numerosas teorías sobre las formas en que el cuerpo y la mente se interrelacionan. Existe la perspectiva dualista de que el cuerpo es una sustancia material y la mente una inmaterial separada. Algunos estudiosos actuales sostienen que la conciencia y la mente son propiedades emergentes que requieren los procesos biológicos del cerebro, pero que no son simplemente reducibles a ellos.

La neuroteología adopta una postura abierta a estas distintas posibilidades, dado el estado actual de la ciencia y el análisis. Para este estudio del modo en que el catolicismo se relaciona con la neurociencia, el reduccionismo materialista resulta problemático. La neuroteología fomenta la exploración plena de las dimensiones espiritual y psicológica de la persona. En las páginas que siguen, nos proponemos hacerlo. Exploraremos un enfoque integrado de la persona, considerando que las dimensiones biológica, psicológica y espiritual contribuyen a lo que somos como seres humanos. También reconocemos que la forma en que valoramos la importancia relativa de cada una de estas dimensiones puede depender de nuestra forma de entender las cosas, de nuestras convicciones filosóficas y religiosas, o de nuestros antecedentes e intereses. Si usted es una persona profundamente religiosa, es probable que el ámbito espiritual le parezca el más importante. Si es usted científico, quizá considere más importante la dimensión biológica. Si es psicólogo, las emociones, los deseos, la personalidad, los pensamientos y los comportamientos pueden ser sus principales intereses.

Estas diferentes perspectivas podrían ser incompatibles y suponer un reto para la neuroteología. Podrían considerarse varios enfoques híbridos posibles. La neuroteología nos pediría explorar las opciones posibles y razonables que están disponibles y utilizar una combinación de enfoques neurocientíficos, así como filosóficos y teológicos, para comprenderlas. Dado que el presente estudio se centra en el catolicismo, intentamos presentar de forma clara y convincente una comprensión filosófica de la persona humana que sea compatible con la creencia y la práctica católicas. Defendemos que la neuroteología debería intentar ser coherente con el catolicismo a la hora de considerar las diversas dimensiones del ser humano, incluida la noción de alma o, como sostendría Tomás de Aquino, el *actus humanus*.

Objetivos de la neuroteología

A medida que la neuroteología se desarrolla como campo, se han descrito previamente varios objetivos generales, derivados en gran parte de los principios primarios de la neuroteología elaborados en el libro del mismo título (Newberg, 2010). Estos principios abarcan elementos definitorios, metodológicos, clínicos y conceptuales del campo. Además, la neuroteología abarca otros campos, como la psicología, la antropología y la sociología, y se encuentra con religiones específicas, como el catolicismo, la filosofía y la teología. Algunos aspectos de los objetivos pertenecerán más a los campos asociados secundariamente con la neuroteología. También debemos señalar que los objetivos aquí expuestos se basan en un análisis actual del campo. Es probable que se modifiquen en el futuro para alcanzar objetivos aún por descubrir, especialmente a medida que la neuroteología se desarrolle en diálogo con expertos en campos que contribuyen a ella.

Los cuatro objetivos fundamentales de la neuroteología son (Newberg, 2010):

1. Mejorar/avanzar nuestra comprensión de la mente y el cerebro humanos.
2. Mejorar nuestra comprensión de la religión y la teología.
3. Mejorar la condición humana, especialmente en el contexto de la salud y el bienestar.

4. Mejorar la condición humana, especialmente en el contexto de la religión y la espiritualidad.

Los dos primeros objetivos los consideraríamos esotéricos y pragmáticos en relación con las disciplinas científicas y teológicas. Los dos segundos objetivos se refieren a la importancia de proporcionar aplicaciones prácticas de los descubrimientos neuroteológicos para mejorar la vida humana. En cuanto a los objetivos segundo y cuarto, es crucial dejar claro que no sugieren una suposición subyacente de que la teología acabará subsumida bajo la neurociencia. Se reconoce que los objetivos de la teología son últimos, globales, metafísicos, espirituales y derivados de la revelación, y no simplemente pragmáticos o utilitarios o destinados a mejorar/avanzar la condición humana, aunque eso estaría incluido. Además, en el diálogo con la teología, es probable que estos objetivos se revisen para incorporar los objetivos más amplios, existenciales y derivados de la revelación de la teología más allá de los límites de la neurociencia.

El primer objetivo (mejorar/avanzar nuestra comprensión de la mente y el cerebro humanos) tiene una orientación científica. Indica la posibilidad de que la neuroteología pueda ayudar sustancialmente en la exploración de la mente, el cerebro y la conciencia. Esto incluye la importancia de utilizar un enfoque que combine ciencia y religión para ayudar a determinar las definiciones más precisas de términos críticos como mente, cerebro, conciencia, alma, espiritualidad, religión y otros términos que pertenecen a esta área de estudio. Las definiciones pueden proceder de fuentes científicas, psicológicas, filosóficas, teológicas, sociológicas y de otros campos. Por ejemplo, el término *mente* podría explorarse desde la perspectiva neurocientífica como procesos mentales que se relacionan con el cerebro. La mente y la *conciencia* pueden debatirse desde diversas perspectivas filosóficas. El término *mente* en tradiciones como el budismo o el hinduismo puede ser aún diferente. Es de esperar que la Neuroteología pueda ayudar a ordenar estas definiciones y aportar perspectivas científicas y espirituales relevantes sobre muchos de estos términos.

Este primer objetivo también fomenta el desarrollo de técnicas nuevas o mejoradas para el estudio científico de la mente y el cerebro. El desarrollo de tales técnicas, concretamente en el estudio de los fenómenos religiosos y espirituales, será sin duda una piedra angular de la neuroteología en el futuro. Y la investigación neuroteológica puede mejorar potencialmente los métodos actuales de la neurociencia cognitiva. Los fenómenos religiosos, espirituales y místicos son notoriamente difíciles de evaluar desde cualquier perspectiva científica. Dado que algunos aspectos inciden en la neurofisiología y pueden expresarse a través de ella, es de esperar que una revisión de la metodología neurocientífica permita comprender mejor esas manifestaciones neurobiológicas. En las últimas décadas, la psicología ha desarrollado una plétora de valoraciones sobre las dimensiones espirituales y religiosas de la experiencia humana. La teología afirmará sin duda que la gracia no puede medirse. Se entiende que las auténticas experiencias místicas apofáticas y katafáticas, en su esencia, tendrán que permanecer respetuosamente en el ámbito del misterio.

Además de mejorar la neurociencia cognitiva, la neuroteología puede ayudar a desarrollar nuevas perspectivas sobre la propia mente humana. Los estudios de investigación actuales exploran con frecuencia la moralidad, el amor, la compasión y diversos comportamientos complejos (Lee y Newberg, 2005).[1] La neuroteología, con su análisis de los fenómenos religiosos y espirituales, hará avanzar nuestra comprensión de estos complejos procesos cerebrales. La religión y la espiritualidad tienen enormes efectos en los procesos conductuales, sensoriales, emocionales y cognitivos de los individuos, las comunidades y la sociedad. Además, evaluar cómo el cerebro y la mente consideran ideas filosóficas profundas como la causalidad, la teleología y la epistemología podría ser esencial para comprender cómo los seres humanos entienden y exploran el mundo.

El segundo objetivo (mejorar/avanzar nuestra comprensión de la religión y la teología) es intrigante, ya que implica que la teología tiene algo que ganar al interactuar con la investigación neurocientífica cognitiva. Esto no reduce ni elimina en modo alguno la verdadera naturaleza teológica del debate, sino que nos ayuda a enmarcar las formas en que el cerebro humano puede participar en dicho debate. Por ejemplo, aunque la teología parte de los principios fundamentales de una determinada tradición religiosa, y se cree que estos principios proceden de Dios o de alguna realidad absoluta, la mente humana debe reconocer sus límites y aceptar por fe lo que nunca podrá comprender plenamente. La neuroteología puede ayudar a explorar cómo la persona humana, reconociendo su insuficiencia intelectual, intenta comprender las ideas teológicas. En otras palabras, podríamos preguntarnos cómo utilizamos nuestros pensamientos, sentimientos o experiencias cuando debatimos el significado de un pasaje concreto de la Biblia o la relevancia de una historia específica sobre la vida o las acciones de Jesús.

El tercer objetivo de la neuroteología (mejorar/avanzar la condición humana, sobre todo en el contexto de la salud y el bienestar) animaría a las personas a invocar creencias o prácticas religiosas y espirituales para satisfacer necesidades prácticas. En concreto, los estudios neuroteológicos podrían evaluar qué prácticas -meditación u oración- son más útiles para ayudar a combatir la depresión o la ansiedad. La neuroteología fomentaría la exploración de intervenciones terapéuticas que combinen los enfoques psicológicos actuales con contenidos religiosos y espirituales para mejorar la eficacia del tratamiento de los pacientes. Desde el punto de vista práctico, también podríamos preguntarnos cómo pueden contribuir la religión y la espiritualidad a mejorar la salud y el bienestar. Cabe señalar que este objetivo se deriva del primero en el sentido de que mejorar nuestra comprensión de la relación entre la religión y la mente debería, en última instancia, aportar información que tenga aplicaciones prácticas. Por ejemplo, existe una sólida y creciente literatura de investigación sobre la relación potencialmente beneficiosa entre la religión y la salud tanto física como mental (Lucchetti, Koenig y Lucchetti, 2021; Roberts, 2019; Koenig, 2012). Los estudios han demostrado que la religión podría contribuir a mejorar la salud física al reducir el estrés, ayudar a afrontar los problemas y mejorar el cumplimiento de las intervenciones médicas. Los estudios también han demostrado que prácticas específicas como la meditación o la oración pueden tener importantes efectos relacionados con la salud en el sistema cardiovascular, el sistema digestivo y el sistema inmunitario.

La investigación neuroteológica también podría identificar las consecuencias potencialmente negativas de las creencias religiosas y espirituales, como los momentos en que las personas sienten que Dios las castiga o cuando rechazan a Dios. Otro ámbito que se prestaría bien al estudio neuroteológico es el problema del terrorismo y el fundamentalismo, que conducen a comportamientos destructivos como matar a otros en nombre de Dios. No está claro qué ocurre en las mentes o cerebros de los individuos que acaban siguiendo visiones religiosas o espirituales extremas.[2] La investigación neuroteológica puede evaluar a fondo qué tipo de individuo es más propenso a seguir ese camino y quizá ofrecer métodos para reconducirlos adecuadamente.

El cuarto objetivo fundamental (mejorar/avanzar la condición humana, especialmente en el contexto de la religión y la espiritualidad) sugiere que a través de la neuroteología podría ser posible orientar el aumento de las creencias, prácticas y comportamientos religiosos y espirituales tanto de individuos como de grupos. La investigación neuroteológica podría encontrar aplicaciones prácticas para mejorar la forma en que los individuos persiguen sus objetivos espirituales. Aunque no está claro exactamente cómo podría alcanzarse ese objetivo, podría argumentarse que siempre que se mejora el conocimiento, especialmente si se ofrece una nueva perspectiva, existe una oportunidad de crecimiento. En el contexto de la teología y la religión, siempre se fomenta el crecimiento espiritual, y la neuroteología debería apoyarse como otro mecanismo por el que podría producirse dicho crecimiento (Newberg, 2010).

Humildad y descubrimiento

Mientras que la neuroteología aboga por adoptar un enfoque integrador de la persona, argumenta de forma similar sobre diversos temas que pueden ser accesibles tanto para la neurociencia como para la teología. Por ejemplo, la existencia del alma, la naturaleza del libre albedrío o incluso la existencia de Dios.

Para abordarlos desde un enfoque integrador, es esencial abordar todos estos actos de descubrimiento con un fuerte sentido de la humildad. Idealmente, la humildad se deriva tanto del punto de vista científico como del religioso. Aunque tanto la ciencia como la religión puedan albergar firmes creencias sobre la naturaleza de la realidad, deben abordar estos temas con cierto grado de apertura. Incluso si ciertos temas no pueden reconsiderarse, eso no significa que toda la empresa carezca de mérito. La neuroteología puede encontrar muchas vías para explorar la relación entre el cerebro y nuestro yo religioso y espiritual.

También es importante para la neuroteología considerar a veces los temas desde una perspectiva de "metanivel". Con esto queremos decir que la neuroteología puede abordar primero un tema como la humildad desde el punto de vista psicológico para intentar comprender qué rasgos del carácter contribuyen al sentido de la humildad, así como a la falta del mismo. Entonces, podríamos descubrir que ciertos procesos cerebrales contribuyen a un sentido de humildad y otros procesos que contribuyen a un sentido de certeza al que podría parecer importarle poco la humildad cuando se trata de alguien con un punto de vista diferente. Del mismo modo, puede haber otros procesos cerebrales que lleven a las personas a ser abiertas y tolerantes con perspectivas alternativas.

Se han realizado investigaciones sobre el rasgo de carácter de la humildad (por ejemplo, Tangney, 2009, 2011; Exline y Geyer, 2011). En general, se asocia con una sensación de seguridad en uno mismo sin arrogancia. Se asocia con una apertura a otras ideas. Y quizás lo más importante, se asocia con un enfoque no reactivo a ideas alternativas. Con esto último nos referimos a que cuando una persona se acerca a una nueva idea con humildad, no es probable que tenga una fuerte reacción de miedo (normalmente mediada por la respuesta de lucha o huida del sistema nervioso autónomo). No se trata sólo de otras ideas, sino más bien de cómo uno se siente respecto a sus ideas. Ser humilde significa que uno no mantiene sus propias creencias excluyendo la apertura porque, en el caso de las ideas científicas, reconoce que puede estar equivocado.

En el caso de las creencias basadas en la fe, como en el catolicismo, puesto que derivan de la revelación divina y no del juicio humano, tendríamos la certeza de que nuestras creencias en sí son verdaderas, pero reconoceríamos que puede haber algunos aspectos de ellas que aún no comprendemos del todo. "La humildad implica el pleno conocimiento de nuestra condición de criaturas, una clara conciencia de haber recibido de Dios todo lo que tenemos" (von Hildebrand, 2001). Como veremos con más detalle, la Iglesia católica sostiene que la fe y la ciencia no estarán reñidas en última instancia. Puesto que Dios es la Verdad y el Autor tanto de la creación como de la revelación, ciencia y fe acabarán por coincidir y complementarse. Es posible que haya que integrar nuevas ideas o descubrimientos científicos probados en las creencias actuales y ampliar nuestra comprensión.

Es interesante observar, desde una perspectiva psicológica, que una reacción exagerada ante la posibilidad de equivocarse puede conducir o derivar en depresión y negatividad. La humildad es diferente. Se pregunta sobre las creencias actuales de forma positiva y orientada al crecimiento. Una perspectiva teológica reconoce con humildad que los seres humanos no comprenderán plenamente ni al Revelador divino ni las creencias basadas en la fe revelada.

Los sustratos neuronales del rasgo de carácter de la búsqueda de novedades podrían contribuir a mantener la reactividad al mínimo, lo que podría conducir a la humildad. Como veremos a lo largo de este libro, la perspectiva neurológica va más allá de la estructura biológica del cerebro y abarca el funcionamiento químico de moléculas neurotransmisoras específicas. Algunos neurotransmisores activan determinadas neuronas, mientras que otros las desactivan. Se podría especular que la humildad deriva de un cerebro que mantiene la función neuronal en niveles más bajos y mejor regulados, en lugar de en niveles más altos y reactivos. Es posible que las personas hereden rasgos de carácter que favorezcan la humildad o que desarrollen esa cualidad con aportaciones tanto de la naturaleza como de la educación. Estas hipótesis podrían comprobarse mediante diversas técnicas psicológicas o de neuroimagen. Por supuesto, el catolicismo señalaría con Tomás de Aquino que "la gracia no destruye la naturaleza, sino que la perfecciona" (*ST* I, 1. 8 ad 2) y que la humildad, así como cualquier virtud, deriva principalmente de la gracia, de Dios más que de uno mismo. La cuestión sería cómo esta perspectiva religiosa podría corresponderse o no con lo que pudiéramos aprender desde una perspectiva neurológica. Tal enfoque y resultado sería el tipo de objetivo que puede surgir de una perspectiva neuroteológica.

En definitiva, la humildad es esencial tanto para la ciencia como para la religión. Los científicos siempre deben considerar que sus datos y teorías son la mejor conclusión posible, dada su comprensión actual de la naturaleza de la realidad basada en pruebas. De hecho, todo descubrimiento o teoría científica puede ser sustituido en el futuro si surgen nuevos datos o nuevas teorías. En el campo de la medicina, hace 200 años se creía que sangrar a las personas beneficiaría su salud. Hoy nos reímos de ese concepto. Uno no puede dejar de preguntarse si tratamientos como la radiación o la quimioterapia serán vistos de forma similar dentro de 200 años. En cosmología, hace 200 años se creía que el universo era estático, y hoy entendemos que el universo está en expansión. ¿Quién sabe qué comprenderán los cosmólogos dentro de 200 años?

También las religiones han cambiado con el tiempo. La religión cristiana, varios cientos de años después de que Cristo pisara la Tierra, era diferente en algunos aspectos del catolicismo medieval y del actual. El "depósito de la fe" sigue siendo el mismo. Aun así, algunas doctrinas pueden evolucionar hasta convertirse en algo más maduro y completo en el contexto de los cambios de la cultura, la ciencia y la tecnología a lo largo del tiempo (véase *An Essay on the Development of Christian Doctrine* [1878] del importante teólogo e intelectual inglés John Henry Newman [1801-1890]). Además, el cristianismo de hace mil años no tenía que enfrentarse a conceptos como la evolución, el origen del universo o la polémica cuestión del aborto. En el mundo actual, tradiciones como el catolicismo abordan continuamente la actualidad manteniendo un sistema de creencias que ayuda a relacionar mutuamente a los seres humanos y a Dios.

Aunque tanto la ciencia como la religión requieren disposiciones de humildad, también existen contrastes entre ellas en lo que respecta a la certeza en el conocimiento de la verdad. Hemos señalado que la ciencia es abierta, busca, hipotetiza, experimenta, juzga y determina la validez de sus conclusiones. El catolicismo, fundado en la revelación, proporciona a los creyentes certeza en el conocimiento de la verdad religiosa y obliga a la adhesión de la fe (*CIC*, 88). El Papa Juan Pablo II en *Veritatis Splendor* (*VS*) (1991) explica que la verdad, por ejemplo, la verdad moral, puede conocerse:

> *La moralidad de los actos* se define por la relación de la libertad del hombre con el auténtico bien. Este bien es establecido por la Sabiduría divina, que ordena todo ser hacia su fin. Esta ley eterna es conocida tanto por la razón natural del hombre como -integral y perfectamente- por la revelación sobrenatural de Dios. La actividad es moralmente buena cuando expresa la ordenación voluntaria de la persona a su fin último y la conformidad de una acción concreta con el bien humano tal como es reconocido en su verdad por la razón (*VS*, 72)

El Papa añade que:

> En el contexto de la cultura actual, predominantemente científica y técnica, expuesta a los peligros del relativismo, del pragmatismo y del positivismo, desde el punto de vista teológico, la afirmación de los principios morales no es competencia de los métodos empíricos formales. Sin negar la validez de tales métodos, la teología moral, fiel al sentido sobrenatural de la fe, tiene en cuenta, ante todo, *la dimensión espiritual del corazón humano y su vocación al amor divino*. En efecto, mientras que las ciencias del comportamiento, como todas las ciencias experimentales, desarrollan un concepto empírico y estadístico de la "normalidad", la fe enseña que la normalidad misma está afectada por el pecado. Sólo la fe cristiana señala al hombre un camino a menudo muy distinto del de la normalidad empírica. Por tanto, las ciencias del comportamiento, a pesar del gran valor de la información que

proporcionan, no pueden considerarse indicaciones decisivas de las normas morales. Es el Evangelio el que revela toda la verdad sobre el hombre y su camino moral. (*VS*, 112, adaptado)

Dado que la ciencia y algunos aspectos de la religión están en perpetuo movimiento, la humildad parece el camino más adecuado para abordar cuestiones o temas científicos y religiosos. Esperamos que la neuroteología pueda fomentar una poderosa sinergia de humildad con la ciencia y la religión. No pretendemos tener todas las respuestas, pero esperamos contribuir a abordar estas cuestiones de la forma más abierta posible.

Cuerpo, mente y alma

¿Cómo se relaciona el cerebro con la persona? ¿Y la neurociencia con la teología? Para encontrar una respuesta, primero tenemos que considerar la visión bíblica de la persona humana. El hombre y la mujer son únicos entre las criaturas por ser "imagen de Dios" (Gn 1, 27), uniendo en la naturaleza humana las dimensiones espiritual y material, y establecidos en amistad con Dios (*CIC*, 355). Por ser imagen de Dios, el ser humano puede conocer y amar a su Creador (*Gaudium et spes* [*GS*] 12.3). Son las únicas criaturas "queridas por Dios para sí mismas" (*GS* 24.3), y llamadas a participar mediante el conocimiento y el amor en la propia vida de Dios (*CIC*, 356). Con la dignidad de persona, un hombre o una mujer no es algo, sino alguien dotado de autoconocimiento y autoposesión y capaz de unirse en comunión con otras personas y por alianza con su Creador (*CIC*, 357). En el misterio de Cristo, Verbo hecho carne, se esclarece el misterio del ser humano (*CIC*, 359).

También hay que considerar la filosofía o metafísica, el estudio de lo que es. Para comprender a la persona humana, la fe católica y la teología por preferencia, hay que recurrir a Aristóteles y Tomás de Aquino. El Papa León XIII, en la encíclica *Aeterni patris* (Sobre la restauración de la filosofía cristiana, 1879), reintrodujo el tomismo en la educación católica para que la fe y la razón volvieran a entablar un diálogo beneficioso. El tomismo aristotélico explica la unidad de cuerpo y mente como (griego: *hyle* [materia] y *morphe* [forma]) una explicación *hylomorfa*. El hilemorfismo ve a la persona como un único ser compuesto de dos principios, no sustancias: materia y forma. "Materia" significa aquí "materia primaria", no algo, sino la *posibilidad de ser* algo. Un trozo de arcilla, por ejemplo, podría convertirse en un jarrón o un cuenco cambiando de forma (cambio accidental), pero no podría convertirse en algo sustancialmente diferente, como un gato. Para ello sería necesario un cambio sustancial. Si tuviéramos un gato y muriera, el gato habría sufrido un cambio sustancial. Por "forma" se entiende el principio *por el que algo es* lo que es. Aristóteles llamaba "alma" a la forma de las plantas y animales vivos. Los seres vivos se componen de materia primaria y alma o forma sustancial. Un individuo humano, por tanto, es una persona, un único ser unificado compuesto de dos principios: un cuerpo material y una forma o alma viva y sustancial.

Una forma sustancial determina que el ser único cuerpo-alma funcione como un todo ontológico con unidad de ser y acción. Esto significa que las partes de la persona dependen de la persona entera para su existencia y estructura. Como explica el Aquinate:

> La forma sustancial perfecciona no sólo el todo, sino cada parte del todo. El alma es una forma sustancial y por lo tanto, debe ser la forma y el acto (actualización de su potencia), no sólo del todo sino también de cada parte. (*De anima* 2.1.412b5, en Dodds, 2019, p. 905)

El alma explica no sólo el ser sino también sus actividades características (Tomás de Aquino, *Summa contra gentiles* [*SCG*] III, cap. 7, no. 4; Wallace, 1985, *The Thomist 49*, 612-648).

Podemos ver, entonces, por qué la filosofía tomista es clave para comprender las relaciones entre cerebro, alma y persona. La filosofía tomista también demuestra cómo el estudio del cerebro -la neurociencia- se relaciona con la filosofía de la mente. La teología católica, que a menudo emplea la filosofía tomista neoaristotélica, parte de la fe en la revelación divina y busca la comprensión. La filosofía tomista muestra que el cerebro es parte de la persona, un aspecto físico importante del principio del cuerpo. El cerebro parece formar parte de la persona en un sentido más fundamental que otras partes del cuerpo. Puedes amputarte un pie y seguirías siendo la misma persona, no en el caso del cerebro. La neurociencia necesita considerar la filosofía para encontrar su lugar en la metafísica tomista general. Cuando la neurociencia se vincula a la teología, como en la neuroteología, ese campo interactúa con la fe católica, que responde a la revelación buscando la comprensión de Dios y de la interacción divino-humana.

La neurociencia, al ser empírica, no puede estudiar directamente un concepto religioso como el alma. El alma es un principio ontológico que no puede cuantificarse ni medirse. La neuroteología puede estudiar el alma, no directamente, sino considerándola a través de la lente de la filosofía, que se ocupa de los principios ontológicos. Además, la neuroteología puede evaluar cómo el cerebro nos ayuda a considerar el alma.

Recordemos que, para el hilemorfismo aristotélico-tomista, la persona se compone tanto de cuerpo como de alma, una unidad de los dos principios de intelecto y voluntad. *El hilemorfismo* se refiere a la unidad de las dimensiones espiritual y material en una sola persona. La dimensión espiritual, o *alma* para la filosofía tomista, consiste en una unidad de intelecto y voluntad. Entonces, ¿qué es *la mente* y dónde se originó esta noción? Considerando la filosofía occidental de la mente en sentido amplio, la *mente* procede del *De trinitate* del teólogo y filósofo Agustín de Hipona (354-430). Buscando la *imago Dei* (imagen de Dios, Gn 1:26-27) en la persona humana, Agustín encuentra huellas de la imagen humana del Dios trinitario en tres potencias del alma: la memoria, el intelecto y la voluntad.

La reflexión del Aquinate sobre el alma comienza respetando la autoridad de Agustín, y Tomás de Aquino se refiere a los poderes del alma como memoria, intelecto y voluntad. En *Quaestiones disputate de veritate* (*QDV*) 10.1 ad 2), el Aquinate señala que la *mente* denota las potencias del alma (O'Callaghan, 2000). En *De veritate* 10, q. 22, se refiere a la voluntad y al intelecto como potencias particulares del alma; en el artículo 11, no menciona la mente. En la q. 22, en respuesta a la objeción siete, Aquino escribe que (la mente) no es una potencia *por encima de* las otras potencias. Es simplemente una potencia del alma. *La mente* propiamente dicha nombra un todo potencial constituido por las potencias de memoria, intelecto y voluntad... mientras que el *sujeto* de cualquier potencia es el alma" (p. 6). La memoria, el intelecto y la voluntad podrían considerarse como los tres dedos de una mano; sólo pueden funcionar como partes de una mano. "El poder de la *mente* son los poderes de la memoria, el intelecto y la voluntad; no es un poder por encima de ellos" (p. 7). "Tomás de Aquino, en *De veritate*, distingue la voluntad del intelecto y ambos de las potencias de los sentidos. Pero nunca nos dice qué es lo que hace la mente. La mente de Agustín está ausente de *la Summa*" (p. 9). Si la mente fuera una potencia distinta, tendría un objeto distinto. Tomás de Aquino buscó un objeto específico de la mente y no lo encontró. Finalmente se quedó con dos propiedades del alma: el intelecto y la voluntad.

Aunque un saludable grado de cuestionamiento ha formado parte de la filosofía desde los antiguos griegos, en el siglo XVII el escepticismo se introdujo más formalmente en la filosofía, con un énfasis en la ciencia más que en la metafísica. *El cogito ergo sum* ("pienso, luego existo") de Descartes basaba la certeza en la psicología más que en la metafísica.

> Las antiguas dicotomías de cuerpo y alma se convirtieron en una lucha a tres bandas entre cuerpo, alma y mente. La mente existía ahora en algún lugar entre el discurso científico, con sus prerrequisitos de materialismo, mecanización y cuantificación, y los credos metafísicos de la esencia humana inmaterial. (Krebs, 2016, p. 540)

Otros pensadores influyentes en la filosofía moderna de los últimos trescientos años, incluidos los filósofos de la Ilustración Hobbes, Locke y Kant, y el fundador de la neurología Willis, efectuaron un "giro hacia el sujeto", promoviendo una visión científica del mundo (Krebs, 2016). Al no compartir el enfoque de Descartes sobre la mente humana o la conciencia, Tomás de Aquino presentó a la persona filosóficamente y contribuyó a la unidad de la vida humana, aclarando que el alma une dos principios de intelecto y voluntad. Las tensiones derivadas de las visiones contrapuestas de la naturaleza humana siguen caracterizando el mundo contemporáneo (p. 542).

Filosofías católicas recientes

Cabe preguntarse si el catolicismo adopta un enfoque filosófico distinto del tomismo. La fenomenología puede ser, después del tomismo, la filosofía más popular de los filósofos católicos (Vincelette, 2011, p. 14). La fenomenología describe los datos inmediatos de la experiencia de los fenómenos para encontrar lo esencial. Entre los fenomenólogos representativos se encuentra la filósofa judía polaca Edith Stein (1891-1942), autora de *Individuo y comunidad* (1922). Stein se convirtió al catolicismo y fue una santa carmelita martirizada en la Segunda Guerra Mundial. El fenomenólogo católico alemán Deitrich von Hildebrand, autor de *Ética cristiana* (1953), que rebatía el relativismo moral, fue llamado por el Papa Pío XII "Doctor de la Iglesia del siglo XX".

El existencialismo, centrado en la existencia concreta del ser humano, hace hincapié en el sentido de la vida y la libertad de elección. Gabriel Marcel (1889-1973) fue un existencialista católico francés autor de *El misterio del ser*, dos vols. (1949-1950). Marcel describió fenomenológicamente las experiencias de la vida interior. Observó que la vida humana no podía entenderse mediante la resolución científica de problemas, sino a través de la reflexión sobre los encuentros con el misterio de lo espiritual.

La filosofía analítica utiliza el análisis lingüístico para resolver problemas filosóficos. Elizabeth Anscombe (1919-2001), laica irlandesa convertida al catolicismo, autora de *Intention* (1957) y *Modern Moral Philosophy* (1958), contribuyó a fundar la filosofía de la acción y la ética de la virtud contemporánea. El filósofo analítico católico canadiense Charles Taylor, autor de *Sources of the Self* (1989) y *Varieties of Religion Today* (2003), desarrolló la noción de "ganancia epistémica" humana cuando uno es capaz de articular una explicación convincente de lo que cree, en particular en relación con la agencia moral y la identidad personal (Vincelette, 2011, p. 197).

El personalismo puede estar representado por Maurice Nédoncelle (1905-1976), autor de *Reciprocidad de las conciencias* (1962) y *Hacia una filosofía del amor y de la persona* (1946). Nédoncelle definió a la persona como un centro de autoconciencia y libre albedrío, una benevolencia recíproca recibida y otorgada en el conocimiento y el amor. Dios es entendido como una conciencia personal suprema que abarca a la persona humana como fuente y energía de la caridad.

El neo-tomismo, como hemos visto, se desarrolló a principios del siglo XX tras la *Aeterni Patris* del Papa León XIII, animando a los filósofos y teólogos católicos a modelar su trabajo sobre Tomás de Aquino. La Congregación de Estudios Sagrados dio a los seminarios católicos "Veinticuatro tesis tomistas" (1914) como clave para su educación. Etienne Gilson (1884-1978) es autor de *El espíritu de la filosofía medieval*, dos vols. (1932) y *Dios y la filosofía* (1941), centrado con Jacques Maritain en la metafísica tomista desde una perspectiva existencial. Hicieron hincapié en la epistemología, oponiéndose con el "realismo crítico" a la suposición idealista de Descartes y Kant de que el sujeto está esencialmente aprisionado en su mente. Los tomistas sostenían que el sujeto humano puede conocer de forma fiable el mundo externo de la realidad.

El neotomista Jacques Maritain (1882-1973), autor de *Los grados del saber* (1932) y *Aproximaciones a Dios* (1953), entendía el tomismo como una filosofía perenne que debía desarrollarse asimilando el pensamiento contemporáneo. Maritain observó que el conocimiento puede ser tanto natural (filosofía y ciencia) como sobrenatural (fe y misticismo) (Vincelette, 2011, p. 60). El conocimiento natural también puede ser connatural, una captación o intuición de tono emocional a través de la simpatía que suscita la moral, la poesía, la comprensión de uno mismo o la espiritualidad. La persona de fe puede entender lo que cree a través de la connaturalidad sobrenatural basada en la caridad.

El tomismo trascendental, fundado por el jesuita Pierre Rousselot (1878-1915), era esencialmente tomista, pero incorporaba nociones de la filosofía moderna, lo que le daba un punto de partida metafísico subjetivo y epistemológico más que objetivo. El tomismo trascendental toma como fundamental para el acto dinámico de conocer que Dios está siempre presente como horizonte infinito. Algunos defensores (Bernard Lonergan) sostenían que un *deseo* al menos implícito de un Ser Absoluto es un impulso para el conocimiento humano. Otros (Karl Rahner) sostenían que los humanos alcanzamos el conocimiento porque tenemos en cada acto de conocer la aprehensión a priori del Ser Absoluto. Estos planteamientos constituyen un principio antropomórfico de la teología natural en lugar del cosmológico tradicional. En lugar de buscar a Dios como causa originaria del universo, los tomistas trascendentales consideran a Dios como "el impulso básico de nuestro intelecto y voluntad" (Joseph Donceel, *Logos* 1, 1980, p. 53, en Vincelette, 2011, p. 83).

Karl Rahner, S.J. (1904-1984), autor de *Hearer of the Word* (1941) y *Spirit in the World* (1968), basó su filosofía trascendental en el proceso del conocimiento humano. Sostenía que, en la percepción de un objeto, el intelecto agente, mediante la pre-aprehensión (anticipación), se extiende más allá de los objetos individuales hasta el ser mismo, el límite último de los objetos potenciales, con la conciencia implícita de la dimensión infinita de la realidad. Esto permite a los humanos conocer el alcance de los conceptos universales y apunta a una propensión hacia el Dios infinitamente Verdadero, Bueno y Bello.

El tomista trascendental Bernard Lonergan, S.J. (1904-1984), autor de *Insight: A Study in Human Understanding* (1957) y *Method in Theology* (1972), se vio influido por las nociones epistemológicas de John Henry Newman. Lonergan desarrolló la dinámica cognitiva del conocimiento humano. Como tomista, Lonergan demostró que los conocimientos detectan cualidades reales de los datos; no derivan únicamente de la mente humana, sino que revelan el carácter de la realidad externa. Lonergan mostró que la filosofía y la ciencia señalan la necesidad del conocimiento trascendente de las realidades últimas por parte de la teología. La fe sobrenatural perfecciona la búsqueda de la verdad, y la gracia perfecciona el deseo de perseguir la rectitud moral.

El neotomista Karol Wojtyla (1920-2005) integró la filosofía aristotélico-tomista del ser con la fenomenología de la conciencia de Husserl en su filosofía de la persona y la ética. Wojtyla es autor de obras filosóficas clave como *Amor y responsabilidad* (1960) y *La persona actuante* (1969). El Papa Juan Pablo II, canonizado santo (2004), explicó sus puntos de vista morales de derecho natural en las encíclicas filosóficas *El esplendor de la verdad* (*Veritatis Splendor*, 1993) y *Fe y razón* (*Fides et Ratio*, 1998). Observó que la dimensión trascendente de la persona humana comprende la autoconciencia y la autodeterminación que hacen a cada uno único, intrínsecamente valioso e irreproducible.

El Papa Juan Pablo II se aferró firmemente a Santo Tomás para la metafísica y la teología: "Sigue siendo, en efecto, el maestro del universalismo filosófico y teológico" (*Cruzar el umbral de la esperanza*, ed. Messori, p. 31). Aún así, estudiando fenomenología, Karol Wojtyla (el nombre del Papa antes de ser Juan Pablo II) apreció su método para comprender la subjetividad y la experiencia vivida. Reconoció que la conciencia, o subjetividad, "era una especie de sinónimo de lo irreductible en el ser humano" (*Persona y comunidad: ensayos escogidos*, trad. Sandok, p. 211). En su artículo de 1975 "Subjectivity and the Irreducible in the Human Being" (La subjetividad y lo irreductible en el ser humano), observó que las categorías de Aristóteles y del Aquinate (sustancia, cantidad, cualidad, lugar, tiempo, etc.) podían explicar la subjetividad humana, pero no captarla plenamente. Al mismo tiempo, el método fenomenológico descriptivo no podía considerarse una filosofía de la persona humana. El Papa consideraba que la metafísica tomista "suministra la visión del mundo y la fenomenología suministra un método que puede complementar esa visión" (Flippen, 2006, p. 16).

"Aunque el enfoque intuitivo y descriptivo de la fenomenología seguía subordinado al razonamiento (en) la metafísica, la conciencia había sido descubierta por el enfoque moderno, a pesar de sus puntos de vista a menudo erróneos sobre la naturaleza del hombre y de la realidad" (Flippen, 2006, p. 18). Juan Pablo II observó que los pensadores tradicionales antiguos y medievales podrían haber explorado la conciencia más profundamente con algo parecido a un enfoque fenomenológico. No encontró ningún problema en incorporar ideas relativas a la subjetividad humana en una visión aristotélico-tomista de la persona humana.

Un rápido repaso al cerebro

En lo que respecta al cerebro en sí, merece la pena repasar estructuras y funciones importantes para que tengamos una comprensión básica para el resto del libro. Debemos subrayar desde el principio que el cerebro funciona como una unidad integrada. Aunque podamos considerar la función de estructuras específicas del cerebro, todas ellas trabajan juntas para darnos nuestra percepción completa del mundo. De hecho, la neurociencia cognitiva reciente se ha centrado en las redes cerebrales. Estas redes incorporan múltiples áreas del cerebro que trabajan juntas para apoyar funciones distintas. Por ejemplo, existe una red de atención que nos ayuda a concentrarnos en tareas o ideas concretas. También hay una red de saliencia que nos ayuda a identificar cosas que son importantes para nosotros.

Dediquemos un momento a repasar las áreas esenciales del cerebro implicadas en los fenómenos religiosos y espirituales, al menos según las investigaciones actuales. Al repasar estas áreas, recordemos que cada una de ellas tiene funciones básicas que van más allá de lo religioso y lo espiritual. Sin embargo, vamos a centrarnos en aquellas funciones y procesos que son específicamente relevantes para nuestro debate sobre los fenómenos religiosos y espirituales.

Una forma de entender la estructura neural del cerebro es según sus tres ejes: (1) arriba-abajo y abajo-arriba, (2) delante-detrás y (3) izquierda-derecha (Afford, 2020). El primero es la arquitectura neuronal descendente y ascendente. La parte superior es el córtex; la inferior es el conjunto de estructuras, como el hipocampo, la amígdala y el tronco encefálico, que conforman el subcórtex. En general, el subcórtex produce acciones potenciales, y el córtex elige entre ellas para lograr comportamientos coherentes. En el propio cuerpo, miles de millones de neuronas ascienden por la médula espinal y los nervios craneales hasta las partes inferiores del cerebro. Estos nervios sensoriales proporcionan todo tipo de información al cerebro, como la posición y el movimiento del cuerpo, las sensaciones de dolor y de placer y la información procedente de los órganos sensoriales primarios (ojos, nariz, oídos, boca y lengua). Algunas de estas vías nerviosas llegan al tronco encefálico y a zonas básicas del cerebro, como el hipotálamo y el tálamo. El tronco encefálico contribuye a funciones corporales básicas como la respiración y el ritmo cardiaco. El hipotálamo es también un importante regulador del organismo, ya que controla la mayoría de los sistemas hormonales, así como el sistema nervioso autónomo.

El segundo es el eje anteroposterior del córtex. Los lóbulos posteriores, posteriores -parietal, temporal y occipital- reciben información sensorial de los oídos, los ojos y las vísceras u órganos corporales. Los lóbulos frontales aceptan las señales sensoriales para combinarlas en un procesamiento de orden superior. En general, los lóbulos posteriores activan reacciones rápidas y rutinarias, y los lóbulos frontales generan respuestas más lentas y deliberadas (Afford, 2020).

El tercero es el eje izquierda-derecha, que corresponde a los hemisferios cerebrales izquierdo y derecho. El hemisferio izquierdo centra principalmente la atención en el primer plano, los detalles y las tareas específicas. En cambio, el hemisferio derecho suele prestar una atención abierta al fondo y una sensación de conjunto.

El sistema nervioso autónomo consta de dos partes básicas: el simpático y el parasimpático. El sistema nervioso simpático es nuestro sistema de excitación y es más conocido por generar la respuesta de "lucha o huida" ante el peligro. Todo esto funciona automáticamente. Cuando un coche te corta el paso en la autopista, no tienes que pensar en reaccionar. Su sistema nervioso autónomo toma el control; sus ojos se dilatan, su corazón se acelera y todo su cuerpo está listo para la acción. El sistema nervioso simpático se activa ante situaciones estresantes, pero también ante emociones positivas. Ver a un ser querido o ganar la lotería provoca una fuerte respuesta de excitación.

El sistema nervioso parasimpático es nuestro sistema calmante o quiescente. Se activa para ayudarnos a rejuvenecer nuestras reservas de energía, digerir los alimentos y dormir para restablecer las funciones corporales. El sistema nervioso parasimpático ralentiza el ritmo cardíaco y respiratorio. Los sistemas nerviosos simpático y parasimpático suelen equilibrarse mutuamente. Cuando nos enfrentamos a una emergencia, queremos que nuestro sistema de excitación se active al máximo, mientras que el sistema de reposo debería estar apagado. Del mismo modo, todos hemos experimentado la dificultad de conciliar el sueño cuando nos preocupamos por un asunto problemático en el trabajo porque el sistema de excitación sigue activado. Al mismo tiempo, necesitamos que nuestro sistema parasimpático se active para ayudarnos a dormir.

El sistema nervioso autónomo puede ser muy importante en los fenómenos religiosos y espirituales. Las experiencias tranquilizadoras asociadas a la meditación o la oración, así como escuchar cánticos religiosos lentos, pueden inducir sentimientos profundos de felicidad. Por otro lado, las danzas religiosas rápidas o incluso los recuerdos de temor o miedo a Dios pueden provocar una respuesta de excitación en el cerebro. En definitiva, las experiencias religiosas o espirituales intensas, incluidas las místicas, combinan poderosos elementos de felicidad y excitación y pueden evocar actividad en ambas dimensiones del sistema nervioso autónomo.

La teoría polivagal del psicólogo y neurocientífico estadounidense Stephen Porges explica cómo las personas prosperan relacionalmente cuando su sistema nervioso funciona en sincronía con el de los demás. Una triple clasificación en la que interviene el nervio vago describe los estados autonómicos en la medida en que afectan a las relaciones con una sensación de seguridad, peligro o amenaza vital. El vago ventral, dirigido por el córtex, busca un equilibrio simpático-parasimpático, facilitando una sensación de *seguridad* y recompensando la interacción social. El sistema nervioso simpático, puesto en marcha subcorticalmente, genera una sensación de *peligro* e instiga reacciones de lucha o huida, forcejeo y actitud defensiva. El vago dorsal, controlado por el tronco encefálico, evoca una sensación de *amenaza vital* e induce el cierre, la congelación, la vergüenza y la disociación. Los tres estados pueden interactuar y solaparse, y de hecho lo hacen (Afford, 2020).

El tálamo es una estructura central que es un relé clave en el cerebro que conecta muchas partes diferentes y nos permite tener procesos de pensamiento complejos sobre el mundo. Algunos incluso han sugerido que el tálamo puede ser un actor principal en la conciencia humana. Es un relé importante, sobre todo para la entrada de información auditiva y visual en el cerebro. Por tanto, es probable que el tálamo desempeñe un papel fundamental en la percepción de la realidad que nos rodea. Otra estructura pequeña pero central que se ha relacionado recientemente con las experiencias religiosas y espirituales es la región gris periacueductal, cerca del tronco encefálico. Esta pequeña zona suele estar implicada en respuestas integradas a tensiones internas y externas. Recientes investigaciones con imágenes cerebrales (Ferguson et al., 2022) han demostrado que los daños en esta zona reducen el sentido de lo espiritual.

El siguiente conjunto de estructuras a medida que ascendemos en el cerebro se denomina sistema límbico (véase la Figura 2.1). El sistema límbico rodea las estructuras centrales del cerebro mencionadas anteriormente. El sistema límbico consta de varias estructuras importantes y bien conocidas que intervienen en las respuestas emocionales, como la amígdala y el hipocampo. La amígdala se activa cuando algo de importancia motivacional entra en nuestro campo sensorial. Esto se ha asociado frecuentemente con estímulos temerosos o negativos. Oír una alarma de incendios o estar a punto de sufrir un accidente de coche activará la amígdala debido a la intensa reacción de miedo. La amígdala está conectada con el hipotálamo, que activará el sistema nervioso simpático en tal situación. La amígdala también se activa cuando ocurren cosas positivas en nuestro entorno. Ver a un ser querido o a un nuevo cachorro también activará la amígdala. Se puede extrapolar fácilmente la importancia de la amígdala cuando se trata de fenómenos religiosos. Tener reacciones emocionales intensas ante la noción de Jesús o Dios es probable que active la amígdala en función de su importancia y significado.

Figura 2.1. Estructuras del sistema límbico. Se muestran las estructuras del sistema límbico, incluidos el córtex cingulado, la amígdala, el hipocampo y el hipotálamo.

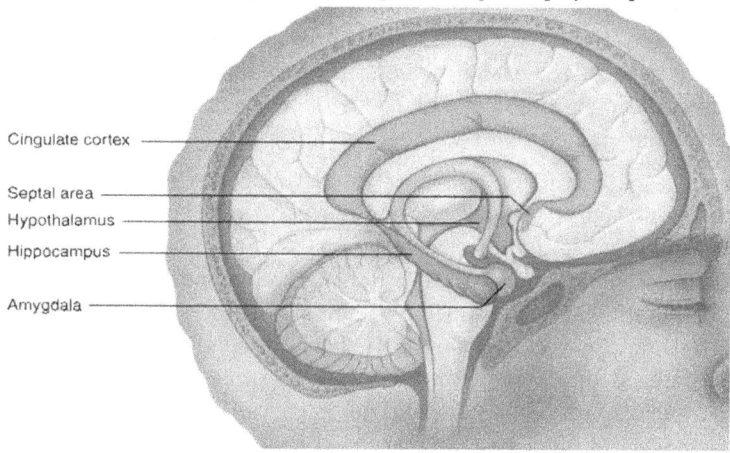

Figura 2.2. Estructuras del neocórtex del cerebro. Estructuras cerebrales implicadas en el procesamiento cognitivo y sensorial superior, incluidos los lóbulos frontal, temporal, parietal y occipital. Se muestran las áreas más específicamente implicadas en la atención, la orientación, el procesamiento verbal, conceptual y visual.

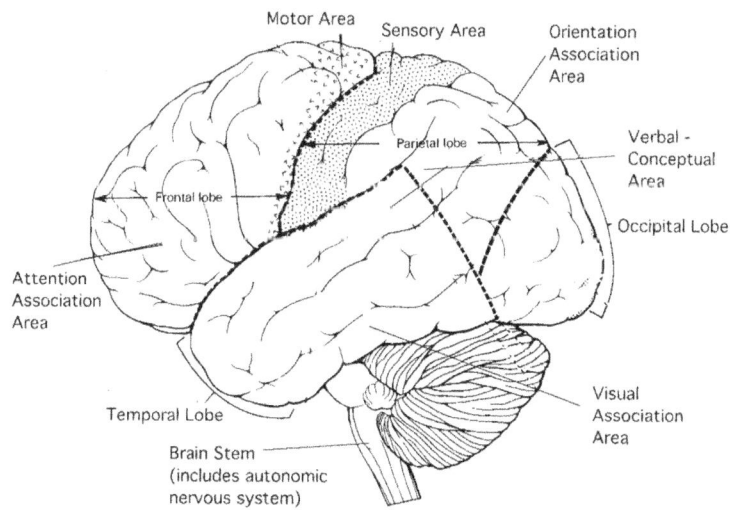

El hipocampo tiende a equilibrar la actividad de la amígdala en lo que respecta a las respuestas emocionales, pero también ayuda a grabar diversos acontecimientos en nuestra memoria (de hecho, el hipocampo se ve especialmente afectado en enfermedades como la demencia de Alzheimer). Tiene sentido que los centros emocionales del cerebro estén estrechamente ligados a la memoria porque nuestro cerebro quiere recordar cosas emocionalmente importantes, tanto positivas como negativas. En el contexto de las prácticas y creencias religiosas, es importante recordar los elementos y principios esenciales de una religión. Además, los rituales y las oraciones activarán estas áreas límbicas para evocar fuertes respuestas emocionales y, en consecuencia, nos ayudarán a recordarlos.

Los procesos cognitivos primarios están vinculados a los cuatro lóbulos principales de la parte externa del cerebro o neocórtex, las regiones cerebrales de desarrollo más reciente (véase la Figura 2.2). En muchos sentidos, son las partes del cerebro que nos hacen humanos. Los lóbulos frontales intervienen principalmente en la concentración y la atención. Muchos estudios cerebrales han demostrado que estas áreas se activan cuando centramos nuestra atención en una tarea determinada, como resolver un problema de matemáticas o encontrar el camino cuando estamos perdidos. Los lóbulos frontales también intervienen en los procesos ejecutivos que tienen que ver con la planificación de nuestro día y de nuestra vida.

Partes del lóbulo frontal, en particular el área de Broca, intervienen en la generación del lenguaje. Cuando tenemos pensamientos, esta parte del cerebro los traduce a un lenguaje que podemos expresar verbalmente. Por último, los lóbulos frontales intervienen en la regulación de nuestras respuestas emocionales. Cuando sentimos una fuerte respuesta emocional en nuestro sistema límbico, los lóbulos frontales ayudan a equilibrar esa respuesta. De hecho, una forma simplista de entender esta relación es considerar los lóbulos frontales y el sistema límbico como lados opuestos de una barra de equilibrio. Cuando uno tiende a subir, el otro tiende a bajar. El punto de apoyo parece ser una estructura situada entre los lóbulos frontales y el sistema límbico llamada giro cingulado. Cuando las personas tienen trastornos de los lóbulos frontales, como un trastorno por déficit de atención, son incapaces de concentrarse; con demencia del lóbulo frontal, son incapaces de planificar su día; o con trastornos de ansiedad, son incapaces de regular sus respuestas emocionales. Como veremos con detalle más adelante, los lóbulos frontales desempeñan algunas funciones importantes en relación con las prácticas y experiencias religiosas y espirituales. Por ejemplo, concentrarse en el significado teológico de una determinada historia de la Biblia o repetir una determinada oración, como el rosario, suele asociarse con la activación de los lóbulos frontales.

Los lóbulos temporales situados a los lados del cerebro, que también albergan el sistema límbico, tienen numerosas funciones cognitivas, como la recepción del lenguaje, la memoria y diversos aspectos del pensamiento abstracto. Algunas de estas funciones parecen estar vinculadas a la parte superior del lóbulo temporal, que está justo al lado del lóbulo parietal y se sitúa más hacia la parte posterior del cerebro. Es a esta región a la que parecen estar asociados muchos procesos de pensamiento abstracto. Pensar en conceptos como la moralidad, la ontología, la epistemología y la teología probablemente estén asociados a la actividad de estas áreas del cerebro.

El lóbulo parietal interviene principalmente en la percepción sensorial, pero también en la representación espacial del yo. Esta zona del cerebro nos ayuda a desplazarnos por una habitación abarrotada para no chocar con la gente al cruzar la puerta. Muchos de nuestros estudios de imágenes cerebrales han demostrado que la disminución de la actividad en el lóbulo parietal está asociada a la disminución de la representación espacial del yo. Esto podría estar relacionado con experiencias religiosas y espirituales comunes, como la pérdida del sentido del yo o la sensación de conexión o unidad con Dios.

El lóbulo occipital está especialmente implicado en el procesamiento visual. Recibe la mayor parte de la información visual primaria de los ojos y nos ayuda a construir una representación tridimensional del mundo que nos rodea. Uno de nuestros estudios (ABN) demostró la importancia del lóbulo occipital para ayudarnos a percibir y comprender símbolos religiosos y espirituales.

Todas estas áreas trabajan juntas, como decíamos al principio, para proporcionar una representación compleja del mundo que nos rodea, así como la conciencia de uno mismo. Hay muchas vías para entender cómo se relaciona nuestro cerebro con diversos fenómenos religiosos y espirituales, y esto es, en gran parte, lo que pretendemos seguir a lo largo del resto del libro, en particular en lo que se refiere a la tradición católica.

Interacción cerebro-alma

Señalamos que las partes de una entidad dependen particularmente de la forma sustancial o alma del ser. Esto significa que la parte de la mente que es el cerebro depende de todo el ser, la persona (Dodds, 2019). Es la persona, no el cerebro, quien piensa, actúa y tiene estados mentales, rasgos y atributos. Los mecanismos y las funciones neuronales del cerebro pueden correlacionarse con las operaciones mentales, pero es la persona quien razona, siente y elige. Esto apunta a una tendencia de la neurociencia a atribuir al cerebro funciones, cualidades y estados mentales que pertenecen a la persona, un error de categoría. Partes del cerebro, áreas o redes pueden correlacionarse neurológicamente con pensamientos o estados mentales, pero el cerebro no piensa, siente ni decide: lo hace la persona. Atribuir a una parte (el cerebro) lo que hace el todo (la persona) puede ser una forma de hablar, pero confunde fácilmente con una falacia mereológica o *con el peligro de la desaparición de la persona* (De Haan, 2020, pp. 66, 57; Bennett y Hacker, 2003). El cerebro proporciona un sustrato neural para poderes espirituales que existen más allá del espacio y el tiempo, capacidades espirituales que se correlacionan con la estructura y la función fisiológicas del cerebro, pero que las trascienden. Es la persona, y no su cerebro, quien mantiene una identidad, una conciencia y una responsabilidad por su vida y sus actos.

Curiosamente, aunque en la visión aristotélico-tomista católica, la dimensión espiritual de la persona -el alma, o el intelecto y la voluntad- no puede reducirse a lo neurofisiológico, en esta vida, los pensamientos y decisiones de la persona dejan huellas neurológicas. La nueva filosofía mecanicista (NMP), un movimiento reciente en la filosofía de la ciencia adopta una postura de reacción al empirismo lógico reduccionista, buscando conexiones ontológicas entre los niveles espiritual y fisiológico. Teóricos como Daniel De Haan (2018), investigador del Centro de Ciencia y Religión de la Universidad de Oxford (Reino Unido), concluyen que "no hay razones de principio para considerar incompatibles la teleología neoaristotélica y los mecanismos de la nueva filosofía mecanicista" (p. 25). La búsqueda de conexiones entre lo fisiológico y lo espiritual que se cruzan en el cerebro humano explorará sin duda este tema complejo e intrigante.

El alma asociada al cerebro

Alma es un término que invita a la reflexión y tiene un pasado largo y variado. El hinduismo cree que el alma se reencarna, pasando de un cuerpo al siguiente. Los egipcios enterraban a sus muertos con objetos para llevárselos al otro mundo. Para los antiguos griegos, el alma era la esencia o núcleo del ser humano, con existencia incierta tras la muerte. Platón pensaba que el alma comprendía los deseos y las emociones, así como la razón. Las nociones occidentales, sobre todo las de San Agustín, consideraban que el alma era inmortal, destinada a influir y guiar al cuerpo (Newberg, 2010, p. 29). *El Catecismo de la Iglesia Católica* (1995) se refiere al alma como "el aspecto más íntimo de los seres humanos, aquello que tiene mayor valor en ellos (cf. Mt 10:28; 26:38; Jn 12:27; 2 Mac 6:30), aquello por lo que son más especialmente a imagen de Dios. Así, 'alma' significa el *principio espiritual* en los seres humanos (*CIC*, 363). El alma, la forma del cuerpo, parece distinta del cerebro, pero el cerebro está estrechamente asociado con el alma.

Para dar sentido a un principio inmaterial que afecta a la fisiología material, como vimos en el capítulo primero, Brown, Murphy y Malony proponen un "fisicalismo no reductivo", en el que "la persona es un organismo físico cuyo funcionamiento complejo, tanto en sociedad como en relación con Dios, da lugar a capacidades humanas 'superiores' como la moralidad y la espiritualidad" (1998, *Whatever Happened to the Soul*). En virtud de un alma, los seres humanos pueden participar en procesos de lenguaje, pensamiento abstracto, memoria, proyección hacia el futuro, empatía y elección de comportamientos no regulados, todas ellas capacidades irreductibles a lo simplemente biológico. La neurociencia, de hecho, puede investigar cada una de estas capacidades humanas. El fisicalismo no reductivo no considera el alma separada del cuerpo, pero sigue reivindicando el materialismo ontológico, lo que lo pone en contradicción con el catolicismo. La neuroteología, respetando las tradiciones teológicas relativas al alma, podría explorar la relación entre el alma y el cuerpo y las formas en que un principio inmaterial podría afectar e interactuar con uno material (Newberg, 2010, pp. 244-245).

La postura católica ante el alma

Hemos señalado que la neuroteología intenta tender un puente entre la ciencia y la teología. Entonces, ¿qué ocurre con las creencias cristianas respecto a la persona humana? La creencia en un alma racional es fundamental para la diferencia entre las visiones neurocientífica y cristiana de la persona (McGoldrick, 2012). "El fundamento de la posición católica descansa en la metodología que va de los efectos a una causa subyacente. (El alma) es una construcción conceptual a partir de los datos de la experiencia compartida de la vida humana" (McGoldrick, 2012, p. 496). La visión católica de la persona humana como espiritual comienza con los conceptos de un alma y una mente racionales. Estos son observables en el libre albedrío y la experiencia de la conciencia.

Los seres humanos hechos a imagen de Dios expresan sus principios espirituales en el intelecto y la voluntad, conociendo y amando. A través de la conciencia humana, la persona se esfuerza por comprender y luego elige libremente los bienes que perseguirá, haciendo de la autodeterminación en las relaciones sociales el medio para la autoidentidad. "Debido a la libertad, los seres humanos son un producto no sólo de sus genes, sino también de sus elecciones autoconscientes, libres y deliberadas" más allá de los procesos neuronales (McGoldrick, 2012, p. 497). Mientras que los animales actúan por instinto o responden a estímulos, los humanos deliberan y deciden sus objetivos morales, si buscan y se adhieren a lo bueno, lo verdadero y lo bello. El valor moral de la vida humana depende de las metas y objetivos que se sigan. La conciencia y el libre albedrío contribuyen al principio espiritual de la persona humana, que se convierte en lo que decide ser mediante elecciones, grandes y pequeñas. Las elecciones afectan no sólo a los individuos, sino también a las sociedades y las culturas, haciendo avanzar a la humanidad en el progreso hacia los ideales. "Y, por último, la vida interior donde uno se encuentra con Dios en la oración, el sentido mismo de uno mismo con la conciencia de su dignidad se experimenta en el momento siempre presente de la conciencia" (p. 485).

Como hemos visto, la filosofía y la teología católicas siguen a Aristóteles y al Aquinate al entender el alma metafísicamente como la forma sustancial o esencia fundacional que hace a la persona viva. Aunque el ser humano no esté plenamente desarrollado, como un feto, o esté incapacitado de algún modo, como los discapacitados físicos o mentales, si tiene lo esencial -un alma- es humano, hecho a imagen de Dios y portador de dignidad humana. *El Catecismo de la Iglesia Católica* enseña que "la unidad del cuerpo y del alma es tan profunda que hay que considerar el alma como la 'forma' del cuerpo (Concilio de Vienne, 1312: DS 902): es decir, es por su alma espiritual por lo que el cuerpo hecho de materia se convierte en un cuerpo vivo y humano; espíritu y materia, en el ser humano, no son dos naturalezas unidas, sino que su unión forma una sola naturaleza" (*CIC*, 365).

Esta observación conecta con el campo de la neuroteología. Puesto que el alma espiritual está unida al cuerpo, incluido el cerebro, estudiar los procesos biológicos del cerebro es estudiar un aspecto del cuerpo que se correlaciona con el alma. Esto puede ser especialmente relevante para entender cómo las personas llegan a tomar decisiones morales en la vida y a determinar qué fe religiosa seguir. Por ejemplo, como describiremos con más detalle a continuación, numerosos estudios han intentado determinar en qué se diferencia el cerebro de una persona religiosa del de una no religiosa, sobre todo en lo que respecta a la toma de decisiones o la observación del entorno externo.

Para los creyentes, la vida consciente e inteligente es más que bioquímica y debe incluir las dimensiones espirituales de la vida. Más allá de la fisiología están las capacidades intelectuales para abstraerse de lo particular a lo general, para imaginar acontecimientos pasados y presentes y proyectarse en el futuro, para generalizar y hacer inferencias, y para juzgar y llegar a conclusiones. La persona humana incluye un alma y una mente racionales que se manifiestan en el libre albedrío. "El libre albedrío y la conciencia están en el nexo de la influencia mutua del cuerpo y el alma, que argumenta a favor de una dimensión espiritual de la personalidad" (McGoldrick, 2012, p. 498).

Santo Tomás de Aquino, en su *Suma Teológica*, llamó al alma un principio de la persona humana, siendo el otro principio el cuerpo. A partir de esta afirmación, llegó a la conclusión de que, puesto que el alma intelectual puede comprender cosas materiales, no debe ser corpórea en sí misma, debe operar separadamente del cuerpo, podría subsistir sin un cuerpo y no puede ser destruida como pueden serlo las cosas materiales (Newberg, 2010).

Puesto que la existencia pertenece a la forma del alma (puesto que el alma es, de hecho, subsistente porque está formada), no puede corromperse. . . Puesto que existir forma parte de la esencia del alma, no puede corromperse. Por tanto, el alma es incorruptible. (*ST* I, q. 75, art. 6) (Daniel, 2013)

¿Podemos saber que la mente o el alma deben ser algo más que materia a partir de un pensamiento más contemporáneo que el de Tomás de Aquino? "El genetista británico J. B. S. Haldane (1892-1964) reflexionaba:

Me parece inmensamente improbable que la mente sea un mero subproducto de la materia. Si mis procesos mentales están determinados exclusivamente por el movimiento de los átomos de mi cerebro, no tengo motivos para suponer que mis creencias sean ciertas. Puede que sean sólidas desde el punto de vista químico, pero eso no las convierte en lógicas. Me veo obligado a creer que la mente no está totalmente condicionada por la materia (1927, 1932, p. 209) (Grassie, 2008, p. 144)

¿Qué dice la teología sobre el alma? Según el *Catecismo de la Iglesia Católica*:

Toda alma espiritual es creada inmediatamente por Dios -no es "producida" por los padres- y es inmortal: no perece cuando se separa del cuerpo al morir, y se reunirá con el cuerpo en la Resurrección final (366)

La conciencia en la neuropsicología

En neuropsicología, la conciencia suele tener dos significados: (1) fisiológico, basado en la neuroanatomía, en términos de un estado cerebral de vigilia, y (2) una conciencia subjetiva del yo y de la realidad. Este último significado se considera más abstracto y sutil, ya que es muy posible estar despierto y al mismo tiempo no ser consciente del entorno e incluso de la propia condición interna. La conciencia como conciencia o autoconciencia es una capacidad desconcertante que es "mucho más difícil de investigar con la neurociencia cognitiva o, para el caso, con cualquier otro método" (Purves et al., 2019, p. 625). La mayor parte del procesamiento neuronal en el sistema nervioso tiende a ser automático, funcionando por debajo del nivel de cognición. Los cambios en la actividad cerebral cuando se redirige la atención son registrables con FMRI y métodos electrofisiológicos.

La neurociencia observa alteraciones perceptivas con afectación de las regiones de orden superior del cerebro que tienen algo que ver con la conciencia. Y hay un hallazgo interesante que indica que, en el procesamiento sensorial, cuando está implicada la conciencia, una señal de alimentación inicial tarda más en volver al área de procesamiento sensorial pertinente. Este movimiento de latencia más larga, denominado activación neuronal *recurrente* o *reentrante*, podría ser un mecanismo neuronal de la conciencia perceptiva. Los estudios de EEG sugieren que "la actividad recurrente en las regiones de procesamiento visual se correlaciona con la conciencia reportada de un estímulo visual, aunque la firmeza del vínculo entre la actividad y la conciencia aún no se ha establecido" (Purves et al., 2019, p. 626).

En general, se reconoce que en la percepción y el pensamiento, la consciencia está asociada con neuronas corticales alteradas en las cortezas de asociación, que combinan información de otros sistemas sensoriales y del entorno. En cuanto a la visión, la neurociencia considera que la acción en las cortezas de asociación visual *es necesaria* pero no *suficiente* para causar conciencia, "y no se ha discernido ninguna firma neural definitoria de la conciencia" (Purves et al., 2019, p. 626).

Los datos clínicos han contribuido a nuestra comprensión de la conciencia fisiológica en los fenómenos de la visión ciega, las condiciones de cerebro dividido, el síndrome del miembro fantasma y las alucinaciones.

La ceguera es una situación patológica en la que un paciente informa verbalmente de que no ve los objetos presentados en la región ciega de su campo visual (denominada "escotoma"). Aun así, cuando el experimentador le obliga a responder a estímulos visuales presentados en su escotoma, las respuestas correctas del paciente son significativamente superiores al azar. Esto implica que la vista se conserva, aunque no sea consciente. Las lecturas electrofisiológicas y de neuroimagen funcional en pacientes con ceguera visual muestran que los estímulos no percibidos sí evocan cierta actividad neuronal en regiones visuales primarias del cerebro (denominadas corteza extraestriada y situadas en la parte posterior del cerebro, en el lóbulo occipital). Esto sugiere que estas regiones son necesarias para un rendimiento adecuado sin conciencia de haber visto los objetos. La ceguera puede deberse a un procesamiento visual a nivel inconsciente, aunque en última instancia se envíe de alguna forma a las partes conscientes del cerebro. "Esta interpretación concuerda con otras pruebas de que el procesamiento subliminal (inconsciente) de la información influye en el comportamiento de todo tipo" (Purves et al., 2019, p. 626).

En los denominados pacientes con "cerebro escindido", el cuerpo calloso que conecta las fibras neuronales entre los hemisferios derecho e izquierdo se corta quirúrgicamente, por ejemplo, para aliviar los síntomas epilépticos graves. Lógicamente, esto daría al individuo dos esferas de conciencia relativamente independientes. Sorprendentemente, el investigador y profesor de psicología Yair Pinto, de la Universidad de Ámsterdam, descubrió que, a pesar de esa cirugía, los individuos funcionan como un único perceptor consciente con una conciencia unificada. Sin embargo, si se les presentan estímulos que aíslan uno u otro hemisferio, se produce una respuesta diferente. Si se presenta la imagen de un martillo al hemisferio izquierdo, que alberga nuestras capacidades lingüísticas, la persona puede decir: "Veo un martillo". Sin embargo, si se presenta al hemisferio derecho, la persona no puede hacer la misma afirmación, pero podría producir el movimiento de la mano al martillar si se le pregunta cómo utilizar el objeto presentado. En cierto sentido, las personas pueden actuar como si tuvieran dos conciencias separadas.

Por último, es posible ser consciente de algo que no existe. Un ejemplo notable es el de la persona amputada que es subjetivamente consciente de la ausencia de un brazo o una pierna, en particular del dolor que le produce, a pesar de que el miembro físico y su entrada sensorial han desaparecido. El fenómeno del miembro fantasma demuestra que el cerebro puede construir activamente percepciones, aunque no haya nada que percibir (Purves et al., 2019).

La ceguera, el cerebro dividido, el miembro fantasma y las alucinaciones apuntan a mecanismos neuronales de la conciencia fisiológica. Pero estas respuestas son insatisfactorias para filósofos y teólogos, así como para algunos neurocientíficos. Puede ser que la neurociencia no encuentre nunca los correlatos neurales de la conciencia como conciencia o autoconciencia, a diferencia de la atención y la vigilia (Purves et al., 2019, p. 629). Dondequiera que nos lleven estos datos, podríamos imaginar cómo afectan estos resultados a la noción del alma, una parte única de cada persona, pero algo que también debe interactuar con el cerebro y la conciencia humana.

La psicología académica ha visto generalmente la conciencia desde una perspectiva materialista como un mecanismo neurobiológico formado por la herencia genética, factores de desarrollo e influencias culturales. Un problema con el materialismo, por supuesto, es que si la conciencia deriva enteramente del cerebro, cuando éste muere, también debería hacerlo la conciencia. Curiosamente, algunos investigadores de la conciencia, tradiciones como el budismo y el hinduismo, y datos de experiencias cercanas a la muerte (Spitzer, 2015) sostienen que la conciencia se extiende más allá del cerebro. De hecho, algunos sostienen que la conciencia impregna el universo y que el cerebro no hace más que conectar con esa mente universal. El abanico que va desde las perspectivas materialistas a las postmaterialistas de la conciencia puede influir drásticamente en la comprensión de las ideas religiosas sobre la persona, la mente y la conciencia. La neuroteología nos pediría que examináramos estas distintas posibilidades, pero también cómo la mente y el cerebro las consideran en primer lugar. ¿Hay algo en el perfil psicológico de una persona que pueda inclinarla hacia una perspectiva materialista en lugar de espiritual, debido en parte de algún modo al sustrato neurológico de su cerebro?

Para resumir esta sección, la investigación sobre la conciencia explora una de las dimensiones más esquivas del cerebro. Mediante la ingeniería de la conciencia, tradiciones espirituales como el hinduismo y el budismo sostienen que los seres humanos pueden alcanzar un estado psicológico o espiritual superior. Incluso podrían alcanzar la iluminación, una meta trascendente para la interacción humana con el mundo (Newberg, 2018b, p. 39). La conciencia parece esencial para ser humano, aunque a la ciencia le resulte difícil explicar claramente qué es, cómo se origina o por qué tenemos esta asombrosa capacidad.

El filósofo y teólogo jesuita Bernard Lonergan (1904-1984) se pregunta por el cerebro y la mente como elementos interactivos de la persona. Se pregunta qué es lo que integra los elementos constitutivos del ser humano. "La respuesta debe ser la conciencia intelectual, la constante entre cerebro y mente". La unión entre mente y cerebro es "inteligibilidad-orden, coherencia" (Helminiak, 2015, pp. 135-136). Dentro de la mente, las sensaciones, las imágenes y las emociones pertenecen a un nivel perceptivo de la realidad. Pero en un nivel superior están las percepciones. "La conciencia trasciende completamente el espacio y el tiempo y es *espiritual*. La inteligibilidad da cuenta de las experiencias trascendentes" (p. 242).

La dimensión espiritual de la persona

Hoy en día no es raro que la gente diga que es *espiritual* pero no religiosa. Espiritual en este contexto no es fácil de definir. Del latín, deriva de *spiritus*, o del verbo *spirare, respirar o soplar*. La idea de ser *espiritual, no religioso*, parece perseguir un "retorno a una conexión original, no mediada y pura con un momento fundacional, una experiencia mística o las enseñanzas de un líder carismático" (Grassie, 2008, p. 129) sin los aditamentos o compromisos de la religión formal. La espiritualidad es inherentemente subjetiva y experiencial. Puede significar:

> (1) un conjunto de opiniones personales sobre el sentido de la vida y/o como parte de algo mayor, (2) experiencias de trascendencia y/o sensación de unidad con todo, o (3) creencias sobre la existencia real de una realidad espiritual mayor. (Schwartz, 2012, p. 584).

Una definición utilizada por muchos es que el término *espiritualidad* se refiere a "la existencia de esforzarse conscientemente por integrar la propia vida en términos no de aislamiento y ensimismamiento, sino de autotrascendencia hacia el valor último que uno percibe" (Schneiders, 1986, p. 266, en Payne, 2022). Un grupo de aproximadamente 80 investigadores científicos que exploraron la relación entre espiritualidad y salud definieron los criterios de espiritualidad como los sentimientos subjetivos, pensamientos, experiencias y comportamientos que surgen de una búsqueda o búsqueda de lo sagrado. La *búsqueda* se refiere a los intentos de identificar, articular, mantener o transformar. *Lo sagrado* se refiere a lo que el individuo percibe como un ser divino, una realidad última o una verdad última (Larson et al., 1998).

El Papa Juan Pablo II observó que la espiritualidad es un aspecto fundamental de toda mente humana, tanto de los que se comprometen con la religión como de los que no. Los científicos, al igual que los miembros de las religiones confesionales, perciben en la persona humana una dimensión espiritual:

> que trasciende la fisiología cerebral y parece dirigir todas nuestras actividades como seres libres y autónomos, capaces de responsabilidad y amor, marcados por la dignidad. (Para los católicos) incluye la labor interpretativa y valorativa de la mente humana, fundamento de esa dimensión espiritual propia de una relación especial con Dios Creador (cf. Gn 2, 7) en quien todo hombre y toda mujer están hechos (cf. Gn 1, 26-27) (Discurso a la Academia Pontificia de las Ciencias, 2003). (Grassie, 2008, p. 157)

También se espera que el vínculo entre la dimensión espiritual y la persona pueda ser importante no sólo desde el punto de vista teológico, sino también práctico o terapéutico.

Terapias para mejorar la conciencia y el bienestar

La tradición católica se refiere a la persona humana como un ser espiritual. Esto contrasta con las opiniones de científicos como Edward O. Wilson, que sostiene que la persona humana es el producto de la evolución material, que da lugar a "máquinas orgánicas" que pueden realizar "logros trascendentes" (Wilson, 1998, p. 121). Según la filosofía y la teología católicas, el cuerpo y el alma forman una unidad compuesta, en la que cada uno influye en el otro. La conciencia mezcla elementos físicos y espirituales. El amor, por ejemplo, comienza con el aprecio por el bien en la dimensión espiritual superior del alma racional. La actividad neurológica correspondiente se registraría en los lóbulos frontales del cerebro y luego afectaría a las emociones en el sistema límbico del cerebro. Se producen cambios fisiológicos en la química sanguínea y otros sistemas corporales. El amor tendría que ser algo más que un sentimiento; debe ser espiritual porque el amor puede llevar a la libre elección de donación al objeto amado, a otra persona o a un propósito, incluso hasta el punto del autosacrificio virtuoso (McGoldrick, 2012, p. 488).

Terapias como la terapia cognitivo-conductual (TCC) demuestran, gracias a abundantes investigaciones, que la cognición puede reformularse para aproximarse más a la verdad, de modo que el comportamiento pueda reconfigurarse en una dirección más saludable. Las personas adictas pueden superar poderosas compulsiones mediante estrategias de coping, la ayuda de padrinos, la asistencia a reuniones y el alejamiento de las circunstancias que pueden llevar a una recaída. Según el enfoque de la TCC, si la mente puede razonar, la voluntad puede tomar decisiones libres. Sin embargo, puede estar limitada por la ignorancia, el desorden, el miedo, la fuerza o la pasión. Se está realizando un valioso trabajo para integrar la postura católica sobre la persona humana con la psicología clínica (Brugger, 2009; McGoldrick, 2012, p. 488) (cf., Vitz, Nordling, y Titus, 2020, *Modelo católico-cristiano de la persona*).

Preguntas de estudio

1. ¿Cree que la cultura contemporánea tiende a dar prioridad a los descubrimientos de la neurociencia sobre los principios de la teología? Explíquelo.
2. ¿Por qué es necesaria la humildad en un tema como la neuroteología?
3. Teniendo en cuenta que volveremos a los términos básicos de forma cíclica, basándonos en definiciones de diversos puntos de vista, ¿qué es *la mente*? Explícalo filosóficamente en un contexto histórico.
4. ¿Cuáles son los principales lóbulos del cerebro y sus funciones predominantes?
5. ¿Cuál es la concepción tomista *del alma*?
6. ¿Cómo se relaciona el alma con el cerebro?
7. ¿Qué es *la conciencia*? Explícalo con datos fisiológicos.
8. ¿Cómo explicaría la dimensión espiritual de la persona?
9. Explicar cómo las terapias psicológicas pueden mejorar el bienestar.

Notas finales

[1] Véase d'Aquili, E. G., y Newberg, A.B. (1999). *The mystical mind: Probing the biology of religious experience*. Minneapolis, MN: Fortress; Moll, J., & Oliveira-Souza, R. (2007). Moral judgments, emotions, and the utilitarian brain. *Trends in Cognitive Science, 11*, 319-321; Gazzaniga, M. S. (2005). *The ethical brain*. New York: Dana; Talbot, M. (2007, 2 de julio). Duped: ¿Pueden los escáneres cerebrales descubrir mentiras? *New Yorker*, 52-61; Fisher, H. E., Aron, A., Mashek, D., Li, H., Brown, L. L. (2002). Definición de los sistemas cerebrales de la lujuria, la atracción romántica y el apego. *Archives of Sexual Behavior, 31*, 413-419; Bartels, A., & Zeki, W. (2000). The neural basis of romantic love. *Neuroreport, 11*, 3829-3834.

[2] Para más información, véase Juergensmeyer, M. (2000). *Terror en la mente de Dios: The global rise of religious violence*. Berkeley, CA: University of California Press.

Capítulo 3
Consideraciones epistemológicas y fe

Neuroteología y metafísica

Desde el punto de vista católico, un aspecto central de la neuroteología es el modo en que el alma se relaciona con el cerebro. En este capítulo estudiaremos cómo situar la neuroteología en un marco metafísico. Para la epistemología y la teoría del conocimiento, seguiremos al filósofo católico francés Jacques Maritain (1882-1973). Hay otros epistemólogos contemporáneos de la virtud que podríamos considerar. Nos centramos en Maritain por ser un filósofo católico tomista cuya exposición de los *grados del conocimiento* nos ayuda a comprender cómo la neurociencia y la teología se relacionan con el orden general del ser. Exploraremos el realismo y los órdenes del conocimiento, la ciencia y la filosofía naturales. Luego seguiremos a Lonergan, a quien presentamos en el capítulo segundo como un filósofo católico tomista relevante para nuestro estudio por sus distinciones en la conciencia humana: organismo, psique y espíritu. Maritain y Lonergan representan a dos filósofos católicos cuyo pensamiento podría ayudar a orientar los descubrimientos actuales en neurociencia dentro de una perspectiva filosófica católica.[1]

La neuroteología es un esfuerzo reciente que aún no se ha establecido plenamente como campo. Hasta donde sabemos, antes de este estudio, la neuroteología aún no se ha considerado ampliamente en conjunción con el catolicismo. Tomás de Aquino, Maritain y Lonergan parecen estar entre los filósofos católicos conocidos que podrían contribuir a un diálogo neurociencia-teología. Pueden o no ser las mejores opciones para demostrar una perspectiva católica. Las sugerencias de otros pensadores católicos son bienvenidas. Este capítulo puede parecer demasiado técnico. Es necesario definir términos y explicar fundamentos. Es de esperar que el esfuerzo y la paciencia se traduzcan en una gratificante sensación de claridad en áreas en las que, de otro modo, podrían reinar la ambigüedad y la perplejidad. Si una explicación de los fundamentos metafísicos resulta demasiado tediosa, el lector tal vez desee saltar a la antropología y epistemología tomistas de Lonergan.

Hemos visto en el capítulo segundo (Cuerpo-alma y mente) cómo *la mente*, a partir de la referencia de Agustín en *De trinitate*, no aparecía en la *Suma Teológica* del Aquinate, donde se dice que el alma comprende el intelecto y la voluntad. También abordamos brevemente el problema alma-cuerpo (o, comúnmente, mente-cuerpo).

Definición de términos

Para este estudio es necesario aclarar algunos términos básicos desde una perspectiva tomista. *Alma, cuerpo, intelecto, voluntad, afectividad/emociones, mente, persona* y *yo* adoptan hoy diversos significados según el contexto. Nos conformaremos con los siguientes significados sencillos, aunque se podría decir más.

El alma es el principio formal de la actualidad de la persona humana viva, la forma sustancial que une dos principios: el intelecto y la voluntad (Dodds, 2014). *El cuerpo* es el principio material fisiológico de la persona humana, incluido el cerebro como órgano integrador primario.

El pensamiento clásico y cristiano entiende que *el intelecto* se compone de *ratio* e *intellectus*. La *ratio* es un razonamiento activo, lógico y discursivo que trabaja para definir, formar conceptos y llegar a deducciones. *El intellectus* recibe pasivamente una visión filosófica, espiritual o contemplativa de la realidad, orientada hacia la verdad. El conocimiento genuino de la realidad requiere tanto de la *razón* como del *intelecto* (Pieper, *El ocio como base de la cultura*, 1952, pp. 6-11, en Trepanier, 2017). *El intelecto* es la capacidad espiritual del alma humana con las habilidades de razonar, fabricar herramientas, usar el lenguaje, hacer arte y poesía, participar en la religión, establecer la cultura, seguir códigos morales y dedicarse a la autorreflexión (Dodds, 2014, pp. 40-43).

La voluntad es la capacidad de decisión, dependiente del intelecto y orientada hacia el bien.

La afectividad o las *emociones*, según el Aquinate, son movimientos del alma. Pueden reaccionar a través de la cognición al bien o al mal sensorial aparente (concupiscible) o al sentido arduo del bien o del mal (irascible). Tomás de Aquino clasificó las emociones en amor, deseo, placer o alegría, odio, aversión, dolor o angustia, esperanza, desesperación, miedo, coraje e ira. Esencialmente psicosomáticas, provocan cambios de comportamiento y no son posibles en seres sin cuerpo como los ángeles o Dios (*ST* I-II.22.3, Tomás de Aquino, trad. 1948) (Knuuttila, 2022). "Emoción" (Dixon 2003) era un término de psicólogos de principios del siglo XIX. La tradición psicológica cristiana general distinguía entre pasiones y afectos. Las pasiones son respuestas de los sentimientos a estímulos sensoriales compartidos con los animales, asociados con la tentación o la bajeza moral. Los afectos derivan del apetito intelectual o la voluntad y las capacidades psicológicas compartidas con los ángeles y Dios. Algunos ejemplos son la compasión, la alegría, la esperanza, la gratitud, la contrición y otros movimientos religiosos del alma (Roberts, 2021).

La mente es una facultad del alma. En la filosofía moderna, desde el siglo XVII, se ha hecho más hincapié en el empirismo, la intencionalidad y la conciencia que en el alma. En la segunda mitad del siglo XX, la filosofía de la mente se ha convertido en uno de los temas de interés filosófico más activos (Crawford, 2011, p. 2). Hoy en día, el debate sobre la mente suele tener un aspecto empírico y puede incluir "áreas como la psicología, la neurociencia, la lingüística, la psicología y la biología evolutivas y la informática" (p. 5).

Persona y yo

Persona y *yo* son términos que representan cada una de las "dos grandes ideas", según la filósofa católica Linda Zagzebski (2021), que han configurado la percepción occidental del mundo y del individuo desde la Antigüedad y la Edad Media hasta la actualidad. Los términos *persona* y *yo*, tal y como los entendemos hoy en día, se desarrollaron en el contexto de grandes movimientos ontológicos y teológicos históricamente condicionados que Zagzebski considera las dos grandes ideas.

La primera gran idea en todo el mundo occidental premoderno, basada en la metafísica y la teología, fue que "existe una Ley Eterna de la razón divina para gobernar todo el universo" (*ST* I-II, q. 91, un corpus)" y que el universo comprende una estructura de formas para el mundo físico y no físico (Zagzebski, 2021, pp. 54-55). Doctor de la Iglesia El Papa León Magno (c. 400-461) extendió la designación del Imperio Romano de personas como ciudadanos varones de calidad a todos los humanos porque todos están hechos a imagen y semejanza de Dios (Sermón 21) (Zagzebski, pp. 105-106). El filósofo Boecio (c. 470-524) definió a la persona como "una sustancia individual de naturaleza racional" (Zagzebski, p. 5). El Aquinate (1225-1274) estaba de acuerdo: "'Persona' significa lo más perfecto de toda la naturaleza, que es la racionalidad" (*ST* I, q. 29, art. 3 corpus). (Más adelante trataremos el caso de las "personas" que no ejercen la racionalidad). La racionalidad, distintiva del ser humano, se extiende preeminentemente a Dios y le reconoce un estatuto de dignidad ontológica, social y moral.

El filósofo italiano Pico della Mirandola (1463-1494), en su *Oración sobre la dignidad del hombre*, asoció la dignidad humana principalmente con el poder de la libre elección y la autodeterminación. El énfasis en la autonomía sentó las bases de la segunda gran idea, según la cual la razón no importaba principalmente en la mente de Dios, sino en la mente humana individual (Zagzebski, pp. 90-91).

La Reforma y la Revolución Científica (siglos XVI a XVIII), precedidas de la desintegración social con la peste negra (siglo XIV), contribuyeron a un cambio filosófico en el que la teología dejó de ser central en la concepción occidental del mundo y del individuo. Con su método de la duda, Descartes sólo estaba seguro de su mente y su conciencia. Invirtiendo el orden fundamental del conocimiento, conocía su mente, luego a Dios y después el mundo (Zagzebski, 2021, p. 67). El arte y la literatura se centraron ahora en el individuo en lugar de subordinarse al orden metafísico y teológico del ser. La ciencia empírica siguió el ejemplo, al igual que la noción política de un contrato social compuesto por individuos autónomos que se autogobiernan. Aunque una persona siempre es un yo, *el yo* ha alcanzado preeminencia. El individuo consciente de sí mismo alcanzó "dignidad por el valor de (su) subjetividad única" (p. 18).

Vimos en el capítulo segundo que el catolicismo utiliza la metafísica hilemórfica aristotélico-tomista para entender la persona humana como compuesta de dos principios unidos en una sola persona. Los dos principios son la "materia primaria" y la "forma sustancial". *Materia primaria* significa la *posibilidad de ser-un* cuerpo. *La forma sustancial -el alma-* es lo que hace de la persona una sustancia particular. El alma y el cuerpo interactúan como una sola entidad. Por supuesto, esto plantea la cuestión filosófica, teológica y científica más amplia de cómo se relacionan los conceptos de alma y cuerpo. Consideramos las similitudes y distinciones desde una perspectiva católica. La neuroteología también incluye otras religiones y perspectivas que describirían el alma desde diferentes puntos de vista.

Interpretación de los datos

¿Cómo afecta la explicación metafísica a las interpretaciones de los resultados experimentales neurocientíficos? La neuroteología descubre que los escáneres cerebrales muestran patrones de activación distintivos durante las prácticas espirituales o cuando las personas tienen experiencias espirituales. Es posible concluir, como hacen algunos, que lo que atribuíamos a la actividad de Dios eran, en realidad, sólo efectos electroquímicos. Un entrevistador me planteó la pregunta (A. B. N.),"Algunas personas podrían pensar que reducir los estados espirituales a circuitos cerebrales es reduccionista, que reduce estos estados a disparos químicos en lugar de experiencias que revelan la verdad y se refieren a alguna realidad elevada. ¿Qué opina usted?"

> –Creo que depende de cómo se interpreten esos datos. Algunas personas dicen: 'Vale, aquí está el escáner cerebral; no hay nada más en estas experiencias que lo que ocurre en el cerebro'. Y otros dicen: 'Por supuesto, puedes ver estas experiencias en el cerebro. Si Dios te está hablando, se verá en el cerebro'. No creo que el reduccionismo sea necesario. Se trata de cómo experimentamos la realidad y qué es la realidad en realidad" ("¿Cómo experimenta Dios el cerebro? Entrevista sobre neuroteología con Andrew B. Newberg" en Smith, 2017, p. 37).

Los escáneres cerebrales examinan el funcionamiento físico del cerebro. Es importante no hacer la suposición puramente científica de que lo que no se puede percibir y medir no existe o que la ciencia es la única forma legítima de adquirir conocimiento. Las referencias a Dios tienen que venir de otro saber. La neuroteología intenta extender la interpretación más allá de la neurociencia, hacia la filosofía y la teología. Hemos visto en el capítulo segundo y continuamos en este capítulo un esfuerzo por aclarar las formas de interpretar y comprender los datos neurofisiológicos desde una perspectiva católica.

Epistemología: Teoría del conocimiento

¿Cómo experimentamos la realidad? ¿Cómo sabemos lo que es real? Por lo general, se entiende que la epistemología deriva de la metafísica: cómo entendemos qué es la realidad y cómo está estructurada y ordenada.[2] Según Jacques Maritain, posiblemente el filósofo católico contemporáneo más conocido a su muerte en 1973, todo cuestionamiento humano tiene al "ser" como objeto formal de la mente (*Prefacio a Metafísica*, 1939, p. 25, en Sweet, 2019).[3] Influyente en la restauración del tomismo para la época contemporánea, Maritain fue autor de más de 60 libros y destacó en la elaboración de la Declaración Universal de los Derechos Humanos de las Naciones Unidas (1948). Su contribución a la Declaración Universal que la Asamblea General de la ONU adoptó por unanimidad demuestra que una visión contemporánea del mundo con énfasis en los derechos humanos comunes no tiene por qué entrar en conflicto con la primera gran idea premoderna fundamentada metafísicamente (Zagzebski, 2021). Maritain diferenció entre los niveles del ser que alcanza el intelecto humano. El primero que se alcanza es el ser sensible -el trabajo del científico empírico- y luego los niveles de las matemáticas, la filosofía, la teología y la mística. La metafísica busca y explora *la causa* del ser: Dios, el acto subsistente de existir. Maritain enfatizó la precedencia de la metafísica sobre la epistemología y sostuvo que el objeto a conocer determinaba la organización y los métodos de las diferentes ciencias (Sweet, 2019).

Como hemos visto, la epistemología desde una perspectiva católica es preferentemente aristotélico-tomista. Maritain sostenía que la metafísica estudia los primeros principios y las causas últimas de las cosas (*El crepúsculo de la civilización*, 1942, p. 27). Al analizar la naturaleza y los seres sensibles, incluidos los seres humanos, Maritain siguió al Aquinate al distinguir materia y forma. La forma designa la naturaleza o esencia; la materia determina la individualidad. A partir de la metafísica, la epistemología aborda la naturaleza de la persona que conoce y su relación con el mundo conocido, así como el modo en que las personas se conocen a sí mismas y a los demás (Crawford, 2011, p. 2). La epistemología puede caracterizarse como la teoría del conocimiento, cómo se alcanza y si las opiniones y creencias están justificadas (Stanton, 2023).

Por lo general, la neurociencia depende del método empírico más que de la filosofía. El empirismo sostiene que la experiencia por sí sola -la experiencia sensorial que implica a nuestros cinco sentidos o la experiencia reflexiva que incluye la conciencia de nuestras operaciones mentales- proporciona información y conocimiento. El problema es que nuestra noción de causalidad deriva de la expectativa basada en la experiencia de la concurrencia consistente de causas y efectos similares (Markie y Folescu, 2021, pp. 1, 15). La causalidad puede experimentarse porque nuestros sentidos están informados por la inteligencia, del mismo modo que cuando vemos a un ser humano, entendemos que es una persona. Sin embargo, con los puros sentidos externos, sólo vemos una configuración empírica. En general, como hemos visto, la ciencia propone hipótesis y experimentos con variables mensurables para determinar y validar conclusiones sobre el mundo observable.

La teología suele asociarse más con la filosofía que con el empirismo. Al considerar la epistemología -nuestro modo de conocer- esperamos obtener ideas que sean útiles para comprender la mente y el cerebro desde un punto de vista filosófico, con el fin de explorar mejor las posibilidades de la neuroteología desde una perspectiva católica. Comenzamos con la consideración del realismo, una visión aristotélico-tomista del conocimiento humano. [4]

Hay otras posiciones y tradiciones filosóficas operativas a lo largo de la era moderna que podrían apoyar la neuroteología. El filósofo católico Zagzebski reflexiona que "casi todas las formas de epistemología que se ofrecen hoy en día son compatibles con la doctrina católica, con la excepción de los enfoques puramente naturalistas" (comunicación personal, 20 de septiembre de 2022). Por ejemplo, como hemos visto en el capítulo segundo, el Papa Juan Pablo II tomó nota del énfasis actual en la conciencia y abogó por un enfoque fenomenológico para complementar la filosofía tomista. La fenomenología realista investiga la experiencia consciente "desde el punto de vista subjetivo o de primera persona" (Smith, 2013, Introducción, párr. 1). La experiencia puede incluir:

> la conciencia temporal (dentro de la corriente de conciencia), la conciencia espacial (sobre todo en la percepción), la atención, la autoconciencia, el yo en diferentes roles, la acción encarnada, el propósito o la intención, la conciencia de los demás (en la empatía, la intersubjetividad, la colectividad), la actividad lingüística (que implica significado, comunicación, comprensión), la interacción social y la actividad cotidiana en nuestro mundo de vida cultural (Sección 1, párrafo 7)

La filosofía de la mente se ha centrado recientemente en las formas en que la experiencia consciente y la intencionalidad se basan en un sustrato neural.

Realismo

Maritain mantuvo una postura que denominó "realismo crítico", según la cual lo que la mente conoce es lo mismo que lo que existe. Se oponía así a los sistemas de conocimiento racionalistas y empiristas, *como las filosofías modernas del kantianismo y, más en general, del idealismo*, que sostienen que la mente crea sus nociones universales. Maritain sostenía que conocemos la realidad a través del *concepto*, recibiendo pasivamente las impresiones de los sentidos y construyendo activamente el conocimiento a partir de las impresiones. El intelecto abstrae de las impresiones de los sentidos, la esencia inmaterial de la cosa que entonces existe en la mente (véase Deely, 1997; Muñoz, 2012). Maritain sostuvo que el conocimiento se basa en el objeto a conocer dentro de los diversos órdenes del conocimiento -sensible, matemático, filosófico o místico- y el *grado de abstracción* involucrado (Sweet, 2019). Comprender el orden del conocimiento nos ayuda a ver, desde una perspectiva global, dónde y cómo se aplica nuestro conocimiento a los diversos campos de estudio.

Órdenes de conocimiento

Primera ciencia natural. El conocimiento de la naturaleza sensible, campo de la ciencia experimental, es distinto del conocimiento metafísico. La ciencia se esfuerza por articular leyes que reflejen características regulares de los objetos sensibles, utilizando lo que Maritain llama un enfoque *empiriológico* (cf. *Grados de conocimiento*, 1932/1959, pp. 178-180; *Filosofía de la naturaleza*, 1935/1951, p. 49). "Un análisis empiriológico es un enfoque no filosófico y no ontológico de la comprensión de los seres naturales que no busca conocerlos 'en términos de su tipo de ser o realidad', sino sólo 'en términos de sus manifestaciones empíricas' (Carlson, 2012, p. 37)" (Sweet, 2019).

Segunda filosofía de la naturaleza. La filosofía de la naturaleza abarca desde el conocimiento de las características individualizadoras de los objetos naturales hasta una disciplina que investiga las causas y relaciones esenciales. La filosofía de la naturaleza se centra no sólo en lo físico, sino también en la esencia. La filosofía de la naturaleza hace algo más que estudiar las ciencias físicas en sus planteamientos y descubrimientos. Considera las naturalezas o esencias de las cosas, las clasifica en clases y busca principios subyacentes. Este es el conocimiento en el primer *grado de abstracción* (Sweet, 2019). El conocimiento filosófico se distingue de las ciencias naturales y las matemáticas y es una disciplina con formas establecidas para sustentar este tipo de conocimiento (*Range of Reason*, 1948/1952, p. 5).

Maritain observó que la filosofía de la naturaleza es especulativa en la búsqueda de los primeros principios de sus objetos: *seres* corpóreos, conscientes y *en movimiento*. Se centra especialmente en el movimiento, la sustancia corporal (materia y forma), la vida y los elementos básicos de los organismos. La filosofía natural es una rama especulativa de la filosofía que se ocupa de los seres sensibles, distintos de las ciencias empiriológicas en cuanto observables y mensurables. Sus conclusiones requieren confirmación por los datos de los sentidos. Sus reflexiones se extienden más allá de la ciencia, pero no alcanzan la metafísica. La filosofía de la naturaleza implica "un conocimiento cuyo objeto, presente en todas las cosas de naturaleza corpórea, es el ser móvil como tal y los principios ontológicos que dan cuenta de su mutabilidad" (*Grados de conocimiento*, 1932/1959, p. 197). Maritain afirma que:

> pertenece a la filosofía de la naturaleza instruirnos sobre la naturaleza del continuo del número, la cantidad, el espacio, el movimiento, el tiempo, la sustancia corpórea, la acción transitiva, la vida vegetativa y sensitiva, del alma y sus potencias operativas (1932/1959, p. 186, en Sweet, 2019)

por lo que se sitúa en el mismo nivel de abstracción que las ciencias naturales.

Puesto que la humanidad está incluida entre los objetos naturales, la psicología es la categoría en el punto culminante de la filosofía natural. Y surge la cuestión del alma. Maritain escribe:

> Un alma espiritual no puede corromperse, ya que no posee materia; no puede desintegrarse, ya que no posee partes sustanciales; no puede perder su unidad, ya que es autosubsistente, ni su energía interna, ya que contiene en sí misma la fuente de sus energías. El alma humana no puede morir. Una vez que existe, no puede desaparecer; necesariamente existirá para siempre y perdurará sin fin. (1953, p. 60)

Maritain refleja la posición católica:

> La Iglesia enseña que toda alma espiritual es creada inmediatamente por Dios -no es "producida" por los padres- y que es inmortal: no perece cuando se separa del cuerpo al morir, y se reunirá con el cuerpo en la Resurrección final. (*CIC*, 366)

La ciencia empírica se ocupa de lo observable y mensurable; la metafísica trata de seres puramente inteligibles. Intentar utilizar la demostración científica para determinar o criticar el conocimiento metafísico supondría un error de categoría. Maritain se opuso a las epistemologías empiristas que hacen esto (Bennet y Hacker, 2003, p. 406). La neuroteología intenta encontrar puntos de convergencia entre los niveles de abstracción: los datos empíricos sobre el sistema nervioso central y la filosofía natural, incluyendo el alma y la psicología. La neuroteología, en su relación con el catolicismo, busca una epistemología que se abra a una metafísica integral que pueda dar cabida a la teología cristiana basada en la revelación. El catolicismo sostiene que no hay contradicción real entre ciencia y fe. El reto consiste en encontrar un terreno común entre los niveles de abstracción y en reflexionar y generar nuevos conocimientos beneficiosos evitando al mismo tiempo un error de categoría.

Antropología y epistemología tomistas de Lonergan

El filósofo jesuita canadiense Bernard Lonergan desarrolló una epistemología o teoría del conocimiento basada en la metafísica aristotélico-tomista, un proceso universal de conocimiento humano que podría llegar a conocer la realidad tal y como es correctamente. Como ya se ha señalado, Lonergan es relevante para este estudio de la neuroteología por sus distinciones en antropología y epistemología humanas: organismo, psique y espíritu, y sus niveles de conciencia.

Dimensiones de la mente: Organismo, psique y espíritu

Lonergan formuló "un proceso de conocimiento que es natural a nuestras mentes, (que) pertenece a cualquier instancia en cualquier aplicación a cualquier realidad" (Helminiak, 2021, p. 3). Puede aplicarse a todas las disciplinas, enraizado en una descripción fenomenológica del pensamiento humano. La antropología y la epistemología de Lonergan son relevantes para sus distinciones relativas al conocimiento humano: organismo, psique y espíritu. Volveremos sobre el método trascendental de Lonergan en el próximo capítulo sobre metodología. Por ahora, nos gustaría considerar sus útiles ideas como una base para la epistemología tomista.

Como hemos considerado brevemente más arriba, es importante distinguir *el alma* de la *mente*. Hemos visto en el capítulo segundo que la concepción aristotélico-tomista de la persona humana es una entidad única compuesta por dos principios: el cuerpo y el alma. "El alma se considera el núcleo de la identidad humana" (García-Valdecasas, 2005, p. 292). ¿Dónde encaja la mente? Según Aristóteles, nuestra alma se caracteriza principalmente por la racionalidad -la propiedad que expresa la capacidad humana de pensar, incluyendo, en el contexto medieval, también la libertad y la voluntad (p. 298). El alma es un principio de la persona humana, y la mente o intelecto es una propiedad del alma. Tomás de Aquino siguió a Aristóteles, que descartó la creencia de que el alma fuera el sujeto de las actividades:

> Decir que el alma se enfada es como decir que el alma teje o construye. Pues seguramente es mejor no decir que el alma se compadece, aprende o piensa, sino que el hombre hace esto con su alma" (Aristóteles, *De Anima*, p. 6)

El pensamiento no se atribuye a un alma, sino a una persona *con* su alma. Entonces, ¿qué ocurre al morir? El Aquinate indicó que "el alma separada conservará después de la muerte el hábito del conocimiento adquirido mientras estaba unida a su cuerpo" (García-Valdecasas, 2005, p. 306), aunque evidentemente no de la misma manera con los sentidos y los fantasmas (*ST* I, Ia, QQ 1-19).

"Puesto que el alma es inmaterial, el intelecto también lo es. Siempre que el Aquinate atribuye al intelecto una determinada propiedad, ésta debe atribuirse también al alma" (García-Valdecasas, 2005, p. 299). "A pesar de que el cuerpo coopera en gran medida con la mente, especialmente suministrando impresiones adecuadas, la cognición (en sí) no concierne al cuerpo" (*ST* I, Ia, QQ 1-119). El intelecto depende del cuerpo, pero percibe algo más que impresiones sensoriales. El intelecto penetra hasta el objeto universal desindividualizado, hasta la esencia de lo que una cosa es. El intelecto conoce las naturalezas espirituales y participa del ser o de la verdad (Maritain, 1953). El intelecto utiliza el cerebro, "sin embargo, el cerebro no es un órgano de la inteligencia; no hay ninguna parte del organismo cuyo acto sea la operación intelectual. El intelecto no tiene órgano. Puesto que la potencia intelectual es espiritual, el principio subsistente del que procede esta potencia (el alma) es también espiritual" (Maritain, 1953, p. 6).

El Aquinate dice que "el alma humana, en razón de su perfección, no es una forma (completamente) fundida en la materia, o enteramente abrazada por la materia (*ST* I, Ia, QQ 1-119)" (p. 300). Sabemos, por supuesto, que nuestro conocimiento viene a través de los sentidos corporales y del cerebro. El Aquinate se refiere aquí a los actos propios del intelecto mismo. Como concluye Lonergan, son propios del intelecto los actos que siguen a la experiencia o encuentro con los datos perceptibles: comprender los datos que experimentan los sentidos, juzgar o verificar la verdad de nuestras conjeturas y decidirnos a perseguir el bien. Según el Aquinate, no tenemos acceso directo al yo. Sólo indirectamente llegamos al conocimiento de nosotros mismos y de que tenemos alma al percibir que existimos, percibimos cosas, comprendemos y realizamos otras actividades (*ST* III, IIa-IIae, QQ 1-148).

La psicología contemporánea, en particular las teorías de Freud sobre el impacto de los impulsos inconscientes en la elección y la personalidad humanas, tiende a hacer hincapié en la autoconciencia. Sin embargo, el Aquinate observó que el alma no es un ser humano completo; yo no soy idéntico a mi alma. "Mi alma no soy yo" (Tomás de Aquino, 1953, Super primam epistolam ad Corinthios lectura. En R. Cai (ed.), *Super Spistolas S. Pauli lectura*, Vol. 1, p 411, en Kenny, 1988, p. 27). Aristóteles y el Aquinate observan que, a partir de la experiencia de los datos de la realidad, los actos mentales dan lugar a la autoconciencia, pero la autoconciencia no es equivalente al intelecto. Ni el ego ni la autoconciencia son almas.

Debemos distinguir entre *egos* y *yoes*. *Ego* puede referirse a un centro de pensamiento consciente, mientras que *yo* significa persona, una entidad única con dos principios, cuerpo y alma. "La persona que somos es la unidad singularizada de espíritu/cuerpo, que con la conciencia se experimenta subjetivamente como un yo (una identidad fenomenológica), con una historia (identidad narrativa), que es siempre una persona corpórea mientras está viva (identidad ontológica)" (Sanguineti, 2022, p. 8). La persona humana tiene un alma con una propiedad de intelecto, que a veces tiene conciencia de sí misma, pero algunos seres humanos no son capaces de pensar. Puede tratarse de embriones que aún no están listos para nacer, o pueden estar en coma debido a graves daños cerebrales. No serían conscientes de sí mismos, ni siquiera racionales, pero serían seres humanos. Tomás de Aquino probablemente estaría de acuerdo en que los humanos somos *yoes*, pero no en que seamos siempre *egos* autoconscientes (García-Valdecasas, 2005, p. 55). También distinguimos entre las dimensiones externa e interna, de primera y tercera persona del yo. En religión, el modelo estándar de la persona humana es "cuerpo y alma", y en psicología, "cuerpo" y "mente" (Helminiak, 2015, p. 250). La filosofía y la psicología del Aquinate son útiles para hacer estas distinciones.

Pasemos ahora a la epistemología aristotélico-tomista de Lonergan, que es útil porque se basa en la filosofía tomista. Lonergan intentó extender el método científico a todas las áreas de la investigación humana, considerando tanto los datos sensoriales derivados externamente como la información interior de la conciencia. Desarrolló cuatro preceptos trascendentales, no restringidos culturalmente, que pertenecen a todos los dominios de la realidad: *estar atento, ser inteligente, ser razonable y ser responsable* (Jones, 2015). Y hace distinciones antropológicas que aclaran los niveles de la conciencia humana.

La neuroteología, en la yuxtaposición de la neurociencia con la teología, se pregunta si un fundamento antropológico en la dinámica del alma humana apoyaría tal teoría. La teoría de Lonergan muestra cómo lo hace. Su *método empírico generalizado* (MEG) ofrece percepciones sobre un conjunto de actividades cognitivas, seguidas de la verificación personal de las percepciones y las formas en que utilizamos los valores para tomar decisiones morales (Dunne, 2003). Lonergan reflexiona sobre los niveles de conciencia. Su GEM considera un modelo tripartito para la mente: organismo, psique y espíritu. "La reflexividad animada y sensitiva y la sensación pertenecen a lo humano como *organismo*; la receptividad perceptiva, como *psique*; y la conciencia intencional, como *espiritual* (cursiva añadida)" (Helminiak, 2015, p. 251). Los tres niveles pertenecen a alguna forma de *conciencia*.

La dimensión primaria de la mente para todos los organismos vivos (animales) es la *reflexividad animada,* su sensibilidad a los estímulos. La reflexividad animada puede ser (1) *reflexividad sensitiva*, como la de los órganos sensoriales específicos de algunos animales, y (2) *receptividad perceptiva*, que los animales superiores comparten con los humanos: emociones, imágenes, conación (inclinación, impulso o deseo innatos) y memoria. A *nivel de organismos*, incluido el cerebro neurofisiológico, los humanos comparten con *los animales* una conciencia sensible extravertida.

Existen diferencias en la cognición entre los seres humanos y los animales. El estudio microscópico del cerebro humano a nivel celular ha encontrado "estructuras neuronales, cableado mejorado y formas de conectividad entre las células nerviosas que no se encuentran en ningún animal" (Premack, 2007, p. 13861). La cognición no se evalúa con microscopio, sino comparando casos. Se han encontrado grandes disimilitudes entre humanos y animales en áreas como el razonamiento causal, la enseñanza, la planificación, la memoria a corto plazo y la teoría de la mente. El siguiente reto es encontrar diferencias a nivel celular entre los cerebros humano y animal (p. 13867). En los seres humanos, *la psique* está estrechamente asociada con algún nivel específico del organismo -el cerebro- en el que la percepción sensible encuentra datos. Estos datos se utilizan después para desarrollar nuestros niveles de conocimiento.

Niveles de conocimiento

Lonergan observó que nuestra atención a nuestro funcionamiento intelectual, nuestra "autoapropiación" (1957/1992, pp. 2-21) revela estos componentes: experiencia, comprensión y juicio (1957/1992, 1980-1990), seguidos de un cuarto implícito en sus obras posteriores (Dadosky, 2010, p. 768), valoración y ética en el comportamiento. Basó su epistemología en lo que podrían considerarse cuatro niveles de conciencia: experiencia, comprensión, juicio y decisión. En otras palabras, prestar atención a los datos de la experiencia, tratar de comprender el significado inherente a la realidad, determinar si sus conclusiones son acertadas y perseguir el bien.

En primer lugar, *la experiencia*. La experiencia humana de los datos con los que nos encontramos corresponde a los primeros niveles de conciencia. Lonergan (1967d, 1957/1992) sigue a Aristóteles al mostrar que en el primer nivel de la conciencia humana (*experiencia* del encuentro con los datos), las percepciones son formadas por la mente en *imágenes*, término que incluye más que lo visual, todos los fantasmas perceptivos, psicológicamente conocidos como "representaciones" (por ejemplo, Pylyshyn, 1973; Podgorny y Shepard, 1978). A partir de las representaciones de los datos percibidos, la psique busca la comprensión mediante la indagación. Lonergan sostuvo que *los datos de la conciencia* (1957/1992, p. 299) son tan válidos en el dominio de la mente como lo son *los datos de los sentidos* en las ciencias naturales para las entidades físicas (Helminiak, 2015, pp. 18-19). La experiencia funciona con datos que identifican cualquier cosa que deba conocerse o comprenderse, que puede ser cualquier cosa con la que se encuentre un ser humano. Sólo tenemos acceso a la experiencia a través de la conciencia que trabaja sobre los datos de la experiencia (p. 19).

El segundo nivel de conciencia es la *comprensión*. En la comprensión, el insight que se extrae de los datos se capta y comprende intelectualmente. Según Helminiak, la actualización de la conciencia intencional mediante el insight es un acto *espiritual* (2015, p. 251):

> La epistemología de Lonergan puede (dar sentido a la realidad no material) porque identifica lo real no como lo palpablemente experimentable sino como lo significativo/inteligible. No percibimos la inteligibilidad de nada, pero la comprendemos y la afirmamos. Lo mismo ocurre con la mente y la conciencia humanas: a diferencia del cerebro, no se puede mirar, pero se puede comprender y afirmar. (Traska, 2017, p. 282)

A partir de la experiencia de los datos, el ser humano busca la comprensión mediante la verificación del significado. "La perspicacia discierne patrones, orden, coherencia, interrelación, sistematización, explicación donde antes no había nada. La inteligencia capta un nuevo todo, una unidad integrada" (Helminiak, 2015, p. 45). Al encontrar coherencia y explicación, descubrimos inteligibilidad y significado. El intelecto toma su objeto dentro de sí, sin limitaciones temporales o espaciales. "Experimentar el insight es la quintaesencia de la conciencia o dimensión espiritual de la mente" (p. 54). Al captar las relaciones dentro de la experiencia de los datos, la mente consciente utiliza la actividad mental espiritual para generar significado. A través de percepciones, intuiciones e ideas, el conocimiento humano alcanza la realidad tal como es. "La teoría de Lonergan presenta el conocimiento humano como un proceso continuo, siempre abierto a nuevos datos, siempre enfrentándose a nuevas preguntas, siempre corrigiendo errores pasados, siempre añadiendo astillas de conocimiento a una síntesis creciente" (p. 55) hacia el conocimiento del ser, la comprensión correcta de la realidad.

El centro de la dimensión humana de la conciencia llamada *psique* hay una transición clave elusiva y asombrosa: en el acto de la cognición, la mente humana hace uso de *fantasmas* (comunes también a los animales) o *representaciones* emergentes de datos fisiológicos sensitivos en el cerebro. Con capacidad espiritual (es decir, *entendimiento*), la persona comprende intelectualmente el significado o inteligibilidad de los datos.

La indagación afecta a la transición de la conciencia empírica a la conciencia intelectual. La indagación se manifiesta en "preguntas para la inteligencia", como "¿Qué? y ¿Por qué? y ¿Con qué frecuencia?" (Lonergan, 1957/1992, p. 298). Las "percepciones se expresan en conceptos, suposiciones, definiciones, postulados, hipótesis, teorías" (p. 278). (Allen, 2016, p. 452)

Lo que se comprende en última instancia es la realidad tal como es, incluido el reino metafísico. No es un concepto o una construcción inventada por la mente, aunque también podemos inventarnos cosas. [4]

En tercer lugar, el *juicio* (veridicalidad). Sobre los cimientos de la *experiencia* y la comprensión *puede* construirse el tercer nivel de conciencia: el juicio. *El juicio* determina si uno ha comprendido correctamente consultando las pruebas (como en la ciencia). "La comprensión reflexiva 'capta la suficiencia de la evidencia para un juicio prospectivo' (Lonergan, 1957/1992, p. 304)" (Allen, 2016, p. 452).

Según la epistemología de Lonergan, la ciencia pertenece al segundo nivel de conciencia, el *entendimiento*. La ciencia empírica parte de datos y deduce una hipótesis a partir de su explicación. La tarea de la ciencia consiste ahora en verificar mediante la experimentación si la hipótesis es verificable y puede considerarse un hecho, si cuadra con la realidad tal como es (Helminiak, 2015, p. 60). Para este proceso se necesita franqueza y honestidad con respecto a las pruebas. La idea suscitada por el insight necesita un juicio basado en un apoyo probatorio pertinente. Este tercer elemento de la conciencia -*el* juicio- es, al igual que *la comprensión*, un poder mental y espiritual que se basa en los datos de la percepción sensible, pero que no está limitado ni constreñido por ella.

Lonergan se pregunta cuál es la fuerza que impulsa a la persona a afirmar o negar lo que es o no es verdad. Y concluye: "En la raíz del proceso cognoscitivo hay un deseo frío, desapegado y desinteresado de conocer, y su alcance es ilimitado" (1957/1992, p. 376). Quiere decir que el proceso, al menos por intención, no está obstaculizado por prejuicios, deseos e impulsos (p. 404). El deseo de conocer "sin restricciones pretende un objetivo correspondientemente sin restricciones llamado ser, o todo, o todo acerca de todo, o el universo concreto" (p. 380). (Allen, 2016, p. 453).

Es interesante señalar que algunos de los trabajos originales en el campo de la neuroteología proponían un concepto similar, el "imperativo cognitivo" (un término nuevo que no se encuentra en la neurociencia estándar), que tenía que ver con el impulso inherente al ser humano de utilizar nuestros procesos cognitivos. Esto ocurre de forma casi automática. Por ejemplo, si oímos un ruido en casa, el cerebro se pone inmediatamente a pensar qué es y qué debemos hacer al respecto. El cerebro no necesita que le digan nada para ponerse a trabajar. Del mismo modo, utilizamos la mente para resolver todo tipo de problemas, desde las cuestiones cotidianas a las que nos enfrentamos en el trabajo hasta complejas cuestiones metafísicas. Lo importante es que parece existir este impulso natural, tal como sugería Lonergan, de utilizar nuestros procesos cognitivos.

La cuarta es una *decisión* (acción/comportamiento). *Las decisiones* pueden determinar si se actúa o no en función de lo que se ha comprendido. En el cuarto nivel de conciencia, la *decisión,* "uno es responsable si se hace preguntas sobre el valor y toma decisiones sobre la base de auténticos juicios de valor" en pos del bien (Traska, 2017, p. 284). Un movimiento del saber al actuar completa las capacidades de la conciencia. La decisión corresponde a un sentido de responsabilidad. "Este precepto se relaciona con un juicio de valor y pertenece a la ética" (Helminiak, 2015, p. 61).

En el ámbito de la decisión, Lonergan se refiere a una *exigencia trascendental* que es finalmente captada por la preocupación última y da lugar a la conciencia religiosamente diferenciada. Este concepto enlaza con la conceptualización de la religión por parte del teólogo Paul Tillich como algo implicado en las cosas de interés último. Existe "una relación vertical con un Otro trascendente y el compromiso horizontal con el prójimo" (Dadosky, 2010, p. 772). La persona crece idealmente hacia un estado dinámico de ser-en-amor sin restricciones y (verticalmente) afirma al Otro trascendente. Para los cristianos, hay un reconocimiento de que el amor de Dios se otorga en el Espíritu Santo (Rom 5:5), y la persona persigue la santidad (Lonergan, 1972/1990, p. 240-241). La decisión requiere entrega y compromiso también (horizontalmente) con el bienestar de la familia, la sociedad y la humanidad (Dadosky, 2010, p. 771).

En secciones futuras, exploraremos diferentes niveles de conciencia que amplían esta conceptualización de Lonergan y consideraremos cómo se asocian estos niveles con los procesos cerebrales. Desde nuestra capacidad inicial de recibir información del mundo a través de los sentidos hasta nuestra capacidad de comprender y tomar decisiones sobre el mundo, pasando por la conciencia mística, sostendríamos que existen importantes relaciones recíprocas entre el cerebro y estos diferentes niveles de conciencia o consciencia.

Distinciones epistemológicas: Conocimiento descriptivo y explicativo

"La contribución clave de Lonergan a la epistemología fue clasificar e interrelacionar dos tipos básicos de conocimiento" (Helminiak, 2015, p. 157). El conocimiento sensorial, basado en el sentido común, describe las cosas tal y como aparecen a nuestros sentidos; el conocimiento intelectual, científico, explica las cosas utilizando la inteligencia para mostrar cómo se relacionan entre sí. Lonergan (1957/1992) llama a estos dos enfoques descriptivo y explicativo (pp. 107-109, 201-203, 316-317, 320-321) (p. 158).

La persona como una entidad material/espiritual

La experiencia, la comprensión, el juicio y la decisión son propiedades de la conciencia intencional, por lo que son constituyentes de la mente. Son propiedades del ser humano que definen la conciencia y pertenecen a la persona que tiene conciencia intencional (Helminiak, 2015, pp. 157-158). "El ser humano comprende organismo, psique y espíritu y, sin embargo, es una sola cosa. La epistemología es el quid de la cuestión" (p. 159). También argumentaríamos que, aunque se trata de una combinación de propiedades biológicas y espirituales de la persona, siempre existe una importante interrelación que puede estudiarse. Esta capacidad de evaluar tanto lo espiritual como lo biológico puede considerarse desde la perspectiva de la neuroteología.

La persona actúa como una entidad de cuerpo y alma. Puesto que *la acción sigue al ser* y la persona puede actuar espiritualmente, con una perspicacia que trasciende el espacio y el tiempo, la persona debe ser en parte espiritual. El alma, con su inteligibilidad, no es idéntica al cerebro, aunque no puede funcionar en la vida terrenal separada del cerebro.[5] "Si trascendemos los límites de la materia en nuestras *acciones*, también debemos trascender la materia en nuestro propio *ser*, ya que la acción sigue al ser" (Dodds, 2019, p. 908). El énfasis biológico de la neurociencia considera el nivel fisiológico material, asumiendo también niveles superiores. Para la antropología filosófica y la psicología, los niveles superiores infunden y confieren significado a todo el cuerpo humano, así como al cerebro (Sanguineti, 2022, p. 8).

El alma racional y volitiva

Según la antropología tomista, el intelecto opera independientemente de la materia, por lo que, dado que la acción sigue al ser, el intelecto no debe ser material. Las actividades intelectuales y espirituales incluyen el conocimiento de universales, tener ideas universales de cosas concretas específicas (como la *casa* o el *patio*), ideas abstractas (como la *justicia*) y operaciones cognitivas inmateriales (como *las matemáticas*). Y el intelecto puede dedicarse a la autorreflexión y considerarse a sí mismo y sus comportamientos. Todo el intelecto reflexiona no sobre partes materiales extendidas de datos sensibles, sino sobre toda una entidad espiritual (su ser y su actuar). De ello se sigue, concluye el Aquinate, que el intelecto debe ser inmaterial (*SCG* III, c. 49, n. 8). El alma, siendo espiritual, no puede ser generada materialmente. El cerebro es esencial a la persona, necesario pero no suficiente para el funcionamiento intelectual, voluntario y espiritual. "El pensamiento no es causado por una conexión cerebral; al contrario, un pensamiento desencadena una conexión cerebral" (Sanguineti, 2022, p. 8). "Puesto que el alma racional no depende en su existencia de la materia corpórea, y es subsistente, y excede la capacidad de la materia corpórea, no es educada a partir de la potencialidad de la materia

(*ST* 1, q. 90, a. 2, ad 2)". El alma espiritual debe ser creada individualmente por una Entidad puramente espiritual. "El alma racional sólo puede ser hecha por creación (*ST* 1, q. 90, a. 2, resp.)". (Dodds, 2019, p. 909).

Con la separación de la forma sustancial y la materia primaria en el momento de la muerte, el alma espiritual no se descompone, como lo hacen los componentes físicos del cuerpo.

> En cuanto a su destino, el alma humana no deja de ser cuando el ser humano muere. Puesto que el alma humana trasciende la materia, puede seguir existiendo incluso sin su coprincipio material de materia primaria. En esta existencia continuada, sin embargo, el alma no es un ser humano completo. (Dodds, 2019, p. 909)

La creencia católica contempla una resurrección final al final de los tiempos, cuando el alma y el cuerpo se reunirán (*CIC*, 1015-1017). Jesús, después de su resurrección y mientras estuvo en la tierra, podía aparecer y desaparecer y entrar en habitaciones cerradas. Después de su resurrección, sus allegados no lo reconocían fácilmente. No está claro si podía elegir a voluntad ocultar o disfrazar su apariencia o si fue la obtusidad espiritual de los discípulos lo que les impidió reconocerle. La anticipación católica de un cielo nuevo y una tierra nueva (Ap 21:1s) incluye una nueva unidad inmortal de cuerpo y alma sin tristeza, fatiga, enfermedad ni las limitaciones temporales que experimentamos ahora.

¿Cómo entiende el alma una concepción hilemórfica católica de la persona humana?

> Como principio, el alma es un concepto que explica la unidad de la conciencia y sus poderes. La conciencia humana es algo diferente de otras formas de conciencia o consciencia (en los animales), y el alma es una forma de articular la diferencia. (Hess y Allen, 2008, p. 166)

Para la neurociencia, el alma se suele asociar principalmente con el cerebro, el órgano central integrador del cuerpo. "El alma es un concepto que designa la agencia que marca el cerebro en funcionamiento" (p. 166). Sin embargo, según la antropología tomista:

> el alma no reside en ninguna parte del cuerpo. El alma utiliza el cerebro, pero el cerebro no es un órgano de la inteligencia. El intelecto no tiene órgano. El cuerpo no lo contiene, sino que lo contiene. (Maritain, 1953, p. 6)

En resumen, según una concepción católica tomista, el alma es creada directamente por Dios de forma individual, unida al cuerpo en el momento de la concepción y mantenida en existencia de un momento a otro, como toda creación contingente. La mente es la propiedad racional inmaterial del alma subsistente, conectada al cerebro pero no derivada de él. La mente opera con conciencia cuando, como explica Lonergan, experimenta, comprende, juzga y decide. El cerebro es el órgano fisiológico integrador/organizador del cuerpo. El cerebro puede generarse físicamente, pero para funcionar con conciencia necesita la mente racional inmaterial, una propiedad del alma.

Conciencia: Consciente e intencional

La conciencia humana tiene dos polos: el sujeto consciente de sí mismo y el objeto que le concierne, sobre el que reflexiona o con el que está implicado (Helminiak, 2015, p. 245). Ontológicamente fundamental es el punto de origen: uno debe ser autoconsciente, consciente de que es consciente como punto de partida de la experiencia, el experimentador. Y secundariamente, la experiencia es simultáneamente intencional al tender u orientar subjetivamente la atención hacia algún objeto. Mientras escribe esto, el experimentador puede ser consciente de que ve árboles frutales al otro lado de la ventana y, al mismo tiempo, consciente de que está realizando el acto subjetivo de mirar por la ventana. "En la visión humana se encuentran lo visto y lo que se ve. Lo visto se experimenta en el ver que está presente 'para' el que ve" (p. 255).

Lo mismo ocurre con la comprensión intelectual. Puedo buscar la solución a un problema y ser consciente de que la busco. Puedo encontrar una solución y saber que la he encontrado. Mi conciencia se dirige hacia el objeto de mi percepción o indagación y, al mismo tiempo, soy consciente de mí mismo como sujeto que actúa, la experiencia del objeto al que me dirijo. El *yo que* actúa es siempre más de lo que se puede decir. Siempre estoy potencialmente actuando de nuevo, buscando más contenido para la reflexión sobre los datos de la realidad y mi subjetividad.

> Esta presencia *ante* uno mismo constituye datos no sólo sobre cualquier objeto intencional de interés, sino también sobre uno mismo, el sujeto que está intencionando el objeto. Esta presencia *de uno* mismo constituye (a) los datos de la conciencia en los que (b) la investigación puede proporcionar una visión e interpretación y (c) contra los que el juicio puede poner a prueba la interpretación. (Helminiak, 2015, p. 257)

Podemos tomar conciencia de nuestra manera o estilo de conocer. Podemos tener nuestro sentido del yo como una identidad continua. La experiencia psicológica del yo puede ser el núcleo de las experiencias trascendentes (p. 319).

Retos para la conciencia

La psique incluye *la capacidad de respuesta perceptiva*, incluida la emoción, las imágenes, la conación (deseo o volición), la memoria y, en el caso de los humanos, la personalidad. Si los cuatro niveles de conciencia funcionaran de forma ideal, captaríamos la verdad y perseguiríamos el bien sin problemas. Pero, como ocurre con todo lo humano, no siempre es así. *La psique, que depende* de un cuerpo y un cerebro en funcionamiento, ejerce un impacto que no siempre es totalmente beneficioso. Positivamente, la psique proporciona los datos que la conciencia experimenta para conocer la realidad. En sentido negativo, la psique puede introducir prejuicios, y los deseos e impulsos humanos, así como los déficits neurológicos, pueden distorsionar y engañar el funcionamiento de la conciencia.

Los seres humanos son únicos entre los seres terrestres por tener acceso también al *espíritu*, el reino mental de la conciencia intelectual mediante el cual los niveles inferiores se vuelven accesibles a la atención, la indagación y la cognición autoconscientes del ser humano. Los retos para la búsqueda de la verdad y la búsqueda del bien también pueden surgir de dimensiones del nivel espiritual.

La conciencia intencional, según Lonergan, se refiere al aspecto de la mente humana (en los niveles dos, tres y cuatro: *comprensión, juicio* y *decisión*) que da sentido, abstrae a partir de datos espacio-temporales, comprende universales y decide. La conciencia intencional se refiere a la capacidad humana de estar presente en uno mismo y al mismo tiempo ser consciente de otros objetos de atención (Helminiak, 2015, p. 243). La conciencia intencional es una forma de capacidad de respuesta dirigida no solo a los datos físicos de la experiencia, sino al reino del ser, a todo lo que los seres humanos pueden conocer y amar (p. 247).

Veremos en el próximo capítulo cómo los preceptos trascendentales de Lonergan (cada uno de los cuales corresponde a uno de los niveles de conciencia): *estar atento, ser inteligente, ser razonable y ser responsable*, ayudan al individuo y a la colectividad humana a luchar por la autenticidad (Helminiak, 2021, pp. 2-3).

En resumen, el ser humano está formado por un organismo, una psique y un espíritu, una única entidad hilemórfica con dos principios: cuerpo y mente. La mente está estrechamente relacionada con el cuerpo, incluido y principalmente el cerebro, pero no es idéntica a él. La mente humana tiene una conciencia que se involucra en la experiencia, la comprensión, el juicio y la decisión. Del aspecto fisiológico de la mente surge la reflexividad animada. De la psique, con capacidad de respuesta perceptiva, derivan la emoción, la imaginación, la conación, la memoria y la personalidad. Del espíritu surge la conciencia intencional con capacidades intelectuales y de toma de decisiones. Algunos elementos de estos procesos también conectan con los aspectos biológicos del cerebro. Es importante considerar una perspectiva neuroteológica para hacer hincapié en la persona, el alma, la conciencia y las facultades en la medida en que pueden relacionarse con lo fisiológico, en lugar de empezar por el sustrato neural y correr el riesgo de descuidar la dimensión espiritual ontológicamente única de la persona humana.

Comprender esa relación podría ser esencial para entender mejor cómo el organismo, la psique y el espíritu, al igual que el cerebro, la mente y el alma, están íntimamente interconectados.

Cognición: incorporada, integrada, enactiva, ampliada

Las cuestiones filosóficas sobre qué son las mentes y cómo entender los conceptos y las representaciones han sido planteadas, sobre todo desde los años 90, por la teoría de que el comportamiento inteligente surge de la interacción entre el cerebro, el cuerpo y el mundo. Una de las teorías de la ciencia cognitiva es que el cerebro no funciona por sí solo, sino que está incorporado, integrado, enactivo y extendido (4ES). Desde Platón y Aristóteles, pasando por Agustín y la época medieval, hasta nuestros días, los pensadores han considerado que la mente está *incorporada*. La percepción, la navegación espacial, la teoría de la mente y la acción dependen de la interacción en tiempo real con el entorno. Pueden localizarse en redes específicas del cerebro. La navegación espacial, por ejemplo, utiliza los lóbulos parietales, y se ha descubierto que el hipocampo es esencial en el desarrollo de mapas espaciales. Al mismo tiempo, es la persona y no el cerebro quien participa en estas acciones.

La cognición *integrada* significa que un individuo tiene más éxito cognitivo cuando interactúa -integradamente- con un entorno físico o social apropiado. Los niños son mejores en aritmética, por ejemplo, cuando utilizan manipulativos, como visualizar una fracción cortando una tarta.

La cognición *activa* observa que la resolución de problemas y todas las operaciones inteligentes implican un compromiso activo con el entorno a través del acoplamiento dinámico con herramientas u otras personas. *The Embodied Mind* (1991) fue desarrollada por el biólogo, filósofo y neurocientífico chileno Francisco Varela (1946-2001), el profesor de filosofía Evan Thompson y la psicóloga Eleanor Rosch. Su trabajo sostiene que la cognición enactiva significa que un organismo utiliza activamente sus procesos sensoriomotores para adecuar sus acciones a las dificultades de la situación. La percepción, la cognición y la emoción están estrechamente integradas en la percepción de la persona. Sin embargo, en el enfoque enactivo, la mente no se limita al cerebro del individuo. "La mente se define como una actividad significativa en el mundo" (Froese, 2015, p. 1). La cognición activa estudia las intrincadas discrepancias entre la experiencia fenomenológica subjetiva y la biológica. La creación de sentido combina sensación, interpretación y valoración para promulgar en contexto una perspectiva significativa del mundo, que también puede abarcar a otros sujetos y sus perspectivas (Froese).

La cognición se *extiende* cuando las affordances facilitan el pensamiento: entorno, herramientas, otra persona, información, oportunidad o conceptos. Clark y Chalmers en *The Extended Mind* (1998) sugieren que los instrumentos externos, como un ordenador, un diario o cualquier otra cosa que almacene información, podrían pertenecer por extensión a la cognición, impulsando activamente la mente en su proceso de pensamiento.

Las cuestiones epistemológicas sobre la teoría 4E giran en torno a cómo decidir si un proceso cognitivo está constituido por procesos extracraneales o depende de ellos (Newen, Gallagher y De Bruin, 2018). Consideraremos las cuestiones metodológicas en torno a la cognición 4E en el próximo capítulo.

Teología: Construida sobre la revelación

Más allá del conocimiento natural con sus órdenes y grados, existe el conocimiento suprarracional -la sabiduría teológica o *ciencia de los* misterios *revelados*- y, por encima de él, *la teología mística*. A diferencia del conocimiento metafísico que depende de la razón, la teología se basa en la fe y se centra en la revelación. El conocimiento místico, por connaturalidad, depende de la capacidad sobrenatural (*Grados del saber*, 1932 [1959/1995], p. 253) y puede perseguirse mediante la práctica de la caridad y la contemplación. El misticismo, por supuesto, puede encontrarse también fuera del cristianismo.

La teología católica se basa en la revelación de las Personas de la Trinidad y en la Persona de Jesús para comprender la vida humana y su finalidad. En su encíclica *Fides et Ratio* (1998), el Papa Juan Pablo II expone la postura fundamental de la Iglesia de que la fe y la razón son interdependientes y ambas son esenciales para responder a las preguntas últimas de la vida (McGoldrick, 2012, p. 484). Para la mayoría de los creyentes cristianos, la fe no se basa en experiencias místicas excepcionales. La fe cotidiana se basa generalmente en la creencia en las verdades sencillas y profundas de la revelación, la confianza en un Creador benevolente, la obediencia a la guía del Espíritu Santo, en la revelación de Jesús como Señor, y el sentido que se encuentra en la unión con su sufrimiento, la caridad y la cooperación con los demás, la confianza en la oración y la puesta en práctica de las creencias (Clarke, 2015, p. 190). El registro de la revelación en el Nuevo Testamento, las Escrituras Hebreas y la Tradición de la Iglesia, junto con el Magisterio, la autoridad docente guiada por el Espíritu, proporcionan un contexto para que los católicos interpreten la experiencia religiosa y vital.

La teología, basada en la revelación de Dios y accesible por la fe, procede a la luz de la razón. Puesto que se apoya en verdades que la fe entiende como divinas, la teología pone el acento en el Misterio. La comprensión humana de las verdades que creemos sobre el Misterio será siempre inadecuada, pero también más sólida que lo que puede ofrecer la metafísica. La teología considera a Dios en aspectos de otro modo incognoscibles, cosas que pertenecen sólo a Él, tal como será visto y conocido en la Visión Beatífica (Maritain, 1932 [1959/1995], p. 265). "Nadie ha visto jamás a Dios; es el Hijo único, que está junto al corazón del Padre, quien lo ha dado a conocer" (Jn 1,18).

> Si Dios mismo no lo hubiera revelado, nunca habríamos sabido que las nociones de generación y filiación, o la noción de tres que tienen la misma naturaleza, o la noción de ser hecho carne y de la unión personal con la naturaleza humana, o la noción de la participabilidad en la deidad por parte de la criatura y el amor de amistad con ella, podrían ser válidas en el orden propio de la deidad misma, y con respecto a la vida íntima de Dios. (Maritain, 1932 [1959/1995], p. 257)

Para que la razón humana pueda explorar los postulados de la revelación, es necesario que haya en el alma una virtud intelectual proporcionada al objeto divino. La luz sobrenatural de la fe penetra más allá de donde podría llegar la filosofía natural y guía y dirige la luz natural de la razón (Maritain, 1932 [1959/1995]). "Las virtudes teologales (fe, esperanza y caridad) se relacionan directamente con Dios. Animan a los cristianos a vivir en relación con la Santísima Trinidad. Tienen a Dios Uno y Trino por origen, motivo y objeto" (*CIC*, 1812). "Dios los infunde en el alma de los fieles... Son la prenda de la presencia y de la acción del Espíritu Santo en las facultades del ser humano" (*CIC*, 1813). "La fe es la virtud teologal por la que creemos en Dios y creemos todo lo que Él ha dicho y revelado, porque Él es la verdad misma" (*CIC*, 1814). Dios infunde las virtudes teologales (fe, esperanza y caridad) en quienes aceptan la gracia de la fe. Las virtudes teologales potencian las facultades del alma humana con la acción del Espíritu Santo (*CIC*, 1812-1814).

La gracia santificante y la inhabitación divina

El catolicismo sostiene que la persona humana que recibe el don gratuito creado de la gracia santificante comienza a participar como hijo o hija adoptivo en la vida de Dios. La llamada a la vida eterna es "una disposición estable y sobrenatural que perfecciona el alma misma para hacerla capaz de vivir con Dios, de actuar por su amor" (*CIC*, 2000).

> Al pertenecer al orden sobrenatural, la gracia *escapa a nuestra experiencia* y no puede ser conocida sino por la fe. No podemos basarnos en nuestros sentimientos o en nuestras obras para concluir que estamos justificados, pero la reflexión sobre las bendiciones de Dios puede impulsarnos a una pobreza confiada. (*CIC*, 2005)

Maritain hace una observación interesante sobre la epistemología en su relación con la teología católica, acercándose quizás a un aspecto central de la relación entre neurociencia y teología. "Tanto la ciencia como la religión pretenden dar una descripción del mismo mundo y de la experiencia humana del mismo, por lo que el locus primario de tensión entre ellas suele percibirse como epistemológico" (Bennet, 2019a, p. 91). Maritain reflexiona:

> No existe ciencia ni sabiduría si no hay en el alma una auténtica virtud intelectual que proporcione la luz del discernimiento y del juicio al nivel propio del objeto. A un objeto que es el fondo de la divinidad revelada, en la medida en que puede ser explotado por la razón, debe corresponder necesariamente, como su luz en el alma, no la luz de la filosofía, sino una luz proporcionada, la luz de la fe sobrenatural que toma y dirige el movimiento natural de la razón y su modo natural de conocer. (1932 [1959/1995], p. 269)

La gracia santificante sobrenatural es necesaria más allá de nuestro modo natural de conocer para que podamos captar a Dios con entendimiento y amor de un modo real, aunque limitado. Necesitamos "una nueva raíz de una operación espiritual cuyo objeto propio y especificador es la misma Esencia Divina (Juan de Santo Tomás, *Theol.*, I-II, q. 110, disp. 22, a. 1 [Vives, t. VI, pp. 790ss])" (Maritain, 1932 [1959/1995], p. 271). La teología católica entiende la gracia santificante como otorgada gratuita y amorosamente por Dios a la persona abierta y receptiva. La gracia es una capacidad, cualidad o hábito ontológico inherente puesto en el alma como semilla o principio raíz de la Visión Beatífica.

> Este principio espiritual sobrenatural (tiene) como objeto connatural lo Sobrenatural subsistente y (nos) hace proporcionados en lo más profundo de nuestro ser a un objeto esencialmente divino... Con la caridad, esta nueva naturaleza desarrolla en nosotros todo un organismo de energías sobrenaturales: virtudes teologales de esperanza y fe, dones del Espíritu Santo y virtudes morales infusas. Éstas establecen nuestra conversación en el cielo. (Maritain, 1932 [1959/1995], p. 272)

En el orden del ser, los destinatarios humanos de la gracia siguen siendo humanos, infinitamente distantes de la Divinidad. Sin embargo, según la teología católica, en la operación espiritual y en su objeto, informados por la gracia, participan de la Naturaleza Divina. Esto es más que una metáfora; es una realidad metafísica conocida por la fe sobrenatural, una transformación radical que puede no registrarse ni percibirse en el plano natural. La gracia convierte al que la recibe en hijo o hija de Dios que vive con vida divina. Esta "distinción entre el orden natural y el orden sobrenatural está en el corazón mismo de la fe católica" (Maritain, 1932 [1959/1995], p. 272). El receptor de la gracia santificante se ordena sobrenaturalmente a la Esencia divina en el alma y sus facultades por "cualidades infundidas a posibilidades absolutamente inaccesibles a su sola naturaleza" (Maritain, 1932 [1959/1995], p. 273).

El efecto de la elevación humana al estado de gracia consiste en una nueva forma de la presencia de Dios en el alma: la inhabitación de la Trinidad en el alma. Según la teología católica, Dios está siempre presente en toda la creación y en cada una de sus partes, incluidos los seres humanos. Simplemente porque Dios es necesario y todo lo demás es contingente, debe estar presente, manteniendo todo en existencia todo el tiempo. Esta presencia, debida a su inmensidad, significa que en el núcleo de todo lo que existe está Dios confiriendo el ser a las criaturas por su infinita eficacia, ser y acción. Pero la gracia es algo distinto de esta presencia común de la inmensidad. "Se trata de una presencia especial propia de las almas en estado de gracia... como término hacia el cual el alma está interiormente vuelta... y ordenada como a un objeto de conocimiento amoroso" (Maritain, 1932 [1959/1995], p. 273). Este conocimiento amoroso es:

> un conocimiento y amor fecundo, experimental (Juan de Santo Tomás, *Curs. Theol.*, IP., q. 2, disp. 17, a. 3, n. 10 [Vives, t. IV]) conocimiento y amor que nos pone en posesión de Dios y nos une a él no a distancia, sino realmente. Pues si las Personas divinas se nos dan, es para que las poseamos, para que sean *nuestras* (Juan de Santo Tomás, In *I Sent.*, dist. 14, q. 2, a. 2, ad 2) (Maritain, 1932 [1959/1995], p. 274). Así pues, está claro que la experiencia mística y la contemplación infusa se consideran, en efecto, como el fin normal y legítimo de la vida de gracia. Incluso podría decirse que son la cumbre hacia la que tiende toda vida humana. . . La misma vida cristiana... tiende a la vida mística. (Maritain, 1932 [1959/1995], p. 175)

Neuroteología

La cuestión epistemológica para la neuroteología surge en torno a metodologías disímiles para la ciencia y la teología. Analizaremos la metodología con más detenimiento en el próximo capítulo. La ciencia procede por observación y experimentación, comprobando por inducción y deducción los datos en torno a los fenómenos físicos y llegando a conclusiones racionales con una certeza razonable o (como en psicología o neuropsicología) con una probabilidad estadísticamente significativa. La teología trabaja heurísticamente con la razón basada en la fe, basándose en los principios de la revelación en torno a la Divinidad y las cuestiones últimas. Aunque es evidente que la ciencia y la teología se solapan, sobre todo porque ambas afectan de manera importante a la condición humana, también puede haber diferencias de opinión sobre cómo deben relacionarse. Según Ian Barbour, como hemos señalado, la ciencia y la teología se relacionan a través de "teorías de conflicto, separación, diálogo o integración" (Stone, 2000, p. 417).

Una cuestión clave en la relación entre ciencia y teología implica prestar atención a los desafíos metafísicos y epistemológicos para una auténtica colaboración y desarrollo del conocimiento (Bennet, 2019a, p. 88). Un objetivo valioso de la neuroteología podría ser combinar la profunda comprensión de la teología basada en la filosofía y la fe con las percepciones de los estudios neurocientíficos actuales del órgano central integrador de la persona humana para una comprensión más completa de la condición humana (p. 95). Los filósofos y teólogos católicos podrían encontrar un buen interlocutor en la neuroteología. En algunas cuestiones, como la inmortalidad del alma, en las que la fe ayuda a llegar a una conclusión definitiva, los científicos agnósticos podrían no estar tan fácilmente convencidos. Aun así, los científicos que estudian los concomitantes neuronales de la experiencia religiosa podrían desear explorar la perspectiva católica.

Los cristianos estarían fácilmente de acuerdo en que la experiencia de Dios tiene correlatos neuronales. Los procesos naturales pueden influir en la persona que tiene fe religiosa. Dios podría haber diseñado el cerebro para que los procesos neuronales fueran la base material del conocimiento de que Él existe y de sus atributos (McIlhenny, 2011). En el próximo capítulo sobre metodología, consideraremos algunos retos y oportunidades de convergencia entre la neurociencia y la teología.

La neuroteología considera la vida espiritual más allá del cerebro fisiológico, incluyendo el alma, el significado, la libertad, la moralidad y el propósito. Las características de la experiencia espiritual para la persona humana tienen necesariamente correlatos neuronales y neurotransmisores. Estas experiencias espirituales incluyen cualidades de unidad, intensidad, claridad, entrega, transformación y sensación de realidad. El encuentro de los temas neuroteológicos con la teología católica pone de relieve los campos filosóficos de la metafísica y la epistemología. La teología católica utiliza la filosofía y la fe para explorar los misterios de la revelación en su relación con el conocimiento y la voluntad humanos. La gracia santificante y la inhabitación divina, con las virtudes teologales y los dones del Espíritu Santo, promueven una vida de virtud que puede florecer en el conocimiento místico por connaturalidad. La metodología epistemológica para el diálogo neurociencia-teología es un área en proceso de exploración y desarrollo.

Preguntas de estudio

1. *El alma* se compone de intelecto y voluntad. En cuanto al intelecto, ¿cómo se distingue *la ratio* del *intellectus*?
2. ¿Qué es *la voluntad*?
3. ¿Cuáles son los tipos de afectividad: emociones, pasiones, afectos?
4. ¿Cuál es el énfasis actual en la filosofía de la mente? ¿Qué pueden aportar los distintos campos a la comprensión de la *mente*? Desde una perspectiva católica, ¿qué podría pasar por alto el énfasis actual?
5. Según Zagzebski, ¿cuáles son las "dos grandes ideas"? ¿Por qué?
6. La filosofía tomista fundamenta la epistemología en la metafísica realista: los primeros principios y Dios como causa última. ¿Por qué es esto importante para la comprensión católica de la persona humana y de cómo conocemos lo que es real?
7. ¿Cuál es la concepción tomista/católica *del alma*?
8. ¿Por qué serían problemáticas las epistemologías empiristas para interpretar los datos neurocientíficos?
9. ¿Cuál es el reto epistemológico de la neuroteología? Explíquelo.
10. Distinguir entre las dimensiones de la mente de Lonergan: organismo, psique y espíritu.
11. ¿En qué se diferencia el yo del ego y de la persona? ¿Por qué son significativas estas distinciones?
12. El método empírico generalizado (MEG) de Lonergan intenta extender el método científico a todos los ámbitos de la investigación. ¿Cuáles son sus cuatro preceptos trascendentales?
13. ¿Cuáles son los cuatro niveles de conciencia de Lonergan? ¿Cómo se corresponden con sus cuatro preceptos trascendentales?
14. ¿Qué entiende Lonergan por exigencia trascendental?
15. ¿Cómo explica el tomismo/catolicismo el principio espiritual de la persona humana? ¿El origen del alma humana? ¿Su inmortalidad?
16. ¿Cómo entiende en general la neurociencia el alma en su relación con el cerebro?
17. ¿Cómo entiende la antropología tomista, el hilemorfismo católico, las distinciones entre alma, mente y cerebro?
18. ¿Cómo es la conciencia tanto consciente como intencional?
19. ¿Cuáles son algunos retos para la conciencia? Explícalos.
20. ¿Por qué es importante para la neuroteología hacer hincapié en lo espiritual (persona, alma, conciencia) en lugar de centrarse sólo en el

cerebro físico y descuidar las posibles dimensiones espirituales del ser humano?
21. ¿Cómo puede entenderse la cognición como incorporada, integrada, enactiva y ampliada?
22. ¿Por qué es importante tener en cuenta que es la persona, y no el cerebro, la que se relaciona con el entorno?
23. Explicar cómo la teología se basa en la fe y la revelación, así como en la razón, para responder a las cuestiones últimas de la vida cotidiana.
24. ¿Cuáles son algunos aspectos de la teología cristiana, más allá de lo que podría alcanzar la razón, que proporcionan la revelación y las virtudes teologales?
25. ¿Puede percibirse o experimentarse la gracia de forma fiable? ¿Cómo afecta esto a la exploración neurocientífica del cerebro en relación con la experiencia religiosa?
26. ¿Cómo entiende la teología católica la gracia santificante?
27. La transformación metafísica por la fe sobrenatural puede no registrarse o percibirse en el nivel natural. ¿Es esto siempre cierto, o en diversos grados en casos individuales? Explíquelo.
28. ¿Qué hay de las mediciones científicas o empíricas o de las pruebas experimentales de los efectos de la gracia?
29. Según la teología católica, además de la presencia de Dios por inmensidad en toda la creación, incluidos los seres humanos, Dios habita por presencia especial en las almas que responden a la gracia, tendiendo incluso a la vida mística. ¿Qué significa esto?
30. ¿Por qué la relación entre ciencia y teología supone un reto epistemológico? O, ¿en qué difieren la ciencia y la teología en su aproximación a la verdad?
31. ¿Qué puede aportar la neuroteología a la comprensión de la condición humana, en particular desde una perspectiva católica?

Notas finales

[1] Un movimiento alternativo del siglo XX, la teología empírica, exige que las ideas religiosas se justifiquen a través de la experiencia humana.

[2] Los epistemólogos contemporáneos incluyen a William Alston, Robert Audi, Paul A. Boghossian, Laurence BonJour, Stewart Cohen, Keith DeRose, Richard Feldman, Jane Friedman, Alvin L. Goldman, John Greco, Maria Lasonen-Aarnia, Sarah Moss, Ram Neta, Duncan Pritchard, Suzanna Rinard, Miriam Schoenfeld, Ernest Sosa, Matthias Steup y Crispin Wright (Steup & Neta, 2020). Los epistemólogos contemporáneos de la virtud incluyen a Mark

Alfano, Jason S. Baehr, John Greco, Duncan Pritchard, Wayne Riggs, Ernest Sosa, John Turri y Linda Trinkaus Zagzebski (Turri, Alfano y Greco, 2021).

[3] En la actualidad, la "nueva" metafísica desarrolla teorías sobre la modalidad (relativa a la posibilidad de la necesidad; el espacio y el tiempo; la persistencia y la constitución; la causalidad, la libertad y el determinismo; lo mental y lo físico; la metodología de la metafísica; y si la metafísica es siquiera posible (van Inwagen, 2014).

[4] Este es un aspecto en el que el realismo tomista difiere de Kant. En su *Crítica de la razón pura*, "los estudiosos están generalmente de acuerdo en que, para Kant, el idealismo trascendental abarca al menos la (afirmación de que) en cierto sentido, los seres humanos experimentan sólo apariencias, no cosas en sí mismas. Toda nuestra intuición no es más que la representación de la apariencia. . . no (las cosas) en sí mismas . . .Si eliminamos nuestro sujeto. . . entonces toda constitución. . . desaparecería, y como apariencias, no pueden existir en sí mismas, sino sólo en nosotros. . . No conocemos nada excepto nuestra manera de percibirlas, . . . que no pertenece necesariamente a todo ser (A42/B59-60)" (Rohlf, 2020, pp. 9-10).

[5] Después de la muerte, el alma de la persona sigue funcionando. "El cielo es la comunidad bienaventurada de todos los que están perfectamente incorporados a Cristo" (*CIC*, 1026). "En la gloria del cielo, los bienaventurados siguen cumpliendo gozosamente la voluntad de Dios en relación con los demás hombres y con toda la creación" (*CIC*, 1029). Puesto que la persona humana comprende cuerpo y alma como una sola entidad, el difunto humano existe en un estado de imperfección hasta la resurrección final, cuando cuerpo y alma se reúnen al final de los tiempos. "Creo en la resurrección de los muertos y en la vida eterna" (Credo de los Apóstoles).

Capítulo 4
Metodología en Neurociencia y el catolicismo

Métodos y paradigmas de la ciencia

De entrada, hay que admitir que cuando existe un conflicto entre ciencia y religión, éste tiene que ver en parte con los planteamientos metodológicos de ambas. En algunos aspectos, existen importantes similitudes y, por supuesto, también hay importantes diferencias. El método científico suele comenzar con una hipótesis basada en alguna observación o idea del investigador. La hipótesis se refiere a algún aspecto del mundo natural y se espera que pueda ser evaluada mediante experimentos. La experimentación debe proporcionar información o datos que apoyen o refuten la hipótesis inicial. Una vez realizado el experimento, la nueva información obtenida se mezcla con la hipótesis inicial para reforzarla o debilitarla. Si los nuevos datos no apoyan la hipótesis original, debe derivarse una hipótesis nueva o revisada. Así pues, la ciencia se basa en un continuo flujo y reflujo de nuevas ideas y nuevos datos que hacen avanzar las ideas y las hipótesis y viceversa.

Mientras que la religión existe desde el origen del ser humano, la ciencia lleva miles de años entre nosotros.[1] Sin embargo, sólo en los últimos tiempos se han desarrollado métodos más sofisticados. Por eso, en la antigüedad, cuando la gente observaba el tránsito del sol por el cielo, naturalmente suponía, o formulaba la hipótesis, de que el sol giraba alrededor de la tierra. Fueron necesarios miles de años e instrumentos especiales, como los telescopios, para poder determinar con exactitud cómo está organizado el sistema solar, con la Tierra girando alrededor del Sol.

Relevantes para la discusión entre ciencia y religión son los diversos paradigmas que sigue la ciencia. El filósofo de la ciencia Thomas Kuhn (1922-1996) describe la cuestión en su conocido libro *La estructura de las revoluciones científicas* [2] que trata de una nueva lente para interpretar los datos. La nueva lente cambia el paradigma.

Los paradigmas tienen que ver con las perspectivas generales del mundo natural. Pero lo más importante es que estos paradigmas son hipótesis en sí mismos. Por ejemplo, el paradigma científico original sobre la naturaleza del universo era estático. No fue hasta que el astrónomo Edwin Hubble (1889-1953) utilizó mediciones especiales que se determinó que el universo estaba, de hecho, en expansión. Esto dio paso a un nuevo paradigma basado en la teoría del Big Bang. La teoría del Big Bang en sí es un término que describe una noción general de cómo se formó el universo, al menos desde una perspectiva materialista. Sin embargo, existen múltiples teorías e hipótesis sobre cómo surgió exactamente el universo. Algunas de ellas incluso requieren un número virtualmente infinito de universos para producir el único universo singular, nuestro universo, que tiene las constantes físicas y fuerzas exactamente correctas que conducen al desarrollo de nuestro universo tal y como lo vemos. En ciencia, los paradigmas no cambian fácilmente. En campos tan diversos como la cosmología, la química, la biología y la medicina, a menudo hacen falta multitud de experimentos para derribar un paradigma predominante. Pero a veces, incluso ante datos nuevos y convincentes, los científicos, que en primer lugar son seres humanos, suelen tener dificultades para aceptar esos datos cuando creen en un paradigma diferente.

Uno de los mejores ejemplos de lo difícil que puede resultar desafiar los paradigmas surge de uno de los mayores genios de la humanidad, el físico teórico Albert Einstein (1879-1955). Cuando se desarrolló la mecánica cuántica para ayudar a explicar la naturaleza del átomo, Einstein se opuso totalmente a sus conceptos. No le gustaba la aleatoriedad de la mecánica cuántica ni sus implicaciones para el funcionamiento del universo. Esto le llevó a su famosa frase de que Dios no juega a los dados con el universo. Por mucho que intentara desacreditar la mecánica cuántica, cada vez que planteaba un reto o criticaba por qué la mecánica cuántica no funcionaba, nuevos experimentos demostraban que sí funcionaba. ¿Qué tenía la mecánica cuántica que bloqueaba incluso al mayor genio científico de todos los tiempos? Desde una perspectiva psicológica, sólo se puede concluir que *no tenía sentido para él*. Pero ahí radica el problema. Cuando una persona tiene una creencia o paradigma particular sobre el mundo natural, esas creencias sesgan la forma en que vemos la nueva información.

Se trata de un punto importante porque afecta a la forma en que analizamos los nuevos datos. A menudo en la historia, los datos científicos iniciales se declaraban deficientes o inexactos cuando contradecían el paradigma imperante. Desde una perspectiva psicológica, podríamos plantearnos una pregunta similar. ¿Cuántos datos contradictorios hacen falta para cambiar de opinión? También es importante aclarar qué se entiende por datos. Los datos y los métodos científicos pueden ser muy diferentes según se refieran a la física, la química, la biología u otros campos. La precisión se refiere a la medida en que la estimación de una muestra se ajusta a la media de la población. La física puede requerir una precisión de 0,000001, mientras que un estudio médico puede necesitar sólo una precisión de 0,01.[3]

El método científico es eficaz para la experimentación y para obtener conclusiones empíricas razonables en el ámbito natural (Cohen y Nagel, 2007). El profesor de filosofía y teología Michael Dodds (2017) pone en diálogo los supuestos metafísicos del método científico con la metafísica aristotélico-tomista. Para esta última, la causalidad tiene cuatro dimensiones: *material, eficiente, formal* y *final* (Aristóteles, *Metafísica II*; Tomás de Aquino, *Sobre los principios de la naturaleza*, cap. 3). Simplemente, por ejemplo, una causa *material* podrían ser los materiales físicos para construir un coche; la causa *eficiente* podría ser la empresa que lo produce; la causa formal sería el tipo de coche que se fabrica; y la causa final, la finalidad del coche. En comparación con la metafísica tomista, con cuatro causas filosóficamente exhaustivas, la ciencia moderna no suele pretender ocuparse de la metafísica -solo de conclusiones probatorias razonables en el ámbito de la naturaleza- y tiende a reducir el significado y el alcance de la causalidad (2017). La causalidad en la ciencia moderna se caracteriza por:

(a) la restricción de la causalidad a la causalidad *natural* (naturalismo); (b) la restricción adicional de todas las variedades de causas naturales a la causalidad *eficiente*; (c) el esfuerzo por reducir las causas eficientes a las *físicas* (mecanicismo); (d) la exigencia de *probar* las hipótesis causales mediante observaciones repetidas y, siempre que sea posible, mediante la reproducción en experimentos controlables; (e) una extrema *cautela* en la asignación de causas y un esfuerzo incesante por minimizar el número de causas naturales supuestamente últimas (parsimonia); (f) la focalización en la búsqueda de *leyes*, causales o no; (g) la traducción *matemática* de las conexiones causales. (Bunge, 1979, p. 206; Dodds, 2017, p. 48; en Alexander, 2018, p. 114)

Cuando se trata de religión, es esencial responder a la pregunta de qué constituye un *dato*. Famosos ateos como el biólogo evolutivo británico Richard Dawkins se han preguntado por qué alguien creería en "dios" cuando no hay "pruebas" de que dios exista. Una pregunta previa es: "¿Qué es dios?". Está claro que los creyentes no comparten la visión que Dawkins tiene de Dios.[4] Pero esto pasa por alto un punto científico importante. Supongamos que uno habla a la congregación de una iglesia o a un grupo de teólogos. En ese caso, todos ellos describirán una serie de pruebas que apuntan a la existencia de un Dios amoroso, omnipotente, infinito y generoso, desde textos sagrados como la Biblia hasta experiencias personales. De hecho, la mayoría de los individuos religiosos perciben pruebas de Dios a su alrededor, ya sea en una puesta de sol, el nacimiento de un niño o el origen del universo.

Del mismo modo, tanto los científicos como las personas religiosas toman datos de diversos tipos para llegar a conclusiones sobre la naturaleza de la realidad. Los datos empíricos, libres de teorías, obtenidos mediante métodos científicos pueden contrastarse con los datos religiosos obtenidos a través de las tradiciones religiosas. Un teólogo evaluará un amplio abanico de conocimientos sobre Dios y el universo a través de la exégesis bíblica y la hermenéutica.

La neuroteología nos pide que consideremos cómo una persona atribuye significado a diversos datos, preguntándonos en particular si el sustrato neural de sus creencias puede ser medible fisiológicamente (Newberg, 2010). Podrían surgir preguntas como ¿Por qué alguien puede creer en el Big Bang pero no en Dios? ¿Qué tipo de datos son necesarios para convencer a un individuo de que sus creencias y su paradigma reflejan fielmente el mundo que le rodea? ¿A qué ámbito pertenecen estas preguntas? ¿Serían abordadas por la neurobiología, la teoría de la personalidad, la psicología o la religión?

Como hemos visto, la ciencia se ocupa del reino de la naturaleza y de los fenómenos sensoriales, trabajando de forma inductiva, proponiendo hipótesis y utilizando la exploración y la investigación para llegar a la comprensión y alcanzar el conocimiento mediante conclusiones racionales. Las ciencias siguen métodos empíricos, buscando pruebas de diferencias estadísticas significativas y pruebas que respalden resultados razonables. La ciencia se ocupa de lo empíricamente demostrable y se mantiene dentro del dominio de la naturaleza y la razón. El fondo del conocimiento científico fluye de la diligencia en seguir el método científico y basarse en las conclusiones racionales de generaciones anteriores.

Paradigmas y métodos religiosos

La religión encaja al ser humano en un orden de cosas más amplio. El catolicismo se basa en la revelación y utiliza la filosofía como herramienta. Recientemente, la teología ha progresado recurriendo a la antropología. La religión responde a preguntas fundamentales: ¿De dónde venimos? ¿Hacia dónde vamos? ¿Cuál es el sentido de la vida? ¿Por qué existen la desgracia y el sufrimiento? Estas preguntas no pueden responderse mediante fenómenos sensibles, experimentos y conclusiones racionales.

La teología católica parte de la revelación y utiliza la filosofía para comprender y aplicar lo revelado. Hay varios enfoques de las consideraciones filosóficas. La encíclica *Fides et Ratio* (1998) de Juan Pablo II reflexiona sobre el encuentro de la Iglesia primitiva entre fe y razón (nn. 36-42): "¿Qué tiene en común Atenas con Jerusalén?". (Tertuliano, en el nº 41). Los primeros cristianos tuvieron que enfrentarse a dos corrientes: por un lado, la incompatibilidad radical del cristianismo con la cultura pagana y, por otro, la apertura a un diálogo constructivo con la filosofía griega. En general, la Iglesia prenicena (325 d.C.) tendió a armonizar la filosofía y el Evangelio a través de apologistas como Justino, Clemente de Alejandría y Orígenes. Para el teólogo Clemente

(150-c. 213), el *Logos* se revelaba, aunque imperfectamente, tanto en la filosofía griega como en la Ley judía. El filósofo Justino (c. 100-c. 165) anticipa el cristianismo "anónimo" o implícito de Rahner, respetando la secularidad de la filosofía griega, pero mostrando que la verdad que allí se encuentra apoya el Evangelio (dal Covolo, 1999, p. 3). Erudito y teólogo Orígenes (c. 185-c. 253)

> propone un itinerario espiritual en el que la fe y la razón, el conocimiento, la contemplación y la experiencia mística de Dios no son divergentes, sino que se penetran mutuamente y se ofrecen continuamente a cada cristiano para que pueda avanzar en el camino de la perfección. (p. 4)

Los Padres de la Iglesia reconocían que muchos caminos conducen a la verdad:

> Acogieron plenamente la razón, abierta a lo absoluto, y le infundieron la riqueza extraída de la revelación. Fue más que un encuentro de culturas. La razón alcanzó el bien supremo y la verdad última en la persona del Verbo hecho carne. Frente a las diversas filosofías, los Padres no tuvieron miedo de reconocer en ellas los elementos que estaban en consonancia con la revelación y los que no lo estaban. (Juan Pablo II, *Fides, et al.*, 1998, n. 41).

El Papa anima a los teólogos a "recuperar y expresar la dimensión metafísica de la verdad para entablar un diálogo crítico exigente tanto con el pensamiento filosófico contemporáneo como con la tradición filosófica en todos sus aspectos" (n. 105).

Existen varios enfoques de la reflexión filosófica en la teología católica. Normalmente se recomienda el tomismo. El *Código de Derecho Canónico* (1983) indica que "los seminaristas profundicen en los misterios de la salvación, teniendo como maestro a Santo Tomás" (252.3). Sin embargo, también existen otras teologías válidas, como la teología de la liberación, la teología del proceso, la teología existencial, etc. El tomismo demuestra que el universo es objetivamente real. La percepción humana puede conocer con exactitud la realidad tal como es. La teología católica basada en la filosofía realista considera que Dios es el Creador de todo lo que es y que la realidad es naturalmente conocible. Debe existir una Causa necesaria e incausada en relación con la cual todo lo demás es contingente. Se entiende que la realidad incluye un orden invariable del ser, ordenado jerárquicamente desde los ángeles hasta los seres humanos, los animales, las plantas y los objetos inanimados. Los seres humanos son organismos encarnados con capacidades espirituales de intelecto, voluntad e identidad personal que sobreviven más allá de la muerte.

Como ya se ha dicho, la fe católica deriva de la revelación expresada en la Escritura y la Tradición.

> La Tradición aquí en cuestión proviene de los apóstoles y de las manos sobre las que recibieron la enseñanza y el ejemplo de Jesús y lo que aprendieron del Espíritu Santo. . . La Tradición debe distinguirse de las diversas tradiciones teológicas, disciplinarias, litúrgicas o devocionales, nacidas en las iglesias locales a lo largo del tiempo. Éstas son las formas particulares, adaptadas a los diferentes lugares y tiempos, en las que se expresa la gran Tradición. A la luz de la Tradición, estas tradiciones pueden ser conservadas, modificadas o incluso abandonadas bajo la guía del magisterio de la Iglesia. (*CIC*, 83)

La Tradición incluye la enseñanza magisterial, y "la liturgia es un elemento constitutivo de la Tradición santa y viva" (*CIC*, 1124). También hay tradiciones con *t min*úscula: prácticas, como la bizantina, espiritualidades, obras de caridad, rezar con una corona de Adviento, montar un belén en Navidad, pintar con tiza una puerta en Epifanía, ayunar en Cuaresma, recibir palmas el Domingo de Ramos, etc.

La fe requiere una capacidad dada por Dios para responder a la revelación. Los principios de la fe no contradicen la razón, sino que van más allá. La teología utiliza la razón para reflexionar sobre la experiencia de la fe, incluida la idea de que los seres humanos están hechos a imagen de Dios para la búsqueda moral de la bondad, la verdad y la belleza, con un destino de vida eterna y felicidad con Dios.

Los métodos para la teología derivan de su condición de disciplina interpretativa/hermenéutica en la que existe un "movimiento bidireccional o interdependencia entre los datos y las teorías explicativas" (Clayton, 2000, p. 620). La teología reflexiona sobre la fe tal y como se expresa en las Sagradas Escrituras, la Tradición, la experiencia y otros medios similares.

El influyente teólogo Bernard Lonergan, como hemos visto, considerado un tomista trascendental, desarrolló una epistemología del conocimiento humano con niveles de experiencia. Sus cuatro pasos de intencionalidad y conciencia: (1) experiencia, (2) comprensión, (3) juicio y (4) decisión, son universalmente aplicables a todas las disciplinas. Considerando el método científico, el científico accede a los datos (paso 1: *ser consciente:* experiencia); desarrolla una hipótesis (paso 2: *ser inteligente:* comprensión); realiza experimentos para probar la hipótesis (paso 3: *ser racional:* juicio); y luego actúa en consecuencia (paso 4: *ser responsable:* decisión).

Partiendo de esta epistemología, ofreció un método trascendental para la teología, al igual que para la ciencia o cualquier otro ámbito. "Si la definición de teología es la comprensión que busca la fe, entonces el conocimiento humano es el punto de partida. El proceso dinámico de conocer opera siempre del mismo modo: experimentar, comprender, juzgar y decidir" (Lonergan, 1972, p. 13, n4) (Mueller, 1984, p. 14). Los métodos para la teología, en ocho especialidades funcionales, corresponden a las operaciones del conocer humano.

La investigación corresponde a la *experiencia* (recopilación de datos); (2) la interpretación corresponde a la *comprensión* (qué significan los datos); (3) la historia corresponde al *juicio* (especificación de las actividades humanas en tiempo y lugar); (4) la dialéctica corresponde a la *decisión* (búsqueda de un punto de vista global para examinar los conflictos); (5) la fundamentación corresponde a la *decisión* (conversión cristiana que permite la aceptación de la doctrina); (6) la doctrina corresponde al *juicio de* los hechos y los valores; (7) la sistemática trabaja en pro de una *comprensión* global de la teología; y (8) las comunicaciones se ocupan de la *comunicación* externa de la teología. (Mueller, 1984, pp. 17-18)

Utilizando los cuatro niveles de conciencia universalmente aplicables de Lonergan, la única diferencia entre los métodos científicos y teológicos son los datos experimentados. Juzgar (paso 3) requerirá que los datos científicos y teológicos se traten de forma adecuada a la disciplina.

Los niveles de conciencia trascendentales y abiertos, aplicables a cualquier campo de estudio, especifican la línea de razonamiento que cualquier buscador de la verdad y el significado seguirá necesariamente (Gregson, 1988, p. 80).

Método científico y método religioso

Llevando este debate un paso más allá, podemos explorar más directamente en qué se parecen o en qué se diferencian los métodos científicos de los religiosos. Tanto la ciencia como la religión utilizan la razón y la fe. Los métodos científicos utilizan la razón en el ámbito natural y son empíricos, basados en la experimentación para alcanzar el conocimiento científico. Los científicos tienen fe en el paradigma que utilizan para recopilar datos y desarrollar hipótesis. Aplican la razón para verificar o refutar las hipótesis. Los métodos teológicos en el catolicismo tienden a ser más explícitos sobre la fe que la ciencia, pero la teología también aplica la razón para alcanzar el conocimiento de la fe. De hecho, el objetivo de la teología es alcanzar la comprensión de la fe.

Se podría argumentar que la apropiación de la religión en la experiencia religiosa individual es personal y subjetiva, mientras que la ciencia se esfuerza por ser impersonal y objetiva. En cuanto a la subjetividad, es importante tener en cuenta que la experiencia religiosa que relata un individuo no es generalizable a la religión en sí, una dimensión mucho más amplia y compleja de la vida humana. Algunos aspectos de los estudios científicos, como la medición neurofisiológica de los procesos electroquímicos del cerebro, pueden perseguir una objetividad impersonal, aunque otros aspectos del proceso requieren un juicio humano subjetivo. Por ejemplo, "la mayoría de las técnicas de análisis de datos (de escáneres cerebrales) implican una especie de separación entre 'señal' y ruido' (mientras que) el significado exacto de las nociones 'señal' y 'ruido' no siempre está claro" (Kotchoubey et al., 2016, p. 6). Las evaluaciones psicológicas de estados mentales o síntomas, incluso con pruebas referenciadas a normas con orientación científica, también siguen siendo, hasta cierto punto, personales y subjetivas.

Si llevamos el significado de la conciencia humana hasta sus últimas consecuencias, debemos reconocer que todos los datos científicos se filtran en última instancia a través del cerebro. A través del cerebro operan dos de los niveles de conciencia de Lonergan: la *comprensión* y el *juicio*. El primer nivel de conciencia -la *experiencia*- deriva de la realidad objetiva. Los datos de la realidad no derivan de la mente humana a menos que uno sea el Creador (Helminiak, 2015). Objetivamente, los datos que la persona desconoce siguen existiendo. La persona y el cerebro humanos siempre están subordinados a la realidad tal y como es; la mente humana siempre percibe de forma limitada la realidad mucho mayor que hay ahí fuera.

Es importante considerar la relación entre la conciencia humana y la obtención de datos científicos. Los estudios son diseñados por seres humanos que, en el plano de la psique, pueden tener diversos sesgos y perspectivas más o menos acertadas sobre la naturaleza del universo. Recordemos que, según Lonergan, la psique deriva del organismo (cerebro) y está influida por la emoción, las imágenes, la conación, la memoria y la personalidad.

Los sesgos impulsan hipótesis que se convierten en la base de futuros experimentos. Incluso la ejecución de diversos experimentos puede estar muy sesgada, lo que ha llevado a la comunidad científica, sobre todo en el ámbito médico, a utilizar el diseño de estudio aleatorizado, controlado y doble ciego. La esperanza es que, al aleatorizar a los pacientes y cegar no sólo a los pacientes, sino también a los investigadores, los datos sean lo menos sesgados posible. Pero incluso en estos casos, muchos diseños de estudio adolecen de los sesgos de los investigadores. No es de extrañar que los intentos de replicar los estudios de investigación hayan demostrado a menudo una incapacidad general para lograr resultados coherentes, ya se trate de estudios sobre el tratamiento del cáncer, trastornos psiquiátricos u otros procesos biológicamente relacionados.

El ámbito de la física es quizá un poco más sólido desde una perspectiva objetiva. Pero incluso este tipo de experimentos se han topado con diferencias sustanciales entre los diseños de los estudios, lo que ha dado lugar a discrepancias en importantes valores cosmológicos que ponen en entredicho las teorías actuales. Así pues, la ciencia no está exenta del impacto de los sesgos y las creencias.

Volviendo a nuestra comprensión del cerebro, podemos ver que la ciencia está obligada a desarrollar métodos apropiados para investigar la función cerebral. Podemos ver que los retos a los que se enfrenta la ciencia son bastante similares a los que afrontan las exploraciones religiosas y teológicas. Los prejuicios de los eruditos influyen en sus enfoques de los objetos de sus esfuerzos. La perspectiva de un teólogo cristiano es muy diferente de la de un budista. El debate sobre el libre albedrío, por ejemplo, necesita encontrar primero un punto de partida común. Los estudios neurocientíficos sobre el libre albedrío se enfrentan a retos similares. En primer lugar, hay que ponerse de acuerdo sobre cómo funciona el libre albedrío, quizá inicialmente desde una perspectiva filosófica o teológica, y luego diseñar un estudio en consecuencia. ¿Es el libre albedrío una decisión puramente consciente? ¿O puede estar sustancialmente influido por procesos inconscientes? En función de las respuestas, los investigadores pueden plantear diseños de estudio muy diferentes.

Del mismo modo, las cuestiones sobre el alma pueden ser tan problemáticas para los científicos como para los teólogos. Ambos campos de investigación deben partir de ciertas definiciones y perspectivas sobre qué es el alma y cómo se relaciona con el cerebro. Si se adopta la postura de que el alma y el cerebro son construcciones distintas, y que el alma abarca tanto las capacidades espirituales como las fisiológicas, la orientación de la investigación será muy distinta de la de un estudioso que crea que el alma es reducible al cerebro.

Por estas razones, la neuroteología defiende con valentía que tanto la perspectiva científica como la espiritual son necesarias para abordar estas profundas cuestiones. Las cuestiones sobre el cerebro y el alma, la conciencia, el libre albedrío y el determinismo requieren perspectivas filosóficas y teológicas que informen la investigación científica. En el último capítulo vimos que la epistemología aristotélico-tomista universal de Lonergan ofrece distinciones útiles sobre organismo, psique y espíritu; cerebro y alma; la conciencia con experiencia, comprensión, juicio y decisión; valoración y ética; los polos consciente e intencional de la conciencia. La ciencia también puede informar las perspectivas filosóficas y teológicas. De ahí que la neuroteología reconozca las interrelaciones mutuas y la complejidad que entraña abordar estas profundas cuestiones.

Cabe preguntarse hasta qué punto los sistemas de creencias religiosas pueden apoyar la investigación científica. La teología es un proceso altamente racional e inductivo que parte de un paradigma determinado. La teología católica se basa en la revelación (recogida en las Escrituras y expresada en la Tradición). Se apoya en la filosofía, la metafísica aristotélico-tomista y la epistemología, trabajando heurísticamente para responder a preguntas últimas sobre la realidad divina y humana tal como es. La ciencia es, del mismo modo, un proceso altamente racional, inductivo y deductivo que parte de un paradigma dado, basado en el método científico que busca conclusiones razonablemente verificables mediante la experimentación, buscando respuestas a preguntas concretas en el ámbito físico, natural, que puedan responderse empíricamente. La principal diferencia es cómo ambos enfoques evalúan y encuentran los datos y la información. La religión acepta diversos tipos de pruebas para apoyar ideas y conceptos, al igual que la ciencia. Así, cabría esperar que de la tradición católica surgieran grandes científicos, como ocurre, que se esfuerzan por comprender más profundamente el universo de Dios. La búsqueda de la verdad es totalmente coherente con la religión al explorar los aspectos físicos del universo.

Al final, cabe esperar una fusión de ideas y conceptos. Nosotros sostenemos que esta coalescencia se produce de forma prominente en el ámbito de la neuroteología.

Medir lo inconmensurable

Un aspecto importante de la relación entre ciencia y religión tiene que ver con cómo podemos medir lo inconmensurable. Muchos de los elementos de la religión -creencias, experiencias y lo sobrenatural- son difíciles de evaluar científicamente.

Una dificultad similar existe en los campos de la psicología y la psiquiatría. Al fin y al cabo, no hay forma de medir lo deprimido que está alguien. No podemos aplicar un análisis de sangre o algún instrumento alrededor de la cabeza para evaluar el nivel de depresión que siente alguien, ya que es subjetivo. La única forma de medir algo subjetivo, como una emoción o una experiencia, es preguntando a la persona. Pero incluso entonces, no podemos entender la depresión a menos que la hayamos sentido nosotros mismos. Todos sabemos lo que es sentirse triste, así que cuando alguien nos dice que se siente deprimido, tenemos un marco de referencia.

Otro problema habitual en el campo de la medicina es cómo evaluar la percepción del dolor. Todos hemos sentido dolor, pero la forma en que una persona afronta el dolor depende de muchos factores diferentes. El dolor en sí es muy variable. Dos personas pueden tener la misma lesión, y una sentir un gran dolor y la otra sólo un dolor leve. Pero el dolor va más allá de la sensación en sí. El dolor puede limitar el funcionamiento de una persona de formas variables. Si alguien tiene dolor de cadera, ¿en qué medida afecta a su forma de andar? Podemos observar su zancada para ver dónde parece estar limitada, pero nunca sabemos realmente en qué medida el dolor está causando esa limitación.

A pesar de estos problemas, campos como la psicología y la psiquiatría han avanzado enormemente en los métodos para evaluar las experiencias subjetivas. Numerosos cuestionarios y escalas hacen todo tipo de preguntas sobre cómo se siente la gente. Por ejemplo, una de las escalas más conocidas para la depresión es el Inventario de Depresión de Beck. Consta de preguntas sobre el estado de ánimo de la persona, pero también de ítems sobre comportamientos como llorar y dormir. Se supone que una persona más deprimida llorará más y dormirá peor. Pero esto puede ser problemático a veces, ya que una persona que trabaja en el turno de noche puede haber dormido mal debido a su horario, no porque esté deprimida.

Por supuesto, existen evaluaciones psicológicas más complejas, como los tests cognitivos de Wechsler y el Inventario Multifásico de Personalidad de Minnesota, ambos con cientos de preguntas y rigurosamente autentificados para cumplir las normas científicas de validez y fiabilidad. Con cualquier esfuerzo humano, es probable que haya algún elemento de subjetividad. Además, no se considera una sola prueba sin tener en cuenta la información demográfica y otras medidas adicionales de la persona.

Las creencias y actitudes religiosas y espirituales también se han explorado con una amplia variedad de cuestionarios y escalas. En el libro *Measures of Religiosity*, los psicólogos Hill y Hood (1999) ofrecen más de 100 escalas de este tipo. Estas escalas evalúan dimensiones como la fuerza de las creencias religiosas, las motivaciones de esas creencias, los sentimientos relacionados, como el miedo a la muerte, y la intensidad de diversas experiencias espirituales o incluso místicas. Como ocurre con las escalas en psicología, estas escalas religiosas tienen ciertos pros y contras. Parecen capaces de obtener alguna noción de lo religioso, pero son puramente subjetivas, ya que dependen del encuestado para proporcionar las respuestas. Con frecuencia, las experiencias que tiene una persona no se recogen adecuadamente en un cuestionario, lo que hace que las respuestas sean más problemáticas. Otro enfoque consiste en obtener descripciones narrativas de las creencias y experiencias. En nuestra Encuesta sobre Experiencias Espirituales (ABN), unas 2.000 respuestas permitieron analizar palabras comunes para ayudar a comprender mejor la naturaleza de las experiencias religiosas.

Siempre hay que reconocer que las palabras que utiliza la gente pueden depender de múltiples factores. En las experiencias espirituales profundas, algunas personas describen la sensación de una fuerza, la sensación de amor, la sensación de Dios o la sensación de energía, por nombrar algunas. Una cuestión neuroteológica importante sería si todas estas experiencias son la misma, pero descritas de forma diferente por distintos individuos, o si se trata de experiencias distintas. La cuestión se complica aún más cuando se exploran las creencias y experiencias de distintas tradiciones religiosas. Si un católico tiene una experiencia mística de amor y un budista tiene una experiencia de amor igual de intensa, ¿pueden ambas atribuirse a Dios? ¿Y cómo incorporaría cada uno de estos individuos esta experiencia a sus creencias y comportamientos posteriores? Un católico podría intentar ser más altruista en su comunidad, mientras que un budista podría intentar meditar más profundamente.

Es importante adoptar una perspectiva neuroteológica que se esfuerce por combinar experiencias subjetivas con enfoques científicos. Una parte esencial de este enfoque requiere un cuestionamiento activo a muchos niveles. Por ejemplo, si deseamos comprender la naturaleza del alma, sin duda debemos preguntar a conocidos teólogos y eruditos religiosos qué piensan que es el alma. Pero quizá sea igualmente importante preguntar a miles, si no millones, de "católicos normales" para saber qué piensan sobre aspectos de la fe que entran dentro de su competencia o experiencia directa, como la escolarización de sus hijos, los requisitos de un buen matrimonio o el efecto de ciertas prácticas en las liturgias.

También debemos emplear una amplia variedad de métodos para formular esas preguntas. ¿Necesitamos preguntas abiertas o específicas? Por ejemplo, podríamos querer saber si la gente equipara el alma con la mente. El planteamiento más sencillo sería formular la pregunta: ¿Es el alma lo mismo que la mente? Por otro lado, podríamos preguntar a la gente qué creen que es el alma y ver qué palabras utilizan y si son iguales o diferentes cuando una persona responde a la pregunta sobre qué es la mente. Luego podemos tomar esas palabras y utilizarlas para elaborar cuestionarios con los que explorar otras poblaciones, incluidos otros cristianos, así como adeptos de otras tradiciones. Ese muestreo no tendría por objeto desarrollar una comprensión precisa de términos como alma o mente, sino que arrojaría percepciones populares de sus significados.

> La neurociencia "se basa en un conjunto heterogéneo de conceptos, métodos, paradigmas y teorías. . . (Estudia) estructuras moleculares eléctricamente activas, es decir, canales iónicos (*física*), expresión genética (*genética*), procesamiento sináptico (*biología molecular, farmacología*), crecimiento y cableado de las neuronas (*histología*), estructura de las áreas cerebrales (*anatomía*), (y) plasticidad de los circuitos (*fisiología*). El gran reto para la neurociencia está relacionado con los mecanismos neuronales del procesamiento de la información 'superior' o 'mental' (*psicología*)." (Kotchoubey et al., 2016, p. 3)

Las distinciones y definiciones entre las distintas disciplinas, así como la aclaración de sus supuestos, son necesarias para integrar eficazmente múltiples campos. En cuanto a los métodos, en neurobiología existen tecnologías de medición fisicoquímicas avanzadas y objetivamente precisas. La sociología o la psicología pueden basarse en informes subjetivos de escala ordinal tipo Likert (sin medida especificada entre los niveles) o verbales. Pueden incluirse observaciones del comportamiento, que pueden ir desde la observación cualitativa directa hasta análisis matemáticos estrictos. La calidad de la recopilación de datos puede abarcar desde datos de intervalo para ciencias empíricas como la física hasta datos cualitativos u ordinales para ciencias sociales como la sociología (Kotchoubey et al., 2016, p. 3). Estas y otras distinciones, aclaraciones y especificaciones de dominio afinadas son necesarias incluso para trabajar en el campo de la neurociencia. Cuando la neurociencia se combina con la teología, abundan los retos metodológicos.

Las ciencias pueden clasificarse en naturales o sociales/culturales. Esto significaría para la neurociencia, una versión básica que estudiaría el cerebro de forma aislada, y una versión alternativa: la neurociencia conductual, afectiva y cognitiva (BACN), que investiga las dimensiones del cerebro como parte de un sistema organismo-entorno (Kotchoubey et al., 2016). La primera estudia la estructura y la función del sistema nervioso utilizando métodos de las ciencias naturales: una perspectiva objetiva en tercera persona para datos basados en la experimentación. La segunda se pregunta cómo se relacionan estos procesos neuronales fisiológicos con los procesos mentales y psicológicos e incorpora relatos subjetivos desde una perspectiva de primera persona. Los hallazgos sobre procesos neuronales electroquímicos se aceptan mucho más fácilmente que las conclusiones asociadas a sentimientos, decisiones y comportamientos humanos. Cuando el tema de estudio es la neurociencia social, una metodología híbrida incorpora tanto la investigación de las redes cerebrales implicadas como la BACN y preguntas como qué ocurre en el cerebro cuando el sujeto está implicado en asuntos culturales (Han et al., 2013). Por supuesto, siempre hay componentes sociales en todo estudio neurocientífico, aunque solo sea por el hecho de que el diálogo del experimentador con el sujeto experimental, explicándole el estudio para el consentimiento informado, ya afecta a los resultados del experimento (Kotchoubey et al., 2016). El estudio de la neuroteología parecería quizás encajar en este modelo integrador de tercera y primera persona, objetivo y subjetivo, ciencia natural y ciencia social. Por supuesto, este enfoque integrador también complica la metodología de la neuroteología, ya que requiere una combinación adecuada de perspectivas objetivas y subjetivas.

Los académicos europeos y estadounidenses Kotchoubey et al. (2016) sugieren para un estudio interdisciplinar de este tipo, tres posibles estrategias:

(1) reducir todo a la neurobiología, aunque podamos utilizar informes empíricos y subjetivos; (2) adoptar una actitud transdisciplinar, que lo objetivo y lo subjetivo se respeten por igual con una metodología pluralista (Mittelstrasse, 2011; Nicolescu, 2014); (3) desarrollar una neurociencia integradora, mostrando teóricamente cómo los diversos conceptos y métodos se solapan epistemológicamente. A continuación se ofrecen ejemplos de revistas que se esfuerzan por "sintetizar los resultados de la investigación cerebral con la comprensión del comportamiento complejo (*Frontiers in Integrative Neuroscience*, 2015)" (Kotchoubey et al., 2016) o la integración de otro modo (World Scientific *Journal of Integrative Neuroscience*, 2015), y universidades que llevan a cabo investigaciones integradoras que incluyen humanidades o ciencias computacionales (Universidades de Tubinga, Binghamton y Fordham) (Kotchoubey et al., 2016, p. 5).

El objetivo del presente libro es explorar muchos enfoques para comprender cómo la neurociencia se relaciona con las creencias y experiencias religiosas desde la tradición católica. Para ello es esencial comprender las formas en que podemos medir estos inconmensurables.

Estadísticas... lo bueno y lo malo

Una vez que disponemos de un conjunto de datos, como cuestionarios o escalas cuantitativas, otra pregunta fundamental que debemos hacernos tanto desde una perspectiva religiosa como científica es: ¿cómo los analizamos? La ciencia suele utilizar la estadística para evaluar grandes grupos de individuos. La ventaja de este enfoque es que cuando se obtiene un hallazgo significativo, uno puede sentirse seguro de que es sustancial. Por ejemplo, supongamos que revisamos 1.000 descripciones de experiencias espirituales y descubrimos que 800 de ellas utilizan el término *unidad*. En ese caso, podríamos sentirnos relativamente seguros de que las experiencias espirituales están asociadas a una experiencia de unidad. Estadísticamente, podría ser una afirmación correcta. El problema es que 200 personas no utilizaron ese término.

La primera pregunta es si sintieron la sensación de unidad o, si la sintieron, decidieron no considerarla importante para la experiencia. Tal vez tuvieron una experiencia espiritual totalmente distinta a la de aquellos que sí experimentaron la unidad. Aquí es donde la perspectiva religiosa adquiere importancia, porque puede poner de relieve el poder y la singularidad de las experiencias individuales, que a veces las estadísticas no bastan para ayudarnos a comprender.

En la tradición católica, Dios tiene una relación personal con cada persona, y cada una se relaciona con una comunidad. No es algo que pueda medirse con estadísticas. Pero si no podemos medirlo con estadísticas, ¿hay otras formas de entender esa relación, tanto científica como religiosamente? Podríamos plantearnos esta pregunta en el contexto de las relaciones personales humanas. No hay ningún análisis estadístico que pueda demostrar cuánto se quiere una pareja casada. Podemos preguntarles sobre sus sentimientos, pero no hay ningún análisis numérico o estadístico que podamos hacer. Y para las personas que sufren diversos problemas psicológicos o dificultades con las relaciones interpersonales, no existe una forma unificada de gestionar dichos problemas. Existen normas de atención basadas en la literatura de investigación revisada por pares, donde los estudios sobre intervenciones respaldadas por la teoría psicológica reconocida se validan con una probabilidad estadística de al menos $p = 0{,}05$. El campo de la psicología exige que los profesionales se adhieran a directrices respaldadas por datos cuantificables sobre la probabilidad de éxito. Sin embargo, cada cliente es único y los problemas que presenta suelen ser multifacéticos. Así pues, la psicoterapia se basa en la interacción humana y es tanto un arte como una ciencia. Las estadísticas pueden decirnos que un determinado antidepresivo funciona en muchas personas con depresión, pero nunca pueden decirnos si funcionará en una persona concreta. Así pues, tanto en la ciencia como en la religión, debemos esforzarnos por comprender tanto al individuo como al grupo cuando se trata de sentimientos, actitudes y experiencias.

Imágenes del cerebro humano

Gran parte de lo tratado hasta ahora en este capítulo se ha referido a lo subjetivo. Pero la neurofisiología también tiene un enfoque objetivo interesante para medir diversos fenómenos religiosos y espirituales: la neuroimagen. En los últimos 30 años, ha habido un número creciente de estudios de investigación que han utilizado imágenes cerebrales para explorar una serie de fenómenos religiosos y espirituales, sobre todo prácticas y experiencias. Los primeros estudios se centraban en prácticas intensas de meditación u oración. De hecho, hay estudios de imagen cerebral sobre prácticas de muchas tradiciones diferentes, como el cristianismo, el islam, el budismo y el hinduismo.

Como ya se ha dicho, es esencial conectar las mediciones fisiológicas obtenidas con técnicas de neuroimagen con las experiencias reales que relatan las personas. Después de todo, a menos que entendamos lo que alguien estaba pensando o sintiendo mientras se sometía a un escáner cerebral, no sabremos cómo interpretar los resultados. Pedir a alguien que rece en un escáner cerebral sólo funciona si está rezando. Una forma de confirmarlo es pedirles que recen en voz alta, pero seguimos sin saber lo que sienten a menos que se lo preguntemos. Por supuesto, éste es un reto fundamental de toda neurociencia cognitiva. Nunca sabemos realmente lo que el sujeto está pensando. Sin embargo, la neuroteología nos encomienda la tarea de intentar desarrollar métodos cada vez mejores para observar el cerebro en acción, sobre todo cuando se trata de las esquivas experiencias religiosas.

Una crítica importante a los actuales estudios de neuroimagen relacionados con los fenómenos religiosos y espirituales es que muchos se han centrado en las prácticas. Hay una razón para ello. Es mucho más fácil estudiar a una persona mientras realiza una práctica determinada, especialmente si tiene elementos específicos que el investigador puede seguir. Es mucho más difícil examinar el cerebro mientras una persona reflexiona sobre una simple creencia o mientras tiene una experiencia de oración leve, como el rezo del rosario. El mayor desafío a veces es cómo se obtiene un escáner cerebral durante diversos estados mentales, especialmente estados que no se prestan a estar cerca de un escáner cerebral. Está claro que no sería una tarea fácil ser ungido mientras se está en un escáner de resonancia magnética.

Teniendo esto en cuenta, merece la pena repasar brevemente algunos de los principales métodos de obtención de imágenes del cerebro para comprender mejor cómo podrían utilizarse en el contexto de la neuroteología e informar nuestra comprensión del cerebro católico.

La resonancia magnética funcional (RM) es una de las principales herramientas de la neurociencia cognitiva. Funciona utilizando grandes imanes para modificar diversas moléculas del cerebro que pueden observarse mientras funcionan de distintas maneras. Uno de los enfoques más comunes es medir los cambios en el flujo sanguíneo o la concentración de oxígeno. Se trata de un enfoque útil, ya que el cerebro utiliza más oxígeno y flujo sanguíneo cuando está activo. Si usted se concentra en resolver un problema matemático, las áreas del cerebro implicadas en la concentración y las matemáticas tendrán un mayor flujo sanguíneo y uso de oxígeno. Estos cambios funcionales pueden observarse mediante IRM, también llamada IRM funcional.

La resonancia magnética funcional se ha utilizado para estudiar miles de estados cerebrales, desde estados patológicos como la depresión o la esquizofrenia hasta prácticas espirituales o tareas de libre elección. Es una técnica excepcional para observar estos diferentes estados porque las imágenes pueden adquirirse en segundos y explorar todas las diferentes áreas del cerebro que podrían estar activadas. La fMRI también tiene una excelente resolución espacial, lo que significa que podemos ver áreas bastante pequeñas, normalmente del orden de varios centímetros de tamaño, viendo con gran detalle áreas del cerebro que podrían estar implicadas en diversos estados mentales. En *The Human Brain Project se* pueden encontrar en línea diversas imágenes del cerebro.

También se han desarrollado múltiples técnicas de fMRI y de imágenes de tensor de difusión (ITD) para evaluar medidas de conectividad funcional y estructural. La DTI alinea los campos magnéticos de las moléculas de agua en los tractos axónicos para retratar las vías de los axones. Los trastornos genéticos, por ejemplo, pueden provocar una modificación importante de las vías axónicas.

Por estos medios, podemos ver cómo están conectadas distintas partes del cerebro y cómo trabajan juntas durante distintas tareas. Una de las redes más estudiadas *es la llamada red de modo por defecto,* que es la que se activa cuando nuestro cerebro no hace nada. Cuando se empieza a rezar, la red de modo por defecto empieza a calmarse, ya que otras partes del cerebro se activan para participar en la actividad.

Quizá el mayor inconveniente de estudiar los fenómenos religiosos mediante fMRI es que hay que estar en el escáner cuando se hace. Por tanto, habría que rezar o meditar mientras se está en el escáner. El entorno del escáner no es especialmente propicio para estas prácticas porque debes estar tumbado en un tubo muy estrecho mientras tienes hasta 100 dB de ruidos de golpes a tu alrededor. Algunos estudios han utilizado meditadores expertos para reducir el impacto de este entorno tan artificial y distractor. En uno de nuestros estudios (A. B. N.), algunos meditadores expertos indicaron que, durante ciertas prácticas de meditación, la cadencia de la práctica coincidía con el ritmo de los ruidos del escáner, por lo que era más fácil de realizar que otras prácticas que no estaban sincronizadas con el escáner. Otros retos para la investigación con imágenes cerebrales son las muestras pequeñas -grupos de sujetos que pueden no generalizarse a una población mayor-, la falta de grupos de control o comparación adecuados y el nivel de significación que puede ajustarse para procesar e interpretar los resultados de los escáneres cerebrales.

Las resonancias magnéticas no siempre tienen que hacerse durante prácticas concretas, sino que a veces pueden servir para observar los efectos posteriores. Podríamos determinar cómo un programa intenso de oración durante semanas o meses cambia el estado de reposo del cerebro y altera las emociones o los procesos cognitivos. De hecho, múltiples estudios han explorado el impacto de los símbolos, creencias y actitudes religiosas en diversos procesos cerebrales mediante resonancia magnética.

Otro grupo de métodos de obtención de imágenes cerebrales procede del campo de la medicina nuclear. La medicina nuclear implica estudios en los que se administra a un individuo un trazador radiactivo que sigue alguna parte de la fisiología. Existen exploraciones de medicina nuclear para el corazón, los pulmones, los riñones y, básicamente, todos los órganos del cuerpo, en particular el cerebro. Existen dos tipos principales de exploraciones de medicina nuclear del cerebro: la tomografía por emisión de positrones (PET) y la tomografía computarizada por emisión monofotónica (SPECT). Se parecen en que requieren la inyección de un trazador radiactivo que se introduce en el cerebro. Sin embargo, los propios trazadores son ligeramente diferentes debido a los isótopos radiactivos implicados. Los trazadores PET y SPECT se han utilizado principalmente para evaluar el flujo sanguíneo y el metabolismo en el cerebro. Al igual que las resonancias magnéticas, estas exploraciones PET y SPECT pueden determinar las zonas del cerebro que se activan o desactivan durante diversos fenómenos religiosos o espirituales.

Uno de los principales inconvenientes de estas exploraciones es la radiactividad necesaria, aunque suele ser una cantidad muy baja y generalmente se considera segura. El otro inconveniente es que la absorción del trazador puede durar entre minutos y horas. Por lo tanto, normalmente no podemos observar múltiples estados durante una única sesión de exploración. Por el contrario, las exploraciones fMRI pueden obtenerse en tres segundos, de modo que podemos observar muchos estados diferentes durante la misma sesión de obtención de imágenes.

Por otra parte, una de las ventajas más importantes de las exploraciones de medicina nuclear es la capacidad de observar cambios no sólo en la actividad cerebral general, sino también en sistemas neurotransmisores específicos. La capacidad de medir neurotransmisores es una ventaja importante. Al fin y al cabo, es este conjunto de sustancias químicas, como la dopamina, la serotonina y las endorfinas, el que media en la mayor parte de la actividad cerebral. Estos neurotransmisores no sólo son esenciales para que las neuronas se comuniquen entre sí, sino que también suelen estar asociados a procesos específicos. Por ejemplo, la dopamina forma parte del sistema de recompensa que nos hace sentir eufóricos cuando nos ocurre algo bueno. Hay pruebas de que la dopamina se libera cuando las personas están profundamente comprometidas en prácticas de meditación. Uno de nuestros estudios (A. B. N.) sobre los Ejercicios Espirituales de San Ignacio reveló que un retiro inmersivo de una semana provocaba una alteración en el sistema dopaminérgico que hacía al cerebro más sensible a los efectos de la dopamina (Wintering et al., 2021, p.23). Esto significa que las prácticas religiosas pueden cambiar la forma en que el cerebro responde al mundo y pueden cambiar también nuestros pensamientos y emociones. Del mismo modo, el sistema de la serotonina también se sensibilizó en nuestro estudio.

Por supuesto, como en todas las cosas relacionadas con el cerebro, a nivel de neurotransmisores, una relación de uno a uno entre una molécula y una función mental simplificaría demasiado la cuestión (Kotchoubey et al., 2016). Estamos hablando en términos generales. Aun así, esto no solo nos ayuda a comprender cómo la religión puede ser protectora frente a trastornos que afectan al sistema de la serotonina, como la depresión, sino que también puede ayudarnos a entender la relación entre las experiencias religiosas intensas y las mediadas por drogas psicodélicas que activan principalmente el sistema de la serotonina.

Estos neurotransmisores pueden ser importantes no sólo para comprender prácticas y experiencias específicas, sino también para entender el cerebro de una persona que practica la religión. Quizá los individuos predispuestos al ateísmo más que a las creencias religiosas tengan concentraciones o sensibilidades diferentes de sistemas neurotransmisores específicos. Se pueden plantear muchas preguntas desde una perspectiva neuroteológica que nos ayude a comprender la relación entre los diversos procesos cerebrales, las diversas estructuras y los neurotransmisores.

También existen otros métodos para medir la función cerebral. Una de las técnicas más antiguas, pero que sigue proporcionando información interesante, es la electroencefalografía (EEG). Los estudios de EEG observan la actividad eléctrica del cerebro y pueden controlar los cambios que se producen en cada momento asociados a diversas prácticas. Algunos de los primeros estudios sobre prácticas de meditación realizados en la década de 1960 utilizaron la EEG para observar diferentes tipos de patrones eléctricos en el cerebro. La investigación contemporánea no sólo observa estos cambios eléctricos, sino que puede ayudar a aislar las zonas del cerebro de las que proceden. Algunos métodos implican imágenes infrarrojas, magnetoencefalografía y otros que tienen todos sus ventajas y desventajas cuando se trata del estudio de fenómenos religiosos y espirituales.

Los dos últimos enfoques que deben mencionarse no tienen tanto que ver con la obtención de imágenes del cerebro, sino con afectar directamente a su funcionamiento. Un enfoque antiguo procede del uso de diversas sustancias psicodélicas. La investigación actual sobre el uso de compuestos psicodélicos como la psilocibina demuestra que las intensas experiencias bajo su influencia se describen frecuentemente como *espirituales*. De hecho, nuestra propia investigación (A. B. N.) ha demostrado que las experiencias psicodélicas se describen con las mismas palabras e intensidad que las experiencias religiosas y espirituales (Yaden et al., 2017). Un teólogo serio, para ser justos, probablemente no consideraría espiritual o religiosa una experiencia inducida por drogas. Como ya se ha mencionado, las drogas psicodélicas afectan a sistemas neurotransmisores específicos, en particular al sistema de la serotonina. Por lo tanto, tiene sentido que, dado que estas drogas inducen experiencias muy intensas, proporcionen información interesante que podría relacionarse con las formas en que surgen en el cerebro las experiencias religiosas *naturales*.

Otro enfoque que afecta al cerebro tiene que ver con diversos métodos de estimulación, como la estimulación magnética transcraneal. Utilizando imanes potentes, se pueden activar o desactivar zonas del cerebro, cambiando la forma de pensar, sentir o comportarse de una persona. Algunos estudios han explorado si la estimulación magnética transcraneal puede ayudar a inducir experiencias espirituales o, al menos, aumentar las prácticas espirituales.

Por otro lado, los escáneres cerebrales son representaciones procesadas de la actividad neuronal basadas en diversos procesos fisiológicos (por ejemplo, el flujo sanguíneo o el metabolismo de la glucosa), que no se corresponden necesariamente con un estado mental. Y los correlatos conductuales se distribuyen normalmente en varias áreas. El cerebro es un "sistema dinámico no lineal con procesos paralelos y redundancia con regiones cerebrales que se solapan y son multifuncionales" (Weissenbacher, 2015, pp. 48-49).

La neuroteología es un nuevo campo de investigación multidisciplinar. Está en proceso de desarrollar objetivos realistas y alcanzables, respaldados por estrategias específicas de colaboración entre la neurociencia y las teologías. Los desafíos para cualquier enfoque neurocientífico en la espiritualidad incluyen la necesidad de abordar "estados subjetivos, muestras pequeñas, sesgo de prueba, nivel de significación, falta de controles y niveles (la cuestión general)" (Jastrzebski, 2018, p. 522). Aunque los datos ciertamente no son concluyentes, existen posibilidades intrigantes para comprender cómo funcionan las diferentes partes del cerebro durante los estados mentales espirituales.

El alma como forma organizativa

Desde la perspectiva científica, el cerebro parece estar íntimamente relacionado con nuestros pensamientos, sentimientos y experiencias. Desde el punto de vista filosófico, el alma puede entenderse como la vida que anima al cuerpo, "un principio formal que hace que un ser vivo sea lo que es y explica su estructura característica y su actividad adecuada" (Dodds, 2014, p. 15). Cuando las Escrituras hebreas se refieren al *nefesh* de uno, algunos eruditos modernos traducen el término como "alma". Los escritores hebreos no se refieren a una sustancia inmaterial, sino a un animal corpóreo vivo o a un ser humano, ya que ese ser vivo experimenta la vida como vulnerable, como necesitado" (Wolff, 1974, *Antropología del Antiguo Testamento*). Aristóteles y Tomás de Aquino, después de él, consideraron que *el alma* era la *forma sustancial* del cuerpo. Para Aristóteles y el Aquinate, toda criatura consta de *materia primaria* (posibilidad de ser) y de *forma sustancial*, una pareja de la materia que hace que un ser vivo sea lo que es (Dodds, 2019, p. 904). Materia y forma son dos principios inseparables que juntos constituyen un ente vivo. La forma es la organización o configuración de un ser que lo define y le permite funcionar (Oomen, 2003, p. 381).

Para una entidad viva, la forma es el alma. Puesto que ahora sabemos que es, de hecho, el cerebro con el alma lo que explica las funciones de la persona humana, ¿deberíamos sustituir el *alma* por *neuronas* y decir que son realmente las neuronas las que explican el funcionamiento humano? No, por la siguiente razón. El alma no está separada del cuerpo. El alma es la organización del cuerpo, y esta organización no puede reducirse a sus componentes neuronales.

> No son las neuronas como tales, sino su propia estructura organizativa mutua, su estructura en red, lo que las convierte en un órgano conceptual y emocional funcional. Según los neurocientíficos, es gracias a las estructuras organizativas neuronales en contacto de red que nuestros cerebros producen nuestras mentes (Swaab, 2001, p. 80). (Oomen, 2003, p. 382)

Desde el punto de vista neurocientífico, el cerebro es una estructura organizativa compleja y en red que influye significativamente en el funcionamiento de la mente. Desde una perspectiva católica, hablando ontológicamente, el cerebro por sí solo no produce la mente. La forma, o el alma, añade una nueva dimensión a la materia, el sustrato neural, como su escultura. Además, el alma -o "mente" en términos científicos- es más que el cerebro y también comprende una dimensión espiritual distinta de su sustrato neural.

Por analogía, podríamos tener una colección de componentes: un edificio, una dirección en Internet, algunos libros, personas y ordenadores. Si añadimos una forma de organización, en conjunto, estos componentes podrían constituir una biblioteca. "Las actividades neuronales son la base física de lo que llamamos mente (es decir, percepción, conciencia, identidad personal, pensamiento, voluntad). La mente no está separada de las neuronas, pero la mente tiene propiedades que no pueden reducirse" a las neuronas (Oomen, 2003, p. 380).

El Aquinate diferencia las capacidades humanas distintivas, incluyendo el intelecto y la voluntad (*ST* I, q 78). Para el Aquinate, "querer implica ser atraído por lo que se percibe como bueno y, por tanto, en última instancia, aunque de forma indirecta y velada, por Dios" (Oomen, 2003, p. 381). En una persona viva, el alma es la forma sustancial conectada a las neuronas materiales y, para el Aquinate, es atraída en última instancia por Dios.

El Papa Juan Pablo II reforzó que en el alma humana existe una dimensión espiritual que los científicos perciben "que trasciende la fisiología cerebral y parece dirigir todas nuestras actividades como seres libres y autónomos, capaces de responsabilidad y amor, marcados por la dignidad", e incluye "la labor interpretativa y valorativa de la mente humana, fundamento de esa dimensión espiritual propia de una relación especial con Dios Creador (Gn 2,7) en quien todo hombre y toda mujer están hechos (cf. Gn 1,26-27). (Discurso a la Academia Pontificia de las Ciencias, 2003). (Grassie, 2008, p. 157).

Catolicismo, alma y neurociencia

El Papa Francisco comenta el papel de la neurociencia en la comprensión del alma:

> La Iglesia reclama una síntesis entre el uso responsable de los métodos propios de las ciencias empíricas y otras áreas del saber como la filosofía, la teología, así como la propia fe, que nos eleva al misterio que trasciende la naturaleza y la inteligencia humana. La fe busca y confía en la razón, ya que ambas proceden de Dios y no pueden contradecirse. La Iglesia se regocija al reconocer el enorme potencial que Dios ha dado a la mente humana. (*Evangelii Gaudium*, 2013, par. 242)

Estamos analizando relaciones que pueden informarnos sobre cómo el catolicismo puede afectarnos como personas humanas y cómo nuestra humanidad puede comprometerse con la fe católica. Esperamos que los debates que siguen ofrezcan algunas perspectivas interesantes sobre estas complejas relaciones y que enriquezcan la liturgia, la teología y el compromiso general con la tradición católica.

Preguntas de estudio

1. ¿Qué es el método científico?
2. ¿Cuáles son las cuatro dimensiones de la causalidad tomista? Explica cada una de ellas.
3. ¿De qué causas se ocupa la ciencia? ¿La teología?
4. Distinguir el método en ciencia del método en teología.
5. ¿Cuáles son los retos de los métodos en ciencia y teología?
6. ¿Cómo encuentran y evalúan los datos y la información la ciencia y la teología?
7. ¿Cuáles son algunos de los retos metodológicos a la hora de medir la información subjetiva en campos como la religión, la psiquiatría y la psicología? ¿Cómo se intenta superar estos retos?
8. ¿Cuáles son algunos retos para los métodos en el estudio de la neuroteología?
9. Se puede decir que la neuroimagen hace mensurables los datos fisiológicos, que cambian de un estado mental a otro. ¿Pueden los datos fisiológicos que muestran correlaciones neuronales medir estados mentales? Explíquelo.

10. ¿Cuáles son las dificultades de rezar o tener una experiencia religiosa mientras se está en un escáner de fMRI?
11. ¿Cuáles son algunos de los inconvenientes de utilizar exploraciones PET o SPECT de medicina nuclear para evaluar la función cerebral? ¿Cuáles son las ventajas?
12. ¿Qué puede aportar la electroencefalografía (EEG) al estudio de los fenómenos religiosos y espirituales?
13. ¿Cómo podrían contribuir de algún modo los efectos de las sustancias psicodélicas en el cerebro al estudio de la experiencia religiosa o espiritual?
14. ¿Y la estimulación magnética transcraneal (EMT)?
15. ¿Cuáles son los retos para el estudio neurocientífico de la espiritualidad?
16. ¿Cómo se entiende el alma humana como forma organizadora de la persona con fisiología cerebral?
17. ¿Pueden captarse las dimensiones espirituales, como los estados mentales, los pensamientos, los conceptos y la toma de decisiones, mediante la medición neural cerebral?
18. ¿Qué puede aportar el estudio neurocientífico a la teología, en particular a la tradición católica?

Notas finales

[1] "Estudiar la naturaleza para comprenderla puramente por sí misma parece haber tenido su inicio entre los filósofos presocráticos del siglo VI a.C., como Tales y Anaximandro" (history of science.www.britannica.org).

[2] Para más detalles, véase Kuhn, T. S. (2012). *La estructura de las revoluciones científicas*. Chicago, IL: University of Chicago Press.

Los investigadores utilizan 3 valores p (probabilidad) para decir si una medición es estadísticamente significativa, es decir, lo suficientemente pequeña como para indicar que la hipótesis puede apoyarse empíricamente. Un *valor p* de 0,05 indica que hay un 95% de probabilidades de que se apoye la hipótesis. $P = 0,05$ o $p = 0,01$ es generalmente aceptable para las ciencias humanas. Una precisión $p = 0,01$ sería suficiente para la medicina. Las ciencias naturales requieren una precisión considerablemente mayor. La persona humana estudiada en ciencias *blandas* como la psicología, la sociología y la filosofía es demasiado compleja para medirla con la precisión de las ciencias *duras* como la física, las matemáticas o la química.

[4] "El Dios del Antiguo Testamento es posiblemente el personaje más desagradable de toda la ficción: celoso y orgulloso de ello; un controlador mezquino, injusto e implacable; un vengativo y sanguinario limpiador étnico; ... un megalómano caprichosamente malévolo" (*The God Delusion*, 2006).

Capítulo 5
El libre albedrío y el cerebro

Definición del libre albedrío

Discutir la relación entre el cerebro y el libre albedrío requiere una consideración inicial sobre qué es exactamente el libre albedrío. Es probable que la definición de libre albedrío dependa de las creencias predominantes de un estudioso. Para algunos, el libre albedrío es la capacidad de elegir conscientemente una situación determinada. Para otros, el libre albedrío es una combinación de procesos conscientes e inconscientes, relacionados o no directamente con el cerebro.

Si se adopta una perspectiva religiosa o espiritual, algunos podrían considerar que el libre albedrío está intrínsecamente dotado por Dios. Si se adopta una perspectiva budista o hinduista, los seres humanos individuales tienen libre albedrío a través de su conexión con la conciencia universal. También hay múltiples perspectivas filosóficas sobre la posible existencia o inexistencia del libre albedrío y sobre cómo podría darse realmente. Teólogos católicos como Karl Rahner (1904-1984) pensaban que la libertad reside en la capacidad de tomar una decisión que sea tan perdurablemente válida que se convierta en permanente. De hecho, el libre albedrío se encuentra en la intersección del tiempo y la eternidad.

> "La libertad es la capacidad de lo eterno" (*Teología de la libertad*, 186). Pero sólo tenemos acceso a nuestro ser total en la autotrascendencia hecha posible por la autoofrenda del misterio infinito de Dios (*Fundaciones*, 39). Decidimos definitivamente quiénes seremos, por tanto, sólo en la medida en que pronunciamos un *sí* o un *no* a esta oferta. Decidir sobre Dios y decidir sobre la totalidad de nuestro ser es el mismo acto de libertad. (Highfield, 1995, p. 487)

No todo el mundo está de acuerdo en que el ser humano pueda ser tan definitivo con su libertad. "El ser de Dios es libremente querido. Dios es plenamente lo que Dios quiere. El ser humano, en cambio, no tiene ni ser ni libertad (en) grado absoluto. Los humanos tienen libertad en la medida en que su querer y su particular 'tener-ser' coinciden" (Highfield, 1995, p. 503). Siguiendo su teología de la gracia, Rahner hace mucho hincapié en la libertad humana.

Para Michael Polanyi, no sólo el cerebro sino "el cuerpo se convierte en la facultad última de todo conocimiento externo (1966)". Polanyi (1891-1976), químico físico y filósofo católico húngaro-británico, consideraba que la mente está encarnada. Observó que percibimos el mundo desde nuestro cuerpo, en algún contexto, con un trasfondo particular. Nos basamos en el conocimiento tácito de las particularidades en un proceso global y activo para comprender el todo. Esto no equipara nuestra posición ventajosa con el subjetivismo porque, al conocer, reconocemos y nos esforzamos por alcanzar normas objetivas. El propio conocimiento no puede evitar ser autorreferencial (Korzybski, 1958, en Scott, 2004), ya que cada concepto y significado se deriva de nuestro contexto situado (von Glasersfeld, 1991, en Scott, 2004). Los aspectos personales y contextuales están siempre implicados en la adquisición de conocimientos y en su desarrollo a lo largo del tiempo, como ocurre en el aprendizaje hacia la maestría (Dillern, 2020). Sólo alrededor del 20% de las neuronas que contribuyen a la visión se originan en la retina (Robson, 1983; Varela y Singer, 1987); al menos el 40% derivan de la corteza visual. "Por lo tanto, cualquier interpretación visual (...) depende de conclusiones extraídas de experiencias pasadas, más que de sensaciones actuales (Maturana y Varela, 1992, en Umpleby, 2016)" (Dillern, 2020, p. 582).

Desde una perspectiva neurocientífica, la comprensión del libre albedrío comienza con la exploración de sus elementos. El estudio del libre albedrío requeriría la capacidad de evaluar una determinada elección a realizar y, a continuación, determinar qué partes del cerebro intervienen en la toma de una determinada decisión. Zonas como los lóbulos frontales se han implicado especialmente en los procesos intencionados o voluntariosos. De ahí que varios estudios de escáner cerebral hayan detectado actividad del lóbulo frontal asociada a tareas de libre elección.

Sin embargo, también es importante determinar si los procesos cerebrales representan el libre albedrío o toman una decisión basada en condiciones preexistentes del cerebro o en respuestas necesarias a situaciones del entorno. En otras palabras, puede que tomemos una decisión pero no tengamos elección al tomarla.

Uno de los estudios más famosos que intentó evaluar lo que ocurre en el cerebro durante la libre elección lo realizó el neurocientífico Benjamin Libet en 1988 (Libet, 1999). En estos experimentos, pidió a los sujetos que realizaran movimientos voluntarios con la muñeca o los dedos y que registraran el momento del impulso consciente de moverse mientras se monitorizaba su actividad cerebral. Los resultados mostraron que "las neuronas de la corteza motora suplementaria relacionadas con un movimiento físico concreto de la mano empezaban a dispararse 500 ms antes de que los impulsos llegaran a los músculos implicados en el movimiento. Sin embargo, la sensación de intención, deseo o urgencia de mover la mano, según informaron los sujetos, se produjo sólo 150 ms antes de que se ejecutara el movimiento" (Bennet y Hacker, 2003, p. 229). Un *potencial de preparación* en el cerebro una fracción de segundo antes de que los sujetos informaran conscientemente de que habían decidido moverse se interpretó como que era el cerebro, y no la persona, quien tomaba la decisión. Aunque Libet no afirmó que los experimentos refutaran el libre albedrío, algunos sí lo hicieron. Algunos neurocientíficos señalaron que el potencial de preparación podría haber sido el cerebro preparándose para iniciar el movimiento en lugar de decidirlo inconscientemente. Algunos filósofos señalaron que el libre albedrío suele asociarse a acciones de importancia moral. Para ser válido como prueba del libre albedrío, el experimento tendría que haber incluido un contenido acorde con agentes que sopesaran conscientemente razones de decisión contrapuestas. El experimento con movimientos de muñeca neutros e intrascendentes no cumplía ese criterio.

Ese estudio ha sido objeto de otras críticas, tanto por su diseño como por la interpretación de los resultados. Por un lado, el estudio fue muy pequeño en cuanto al número de sujetos y, por tanto, es difícil saber si los resultados son generalizables a todas las personas. Pero lo más importante es que se han planteado dudas sobre el diseño del estudio. Se pidió a los sujetos que tomaran conscientemente la decisión de pulsar un botón y luego también se les preguntó cuándo eran conscientes de su decisión. Uno de los problemas de este diseño es que el cerebro interactúa constantemente con el mundo. Por lo tanto, la actividad cerebral previa puede tener que ver con la respuesta del cerebro al entorno externo o interno, sin tener nada que ver específicamente con la decisión real. La otra cuestión tiene que ver con si los procesos voluntarios están directamente conectados con la función cerebral o viceversa.

Varios estudios de seguimiento han demostrado la complejidad y controversia de los estudios neurocientíficos sobre el libre albedrío. Un estudio de los profesores de psicología neozelandeses Judy Trevana y Jeff Miller sugirió que la señal temprana observada en los experimentos de Libet estaba relacionada simplemente con la atención del cerebro (Trevana y Miller, 2010). En su experimento, utilizaron el diseño básico de Libet pero añadieron un tono de audio, momento en el que los sujetos tenían que decidir si movían el dedo. Curiosamente, se observó la misma actividad cerebral temprana tanto si los sujetos decidían mover el dedo como si no. Los resultados de este estudio sugieren que la decisión de mover el dedo no es la base de la actividad cerebral temprana, sino la vigilancia del entorno.

También hay otros avances en el estudio del libre albedrío, como el uso de un dispositivo llamado estimulación magnética transcraneal (EMT), que aplica campos magnéticos al cerebro para aumentar o disminuir la actividad en una zona concreta. Lo importante es que este dispositivo puede modificar teóricamente el funcionamiento del cerebro, lo que puede aplicarse a la toma de decisiones. Por ejemplo, un estudio utilizó la EMT para influir en qué mano mueven las personas estimulando las regiones del lóbulo frontal implicadas en la generación del movimiento (Ammon y Gandevia, 1990). En circunstancias normales, los diestros suelen elegir mover la mano derecha alrededor del 60% de las veces. Sin embargo, en este estudio, si los investigadores estimulaban el lóbulo frontal derecho que controla el lado izquierdo del cuerpo, los sujetos ahora elegían mover la mano izquierda aproximadamente el 80% de las veces.

Y lo que es más importante, los sujetos de las pruebas siguieron percibiendo que tomaban libremente sus propias decisiones sobre qué mano mover. El cerebro seguía percibiendo que actuaba por su propia voluntad a pesar de estar siendo manipulado externamente. Este tipo de estudios no excluyen necesariamente la posibilidad del libre albedrío, pero demuestran que puede ser un proceso complejo en el que influyen diversos factores. Además de la naturaleza controvertida de estos estudios, un estudio de seguimiento de la EMT fue incapaz de replicar estos resultados. En general, serán necesarias más investigaciones para evaluar cómo puede estar implicado el cerebro en el origen de los comportamientos intencionados o voluntarios.

En definitiva, no es de extrañar que existan diversas perspectivas y controversias sobre la relación entre el cerebro y el libre albedrío y lo que la neurociencia tiene que decir al respecto. Añadir la voz católica a esta conversación puede ser bastante esclarecedor y aportar una perspectiva teológica que contribuya a las futuras investigaciones neurocientíficas sobre el libre albedrío.

El catolicismo y la dimensión espiritual de la persona

¿Qué hay del libre albedrío para el catolicismo? Según el *Catecismo de la Iglesia Católica* (1995), "la libertad es el poder de obrar o de no obrar, y por tanto de realizar actos deliberados propios. La libertad alcanza la perfección de sus actos cuando se orienta hacia Dios, Bien soberano" (*CIC*, 1744). Para la teología católica tradicional, la persona humana es tanto espiritual como fisiológica. La dimensión espiritual consiste en una mente racional y el libre albedrío. Los procesos físicos interactúan mutuamente con los aspectos espirituales de la personalidad: conciencia, dignidad, sentido moral y libertad. A favor de la dimensión espiritual están las capacidades de la persona para dedicarse a las artes; para encontrar significado a fragmentos sensoriales dispares, como la música a partir de los tonos, la narrativa a partir de las palabras, la experiencia a partir de una avalancha de datos; para encontrar coherencia en las percepciones; para discriminar lo bueno de lo malo; y para leer, discernir y evaluar fenómenos y circunstancias (McGoldrick, 2012).

En cuanto al libre albedrío, lo que distingue la acción humana de la de, por ejemplo, las rocas, es que los movimientos humanos ocurren por *razones*. Las rocas que se sueltan por algún ímpetu meteorológico y caen a un valle pueden constituir una avalancha. Si un humano desata la cascada por un *motivo*, tenemos algo diferente, intencionado, con un *fin*. Los movimientos involuntarios pueden ocurrir, mientras que los intencionados tienen un propósito. "El movimiento sólo puede denominarse acción intencionada si se origina a partir de un estado cognitivo con contenido significativo, y este contenido define la influencia causal del estado cognitivo" (Schall, 2009, p. 177).

Para distinguir las acciones voluntarias de los movimientos involuntarios, es importante preguntarse por la intención: ¿qué quería hacer la persona? ¿Y por qué? La respuesta mostrará cómo la acción reflejaba objetivos, ideas e inclinaciones. Un persistente dilema para la neurociencia y la psicología es desentrañar la relación entre realidades mentales como las razones o las emociones y los procesos fisiológicos entre las células nerviosas. Las neuronas y las células gliales del cerebro son entidades fisiológicas; los motivos son acontecimientos mentales. ¿Cómo pueden interactuar de forma fluida y mutua? "Investigaciones recientes en neurociencia cognitiva han descrito circuitos cerebrales particulares que registran errores y aciertos. Tales señales pueden ajustar el comportamiento y proporcionar la base para distinguir *lo que hice* de *lo que sucedió*, lo cual es necesario para sentir que actuamos con libertad y poder responsable". (Schall, 2009, p. 178)

> Los seres humanos son capaces de aprender de las consecuencias de sus actos. Para ello se necesitan circuitos que evalúen los resultados de las decisiones y actualicen los sistemas de control que regulan las conexiones entre los estímulos y el comportamiento. Es de suponer que estas señales de retroalimentación influyan en regiones cerebrales, como el córtex prefrontal dorsolateral, que intervienen en los procesos de control que median en la flexibilidad. Este control está más fuertemente asociado a la corteza cingulada anterior (ACC). La actividad en la ACC también es consistente con la evaluación de los resultados y la generación de señales de retroalimentación útiles para actualizar los objetivos conductuales y la adopción de nuevas reglas cognitivas (Purves et al., 2019, p. 696).

Ciertamente, el cerebro no siempre actúa con plena libertad. A veces, un movimiento corporal es reflejo, causado por un estímulo concreto. Por encima de estos circuitos reflejos hay vías neuronales de orden superior en el córtex que son fundamentales para la conciencia humana de un sentido de agencia. Cuando un movimiento se dirige hacia un propósito para alcanzar una meta, es probable que la persona perciba que es dueña de la acción. La misma acción puede ser reflexiva en algunas situaciones y deliberada en otras, dependiendo de la razón o la voluntad (Schall, 2009). Los factores físicos, por supuesto, pueden influir y dirigir nuestros pensamientos y decisiones. Según el pensamiento católico, los elementos materiales no determinan totalmente lo que pensamos y elegimos hacer. Si lo hicieran, no seríamos responsables de lo que creemos y decidimos (Sociedad de Científicos Católicos, 2023).

Psicólogos morales como Jonathan Haidt han llamado recientemente la atención sobre los debates acerca del libre albedrío. Haidt sugiere que funcionamos según redes neuronales de doble proceso, sistemas cognitivos rápidos y lentos. La red rápida, espontánea e intuitiva asociada al sistema límbico no es consciente, y una red pausada, laboriosa y racional a través de los lóbulos frontales es deliberada, intencional, manejable y consciente. "La función típica del razonamiento moral, sostiene Haidt, no es guiar los juicios morales, sino proporcionar justificaciones post hoc para los juicios realizados intuitivamente" (Messer, 2017, p. 43, en Haidt, 2001, p. 814). Este (enfoque intuicionista social) tiende a apoyar las intuiciones grupales y comunitarias sobre cuestiones morales.

Si hay elementos no materiales en el libre albedrío, ¿cómo podemos esperar evaluar el libre albedrío desde una perspectiva neurocientífica? Tal vez un enfoque sería a través de la distinción, lo que significa que si podemos distinguir todos los procesos biológicos que conducen a alguna decisión, tal vez podríamos quedarnos con algo volitivo y no material. Si tal capacidad va a ser posible alguna vez es otra cuestión. Aun así, parece importante intentar definir cuáles son los elementos del libre albedrío para diseñar los estudios futuros más eficaces.

Clarificación de dominios entre filosofía y neurociencia

Es importante aclarar la distinción de ámbitos entre filosofía y neurociencia. La filosofía se ocupa de conceptos asociados a la mente, la psicología y la persona, mientras que la neurociencia se centra en las estructuras y el funcionamiento de los procesos y acontecimientos neuronales. La neurociencia puede examinar el sustrato neural de las capacidades emocionales, psicológicas y conductuales y sus operaciones. No distinguir entre ambos campos puede llevar a confusión. La neurociencia puede escanear cerebros con PET y fMRI e investigar sinapsis y neurotransmisores. Las conexiones conceptuales de la conciencia o la volición deben ser investigadas por el dominio conceptual de la filosofía. Existe una diferencia categórica y lógica entre ambos dominios (Bennet y Hacker, 2003, p. 402-405).

> Tenemos una amplia gama de conceptos de la volición y la voluntad: inclinaciones sentidas, deseos sentidos, querer en toda su confusa

complejidad conceptual, propósito, meta y fin, decisiones y razones para actuar, intención, etcétera. De ahí que también tengamos varias categorías volitivas de acción, como voluntaria, involuntaria, no voluntaria, intencionada, no intencionada, deliberada e impulsiva. El atento y el descuidado, imprudente o negligente, etcétera. Tenemos múltiples formas de explicar el comportamiento humano en términos de razones y motivos, intenciones y propósitos, hábitos, tendencias o inclinaciones, así como en términos de disposiciones y rasgos de carácter. (Bennet y Hacker, 2003, p. 224)

En su libro *Self Comes to Mind* (2012), el neurocientífico luso-estadounidense Antonio Damasio considera que la neurona, más que un alma racional, es fundamental para la mente humana consciente. El yo es considerado el resultado de procesos fisiológicos que comienzan con estímulos a nivel molecular susceptibles de influencia emocional, que se combinan en sentimientos y son atendidos por pensamientos para la auto-orientación y la reflexión sobre la coordinación de acciones en beneficio de la comunidad, incipientes evaluaciones éticas. Escribe:

¿Podría ser que nuestro muy humano deseo consciente de vivir, nuestra voluntad de prevalecer comience como un agregado de las voluntades incipientes de todas las células de nuestro cuerpo? Esa voz única existe en forma de yo en un cerebro consciente. Pero ¿cómo se transfieren las voluntades descerebradas y sin sentido de las células individuales y sus colectivos a las mentes autoconscientes que se originan en el cerebro? Para que eso ocurra, tenemos que introducir un actor radical que cambie las reglas del juego en nuestra narrativa: la célula nerviosa o neurona. La capacidad (de la neurona) de producir señales electroquímicas capaces de cambiar el estado de otras células es la fuente misma de la actividad que constituye y regula el comportamiento, para empezar, y que con el tiempo también contribuye a crear una mente (pp. 36-37). (McGoldrick, 2012, p. 490)

Pero la conciencia y la intención no pueden encontrarse en las neuronas como tales, aunque las áreas y los circuitos cerebrales pueden estar animados por poderes sensibles (Sanguineti, 2019, p. 27). Una visión reduccionista de la persona que equipare neurobiología con libertad elimina de hecho el yo.

El filósofo de la mente Alva Noe, en *Out of Our Heads* (2010), sugiere que la conciencia no se origina en nuestro cerebro. Es lo que hacemos activamente en interacción con el mundo que nos rodea. Para entender el papel que desempeña el cerebro en la conciencia, tenemos que ver cómo contribuye el cerebro al resto del cuerpo y al entorno. "Es una concepción de nosotros mismos que implica al cuerpo y al mundo lo que la mejor ciencia nueva, así como la filosofía, deberían llevarnos a respaldar" (p. 24). Así, hay perspectivas filosóficas y teológicas que observan que los actos humanos voluntarios de voluntad, volición, deseo, intenciones o decisiones tienen su origen en la persona humana y no exclusivamente en la mecánica fisiológica de las vías y patrones neuronales.

Uno de los problemas del enfoque basado en el sustrato neural es que conduce a una perspectiva que plantea la cuestión de cómo la persona humana, o más exactamente la mente humana, está separada de los procesos fisiológicos del cerebro. ¿Qué controla qué y qué influye en qué? Estas preguntas y sus respuestas son el núcleo del argumento del libre albedrío. Si hay algo más allá del cerebro que toma nuestras decisiones voluntarias, ¿cómo se traduce eso en los procesos cerebrales correspondientes? Por otra parte, ¿es posible concebir que la capacidad de decidir se derive del propio cerebro sin necesidad de una conciencia externa y que, aun así, se considere *libre* albedrío?

Moralidad: El pecado original y personal

El libre albedrío es fundamental para la moralidad y para el cristianismo, una religión que pretende rectificar la relación humana con lo divino tras la desobediencia deliberada en la Caída en los albores de la historia humana: el pecado original. El libre albedrío se considera fundamental para la moralidad personal. Si, como sostienen los experimentos de Libet, el cerebro decide antes que la persona, o como sostiene Damasio, son la neurona y los patrones neuronales los que eligen, no la persona, en cualquier caso, el libre albedrío está en peligro. "Si todo está predeterminado, no se puede atribuir un acto pecaminoso a la persona que lo comete, ya que no tuvo elección" (Newberg, 2010, p. 213).

Más recientemente, el conocido neurocientífico del comportamiento Robert Sapolsky intentó abordar la cuestión del libre albedrío, afirmando que la neurociencia demuestra inequívocamente que no lo tenemos. Su postura comienza con el reto principal: "Encuéntreme la neurona que inició este proceso en el cerebro (de una persona), la neurona que tuvo un potencial de acción sin motivo". Este es un argumento neurocientífico estándar contra el libre albedrío, ya que ha habido una serie de experimentos científicos que han documentado la actividad neuronal que ocurre antes de que se tomen decisiones conscientes. Sin embargo, pasa por alto un importante punto neurocientífico más amplio: la investigación actual no puede señalar ningún lugar que Explicar cómo las neuronas crean la conciencia o incluso los pensamientos y experiencias subjetivos. Mientras tanto, los iones de sodio y potasio que atraviesan la membrana neuronal provocan la despolarización de esas neuronas. Se produce la liberación de dopamina, serotonina y muchas otras moléculas neurotransmisoras. Hay miles de millones de neuronas interconectadas que disparan de diferentes maneras. Sin embargo, en todo eso, no tenemos ni idea de cómo se origina realmente el pensamiento y pasa a formar parte de nuestra conciencia. Llegados a este punto, podemos hacernos la misma pregunta de "¿dónde empieza?" sobre todo lo relacionado con los procesos mentales humanos. Pero esta pregunta también plantea otros problemas. Por ejemplo, hay una serie de estudios que demuestran que las neuronas se disparan espontáneamente (Uddin, 2020). Por lo tanto, eso responde potencialmente a la pregunta de si podría haber algunas formas en las que se produjera una actividad cerebral espontánea que pudiera formar parte del libre albedrío. Por último, hay muchas tradiciones e ideas filosóficas acerca de que la conciencia no se reduce a procesos materiales o neuronales. Si la conciencia en sí misma no requiere el cerebro, entonces todas las apuestas están cerradas en cuanto a que el libre albedrío esté limitado por la actividad neuronal. Así pues, es importante considerar lo que la ciencia tiene que decir sobre el libre albedrío, pero también hay que tener en cuenta otros enfoques.

Según el Aquinate, una concepción amplia del libre albedrío exige que la fuente de una acción sea la persona que actúa. Una noción estrecha del libre albedrío requiere que, junto con la fuente, haya alternativas. La alabanza o la culpa sólo pueden atribuirse al actor si pudiera no haber realizado la acción (*Liberum Arbitrium* 2, 3, en Hoffman y Michon, 2017, pp. 3, 8). Para el catolicismo, el pecado es algo distinto de "un defecto de desarrollo, una debilidad psicológica o la consecuencia necesaria de una estructura social inadecuada", etcétera. Un registro de la revelación en las Escrituras hebreas y el Nuevo Testamento explica el plan divino para la humanidad y el pecado como un mal uso de la libertad dada a las criaturas humanas para amar a Dios y a los demás (*CIC*, 387).

En Génesis 3, la Escritura describe un acontecimiento primigenio aceptado en la fe como un pecado original realizado libremente por los primeros antepasados humanos (*CIC*, 390).

> Dios creó al hombre a su imagen y lo estableció en su amistad. Criatura espiritual, el hombre sólo puede vivir esta amistad en libre sumisión a Dios. La prohibición de comer "del árbol de la ciencia del bien y del mal" evoca simbólicamente los límites infranqueables que el hombre, siendo criatura, debe reconocer libremente y respetar con confianza. El hombre depende de su Creador y está sometido a las leyes de la creación y a las normas morales que rigen el uso de la libertad. (*CIC*, 396)

Se entiende que el primer pecado fue desconfianza y desobediencia con abuso de libertad. Todo pecado posterior sigue el mismo patrón de desconfianza y desobediencia hacia Dios (CIC, 396-397). Originalmente, las personas humanas fueron creadas en una condición de santidad. Dios quiso para los humanos su "divinización", participación por gracia en la divinidad que es natural a las tres Personas divinas. La seducción del demonio llevó a nuestros primeros antepasados a intentar asemejarse a Dios por la fuerza, prefiriendo irreverentemente el voluntarismo autoafirmativo a la deferencia amorosa al Creador (*CIC*, 398).

La triste consecuencia de esa desobediencia original fue la pérdida inmediata de la santidad original. Adán y Eva distorsionaron su imagen de Dios, pensaron en Dios como posesivo de sus prerrogativas, y comenzaron a temer a Dios como amenazador, tiránico (*CIC*, 399). La unidad de su justicia original estaba ahora demolida: el cuerpo ya no se sometía fácilmente a las facultades espirituales del alma, el hombre y la mujer no se relacionaban tan armoniosamente como antes, y empezaron a surgir tensiones. El resto de la creación podía ser antagónica y dura con los humanos, y todos estaban sujetos a la decadencia. La muerte entró en la historia humana (*CIC*, 400).

Lo que las Escrituras registran es frecuentemente verificado por la experiencia humana. El hombre se encuentra inclinado a lo que está mal y sujeto a hostilidades y tribulaciones que no pueden atribuirse al buen Creador. Al no aludir con frecuencia a Dios como su origen, "el hombre ha trastornado también la relación que debería unirlo a su último fin y ha roto el recto orden que debería reinar en su interior, así como entre él y los demás y todas las criaturas: (*GS*, 1)". (*CCC*, 401)

Cada uno contrae el pecado original con el nacimiento, aunque no como culpa personal. La justicia y la santidad originales están ausentes. Sin embargo, el catolicismo sostiene que los seres humanos siguen estando hechos a imagen de Dios y no están totalmente corrompidos. Las capacidades humanas naturales son deficientes; las personas se encuentran expuestas a la ignorancia y al dolor, inclinadas al mal y destinadas a la muerte final. El bautismo imparte la gracia, elimina el pecado original y vuelve a la persona humana hacia Dios. Quedan, sin embargo, las consecuencias naturales del pecado original, la debilidad y la inclinación al mal, que exigen una lucha espiritual persistente (*CIC*, 405).

El pastor y teólogo luterano alemán Deitrich Bonhoeffer (1906-1945) subraya la postura cristiana de que el esfuerzo humano de la Caída por llegar a ser como Dios por iniciativa humana ha dado como resultado la alienación del orden original de la creación. Los seres humanos se enfrentan a una división interna respecto a la elección del bien sobre el mal. Los hallazgos neurocientíficos sobre un sesgo egoísta no deberían sorprender a los cristianos. La investigación parece sugerir que tenemos una "capacidad profundamente arraigada de autoengaño sobre lo que realmente sucede en nuestra psicología moral y un sentido falsamente inflado del poder y la fiabilidad de nuestra razón práctica"

(Messer, 2017, p. 58). Más protestante que católico, Bonhoeffer propone una posición sobre los efectos del pecado original que está en consonancia con el catolicismo: "una profunda sospecha teológica de la ética como proyecto humano: el intento de conocer el bien con la fuerza de nuestros recursos de razón y perspicacia" (Messer, 2017, p. 59). La teología cristiana insiste en que la ética natural necesita ser transformada y reconstruida a través del Evangelio. La fe cristiana abre a la persona a la recepción de la gracia del Espíritu Santo que opera a través de la caridad (*CIC*, 1978, 1983).

El pecado personal se ha definido como "una expresión, una acción o un deseo contrario a la ley eterna" (San Agustín, Santo Tomás de Aquino) (*CIC*, 1849), una falta de amor hacia Dios y hacia los demás. *El pecado mortal* es una violación grave de un asunto serio con pleno conocimiento y consentimiento ponderado (*CIC*, 1857). *El pecado venial* no destruye totalmente el amor, pero hiere y ofende la caridad (*CIC*, 1855).

El uso moral del libre albedrío, desde el punto de vista católico, implica vivir en la verdad y amar lo que es bueno en la búsqueda de la conciencia más plena posible. "La libertad alcanza la perfección en sus actos cuando se orienta hacia Dios, el soberano Bien" (*CIC*, 1744, en McGoldrick, 2012). Nuestras acciones, elecciones y experiencias dependen, entre otras cosas, del funcionamiento neurobiológico. Las neuronas, con sus billones de conexiones y sus neurotransmisores químicos, están necesariamente vinculadas a cambios en la actividad cerebral. Hay incluso estudios de escáner cerebral que han revelado las áreas del cerebro en los comportamientos morales positivos y negativos. En concreto, áreas emocionales como la amígdala y la ínsula, así como áreas implicadas en las interacciones sociales como el precuneus, intervienen cuando las personas toman ciertas decisiones que podrían ser más compasivas y altruistas frente a las que son más egoístas. Hay cambios en el cerebro asociados a los procesos morales. Aun así, consideramos que el pecado, al igual que la virtud, son construcciones mentales más que fisiológicas. El pecado y la virtud son algo más que entidades que pueden escanearse o medirse empíricamente. Podemos preguntarnos: "¿Es la persona la que comete un pecado o su cerebro?". No entendemos completamente el vínculo entre los eventos mentales subjetivos y los procesos cerebrales discernibles: solo que la neurociencia afirma una estrecha conexión entre ambos (Jeeves y Ludwig, 2018).

Grados de responsabilidad, predestinación y Providencia

Todos los comportamientos, por supuesto, están asociados al cerebro. El comportamiento complejo, en particular la actividad volitiva, depende de redes neuronales distribuidas que acceden a recuerdos, cogniciones, prejuicios, información ambiental y relacional, y otros factores, cualquiera de los cuales, o todos ellos, pueden alterar la libertad y la toma de decisiones. Se ha encontrado que las lesiones en la corteza prefrontal ventromedial se correlacionan con el comportamiento antisocial, pero solo en casos raros (Adolphs, Glascher y Tranel, 2018). Los estudios han señalado un desequilibrio entre los centros emocionales del sistema límbico y la corteza prefrontal en personas que han cometido delitos violentos u otros actos inmorales (Sohn, Kaelin-Lang y Hallet, 2003). Además, las áreas del cerebro implicadas en las percepciones sociales y la empatía, como el lóbulo parietal y la ínsula, parecen estar especialmente implicadas en los comportamientos sociopáticos o psicopáticos (Van Dongen, 2020).

Aunque algunos casos de conducta delictiva parecen estar asociados a cambios genéticos o ambientales en el cerebro o a lesiones cerebrales, atribuir la criminalidad a un defecto cerebral suele ser difícil de determinar.

> Para que la neurociencia permita comprender hasta qué punto los delincuentes actúan libremente y son moralmente responsables de sus actos, los avances científicos deben ir acompañados de una mayor comprensión y consenso filosóficos sobre la relación entre la actividad cerebral y el libre albedrío. (Roache, 2014, p. 37)

Dado que nadie determina su herencia genética y que los jóvenes tienen un control limitado sobre su entorno de desarrollo, las circunstancias atenuantes parecen afectar al grado de responsabilidad moral (Clarke, 2015).

El catolicismo sostiene que la ignorancia involuntaria puede disminuir o incluso anular la responsabilidad por un delito grave.

> Pero nadie se considera ignorante de los principios de la ley moral, que están inscritos en la conciencia de todo hombre. El impulso de los sentimientos y de las pasiones puede también disminuir el carácter voluntario y libre de la ofensa, lo mismo que las presiones externas o los desórdenes patológicos. (*CIC*, 1860)

La filósofa moral católica G. E. M. Anscombe (1919-2001), en su libro *Intención* (1957), considerado fundacional en la teoría de la acción y la psicología filosófica, reforzó la intención como crucial para determinar la culpabilidad moral de una acción. Al oponerse al plan de la Universidad de Oxford de honrar al presidente estadounidense Harry S. Truman con un título honorífico por el bombardeo de Nagasaki e Hiroshima, Anscombe consideró la naturaleza de la agencia a través de la intención y llegó a evaluaciones éticas de tales acciones. Las neuroimágenes permiten observar los cambios cerebrales asociados a la intención cognitiva o emocional. Sin embargo, que la acción intencionada tenga resultados moralmente positivos o negativos no está intrínsecamente relacionado con lo que ocurre en el cerebro.

Alasdair MacIntyre, un preeminente filósofo político católico tomista, define la virtud como una cualidad del carácter que emerge en un contexto social a partir del papel que uno desempeña en una narrativa vital (Darr, 2020, p. 7).

La narrativa de una vida individual puede entenderse como la búsqueda de diversos bienes internos y externos. La integración racional de la vida implica plantearse y responder continuamente a la pregunta de qué constituye una vida buena. Las virtudes nos sostienen en la búsqueda del bien permitiéndonos superar los daños, peligros, tentaciones y distracciones que encontramos, lo que nos proporcionará un creciente autoconocimiento y un conocimiento cada vez mayor del bien. (MacIntyre, 2007, pp. 218-219, en Darr, 2020)

En *Ethics in the Conflicts of Modernity* (2016), MacIntyre subraya que una narrativa eficaz se dirige a un fin último más allá de todos los bienes limitados (pp. 230-231, en Darr, 2020, p. 16). Teniendo en cuenta estos argumentos, cabría preguntarse si hay determinados procesos o estados cerebrales que intervienen en el cultivo de las virtudes, como los procesos relacionados con la compasión, el perdón y la empatía. Tal vez se podría argumentar que el cultivo de ciertos procesos cerebrales forma parte de la dirección moral de la humanidad.

La defensa que hace el Aquinate del libre albedrío, concebido en sentido estricto como libertad de elección entre propuestas alternativas, encuentra un importante desafío en la doctrina de la voluntad divina eficaz. Dios es necesario, mientras que las criaturas son contingentes. Dios es omnipotente, mientras que las criaturas dependen totalmente de su poder. Y como Dios es bondad y amor, sólo actúa por el bien de sus criaturas. De ello se deduce que todo lo que sucede es querido o no por Dios. El mal físico, como las fuerzas destructoras de la naturaleza, existe "mientras la creación no ha alcanzado la perfección (Tomás de Aquino, *SCG* III, 71)" (*CIC*, 310). Dios no causa directa o indirectamente el mal moral (Agustín, *De libero arbitrio* 1, 1, 2; Tomás de Aquino, *ST* I-II.79.1). Sin embargo, Dios no impide los actos malos de las personas (Ia. IIae.79.1, respuesta a la obj.1), "porque respeta la libertad de sus criaturas y, misteriosamente, sabe sacar de ella el bien (Romanos 8, 28)". (*CIC*, 311). Como afirmó el Concilio Vaticano I (1869-1870):

> Por su providencia, Dios protege y gobierna todas las cosas que ha creado.... En efecto, "todo está abierto y descubierto a sus ojos" (Hb 4, 13), incluso lo que está por nacer por la libre acción de las criaturas". (Pío IX, *Dei Filius*) (*CIC*, 302)

"La providencia divina es universal en el sentido de que todos los acontecimientos, incluso las decisiones más personales de los seres humanos forman parte del plan eterno de Dios" (Hardon, 1980, p. 448).

Cómo los seres humanos pueden tener libre albedrío mientras que la voluntad de Dios es omnímoda se ha debatido durante milenios sin una resolución plenamente satisfactoria. Tomás de Aquino resuelve la congruencia entre la voluntad divina, eficaz, y el libre albedrío humano en su tratamiento de la providencia divina y la predestinación. La providencia significa que Dios ordena a todas las criaturas hacia su fin último. La predestinación es un aspecto particular de la providencia por el cual Dios guía a las criaturas dotadas de razón, humanos y ángeles, a un fin sobrenatural de felicidad eterna con él (Hoffman y Michon, 2017, p. 18). Desde la perspectiva neuroteológica, podríamos preguntarnos de nuevo si la relación entre el libre albedrío humano y la providencia de Dios confluye de algún modo en el cerebro. El cerebro puede estar configurado por una combinación de genética e intervención divina a través de la gracia y el aprendizaje ambiental para ser más optimista o pesimista, más moral o menos moral. La cuestión es cómo el libre albedrío interactúa con el cerebro y se compromete con sus limitaciones y posibilidades.

Del mismo modo, según el Aquinate (*ST* I, q. 22, a. 2), todo está sometido a la causalidad primaria divina, que depende de la voluntad de Dios, incluidas las causas secundarias, creadas, como la voluntad humana. Todas las criaturas dependen de la providencia divina. Sin embargo, la providencia divina actúa en y a través de las causas secundarias (*CIC*, 308). En el nivel trascendente, la fuente final de los actos humanos debe ser la voluntad divina, pero la voluntad humana conserva, no obstante, su fuente, incorporando funciones del cerebro. Dios confiere eficacia secundaria a la voluntad humana para que los seres humanos mantengan la responsabilidad de sus elecciones libres (Hoffman y Michon, 2017, p. 18).

El profesor de filosofía Peter Kreeft lo explica así:

> Puesto que la vida humana es una historia (de Dios), debe tener tanto destino como libertad. Predestinación es una palabra engañosa, pues concede demasiado a nuestro modo de pensar temporal. Dios no *es anterior* ni posterior a nada. Está presente en todo. No tiene que esperar nada. Tampoco se pregunta qué ocurrirá. Nada es incierto para Él, como el futuro es incierto para nosotros. No hay *predestinación*, sino *destino*. Esto se desprende de la omnisciencia divina y de la eternidad. La unidad de amor y poder es la razón por la que no debemos temer el poder de Dios: es su mismo amor. Por tanto, no puede ser utilizado sin amor. Y también por eso no hay que temer que su amor falle nunca, porque es omnipotente. *Es* poder. Aquel que nos amó hasta la muerte, la debilidad suprema, es fuerza infinita. (2011, p. 2)

La neurociencia puede buscar el origen de la voluntad humana en las diversas funciones del cerebro humano y lo ha explorado de forma muy limitada. Hemos considerado estudios como los de Libet. La posición católica es que el libre albedrío, junto con la capacidad conceptualizadora del intelecto, pertenece a una misteriosa dimensión espiritual de la voluntad que constituye la imagen de Dios en la persona humana. "Dios creó al hombre como ser racional, confiriéndole la dignidad de persona que puede iniciar y controlar sus acciones" (*CIC*, 1730). "La libertad es el poder, radicado en la razón y en la voluntad, de actuar o no actuar, de hacer esto o aquello, y así realizar acciones deliberadas bajo la propia responsabilidad" (1731). "Gracias a la libertad, el ser humano es producto no sólo de sus genes, sino también de sus elecciones autoconscientes, libres y deliberadas". Esta creencia representa un marcado contraste con cualquier ciencia que reduzca las elecciones humanas a neuroprocesos" (McGoldrick, 2012, p. 497). "Es cierto que *la imputabilidad* y la responsabilidad de una acción pueden verse disminuidas o incluso anuladas por la ignorancia, la inadvertencia, la coacción, el miedo, la costumbre, los apegos desmesurados y otros factores psicológicos o sociales" (*CIC*, nº 1735). Pero entonces, el libre albedrío no es libre, al menos no plenamente libre. Si se buscara el origen en el cerebro, se encontrarían procesos neurológicos asociados anteriores o posteriores a la toma de decisiones, pero no el libre albedrío en sí. En cuanto a la inteligencia, el cerebro puede aportar pruebas de sensación, percepción, imaginación, emoción y comportamiento, pero no de conceptualización abstracta universal. Así pues, sería posible caracterizar el libre albedrío y el intelecto como dimensiones espirituales del alma, más que empíricamente mensurables.

Si la neurociencia encuentra pruebas de que la actividad cerebral preconsciente o inconsciente es el motor de la toma de decisiones personales en ocasiones, el libre albedrío, en esos casos, se habrá visto afectado por algún(os) factor(es) restrictivo(s) que lo hacen, al menos, menos que plenamente libre. Quizá el libre albedrío dependa de todos nuestros procesos cerebrales, tanto conscientes como preconscientes. Por otra parte, quizá la neurociencia no pueda encontrar ninguna causa neurológica específica de la toma de decisiones humana. Si ése es el caso, entonces quizá el libre albedrío sea un proceso no biológico que afecta de algún modo a los pensamientos y comportamientos iniciadores del cerebro. Sin embargo, esto vuelve al problema de cómo algo no físico afecta a lo físico y de si existe una misteriosa dimensión inmaterial o espiritual del alma humana que incide en los procesos neurológicos. La neurociencia puede no estar segura. El catolicismo responde afirmativamente.

La virtud y el cerebro

Para el catolicismo, la vida humana y, por tanto, el libre albedrío, están orientados a Dios y a la bienaventuranza eterna con Él. "La virtud es una disposición habitual y firme a hacer el bien" (*CIC*, 1833). Las virtudes teologales son capacidades que Dios infunde gratuitamente en el bautismo. La fe, la esperanza y la caridad sobrenaturales capacitan e inclinan a los cristianos a vivir en relación con las Personas trinitarias. Estas virtudes se originan en Dios, orientan y mueven hacia Dios, conocido por la fe, confiado y amado por sí mismo (*CIC*, 1840). También se otorgan en el bautismo las virtudes morales: prudencia, justicia, fortaleza y templanza. Éstas se desarrollan a través de la educación, las elecciones intencionadas y la perseverancia. La gracia eleva la práctica de las virtudes naturales (*CIC*, 1839). Las virtudes humanas son tendencias coherentes del intelecto y la voluntad que guían nuestra conducta según la razón y la fe (*CIC*, 1834). Virtudes específicas como la prudencia o la fortaleza podrían correlacionarse con el funcionamiento del cerebro. Puede que el estudio de los procesos cerebrales que afectan a la toma de decisiones facilite una mejor comprensión de las funciones que sustentan el juicio deliberado, la valentía y la fortaleza. Por ejemplo, se sabe desde hace tiempo que algunos individuos parecen tener que poseer estas características en mayor o menor grado. Es concebible que tales cualidades se correlacionen con los neurotransmisores. Curiosamente, individuos no conocidos por apostar pueden, con la progresión de la enfermedad de Parkinson, empezar a hacerlo en exceso. Dado que el Parkinson afecta al sistema dopaminérgico, ese neurotransmisor parece ayudar a regular los comportamientos de asunción de riesgos y toma de decisiones en el juego.

El filósofo católico escocés-estadounidense Alasdair MacIntyre observa que cada persona humana a lo largo de su vida se pregunta continuamente: "'¿Qué es lo bueno para el hombre'? Esta búsqueda narrativa es siempre una educación tanto en el carácter de lo que se busca como en el autoconocimiento" (*After Virtue*, 1984, p. 219). MacIntyre sostiene que las virtudes y la moralidad tienen que encajar en lo que él llama una práctica con "un fin compartido, reglas compartidas y normas de evaluación compartidas por las que definimos nuestras relaciones con otras personas con las que compartimos fines y normas. Tenemos que aceptar como necesarias las virtudes de la justicia, el valor y la honestidad" (p. 191).

Para el Aquinate, el individuo necesita orientarse hacia el fin, hacia Dios y el bien común. Además, toda persona utiliza la razón práctica para orientar sus decisiones hacia los objetos de su amor -amigos, familia, nación, política, artes, ciencias, religión, etc.-, con acciones que realizar o cosas que adquirir. Entre los posibles objetos, solemos basar nuestras prioridades en la inclinación natural, las creencias personales o las tendencias socioculturales (Sanguineti, 2011). Se puede dejar que la persona elija por sí misma entre los posibles bienes y determine su finalidad (MacIntyre, 1984). "El típico yo moderno no tiene un hogar (tradición) en el que aprender las virtudes" (Bergman, 2008, p. 13). El pensamiento católico sobre los derechos humanos se basa en una visión más comunitaria que individualista (p. 19). Aquí también podríamos preguntarnos cómo el cerebro nos permite ser sociales y reconocer qué comportamientos e ideas apoyan el bien común en comparación con los que mueven a los seres humanos hacia la inmoralidad.

Neuroteología y libre albedrío

En primer lugar, necesitamos una comprensión consensuada del libre albedrío. Después, podemos intentar considerar nociones empíricas y teológicas relevantes sobre él (Newberg, 2018b). La neuroteología proporciona un término medio en relación con el libre albedrío, ya que puede y debe considerarse desde perspectivas científicas, filosóficas y religiosas. Las cuestiones relativas a la moralidad y la ética pueden considerarse neurológicamente en múltiples niveles. En un nivel "meta", podríamos tratar de entender cómo y por qué el cerebro humano puede pensar en la moralidad en primer lugar. ¿Qué partes de nuestro cerebro nos ayudan a considerar que algunos comportamientos son correctos y otros incorrectos?

Curiosamente, nuestro cerebro está diseñado en gran parte para ayudarnos a sobrevivir en el mundo. Para ello, el cerebro tiene que identificar continuamente las cosas del mundo que son buenas o malas. Tenemos que distinguir entre comida y veneno y entre un buen hogar y otro que no nos protegerá. Desde el punto de vista comunitario, tenemos que entender qué individuos pertenecen a nuestro grupo seguro y cuáles podrían ser enemigos e intentar robarnos o hacernos daño. El cerebro lo hace a través de centros emocionales como la amígdala y el sistema nervioso autónomo. El cerebro provoca automáticamente una respuesta de lucha o huida cuando algo que amenaza nuestra supervivencia entra en nuestro entorno sensorial. Así, nuestras nociones básicas de lo bueno y lo malo, lo correcto y lo incorrecto, tienen que ver con el dolor humano y la supervivencia.

A partir de estos procesos biológicos rudimentarios, las áreas corticales superiores pueden empezar a entender *el bien* y el *mal* como parte de un sistema filosófico moral más amplio y complejo. Podemos formular hipótesis sobre por qué algunas cosas son buenas o malas, especialmente las que no se refieren específicamente a la supervivencia. ¿Dónde se origina esta noción?, ¿en Dios?, ¿en el cerebro?, ¿en la conciencia o en algún reino metafísico?

En términos más prácticos, también podemos reconocer que nuestras creencias y comportamientos contribuyen a lo que es bueno y malo. Así, podemos hacer cosas que ayuden a los demás o a nosotros mismos y cosas que perjudiquen a los demás o a nosotros mismos. Al incorporar estos conceptos a nuestra memoria a través del hipocampo, cada uno de nosotros puede desarrollar un sistema moral que depende tanto de la herencia como del entorno: nuestra sensibilidad neuronal genéticamente establecida para el bien y el mal morales y nuestro entorno, en el que podemos encontrar una abundancia de estímulos positivos o negativos. Algunas personas, que se han criado en entornos horribles con abusos y violencia, siguen teniendo mucho éxito y son felices. Por el contrario, otras personas criadas en entornos favorables pueden acabar teniendo un comportamiento inmoral.

Los experimentos podrían evaluar cómo interviene el cerebro como causa material para saber lo que es bueno y malo para el individuo, para los demás o incluso a escala universal. También podemos considerar cómo los procesos cerebrales de base ayudan a predecir futuras decisiones morales.

> El cerebro es una dimensión intrínseca de los actos psicosomáticos - actos sensibles humanos, cognitivos y afectivos, vegetativos e intencionales, para causar el comportamiento intencional. Estos actos necesitan una 'arquitectura sistémica' neural que sea la causa material del comportamiento sensible e intencional". (Sanguineti, 2011, p. 16)

Siguiendo a Santo Tomás, la *encarnación* de las funciones espirituales se produce a través de *operaciones intencionales sensibles superiores* (p. 17).

La teología cristiana sostiene que, mediante una determinación consciente, podemos elegir convertirnos en personas morales y espirituales. Una posibilidad neuroteológica interesante sería evaluar una serie de creencias y comportamientos morales. Los seres humanos podrían estar limitados en cuanto a su capacidad para cumplir determinadas normas de moralidad. Esto tiene importantes implicaciones teológicas. Podría decirse que cuanto más seguimos los Mandamientos y otras enseñanzas bíblicas, más se habitúa nuestra mente a tomar decisiones moralmente elevadas. La neuroteología nos desafiaría a explorar cómo las creencias y las acciones cambian la estructura y la función del cerebro. Los estudios demuestran que las creencias predominantes del individuo conforman tanto su percepción del mundo exterior como su respuesta a él. En otras palabras, podríamos preguntarnos si una persona tiene una perspectiva positiva y optimista y si ello afecta a su evaluación moral o religiosa de los demás (Rao, Asha, Rao y Vasedevaraju, 2009).

Al final, uno puede ver cuántas cuestiones morales y éticas fascinantes pueden abordarse utilizando no sólo la teología católica tradicional, sino también la neurociencia.

Preguntas de estudio

1. 1. ¿Qué es el libre albedrío?
2. ¿Son concluyentes los experimentos de Libet respecto al libre albedrío? Explícalo.
3. ¿Qué han descubierto los estudios de EMT sobre el libre albedrío?
4. ¿Por qué son importantes la intención y el propósito en cuestiones de libre albedrío?
5. ¿Cómo afectan las redes neuronales de doble proceso al ejercicio del libre albedrío?
6. ¿Cómo podría la neurociencia evaluar el libre albedrío con su dimensión espiritual?
7. ¿Por qué la toma de decisiones basada en sustratos neuronales plantearía un problema para la *persona* y el *libre albedrío*?
8. ¿Cuál es la concepción católica del pecado original?
9. ¿Cómo verifican la neurociencia y la psicología los efectos del pecado original en las personas humanas?
10. ¿Cómo indica el funcionamiento neurobiológico la dirección específica de las opciones morales?
11. El pecado y la virtud, ¿son construcciones mentales o fisiológicas mensurables? Explícalo.
12. ¿Cómo entiende la teología católica la responsabilidad moral?
13. ¿Cuáles son algunos factores, tanto neurofisiológicos como psicológicos, que podrían disminuir o eliminar la culpabilidad moral?
14. ¿Cómo puede contribuir el conocimiento de los procesos o estados cerebrales al cultivo de la virtud?
15. ¿Qué entiende el catolicismo por Providencia?
16. ¿Cómo podría la neuroteología considerar el antiguo debate no resuelto sobre el libre albedrío y la providencia?
17. ¿Por qué la teología católica afirma que el libre albedrío no puede reducirse a procesos neuronales?
18. ¿Cómo entiende el catolicismo las virtudes morales teologales y cardinales?
19. ¿Cómo puede contribuir la neurociencia a comprender algunos aspectos del comportamiento moral?
20. ¿Cuáles son los desafíos en la cultura contemporánea, según MacIntyre, para la persona que se orienta hacia su fin, Dios y el bien común?
21. ¿Cómo podría contribuir la neuroteología a la comprensión católica del libre albedrío y de las dimensiones morales de la vida humana?

Capítulo 6
La respuesta del cuerpo a la la experiencia religiosa

Religión y salud

Como hemos visto en el capítulo tercero sobre epistemología, el alma y el cuerpo constituyen una unidad ontológica fundamental. Ya hemos analizado la respuesta de la parte principal del cuerpo que responde a la experiencia religiosa: el cerebro. Sin embargo, el propio cuerpo también tiene una respuesta significativa a las prácticas y experiencias religiosas. También hemos visto en el capítulo tercero que la teoría de la ciencia cognitiva de la cognición observa que el cerebro no funciona por sí solo, sino que está encarnado, incrustado, enactivo y extendido. Los estudios sobre la respuesta fisiológica a la experiencia religiosa han abarcado desde el intento de comprender el mecanismo fisiológico básico de los fenómenos religiosos hasta los resultados clínicos en términos de salud y bienestar general.

No es de extrañar que se hayan realizado cientos, si no miles, de estudios de investigación sobre la relación entre la salud y la religión o la espiritualidad. Aunque los resultados globales parecen más prometedores en cuanto a una asociación generalmente positiva, hay mucho que aprender explorando estos estudios, determinando su calidad y resultados globales, y evaluando las implicaciones tanto para la salud como para la religión.

Aunque el catolicismo en sí no ha sido objeto específico de muchos estudios, se ha observado con frecuencia que en Estados Unidos, dado que el cristianismo es predominante, la mayoría de los estudios sobre la relación entre religión y salud versan sobre el cristianismo y la salud. Una cuestión importante, por tanto, es si los resultados de los estudios existentes pueden interpretarse de forma más amplia para incluir los de otras tradiciones religiosas. Sin embargo, para nuestras exploraciones, nos centraremos en los efectos de la tradición cristiana sobre la salud física y el bienestar.

Aunque la mayoría de los estudios, como acabamos de mencionar, tienden a mostrar un efecto beneficioso de la religión sobre la salud física, existen ciertas circunstancias en las que la religión puede tener un efecto perjudicial. Desde una perspectiva neuroteológica, es importante que comprendamos tanto los efectos positivos como los negativos. Comprender los efectos negativos puede ser especialmente importante si queremos ayudar a redirigir a los individuos hacia resultados positivos.

Comprender la relación entre religión y salud física puede ser beneficioso desde el punto de vista sanitario, pero también podría tener importantes implicaciones religiosas. De hecho, los estudios sobre las experiencias cercanas a la muerte o la oración de intercesión pueden ser especialmente reveladores para comprender la naturaleza de la persona humana y si nuestra conciencia o alma -antes de la muerte, en esta vida mortal- podría extenderse más allá del cuerpo físico.

Aunque ya hemos tratado con cierta extensión la importancia de las definiciones, merece la pena mencionar que las definiciones son igualmente importantes para comprender la relación entre religión y salud. Cuando decimos que existe una asociación[1], ¿estamos hablando de rituales religiosos, prácticas, sentimientos, creencias, experiencias, o de todo ello? ¿Cómo podemos diferenciar la religión de la espiritualidad en el contexto de la salud física? Quizás sea la espiritualidad y no la religiosidad el factor clave. Así pues, es esencial definir estos términos lo mejor posible para llevar a cabo una investigación precisa y exhaustiva de la relación entre religiosidad y salud.

Objetivos de exploración

Cuando se trata de la salud física y el bienestar, existen múltiples vías para explorar el impacto de la religiosidad y la espiritualidad. En los primeros estudios de investigación, así como en el caso de los pacientes de atención sanitaria clínica, la pregunta principal que se hace es: "¿A qué religión pertenece?", en referencia a la preferencia o afiliación religiosa. Sin embargo, el hecho de que un paciente se autoidentifique como católico no dice necesariamente mucho sobre su práctica. Algunos pueden ser católicos devotos que se remiten a su fe como base para tomar una serie de decisiones sanitarias. Otros pueden referirse a que fueron criados como católicos, aunque no estén comprometidos con las creencias o prácticas católicas, especialmente en el contexto de la asistencia sanitaria. El problema es que un estudio sobre la salud de los pacientes que intente tener en cuenta su religión, aunque sólo sea por autoinforme, podría errar completamente el tiro.

Si profundizáramos un poco más en la afiliación individual, podríamos tomar un historial religioso. Por ejemplo, puede haber dos pacientes que se identifiquen como católicos. Un católico puede haber sido criado como tal desde su nacimiento, haber asistido a escuelas católicas, haberse casado con una católica, asistir a la iglesia semanalmente y adherirse de todo corazón a la fe católica. Un segundo católico puede haberse criado en una familia judía reformada, haber incursionado en el agnosticismo y el ateísmo en la universidad, haberse casado con una católica, haberse convertido al catolicismo y haberse adherido profundamente a la religión. Ambas personas podrían describirse a sí mismas como devotas religiosas católicas, pero podríamos preguntarnos sobre los efectos de sus distintos itinerarios religiosos.

Otro objetivo de exploración tiene que ver con la forma en que las personas se comprometen con sus tradiciones religiosas. Por ejemplo, un católico puede ir a la iglesia todas las semanas y estar profundamente implicado en todos los aspectos de su religión, participando en el estudio de la Biblia, en las salidas de la iglesia y en diversos programas eclesiásticos. Otro católico puede tener una fe muy arraigada, pero practicarla a un nivel más privado. Quizá rece el rosario todos los días. Y aunque acuda a la iglesia con regularidad, puede que no participe en actividades sociales en la misma medida que la primera persona. ¿Cómo evaluamos la distinción entre aquellos para quienes la religión es principalmente social y aquellos que la practican de forma más privada?

También podríamos preguntarnos hasta qué punto una persona recurre a su fe religiosa para buscar apoyo y hacer frente a la enfermedad. Ante un problema de salud grave o una enfermedad terminal, ¿en qué medida influyen las creencias religiosas de un determinado paciente en su toma de decisiones médicas? ¿Reza un paciente a Dios cuando se enfrenta a problemas de salud importantes? ¿Y en qué medida recurre a su comunidad religiosa o al clero para que le ayuden a afrontar sus problemas de salud? Una revisión metaanalítica de 464 artículos sobre el impacto de los servicios de atención espiritual en la calidad de vida, el bienestar espiritual y el nivel de satisfacción de los pacientes descubrió que la edad avanzada, la gravedad de la enfermedad y una estancia más prolongada eran indicadores de una mayor necesidad. La prestación de cuidados espirituales se tradujo en una mejora de la calidad de vida percibida por los pacientes, el bienestar espiritual y el nivel de satisfacción (Kirchoff et al., 2021).

Otro concepto relacionado en el contexto de la religiosidad tiene que ver con el compromiso de una persona con su religión. De hecho, ¿cómo se determina el nivel de compromiso de una persona? Los primeros estudios intentaron abordar esta cuestión preguntando a las personas con qué frecuencia iban a la iglesia. Se suponía que las personas que iban más a menudo a la iglesia estaban más comprometidas con su religión e influidas por ella. Sin embargo, no siempre es así. En concreto, las personas que tienen una vida religiosa profundamente privada pueden estar muy comprometidas, aunque no se relacione directamente con la participación directa en su iglesia.

La salud no suele motivar la participación religiosa, pero en el caso de las personas religiosamente comprometidas, la asistencia a servicios religiosos al menos una vez a la semana influye positivamente en la salud. Se tomaron datos longitudinales de tres grandes cohortes estadounidenses a partir de cuestionarios sobre la asistencia a servicios religiosos (9.862 sujetos para un cuestionario en 2007; 68.376 sujetos para 2008, 2009 o 2013; y 13.770 sujetos para 2014 y 2016). Se observó que la asistencia a servicios religiosos semanales reducía el riesgo de consumo de alcohol, tabaquismo, depresión, ansiedad, soledad y mortalidad. Los resultados psicosociales beneficiosos incluyeron el afecto positivo, la integración social, la satisfacción vital y el propósito en la vida (Chen, Kim y Vander Weele, 2020).

Por último, en cuanto a los objetivos, podemos explorar los efectos de diversas prácticas religiosas sobre la salud física y el bienestar. Éstas podrían incluir ir a la iglesia, cantar himnos, rezar oraciones y una variedad de otras prácticas. Resulta especialmente difícil saber cómo comparar prácticas tanto dentro de una misma tradición como entre distintas tradiciones. ¿Cómo distinguir, en el contexto de la salud física, los efectos de comulgar de los de rezar el rosario? ¿Y con qué práctica podríamos comparar el rosario en el judaísmo o el islam?

Muchas otras intervenciones religiosas o espirituales pueden asociarse al catolicismo, así como a otras tradiciones. Algunas de ellas son específicas de una religión, mientras que otras se incorporan a intervenciones formales. Se han desarrollado y utilizado muchas prácticas de meditación diferentes para ayudar a personas con hipertensión, cáncer, enfermedades cardíacas y otros trastornos médicos (Hummer et al., 1999; Levin, 1994, 1996; Matthews et al., 1998; Murphy et al., 2000).

Así pues, hay muchos objetivos posibles que podemos explorar para obtener datos fascinantes en cuanto a la relación entre religiosidad y salud física.

Mediciones actuales de la espiritualidad y la religión

Como ya se ha mencionado, una de las medidas más comunes de la religiosidad ha sido preguntar por la frecuencia de asistencia a la iglesia. El objetivo es crear una escala relativa que permita a los encuestados indicar su grado de religiosidad en función de la frecuencia con la que acuden a la iglesia. Se supone que los que van semanalmente son más religiosos que los que van mensualmente, que son más religiosos que los que van una vez al año. Aunque esto puede ser problemático, una ventaja es que representa una medida objetiva[2], al menos hasta cierto punto. Sin embargo, los investigadores se dieron cuenta de que era más importante centrarse en las actitudes y creencias religiosas de las personas que en la frecuencia con la que acuden a la iglesia.

Muchos investigadores se propusieron desarrollar escalas de religiosidad para evaluar la intensidad de los sentimientos de una persona. El valor de estos cuestionarios radica en que miden con mayor precisión los sentimientos de los participantes hacia la religión. Se pide a la persona que indique la intensidad de sus sentimientos hacia Dios o la religión en una escala del 1 al 10. El inconveniente de estas escalas es que son muy complejas. El inconveniente es que estas escalas son muy subjetivas. La Madre Teresa, por ejemplo, podría haberse descrito a sí misma como un 3 sobre 10 porque era muy humilde. Pero su 3 sobre 10 podría ser equivalente al 8 sobre 10 de otra persona.

Además, las preguntas subjetivas deben utilizar términos específicos que pueden corresponder o no a la forma en que una persona determinada entiende sus creencias religiosas. Queremos decir que una pregunta como "Siento la presencia de Dios a mi alrededor" puede no captar lo que una persona siente realmente. Quizá una persona sepa que Dios está a su alrededor, aunque no lo sienta como una presencia. Elaborar preguntas adecuadas puede resultar bastante complejo y difícil.

Hasta la fecha se han desarrollado varios cientos de escalas para explorar diversos parámetros de la religiosidad y la espiritualidad. Algunas escalas se centran en las creencias, mientras que otras pueden abordar diversas actitudes o motivaciones. Algunas escalas intentan evaluar conceptos de orientación religiosa como el miedo a la muerte. Pero, ¿debería alguien con un fuerte sentido de la religiosidad temer más o menos a la muerte? ¿Y se trata de una cuestión religiosa o psicológica?

Lo ideal sería disponer de algún enfoque que combinara componentes objetivos y subjetivos para evaluar el sentido de religiosidad de una persona con la mayor precisión posible, en particular cómo su sentido de religiosidad podría afectar a la salud física. Esto seguirá siendo un reto para la neuroteología, así como para el campo más amplio de la espiritualidad y la salud.

Resultados sanitarios y religión

Como se menciona en la introducción de este capítulo, existen miles de artículos de investigación sobre la relación entre religión y salud, centrados principalmente en resultados de salud que pueden ser específicos de una enfermedad. Así, un estudio sobre enfermedades cardíacas puede determinar si los individuos religiosos tienen más o menos probabilidades de sufrir un infarto. De hecho, en Estados Unidos, en un condado de Maryland, un primer estudio sobre 91.000 personas descubrió que quienes asistían regularmente a la iglesia tenían una menor prevalencia de cirrosis, enfisema, suicidio y muerte por cardiopatía isquémica (Comstock y Partridge, 2008). Otros estudios han descubierto que las personas más religiosas o que acuden a lugares de culto con mayor regularidad pueden tener mejores resultados después de enfermedades graves o procedimientos médicos (Koenig et al., 1999). La religión y la espiritualidad representan la búsqueda de sentido, propósito y trascendencia por parte de los pacientes, conectando con la familia, la comunidad o la naturaleza (Rura, 2022).

Una revisión sistemática de 15 estudios mostró que el 75% de estos estudios encontraron una menor mortalidad por enfermedad cardíaca o cardiovascular entre los individuos más religiosos (Abu et al., 2018, p. 2777). Otro estudio de pacientes de cirugía cardíaca reveló que una creencia religiosa más fuerte se asoció con estancias hospitalarias más cortas y menos complicaciones. En un pequeño estudio de 30 mujeres mayores después de una reparación de cadera, la creencia religiosa se asoció con niveles más bajos de síntomas depresivos y un mejor estado de deambulación (Pressman et al., 1990, p. 758).

Otros estudios se centran en síntomas como el dolor o la discapacidad. En general, estos estudios han demostrado que las personas más religiosas son capaces de hacer frente a las enfermedades con mayor eficacia y declaran niveles más bajos de dolor y discapacidad (Koenig, 2001, p. 321). Este parece ser el caso tanto de las enfermedades agudas como de las crónicas.

Sin embargo, otros estudios se centran más ampliamente en la mortalidad, mostrando que aquellos individuos que son más religiosos según alguna medida tienden a tener tasas de mortalidad reducidas tanto para enfermedades específicas como la cirugía cardíaca y el cáncer, como para la mortalidad por cualquier causa (por ejemplo, Hummer et al., 1999, en Pearce, 2013, p. 528). Esta última medida tiene que ver con la muerte por cualquier causa.

Aunque los datos parecen sugerir una relación en general muy positiva entre religiosidad y salud, no cabe duda de que también hay efectos negativos. A veces, las religiones o las ideas religiosas pueden conducir a una perspectiva negativa general que puede ser perjudicial para la salud. Por ejemplo, supongamos que una persona cree que Dios la castiga con el cáncer porque ha llevado una vida inmoral. En ese caso, es menos probable que se someta a terapias médicas adecuadas y más probable que su salud empeore. Es importante que no se atribuya un problema físico a una falta de espiritualidad. Numerosos estudios han encontrado asociaciones entre las luchas espirituales y la salud. Un estudio realizado en una universidad polaca (180 sujetos, edad media 24 años) halló que la lucha religiosa se correlacionaba positivamente con la ansiedad y negativamente con la satisfacción vital. El vínculo entre la duda religiosa y la satisfacción con la vida estaba mediado por la creación de significado (Zarzycka y Zietek, 2019).

Es interesante señalar que, a veces, incluso las experiencias positivas pueden provocar un aumento de la ansiedad y la depresión, lo que conduce a malos resultados. Por ejemplo, un paciente cardíaco que tiene una experiencia cercana a la muerte durante una parada cardíaca repentina puede ser visto negativamente por sus amigos o por el clero. Aunque la reacción negativa parece derivarse de las actitudes escépticas de los demás más que de la experiencia positiva del paciente per se, podría evocar una ansiedad y un miedo sustanciales basados en la religión.

Por último, existen evidentes consecuencias negativas para la salud asociadas a la religiosidad en forma de terrorismo o sectas. Los individuos dispuestos a suicidarse o a matar a otros por sus creencias representan el colmo de los malos resultados. En 1978, el fundador del Templo de los Pueblos, Jim Jones, dirigió a sus seguidores en un asesinato-suicidio masivo en su comuna agrícola de Guyana. Muchos ingirieron voluntariamente ponche envenenado, mientras que otros fueron obligados a hacerlo a punta de pistola. El recuento final de muertos fue de 909, un tercio de ellos niños. El líder de la secta había prometido que construirían una utopía socialista en una extensión de selva. Es importante comprender cómo y por qué algunas personas adoptan comportamientos destructivos con un fuerte trasfondo religioso. Sin duda, hay un efecto importante de diversos rituales. Pero parece haber algo específico que atrae a la gente hacia creencias que pueden ser potencialmente muy perjudiciales, tanto para el individuo como para la sociedad en general. Se ha descubierto que las personas que se unen a las sectas tienen factores predisponentes, como vulnerabilidad emocional o sentimientos de soledad, relaciones familiares y sociales de bajos ingresos, medios insuficientes para satisfacer las necesidades básicas, antecedentes de abuso o abandono y estrés circunstancial debilitante (Curtis y Curtis, 2016). Si comprendemos la base de los comportamientos con resultados negativos para la salud, es de esperar que podamos encontrar formas eficaces de reorientar a las personas hacia perspectivas y resultados más positivos.

Por otra parte, la neuroteología también nos recordaría que las creencias religiosas pueden ser potencialmente más importantes que los malos resultados de la salud física. Después de todo, muchos de los primeros cristianos fueron martirizados. Esto sentó las bases para el desarrollo y la expansión de la fe cristiana. Como dijo Tertuliano, apologista cristiano del siglo III: "La sangre de los mártires es la semilla de los cristianos". Los resultados negativos para la salud conducen a resultados espirituales positivos. ¿Qué es mejor? Ese es un fascinante debate neuroteológico en potencia.

Mecanismos

A la hora de entender la relación entre religión y salud, es importante considerar los posibles mecanismos por los que se produce esa interacción. Normalmente hemos dividido los mecanismos en dos tipos básicos: indirectos y directos. Los mecanismos indirectos tienen que ver con la participación en determinados aspectos de una tradición religiosa que también resultan beneficiosos para la salud. Los mecanismos directos tienen que ver con la realización de prácticas específicas o incluso con el efecto inherente a la propia creencia.

Ampliando estos conceptos, podemos considerar en primer lugar los mecanismos indirectos. Como ya se ha mencionado, se trata de efectos de la participación en diversos elementos de una religión que conducen indirectamente a beneficios positivos para la salud. Quizá el beneficio más importante y destacado sea la mejora de la interacción social. Cada vez que se va a la iglesia o se participa en una función religiosa de grupo, hay un valor y un beneficio. El cerebro humano tiene muchas áreas sensibles a la conexión social. Es bien sabido que las personas que cuentan con una sólida red de apoyo social suelen tener mejor salud, tanto en términos de salud general como a la hora de enfrentarse a una enfermedad específica (Kok et al., 2013, p. 1123). Por ejemplo, las mujeres con cáncer de mama tienen una supervivencia significativamente mayor si cuentan con una red de apoyo social sólida (Krenske et al., 2006, p. 1105). Estos hallazgos apoyan que los médicos pregunten a sus pacientes sobre su espiritualidad o religión.

Las iglesias proporcionan una sólida red de apoyo social, desde el clero hasta los líderes de la iglesia y la congregación. Lo ideal es que todos se apoyen mutuamente. Si una persona desarrolla un cáncer, puede recibir la visita en el hospital de su sacerdote o de sus compañeros de congregación. Esta red de apoyo social no sólo levanta el ánimo del paciente, sino que puede ayudarle a afrontar otros aspectos de la vida, como el cuidado de los niños, la compra de alimentos o la gestión de su hogar. Aliviar estos factores estresantes puede ser enormemente útil. Con el alivio del estrés, la salud física del paciente se recupera. Cuando el apoyo social reduce la ansiedad y la depresión, la salud física y mental del paciente puede mejorar sustancialmente. Los cristianos de tradición litúrgica recurren a la oración y a los sacramentos en momentos de sufrimiento. Como veremos de nuevo en el capítulo séptimo, el Bautismo y la Eucaristía son sacramentos fundacionales de la curación, que orientan al católico hacia la amistad con Dios, con implicaciones en la toma de decisiones médicas. Los sacramentos de la Reconciliación y de la Unción de los enfermos aportan paz y apoyo en los momentos difíciles del camino. La Eucaristía transforma la percepción de las circunstancias dolorosas a través del significado: Dios comparte amorosamente el sufrimiento humano (Henson, Morrill y Barina, 2023).

En el contexto del apoyo social, muchas iglesias ofrecen revisiones médicas a sus feligreses. Ya sea para ayudar a detectar la hipertensión o diabetes o para animar a someterse regularmente a pruebas de detección de enfermedades como el cáncer de colon o de mama, los servicios sanitarios a través de la iglesia pueden mejorar significativamente la salud de una persona. Por supuesto, a veces esto puede ser contraproducente. El Dr. Daniel Amen ha señalado con frecuencia que las iglesias suelen organizar campañas de donuts o helados, lo que fomenta los malos hábitos alimenticios y la obesidad. El Dr. Amen incluso bromeó diciendo que una iglesia no sólo te enseñará sobre el cielo, sino que a veces puede enviarte allí más rápidamente. Sin embargo, cuando las iglesias apoyan una vida sana, no sólo en lo que respecta a la alimentación, sino mediante programas de ejercicio o la estimulación intelectual del estudio de la

Biblia, suelen tener un impacto positivo en la salud y el bienestar. Junto con el pastor Rick Warren, el Dr. Amen desarrolló un programa llamado el Plan Daniel con el objetivo de conseguir que las iglesias fomenten hábitos de vida más saludables (Amen, Warren. The Daniel Plan).

Una dieta sana es otro ejemplo de mecanismo indirecto que vincula religión y salud. En nuestro centro de medicina integrativa de la Universidad Jefferson (A. B. N.), animamos a los pacientes a seguir una dieta basada en plantas y proteínas. Tradiciones religiosas como el hinduismo, que promueven el vegetarianismo, mejoran indirectamente la salud al recomendar una dieta sana en general. En el catolicismo, la temporada de Cuaresma, un tiempo de conversión religiosa, incluida la penitencia, podría aportar un beneficio secundario de vida más saludable.

Un mecanismo más específico, aunque indirecto, por el que la Iglesia católica fomenta las prácticas saludables tiene que ver con el enfoque general hacia muchos comportamientos de alto riesgo. Animar a los miembros de la Iglesia a evitar las drogas, el alcohol y la promiscuidad son objetivos coherentes con los de los médicos de todo el mundo. En general, las investigaciones han demostrado que la asistencia frecuente a la iglesia se asocia con menos abuso de drogas y alcohol y menos casos de enfermedades de transmisión sexual (Grim y Grim, 2019, p. 1713). La espiritualidad puede servir para la recuperación entre las personas que presentan menores tasas de trastorno por consumo de sustancias cuando están estrechamente vinculadas a la religión (Galenter et al., 2021). Es probable que las actividades basadas en la iglesia y los espacios sociales seguros promuevan una interacción positiva entre iguales.

Los mecanismos de acción directa tienen que ver con la participación en prácticas que afectan directamente al cuerpo y al cerebro. En capítulos anteriores, hemos hablado de cómo prácticas como la meditación o la oración afectan al cerebro. Múltiples estudios demuestran que la reducción de la hipertensión arterial, la mejora de la variabilidad del ritmo cardíaco y una mejor función inmunitaria están asociadas a prácticas como la meditación y la oración (Black y Slavich, 2016, p. 13).

La oración puede influir considerablemente en el sistema nervioso autónomo.[3] Los ejercicios de oración pueden aumentar o disminuir los sistemas de excitación (simpático) o de reposo (parasimpático). La frecuencia cardíaca y la presión arterial pueden disminuir. La disminución del estrés puede reducir los niveles de cortisol[4] en la sangre, contrarrestando los efectos nocivos del cortisol elevado, como el daño neuronal y la inmunodepresión. Las investigaciones demuestran que la meditación y la oración reducen los niveles de cortisol (Newberg y Waldman, 2009, p. 222). Los estudios en neuroplasticidad[5] encuentran que la práctica de la meditación puede ayudar a disminuir la ansiedad y alterar beneficiosamente las vías neuronales (Bingaman, 2013, p.

549). La meditación puede desarrollar, con el tiempo, una conciencia plena, un yo observador que se vuelve no reactivo al sesgo negativo del cerebro hacia la vida y las relaciones humanas. La amígdala del sistema límbico, programada para detectar y reaccionar de forma exagerada ante el estrés y el peligro, se regula a la baja para permitir que la confianza en Dios y el optimismo pacífico emerjan y formen gradualmente una actitud más tranquila, espiritualmente más atenta y basada en la fe.

Al investigar los efectos de la medicación, los estudios se han centrado en los potenciales evocados (PE, señales eléctricas producidas por el sistema nervioso en respuesta a un estímulo externo) para evaluar las vías sensoriales y los potenciales relacionados con eventos (PRE, respuestas cerebrales medidas que son el resultado directo del procesamiento cognitivo). Se descubrió que los meditadores a largo plazo tenían un mayor "control frontal descendente sobre la detección automática rápida de la prominencia". (Mostraron) un mayor compromiso atencional después de la meditación, una mayor claridad perceptiva, una menor reactividad automática y una mayor eficiencia en la distribución de los recursos cerebrales limitados y el cambio de atención" (Singh y Telles, 2015, p. 9). Los meditadores informaron de una mayor aceptación emocional con una menor anticipación del dolor, y se vieron menos afectados por estímulos emocionalmente adversos. Se descubrió que la meditación fomenta un estado mental con una mejor regulación emocional y una distribución más eficaz de los recursos neuronales (Singh y Telles).

El Dr. Singh Khalsa y yo (A. B. N.) hemos introducido un término llamado *aptitud espiritual*. El sentido de este término es que al optimizar el yo espiritual, también optimizamos el yo físico y viceversa. Prácticas como la meditación y la oración, comer con moderación y participar en actitudes y prácticas positivas, como el altruismo y la caridad, conducen a mejorar la vida espiritual. Pero todas ellas también se han asociado a mejoras en la salud física y el bienestar.

Existe un creciente interés internacional por las terapias artísticas, como la terapia con artes visuales, la expresión musical, la terapia basada en el movimiento y la escritura expresiva en los entornos sanitarios. Las intervenciones artísticas mejoran la práctica médica con una visión holística de la persona. Una revisión de estudios de investigación (1995-2007) sobre la asociación entre el compromiso con las artes creativas y la salud halló pruebas de que tales intervenciones reducen eficazmente los resultados fisiológicos y psicológicos adversos" (Stuckey y Nobel, 2010, p. 254). El éxito de las intervenciones artísticas depende en gran medida de la cooperación del personal clínico. Una revisión de la literatura (2004-2014) encontró que la mayoría del personal percibe que la participación del paciente en intervenciones artísticas tiene un impacto positivo en su estrés, estado de ánimo, nivel de dolor y sueño (Wilson et al., 2016).

Por último, el simple hecho de tener una perspectiva religiosa o espiritual puede tener un valor inherente para la salud al fomentar *el optimismo disposicional*. Varios estudios han demostrado que las personas optimistas gozan de mejor salud en general, sobre todo en lo que respecta a las enfermedades cardíacas. El optimismo puede ser comparable a la creencia en un futuro positivo. Se ha comprobado que el pensamiento positivo reduce el estrés y el riesgo de enfermedad, así como los niveles de cortisol que provocan estrés, y mejora la capacidad de coping. Los optimistas suelen mostrar una mayor longevidad. Es probable que las personas con fe y optimismo participen en la vida de forma más activa y tengan, en general, un mayor bienestar físico (Newberg y Waldman, 2009, pp. 164-165).

El Papa Benedicto XVI lleva la fe al nivel de responder a preguntas últimas como: ¿cuál es el sentido de la vida?, ¿tiene mi vida un propósito?, ¿cuál es nuestro destino común?, ¿tiene valor el sufrimiento?, ¿qué ocurre con la muerte? El Papa observa que:

> La fe es la sustancia de la esperanza (*Spes salvi* [SS], 10). La gran y verdadera esperanza del hombre, que se mantiene firme a pesar de todas las desilusiones, sólo puede ser Dios, que nos ha amado y nos sigue amando "hasta el extremo", hasta que todo "se haya cumplido" (cf. Jn 13,1 y 19,30). Desde la fe espero la "vida eterna", la verdadera vida, íntegra y sin amenazas, en toda su plenitud. La vida en su verdadero sentido es una relación con Él, que es la fuente de la vida (27). La gran esperanza sólo puede ser Dios, que abarca toda la realidad y que puede concedernos lo que nosotros, por nosotros mismos, no podemos alcanzar. Dios es el fundamento de la esperanza, el Dios que tiene rostro humano y que nos ha amado hasta el extremo, a cada uno de nosotros y a la humanidad en su totalidad. Sólo su amor nos da la posibilidad de perseverar sobriamente día a día, sin dejar de estar animados por la esperanza, en un mundo que por su propia naturaleza es imperfecto. (31)

Para quienes tienen una fe sólida, estar conectados con Dios puede conducir a una mejora de la salud. En el libro de Daniel, encontramos pruebas del primer ensayo controlado sobre los efectos en la salud de ser religioso.

> Daniel había decidido no contaminarse con la comida y la bebida de la mesa real (del rey pagano) . . . Al guardia asignado a Daniel, Ananías, Misael y Azarías por el jefe de los eunucos, Daniel dijo entonces: "Por favor, concede a tus siervos una prueba de diez días, durante la cual sólo se nos den legumbres para comer y agua para beber. Entonces podrás comparar nuestro aspecto con el de los muchachos que comen la comida del rey; fíjate en lo que veas y trata a tus siervos en

consecuencia". El hombre accedió a hacer lo que le pedían y los puso a prueba durante diez días. Cuando pasaron los diez días, tenían mejor aspecto y estaban más gordos que cualquiera de los muchachos que habían comido su ración de la mesa real. (Dan 1:9,11-16).

Finalmente, como Daniel y sus compañeros permanecieron fieles a Dios, el rey los arrojó a un horno de fuego. Salieron ilesos, salvados milagrosamente por Dios.

La Iglesia católica cree en los milagros: "signos o palabras, como una curación o el control de la naturaleza, que sólo pueden atribuirse al poder divino. Los milagros de Jesús eran signos mesiánicos de la presencia del Reino de Dios" (*CIC*, 547). Los milagros, a veces, ocurren por el poder de Dios a través de la intercesión de la Virgen María y otros santos. Algunos fieles, después de su muerte, *son canonizados* como santos, reconocidos por la Iglesia por haber practicado virtudes heroicas por la gracia de Dios. Los santos se proponen a los fieles como intercesores y modelos de virtud en tiempos difíciles (*CIC*, 828).

La fe, la espiritualidad y la religión se nutren de la oración. ¿Qué es la oración? Para un teísta, es la comunicación con el Ser trascendente que crea, sostiene y ordena o permite los acontecimientos y circunstancias providenciales de la vida humana con vistas a la vida eterna que comienza aquí y se abre en el cielo. El amor, en el cristianismo, es el principal atributo de Dios (1 Jn 4:8) y la principal obligación de los cristianos (1 Co 12:31-13:3). Para los católicos, la oración puede producirse en cualquier momento porque Dios está siempre presente, otorgando vida natural de un momento a otro. Dios rodea e impregna la existencia humana de cada individuo y le confiere la gracia sobrenatural. Él precede y vivifica cada intención y anima cada movimiento (Sal 139). Está más profundamente presente en la persona que el alma en el cuerpo. Cada ser humano está inmerso en Dios: "Él penetra todo lo que tenemos y todo lo que somos por su presencia activa y su poder vivificador" (Grialou, 1986, p. 2). "En Él vivimos, nos movemos y existimos" (Hch 17,28).[6]

Los católicos (y los cristianos en general) podrían apreciar las ventajas fisiológicas y psicológicas de la oración, la meditación o la contemplación. Probablemente no se sentirían cómodos deteniéndose ahí. La comunicación con Dios significa mucho más que beneficios neurológicos, psicológicos o emocionales para la salud humana.

En cualquier debate sobre la oración, las dimensiones sobrenaturales espirituales deben ser primordiales. "No se debe intentar deliberadamente alcanzar el estado contemplativo, ya sea vaciando la mente de todos los pensamientos e ideas o fijando la mente en cualquier objeto sin pensamiento discursivo. La contemplación es don de Dios" (Scaramelli, 1913/2015, p. 33). De hecho, la comunicación con Dios de alguna manera conduce a la voluntad de hacer lo que Dios quiere, que, puesto que Dios es todo bondad y amor, será para el máximo beneficio y bienestar de la persona humana. La conformidad con la voluntad de Dios puede alcanzarse sin contemplación ni unión mística. La Iglesia enseña que "todos los estados de contemplación son dones de Dios" (p. 68).

La maravilla de la oración se revela junto al pozo donde venimos a buscar agua: allí, Cristo sale al encuentro de cada ser humano. Es Él quien primero nos busca y nos pide de beber. Jesús tiene sed; su petición surge de lo más profundo del deseo que Dios tiene de nosotros. Nos demos cuenta o no, la oración es el encuentro de la sed de Dios con la nuestra. Dios tiene sed para que nosotros tengamos sed de Él (San Agustín, Sermón 56). (*CIC*, 2560)

Al fin y al cabo, ser religioso es suficiente para mantenerse sano. En general, existe un gran número de asociaciones entre la salud física y las creencias religiosas. La mayoría de ellas son positivas, aunque ocasionalmente pueden ser negativas. Esperemos que esta revisión demuestre la poderosa relación entre religión y salud, otra dimensión de la exploración neuroteológica de la tradición católica.

Preguntas de estudio

1. ¿Cuáles son algunos de los factores discriminantes en la autodeclaración sobre afiliación religiosa?
2. ¿Qué demuestran los estudios sobre los efectos de la práctica religiosa en la salud física y mental?
3. ¿Cuáles son algunos objetivos de estudio de la intervención en relación con la práctica religiosa o espiritual y la salud?
4. ¿Cuáles son algunos de los retos que plantean las escalas de religiosidad y espiritualidad?
5. ¿Cuáles son ejemplos de hallazgos positivos en relación con la asociación entre religiosidad y salud?
6. ¿Cuáles son los ejemplos de religiosidad que tienen un impacto negativo en la salud?
7. ¿De qué manera incluso una experiencia religiosa positiva puede conducir a una mala salud?
8. Algunos individuos parecen sentirse atraídos a presentar en términos religiosos factores que son destructivos en lugar de vivificantes. Explícalo.

9. ¿Cuáles son algunos de los beneficios directos e indirectos de la práctica religiosa para la salud?
10. ¿Qué se entiende por "aptitud espiritual"?
11. Según el Papa Benedicto XVI, ¿cómo podría asociarse la salud precaria con la fe?
12. ¿Cuál es la postura católica sobre los milagros y los santos?
13. ¿Qué es la oración para el catolicismo?
14. ¿Qué opina de los beneficios para la salud como motivo para la práctica religiosa?
15. ¿Qué constituye esencialmente la unión con Dios?
16. ¿Cuál es el lugar de la oración contemplativa en la trayectoria hacia la unión con Dios?

Notas finales

[1] La asociación es una relación estadística entre dos variables. Pueden estar asociadas o coexistir sin una relación causal. Causalidad significa que la exposición a una variable produce un efecto en la otra (Centro Médico de la Universidad de Boston). Cuando las correlaciones entre variables son sistemáticamente elevadas, cabe sospechar la existencia de factores causales. La mayor parte de la bibliografía sobre la asociación entre religión y salud parece sugerir que, por lo general, cuanto mayor es la participación intrínseca de las personas en la religión, mejores son sus resultados en materia de salud.

[2] Una medida objetiva puede servir de fuente para una entrevista cualitativa semiestructurada que permita obtener una comprensión más profunda. El aspecto cualitativo da al sujeto la oportunidad de decir lo que podría haber pensado durante la medición objetiva pero que sus preguntas no captaron.

[3] El sistema nervioso autónomo (SNA) forma parte del sistema nervioso periférico, a diferencia del sistema nervioso central (SNC: cerebro y médula espinal). El SNA regula procesos involuntarios como la respiración, el ritmo cardíaco y la digestión. Las tres divisiones del SNA son el sistema nervioso simpático (SNS), el sistema nervioso parasimpático (PSN) y el sistema nervioso entérico (ENS). El SNS inicia un estado de excitación y atención elevadas: *lucha o huida*. El PSN fomenta un estado de reposo y tranquilidad. El SNE regula principalmente la digestión y el flujo sanguíneo.

[4] El cortisol es una hormona segregada por las glándulas suprarrenales (encima de los riñones). El cortisol regula la respuesta al estrés, el metabolismo, la presión arterial y el azúcar en sangre, suprime la inflamación y ayuda a controlar el ciclo sueño-vigilia. Los niveles elevados de cortisol pueden ser perjudiciales para la salud.

[5] La neuroplasticidad se refiere a "la capacidad del sistema nervioso para cambiar su actividad en respuesta a estímulos intrínsecos o extrínsecos mediante la reorganización de su estructura, funciones o conexiones después

de lesiones, como un accidente cerebrovascular o una lesión cerebral traumática (LCT)" (Puderbaugh y Emmady, 2022).

[6] Entre otros autores, Deitrich von Hildebrand (*Transformación en Cristo* [2001] y *Liturgia y personalidad* [2016]) ha escrito con perspicacia sobre la vida espiritual en la modernidad.

Capítulo 7
La neurofisiología de los rituales católicos

Comenzamos ahora una exploración de rituales católicos específicos desde la perspectiva neuroteológica. Esto requiere una evaluación de una variedad de rituales y prácticas en términos de sus elementos y las experiencias que surgen de ellos. Hay efectos cognitivos, emocionales y experienciales que cada uno asocia potencialmente con procesos cerebrales específicos. Los rituales y prácticas católicos ayudan a conectar al individuo y a la comunidad con Dios Padre, Hijo y Espíritu a través de Jesús. Comenzamos con una exploración de los sacramentos y la liturgia en este capítulo, y luego consideramos diversas prácticas en el capítulo siguiente.

Teología sacramental

Según el filósofo y teólogo canadiense Bernard Lonergan, S.J. (1904-1984), los sacramentos son símbolos y actividades cognitivas y afectivas que apoyan a los individuos y a las comunidades en su intención de contactar y ser contactados por Dios en Jesucristo (Happel, 1989).

Al reflexionar sobre los sacramentos, Lonergan subrayó la importancia del conocimiento encarnado. Los símbolos o imágenes de la vista, el oído, el tacto, el gusto y el olfato son captados por la percepción en la imaginación consciente y proporcionan materia para la comprensión o el entendimiento. Pertenecen a la cognición humana y a la vida afectiva. Esto significa que también tienen posibles correlatos neurológicos. Los fundamentos neurológicos incluyen áreas del cerebro que apoyan el procesamiento emocional, cognitivo y sensorial y están altamente interconectadas. Así, algunas imágenes y símbolos que se encuentran en los entresijos de la vida están cargados de valor emocional y ético. Los símbolos son necesarios en el ámbito religioso, ya que estamos dotados de intelecto y voluntad para evocar y comunicar la experiencia religiosa. Para Lonergan, la actividad simbólica se refiere principalmente a acontecimientos y acciones, más que a objetos. La autodonación de Jesús en la Última Cena se extiende al servicio de su relación con el creyente en la Eucaristía (Happel, 1989).

Para Lonergan, los sacramentos católicos expresan simbólicamente la conversión religiosa. Orienta el sentido salvífico del culto y la oración a estar enamorado de Dios. Para Lonergan, la persona es ya, primordialmente, una palabra en el Verbo, aunque caída, un efecto creado del Amor divino que persigue a la persona humana. La conversión para Lonergan significa un último estar-en-amor que implica la entrega de uno mismo al Otro Trascendente. Los sacramentos fluyen del auto-sacrificio amoroso de Jesús y operan en el nivel de valor del funcionamiento humano. El valor de la entrega de Jesús supera su verdad, bondad y autenticidad, así como las insuficiencias morales humanas que también estarán presentes.

Del mismo modo, podríamos considerar cómo los sentimientos y los pensamientos están asociados con el cerebro y con la realidad física que se incorpora a Dios. De este modo, la conexión de lo biológico con lo espiritual añade otra capa a la conexión de la creación con Dios. ¿Cómo ocurre esto biológicamente? Podríamos preguntarnos cómo afecta al cerebro la conversión religiosa o la salvación. ¿Qué parte de la persona se ve afectada? ¿Cómo se traducen los efectos biológicos en cambios de comportamiento o creencias?

Teología de los sentidos espirituales

Puesto que la persona humana encarna una paradójica unión de materia y espíritu, la reflexión sobre los sacramentos lleva a considerar los sentidos espirituales. "La doctrina de los sentidos espirituales afirma que hay 'cinco facultades sensoriales espirituales' que tienen 'cierta semejanza con los sentidos exteriores' (Teresa de Ávila) 'por los que se detecta la presencia de Dios en los diversos estados de unión'" (Pike, 1992, p. 42). Los sentidos espirituales pueden significar que 'en el encuentro místico cristiano Dios puede ser reconocido a través de 'sensaciones que al menos son similares a las percepciones corporales usualmente identificadas con estos términos' (p. 44). Las descripciones del filósofo Nelson Pike en *Mystic union: An essay on the phenomenology of mysticism* siguen de cerca el trabajo de Poulain (Wainright, 2011, p. 21). Utilizando sentidos corpóreos, imágenes, símbolos y rituales, el individuo humano percibe, experimenta y responde a lo Trascendente inmaterial. "La fe permite percibir lo divino según las formas sensoriales de la experiencia" (Fields, 1996, p. 227). Siempre que el alma, el yo, la persona o la conciencia están implicados en la percepción de los sentidos, abriéndose al significado trascendente y a la elección humana, puede haber algún nivel de desafío para la comprensión de lo que ocurre neurológicamente.

La neuroteología sostiene que los sentidos espirituales están profundamente conectados con nuestros sentidos normales, como explicaremos más adelante. Es importante mencionar aquí que los sentidos de la vista, el oído, el olfato, el gusto y el tacto conectan nuestro interior con el mundo espiritual. Además, nuestros sentidos conectan nuestro cuerpo con nuestro cerebro. Cada sistema sensorial tiene vías complejas que van desde los propios órganos sensoriales (por ejemplo, los ojos o los oídos), pasando por varias etapas de procesamiento, hasta las áreas corticales del cerebro que integran toda la información sensorial que recibimos. Y, en última instancia, toda nuestra conceptualización de la realidad se construye a partir de los sentidos, mediante los cuales establecemos una imagen mental de la realidad que nos rodea. Esto es fundamental, ya que nuestra imagen mental de la realidad establece nuestro sentido de lo Divino y de la presencia Divina en el mundo y en nuestras vidas.

"El concepto de los sentidos espirituales ha desempeñado un papel importante en la historia de la espiritualidad católica romana y ortodoxa oriental" (Wainwright, 2011, p. 21). Al menos desde Orígenes (185-254) y luego Agustín (354-430), se aludía a la visión, el sonido, el olfato, el gusto y el tacto para describir la percepción y la experiencia cristiana de Dios. Buenaventura (1217-1274) relaciona el intelecto con la visión y el oído, y la voluntad y las emociones con el tacto, el gusto y el olfato (p. 26). El teólogo y sacerdote suizo del siglo XX Hans Urs von Balthasar (1905-1988) y el teólogo alemán Karl Rahner, S.J. (1904-1984) abordaron la doctrina de los sentidos espirituales como el intercambio entre las facultades sensoriales, intelectuales y volitivas humanas en pos del encuentro con Dios. ¿Cómo puede la persona humana, radicalmente comprometida con la sensación y la imaginación, alcanzar la unión con Dios, que trasciende totalmente lo finito?

Balthasar fundamentó su respuesta en la fe, en la antropología teológica que entendía la experiencia religiosa como "percibir lo no sensual sensualmente... La fe reconstituye la persona humana según su objeto Cristo, la forma humanamente visible de la autorrevelación definitiva de Dios. A través de la fe, la naturaleza humana se transforma de modo que el intelecto se hace capaz de recibir las formas de la gracia (y) en la medida en que el intelecto se transforma, también lo hacen la voluntad, la imaginación y la sensación, las facultades subordinadas que le sirven" (Fields, 1996, p. 226). Balthasar señaló que la fe establece una metafísica de la encarnación que permite al cristiano percibir en la imagen de Jesús algo más que su humanidad, en Cristo el Logos divino. Las formas sensibles se asocian a Jesús. Se "convierten en vehículos de la gracia porque el Verbo de Dios, el principio mismo del Ser por el que 'todo fue hecho' (Jn 1,3), ha tomado forma corpórea en sí mismo (*La Gloria del Señor* [*GL*]1, pp. 419-420, 423-424)" (Fields, p. 228).

Incluso más que la Encarnación, la Trinidad se convierte, para Balthasar, en el fundamento ontológico de la sensación y la imaginación que median las formas espirituales de la fe. Puesto que el Hijo es la Imagen del Padre (Col 1:15), y a través de él todo es hecho y salvado, el Hijo es la causa formal, "el arquetipo, la idea, el ejemplar de todas las cosas fuera de Dios" (*GL2*, 1989, p. 293). De ello se deduce que la realidad sensorial lo expresa implícitamente, y cuando los contenidos sensoriales e imaginativos se incorporan a Cristo, la fe mediatiza la gracia. Según Balthasar, el universo brota de la generación del Logos, que lo devuelve a su origen (*GL1*, pp. 419-420; 2, p. 296) (Fields, 1996, pp. 228-229).

"Los sentidos espirituales constituyen para Balthasar el rango del continuo que, una vez elevado por las virtudes, los dones y las bienaventuranzas, percibe el mundo suprasensual, trascendente, dentro del mundo sensual, empírico (*GL*, 1989, pp. 317-318)" (Fields, 1996, p. 238).

Rahner fundamenta su teología en el Misterio. Expone la naturaleza del misterio a través de sus reflexiones sobre el juicio razonado. Según la antropología hilemórfica (espíritu-cuerpo) con unidad de materia y forma cuerpo-alma, el cuerpo, con sus operaciones de sensación e imaginación, trabaja en estrecha colaboración con el alma y sus facultades de intelecto y voluntad. Rahner considera a la persona humana un "espíritu en el mundo" hilemórfico que puede hacer inteligibles las formas sensibles (*Spirit in the World* [*SW*], 1957, pp. 406-407) (Fields, 1996, p. 229). Puesto que afirmar un Ser infinito trasciende lo que la percepción sensorial presenta al intelecto, éste debe incluir la capacidad de abrirse a un abanico ontológico más amplio. Rahner propone que la meta (causa final) de la inteligencia humana es el Ser infinito (*SW*, pp. 393-395).

> Constituido naturalmente por un dinamismo ontológico, el espíritu humano, a través de lo finito, anhela una intuición del Ser irrestricto como su fin. Este anhelo significa que la persona humana posee una apertura a lo divino que constituye una "preaprehensión" del mismo. Precomprensión (significa) un "horizonte" intelectual: una captación preconceptual, no objetiva, de lo Absoluto. . . Existe un contraste entre la aprehensión previa del Ser infinito por parte del intelecto, por una parte, y la aprehensión de la forma sensible por parte de la conversión en fantasma, por otra. Este contraste hace que una forma sensible sea determinada cuando el intelecto la ve como finita en contra de su preaprehensión de lo infinito (*SW*, 1957, pp. 395-400). (Fields, 1996, p. 230)

Rahner distingue la revelación implícita de la explícita. La revelación implícita es lo que él llama revelación *trascendental*: afirma implícitamente que Dios existe. La revelación explícita o *categórica* es una revelación a la que los cristianos asienten por fe. Según Rahner, la revelación trascendental o implícita se da en el *existencial sobrenatural*.

> Esto significa que la revelación categorial (o explícita) muestra que la inteligencia humana alcanza su pleno término, no en el impulso meramente implícito de la preaprehensión del Absoluto (Dios), sino en el impulso explícito de la fe (hacia) el Dios que se revela en Cristo (*Theological Investigations* [*TI*] 1, 1961, pp. 297-317 at 312-313). (Fields, 1996, p. 233)

Rahner reclama para la humanidad un fin más allá de sí misma en el Absoluto. La preaprehensión de lo Absoluto (existencial sobrenatural) es la base metafísica de una conciencia mística que puede comenzar en un horizonte implícitamente conocido y desarrollarse en una proximidad conscientemente percibida al Infinito trino (*TI* 18, 1961, pp. 173-188 en 176-177, y *El Espíritu en la Iglesia*, 1977, pp. 11-14) (Fields, 1996, pp. 233-234).

La neuroteología nos retaría a considerar cómo se relaciona la conciencia mística con las funciones cerebrales. Nuestra investigación (A. B. N.) lleva mucho tiempo explorando la biología de los estados místicos y las prácticas que conducen a ellos. Las áreas del cerebro que intervienen en la toma de decisiones y la representación espacial del yo parecen estar especialmente implicadas en este tipo de experiencias. Las investigaciones neuroteológicas podrían ampliar la comprensión de las formas en que las experiencias espirituales afectan al cerebro y al cuerpo y conectan la experiencia con la realidad fundamental.

El sistema sacramental católico

"La liturgia es la cumbre hacia la que se dirige la actividad de la Iglesia; es también la fuente de la que mana toda su fuerza (*Sacrosancto Concilium* [*SC*], 10)" (*CIC*, 1994, 1074). La liturgia presupone la evangelización, la catequesis, la conversión y las buenas obras que sostienen la misión de la Iglesia (*CIC*, 1072).

Los católicos entienden que Dios habla a través de la creación. Los seres humanos pueden discernir en el cosmos evidencias del Creador (Sb 13:1, Rm 1:19s, Hch 14:17). "La luz y las tinieblas, el viento y el fuego, el agua y la tierra, el árbol y su fruto hablan de Dios y simbolizan tanto su grandeza como su cercanía" (*CIC*, 1994, 1147). Las personas humanas, cuerpo y espíritu, captan y comunican las realidades espirituales mediante signos y símbolos físicos. Necesitamos signos y símbolos para comunicarnos con los demás mediante el lenguaje, los gestos y las acciones. Y lo mismo ocurre para relacionarnos con Dios (*CIC*, 1146).

Los católicos tienen siete sacramentos, muchos sacramentales y diversas prácticas para santificar el tiempo y el espacio. Los sacramentos son el Bautismo, la Confirmación, la Eucaristía, la Penitencia, la Unción de los Enfermos, el Orden y el Matrimonio. El sistema sacramental católico incluye peregrinaciones y procesiones, santuarios e iglesias, que unen lo físico y lo espiritual, la tierra y el cielo, lo humano y lo divino. Las realidades perceptibles se convierten en medios para que Dios santifique a las personas humanas y para que los seres humanos adoren a Dios. Las palabras y las acciones expresan la presencia santificadora de Dios y la gratitud humana al Creador (*CIC*, 1148). "La celebración litúrgica implica signos y símbolos relacionados con la creación (velas, agua, fuego), la vida humana (lavatorio, unción, fracción del pan) y la historia de la salvación (los ritos de la Pascua)". Incorporados a las expresiones de fe, estos elementos, rituales y gestos se convierten en instrumentos para la santificación en Cristo por medio del Espíritu Santo (*CIC*, 1189). Los signos perceptibles en los sacramentos -palabras, símbolos y acciones- expresan y fortalecen la fe y hacen presente eficazmente la gracia que significan (*CIC*, 1084, 1123, 1127). Los frutos de los sacramentos dependen de las disposiciones de quien los recibe (*CIC*, 1128).

Cognición simbólica y aprendizaje asociativo

Los símbolos derivan de la capacidad cognitiva de generar representaciones. En otras palabras, los símbolos hacen que algo del mundo físico, social o psicológico/experiencial represente intencionadamente otra cosa, ya sea real o imaginaria (Noble y Davidson, 1996, p. 63). Los conceptos y significados derivan de la información sensorial y de la abstracción de orden superior (Mesulam, 1998). Varios procesos cognitivos apoyan el uso de símbolos. (1) La cognición simbólica incorpora el aprendizaje asociativo, las asociaciones emocionales y de refuerzo que representan los símbolos. (2) A través de la metacognición, podemos reflexionar sobre nuestros pensamientos y sentimientos. Podemos controlar nuestro seguimiento (Harre y Secord, 1972). (3) Podemos mentalizar: *desvincular* un significado o condición imaginados de la realidad para poder tener en mente más de una situación al mismo tiempo (Gallagher y Frith, 2003). Y (4) podemos manipular símbolos fuera de línea: palabras, conceptos, representaciones. Esto es necesario para la creatividad, para inventar nuevos conceptos, objetos o acontecimientos que pueden ser completamente imaginarios (Deeley, 2004, p. 246).

A través del sistema neurotransmisor dopaminérgico, los símbolos religiosos pueden conferir a los conceptos una sensación de mayor realidad (Geertz, 1993, p. 90; Kapur, 2005; Deeley, 2004, p. 260). "Un estado hiperdopaminérgico desregulado, a nivel 'cerebral' de descripción y análisis, conduce a una asignación aberrante de saliencia a los elementos de la propia experiencia, a nivel 'mental'" (Kapur, 2003, p. 13).

Ambos hemisferios cerebrales contribuyen a la búsqueda de significado en el procesamiento simbólico. El hemisferio derecho tiende a dar una perspectiva generalizada de los conceptos semánticos, en contraste con la visión más centrada del izquierdo.

> El procesamiento del lenguaje en el hemisferio derecho se caracteriza por una activación generalizada, o gruesa, en contraposición a una activación focalizada de los conceptos semánticos, ... la apreciación de los aspectos metafóricos o connotativos en contraposición a los literales

o denotativos del lenguaje, y una preferencia por las asociaciones remotas en contraposición a las cercanas. (Taylor et al., 2002, p 251; Taylor et al., 1999; en Deeley, 2004, p. 261)

En el entorno ritual rico en símbolos, las entidades y los acontecimientos sobrenaturales evocan la interpretación analógica. El procesamiento en el hemisferio derecho se centra principalmente en la emoción y el significado indirecto (Davidson e Irwin, 1999). Los símbolos religiosos necesitan comprometerse con significados semánticos para ser considerados objetos reales y significativos fuera del ámbito de la vida cotidiana ordinaria. El modo analógico del pensamiento saliente y poco asociativo es el modo de la "fluidez cognitiva", el "mapeo entre dominios" y la "redescripción representacional" (Michen, 2000, en Deeley, 2004, p. 262).

Sacramentos de iniciación: Bautismo, Confirmación y Eucaristía

Los sacramentos de la iniciación cristiana sientan las bases de la vida cristiana: Bautismo, Confirmación y Eucaristía. "La participación en la naturaleza divina dada a los hombres por la gracia de Cristo tiene cierta semejanza con el origen, el desarrollo y la alimentación de la vida natural" (Pablo VI, 1971, *Divinae consortium naturae* [*DCN*], 657).

> *La señal de la cruz* marca con la impronta de Cristo a quien va a pertenecerle y significa la gracia de la redención que Cristo obtuvo con su cruz. La proclamación de la Palabra de Dios ilumina al candidato y a la asamblea con la verdad revelada y suscita la respuesta de fe, inseparable del Bautismo. (*CCC*, 1235, 1236)

El agua bautismal se consagra mediante la oración para que los que van a ser bautizados "nazcan del agua y del Espíritu" (Jn 3,5) (*CIC*, 1238). Sigue el *rito esencial* del sacramento:

> El bautismo significa y realiza la muerte al pecado y la entrada en la vida de la Trinidad mediante la configuración con el misterio pascual de Cristo por triple inmersión en el agua bautismal (o) derramando el agua tres veces sobre la cabeza del candidato. (*CIC*, 1239)

El ministro del sacramento dice: "*N.*, yo te bautizo en el nombre del Padre, del Hijo y del Espíritu Santo".

La unción con el santo *crisma*, óleo perfumado consagrado por el obispo, significa el don del Espíritu Santo al recién bautizado. La vestidura blanca simboliza que el bautizado se ha "revestido de Cristo"

(Gal 3,27) y ha resucitado con Cristo. *El cirio*, encendido a partir del cirio pascual, significa que Cristo ha iluminado al neófito. En Él, los bautizados son "la luz del mundo" (Mt 5, 14). (*CCC*, 1241, 1243)

Un sacerdote fue recientemente denunciado por haber celebrado el sacramento del bautismo durante más de 20 años utilizando "Nosotros" en lugar de "Yo" bautizo... La Sagrada Congregación para la Doctrina de la Fe del Vaticano declaró que esta fórmula incorrecta invalidaba sus miles de bautismos. Debían repetirse con las palabras correctas. Muchos se preguntaron por qué un pequeño error sin mala intención tenía tanta importancia. El Vaticano explicó que era necesario utilizar la fórmula transmitida por la Tradición. Santo Tomás de Aquino descartó que más de una persona bautizara a un individuo al mismo tiempo. *La Sacrosanctum Concilium* (*SC*) del Vaticano II señala que "cuando un hombre bautiza es realmente Cristo mismo quien bautiza... Nadie puede añadir, quitar o cambiar nada en la liturgia por su propia autoridad" (22). A través de su ministerio, el que bautiza (incluso un laico en caso de emergencia) actúa en la persona de Cristo. La materia y la forma, las palabras, las acciones y la intención de cada uno de los sacramentos deben ajustarse a lo aprobado en los ritos litúrgicos de la Iglesia (Allen & Trestman, 2020, pp. 1-3). Esto puede parecer legalista. Los errores meramente legalistas son perdonados rutinariamente a través de la doctrina de *ecclesia supplet*, que significa que la Iglesia suple. Imaginando un caso hipotético en el que el ministro de un sacramento no siguiera el rito sacramental, una falta mayor no sería simplemente utilizar una palabra equivocada, sino intentar redefinir lo que la Iglesia estaba haciendo.

Para los católicos (cristianos), la profesión de fe con el bautismo inicia al creyente en el misterio de la muerte y resurrección de Jesús y en la comunión con la Iglesia. La neurociencia descubre que, a través de la acción física del lavado, la "experiencia" interior de Dios se hace concreta y comunicable al fijarse dentro de un discurso simbólico que utiliza un lenguaje que intenta fusionar el sentimiento y el conocimiento (McGinn, 2001, p. 156) (Anderson, 2012, en Lamm [ed.], pp. 604-605).

> En el rito latino, 'el sacramento de la Confirmación se confiere mediante la unción con crisma en la frente, que se hace por imposición de la mano, y mediante las palabras: Sé sellado con el don del Espíritu Santo". (*CIC*, 1300)

"El signo de la paz que concluye el rito del sacramento manifiesta la comunión eclesial con el obispo y con todos los fieles" (*CIC*, 1301). "El efecto del sacramento de la Confirmación es la plena efusión del Espíritu Santo" (*CIC*, 1325). Confirmación, pues,

La neurofisiología de los rituales católicos 145

nos arraiga más profundamente en la filiación divina, nos une más firmemente a Cristo, aumenta en nosotros los dones del Espíritu Santo, hace más perfecto nuestro vínculo con la Iglesia y nos da una fuerza especial para difundir y defender la fe (mediante) "el espíritu de sabiduría y entendimiento, recto juicio y valor, conocimiento y reverencia, santo temor en la presencia de Dios". (*CIC*, 1303)

"La Eucaristía es el corazón y la cumbre de la vida cristiana" (*CIC*, 1407). "Los demás sacramentos, e incluso todos los ministerios eclesiásticos y las obras de apostolado, están unidos a la Eucaristía y orientados hacia ella. En efecto, en la sagrada Eucaristía se contiene todo el bien espiritual de la Iglesia, es decir, Cristo mismo, nuestra Pascua" (*CIC*, 1324). "Bajo las especies consagradas del pan y del vino, Cristo mismo, vivo y glorioso, está presente de manera verdadera, real y sustancial: su Cuerpo y su Sangre, con su alma y su divinidad" (*CIC*, 1413). "El paso de Jesús a su Padre por su muerte y resurrección, la nueva Pascua, se anticipa en la (Última) Cena y se celebra en la Eucaristía" (*CIC*, 1340).

La Eucaristía es el signo eficaz y la causa sublime de la comunión en la vida divina y de la unidad del Pueblo de Dios, por la que se mantiene la Iglesia. Es la culminación tanto de la acción de Dios que santifica el mundo en Cristo, como del culto que los hombres ofrecen a Cristo y, por medio de Él, al Padre en el Espíritu Santo. (*CIC*, 1325).

"Finalmente, por la celebración eucarística, nos unimos ya a la liturgia celestial y anticipamos la vida eterna, cuando Dios será todo en todos (cf. 1 Co 15,28)" (*CIC*, 1326). En resumen, la Eucaristía es la suma y el resumen de la fe católica: "Nuestro modo de pensar está en sintonía con la Eucaristía, y la Eucaristía, a su vez, confirma nuestro modo de pensar" (*CIC*, 1327).

Sacramentos de curación: Reconciliación y Unción de los enfermos

Dado que la gracia de la nueva vida puede debilitarse o perderse, la Iglesia proporciona sacramentos de curación y salvación: La Penitencia o Reconciliación y la Unción de los Enfermos. El arrepentimiento implica el dolor por los pecados y la firme intención de no volver a pecar. El apoyo de la conversión es la esperanza en la misericordia divina (*CIC*, 1490). El sacramento de la penitencia consiste en la revelación de los pecados por parte del penitente a un sacerdote (por elección del penitente, de forma anónima o no) y la intención de hacer reparación (*CIC*, 1491). El confesor propone al penitente la realización de la "penitencia" para reparar el daño causado por el pecado y restablecer la virtud cristiana (*CIC*, 1494).

Los efectos espirituales del sacramento son:

la reconciliación con Dios, por la que el penitente recobra la gracia; la reconciliación con la Iglesia; la remisión de las penas eternas derivadas de los pecados mortales; la remisión, al menos en parte, de las penas temporales derivadas del pecado; la paz y la serenidad de la conciencia, y el consuelo espiritual; el aumento de la fuerza espiritual para el combate cristiano. (*CIC*, 1496)

El sacramento de la Unción de los enfermos confiere la gracia en las dificultades experimentadas en una enfermedad grave o en la vejez (*CIC*, 1527). Sólo los sacerdotes y los obispos pueden administrar la unción de los enfermos, utilizando aceite bendecido por el obispo o, si es necesario, por el sacerdote que preside (*CIC*, 1530). El celebrante unge la frente y las manos del enfermo (en el rito romano) u otras partes del cuerpo (en el rito oriental) con la oración litúrgica (*CIC*, 1531).

La gracia especial del sacramento tiene como efectos: la unión del enfermo a la pasión de Cristo por su bien y el de toda la Iglesia; el fortalecimiento, la paz y el valor para soportar cristianamente los sufrimientos de la enfermedad o de la vejez; el perdón de los pecados, si el enfermo no ha podido obtenerlo por el sacramento de la Penitencia; el restablecimiento de la salud, si es conducente a la salvación de su alma; y la preparación para pasar a la vida eterna. (*CIC*, 1532)

Sacramentos al servicio de la comunión: El Orden y el Matrimonio

Los sacramentos dirigidos a la salvación de los demás son el Orden y el Matrimonio. Aunque el Bautismo confiere un sacerdocio común a los fieles, el sacerdocio confiere una función ministerial específica. El sacramento del Orden confiere la función sagrada de servir a los fieles, enseñar, ofrecer el culto divino y prestar atención pastoral (*CIC*, 1592). El ministerio ordenado es ejercido por obispos, presbíteros y diáconos (*CIC*, 1592). Un obispo confiere las órdenes sagradas mediante la imposición de manos y una oración solemne de consagración para obtener las gracias del Espíritu Santo necesarias para este ministerio (*CIC*, 1597).

El sacramento del Matrimonio simboliza la unión de Cristo con la Iglesia. Confiere a los esposos la gracia de un elevado amor cristiano recíproco. El sacramento perfecciona el amor humano de los esposos, fortifica su unión inquebrantable y los santifica para la vida eterna (*CIC*, 1661). "El matrimonio se funda en el consentimiento de los contrayentes, es decir, en su voluntad de entregarse, cada uno al otro, mutua y definitivamente, para vivir una alianza de amor fiel y fecunda" (*CIC*, 1662). "La unidad, la indisolubilidad y la apertura a la fecundidad son esenciales al matrimonio" (*CIC*, 1664).

La liturgia como formación del carácter

Transculturalmente hablando, el ritual es fundamental en todas las religiones (Durkheim, 1912/2016; Eliade, 1968; Rappaport, 1999). La participación en rituales forma creyentes (Sosis, 2003b), dando énfasis emocional y motivación a un sistema de símbolos y creencias religiosas compartidos (Alcorta y Sosis, 2005, p. 344) que luego afectan a las elecciones vitales y al comportamiento (Dehaene y Changeux, 2000). Las prácticas litúrgicas crean hábitos que dirigen la intencionalidad hacia un fin último (Smith, 2009, p. 40; Strawn y Brown, 2013, p. 4).

Los conocimientos, habilidades y actitudes que son importantes para la religión se entretejen en rituales ceremoniales que son formas primarias de transmitir una visión del mundo, imbuyéndola de un sentido de factualidad e impacto motivador (Knight, 1999; Lambek, 2002, en Deeley, 2004, p. 256). La estructura de la liturgia -reunirse para alabar, expresar y responder en la fe, enviar- pretende formar a las personas y a la Iglesia a semejanza de Cristo. La liturgia pretende fomentar la participación e implicar a toda la persona (Strawn y Brown, 2013, p. 13).

Fowler (1991) observa que la liturgia aborda la experiencia sensorial de la fe, evocando "imágenes que representan nuestro conocimiento conviccional" (p. 181). Los rituales y ceremonias de una iglesia de culto pretenden influir en la formación de la fe y el carácter. "Las prácticas litúrgicas dan expresión a las creencias, valores y sentimientos particulares de una comunidad de fe específica y, de ese modo, a su identidad" (Anderson, 1997, p. 361) (de Klerk y Kruger, 2017, p. 2). El objetivo de la vida cristiana es más que la simple conversión. Es la comprensión, el discernimiento y el juicio sobre cómo comportarse en una serie de circunstancias hacia la madurez continua en la sabiduría y la virtud (Strawn y Brown, 2013, p. 11).

Mística litúrgica

Para los católicos, la liturgia puede llamarse mística -es decir, mística litúrgica- porque es "el Misterio Pascual celebrado litúrgicamente, la autoexperiencia de la Iglesia como comunión del Espíritu Santo" (Fagerberg, 2019, pp. 2, 3). La mística litúrgica pertenece tanto al cuerpo místico de Cristo como a cada miembro que espera unirse a la liturgia eterna del cielo. La liturgia de la Iglesia incorpora rituales y símbolos para permitir a los fieles recibir el agua viva que rebosa del cielo en la Iglesia y en el mundo (p. 30). La mística litúrgica capta la luz del Misterio divino. El ritual celebrado en tiempo cronológico y lineal participa del misterio. "Por la presencia de lo eterno, es también escatológico" (p. 146). Los seres humanos participan consciente, libre y deliberadamente en el misterio ritual que se origina en el Padre, expresa la muerte redentora del Hijo y, a través del Espíritu Santo, incorpora a los participantes humanos para que regresen con Jesús al Padre.

"La vida mística de los creyentes es su inmersión y asimilación en el misterio que Cristo realizó y que siguen encontrando en un culto litúrgico" (Fagerberg, 2019, p. 148). La liturgia ritual está animada por el Espíritu Santo dado a los creyentes para permitirles acoger a Cristo cuando se acerca. Dios debe atraer a los hombres para que lleguen a la fe (Jn 6, 44). Esta atracción es el aspecto místico de la liturgia (p. 148).

Neurociencia para los sacramentos

Al considerar una relación más específica entre el cerebro y los sacramentos, podemos empezar con la racionalidad básica que es clave en el sistema sacramental católico: que los humanos están hechos a imagen de Dios, que es relacional en la Trinidad. De ello se deduce que la gracia, la incorporación a la familia de Dios y el desarrollo a semejanza divina serían relacionales. Las siguientes reflexiones están dispuestas arbitrariamente para sugerir una posible correspondencia entre el cerebro y los sacramentos de iniciación, curación y servicio. Para cada sacramento, consideraremos un caso específico; pueden inferirse otros ejemplos de correspondencia cerebro-sacramento, con alguna variación.

El Bautismo: El rito del Bautismo apunta a acoger al recién bautizado en una nueva comunión, incorporándolo a la vida divina y al Cuerpo Místico de Cristo. "Los efectos del Bautismo están significados por los elementos perceptibles del rito sacramental. La inmersión en el agua simboliza no sólo la muerte y la purificación, sino también la regeneración y la renovación" (*CIC*, n. 1262).

> El bautizado ya no se pertenece a sí mismo, sino a Aquel que murió y resucitó por nosotros. Está llamado a someterse a los demás, a servirles en la comunión de la Iglesia y a "obedecer y someterse" a los responsables de la Iglesia, teniéndoles respeto y afecto. (Y el recién bautizado) goza del derecho a recibir los sacramentos, a nutrirse de la Palabra de Dios y a ser sostenido por los demás auxilios espirituales de la Iglesia (cf. *LG* 37). (*CIC*, 1269)

En la ceremonia están presentes los padrinos, que asumen la responsabilidad de guiar al recién bautizado en la fe católica.

Para el catecúmeno (el joven o adulto que se ha preparado para el bautismo mediante la instrucción y la formación), los diversos componentes sensoriales del sacramento (su materia en el agua, la fórmula verbal y el rito, el crisma para ungir los sentidos, la vestidura blanca y la vela encendida) se registrarán neurológicamente en los sistemas sensoriales cerebrales de la vista, el lenguaje, el oído y el tacto. La forma del sacramento (su significado) afectará a la mente, las percepciones, las emociones, la toma de decisiones y el comportamiento del candidato. Una aptitud neuropsicológica que se desarrolla con la preparación y recepción del bautismo es la empatía, ver y comprender a través de los ojos y la mente de los demás. La empatía se origina genéticamente y está estrechamente asociada al desarrollo emocional y a la diferenciación yo-otro a medida que madura la cognición (Roth y Dicke, 2005). El psicólogo psicoanalítico austriaco-estadounidense Kernberg teoriza que la iniciación afectiva comienza en áreas asociadas a la emoción: "regiones del tronco encefálico, el gris periacueductal, la amígdala, el cuerpo estriado, la región septal, el hipotálamo y el sistema nervioso autónomo". A continuación, las regiones de orientación cognitiva se ven más implicadas: "la región paralímbica, la corteza cingulada, la ínsula y la región orbitofrontal" (2015, p. 41).

La Confirmación: Los principales sistemas sensoriales implicados en el sacramento de la Confirmación a los que el cerebro responde neurológicamente son la vista, el lenguaje, el oído y el tacto. Dado que el incienso suele formar parte de la liturgia de la Confirmación, el sistema olfativo (sentido del olfato) puede estar incluido. Concretamente, los aspectos sensoriales del sacramento son la imposición de la mano del obispo, la unción con el crisma y las palabras: "Sed sellados con el don del Espíritu Santo". "El signo de la paz (un apretón de manos u otro gesto de afirmación) que concluye el rito significa y demuestra la comunión eclesial con el obispo y con todos los fieles" (*CIC*, 1301).

La confirmación marca una etapa de relativa madurez, ya que el confirmando decide aceptar el don del Espíritu en el compromiso de vivir su fe en un contexto social en expansión. Proponiendo una teoría psicoanalítica sobre el papel del cerebro en el desarrollo humano, Kernberg reflexiona sobre el desarrollo del yo. Desde el punto de vista neuropsicológico, a medida que el yo se va integrando en el desarrollo, el autoconcepto más maduro y establecido incorpora la memoria autobiográfica, la proyección hacia el futuro, el uso personal del lenguaje y los patrones de pensamiento únicos, y las conexiones sociales.

> La estructura neurobiológica central implicada en esta integración puede ser "la unión del córtex prefrontal ventromedial y el córtex cingulado anterior". Esta área puede desempeñar una función central en la integración neurobiológica de todos los componentes del yo". (Kernberg, 2015, p. 400)

La Eucaristía: "En el centro de la celebración eucarística están el pan y el vino que, por las palabras de Cristo y la invocación del Espíritu Santo, se convierten en el Cuerpo y la Sangre de Cristo" (*CIC*, 1333). Los sistemas sensoriales fisiológicos implicados son la vista, el lenguaje, el oído, el tacto y el gustation (gusto), así como la percepción, el discernimiento, las emociones, la toma de decisiones y la motricidad/comportamiento. Cuando se utiliza incienso litúrgicamente, también se trata de olfacción. El sacerdote que celebra la Misa recita el antiguo Canon aprobado por la Iglesia con las palabras de consagración de la Última Cena: "'Esto es mi Cuerpo que se entrega por vosotros. Haced esto en memoria mía". E igualmente el cáliz después de la cena, diciendo: 'Este cáliz que se derrama por vosotros es la Nueva Alianza en mi Sangre' (Lc 22, 7-20; cf. Mt 26, 17-29; Mc 14, 12-25; 1 Co 11, 23-26) (*CIC*, 1339).

En la Eucaristía, los católicos entran en contacto fisiológico con los elementos consagrados del sacramento. Aquí, los *sentidos espirituales* son más reales. Al consumir las especies eucarísticas, los fieles se encuentran de hecho con Jesús mismo, como Él insistió: "Mi carne es verdadera comida y mi sangre es verdadera bebida" (Jn 6, 55). Se encuentran con el profundo misterio de la persona divino-humana de Jesús, que invita a la unión entre él y cada miembro, une a todos los miembros en su propio Cuerpo y exige el cuidado amoroso de los demás. La neurobiología interpersonal deriva de lo que Seigel (2006) llama el triángulo del bienestar: el cerebro, la mente y las relaciones. "La mente y las relaciones regulan 'el flujo de energía e información' (Siegel, p. 248)", la mente ajusta la homeostasis y la comunicación ajusta las condiciones interpersonales. Una mente equilibrada demuestra conciencia, aceptación y ecuanimidad (Siegel, 2006, en Gambrel et al., 2016, p. 273).

Según la Teoría de la Neurobiología Interpersonal (IPNB, por sus siglas en inglés), la mente que se desarrolla con el apoyo de un cuidado que responde adecuadamente crece en autoaceptación y autorregulación emocional y, en el futuro, puede relacionarse bien con otras personas significativas (Siegel, 2007) (Gambrel et al., 2016, p. 275). Las relaciones saludables derivan de la creciente coordinación entre el sistema límbico emocional y la corteza prefrontal racional, inclinando al individuo hacia la estabilidad emocional bajo estrés (Siegel, 2007). La mente integrada y bien adaptada puede mostrar sintonía, presencia, reconocimiento, comunicación positiva y capacidad de respuesta sensible (Gambrel, p. 274). La autoaceptación puede promover la estabilidad emocional. A través de la conexión sintonizada, "las relaciones dan forma a nuestras mentes" (Siegel, 2023, Seeking consilience, párr.6). Debido a la neuroplasticidad, incluso si el individuo no se desarrolló bajo la formación receptiva de un cuidador cariñoso y orientador, la sintonía con un buen amigo, pareja o terapeuta más adelante en la vida puede curar las vías neuronales que subyacen a la inadaptación y puede perseguir un futuro esperanzador y optimista (Gambrel, p. 280). La Eucaristía promueve relaciones sanas y positivas entre la persona humana y Cristo y entre los fieles.

Reconciliación: "El sacramento de la Penitencia consiste en el arrepentimiento del penitente, en la confesión o revelación de los pecados al sacerdote y en la intención de realizar obras de reparación" (*CIC*, 1491) y en la absolución del sacerdote. El confesor propone actos de *satisfacción* para reparar el daño causado por el pecado y restablecer las virtudes de un discípulo de Cristo (*CIC*, 1494). Fisiológicamente, el sacramento implica el lenguaje y la audición, así como la memoria, el discernimiento y la toma de decisiones.

El sacramento de la Reconciliación ofrece una corrección del rumbo para los seres humanos falibles que descubren que la vida tiene como efecto el debilitamiento o la interrupción de su resolución de seguir el camino de la virtud hacia la vida eterna. Existe un intercambio bidireccional entre el cerebro y el resto del cuerpo. La retroalimentación visceral llega al cerebro desde las vísceras, como los intestinos, los pulmones y el corazón, y se registra en la ínsula. Se cree que *la interocepción* es necesaria para la conciencia de los sentimientos. La percepción interna de nuestro estado corporal nos permite saber cómo nos sentimos (Craig, 2009; Damasio, 1994) y puede indicarnos cómo se sienten los demás (Fishbane, 2019, p. 52). Tanto los sistemas conscientes como los inconscientes están asociados a la memoria. Cuando recordamos conscientemente hechos y experiencias, accedemos a la memoria explícita a través del hipocampo; cuando los recuerdos nos afectan sin recuerdo explícito, la memoria inconsciente implica a la amígdala y áreas asociadas (Siegel, 2012, en Fishbane, p. 52).

Como vimos con el Bautismo, la empatía, sentir con el otro y ver a través de sus ojos abarca la activación del córtex prefrontal ventromedial y lateral, el córtex cingulado anterior, la ínsula anterior y el cerebelo. La evaluación de uno mismo y la interacción con los demás implican al córtex prefrontal ventromedial y al córtex cingulado anterior. En la evaluación de los demás interviene el córtex prefrontal lateral. Y la ínsula anterior tiene un papel principal en la comprensión de las circunstancias sociales (Kernberg, 2015, p. 41). El cerebelo afecta a la cognición social por su conexión con el sistema límbico para la atribución de emociones (Hoche et al., 2016, p. 732). Las emociones instigan las interacciones entre uno mismo y el otro, y cuando la memoria afectiva interioriza dichas interacciones, los modelos de trabajo internos forman progresivamente patrones de comportamiento coordinados y habituales que conforman el carácter (Kernberg, p. 39).

La corteza orbitofrontal (OFC) y sus funciones ejecutivas tienen una aportación primaria en la evaluación de opciones para la toma de decisiones. "Una teoría actual sostiene que la OFC mantiene un mapa cognitivo de estímulos relevantes, sus valores y resultados potenciales" (Purves et al., 2019, p. 693). Funciona como una centralita, vinculando el entorno con los estados internos y los resultados de las elecciones potenciales. El OFC recibe entradas de todos los principales sistemas sensoriales, aunque con pocas conexiones con las redes motoras, proporcionando así información a los sistemas que seleccionan y ejecutan el comportamiento (p. 689). La vecina corteza prefrontal ventromedial utiliza de forma similar un "formato" de valor universal con el que se puede comparar cualquier conjunto propuesto (p. 692). Se cree que la corteza prefrontal dorsolateral (DLPFC) orquesta los comportamientos más complejos, flexibles y dirigidos hacia el futuro, utilizando valores y otros factores para regular las redes de entrada-salida (p. 693). Los valores también se mantienen y calculan en el estriado ventral y en el córtex cingulado anterior dorsal. Los estudios sugieren que la corteza cingulada anterior dorsal (dACC) desempeña un papel importante en el ajuste de las acciones después de un error, incluidos los contextos de decisión basados en valores (Hochman, Vaidya, y Fellows, 2014, p. 10). En esta investigación, en una escala de tiempo de milisegundos, se vieron implicados procesos de toma de decisiones y de supervisión de la acción implicados en la interrupción de una acción incorrecta para permitir otra correcta. Un estudio más profundo de las regiones cerebrales con funciones ejecutivas podría investigar hasta qué punto la función cerebral afecta a la corrección del curso humano, más lenta y deliberada, como ocurre en el sacramento de la Penitencia.

Unción de los enfermos: "El sacramento de la Unción de los enfermos se administra a los que están gravemente enfermos ungiéndoles la frente y las manos con óleo bendito, diciendo: 'Por esta santa unción, que el Señor, en su amor y misericordia, te ayude con la gracia del Espíritu Santo. Que el Señor, que te libera del pecado, te salve y te resucite'" (*CIC*, 1513). Los sistemas sensoriales a los que responde el cerebro son la vista, el lenguaje, el oído y el tacto.

Cuando las personas están gravemente enfermas o en peligro de muerte, la Unción de los Enfermos aporta perdón y fortaleza. La visita de un sacerdote en el contexto de la bendición de la Iglesia puede aportar calma y paz al enfermo y a sus familiares y amigos presentes. Independientemente de que el enfermo comprenda o no lo que está sucediendo, a menudo siente que forma parte de un ritual que se ha celebrado durante siglos y que aporta alivio en su hora de necesidad. El estrés crónico o grave puede provocar una liberación prolongada de cortisol, que puede dañar las células del hipocampo con sus numerosos receptores de cortisol. Reducir el cortisol puede mejorar la función cardíaca, cerebral e inmunitaria. Un remedio natural es la oxitocina, una hormona en la sangre y neurotransmisor en el cerebro (Uvnas-Moberg, 2003). Activada por la empatía y un toque suave, la oxitocina reduce el cortisol y fomenta la sensación de bienestar. Similar a la oxitocina, la vasopresina se encuentra predominantemente en los hombres (Fishbane, 2019, p. 2).

Orden sagrado: El sacramento del ministerio apostólico incluye tres grados: episcopado, presbiterado y diaconado. El rito del sacramento tiene lugar dentro de la liturgia eucarística, con una reunión de fieles para presenciar la asunción por parte del ordenando de un nuevo papel en la comunidad. Para los tres grados, el obispo impone las manos sobre la cabeza del ordenando y, con la oración consagratoria específica, pide a Dios la efusión del Espíritu Santo y sus dones propios para el ministerio al que se ordena el candidato (*Sacramentum Ordinis* [*SO*]: DS 3858) (*CIC*, 1573). Para el obispo y el sacerdote, hay unción con crisma y presentación al obispo del libro de los Evangelios, un anillo, mitra y báculo. Al sacerdote se le entrega la patena (plato redondo y poco profundo sobre el que descansa la Hostia [pan consagrado] durante la liturgia eucarística) y el cáliz (copa con pie de metal precioso que contiene el vino consagrado). Al diácono se le presenta el libro de los Evangelios. Los sistemas fisiológicos a los que responde el cerebro son la vista, el lenguaje, el oído, el tacto y el olfato. En la preparación para la recepción del sacramento, también se activan los sistemas de discernimiento, emoción, toma de decisiones y las redes motoras y de comportamiento.

El sacramento que ordena a los hombres en funciones de servicio como obispos, sacerdotes y diáconos les da las facultades para dirigir el culto, enseñar y edificar el Cuerpo de Cristo. Las redes neurológicas que implican la *comprensión de la* acción apoyan los ministerios de obispo, sacerdote y diácono. Se ha descubierto que la comprensión de la acción es relacional, que se produce en "el contexto de la interacción en la que el significado y la creación de sentido se fusionan a partir de un compromiso dialógico continuo" (Reddy y Uithol, 2016, p. 109). Los estudios del sistema de neuronas espejo (SNM) han encontrado pruebas de que no apoya una visión simplista de la comprensión de la acción. El simple hecho de ver actuar a otra persona no evoca necesariamente la imitación. Las neuronas espejo por sí solas no proporcionan al observador el significado de la acción, ni inician necesariamente su réplica motora (Hickok, 2008; Reddy y Uithol, 2016).

Por otro lado, las neuronas espejo apoyan la capacidad de comprender a los demás replicando las percepciones y acciones de los demás a nivel neuronal. La cognición social se desarrolla a través del sistema de neuronas espejo, así como a través de los intercambios interpersonales. Según la teoría de la simulación incorporada, las neuronas espejo del sistema motor son "la base neuronal de todos los procesos sociocognitivos" (Schmidt, Hass, Kirsch y Mier, 2021, p. 1), no sólo el sistema de neuronas motoras, sino en un contexto interpersonal y relacional.

En un estudio de fMRI realizado con 75 adultos sanos se les pidió que completaran tres tareas: iniciación, empatía y teoría de la mente. Dentro de los participantes y entre las tareas, los investigadores encontraron "una activación común en la circunvolución frontal, el córtex parietal inferior, la circunvolución fusiforme, el surco temporal posterior superior y la amígdala" (Schmidt, Hass, Kirsch y Mier, 2021, p. 1). Esta red neuronal compartida para diversos procesos sociocognitivos indica que "la comprensión interpersonal podría producirse por simulación encarnada" (p. 1). Se apoyó la noción de que el SNM subyace a la comprensión interpersonal (p. 16).

El sacramento del Orden "confiere un *carácter espiritual indeleble* y no puede repetirse ni conferirse temporalmente" (Concilio de Trento: DS 1767; *LG* 21, 28, 29; *Presbyterorum ordinis* [*PO*] 2; *CIC*, 1582). El sacramento capacita al ordenando para servir como representante de Cristo para la Iglesia en su oficio de sacerdote, profeta y rey (CIC, 1581). "El carácter impreso por la ordenación es para siempre. La vocación y la misión recibidas el día de su ordenación le marcan para siempre" (*CIC*, 1583). Puesto que es Cristo quien actúa a través del ministro, si éste es indigno, como afirma San Agustín, el don de Cristo que pasa a través de él permanece puro (*CIC*, 1584). El carácter indeleble del sacramento (del Bautismo y de la Confirmación, así como del Orden sagrado) significa que existe un cambio ontológico en el orden espiritual de la gracia. No necesita necesariamente ser captado por el aparato perceptivo del cerebro. La instrucción formativa del ordenando pretende ayudarle a desarrollar la convicción sobre la permanencia sagrada de su ordenación. Esto se registraría en las funciones ejecutivas de la corteza prefrontal, manteniendo los valores, el discernimiento y la elección (Ver Penitencia, arriba, Purves et al., 2019, pp. 689-693). "Puesto que pertenece al orden sobrenatural, la gracia escapa a nuestra experiencia y no puede ser conocida sino por la fe. No podemos, por tanto, basarnos en nuestros sentimientos o en nuestras obras para concluir que estamos justificados y salvados (Concilio de Trento [1547]: DS 1533-1534). 'Por sus frutos los conoceréis' (Mt 7, 20)" (*CIC*, 2005).

El Matrimonio: El sacramento del Matrimonio confiere la gracia a una pareja de esposos resuelta a comprometerse en una relación exclusiva, estable y duradera para toda la vida. Por su naturaleza, el matrimonio está "ordenado al bien de los cónyuges y a la procreación y educación de la prole" (*CIC*, 1601). "En el rito latino, la celebración del matrimonio entre dos fieles católicos tiene lugar normalmente durante la Misa, por la conexión de todos los sacramentos con el misterio pascual de Cristo (cf., *SC* 61)" (*CIC*, 1621). "Los esposos reciben el Espíritu Santo como comunión de amor de Cristo y de la Iglesia [cf., Ef 5, 32]" (*CIC*, 1624). "El hombre y la mujer bautizados expresan libremente su consentimiento" (*CIC*, 1625), un "acto humano por el cual los cónyuges se dan mutuamente el uno al otro; --'te tomo por esposa'; -'te tomo por esposo' (*GS* 48.1; *OCM* 45; cf. *CIC*, c. 1057.2)" (*CIC*, 1627). Aunque el anillo no es esencial, normalmente es un signo de la promesa de fidelidad mutua de los novios. "El carácter público del consentimiento protege el 'sí quiero' una vez dado y ayuda a los esposos a permanecer fieles a él" (*CIC*, 1631).

La clave del bienestar adulto es el apego, la sensación de poder contar con otras personas de confianza a través de las vicisitudes de la vida. El amor es una relación de apego (Hazan y Shaver, 1987; Johnson, 2004; Solomon y Tatkin, 2011). Cuando el apego es seguro, es probable que se produzca un bienestar cognitivo, afectivo y social a todas las edades. El apego inseguro (ansioso o evitativo) se asocia a la angustia. A lo largo de la vida, persiste la necesidad de consuelo y alivio por parte de los demás. El apego implica tanto dar como recibir cuidados. La generosidad y el altruismo activan sistemas de recompensa en el cerebro (Moll et al., 2006, en Fishbane, 2019, p. 50).

La calidad de las relaciones conyugales influye poderosamente en la salud. La psiconeuroinmunología estudia las interacciones entre las relaciones, el cerebro, la psicología y el sistema inmunitario. Una mejor salud física y mental y una mayor longevidad están asociadas a las relaciones positivas, incluido el matrimonio. El ciclo de búsqueda y distanciamiento en las relaciones infelices puede demostrar los efectos del apego inseguro ansioso-evitativo. Las relaciones conflictivas se correlacionan con problemas de salud y una mortalidad más temprana (Robles y Kiecolt-Glaser, 2003; Slatcher, 2010) (Fishbane, 2019, p. 53). De ello se deduce que el sistema inmunitario se ve reforzado por el apoyo social (Kiecolt-Glaser, McGuire, Robles y Glaser, 2002). La calidad de las relaciones influye en la capacidad de regular las emociones. Los niveles de cortisol, la hormona del estrés, disminuyen con la comunicación de cuidados y compasión. No es sorprendente que el matrimonio afecte a la salud, para bien o para mal. La "fisiología entremezclada" de los cónyuges (Sbarra y Hazan, 2008) favorece o perjudica su salud, dependiendo del estado de su relación (Fishbane, p. 54). "Este amor que Dios bendice está destinado a ser fecundo" (*CIC*, 1604).

Los procesos cognitivos y sensoriales y los sacramentos

Hemos considerado algunos de los elementos específicos de los sacramentos y cómo podrían relacionarse con diversos procesos cerebrales. Sin embargo, podría ser útil invertir este debate para ver cómo los procesos cerebrales específicos podrían estar relacionados con los elementos de los sacramentos. De este modo, nos centramos más en los procesos cerebrales para ver cómo pueden proporcionar una base cognitiva, emocional y sensorial que apoye la participación humana en los sacramentos. Esta discusión no pretende implicar una localización de la función cerebral que excluya la extensa e intensa interconexión entre las regiones del cerebro. Esta perspectiva diferente podría contribuir a que la neuroteología ayude a comprender la relación entre el cerebro y el ser religioso.

Centrarse y decidir

Los lóbulos frontales son esenciales para las funciones ejecutivas de orden superior que consisten en considerar, planificar y decidir respuestas conductuales a estímulos sensoriales o conceptuales. Las áreas frontales están conectadas a redes corticales. Éstas se comunican con los sistemas de atención y propiocepción de los lóbulos parietales, que perciben la posición y el movimiento del cuerpo y establecen contacto visuomotor con el entorno. Las áreas frontales también se conectan con las redes de emoción y memoria del lóbulo temporal (Stucky et al., 2014). Estas áreas obtienen datos sobre el mundo y el cuerpo, integran información contextual de movimiento rápido y, a continuación, evalúan alternativas, inhiben opciones inadaptadas, asignan recursos intelectuales y estiman las consecuencias de las elecciones que realiza un individuo (Purves et al., 2019). Tales interacciones permiten que la toma de decisiones gestione redes perceptivas, emocionales y de acción. De este modo, y con la red de saliencia, cuando decidimos participar en un sacramento, por ejemplo, la Comunión, son nuestros lóbulos frontales los que nos ayudan a tomar esa decisión. De hecho, son los lóbulos frontales los que nos ayudan a planificar las actividades de nuestra vida, como ir a la iglesia, rezar o acercarnos a comulgar. Cabe preguntarse hasta qué punto puede ser difícil este proceso para quienes tienen anomalías en los lóbulos frontales, ya sea por daños o por demencia. Esas preguntas podrían tener importantes aplicaciones prácticas para ayudarles a participar adecuadamente en los sacramentos religiosos.

La atención debe dirigirse voluntariamente a objetivos y demandas cognitivas en progreso a lo largo del tiempo. La red frontoparietal favorece la interacción "descendente" con la atención volitiva a la hora de establecer prioridades conductuales en situaciones de conflicto. *La alerta de* los lóbulos frontales implica la percepción de los estímulos entrantes. *La orientación* denota el ajuste de la percepción de modo que los datos sensoriales pertinentes puedan seleccionarse para su procesamiento. Este proceso de orientación puede ser esencial para los sacramentos, ya que estas actividades nos dirigen hacia Dios. Estar orientado hacia Dios o hacia cualquier otra actividad religiosa es necesario para que una persona participe en esa actividad y obtenga las experiencias y actitudes necesarias que se derivan de ella. *La atención ejecutiva* resuelve las discrepancias entre pensamientos, emociones y comportamientos. De este modo, podemos cribar entre varias ideas y experiencias para seleccionar las más coherentes con nuestras creencias y objetivos. Por un lado, esto puede ser valioso para un individuo profundamente religioso. Sin embargo, cuando las discrepancias son demasiado grandes, es posible que nuestros lóbulos frontales no sean capaces de resolverlas por completo, lo que puede desembocar en una lucha psicológica o espiritual. Estas situaciones pueden tener implicaciones importantes para ayudar a las personas a gestionar estas luchas, sugiriendo enfoques que apoyen los procesos de los lóbulos frontales de la persona y la conduzcan a una base de creencias más estable.

Las señales sensoriales que llegan a las cortezas frontal y parietal proporcionan información "ascendente" sobre los estímulos más destacados del entorno. De nuevo, esto puede ser importante para reconocer imágenes visuales como Jesús en la cruz, el olor del incienso o los acordes del órgano que toca los himnos. Estos estímulos destacados identificados como importantes se incorporan al sistema de creencias de una persona. La información "descendente" procede del lóbulo parietal para la perspectiva visuomotora y del lóbulo frontal para la memoria de trabajo y el establecimiento de objetivos. La atención focalizada suele ser una combinación de procesos ascendentes y descendentes. La atención descendente implica probablemente una red frontoparietal dorsal, mientras que una red frontoparietal más ventral efectúa el reconocimiento de objetos en el fondo sensorial (Stucky et al., 2014, pp. 36-38).

Puesto que estamos considerando los significados en la liturgia sacramental, sería bueno distinguir de nuevo entre mente y cerebro (véase el capítulo tercero). La mente es el poder del alma para razonar. El alma es la forma sustancial del cuerpo, compuesta por el intelecto y la voluntad. La persona humana, con un alma espiritual, misteriosamente unida al cuerpo, produce pensamientos y elecciones. El cerebro puede considerarse una *respuesta neuroplástica compleja* (Leaf, 2021, p. 2) al intelecto humano y a la toma de decisiones para efectuar cambios neuroquímicos, genéticos y electromagnéticos. Pensar, sentir y elegir conducen a cambios estructurales en el cerebro únicos para la persona que tiene estas experiencias particulares. Los pensamientos, sentimientos y elecciones codifican cambios moleculares estructurales en las conexiones neuronales del cerebro (Lewis, 2019, p. 2). Habiendo adquirido un nuevo significado a través de la mente, el cerebro cambia la forma en que percibe los símbolos y da significado a esos símbolos. El cerebro cambia la forma en que percibe las entradas visuales y otras entradas sensoriales. Así, nuestras creencias determinan nuestra forma de ver el mundo. Y, por supuesto, la información que recibimos del mundo también influye en nuestras creencias. Como hemos visto, la relación entre la mente (alma) y el cerebro se entiende mejor a través de la filosofía (tomista) que de la neurociencia.

Visión y visualización

La visión es importante para la religión, ya que nos ayuda a ver símbolos religiosos, leer textos sagrados y visualizar conceptos espirituales, incluido Dios. Por supuesto, las personas ciegas también pueden tener fe. En uno de nuestros primeros estudios (Newberg y Waldman, 2009, p. 83s) se pidió a los participantes que dibujaran cómo visualizaban a Dios. Una categoría de dibujos que la gente hizo reflejaba símbolos antropomórficos, como el *anciano en las nubes*, que por cierto no es muy diferente de lo que Miguel Ángel representó en el techo de la Capilla Sixtina. Otra categoría de dibujos se refería a objetos naturales como estrellas, galaxias, ríos y montañas. Una tercera categoría de dibujos representaba a Dios de forma muy estilizada, con círculos, remolinos y corazones. Por último, algunos dejaban el dibujo en blanco, afirmando que Dios no se podía dibujar. Lo importante aquí es que la mayoría de la gente utiliza alguna representación visual de Dios y de muchos otros conceptos religiosos. Así pues, el sistema visual nos abre una ventana a las creencias religiosas.

Los fotorreceptores de la retina -varillas y conos- detectan la luz. Las células ganglionares de la retina se proyectan al nervio óptico y, a continuación, al quiasma óptico y a los tractos ópticos. La mayoría de las fibras de los tractos ópticos terminan en el núcleo geniculado lateral (LGN) del tálamo, que se proyecta a la corteza visual primaria en el polo occipital (Stucky et al., 2014, p. 28; Purves et al., 2019, p. 261). Las fibras se proyectan a la corteza de asociación parietal y frontal a través del núcleo pulvinar del tálamo. La corteza visual incluye la corteza estriada y la corteza de asociación visual. Las estructuras visuales centrales incluyen un mapa estructurado para el campo visual contralateral, con una selectividad perceptiva cada vez más especificada, como para los bordes oscuro-luminoso, el color o la dirección de los objetos. La representación de la visión en la corteza se produce a través de numerosas vías de entrada visuales distintas que detectan la forma, el movimiento y el color (Purves et al., 2019). Por lo tanto, durante la celebración de los sacramentos se pueden utilizar todos los tipos de imágenes visuales, aprovechando las diferentes formas y colores.

El córtex de asociación visual se divide en dos corrientes: ventral y dorsal. La corriente ventral, que termina en la corteza temporal inferior, se dedica a la percepción de objetos. Esta vía envía axones a la corteza de asociación occipitotemporal y, a continuación, a la corteza inferotemporal anterior. La vía ventral procesa *la información estructural y basada en rasgos* necesaria para reconocer formas como caras y objetos (Stucky et al., 2014, p. 28). La vía "dorsal", que se proyecta a la corteza de asociación parieto-occipital, procesa principalmente *información espacial* y se ocupa de la observación de la ubicación, el movimiento, la atención visual y el control del movimiento de los ojos y las manos, es decir, la comunicación visomotora con el entorno (Stucky et al., 2014, p. 28). Dado que el parietal posterior controla el alcance, el agarre y la manipulación, requiere información visual sobre el movimiento, la ubicación y la posición espacial (Carlson, 2007, pp. 207-208). En general, la corriente ventral percibe el "qué", mientras que la dorsal se caracteriza principalmente por responder al "dónde" (Purves et al., 2019, pp. 261-262).

Estas relaciones espaciales son importantes para las creencias religiosas, ya que nos dan una idea de dónde están las cosas y cómo nos relacionamos con ellas. Estas relaciones también pueden estar en el corazón de la arquitectura sagrada, de modo que la inmensidad de las iglesias, con sus altos techos arqueados, da literalmente a la gente una sensación de amplitud que

La neurofisiología de los rituales católicos   159

apoya las creencias que expresan los sacramentos. Neuropsicológicamente, la noción de cercanía a Dios procede de la capacidad del cerebro para percibir la cercanía espacial, emocional y teológica a Dios.

Audición

Si la visión es importante en los sacramentos, la audición lo es tanto o más. "La fe viene por el oír" (Rm 10,17), escribe San Pablo, y el habla permite a la persona responder en obediencia a Dios. *Oímos* la palabra de Dios, los himnos y las oraciones, y el sermón, y oímos y respondemos a los ritos sacramentales. Estos sonidos proporcionan información importante sobre la que desarrollar nuestras creencias religiosas.

Desde el oído externo y medio hasta la cóclea del oído interno, el sonido estimula una onda viajera. Cuando los sonidos son de alta frecuencia, la onda viajera es más ancha en la base de la cóclea; cuando los sonidos son de baja frecuencia, la onda viajera es más ancha en el ápice coclear. Los movimientos de las células ciliadas internas de la membrana basilar convierten las ondas sonoras en señales eléctricas y las envían al cerebro. Las señales cocleares pasan a través del nervio auditivo a tres secciones primarias del núcleo coclear. (1) El complejo ciliar superior y los núcleos del lemnisco lateral procesan la localización del sonido. (2) El colículo inferior se encarga de las frecuencias sonoras y de la localización en el espacio. (3) El córtex auditivo primario se encarga de la percepción de las frecuencias y la localización del sonido, y es clave para la comunicación. Los patrones de actividad de las neuronas del córtex auditivo están asociados a la inteligibilidad del habla. Directamente adyacentes a la corteza auditiva se encuentran las principales áreas de comprensión del habla (Purves et al., 2019, pp. 285-286).

La organización auditiva es analítica en el sentido de que puede discriminar entre sonidos con diversos timbres y generar patrones de disparo neuronal distintos. La localización izquierda-derecha se consigue analizando las diferencias en el tiempo de llegada del sonido, la intensidad y las relaciones de fase entre los dos oídos (Carlson, 2007, p. 231). La estructura auditiva distingue los patrones de actividad siempre variables de los axones del nervio coclear para reconocer la fuente del sonido. Las neuronas específicas de la corteza auditiva responden a estímulos como tonos descendentes o ascendentes. La corteza auditiva, al igual que la función ejecutiva y los sistemas visuales, se organiza en dos corrientes. La corriente dorsal percibe la ubicación y la ventral analiza el sonido. Los sonidos ambientales complejos se perciben mediante la activación de un área en la circunvolución temporal media posterior izquierda (Carlson).

El reconocimiento de la música exige discernir las secuencias de notas y su relación con las reglas relativas al tono, el ritmo y la armonía. Estos procesos corroboran la importancia de los himnos y cómo los sonidos de la música inducen diversas emociones y experiencias. Si queremos expresar el poder de Dios, el órgano puede tocar sonidos fuertes y graves. Y si queremos sentir paz y felicidad, podemos cantar himnos ligeros y melódicos. La circunvolución temporal superior se activa para el simple reconocimiento de tonos y una zona adyacente para la percepción de melodías. Otras regiones cerebrales específicas perciben el compás de la música y distintos patrones rítmicos. El entrenamiento musical parece aumentar la extensión y la sensibilidad del córtex auditivo primario (Carlson, 2007, p. 231).

Habla, lenguaje y simbolización

Ni que decir tiene que la lengua es esencial para entender la religión. Necesitamos entender la lengua para comprender la Biblia. Necesitamos el lenguaje para recitar oraciones, cantar himnos y celebrar todos los sacramentos. También es a través del lenguaje y la simbolización como llegamos a comprender el significado de los sacramentos e incorporar ese significado a nuestras creencias, actitudes y comportamientos.

Las cortezas perisilvianas del hemisferio izquierdo son fundamentales para el lenguaje en la mayoría de las personas (más del 95% de los diestros y más del 60-70% de los zurdos [Blumenfeld, 2010]), y el hemisferio derecho da al lenguaje un tono emocional. La representación cortical del lenguaje es la misma tanto si se percibe como si se expresa: oído, hablado, visto o gestual. Las áreas cerebrales del lenguaje son los elementos primarios de regiones ampliamente distribuidas que incluyen símbolos para objetos, sentimientos y conceptos (Purves et al., 2019, p. 722). Las áreas de Broca y Wernicke son adyacentes a la fisura silviana que distingue los lóbulos frontal y temporal. La corteza temporoparietal y las cortezas temporales inferiores analizan la información fonológica (basada en el sonido). La corteza temporal inferior posterior izquierda parece estar implicada en el reconocimiento de las palabras escritas. El córtex fusiforme analiza la información sobre la forma de las palabras (Carlson, 2007, p. 516).

El procesamiento del lenguaje comienza con la identificación y comprensión de secuencias fonológicas como palabras. La articulación de los sonidos del habla y la producción de palabras y frases proceden de diversas regiones, como el área facial del córtex motor primario. El lenguaje receptivo y de expresión comienza en el área de Broca, con la planificación e iniciación de secuencias de sonidos del habla. La repetición del lenguaje requiere que las representaciones fonológicas del área de Wernicke se conviertan en sonidos motor-articulatorios en el área de Broca. Estas dos áreas están conectadas por el fascículo arqueado, una gran estructura de materia blanca que es más grande en el hemisferio izquierdo (Stucky, 2014, p. 34).

La neurofisiología de los rituales católicos 161

Estas tres áreas perisilvianas son esenciales para las capacidades lingüísticas, pero sólo funcionan a través de amplias proyecciones a otras áreas corticales. Existen múltiples comunicaciones recíprocas con las cortezas visual, auditiva y motora que favorecen el significado, la comprensión, la lectura, la puesta en práctica de conductas significativas, la elección de palabras, la intención de comunicarse y el uso práctico del lenguaje en la vida cotidiana. El área de Broca, por ejemplo, conecta con las áreas prefrontal, premotora y motora suplementaria. Las interconexiones entre estas regiones parecen esenciales para integrar la sintaxis y la gramática con el lenguaje. El área de Wernicke se comunica con el lóbulo parietal para comprender el lenguaje y la escritura y para asociar sonidos con significado. La conexión de las áreas del lenguaje con las áreas visuales del lóbulo temporal inferior para el reconocimiento de la forma de las palabras es esencial para convertir los grafemas en fonemas (palabras en sonidos), lo que es clave para la capacidad lectora. Las conexiones a través del cuerpo calloso permiten que el hemisferio dominante del lenguaje participe en el procesamiento del lenguaje con información de ritmo y tono para comunicar las dimensiones emocionales del habla (Stucky, 2014, pp. 35-36).

Tacto, gusto y olfato

El tacto es importante para la percepción de la temperatura, la orientación, la presión y el contacto interpersonal. El tacto interviene en la recepción de la Eucaristía, la imposición de manos en el Orden Sagrado y la unción en la Confirmación y la Unción de los Enfermos, así como al sostener la Biblia, estrechar la mano de un feligrés o incluso palpar el respaldo del banco o el reclinatorio. Estos estímulos sensoriales que afectan a la piel (mecanorecepción) o que produce el cuerpo (propiocepción) proporcionan datos sensoriales para su procesamiento en el sistema somatosensorial. Varias regiones cerebrales conectadas por vías neuronales ascendentes y descendentes se ocupan de la información somatosensorial. La información sensorial mecanosensorial enviada al cerebro desde zonas periféricas del cuerpo se origina en receptores aferentes (entrantes). A continuación, esta información viaja a través de las neuronas en estructuras de materia gris (cuerpo celular neural) y tractos de materia blanca (axón mielinizado). Esta cadena neuronal comienza con las neuronas de primer orden: las neuronas sensoriales primarias de la raíz dorsal de la médula espinal y los ganglios de los nervios craneales. A continuación, las señales mecanosensoriales ascendentes pasan por los núcleos del tronco encefálico. Por último, la ruta de la periferia a la corteza cerebral pasa por el tálamo, que se proyecta a la circunvolución postcentral. En todo el sistema somatosensorial, estas vías están organizadas topográficamente. La cantidad de espacio cortical y subcortical asignado a las diferentes partes del cuerpo es proporcional a la concentración de receptores periféricos en las respectivas partes del cuerpo. Esta compleja intercomunicación produce una sensación integrada del cuerpo en su entorno (Purves et al., 2019, pp. 198-199).

Mediante la manipulación y el movimiento de objetos, obtenemos información sobre su forma, textura, volumen y otras cualidades físicas. A mayor experiencia táctil, aumenta la sección del córtex somatosensorial dedicada a las manos y los dedos, por ejemplo, en el caso de los músicos practicantes. La información somatosensorial precisa y localizada sigue una ruta de la periferia al cerebro a través de núcleos de la columna vertebral dorsal y el lemnisco medial hasta los núcleos ventrales posteriores del tálamo. La información sobre el dolor y la temperatura asciende por la médula espinal a través del sistema espinotalámico. Las sensaciones de los órganos internos llegan al SNC a través de los axones del sistema nervioso autónomo. Varios tipos de receptores somatosensoriales envían su información a distintas regiones del córtex somatosensorial (Carlson, 2007, pp. 245-246).

El gusto interviene principalmente en sacramentos como la Comunión, en la que el creyente come y bebe el Pan y el Vino consagrados. El gusto conecta a los fieles con el sacramento, asociando la sensación física con la experiencia espiritual. El sabor del vino hace que el cerebro vincule el sabor con la acción y su significado. El gusto también forma parte de muchas otras ceremonias y fiestas. Los alimentos específicos que comemos nos asocian a un ritual que expresa y embellece el significado.

La Iglesia prescribe el ayuno como parte de la práctica ascética de la Cuaresma, pidiendo a los fieles que ayunen para ayudar a "adquirir el dominio de nuestros instintos y la libertad del corazón" (cc., *CIC* can. 1249-1251; *CCEO*, can. 882) (*CIC*, 2043).

El olfato también es un proceso sensorial esencial. Los sacramentos están llenos de olores, directa o indirectamente. Se huele la iglesia, el incienso, los libros y el vino. Cada uno de estos olores, al igual que el gusto y el tacto, conecta con las creencias que sustentan los sacramentos y los rituales. El incienso, regalo de los Reyes Magos en el nacimiento de Jesús, se asocia desde hace mucho tiempo a los rituales de culto. Los olores pueden ser incidentales, ya que el aroma de un edificio religioso puede reflejar su antigüedad y los materiales de construcción. En cualquier caso, estos olores, junto con todos los procesos sensoriales, conectan a los participantes con los sacramentos, haciéndolos espirituales y sensibles para la naturaleza humana.

Rituales: Efectos en el cerebro

Procesamiento descendente y ascendente

¿Qué ocurre neurológicamente con los rituales? Hay procesos descendentes y ascendentes. Las rutas descendentes comienzan en el córtex de los lóbulos frontal y parietal. Por ejemplo, con la oración y la meditación, luego se activan los sistemas nerviosos límbico y autónomo, que envían señales al resto del cuerpo (Newberg, 2018a, p. 173).

En el lóbulo temporal inferior izquierdo, el procesamiento descendente y ascendente funcionan conjuntamente. Las palabras escritas activan un área en la circunvolución fusiforme media: el área de la forma visual de la palabra (VWFA). La hipótesis de la cuenta interactiva (Price y Devlin, 2011) sugiere que el VWFA requiere la interacción entre el procesamiento descendente de los significados simbólicos y el análisis ascendente de las propiedades visuales de los estímulos (Song, Tian y Liu, 2012, pp. 2, 14).

Dado que la evolución fisiológica avanza más lentamente que los cambios ambientales como la cultura y los rituales, se cree que el proceso interactivo de arriba abajo/abajo arriba demuestra la hipótesis del reciclaje neuronal (NR; Dehaene y Cohen, 2011). La NR sostiene que "los circuitos neuronales pueden "reciclarse" o convertirse a una función diferente de la que la evolución requería originalmente, una que sea cultural. La función original del circuito no se pierde por completo y limita lo que el cerebro puede aprender". Se argumenta que el nicho neural coevoluciona con el nicho medioambiental (Menary, 2014, p. 286).

El reciclaje neuronal reconvierte una antigua función evolutiva en otra más adecuada al contexto cultural actual. Se cree que el VWFA posee, junto con limitaciones genéticas, una plasticidad funcional impulsada por el aprendizaje que puede aprovechar la interacción ambiental con el lenguaje y los símbolos al servicio del desarrollo cognitivo. "Nuestros cerebros, plásticos desde el punto de vista del desarrollo, muestran plasticidad de aprendizaje cuando se acoplan a un entorno de aprendizaje con andamiaje; el cerebro y nosotros nos transformamos cognitivamente de una manera profunda" (Menary, 2014, p. 300).

Emoción, símbolos sagrados y música

Los antropólogos encuentran en la religión rasgos como "sistemas de creencias que incorporan agentes sobrenaturales y conceptos contraintuitivos y que tienen un ritual comunitario". El elemento diferenciador del "ritual religioso se encuentra en la asociación condicionada de emoción y símbolos abstractos evolucionados para extender las relaciones sociales a través del tiempo y el espacio" (Alcorta y Sosis, 2005, p. 323).

Aquí es relevante la teoría de la señalización costosa (Sosis, 2000; Sosis y Bressler, 2003; Sosis y Ruffle, 2003, 2004). La teoría de las señales costosas sugiere que los rituales religiosos pueden fomentar la cooperación intragrupal enviando símbolos creíbles sobre las cualidades personales preferidas y los medios de acceso a los recursos. Los comportamientos religiosos pueden representar señales costosas que ayudan a crear cohesión social (Cronk, 1994a; Irons, 1996a, 2001; Sosis, 2003b). Se ha descubierto que los rituales religiosos se correlacionan significativamente con una mayor cooperación (Alcorta y Sosis, 2005, p. 324).

El ritual comunitario es fundamental para la religión (Bloch, 1989; Durkheim, 1969; Eliade, 1958, 1959; Bourguignon, 1973, 1976; McCauley, 2001; Rappaport, 1999; Turner, 1967, 1969). Desde el punto de vista neurofisiológico, los componentes del ritual -atención, memoria y aprendizaje asociativo- preparan tanto al emisor como al receptor del mensaje para el seguimiento (Rowe, 1999). La formalidad, repetición y secuenciación de los rituales garantizan su coste en gasto de energía y tiempo. El tiempo y la energía, a su vez, inclinan al receptor o participante del mensaje ritual a respaldar el propósito del ritual (Alcorta y Sosis, 2005, p. 330).

Las estatuas y las imágenes pueden servir como iconos de rituales religiosos. Los símbolos religiosos abstractos que hacen referencia a un significado intangible, como un camino para una trayectoria vital o el desarrollo de la identidad, también representan un significado y afectan a la fe religiosa (Alcorta y Sosis, 2005). La participación en rituales, símbolos y prácticas religiosas está revestida de cualidad afectiva. La participación en rituales, símbolos y prácticas confieren un significado sagrado que inspira la fe. "Neurológicamente, el procesamiento inconsciente inicial se produce en las estructuras subcorticales del cerebro, incluidos los ganglios basales, la amígdala y el hipotálamo. Este procesamiento introductorio parece calificar los estímulos como positivos/acercamiento o negativos/retirada (Cacioppo et al., 2002)" (Alcorta y Sosis, 2005, pp. 332-333).

El sistema de recompensa dopaminérgico establece un proceso emocional para motivar el comportamiento de persecución y búsqueda para acercarse y adquirir objetivos gratificantes (Depue et al., 2002, p. 1071). Este sistema se origina en el área tegmental ventral del cerebro medio y se proyecta al núcleo accumbens. La activación de este sistema libera dopamina (DA), un neuromodulador percibido como gratificante (Davidson e Irwin, 2002) (Alcorta y Sosis, 2005, p. 333). La potenciación repetida del sistema de recompensa energiza la transmisión de DA desde los estímulos incentivadores hasta la meta (DiChiara, 1995, p. 95). El resultado es la vinculación de una cualidad afectiva positiva a estímulos percibidos mientras el organismo se encuentra en un estado de recompensa influenciado por la dopamina (DiChiara, 1995). Este "aprendizaje de incentivos" crea redes neuronales asociativas que conectan los estímulos con los motivadores del comportamiento. De este modo, los estímulos neutros adquieren cualidades positivas y motivadoras (Alcorta y Sosis, p. 334).

Se ha descubierto que los participantes en rituales que meditan muestran alteraciones en "los patrones de ondas cerebrales, la frecuencia cardíaca y del pulso, la conductancia de la piel y otras funciones autonómicas" (Austin, 1998; Davidson, 1976; Kasamatsu y Hirai; MacLean et al., 1997; Mandel, 1980; Newberg et al., 2001; Winkelman, 2000). "La meditación también altera los niveles neuroendocrinos, incluyendo la testosterona, la hormona del crecimiento y el cortisol (MacLean et al., 1997)" (Alcorta y Sosis, 2005, p. 336).

Los servicios religiosos suelen distinguirse por la música (Chaves et al., 1999; Bloch, 1989, p. 21). En el culto católico, el canto gregoriano, con su falta de ritmo, induce un tono contemplativo. En general, la música puede considerarse un *conductor rítmico* al acentuar la "formalidad, el patrón, la secuencia y la repetición" característicos de los rituales religiosos (Alcorta y Sosis, 2005, p. 336). Desde el punto de vista neurofisiológico, la música sincroniza los osciladores biológicos, como el ritmo cardíaco y la respiración, con los ritmos auditivos (Scherer y Zentner, 2001, p. 372). La vinculación de "la respiración y otros ritmos corporales a estos conductores afecta a una amplia gama de procesos fisiológicos, incluidos los patrones de ondas cerebrales, la frecuencia del pulso y la presión arterial diastólica (Gellhorn y Keily, 1972; Lex, 197; Mandel, 1980; Neher, 1962; Walter y Walter, 1949). Las funciones autonómicas sincronizadas, como la frecuencia del pulso, la contractilidad del corazón y la conductancia de la piel, se asocian significativamente con las medidas de empatía" (Alcorta y Sosis, 2005, p. 336). La música en los rituales religiosos fomenta la empatía.

Los rituales religiosos se suelen clasificar como *doctrinales -frecuentes*, rituales de baja estimulación que dependen de la memoria semántica- o *imagísticos -frecuentes*, algo intensos emocionalmente y asociados a la memoria episódica y la conexión social (Whitehouse, 2000; Deeley, 2004, p. 245)-. Esta distinción puede no ser siempre aplicable. Los rituales doctrinales repetitivos y estructurados predominan en las religiones que incorporan declaraciones doctrinales, como el Credo Niceno, que se basan en la memoria semántica. La misa católica podría ser un ejemplo de ritual doctrinal. Los rituales imaginativos, que tienden a ser emocionales y menos frecuentes, son característicos de las religiones en las que se transmiten testimonios personales. Los rituales del movimiento carismático católico, por ejemplo, podrían representar rituales imagísticos (Whitehouse, 2000, p. 1; Deeley, 2004, p. 258).

Los rituales también pueden coordinar intenciones, dando lugar a cambios sociales o políticos (Bourgignon, 1973) (Alcorta y Sosis, 2005, p. 340). Un ejemplo podría ser la Misa de Gallo de Navidad de 1959 celebrada por el Papa San Juan Pablo II en Nowa Huta, Polonia, en un campo a las afueras de Cracovia, bajo la amenazante presencia de comunistas armados, que apoyó el movimiento de solidaridad, que finalmente condujo a la caída del telón de acero. Fue, por supuesto, un acontecimiento de gran carga emocional.

Los rituales, sobre todo cuando son imaginativos, comunican el refuerzo del significado a través de redes neuronales sensoriales o semánticas. El procesamiento sensorial de los estímulos socioemocionales implica atención. Los sistemas neuronales semánticos implican el procesamiento del hemisferio derecho para atribuir significados en representaciones que se aceptan como reales, aunque no se comprendan del todo (Deeley, 2004, p. 245). La religión y los rituales suelen asociarse con el Misterio que responde a las preguntas últimas. Los rituales sensoriales y semánticos no se excluyen mutuamente. Ambos procesos pueden estimular el procesamiento cognitivo-afectivo a través del sistema dopaminérgico, comunicando un sentido del ritual como significativo y real. A través de estos procesos neuronales, cognitivos y sociales, las ideas religiosas se convierten en convicciones (p. 245).

El cerebro como sistema dinámico y autoorganizado

La inteligencia, la personalidad y el carácter se desarrollan a partir de un proyecto genético, pero el ajuste fino del cerebro se produce a través de la autoorganización basada en la respuesta continua a la interacción con el entorno (Quartz y Sejnowski, 2002, p. 128; Strawn y Brown, 2013, p. 5). A través de circunstancias ininterrumpidas e intercambios sociales, las neuronas se ven afectadas por la interacción con situaciones y otras personas. El cerebro es un sistema dinámico que conserva a lo largo de la vida su potencial inicial para autoorganizarse dentro de las limitaciones genéticas en respuesta al contexto actual (Strawn y Brown, pp. 5-6).

A través de las emociones, el cerebro se ajusta y sintoniza constantemente con su situación actual, en particular con las circunstancias sociales. Mientras nos ajustamos fisiológicamente a nuestras circunstancias físicas y sociales, las emociones proporcionan información consciente sobre nuestra posición relacional en la situación actual (Strawn y Brown, 2013, p. 12).

Hábito litúrgico y transformación espiritual

La neurociencia ha descubierto que el cerebro está conectado *por* y *para* los hábitos. Los comportamientos gratificantes repetidos se incrustan en los circuitos neuronales y conforman conexiones que afectan a diversos aspectos de la vida. En el sentido que el profesor de filosofía y teología James Smith desarrolla en *You Are What You Love: The Spiritual Power of Habit* (2016), estamos formados por prácticas litúrgicas en parte porque estamos "encarnados con cerebros litúrgicos" (Dorman, 2021, p. 1). Nuestra propensión al comportamiento habitual en el ámbito litúrgico facilita que sigamos la exhortación de San Pablo a "transformaros mediante la renovación de vuestra mente" (Rom 12:32).

La formación de hábitos se produce a través de los circuitos de los ganglios basales. Los ganglios basales son núcleos neuronales subcorticales interconectados. Cada núcleo consta de neuronas asociadas operacionalmente. Los ganglios basales producen circuitos de retroalimentación a las neuronas corticales que luego regulan el comportamiento. Las neuronas corticales se conectan con las neuronas de los ganglios basales, establecen otros contactos y vuelven a conectarse para influir en el funcionamiento de otras neuronas corticales.

A través de los ganglios basales hay dos rutas neuronales que afectan de forma diferente a la actividad cortical. Una ruta (excitatoria) activa las neuronas corticales asociadas al comportamiento intencionado o habitual. La otra ruta (inhibitoria) inhibe las neuronas corticales que se opondrían al resultado deseado. La activación selectiva de los patrones de actividad cortical excitatoria e inhibitoria regula la actividad cortical para ejecutar conductas preferidas o habituales. La alteración de las conexiones neuronales del córtex a los ganglios basales y viceversa demuestra un tipo de neuroplasticidad que puede modificar la potencia de conexión de las neuronas y cambiar el comportamiento acostumbrado (Dorman, 2021, p. 2).

Los ganglios basales funcionan a través del sistema asociativo o del sensoriomotor. La estructura asociativa se alinea con el comportamiento orientado a objetivos; la sensoriomotora regula la actividad habitual. Muchos comportamientos que inicialmente están orientados a un objetivo acaban convirtiéndose en habituales. Los dos sistemas cooperan en el desarrollo de habilidades dirigidas a objetivos, consolidando habilidades en hábitos y deshaciendo o reemplazando hábitos no deseados (Dorman, 2021, p. 2).

La cultura religiosa salvaguarda la comunicación de aprendizajes valiosos. Las áreas de asociación cortical central que combinan numerosas señales sensoriales y procesan representaciones abstractas (O'Dougherty et al., 2001; Phelps et al., 2001) son la amígdala y el córtex orbitofrontal. La ínsula y las cortezas somatosensoriales representan las señales sensoriales del cuerpo y se suman a las sensaciones asociadas con la excitación emocional (Craig, 2004; Critchley et al., 2004; Damasio, 2000). La neurociencia afectiva ha avanzado en la discriminación de los procesos cerebrales y corporales asociados a la generación de respuestas emocionales y su conexión con las representaciones cognitivas (Damasio, 1994, 2000; Rolls, 1999) (Deeley, 2004, pp. 254-255). A través de los rituales religiosos, las creencias con significado afectivo y apremiante se transmiten a través del tiempo y a nuevos lugares (Deeley, 2004, p. 245).

Junto con otros colegas, yo (A. B. N.) he demostrado recientemente que las prácticas espirituales pueden conducir a cambios cerebrales mensurables (2017). A catorce participantes cristianos en un retiro espiritual jesuita de siete días se les administraron, antes y después del retiro, tomografías de emisión de positrones (PET) cerebrales que reflejan características de señalización cerebral perdurables. Todos los participantes presentaban alteraciones significativas medibles en los ganglios basales, una zona del cerebro asociada a la sensibilidad a la recompensa y al desarrollo de hábitos. El estudio mostró cambios confirmados a largo plazo en la actividad cerebral relacionada con el retiro de formación espiritual. También se administraron medidas de salud psicológica a los asistentes. Todos mostraron alteraciones en la actividad de los ganglios basales y una mejora del bienestar (Dorman, 2021, p. 2). Teniendo en cuenta el pequeño tamaño de la muestra, se trata de resultados preliminares que justifican una investigación más profunda.

Conclusión

La teología sacramental católica subraya que las imágenes y los símbolos conectan la percepción cognitiva y emocional con el significado religioso, uniendo al individuo y a la comunidad a la vida trinitaria y efectuando la transformación humana al servicio del Evangelio. El sentido espiritual puede ser un medio de percibir lo Divino a través de efectos como los que se comunican mediante experiencias sensoriales. El sistema sacramental católico funciona mediante la cognición simbólica y el aprendizaje asociativo. Los sacramentos de iniciación (Bautismo, Confirmación y Eucaristía), de curación (Reconciliación y Unción de los Enfermos) y al servicio de la comunión (Orden y Matrimonio) pueden entenderse cada uno de ellos como correlacionados neurológicamente con el cerebro y sensibles al alma (intelecto y voluntad). Rahner muestra que con la revelación trascendental, Dios toma la iniciativa de invitar a la persona humana a la comunión a través de la gracia otorgada con la creación, fomentando una respuesta en la fe, la esperanza y el amor. La liturgia sacramental puede verse como una formación del carácter que se desarrolla con la mística litúrgica. Se entiende que los sacramentos responden a procesos cognitivos y sensoriales de concentración y decisión, visión y visualización, audición, habla, lenguaje y simbolización, tacto, gusto y olfato. Al ser el cerebro un sistema dinámico y autoorganizado, los rituales afectan tanto al procesamiento neurológico descendente como al ascendente. La participación litúrgica habitual conduce, a través de la emoción, los símbolos sagrados y la música, a la transformación espiritual.

Preguntas de estudio

1. ¿Cómo explica Lonergan los sacramentos católicos?
2. ¿Cómo entiende Lonergan la conversión?
3. ¿Qué se entiende por "sentidos espirituales"?
4. ¿Cómo entiende von Balthasar los sentidos, la sensación y la imaginación como mediadores de la fe y la gracia?

5. ¿Qué quiere decir Rahner al considerar a la persona humana un "espíritu en el mundo" hylomórfico con una "pre-aprehensión del infinito"?
6. ¿Cómo distingue Rahner entre revelación *trascendental* y *categórica*?
7. ¿Qué entiende Rahner por *existencial sobrenatural*?
8. ¿Podría la neuroteología explorar los efectos de la experiencia espiritual en el cerebro? Explicar su respuesta.
9. ¿Cómo entienden los católicos que Dios habla a través de la creación?
10. ¿Cómo influye el sistema sacramental católico en el culto y la santidad?
11. ¿Qué cuatro procesos cognitivos apoyan el uso de símbolos?
12. ¿Qué sistema cerebral afecta a la saliencia y a la sensación de realidad?
13. Entendiendo que los hemisferios derecho e izquierdo están muy interconectados, ¿cómo podrían distinguirse en cuanto a la búsqueda de significado?
14. ¿Cómo utilizan la analogía los símbolos religiosos?
15. ¿Cómo afecta el bautismo al neófito (recién bautizado)?
16. ¿Por qué es importante para la validez de los sacramentos católicos la observancia cuidadosa de las fórmulas rituales, así como la recta intención del ministro?
17. ¿Qué efecto tienen los símbolos rituales (materia) y la forma del sacramento de la confirmación?
18. ¿Por qué los católicos consideran la Eucaristía -liturgia y pan y vino consagrados- fuente y cumbre de la espiritualidad cristiana?
19. ¿Qué sucede en el sacramento de la reconciliación?
20. ¿Cuáles son los elementos del sacramento de la Unción de los enfermos y sus gracias?
21. ¿Qué sucede en el sacramento del Orden y qué gracias se confieren?
22. ¿Cuáles son los aspectos esenciales del matrimonio católico y qué simboliza?
23. ¿De qué manera puede la liturgia formar el carácter?
24. ¿Cómo puede llamarse mística a la liturgia?
25. ¿Qué funciones neurológicas podría activar el sacramento del bautismo?
26. ¿Por qué las áreas cerebrales asociadas con el desarrollo del yo ocupan un lugar destacado en la gracia continua del sacramento de la confirmación?

27. ¿Por qué las estructuras y funciones cerebrales asociadas a la IPNB se disponen y desarrollan a través de las gracias de la Eucaristía?
28. ¿Por qué el sacramento de la Penitencia activaría áreas cerebrales asociadas con la interocepción, la memoria, la empatía, la autoevaluación, la cognición social, la toma de decisiones y la fijación de objetivos?
29. ¿Qué hormonas pueden afectar al cerebro con la recepción de la Unción de los Enfermos? Explicar.
30. ¿Cómo podrían activarse las áreas neurológicas asociadas con la comprensión de la acción y el sistema de neuronas espejo con la práctica del sacramento del Orden?
31. ¿Qué significa el carácter indeleble del bautismo, de la confirmación y de las órdenes sagradas?
32. ¿Se experimenta la gracia? ¿Se detecta? Explícalo.
33. ¿Cuáles serían las implicaciones de su respuesta a la pregunta anterior (32) para los estudios de escáner cerebral? ¿Para la neuroteología?
34. ¿Cómo afectan al cerebro el sistema de apego psicológico y los procesos psiconeuroinmunológicos fisiológicos asociados al sacramento del matrimonio?
35. ¿Cómo afecta la calidad de las relaciones matrimoniales a la salud física y mental de los cónyuges?
36. ¿Qué áreas del cerebro contribuyen a las funciones de concentración y toma de decisiones, por ejemplo, en la recepción de la Eucaristía?
37. ¿Qué procesos neuronales están asociados con la atención y la priorización?
38. Distinguir el procesamiento descendente del ascendente.
39. ¿Cómo puede verse el cerebro como una *compleja respuesta neuroplástica* al intelecto y la voluntad humanos?
40. ¿Cómo influyen neuropsicológicamente nuestras creencias en nuestra forma de ver el mundo?
41. ¿Por qué es necesario el hilemorfismo aristotélico-tomista, así como la neurociencia, para explicar la relación alma-cerebro?
42. ¿La visión en sí misma suscita y apoya el significado trascendente, o la fe precede o sigue a la percepción?
43. ¿Qué importancia tienen el lenguaje y la simbología en la aceptación, comprensión y expresión de la fe? Explícalo.

44. ¿Cómo apoyan las creencias religiosas el gusto, el tacto y el olfato en una persona creyente?
45. ¿Cómo ayuda la "hipótesis del reciclaje neuronal" a explicar el aprendizaje del lenguaje ritual y los símbolos que cambian con la cultura a lo largo del tiempo?
46. ¿Cómo explica la "teoría de la señalización costosa" los comportamientos religiosos como medio de cohesión social?
47. ¿Qué puede tener de "costosa" la señalización costosa en la práctica religiosa?
48. ¿Cómo contribuyen neurológicamente los rituales y los símbolos al significado y la comunicación de la fe?
49. ¿Cómo apoya y refuerza fisiológicamente la música la fe y la práctica religiosas?
50. ¿Cómo se distinguen los rituales religiosos entre doctrinales e imaginativos?
51. ¿Cuáles son los procesos neuronales, cognitivos y sociales que contribuyen a desarrollar las convicciones religiosas?
52. ¿Cómo es el cerebro un sistema dinámico y autoorganizado?
53. ¿Cómo se "encarnan" neurológicamente las personas de fe con cerebros litúrgicos?
54. ¿Cómo puede afectar el sistema sacramental católico a la transformación espiritual de las personas de fe?

Capítulo 8
La neurofisiología de las prácticas católicas

Oración dirigida por la Iglesia

Liturgia de las Horas

En el capítulo séptimo vimos que los sacramentos, a través de símbolos sensoriales, cognitivos y afectivos, apoyan el contacto humano con Dios (Happel, 1989). En este capítulo exploramos las extensiones de los sacramentos en sacramentales y prácticas que incorporan más aspectos de la vida humana en la espiritualidad católica y sus potenciales correlatos neurológicos. Entre las formas de oración dirigidas por la Iglesia se encuentran la Liturgia de las Horas, la lectura de las Escrituras y otras lecturas espirituales, así como la meditación. A continuación, consideramos cómo la neuroteología y la neurociencia contemplativa podrían dar cuenta de estos aspectos de la oración dirigida por la Iglesia.

Siguiendo la exhortación del Nuevo Testamento a "orar siempre" (1 Ts 5:16), la Iglesia Católica anima a la oración comunitaria e individual diaria, semanal y anual, así como durante los tiempos litúrgicos y las fiestas y domingos centrados en la Eucaristía. La oración diaria se refiere a la mañana y la tarde, con la bendición antes y después de las comidas, en la Liturgia de las Horas y durante el curso del año litúrgico (*CIC*, 2698). "La Iglesia, a lo largo del año, despliega todo el misterio de Cristo, desde su Encarnación y Natividad, pasando por la Ascensión, hasta Pentecostés y la esperanza bienaventurada de la venida del Señor" (*Sacrosanctum Concilium* [*SC*], *102*, n. 2, en *CIC*, 1194).

La Liturgia de las Horas (u Oficio Divino), que es la oración pública oficial de la Iglesia (*SC*, 8), prescribe períodos de oración durante todo el día (cf. *SC*, cap. IV, 83-101). El Breviario Romano fue revisado de 1965 a 1970, y su traducción oficial al inglés se publicó en 1975 en cuatro volúmenes. El Breviario ofrece lecturas bíblicas y reflexiones de los primeros personajes de la Iglesia y santos para las oraciones de la mañana y de la tarde, a media mañana, a mediodía y media tarde, y para las oraciones de la noche (SC, 84, Ef 6, 18). El clero, los religiosos y los laicos que rezan la Liturgia de las Horas "ejercen el sacerdocio real de los bautizados". Celebrada en "la forma aprobada" por la Iglesia (*SC*, 84) (*CIC*, 1174), es la oración de Cristo con su Cuerpo al Padre.

Los ritmos del año litúrgico, el ciclo semanal con el domingo centrado en la Eucaristía y la Liturgia de las Horas diaria tienen paralelismos con los ritmos circadianos neurológicos en el ciclo sueño-vigilia y el proceso de envejecimiento. Es interesante que, al igual que la Liturgia de las Horas, que abarca todo el día con ritmos fijos de oración, los ritmos neurológicos circadianos (diarios) siguen un reloj cerebral en el núcleo supraquiasmático (NSQ) del hipotálamo. El NSQ sincroniza los osciladores periféricos de la mayoría de las células y sistemas orgánicos de todo el cuerpo. Esto mantiene el reloj del tiempo del cuerpo para todos los órganos, y cuando este ritmo normal se interrumpe, se observan efectos negativos en la salud física y mental (Karatsoreos et al., 2011, p. 1657). A lo largo de la vida, se ha observado que los individuos con síntomas depresivos experimentan retrasos en los ciclos de sueño-vigilia y en los patrones de actividad. En la vejez, esto puede conllevar una desorganización adicional de los ritmos circadianos. Se ha descubierto que los trastornos del estado de ánimo se correlacionan con disminuciones en la consolidación del sueño, lo que probablemente afecte a la cantidad y calidad del sueño (Robillard, 2014, p. 7). Los ritmos de la oración se corresponden con los ritmos fisiológicos y psicológicos humanos. Cuando hay alteraciones y desregulaciones fisiológicas, es probable que se produzcan problemas psicológicos. Pero como la oración implica la comunicación con Dios, su sentido reparador produce efectos beneficiosos.

Aunque todavía no se conocen estudios que lo hayan explorado, parece razonable que las oraciones a lo largo del día puedan ayudar a sincronizar los ritmos circadianos. Tal posibilidad habla del poder potencial de la oración para ayudar a restablecer o mantener ritmos saludables a lo largo del día, del año y en el curso de la vida.

Narrativas

En el centro de la fe católica está la Escritura, tanto las Escrituras hebreas como el Nuevo Testamento. Para los cristianos, los relatos de la Escritura tratan de Cristo Verbo, de su misterio pascual -pasión, muerte, resurrección, ascensión y envío del Espíritu Santo- y de la vida eterna, que comienza aquí con la gracia y dura toda la eternidad. "Toda la Escritura no es más que un libro, y ese único libro es Cristo, porque toda la Escritura divina habla de Cristo, y toda la Escritura divina se cumple en Cristo" (Hugo de San Víctor, *De arca Noe* 2, 8). (*CIC*, 134). *El Catecismo de la Iglesia Católica* resume la alta estima que los católicos tienen la Escritura y su utilidad:

> Tal es la fuerza y el poder de la Palabra de Dios, que puede servir a la Iglesia como apoyo y vigor, y a los hijos de la Iglesia como fuerza para su fe, alimento para el alma y fuente pura y duradera de vida espiritual (*Dei Verbum* [*DV*], 21). (131)

La neurofisiología de las prácticas católicas 175

Desde el punto de vista neuropsicológico, las narraciones ayudan a integrar la experiencia al dotarla de significado. Cuando damos sentido a significados concretos dotándolos de cierto grado de intensidad emocional, es probable que se conecten a través de múltiples sistemas neuronales como una red de indexación que puede afectar a nuestra forma de responder. "Las narrativas apelan a nuestros sistemas neuronales para integrar nuestros sentimientos y pensamientos; nuestra experiencia de tener sentimientos intensos y pensamientos complejos es la esencia del significado" (Walch, 2015, p. 154).

En el proceso de recordar experiencias, el cerebro realiza cambios estructurales y funcionales. Contrariamente a lo que parece, la memoria es reconstructiva. Las neuronas que se disparan juntas se conectan en patrones que se repiten más fácilmente (Siegel, 2012, p. 197). A medida que reforzamos nuestros recuerdos, los indexamos y reforzamos su significado, y es más probable que pasen del almacenamiento a corto plazo al almacenamiento a largo plazo. Los datos almacenados a largo plazo se convierten en el sustrato del sentido del yo, de los parámetros éticos y de las elecciones: el "sistema de creencias cognitivas" (Sousa, 2011, p. 52). "Los recuerdos significativos y coherentes son formativos" (Walch, 2015, p. 154-155). La narrativa apoya los lazos relacionales, compartiendo la comprensión entre el originador de la narrativa y los que escuchan, y construyendo asociaciones entre individuos, grupos sociales y culturas (Shaw, 1999, p. 34; Walch, 2015, p. 152). Desde la perspectiva católica, el uso de la narrativa apoya el método de Jesús de comunicar la sabiduría espiritual contando parábolas, junto al hecho de que la Iglesia mantenga las vidas de los santos como historias de virtud ejemplar. Los principios de la narrativa validan la antigua práctica de *la lectio* divina: *una* reflexión *lenta* sobre la lectura espiritual que comienza con la comprensión inicial y avanza a través de la penetración con la ayuda de la gracia, hasta el encuentro contemplativo y la aplicación personal. Los conocimientos actuales de la neurociencia apoyan este lento proceso de modificación de nuestro cerebro para apoyar futuros comportamientos y creencias.

Meditación y desarrollo espiritual

Mientras que la ciencia, incluida la neurociencia contemplativa, utiliza los términos "meditación" y "contemplación" como equivalentes, en la teología espiritual católica existe una diferencia. La meditación es una forma de orar que implica un esfuerzo humano activo para expresar la unión con la voluntad de Dios a través de la acción virtuosa. "La meditación es una búsqueda orante que compromete el pensamiento, la imaginación, la emoción y el deseo. Su objetivo es hacer de la propia fe el tema considerado, confrontándola con la realidad de la propia vida" (*CIC*, 2723). La contemplación es producida por el Espíritu Santo. Nosotros no podemos iniciar, producir o prolongar la gracia de la contemplación, sino sólo disponernos a recibirla. Podemos cargar con responsabilidades mientras nuestras facultades interiores son atraídas hacia Dios. El Espíritu transforma al orante contemplativo y lo lleva hacia una vida virtuosa (Hermanas Carmelitas, 2013). "La oración contemplativa es la expresión sencilla del misterio de la oración. Es una mirada de fe fija en Jesús, una atención a la Palabra de Dios, un amor silencioso. Alcanza la unión real con la oración de Cristo en la medida en que nos hace partícipes de su misterio" (CIC, 2724).

Para los católicos, la meditación es una práctica de oración reflexiva y discursiva que implica pensamiento, sentimiento, imaginación y decisión. La meditación pretende interiorizar los misterios de Cristo y aplicarlos personalmente a la propia vida (*CIC*, 2708). "Su objetivo es hacer de la propia fe el tema considerado, confrontándola con la realidad de la propia vida" (2723). Pretende fortalecer las convicciones de fe, favorecer la conversión y promover la decisión perseverante de seguir a Cristo.

En las últimas décadas, la investigación sobre la meditación se ha expandido rápidamente hasta incluir más de 4.000 artículos científicos sobre el tema (Biblioteca Nacional de Medicina de Estados Unidos) (Vieten et al., 2018, p. 2). El campo de la investigación sobre la meditación estudia los cambios psicológicos, neuropsicológicos y fisiológicos relacionados con las prácticas de meditación, así como los efectos sobre la percepción, la atención, el intelecto y la emoción. Los estudios fisiológicos muestran el influjo de dichas prácticas en funciones corporales como la frecuencia cardíaca, la presión arterial, el sistema hormonal y el sistema inmunitario.

Se ha comprobado que la meditación favorece el desarrollo psicológico y espiritual al regular la atención, así como ayuda a aprender a observar en lugar de reaccionar inmediatamente a los estímulos y a elegir intencionadamente si responder o no. Los practicantes desarrollan un mayor sentido del contexto y autonomía en la toma de decisiones. Se vuelven menos impulsivos, reducen los síntomas de depresión y ansiedad, mejoran las relaciones y experimentan más conexión y afecto positivo (Vieten et al., 2018). El estado de "conciencia plena" (*mindfulness*) permite acceder a áreas intencionales del cerebro, como la corteza prefrontal, a regiones autorreferenciales como la corteza parietal, a áreas que integran y conectan, como la corteza cingulada anterior, y a centros de sentimientos como el sistema límbico (Larrivée y Echarte, 2018, p. 952). La Congregación Católica para la Doctrina de la Fe aclaró la distinción entre las formas meditativas. Algunas derivan de las religiones orientales y son más individualistas o simplemente terapéuticas. La meditación cristiana es comunitaria. Es una forma de "oración que es un diálogo personal, íntimo y profundo entre (la persona humana) y Dios" (Ratzinger, 1989) (Larrivée y Echarte, p. 963). Las tres principales expresiones de oración de la tradición cristiana son la oración vocal, la meditación y la oración contemplativa (*CIC*, 2721). La oración contemplativa es un *don*, una gracia que sólo puede aceptarse con humildad. Es una *comunión* a través de la cual la Trinidad conforma a su semejanza a la persona humana hecha a imagen de Dios (2713).

Neurociencia contemplativa

Un nuevo campo emergente llamado neurociencia contemplativa estudia lo que sucede en el cerebro con la meditación persistente (Boccia, Piccardi y Guariglia, 2015; Fox et al., 2014) y con ejercicios de conciencia plena menos persistentes (Fox et al., 2017; Lazar et al., 2005; Holzel et al., 2011; Golink et al., 2016). Desde el punto de vista fisiológico, se ha demostrado que la meditación afecta a la "modulación de la inflamación, a la inmunidad mediada por células, al procesamiento autorrelacional, al control inhibitorio y a los factores protectores de los marcadores biológicos del envejecimiento" (Vietin et al., 2018, p. 2).

Las dimensiones de la neurociencia contemplativa incluyen la conciencia plena, el deseo asiduo de adquirir más conocimientos y las experiencias de autotrascendencia.[1] La conciencia plena se basa en la metacognición, un proceso para convertirse en un *yo observador* que observa la corriente de pensamientos y sentimientos en el campo de la conciencia como *puntos en un radar* y no como reflejos del yo. El descentramiento y la re-percepción cognitiva promueven la desidentificación del yo del pensamiento y las emociones, el control de los impulsos y la objetividad (Vietin et al., 2018).

El cerebro parece impulsado a buscar constantemente el conocimiento y a utilizar la conceptualización abstracta para interpretarlo. A partir de los datos sensoriales, la persona intenta dar sentido al mundo y encontrarle un significado. En la oración, la persona interpreta su experiencia religiosa, encontrando un significado para la experiencia en su sistema de creencias. Las imágenes funcionales de las experiencias religiosas sugieren una combinación de elementos afectivos y cognitivos. En los individuos religiosos, las experiencias religiosas involucran una red fronto-parietal que consiste en el parietal medial y en las cortezas prefrontales dorsolateral y dorsomedial, áreas que se vio que apoyan la evaluación reflexiva de la cognición (Azari et al., 2001, p. 1649, en Vietin et al., 2018). Las prácticas contemplativas pueden derivar de experiencias de autotrascendencia. El individuo emerge desde una autoidentidad centrada en el cuerpo y en el ego a otra en la que uno contribuye a perspectivas más amplias del mundo/universo (p. 4).

La neurociencia contemplativa en un contexto cristiano señala que la salud mental fluye de un contexto relacional y de la alineación con un orden filosófico objetivo universal más que de un contexto exclusivamente individual

(Titus y Moncher, 2009). Dado que la realidad externa, así como el yo, causan tanto bienestar como sufrimiento, la meditación contemplativa promueve la salud mental a través de la conversión a actitudes y comportamientos virtuosos (Larrivée y Echarte, 2018).

Transformación espiritual

La neurociencia cognitiva respalda las teorías teológicas, psicológicas y psicoanalíticas de la persona humana, que reconocen que no se puede practicar la virtud de forma coherente por el mero hecho de querer hacerlo. Es posible que primero haya que abordar las dinámicas inconscientes de la personalidad. Los católicos dirían que cumplir la ley moral requiere la gracia del Espíritu Santo. San Pablo observó con respecto a la condición humana: "No comprendo mis actos. Porque no hago lo que quiero, sino lo que aborrezco" (Rom 7,15). Los pensamientos, sentimientos y relaciones objetuales irracionales e inconscientes (Fairbairn, 1952; Guntrip, 1952) pueden necesitar una reforma a través de relaciones más normativas para poder así desarrollar el amor y la amistad (Hoffman y Strawn, 2009). A menudo, las relaciones humanas tienden a reflejar la relación de una persona con Dios. Las relaciones positivas entre una persona y los demás pueden ser paralelas a la relación de la persona con Dios (Jordan, Niehus y Feinstein, 2021).

La neurobiología y la psicología del desarrollo han descubierto que el desarrollo a lo largo de la vida continúa hasta la edad adulta. Los niveles de desarrollo cognitivo de Piaget, por ejemplo, continúan después de las operaciones formales a través de las etapas postformales. De hecho, actualmente, más de 100 modelos describen etapas de desarrollo psicológico, moral, sapiencial, espiritual y otras áreas del desarrollo adulto (Vieten et al., 2018). Una práctica meditativa que requiere la disciplina de la atención sostenida y el autodominio, así como la formación cognitiva, emocional y ética de la mente y el alma (Larrivée y Echarte, 2018) pueden conducir a la transformación espiritual.

Las fortalezas del carácter se ejemplifican en las virtudes naturales de la prudencia/razón práctica, la justicia, la valentía y la templanza, que son las virtudes morales cardinales. Y, como hemos visto, la vida de la gracia sobrenatural está dirigida por las virtudes teologales de la fe, la esperanza y la caridad, así como por otras virtudes. Las virtudes favorecen la salud mental, el crecimiento espiritual y la vocación (Titus y Moncher, 2009). Para los católicos, el conocido adagio de Santo Tomás de Aquino de que "la gracia no destruye la naturaleza, sino que la realiza" (*ST* I, I, 8 ad 2) juega a favor de la comprensión de la virtud como construcción y transformación, en vez de suponer una destrucción de las inclinaciones naturales y del progreso del desarrollo. La gracia se considera como un don sobrenatural, no un logro humano. Aun así, es necesaria, junto a la cooperación humana, la educación y la terapia, para elevar las capacidades humanas en orden a la unión con Dios y a la caridad hacia los demás (Titus y Moncher, 2009).

La transformación espiritual puede durar toda una vida o, en el caso de algunas personas, puede ocurrir en cuestión de segundos. Entender la transformación espiritual es un reto no sólo desde una perspectiva religiosa o teológica, sino también neurocientífica. Tiene más sentido que las transformaciones se produzcan a lo largo de periodos prolongados. Como ya se ha mencionado, el cerebro puede modificar lentamente su estructura y funcionamiento con la práctica repetida de la oración, la meditación u otras tareas (por ejemplo, aprender matemáticas). Con el tiempo, las neuronas que apoyan estos procesos se fortalecen, transformando lentamente a la persona en un ser espiritualmente más virtuoso.

Por otro lado, las experiencias espirituales específicas pueden tener un efecto transformador rápido y alterar muchas facetas de la vida de una persona en poco tiempo. Los cambios pueden incluir mejoras en el sentido de la espiritualidad o la religiosidad, una disminución del miedo a la muerte, un aumento del bienestar y un mayor sentido y propósito de la vida. No está claro cómo se produce esta transformación. ¿Es posible que el cerebro se reconfigure con sus neuronas en cuestión de minutos, rompiendo viejas conexiones y formando otras nuevas? ¿O es más probable que el cerebro ya posea diversos elementos espirituales y virtuosos que se *guardan bajo llave* sólo para *activarse* durante experiencias espirituales profundas? De momento, el proceso no está claro. Futuras investigaciones neuroteológicas podrían descubrir el mecanismo por el que la transformación espiritual afecta al cerebro, así como al alma.

Correlatos cerebrales de las prácticas católicas

Integración en redes

Las prácticas religiosas afectan a regiones cerebrales organizadas en diversas redes neuronales, dependiendo de que impliquen pensamientos, emociones o comportamientos. La concentración meditativa involucra al lóbulo frontal; una procesión litúrgica activa la corteza motora. Con cada práctica religiosa, se integran muchas áreas del cerebro en función del significado y la expresión de cada práctica. Curiosamente, una misma estructura cerebral puede estar implicada en muchas funciones diferentes al mismo tiempo, algunas directamente asociadas a un ritual religioso determinado y otras de apoyo o indirectamente implicadas. El cíngulo anterior, por ejemplo, esencial para los ejercicios espirituales, opera al servicio del "aprendizaje, la memoria, la atención focalizada, la regulación emocional, la coordinación motora, el ritmo cardíaco, la detección de errores, la anticipación de recompensas, la supervisión de conflictos, la evaluación moral, la planificación de estrategias y la empatía" (Newberg y Waldman, 2009, p. 42).

Como hemos visto, se ha descubierto que la oración y la meditación afectan beneficiosamente al funcionamiento neurológico y a la salud física y mental. Algunas prácticas aumentan la actividad en las regiones frontal, parietal, límbica y temporal del cerebro, y otras la disminuyen (Newberg y Waldman, 2009, p. 63). Se ha descubierto que la meditación activa áreas del lóbulo frontal asociadas con la atención focalizada y la memoria de trabajo (Lazar et al., 2000, 2005; Lutz et al., 2004; Lou et al., 1999; Newberg et al., 2001). La meditación produce una activación amplificada en las cortezas prefrontal y orbital, el cíngulo anterior y las cortezas sensoriomotoras (Newberg et al., 2001). Se ha observado que los meditadores experimentados que se centran en la compasión universal generan una sincronía de ondas gamma de gran amplitud en las regiones frontoparietales. Además, se descubrió que la práctica a largo plazo aumentaba la actividad cerebral de base para la oscilación de la banda gamma, lo que sugiere que la meditación a largo plazo afecta a la actividad cerebral de base (Davidson et al., 2003).

Un estudio de Lazar et al. (2005) descubrió que los meditadores de conciencia plena tenían regiones del córtex prefrontal significativamente más gruesas, incluyendo los surcos frontales medio y superior derechos y la ínsula anterior derecha, áreas asociadas con la atención y el procesamiento sensorial. Los sujetos de más edad mostraban las mayores diferencias entre los grupos, lo que sugiere que "la meditación puede actuar para invertir el adelgazamiento del córtex prefrontal relacionado con la edad" (Rossano, 2007, p. 51). La práctica religiosa de la caridad implica al córtex prefrontal en su planificación. La ínsula, que ayuda a interpretar las emociones ya que está implicada en los comportamientos prosociales, se asocia con el sentimiento empático o compasivo de la caridad hacia los demás (Newberg, 2018a, p. 185).

Lateralidad para la relación social/emocional y el significado no literal

El hemisferio derecho, según la teoría del psiquiatra Iain McGilchrist, media generalmente en la receptividad social y emocional (Rosen, Allision, Schauer, et al., 2005; Perry, Rosen, Kramer, et al., 2001), la autoconciencia y los procesos intersubjetivos como la empatía y la identificación con los demás (Decenty y Chaminade, 2003, en McGilchrist, 2021). Las neuronas espejo, fundamentales para nuestra capacidad de imitación, se consideraban localizadas en áreas específicas, pero actualmente parece probable que caractericen el funcionamiento del sistema nervioso en general (McGilchrist, 2021, p. 201). Aunque ambos hemisferios tienen neuronas espejo, considerando su funcionamiento más que la localización en el cerebro, se piensa que están lateralizadas hacia la derecha (Aziz-Zadeh, 2006). La acción instrumental caracteriza al hemisferio izquierdo; la no instrumental implica a las áreas frontal y temporal derechas (Benjamin-Ruben, Kesler, Jonas, et al., 2008, en McGilchrist, 2021, p. 202).

El hemisferio izquierdo puede ser competente en general para comprender *el qué* de las acciones motoras, como caminar por un sendero; el derecho, en particular el área temporoparietal derecha, puede dar a entender mejor el *por qué*. Sin embargo, dado que cualquier acción puede tener numerosas interpretaciones, las cosas no son tan sencillas (Hamilton y Grafton, 2008). La comprensión de la conducta requiere de las áreas del hemisferio derecho que no "funcionan simplemente como parte de una red serial y unidireccional', sino que forman parte de 'un proceso altamente dinámico' (Ortigue, Thompson, Parasuraman, et al., 2009)" (McGilchrist, 2021, pp. 202-203).

En la actualidad, ambos hemisferios han sido implicados en prácticas y experiencias religiosas y espirituales, dependiendo de los elementos que contengan. La espiritualidad suele expresarse en la música, la imagen, el ritual y la poesía mediante experiencias contextuales implícitas que son más evocadoras que indicativas (McGilchrist, 2021). Esto implica no sólo un mero conocimiento, sino un conocimiento amoroso que parte de la sensación de estar impresionado por algún aspecto de la realidad que es distinto y está más allá de nuestra comprensión.

La meditación, dependiendo del tipo que sea, puede afectar al cerebro de formas previsibles. Es probable que se vean afectadas las oscilaciones de ondas gamma. Las oscilaciones gamma son fluctuaciones rítmicas perceptibles en numerosas áreas cerebrales, donde se piensa que contribuyen a la selección atencional y al procesamiento de la memoria (Mably y Colgin, 2018). Cuando la meditación es visual, la actividad aumenta principalmente en el área visual derecha; cuando la meditación implica autodisminución, la actividad disminuye en las áreas espaciales y de autoorientación; con la meditación verbal/mantra, la actividad aumenta predominantemente en el área izquierda del lenguaje (Lehmann, Faber, Achermann, et al., 2001). Se observó que los meditadores de conciencia plena mostraban cambios tanto en el estado como en los rasgos con una potencia gamma más fuerte en el córtex posterior derecho (Berkovitich-Ohama, Glickson y Goldstein, 2012). Los practicantes de conciencia plena mostraron una conectividad simétrica dentro de los hemisferios, mayor en el hemisferio derecho (Berkovitch Ohama, Glickson y Goldstein, 2014). Los cambios anatómicos incluyen el engrosamiento de la ínsula derecha y de los lóbulos parietal inferior y somatosensorial derechos (Lazar, Kerr, Wasserman y otros, 2005). Los meditadores de "bondad amorosa" (*loving-kindness*) han mostrado un aumento del grosor de la materia gris en el hipocampo y la ínsula derecha, áreas asociadas con la regulación emocional y la conciencia corporal intuitiva (Holzel, Carmody, Vangel, Mayer et al., 2011; Holzel, Lazar, Gard, et al., 2011; Holzle, Ott, Hempel, et al., 2007; Luders, Kurth, Nan, et al., 2011). Los meditadores, en general, han mostrado un aumento de los volúmenes del hipocampo derecho (Holzel, Carmody, Vangel, et al., 2011. Con la meditación, en la que disminuyen los límites entre uno mismo y el otro, un estudio halló una disminución de la actividad parietal inferior derecha (Johnstone y Glass, 2008, en McGilchrist, 2021, p. 1358).

Cuando el meditador experimenta un estado de deleite, el polo frontal izquierdo suele activarse. Colegas y yo (ABN) hemos descubierto que la excitación del polo frontal izquierdo se correlaciona con una disminución de la actividad en la región parietal superior izquierda (Newberg, Alavi, Baime, et al., 2001; Newberg, Pourdehnad, Alavi, et al., 2003). Como era de esperar, se ha descubierto que la experiencia religiosa se correlaciona principalmente con el hemisferio derecho, en particular con el área frontotemporal derecha (McNamara, 2009; Trimble y Freeman, 2006; Devinsky et al., 2008). Las experiencias religiosas suelen incluir la amígdala, el temporal anterior derecho y las cortezas prefrontales (Puri, Lekh, Nijran, et al., 2001). Normalmente, la religión normal, con sus creencias y convicciones regulares, se correlaciona con la activación frontal, mientras que se ha descubierto que la experiencia religiosa extraordinaria se localiza en el área temporal (Devinsky y Lai, 2008). En un determinado estudio, aunque la generalización es discutible, se observó que la experiencia religiosa estética se localizaba en el hemisferio derecho y la experiencia religiosa ritual en el izquierdo (Butler, McNamara y Durso, 2011, en McGilchrist, 2021, p. 1358-1359).

En cuanto a las relaciones sociales, elementos importantes de las prácticas religiosas -procesamiento facial, percepción de la mirada, procesamiento inconsciente de la información emocional en regiones subcorticales y almacenamiento de recuerdos emocionales inconscientes (Gainotti, 2012)- parecen estar más relacionados con el hemisferio derecho. De hecho, una plétora de pruebas verifica que el hemisferio derecho sobresale en "recibir, interpretar, recordar y comprender todo lo relacionado con la emoción y la interacción social" (Brancucci, Lucci, Mazzatenta et al., 2009). Dentro del hemisferio derecho, se encontró una lateralización más fuerte para las emociones positivas y más intensas (Bourne, 2010). La subjetividad en los sentimientos, las intenciones y las creencias expresadas en la expresión facial, la entonación y los gestos (Velichkovsky et al., 2017) se registra predominantemente y con mayor precisión en el hemisferio derecho (McGilchrist, 2021, p. 203-204, 214). Esto enfatiza las fantasías, los sueños, los símbolos y la imaginación (Hoppe, 1977). Las expresiones novedosas y desconocidas, sobre todo las de contenido metafórico, están lateralizadas en el hemisferio derecho. Independientemente de la importante contribución del lenguaje lateralizado en el hemisferio izquierdo, el hemisferio derecho permite comprender mejor el panorama general, el contenido emocionalmente significativo, los vínculos nuevos y la amplia complejidad del significado (McGilchrist, 2021, p. 220).

Un resumen de más de 60 estudios conductuales y de escáner cerebral observó que el hemisferio derecho está más implicado cuando hay tareas con significado no obvio o no literal (Mashal, Faust, Hendler, et al., 2008). Por ejemplo, la actividad del hemisferio derecho está implicada en la comprensión de metáforas (Mashal, Faust, Hendler, et al., 2007, 2008, 2009; Schmidt, DeBuse, y Seger, 2007), en particular el lóbulo temporal derecho y el lóbulo parietal derecho (Diaz, Barret, y Hogstrom, 2011; Bottini, Corcoran, Sterzi, et al., 1994; Pobric, Mashal, Faust, et al, 2008; Mashal y Faust, 2005; Mashal, Faust, y Hendler, 2007, 2008; Bambini, Gentilli, Ricciardi, et al, 2011; Ptat, Mason, y Just, 2012). Además, la comprensión de metáforas también implica a la ínsula derecha (Schmidt y Seger, 2009), el área parietal derecha (Cardillo, Watson, Schmidt, et al., 2012), y las cortezas frontal y prefrontal medial derecha (Abrens, Lin, Lee, et al., 2007; Bottini, Corcoran, Sterzi, et al., 1994; Mashal, Faust, Hendler, et al., 2007, 2008; Lee y Dapretto, 2006; Schmidt y Seger, 2009; Stringaris, Medford, Ciora, et al., 2006). Evidentemente, la comprensión y el significado de las metáforas están ampliamente distribuidos en las estructuras del hemisferio derecho (McGilchrist, 2021, p. 221).

El córtex cingulado anterior derecho es importante para conectar la emoción con la cognición. Es un 13% mayor en el hemisferio derecho que en el izquierdo. Las áreas interconectadas del cerebro asociadas a los juicios sociales y la empatía incluyen la corteza cingulada anterior y la corteza frontoinsular prefrontal dorsolateral. Aquí se encuentran exclusivamente neuronas von Economo de conducción rápida y forma fusiforme. Estas neuronas especializadas son mucho más numerosas en el hemisferio derecho (Allman, Tetreault, Hakeen, et al., 2010, 2011). En cuanto a la intuición, la corteza prefrontal dorsolateral es clave para mantener los datos no verbales en la memoria de trabajo (por ejemplo, Rothmayr, Baumann, Endestad, et al., 2007; Nagel, Herting, Mawell et al., 2013; van der Ham, van Strien, Oleksiak, et al., 2010; Wager y Smith, 2003; van Dam, Decker, Durbin, et al., 2015). El córtex frontal derecho, que es fundamental para la comprensión emocional, también es clave para la inhibición de la excitación emocional (Kinsbourne y Bemporad, 1984, en McGilchrist 2021, 2021, p. 223).

Teniendo en cuenta todos estos hallazgos, se puede ver cómo tanto el hemisferio izquierdo como el derecho pueden contribuir a las prácticas y experiencias religiosas y espirituales. Los hemisferios parecen contribuir a la vez por separado, pero en última instancia conjuntamente. Cuando funciona como un todo integrado, el cerebro parece capaz de permitir experiencias muy complejas y significativas.

Procesamiento descendente y ascendente

Como se mencionó en el capítulo anterior sobre rituales, también es importante tener en cuenta los procesos descendentes y ascendentes en relación con prácticas espirituales concretas. Algunas prácticas religiosas comienzan con un enfoque descendente al prestar atención cognitiva a una creencia u oración, lo que implica al lóbulo frontal. A través del sistema límbico, la persona experimenta una emoción positiva como la alegría o el amor. Un sentido disminuido del yo junto con una conexión a Dios, o una narrativa particular, puede estar asociado con un bloqueo de la entrada sensorial en el lóbulo parietal, un proceso llamado *desaferentación*. La activación autonómica (latidos del corazón, respiración) puede seguir desde una respuesta de asombro o gratitud o una respuesta quiescente con una sensación de paz. Puede haber una sensación paradójica de opuestos simultáneos, incluida una unión del yo y el Otro (Newberg, 2018, p. 173).

Los procesos ascendentes pueden tipificar las prácticas espirituales que son altamente ritualistas en las que los ritmos y los movimientos corporales inician cambios en el sistema nervioso autónomo del cuerpo, así como luego activan el sistema límbico y, posteriormente, las regiones corticales. Es importante observar estas vías y el flujo direccional de la información no sólo para comprender los fundamentos neurológicos de diversas prácticas, sino también para entender mejor cómo las prácticas logran sus efectos espirituales.

Correlatos fisiológicos del desarrollo espiritual y su práctica

Los estudiosos de la religión comparada observan que los seres humanos persisten a lo largo de su vida en plantearse cuestiones últimas sobre el origen del universo y el sentido de la vida, en particular sobre su finalidad. ¿Existe un "imperativo cognitivo" en el cerebro que haga eso? Los primeros trabajos de d'Aquili y míos (ABN) exploraron la posibilidad de un imperativo cognitivo integrado en el cerebro que obliga a los seres humanos a buscar respuestas y resolver problemas. Yo (ABN) encontré quizá la mejor prueba neurocientífica en la "red de modo por defecto", estructuras que se activan cuando la persona divaga mentalmente o sueña despierta. La red de modo por defecto (DMN) activa estructuras, como las cortezas cingulada posterior y prefrontal y zonas específicas de las redes temporoparietal y límbica, cuando la persona se pone en piloto automático. La DMN está siempre "encendida" y siempre pensando en los demás, en nosotros mismos, en el pasado, en el futuro y en el mundo (Newberg y d'Aquili, 1999, págs. 169-170). Cuando las cuestiones últimas no son focales, pueden estar filtrándose en la DMN, justo debajo de la superficie, más o menos listas para emerger y afirmarse.

Los seres humanos son conscientes de sí mismos y se ven como parte de su entorno y del panorama general. La corteza cingulada posterior (CCP) parece ser una región del cerebro especialmente importante para la reflexión, la cavilación y la creatividad. El córtex cingulado posterior puede ser la estructura metabólicamente más activa del cerebro, lo que indica que probablemente está haciendo algo esencial. Puede regular la información sobre uno mismo, ya

La neurofisiología de las prácticas católicas   185

que se activa al recuperar datos de la memoria autobiográfica, proyectar el yo en el futuro y pensar en los demás en relación con uno mismo. "Estos procesos pueden implicar representaciones complejas de cómo el yo se relaciona con el entorno más amplio, que incluye el futuro y los roles de otras personas en él" (Purves et al., 2019, p. 700).

¿Qué ocurre con los sentimientos subjetivos que acompañan a las experiencias emocionales? Puede que surjan como parte de la capacidad cognitiva general de autoconciencia. Los sentimientos pueden derivar tanto de la experiencia consciente de la regulación emocional implícita de las conexiones neuronales entre la amígdala y el neocórtex como del procesamiento explícito de la información semántica en las redes que unen el hipocampo y el neocórtex. Los sentimientos pueden surgir de la memoria de trabajo emocional. Cuando las asociaciones emocionales se vuelven conscientes, su sustrato puede incluir la corteza prefrontal, que guía nuestros pensamientos y comportamientos (Purves et al., 2019, p. 677).

El cristianismo anima a los creyentes a renunciar al yo en favor de Dios y a evaluar el yo y los acontecimientos desde el punto de vista de Dios. Mediante resonancias magnéticas del procesamiento autorreferencial se comparó a participantes no religiosos y cristianos en tareas de evaluación de rasgos personales propios y de personas conocidas públicamente. Los investigadores observaron una activación del córtex prefrontal ventral medial (CPMPV) en los participantes no religiosos y del córtex prefrontal dorsal medial (CPMPD) en los cristianos. También se pidió a los participantes que valoraran la importancia de la evaluación de la personalidad de Jesús. Se observó que las puntuaciones se correlacionaban positivamente con la activación del CPMPD. El CPMPV interviene en la representación de la autorrelevancia del estímulo, y el CPMPD en la evaluación de los estímulos autorreferenciales. Las creencias cristianas mostraron una menor activación neuronal para la autorrelevancia del estímulo en el CPMPV y una mayor activación neuronal para la evaluación de estímulos autorreferentes en el CPMPD (Han, Mao, Gu, Zhu, Ge y Ma, 2008, p. 1).

Si los cristianos necesitan considerar una diferencia entre la perspectiva de Dios y la suya propia, se activará el córtex cingulado anterior, que está cerca del CPMPD que controla la atención y el conflicto (Northoff y Bermpohl, 2004). Las creencias y prácticas cristianas relativas a la abnegación y al centrarse en la autoevaluación desde el punto de vista de Dios conducen a un comportamiento social y un procesamiento autorreferencial diferentes, con distintos correlatos neuronales (Han et al., 2008, p. 13). Los participantes cristianos y no religiosos también diferían en que los cristianos mostraban una desactivación del córtex parietal inferior derecho y del precuneus. El córtex parietal inferior derecho está implicado en la distinción entre el yo y el otro en el autorreconocimiento. El precuneus interviene en la atribución de perspectivas propias y ajenas y en la autorreflexión experiencial, posiblemente a través de imágenes mentales cuando se recuperan recuerdos episódicos. Cuando los creyentes se preparan subliminalmente para Dios, el sentido del yo como causa de la acción puede inhibirse.

Las neurociencias que comparan a participantes cristianos y no religiosos muestran diferencias funcionales para la cognición social en el procesamiento autorreferencial. Estos hallazgos concuerdan con el hecho de que el cristianismo niega la prominencia y prioridad del yo, al tiempo que refuerza el modo en que la persona se evalúa a sí misma desde la perspectiva (a través de los ojos) de Dios. Se trata de un análisis metacognitivo de la persona, en el que se presume la visión que Dios tiene de ella. Neurobiológicamente, esto apoya una mayor implicación del CPMPD sobre el CPMPV en el procesamiento autorreferencial (Han et al., 2008, p. 13).

Prácticas católicas

Bendición y Cuarenta Horas

Los católicos creen que Jesucristo está realmente presente de forma sustancial -cuerpo, sangre, alma y divinidad- en la Eucaristía. Las hostias consagradas se reservan como viático (provisiones para el camino) para llevarlas a los enfermos que no pueden acudir a Misa. Al estar reservadas, los católicos veneran la presencia real en el Santísimo Sacramento. La Eucaristía, en forma de una gran hostia consagrada, se coloca en la luna, un plato circular de vidrio o cristal que permite ver la propia hostia consagrada. La luna se introduce en un recipiente de oro llamado custodia, que se coloca en el altar mayor de la iglesia o cerca de él. La devoción de la Bendición tiene su origen en el siglo XIV. La asamblea de la iglesia canta himnos, reza oraciones especiales y el celebrante bendice a la congregación con la Hostia. Los católicos querían que la Eucaristía se mostrara en fiestas especiales, como el Corpus Christi. En 1958, la Bendición se convirtió en una devoción litúrgica oficial con lecturas de las Escrituras, cantos, oraciones vocales prescritas, plegarias y un periodo de oración personal en silencio.

En 1592, el Papa Clemente VIII proclamó que la Devoción de las Cuarenta Horas, que comenzaba con la Misa y la exposición del Santísimo Sacramento, debía celebrarse una vez al año en todas las iglesias de la diócesis de Roma. La devoción se extendió después al resto del mundo. Se prescribieron cuarenta horas porque se creía que el cuerpo de Jesús había permanecido en la tumba durante cuarenta horas hasta que resucitó en Pascua. En 1973, el Vaticano prescribió que una vez al año se celebrara un periodo especial de devoción y oración en las iglesias parroquiales. La asamblea de la iglesia canta himnos y reza oraciones especiales. La adoración silenciosa es una parte importante de la devoción. El celebrante bendice a los fieles con la Hostia. Recientemente, en algunos lugares se ha observado una versión simplificada o abreviada de esta devoción (Eckstrom, 1982, pp. 110-111).

La devoción de la Bendición y las Cuarenta Horas combina el ritual con la lectura/narración comunitaria de las Escrituras, oraciones orales, cantos, la custodia que contiene la Hostia, velas, incienso y periodos individuales de meditación individual. Los correlatos neuronales incluirían los sistemas sensoriales visual, auditivo y olfativo que permiten a una persona comprender la narración, rezar las oraciones y conectar los diversos estímulos con un sistema coherente de creencias. La narrativa bíblica integra la construcción de significados con el refuerzo de las creencias en un entorno comunitario y fortalece los lazos relacionales con Cristo y la comunidad de fe. La meditación refuerza la activación de las cortezas prefrontal y parietal y del sistema límbico en el descentramiento y la experiencia religiosa autotrascendente.

Sacramentales

El agua bendita, el crucifijo, las velas, una medalla o escapulario, el rosario y la Biblia son algunos de los símbolos y objetos sagrados que la Iglesia bendice con una oración y algún signo como la imposición de manos, la señal de la cruz o la aspersión con agua bendita. Son sacramentales que llevan al ámbito de lo sagrado las actividades humanas, las diversas ocasiones de la vida humana y algunos ministerios de la Iglesia, y animan al participante a recibir la gracia y cooperar con ella (*SC*, 60; *CIC*, 1667). Los sacramentales también pueden responder a la cultura y a la historia de una región concreta (*CIC*, 1668). Los sacramentales son menos productivos que los sacramentos, pero mediante la oración de la Iglesia por los fieles bien dispuestos, los sacramentales santifican

> ...casi todos los acontecimientos de su vida con la gracia divina que brota del misterio pascual de la pasión, muerte y resurrección de Cristo. Casi no hay un uso adecuado de las cosas materiales que no pueda orientarse así a la santificación de los hombres y a la alabanza de Dios. (*SC*, 61)

Como se ha descrito detalladamente en el capítulo anterior, cada elemento de los sacramentos puede asociarse a distintos procesos sensoriales, emocionales y cognitivos. Ver la cruz implica al sistema visual. Es el recuerdo del significado de la cruz lo que conecta el símbolo visual con la muerte redentora de Jesús en la cruz. Esto se vincula conceptualmente al pecado y al acto de Jesús de morir amorosamente por los pecados para traernos el perdón y la gracia como principio fundamental de la fe católica. La cruz puede evocar emociones intensas como el amor y la gratitud. Estos sentimientos pueden conducir a comportamientos como la adoración, la devoción y la caridad, que fluyen de la imagen visual de una cruz.

El rosario

El rosario, devoción católica dedicada a María, la madre de Jesús, es un anillo de cuentas que se utiliza para contar las cinco decenas del Ave María. Una decena comienza con el Padre Nuestro, incluye 10 Avemarías y termina con el Gloria. El rosario comienza con el Credo de los Apóstoles, un Padrenuestro, tres Avemarías y un Gloria. El rosario termina con la Salve a María. Se piensa que el origen cristiano del rosario se remonta a la Alta Edad Media, como sustituto laico de los 150 salmos del Breviario. Según una leyenda del siglo XV, Santo Domingo (1170-1221) recibió el rosario en una aparición de la Santísima Virgen. Con el tiempo, los Papas concedieron indulgencias a esta devoción y en 1716 la fiesta de Nuestra Señora del Rosario se añadió al calendario romano (Eckstrom, 1982, pp. 221-222).

Desde la antigüedad, la madre de Jesús ha sido honrada como la "madre de Dios" (puesto que Jesús es Dios además de Hombre), cuya intercesión buscan los fieles en caso de necesidad. Esta devoción no es la misma que la adoración acordada a Dios (*LG*, 66). María está *llena de gracia*, pero no es más que una persona humana. El rosario, con sus misterios gozosos, dolorosos, gloriosos y (añadidos por el Papa Juan Pablo II) luminosos, puede llamarse "epítome de todo el Evangelio" (cf. Pablo VI, *MC*, 42; *SC*, 1063, 103; *CIC*, 971). Se anima a los fieles a meditar en los misterios mientras rezan el rosario o a meditar en ellos durante unos momentos, para luego centrarse en las palabras de las oraciones. Uno de los beneficios del rosario es que ayuda a crecer en virtudes, particularmente en las virtudes sobrenaturales de la fe, la esperanza y la caridad. Cada decena ofrece ejemplos prácticos de virtudes para practicar (Kelly, 2002).

Desde el punto de vista neurofisiológico, volvemos a ver procesos conectados por procesos neurales sensoriales, cognitivos y emocionales. Sostener y manipular las cuentas requiere un funcionamiento sensorial y motor. Las funciones del lóbulo frontal ayudan a concentrarse en el rosario y regulan la coordinación motora. Se activan zonas del cerebro relacionadas con el sentido del yo y las emociones. Los estudios verifican que rezar el rosario puede reducir la ansiedad y el estrés (Stockigt et al., 2021). Esto no es sorprendente, ya que se sabe que la activación frontal reduce la actividad en los centros emocionales del cerebro. El rosario, por tanto, puede contribuir a la autorregulación emocional. Al suscitar actos virtuosos de fe, esperanza y caridad, el rosario evoca dimensiones cognitivas y emocionales beneficiosas de la vida católica.

Vía Crucis

El Vía Crucis, con sus estaciones, consiste en imágenes o símbolos individuales para los catorce pasos tradicionales de la pasión y muerte de Jesús. Recientemente se ha añadido una estación para la resurrección (15ª estación). Las estaciones suelen fijarse a las paredes interiores de las iglesias católicas. Pueden tener su origen en las visitas a Palestina y a los lugares reales de la vida y muerte de Jesús. Se popularizaron probablemente en el siglo XII, y los franciscanos promovieron su devoción en el siglo XIV. En 1731 el Papa Clemente XII estableció las directrices para las estaciones del Vía Crucis (Eckstrom, 1982, p. 258).

La práctica de seguir las estaciones del Vía Crucis incorpora la actividad ritual de pasar de una a otra. Al seguir las estaciones, se sigue el camino de Jesús. Los movimientos corporales, como los rituales descritos en el capítulo anterior, son fundamentales para asociar el recuerdo de Jesús muriendo en la cruz por los pecados con cierto grado de acompañamiento experiencial. La experiencia corporal real del proces conecta cuerpo, mente y alma.

Bendiciones y exorcismos

Las bendiciones son sacramentales que agradecen a Dios sus dones e invocan el nombre de Jesús, normalmente mientras se hace la señal de la cruz. Las bendiciones consisten en oraciones para que personas, objetos, comidas y lugares sean santificados como pertenecientes al dominio de lo santo. Algunas bendiciones perduran porque consagran personas o reservan lugares y objetos para uso litúrgico. Los edificios de la Iglesia y los altares están dedicados a las bendiciones, al igual que los santos óleos, los ornamentos y otros objetos litúrgicos (*CIC*, 1672). Neurofisiológicamente, es probable que las bendiciones tengan un efecto similar al de la oración y otros rituales. Las bendiciones centran la atención en la gratitud e invocan el nombre de Jesús sobre una persona u objeto sagrado. Se ha demostrado que la conexión social, en este caso con Jesús, es importante neurológicamente para la expresión religiosa. Un estudio de MRI realizado por Kapogiannis et al. (2009), aunque limitado por el pequeño tamaño de la muestra, planteó la hipótesis de que la creencia religiosa está asociada a redes específicas de activación neuronal. Los resultados mostraron una fuerte correlación entre la sensación de relación con Dios y la medición del lóbulo temporal.

En el rito litúrgico del exorcismo, la Iglesia sustrae pública y autoritariamente a una persona u objeto del poder del Maligno. Un exorcismo simple se realiza en el rito del bautismo. Un *exorcismo mayor* sólo puede ser realizado por un sacerdote con el permiso del obispo. El sacerdote debe proceder con prudencia, observando estrictamente las reglas establecidas por la Iglesia. El exorcismo busca la expulsión de los demonios, o liberar a personas de la posesión satánica mediante la autoridad espiritual que Jesús confirió a la Iglesia. Antes de realizar un exorcismo, hay que distinguir si la aparente presencia del Maligno quizá podría ser más bien un trastorno mental que debe ser tratado por la ciencia psicológica (cf. *Codex Juris Canonici* [*CIC*], can. 1172).

Desde una perspectiva neurológica, se podría argumentar que en estos casos el individuo afectado podría estar sufriendo un trastorno neurológico o psiquiátrico grave. Las convulsiones o la esquizofrenia vienen a la mente cuando se considera a pacientes con creencias o experiencias religiosas inusuales, a veces muy negativas e intensas. El exorcismo interpreta los síntomas y comportamientos de forma espiritual. Cabe preguntarse qué cambios cerebrales se producen cuando un exorcismo tiene éxito. ¿El procedimiento altera el cerebro de la persona de algún modo significativo que modifique el proceso fisiopatológico? En otras palabras, si un paciente con esquizofrenia mejorara como resultado de un exorcismo, ¿podríamos encontrar que se modificaron las típicas indicaciones frontales y dopaminérgicas? Y si se produjeron estos cambios, ¿fue a causa del exorcismo? ¿O se podría argumentar que funciona como la terapia electroconvulsiva? Tal vez esta cuestión pueda plantearse de otro modo: si un exorcismo modifica a un paciente gravemente enfermo, ¿cambia su neurofisiología, su alma, o ambas cosas? Que sepamos, no existen estudios sobre el exorcismo desde una perspectiva cerebral, por lo que futuras investigaciones deberán explorar estas cuestiones.

Reliquias, escapulario, medallas e incienso

La palabra *reliquia* designa un objeto, en particular una parte del cuerpo o de la ropa, conservado como recuerdo de un santo difunto. El Concilio de Trento (Sesión XXV) decretó que:

> Los cuerpos santos de los santos mártires y de otros que ahora viven con Cristo -cuyos cuerpos fueron los miembros vivos de Cristo y "el templo del Espíritu Santo" (1 Co 6:19) y que por Él serán resucitados a la vida eterna y glorificados- deben ser venerados por los fieles, porque a través de ellos (reliquias) muchos beneficios son otorgados por Dios a los hombres. (Thurston, 1911)

El escapulario es un gran paño sobre los hombros que se extiende casi hasta el dobladillo por delante y por detrás, y que forma parte del hábito monástico de algunos religiosos y religiosas carmelitas. El escapulario pequeño consiste en dos piezas cuadriláteras de tela de lana unidas por dos cuerdas o bandas, de modo que, apoyadas sobre los hombros, las piezas de tela cuelgan por delante y por detrás. La investidura con un escapulario aprobado por la Iglesia puede señalar la inscripción en una cofradía dedicada a la Virgen del Carmen. El escapulario se bendice y confiere indulgencias cuando la persona lo lleva con devoción (Hilgers, 1912). En 1910, el Papa Pío X promovió el medallón escapulario, siguiendo una tradición del siglo XI de San Pedro Damián. La medalla tradicional del escapulario presenta el Sagrado Corazón de Jesús y una imagen de María (Eckstrom, 1982, pp. 170-171).

Las medallas son sacramentales de metal con imágenes o palabras religiosas. Los católicos pueden llevar medallas en cadenas o en bolsillos o carteras. Los santos Pedro y Pablo aparecen en medallas desde el siglo II. En el siglo XVI, el Papa Pío V instituyó una bendición oficial para las medallas sagradas. En 1830, la Virgen María se apareció a Santa Catalina Labouré y le pidió que acuñara una medalla para promover la oración por su intercesión en nuestro favor. Debido a los numerosos milagros atribuidos a su uso, se la llama "medalla milagrosa".

Objetos como medallas o reliquias producen probablemente efectos similares en el cerebro. A través de la estimulación visual o a veces táctil, la persona entra en contacto directo con un objeto relacionado con los principios primarios del catolicismo. Como mencionamos al hablar de la cruz, estos estímulos evocan respuestas visuales que conectan con las cogniciones y las emociones. Los estudios han demostrado que los estímulos visuales sirven como marcadores que pueden activar redes neuronales asociadas a la amígdala para alertar al cerebro sobre algo importante. Una breve activación de la amígdala podría desencadenar una sensación de miedo o fascinación como la que Rudolf Otto describió (*Idea de lo sagrado*) como fundamental en la experiencia religiosa. Esto no implica que la conciencia de la realidad pueda localizarse en una región neuronal específica, ni supone tergiversar la complejidad de la función cerebral en general.

El incienso es un sacramental elaborado con plantas y resinas que se quema para producir un humo blanco de olor dulce. Los antiguos israelitas utilizaban el incienso para el culto y para agradecer a Dios sus bendiciones (Ex 30:34s). Alrededor del año 500 d.C., el incienso se utilizaba en los funerales y para mostrar respeto a los dignatarios de la Iglesia. Más tarde, el incienso litúrgico se utilizó para las lecturas del leccionario, el altar, las ofrendas de pan y vino, el celebrante y la congregación, representando de algún modo la presencia de Jesús (Eckstrom, 1982, p. 132). El incienso es particularmente importante en la bendición del Santísimo Sacramento y en las misas solemnes festivas. Neurológicamente, el tracto olfativo para el sentido del olfato se conecta con fibras en la sección media de la amígdala. Esto significa que con un olor fuerte, la amígdala se activa. Las acciones rituales con el uso de incienso podrían estar asociadas con la estimulación de la amígdala, posiblemente aumentando el impulso simpático (Newberg, 2010, p. 163). Al igual que el estímulo visual de una reliquia o medalla, el incienso puede producir sentimientos intensos que conecten al participante con los principios de la fe católica.

Peregrinaciones y visitas a santuarios

Basándose en los textos bíblicos, la peregrinación representa la "condición común de todos los cristianos que tienen su verdadera ciudadanía en el cielo (Flp 3, 20), gimen y anhelan su morada celestial (2 Co 5, 2) y viven como peregrinos y desterrados (1 Pe 2, 11)" (Lozano, en Stuhlmeuller, 1996, p. 737). Agustín se refirió a toda la Iglesia como peregrina en tierra extranjera (*Ciudad de Dios*, 18, 51,2, en *LG,* 8). El Vaticano II se refirió a la "Iglesia peregrina" (*LG*, 50). La peregrinación representa el itinerario interior de los fieles que caminan hacia la unión con Dios (Lozano, en Stuhlmeuller). Los cristianos peregrinan a un santuario de la Santísima Virgen o de un santo o a un lugar donde se dice que ocurrieron acontecimientos históricos. Los lugares de peregrinación más populares son las tumbas de San Pedro y San Pablo en Roma, la de Santiago en Compostela, los santuarios de Lourdes y Fátima, donde se apareció María, y Tierra Santa. Las peregrinaciones han sido tradicionalmente expresiones penitenciales de intención de conversión. Incluyen la inmersión en un ambiente espiritual y, a menudo, donativos para personas en situación de pobreza (Lozano, en Stuhlmeuller).

Las peregrinaciones implican al cerebro en muchos niveles, desde la planificación hasta el viaje y la llegada al santuario o lugar religioso. A lo largo del camino, la persona requiere procesos neuronales para cada paso y con la propia experiencia. Estar allí, como ocurre con casi todas las prácticas y rituales, conecta al individuo con profundas creencias católicas.

Discernimiento sobre las prácticas

Hemos señalado que los sacramentales pueden responder también a la cultura y la historia de una región concreta (*CIC,* 1668). Existen otros muchos sacramentales y prácticas, algunos particulares de culturas y zonas geográficas concretas. La Iglesia reconoce que

> En el fondo, la piedad del pueblo es un depósito de valores que ofrece respuestas de sabiduría cristiana a los grandes interrogantes de la vida. Para el pueblo, esta sabiduría es también un principio de discernimiento y un instinto evangélico por el que intuye espontáneamente cuándo se sirve al Evangelio en la Iglesia" (CELAM, III Conferencia General [Puebla, 1979], Documento final, 448; cf. Pablo VI, *Evangelii nuntiandi* [*EN*], 48). (*CIC,* 1676)

Las expresiones de piedad, como los sacramentales y las prácticas, amplían la vida litúrgica de la Iglesia. No sustituyen a la Liturgia, sino que derivan de ella y conducen a ella (*SC* 13.1; *CIC*, 1675).

El Concilio Vaticano II recordó a los laicos su inherente dignidad bautismal de participar en los oficios de sacerdote, profeta y rey de Jesús. El Concilio habló de que cada cristiano recibe del Espíritu Santo el don de la fe y los carismas particulares. Los cristianos están llamados a participar en el *sensus fidelium* en comunión con sus pastores. La reflexión postconciliar apunta a un sentido creciente, así incluso un reciente llamamiento del Papa Francisco, para que la Iglesia participe en todos los niveles en la sinodalidad que permita el surgimiento de un *consenso fidelium*.

El alcance del *sensus fidelium* abarca toda la gama de cuestiones eclesiales. Sin embargo, el término no tiene un significado comúnmente acordado entre los teólogos. Es necesario el discernimiento pastoral mediante el cuidado y el juicio de los obispos y las normas de la Iglesia para asegurar que las prácticas de piedad armonicen con los tiempos litúrgicos y favorezcan la comprensión del misterio de Cristo. (*CIC*, 1676)

Conclusión

Las prácticas católicas y los sacramentales preparan a los fieles para recibir la gracia y cooperar con ella (*CIC*, 1670). Obtienen su eficacia, al igual que los sacramentos, de la muerte y resurrección de Cristo y santifican casi todos los acontecimientos de la vida. Las bendiciones de personas, lugares y objetos alaban a Dios por sus dones y obras y están dirigidas a la santificación humana (*CIC*, 1678). Hemos explorado las formas en que los correlatos neuronales de las prácticas católicas y el uso de sacramentales pueden promover la transformación espiritual hacia la santidad y la unión con Dios. A continuación consideraremos cómo la psicología se relaciona con el catolicismo desde una perspectiva neuroteológica.

Preguntas de estudio

1. ¿Cómo marcan los ritmos cronológicos de la oración los ciclos litúrgicos y diarios y el cerebro humano?
2. ¿Cuáles son algunos de los valores de la narrativa, en particular de la Escritura, para el funcionamiento neurológico y el bienestar espiritual?
3. ¿Cuáles son algunos valores y formas de meditación?
4. ¿Cuáles son los efectos fisiológicos de la meditación persistente?
5. ¿Cuáles son algunas de las ventajas de la conciencia plena y la práctica contemplativa?

6. ¿Qué se entiende por "transformación espiritual", gradual o repentina?
7. ¿Qué redes neuronales podrían estar implicadas en la práctica religiosa?
8. Aunque los hemisferios están muy interconectados, ¿cuáles son las distinciones funcionales derecha-izquierda que McGilchrist observa para las experiencias y prácticas espirituales y religiosas?
9. ¿Cómo pueden las prácticas espirituales comprometer los procesos cerebrales descendentes y ascendentes?
10. ¿Qué diferencias en cuanto al procesamiento autorreferencial encontraron Han et al. entre sujetos cristianos y no religiosos? Explíquelo.
11. ¿Qué sistemas neuronales están asociados a las prácticas católicas de la Bendición y la devoción de las Cuarenta Horas?
12. ¿Cuáles son los beneficios espirituales del uso de sacramentales?
13. ¿Qué procesos sensoriales, cognitivos y emocionales se asocian a sacramentales como una cruz?
14. ¿Qué beneficios espirituales y neurofisiológicos puede aportar el rosario?
15. ¿Cuáles son los aspectos espirituales y físicos del Vía Crucis?
16. ¿Qué se piensa que ocurre espiritualmente con las bendiciones y el exorcismo? ¿Qué funciones neurofisiológicas podrían estar asociadas?
17. ¿Cuáles son las relaciones espirituales y neurofisiológicas presentes en las reliquias, los escapularios, las medallas y el incienso?
18. ¿Cuáles son los significados espirituales y los correlatos neurofisiológicos de las peregrinaciones y las visitas a santuarios?
19. ¿Cuál es el objetivo del discernimiento sobre los sacramentales y las prácticas devocionales?

Notas finales

[1] La psicología define la autotrascendencia como el estado en el que uno puede mirar más allá de sí mismo para preocuparse por los demás. Véase www.dictionary.apa.org/self-transcendence.

Capítulo 9
Psicología y catolicismo

El cerebro y los trastornos psicológicos

La relación entre psicología y religión, especialmente en el contexto del cerebro, es bastante compleja. En un principio, la religión y la psicología eran dos cosas distintas: la religión era más doctrinal y la psicología se ocupaba principalmente de las emociones humanas. Con el tiempo, se produjo un cambio creciente en la comprensión de la religión desde una perspectiva psicológica. Por ejemplo, el teólogo alemán Friedrich Schleiermacher (1768-1834) describió la religión como *un sentimiento de dependencia absoluta*. Esto tiene interesantes ramificaciones psicológicas, ya que lleva a la religión de estar basada puramente en textos sagrados a la experiencia que puede tener una persona.

El filósofo y psicólogo estadounidense William James (1842-1910), en su famoso libro *Las variedades de la experiencia religiosa* (1902), hizo un amplio recorrido por los distintos tipos de experiencias religiosas, principalmente desde una perspectiva psicológica (Goodman, 2021). Su análisis de las experiencias tanto beneficiosas como patológicas también fue importante para ayudar a comprender la relación más profunda entre psicología y religión. A través de sus descripciones, podemos entender que hay experiencias que mejoran la sensación de salud y bienestar de una persona. Además, aquellos individuos que tienen un comportamiento *santo* podrían ser más propensos a tener creencias y experiencias religiosas positivas. Por otro lado, la religión y la psicología a veces pueden volverse negativas. Es importante comprender los estados patológicos relacionados con el comportamiento sectario u otras creencias religiosas negativas.

El teólogo alemán Rudolf Otto (1869-1937), en su libro *La idea de lo sagrado* (1917), describió la religión como una compleja mezcla de miedo y fascinación (Sarbacker, 2016). Estos estudiosos exploran la religión desde la perspectiva experiencial, en particular las emociones y los sentimientos. La relación entre psicología y religión también es importante desde una perspectiva neuroteológica, ya que nos permite identificar diversas estructuras y funciones cerebrales que subyacen a las emociones y experiencias religiosas. Podemos explorar en qué parte del cerebro puede surgir un sentimiento de miedo o fascinación y utilizar estudios de imágenes cerebrales para delinear mejor estos mecanismos.

En el siglo XX, la relación entre psicología y religión se agrió con la obra del neurólogo austriaco y fundador del psicoanálisis, Sigmund Freud (1856-1939). Freud veía la religión como una especie de muleta derivada de problemas psicológicos no resueltos de la infancia. Desde esta perspectiva, muchos en el campo de la psicología empezaron a considerar la religión como una especie de confabulación para tratar las neurosis o incluso una especie de delirio. Ateos como el biólogo evolutivo británico Richard Dawkins escriben sobre ello en libros como *El espejismo de Dios* (2006).

Varios investigadores han estudiado recientemente la relación positiva entre la religión y la psicología. Se han observado beneficios en términos de reducción de la ansiedad y la depresión, reducción del estrés y mejora del coping psicológico (*coping*) (Vieten et al., 2013). Además, psicólogos como Lisa Miller y Brien Kelley han descubierto que la religión suele ser protectora, incluso para los adolescentes, en términos de depresión, suicidio y drogadicción (2005).

Cerebro y psicología

Tanto si se considera una relación positiva como negativa entre religión y psicología, la neuroteología nos permite explorar esa relación en términos de funciones cerebrales. Aunque la bibliografía es amplia en cuanto a la comprensión de la relación entre los problemas psicológicos y el cerebro, podemos tocar varios puntos importantes. Por ejemplo, los problemas psicológicos suelen estar asociados a procesos cerebrales anormales. Los problemas emocionales como la depresión o la ansiedad suelen alterar el funcionamiento de los centros emocionales del cerebro, el sistema límbico y la ínsula, y de las zonas afectadas por el neurotransmisor dopamina. Los estudios de escáner cerebral suelen encontrar anomalías en estas áreas en pacientes con problemas psicológicos. Hay estudios de resonancia magnética (MRI) que muestran diferencias en el volumen cerebral, pero también estudios de resonancia magnética funcional (fMRI) y de otro tipo que muestran una actividad de red diferente subyacente a diversos trastornos psicológicos. Con un tratamiento eficaz, los síntomas se corrigen. Una función anormal del lóbulo frontal puede aumentar la ansiedad o la depresión. Del mismo modo, mejorar la función del lóbulo frontal puede ayudar a resolver problemas psicológicos.

Tanto si el tratamiento consiste en medicación como en terapia, ambos enfoques tienden a mejorar la función cerebral y a reducir los síntomas psicológicos. Es la combinación de medicación y terapia la que da mejores resultados. Los medicamentos suelen tener un efecto *ascendente*, ya que afectan a las estructuras neuronales centrales, como el tronco encefálico, antes de alterar la función de los lóbulos frontales o el sistema límbico. Las intervenciones psicoterapéuticas tienden a tener un efecto *descendente* en el sentido de que se dirigen a áreas cognitivas superiores, como los sistemas frontales, ayudando finalmente a los pacientes a regular sus emociones.

Los problemas psicológicos graves, como la esquizofrenia o el trastorno bipolar, también tienen su origen en una función cerebral anormal. La esquizofrenia se correlaciona con anomalías en los lóbulos frontales, asimetrías entre los hemisferios cerebrales, implicaciones funcionales de la red que se manifiestan en síntomas positivos y negativos, y alteración de la función dopaminérgica. De hecho, algunos medicamentos antipsicóticos originales se dirigían específicamente a las áreas dopaminérgicas del cerebro para reducir los síntomas.

Es importante destacar que las prácticas y creencias religiosas y espirituales afectan de forma similar a las redes cerebrales implicadas en los problemas psicológicos. Como ya hemos comentado, prácticas como la meditación y la oración ayudan a mejorar la función de los lóbulos frontales. Esto mejora toda la red frontal que va desde los lóbulos frontales hasta el núcleo caudado de los ganglios basales, pasando por el tálamo y bajando por la médula espinal hasta el cuerpo. La meditación y la oración también afectan a las zonas emocionales del cerebro, como el sistema límbico y la ínsula. Al afectar sistemáticamente a estas áreas cerebrales, las prácticas religiosas pueden aportar beneficios psicológicos.

La relación entre las intervenciones de orientación religiosa y el abuso de sustancias también podría estar relacionada con procesos cerebrales. Es bien sabido que las adicciones están asociadas a importantes sistemas neurotransmisores, como los sistemas dopaminérgico y opiáceo. Cada vez hay más pruebas de que las prácticas religiosas y espirituales pueden afectar a sistemas similares que implican al sistema de recompensa ventral frontal del cerebro. Esto puede ayudar a entender cómo el concepto de un *poder superior* invocado en programas como Alcohólicos Anónimos puede correlacionarse con la activación de áreas cerebrales implicadas en las adicciones para ayudar a las personas a encontrar la forma de alcanzar la sobriedad. Esto no quiere decir que la noción de un poder superior pueda reducirse a redes neuronales o sistemas de neurotransmisores. Significa que el cerebro humano, al ser consciente de un poder superior, puede registrar efectos motivadores específicos para reducir los síntomas de la dependencia de sustancias.

Comprender el cerebro también puede ayudarnos a explorar mejor lo que ocurre cuando las creencias religiosas se tuercen. Las personas que se unen a una secta o a una organización terrorista o que se ven abrumadas por delirios o alucinaciones religiosas presentan claramente cambios singulares en la función cerebral. Intentar comprender qué ocurre en el cerebro durante estas asociaciones negativas entre religión y psicología puede ayudarnos no sólo a entender por qué se producen, sino también a encontrar formas eficaces de gestionarlas para poder redirigir mejor a las personas hacia creencias y experiencias más positivas.

La relación entre la experiencia religiosa y el cerebro vista a través de la patología

Ampliando nuestro debate sobre los procesos patológicos y la religión, es importante señalar cuántos trastornos psicológicos se han asociado específicamente con fenómenos religiosos. Todos conocemos las historias de pacientes esquizofrénicos que creen que son el Mesías o, más concretamente, Jesucristo. Otros pueden llegar a ser hiperreligiosos, decidiendo perseguir creencias religiosas hasta la exclusión de todas las demás actividades de la vida cotidiana. Como muchos pacientes esquizofrénicos alucinan, suelen decir que oyen voces, ya sean de Dios o del diablo o los demonios. No está claro por qué se inclinan por contenidos religiosos.

Otro trastorno interesante asociado a las experiencias religiosas es la epilepsia del lóbulo temporal o convulsiones. Menos del cinco por ciento de los pacientes con convulsiones del lóbulo temporal tienen experiencias religiosas inusuales (Devinsky y Lai, 2008). Las personas con convulsiones del lóbulo temporal, en particular las que afectan a la ínsula, informan de experiencias religiosas inusuales, ya sea durante las convulsiones o entre ellas (Picard, 2023). Los lóbulos temporales albergan procesos relacionados con el lenguaje, el sonido, la visión y las emociones, y pueden estar asociados con experiencias religiosas inusuales. Se ha informado acerca de experiencias religiosas inusuales en pacientes con convulsiones que también se originan en otras partes del cerebro. Debemos preguntarnos si existe una relación directa entre las convulsiones y las experiencias religiosas. ¿Podría una persona tener una experiencia religiosa genuina en el contexto de un evento neurológico?

Varias enfermedades neurodegenerativas se han relacionado con cambios en los puntos de vista religiosos o espirituales de una persona. Un interesante estudio de pacientes con enfermedad de Parkinson descubrió que, cuando estaban afectados en el lado izquierdo, eran más propensos a perder su sentido de las creencias religiosas o espirituales (Butler et al., 2011). Se trata de un resultado sorprendente. La enfermedad de Parkinson afecta principalmente al sistema dopaminérgico, que va desde la sustancia negra en el tronco encefálico a través de áreas corticales superiores, por lo que podría haber muchas áreas implicadas. Por tanto, cabría esperar que se produjeran alteraciones en las creencias religiosas de una persona a medida que desarrolla Parkinson. Por otro lado, resulta intrigante que pueda estar más relacionado con áreas dopaminérgicas de un lado del cerebro más que de otro. Evidentemente este punto debe explorarse más a fondo (cf. Redfern y Coles, 2015).

Los pacientes con enfermedad de Alzheimer también pueden experimentar cambios en su espiritualidad. Por un lado, a medida que declinan sus funciones cognitivas, pueden perder la capacidad de pensar en conceptos abstractos desde una perspectiva religiosa. Por otro lado, son muy conocidos los casos de personas con demencia profunda que aún son capaces de repetir ciertas oraciones, como el Padrenuestro, porque lo tienen muy arraigado desde pequeños. ¿Serían beneficiosas para estos pacientes este tipo de actividades religiosas para ayudarles a mantener los procesos cerebrales que aún conservan?

Sin embargo, otro estudio exploró los efectos de las lesiones cerebrales en la espiritualidad y descubrió que cuando se producen lesiones como tumores o accidentes cerebrovasculares en los lóbulos parietales, es más probable que se asocien con un *aumento* de los sentimientos de autotrascendencia (Crescentini et al., 2013; Miller et al., 2019). Aunque la autotrascendencia es una dimensión de la espiritualidad y de las creencias religiosas, es interesante observar que este hallazgo también es coherente con los estudios de escáneres cerebrales sobre la meditación y la oración. Como hemos comentado, estos escáneres cerebrales muestran una actividad reducida del lóbulo parietal, junto con sentimientos de unidad o conexión con el Todo. La ínsula regula la cognición y está asociada con el autocontrol (Churchill, Hutchison, Graham y Schweitzer, 2021). Por último, un reciente estudio de lesiones cerebrales sugiere que una pequeña zona del tronco encefálico denominada zona gris periacueductal puede estar implicada en los sentimientos de espiritualidad (Ferguson et al., 2022). Hacen falta más estudios para comprender estas asociaciones.

Experiencias cercanas a la muerte

Las experiencias cercanas a la muerte (ECM) son otra condición que se asocia con frecuencia a elementos religiosos y espirituales. Las personas que tienen una ECM a menudo manifiestan un mayor sentido de la espiritualidad tras la experiencia, a veces con niveles más bajos de religiosidad. Muchas personas que han tenido una ECM afirman haber estado en presencia de Dios, de santos o de personas fallecidas. Está claro que las experiencias cercanas a la muerte tienen un importante componente religioso y espiritual. Dado que estas experiencias se producen cuando las personas están fisiológicamente cerca de la muerte, la idea de que las ECM puedan presagiar una migración del alma fuera del cuerpo resulta intrigante. Del mismo modo, algunos han argumentado que, en lugar de que el alma abandone el cuerpo, puede ser nuestra conciencia la que se extienda más allá de los confines del cerebro. En este sentido, es necesario explorar qué ocurre durante estas experiencias, qué sucede en el cerebro y cómo se relaciona esto con las experiencias religiosas y espirituales.

Discriminar lo normal de lo anormal

La cuestión de la experiencia religiosa *normal* o *anormal* es importante desde una perspectiva neuroteológica. En primer lugar, debemos abordar cómo decidimos qué es, de hecho, lo normal o lo anormal.[2] Debemos tener cuidado con no definir una experiencia determinada como anormal. Porque si definimos una experiencia anormal como oír cualquier voz, entonces eso significaría que oír la voz de Dios sería patológico. Sin embargo, muchas personas sienten que han oído la voz de Dios de un modo u otro sin manifestar ningún otro signo de esquizofrenia u otros trastornos mentales. Entonces, ¿se trata de experiencias anormales o normales?

¿Cómo debemos clasificar a las personas que dan prioridad a sus creencias religiosas? Por un lado, algunos podrían considerar *anormal* a una persona que centra toda su vida en la religión. Pero hay muchas personas en todas las tradiciones religiosas -sacerdotes, monjas, rabinos e imanes- que hacen precisamente eso. Pueden ser extraordinariamente religiosos, pero no son psicológicamente anormales. Por supuesto, se podría considerar la posibilidad de realizar escáneres cerebrales a personas con creencias religiosas o espirituales de intensidad variable para ver si las comparaciones entre los escáneres muestran correlaciones con afecciones o síntomas específicos y si se encuentran dentro del rango normal. Un estudio de este tipo sería problemático, ya que habría que tener en cuenta una gama excepcionalmente amplia de experiencias y parámetros fisiológicos. Por ejemplo, si un estudio de escáneres cerebrales mostrara que las personas religiosas tienen más probabilidades de que la función del lóbulo frontal favorezca el bienestar, esos resultados no se aplicarían necesariamente a todas las personas religiosas.

Además, habría ateos que tuvieran una función similar del lóbulo frontal, lo que quizá sugeriría un denominador común neurológico. ¿Quién determinaría si la creencia o la incredulidad en la existencia y la actividad de Dios entran dentro de lo normal? Si consultamos a la religión, nos daremos cuenta de que varias tradiciones religiosas califican de anormales ciertas experiencias religiosas. Por ejemplo, algunos consideran que hablar en lenguas es profundamente religioso, mientras que otros no están seguros o incluso lo atribuyen al diablo.

La neuroteología nos pediría que adoptáramos una visión global y matizada de las experiencias religiosas normales y anormales. Tendríamos que entender que algunas personas *normales* pueden tener experiencias religiosas normales o anormales y que algunas personas *anormales* también pueden tener experiencias religiosas normales o anormales. Después de todo, las personas con discapacidad intelectual o autismo, por ejemplo, pueden ciertamente practicar la fe y participar en la religión. Es ciertamente posible que una persona con esquizofrenia tenga una experiencia o creencia religiosa perfectamente normal. Por lo tanto, intentar determinar qué es normal o no requiere un enfoque complejo que tenga en cuenta tanto la perspectiva religiosa como la científica.

Experiencias espirituales inducidas por drogas

Un ejemplo interesante que llega al corazón de las experiencias normales y anormales son los estados inducidos por drogas. En los últimos diez años se ha producido una explosión de investigaciones sobre cómo diversos compuestos psicodélicos pueden conducir a experiencias profundas que con frecuencia se califican de espirituales. Varios artículos indican que las experiencias bajo la influencia de drogas psicodélicas como la psilocibina o la dietilamida del ácido lisérgico (LSD) son calificadas por algunos como las experiencias más espirituales de su vida. En una encuesta sobre experiencias espirituales que yo (ABN) llevé a cabo con colegas, encontramos una estrecha concordancia entre las experiencias que ocurrieron bajo la influencia de psicodélicos frente a las que ocurrieron en "condiciones naturales" (Yaden et al., 2017b).

Que los compuestos psicodélicos puedan ayudar a inducir experiencias espirituales también es importante desde una perspectiva neuroteológica. Esto es así porque sabemos específicamente dónde van a parar estos compuestos en el cerebro. Los compuestos más comunes afectan al sistema de la serotonina, que se asocia a potentes fenómenos sensoriales, así como a intensas experiencias existenciales. Desde una perspectiva psicológica, puede que las experiencias espirituales bajo la influencia de psicodélicos tengan importantes beneficios terapéuticos. Según los primeros estudios, el LSD muestra resultados prometedores en la reducción de la depresión y la ansiedad, y la MDMA (3,4 Metilendioximetanfetamina) en pacientes con síntomas de trastorno de estrés postraumático (TEPT) (Peacock, 2022; De Gregorio et al., 2021).

Aunque estos efectos son fascinantes, existe la cuestión más amplia de si una experiencia espiritual inducida por psicodélicos es real o no, *normal* o no. Desde nuestra perspectiva occidental, tendemos a pensar que se trata de experiencias *artificiales* porque parecen *producidas* por la propia droga. Sin embargo, las culturas chamánicas de todo el mundo han utilizado este tipo de compuestos -la ayahuasca y el peyote, por ejemplo- para inducir estados espirituales que se perciben como representativos del reino espiritual. Para estos individuos, no se trata de una experiencia falsa, sino que representa una ventana real al mundo espiritual. Las experiencias psicodélicas proporcionan un área de investigación intrigante, aunque se encuentra en sus inicios, con estudios clínicos en curso. Los psicodélicos pueden ayudarnos a comprender la fisiología que subyace a la espiritualidad y hasta qué punto son reales y normales estas diferentes experiencias. Será importante definir el significado de *espiritualidad* (ver el capítulo décimo). Como ya se ha mencionado, la teología católica no reconocería como auténticamente *espirituales* las experiencias inducidas únicamente por drogas.

La psicología desde una perspectiva católica

En general, la Iglesia Católica está a favor de la psicología y de la terapia psicológica para las personas apropiadas.[3] *Gaudium et Spes,* la Constitución sobre la Iglesia en el mundo actual (1965) del Concilio Vaticano II valora el campo de la psicología por las contribuciones que ayudan a comprender y a influir en el comportamiento humano: "(En) la cultura actual... las ciencias llamadas exactas desarrollan mucho el juicio crítico; los recientes estudios psicológicos explican profundamente la actividad humana" (54). "Los avances de la biología, la psicología y las ciencias sociales no sólo traen la esperanza de un mejor autoconocimiento; en conjunción con los métodos técnicos, ayudan a poseer una influencia directa en la vida de los grupos sociales" (5). La Iglesia católica fomenta la incorporación de los resultados y la práctica de la psicología:

> En el cuidado pastoral se deben utilizar suficientemente no sólo los principios teológicos, sino también los descubrimientos de las ciencias profanas, especialmente de la psicología y la sociología, para llevar a los fieles a una vida de fe más adecuada y madura... Que los fieles, por tanto, vivan en unión muy estrecha con (los hombres) de su tiempo, y que se esfuercen por comprender perfectamente su modo de pensar y de juzgar, tal como se expresa en su cultura. Que conjuguen las nuevas ciencias y teorías y la comprensión de los descubrimientos más recientes con la moral cristiana y la enseñanza de la doctrina cristiana, para que su cultura religiosa y su moral sigan el ritmo de los conocimientos científicos y de la técnica en constante progreso. (*GS*, 62)

Las operaciones psicológicas que se correlacionan con los objetivos y procesos de la ciencia y la religión están, como era de esperar, asociadas a la estructura y función del cerebro. Los humanos parecen estar cableados para buscar y atribuir causas, con redes neuronales que apoyan la comprensión causal, lo que d'Aquili y yo (ABN) (1999) llamamos el "operador causal". La estructura y función neuronal parecen facilitar la búsqueda de un Agente Causal detrás de un universo unificado. Encontramos en meditadores entrenados alteraciones en el lóbulo parietal relacionadas con una disminución del sentido del yo. La persona tenía aquí una mayor conciencia de unidad con la realidad, lo que es un proceso cognitivo que llamamos "operador holístico". Dado que la teoría de la ciencia cognitiva, en lo que se refiere a las cuestiones últimas, aún está en pañales, "operador causal" y "operador holístico" no se encuentran en la literatura neurológica o neuropsicológica. Estos términos inventados intentan nombrar y categorizar los procesos cognitivos que subyacen a las operaciones o redes neuronales activadas por la búsqueda de las grandes cuestiones filosóficas. También puede decirse, desde una perspectiva basada en la fe, que los operadores causales y holísticos apoyan las aptitudes humanas para una relación con Dios (Miner y Dowson, 2012, p 57).

Según Paul Vitz, autor y profesor que integra la psicología con la fe católica, ahora estamos en un momento propicio para desarrollar una perspectiva católica para el campo de la psicología.[4] Hay varias razones para ello. La investigación en la salud física y mental muestra los efectos beneficiosos de la religión/espiritualidad, particularmente para los practicantes intrínsecamente motivados. El número de psicólogos, terapeutas y clientes cristianos ha crecido, al igual que las revistas y recursos sobre la integración del cristianismo con la psicología y el asesoramiento psicológico (*counseling*). Las teorías psicológicas contemporáneas, concretamente la psicología positiva y la ética de la virtud, no son antitéticas a la fe. El catolicismo ofrece las ventajas de una teología bien definida y una clara moral oficial que facilitar los esfuerzos por asociar la psicología con la fe y la práctica católicas (2011, p. 294).[5]

Vitz observó que la mayoría de las teorías psicológicas se originaron a partir del trabajo de los clínicos con individuos con problemas en entornos psicoterapéuticos. Las teorías de la personalidad ofrecen "filosofías aplicadas de la vida" (2009, p. 43) basadas en visiones limitadas de la persona humana que a su vez se apoyan en antropologías y presupuestos limitados. Las principales teorías de *counseling* y personalidad son profanas. Omiten explícita o implícitamente a Dios e ignoran la motivación religiosa (2009). Gran parte de la teoría psicológica asume que sólo podemos conocer nuestros estados subjetivos; el *counseling* pretende reconocer y expresar nuestros pensamientos y sentimientos e inclina a aceptar que los demás hacen lo mismo. Se piensa que *la verdad* es principalmente psicológica. Los sentimientos pueden considerarse auténticos, sean cuales sean, aunque cambien con facilidad. En general, se ignoran los fundamentos morales invariables para la prosperidad humana, aunque ese error está empezando a rectificarse con la orientación hacia las virtudes, como sucede en la psicología positiva y en la ética de la virtud (pp. 43-44).

Las teorías profanas de la personalidad suelen tender a reducir valores como los ideales religiosos, morales, espirituales o artísticos a motivaciones inferiores, como instintos sublimados, y a considerar que la conciencia está impulsada por fuerzas inconscientes (Freud y Jung). En lugar de desglosar las motivaciones analíticamente, la teoría cristiana, en cambio, sintetiza y construye. Las dimensiones superiores de la personalidad buscan lo bueno, lo verdadero y lo bello, transformando los impulsos inferiores. Por excepción, una teoría positiva de la personalidad (no reductiva) que no es explícitamente cristiana es la logoterapia de Frankl (1993), que busca el sentido existencial. El psicólogo Martin Seligman y otros miembros del movimiento de la psicología positiva también hacen hincapié en la formación de la virtud y la fortaleza del carácter (Vitz, 2009, p. 45).

Distinguir la psicología católica de la profana

La psicología profana (en contraposición a la psicología religiosa) considera primordialmente al individuo, como dotado de una moral subjetiva, relativa e individualista, lo que puede debilitar el apoyo a los valores religiosos. Verl al respecto el sociólogo y educador estadounidense Robert Bellah (1927-2013) y el filósofo católico canadiense Charles Taylor. En *Habits of the Heart, Individualism and Commitment in American Life* (1985), Bellah, Madsen, Sullivan, Swindler y Tipton observaron que el individualismo ha conducido a la ambivalencia cultural. Señalan que la religión bíblica y el republicanismo cívico de los primeros norteamericanos se convirtieron más tarde en un "individualismo utilitario de autoengrandecimiento material y un individualismo expresivo de una experiencia emotiva y de autoexploración" (Hunter, 1986, p. 373). La mejora personal ocupa un lugar central aquí. Bellah y sus colegas recomendaron restablecer *las comunidades de memoria* de la religión bíblica, así como el republicanismo cívico, para fomentar un "enfoque público del compromiso con el bien común" (Yamane, 2007, p. 184).

En A Secular Age (2007), Taylor adoptó un enfoque histórico para comprender "¿por qué era prácticamente imposible no creer en Dios en, digamos, 1500 en nuestra sociedad occidental, mientras que en 2000 a muchos de nosotros no creer nos resulta no sólo fácil sino incluso ineludible?". (p. 25, en Kollar, 2011). Simplificando mucho el extenso estudio de Taylor, vemos que traza el surgimiento del secularismo desde la Reforma hasta la Ilustración y hasta la era actual que subraya la autoexpresión y la elección personal de seguir el "evangelio" de la libertad individual. Taylor opta por una postura optimista frente a la afirmación de que, para muchos, la ciencia hace irrelevante a la religión: tanto la ciencia como la religión persiguen la verdad desde distintos ángulos epistemológicos. El autor señala que la creciente diversidad de religiones y corrientes cruzadas de espiritualidades puede ser bienvenida para ayudar a los creyentes a escuchar y madurar en su fe. Recomienda renovar el sentido y la esperanza volviendo a conectar con la trascendencia a través de los ejemplos de los santos (Shantz, 2010).

El catolicismo respalda principios morales duraderos basados en la revelación, incluidos los Diez Mandamientos. Aquí estamos considerando las perspectivas teóricas básicas del laicismo frente al catolicismo, sin referirnos al comportamiento moral personal o colectivo de ninguno de los dos. El catolicismo delimita claramente la moralidad, que se entiende que promueve el florecimiento humano. En mayor o menor grado, las patologías mentales pueden derivarse del desprecio de la ley moral o de la posible interferencia con ella.

Algunas teorías secularistas de la personalidad negaron el libre albedrío (por ejemplo, Freud), al menos implícitamente, considerando que la mente y el comportamiento están determinados por influencias externas e internas (Vitz, 2009, p. 44). Los psicólogos humanistas y existenciales destacaron, en cambio, la importancia de la agencia y de la virtud humanas. Eric Erikson (1902-1994) fue un psicólogo del desarrollo germano-estadounidense conocido por su teoría de las etapas del desarrollo psicosocial, lo que, por ejemplo, incluye las fortalezas del yo (virtudes). Abraham Maslow (1908-1970), psicólogo estadounidense conocido por su esquema de la jerarquía de necesidades, hizo referencia a la aspiración espiritual como el elemento central del movimiento humanista, promoviendo el valor y el optimismo. La autotrascendencia basada en experiencias cumbre, en el flujo y la autorrealización caracterizan el movimiento de la psicología positiva (Seligman y Csikszentmihalyi, 2000, en Brugger, 2009). Las terapias cognitivo-conductuales (TCC) contrarrestan la tendencia a restar importancia al libre albedrío en favor de la tendencia a considerar que el individuo está determinado en gran medida por fuerzas externas e internas.[6] La visión católica de la persona y la personalidad hace hincapié en la libertad y en el deber de elegir el bien y adquirir y practicar la virtud (Vitz, 2009, p. 46).

La teoría secularista de la personalidad se inclina a fomentar un yo sano y maduro, autónomo e individual. De hecho, la autorrealización se ve como fundamental para el sentido de la vida humana.[7] En cambio, el cristianismo fomenta la interdependencia. La realización cristiana se entiende como la entrega de amor, el cuidado gratuito de los demás y, en última instancia, la unión con Dios (Vitz, 2009, pp. 45-46). La espiritualidad puede desarrollarse siguiendo el modelo de etapas psicosociales de Erikson (1958, 1963), con logros esenciales en cada etapa, empezando por la confianza lograda a través de la esperanza y concluyendo con la integridad del yo alcanzada a través de la sabiduría. James Fowler (1940 2015), teólogo estadounidense y profesor de desarrollo humano, propuso unas etapas de la fe basadas en el cristianismo (1981), con ideas sobre la conversión y la progresión a través de niveles cada vez mayores de compromiso y expresión de la fe. Los estadios comienzan con la fe indiferenciada y avanzan hasta la fe universalizadora.[8] Para el desarrollo en la oración, la mística carmelita española y reformadora religiosa Santa Teresa de Ávila (1515-1582) guió al lector a través de las mansiones de *El castillo interior* (1577). Estas perspectivas de orientación religiosa también pueden ser beneficiosas para ayudar a las personas a encontrar caminos hacia la salud y el bienestar psicológicos. Los enfoques profanos se centran en la salud y el bienestar psicológicos, pero no ponen el suplemento de énfasis en los principios fundamentales, como sucede en las tradiciones religiosas y de modo especial en el catolicismo.

Antropología cristiana católica

Como ya se ha dicho, la psicología se ocupa de aspectos del individuo como la cognición, la emoción, la percepción, el comportamiento y la personalidad. La concepción global de la persona humana que subyace a estas dimensiones marca la diferencia. Diversas teorías psicológicas presuponen una antropología filosófica explícita o implícita de la persona. Para los cristianos católicos, las fuentes del razonamiento filosófico incluyen la tradición aristotélica/tomista y la revelación judeocristiana. El personalismo, entre otras filosofías católicas, tiene igualmente una antropología adecuada (cf. Burgos, 2021; Vincelette, 2020).[9] Una antropología cristiana intenta ser sistemática y coherente, racional y basada en la fe, aunque en gran medida es aceptable también para los no cristianos. La antropología cristiana puede proporcionar un apoyo para la evaluación psicológica, el diagnóstico, la teoría, la ética, el tratamiento y la formación de los psicólogos (Brugger, 2009, p. 15).

Las fuentes filosóficas y teológicas de la tradición intelectual católica engloban la antropología en ocho elementos discretos e interrelacionados de la persona humana:

> Los seres humanos son (a) corporales, (b) racionales, (c) volitivos, (d) relacionales interpersonalmente, (e) sustancialmente unos, (f) creados por Dios a Su imagen, (g) debilitados personal e interpersonalmente a causa del pecado, y (h) invitados a convertirse en miembros del cuerpo de Cristo mediante la fe y el bautismo. (Brugger, 2009, p. 5)

Los elementos (a) a (e) representan dominios del individuo donde las limitaciones o distorsiones constituyen trastornos mentales. Los elementos (f) a (h) se conocen a través de la revelación y la redención cristianas, aclarando así mejor las exigencias metafísicas y teleológicas de la persona humana. Los hallazgos empíricos válidos de la ciencia clínica pueden incorporarse a todos y cada uno de los ocho elementos. La antropología cristiana proporciona un medio para organizar e interpretar los datos clínicos, en un esfuerzo por promover la curación y el florecimiento humanos (Brugger, 2009).

Las principales teorías profanas de la personalidad, como el psicoanálisis freudiano, la terapia centrada en la persona (Roger) y otras, suelen descansar en supuestos filosóficos que implican un ateísmo implícito, al menos porque omiten a Dios. Algunas de esas teorías conceptualizan los temas con una inclinación hacia el determinismo, al menos en teoría, debido por ejemplo a fuerzas inconscientes que limitan el libre albedrío. Como hemos visto, las teorías secularistas a menudo gravitan hacia el relativismo moral y el subjetivismo. En cambio, las dimensiones subrayadas por la visión cristiana católica de la persona incluyen "la corporeidad; la relacionalidad interpersonal a lo largo de la vida; una considerable capacidad de decisión libre; la inteligencia; y el valor de las virtudes" (Vitz, 2009, p. 420). Estas características ofrecen una óptica para comprender y tratar las patologías humanas y para las implicaciones teológicas relativas a la Trinidad como origen y fin de la vida humana.

La persona humana como agente moral encarnado, racional y libre[10] en relación con el medio ambiente, con otras personas y con Dios tiene ramificaciones relacionadas con la dignidad humana y el respeto por la vida. El catolicismo sostiene que, desde el principio de la vida, toda persona es verdaderamente humana. Cuando está subdesarrollada y es pequeña, sigue siendo verdaderamente humana, sólo que aún no se ha desarrollado plenamente. Las personas inconscientes o no nacidas no tienen menos valor humano o dignidad, ni se les debe menos respeto moral. "La vida humana debe ser respetada y protegida absolutamente desde el momento de la concepción, en cuanto tiene los derechos de una persona" (*CIC*, 2270). "Puesto que debe ser tratado como persona, el embrión debe ser defendido en su integridad, cuidado y curado, en la medida de lo posible, como cualquier otro ser humano" (*CIC*, 2274). Las personas comienzan de una vez, cuando comienza el cuerpo vivo. De lo contrario, habría un *continuum* para la humanidad, con algunos más humanos que otros. "Aquellos cuya vida está disminuida o debilitada merecen un especial respeto" (*CIC*, 2276).

Las personas humanas mantienen su identidad en continuidad a lo largo de toda su vida; desde el bebé hasta el anciano, son la misma persona, con una sola alma perdurable. También, a través del cuerpo, crecen y cambian fisiológicamente con el desarrollo cronológico. Este principio se valida en la psicología clínica al suponer que un trastorno significativo en la autopercepción a lo largo del tiempo se considera problemático (Brugger, 2009, p. 12). Una persona en coma o durmiendo, un feto o un individuo anciano con la enfermedad de Alzheimer es siempre una entidad encarnada y relacional, con potencia para la razón, la voluntad y la conciencia (Vitz, 2011, p. 303).

Para los cristianos, la revelación contribuye sustancialmente a la antropología, añadiendo realidades trascendentes que la razón natural solo podía adivinar vagamente. Los católicos encuentran en las Escrituras y en el magisterio de la Iglesia la revelación de que los seres humanos son creados, caídos y redimidos. Contribuye a la comprensión católica la tradición de la Iglesia, incluida la experiencia vivida de la fe por sus santos, los actos de caridad, las devociones y el *sensus fidelium* que se traduce en dogmas como el de la Inmaculada

Concepción. El hecho de que el ser humano haya sido creado a imagen de Dios proporciona una base para confiar en la bondad fundamental de la naturaleza humana. La consideración de los seres humanos como imagen de Dios respalda la consideración positiva incondicional rogeriana que los clínicos intentan comunicar a los clientes (Brugger, 2009).

La doctrina bíblica de la Caída ofrece un fundamento epistemológico para entender los trastornos mentales como deficiencias en el orden humano dentro y entre las personas. Así, desde la perspectiva católica, incluso con los mejores esfuerzos de la psicoterapia, la curación es sólo una mejora parcial, y los seres humanos siguen estando caídos. Freud ha sido citado en varias ocasiones prometiendo, a través del psicoanálisis, transformar la miseria neurótica en infelicidad humana normal (*Estudios sobre la histeria* [1895]). Sin embargo, esto implica que el objetivo no es la sensación de felicidad o alegría que forma parte de la perspectiva psicológica católica.

Psicología filosófica

Un modelo católico de psicología puede señalar la influencia de Agustín, que se fundamenta en la tradición platónica a través de Plotino y destaca por su perspicacia psicológica. Las categorías metafísicas griegas fueron adoptadas, en particular por el Aquinate, como útiles para desarrollar y sistematizar algunos conceptos cristianos. La psicología del Aquinate sigue la ontología aristotélica. Esto significa que existe un orden objetivo externo a la persona humana que define la realidad. La metafísica tomista, vinculada a la revelación, nombra a Dios como Creador y Fuente de todo lo que es. Para la metafísica realista tomista, los pensamientos y sentimientos humanos tienen su importancia, pero no son primordiales. Este realismo pone en contradicción el modelo tomista con algunas teorías psicológicas modernas. Un modelo católico de psicología asume que las personas humanas no determinan la verdad y el valor, sino que necesitan ajustarse al orden objetivo, ya establecido y perdurable de Dios y la creación, tal como se presenta en las Escrituras y lo enseña el magisterio (Vitz, 2009, p. 44).

La persona humana, en un modelo católico de psicología, es una unidad psicofísica con cuerpo y alma relacionados en interacción psicosomática. "Toda interacción psicosomática es un acto sintético, inseparable, de una entidad unificada cuerpo-alma, es decir, el acto de una persona" (Brugger, 2009, p. 11). El modo en que el Aquinate analizaba la unidad psicosomática humana consistía en pasar del efecto observable a la capacidad o potencial preexistente. Si la persona humana puede ver, debe haber un poder de la vista fundado en el alma y actualizado en el cuerpo en un órgano o grupo de órganos. La razón y la voluntad constituyen poderes ejecutivos, distinguiéndose el intelecto como especulativo o práctico y la voluntad como poder racional apetitivo (Butera, 2011).

El concepto de persona tiene su origen en los esfuerzos históricos de la filosofía y la teología por elaborar la doctrina de la Trinidad. En el centro de la discusión estaba la noción de diálogo. La Revelación indicaba que Dios se comunicaba personalmente con los profetas de Israel y con su Hijo Jesús. A través del diálogo entre las Personas de la Trinidad, recogido en las Escrituras, se reconocía que Dios era una pluralidad de Personas. El Génesis revela que los seres humanos están hechos a imagen de Dios. En su obra *Sobre la Trinidad*, San Agustín, utilizando la lógica y la psicología, vio en la memoria, el entendimiento y la voluntad humanos como propios de una persona una analogía de las Personas de la Trinidad distinguidas por sus relaciones en un solo Dios. La historia y la experiencia demuestran que somos interpersonales por naturaleza. Los seres humanos están inclinados a la interacción social y, de hecho, están llamados a relaciones comprometidas en el amor con los demás y con Dios como medio para alcanzar la plenitud personal (Vitz, 2009, p. 47).

Como hemos visto, un modelo antropológico cristiano de la persona -como corporal, racional, intencional, relacional, sustancialmente una, creada, caída y redimida- apoya la curación y el crecimiento psicológicos. Este modelo puede facilitar la integración de aspectos alentadores y esperanzadores de la fe cristiana, como el acompañamiento y la guía de la persona por un Creador benevolente y el valor redentor del sufrimiento, aparentemente sin sentido, a través de las vicisitudes de la vida. El modelo podría conducir a los cristianos hacia una fe más madura, una aceptación basada en el optimismo y un sentido de la vida orientado espiritualmente.

Una visión cristiana católica de la persona promueve virtudes naturales como el valor, la justicia, la templanza y la sabiduría en orden a una vida naturalmente próspera. Fomenta las virtudes teologales de la fe, la confianza y la caridad que unen a la persona humana con Dios (Vitz, 2009). Como hemos visto, la Iglesia recomienda la teoría y la práctica psicológicas en la atención pastoral para promover el crecimiento en la fe (*GS*, 1965, n. 62). La literatura psicológica actual apoya la espiritualidad y la religión como beneficiosas para la salud. Una importante organización sin ánimo de lucro, la Alianza Nacional de Enfermedades Mentales (NAMI), reconoce el valor del apoyo basado en la fe ofreciendo un sitio web (www.nami.org/namifaithnet) para conectar a los usuarios con grupos religiosos. La National Catholic Partnership on Disability (NCPD) cuenta con un Consejo sobre Enfermedades Mentales que ofrece seminarios web, talleres y recursos para personas con discapacidades (Weaver, 2010, p. 15).

Antropología católica para la psicología clínica

Los aspectos filosóficos y teológicos de la antropología cristiana, en particular los cuatro primeros, según los cuales la persona humana es *corporal, racional, volitiva* y *relacional*, pueden proporcionar un modo de sistematizar e interpretar la información sobre sintomatología, trastornos y curación. Las dimensiones *creada, caída y redimida*, basadas en la teología, pueden ofrecer motivos de esperanza para ayudar a las personas a optimizar las oportunidades de crecimiento y florecimiento humano, ya que la teología católica entiende el pecado y el desorden como una privación del bien; los desórdenes en cualquier ámbito antropológico de la persona, ya sea cognitivo, fisiológico, conductual o relacional, son una privación en algún nivel que necesita reparación.

El Aquinate no desarrolló un análisis de los trastornos emocionales. Sin embargo, se le atribuye el mérito de haber anticipado el marco teórico y los principales principios y métodos de la terapia cognitivo-conductual (TCC) a través de su psicología filosófica (Aaron Beck, 1967). La TCC demuestra que los seres humanos son más que la suma de sus partes materiales, en este caso, la estructura fisiológica de sus cerebros y las interacciones cerebrales funcionales causales. La TCC sostiene que las ideas tienen consecuencias, influyendo en las elecciones que hacemos y en las vidas que llevamos a través de nuestros cuerpos (Butera, 2011). Beck refleja que la TCC:

> cambia la perspectiva del hombre sobre sí mismo y sus problemas. En lugar de verse a sí misma como la criatura indefensa ante sus reacciones bioquímicas, impulsos ciegos o reflejos automáticos, puede considerarse propensa a aprender nociones erróneas y contraproducentes, pero capaz de desaprenderlas o corregirlas. Al señalar las falacias de su pensamiento y corregirlas, puede crear una vida más autorrealizada para sí mismo (*Terapia cognitiva y trastornos emocionales*, 1976, p. 4). (Butera, 2011b, p.363)

Facilitar la salud a través de la psicología clínica significa mejorar las ocasiones para la curación, la salud y la felicidad, optimizando las oportunidades para que los clientes alcancen su potencial y propósito. Cuando el intelecto, la voluntad o las emociones debilitadas son sanadas, transformadas y devueltas a la amistad con Dios por la gracia, la persona puede crecer en santidad (1 Pe 1:14-16) (Brugger, 2009).

Relacionalidad y psicología católica

"Las relaciones son esenciales para la existencia y el desarrollo humanos básicos" (cf. Siegel, 1999). En el caso de los niños, el desarrollo neurológico depende de las interacciones con los cuidadores para construir una regulación emocional que fomente relaciones sanas (Klemm, 2019). La cognición social parece desarrollarse a través de áreas cerebrales que procesan las caras, en particular una estructura llamada giro fusiforme en el lóbulo temporal. Esta es el área que sirve al reconocimiento facial, situada en el hemisferio izquierdo; el daño allí causa prosopagnosia. La cognición social también depende de estructuras como la amígdala y el córtex orbitofrontal, junto con áreas de función ejecutiva frontal que juzgan contextos con la atención cambiante. La conversación cara a cara implica la participación compleja de múltiples circuitos (Wildman y Brothers, 2002, p. 376). El aprendizaje de idiomas, también, procede evolutivamente desde el primitivo "*pensamos*" hasta la conciencia de los propios procesos de pensamiento que se forman en el "*yo pienso*". Vygotsky concluyó: "Un proceso interpersonal se transforma en un proceso intrapersonal (1978, p. 57, en Vitz, 2009, p. 48).

La propensión innata a la imitación, denominada contagio social, se observa en los bebés poco después de nacer, por ejemplo, en el fenómeno infantil del *llanto contagioso*. Esto puede deberse a *las neuronas espejo*[11] que se disparan tanto cuando uno realiza una acción como cuando la acción se observa en otro (Berger y Luckmann, 1966). Se ha descubierto que la atención de la corteza frontal favorece tanto la adquisición de símbolos (Deacon, 1997) como el desarrollo de la red de la memoria para la cognición en general (Wildman y Brothers, 2002).

El nuevo campo de la neurobiología interpersonal apunta a una interacción multifacética entre el cuerpo, la mente y el cerebro, incluyendo su dotación genética, el entorno y, en particular, las relaciones cercanas. La psicoterapia se basa en una relación terapéutica de importancia primordial para el aprendizaje explícito e implícito a fin de desarrollar una comprensión de la propia conducta y una relación saludable con uno mismo, con los demás y con Dios (Clinton y Sibcy, 2012).

Integración entre la psicología y la teología

Los intentos de integrar la psicología con la teología tropiezan con las dificultades a las que nos hemos referido en el capítulo tercero sobre epistemología. Esencialmente, como hemos visto, la psicología, o el estudio del alma, se centra en la persona humana -intelecto, voluntad, mente, emociones y comportamiento, junto con la neuropsicología que investiga el cerebro- y puede seguir fructíferamente un modelo de antropología cristiana. La teología católica implica un amplio alcance ontológico, con una metafísica realista que comienza con Dios, asume que existe un orden objetivo del ser y se basa en la revelación con la búsqueda de la fe, la comprensión y la aplicación a la vida. Tanto para la psicología como para la teología, la experiencia espiritual es importante en la relación con uno mismo, con los demás y con Dios. "La relación percibida con Dios es una experiencia psicoespiritual que requiere una explicación relacional" (Miner y Dowson, 2012, p. 55).

¿Cómo explicar la relación humana con Dios? Una neurociencia puramente fisicalista es insuficiente. Hay que incluir la metafísica. Partiendo de una perspectiva antropológica de la dimensión espiritual de la persona humana, la razón y la volición son facultades espirituales del alma. En la filosofía clásica y cristiana, el alma, compuesta por el intelecto y la voluntad, es el principio animador inmaterial. Para Aristóteles y Tomás de Aquino, como hemos visto, el alma es la *forma* de la persona humana psicosomática. Se piensa que el alma anima los órganos corporales para que realicen sus operaciones propias (Brugger, 2009). Una explicación teológica recurre a la Trinidad, lo que muestra a Dios como trascendente e inmanente a la vez. Las personas humanas pueden responder a la iniciativa de Dios, lo que invita a vincularse a las Personas de la Trinidad. La evidencia psicológica apunta a que los seres humanos están neurológicamente adaptados o "cableados" para su relación con Dios (Klemm, 2019, p. 6). La investigación ha demostrado que Dios mismo puede ser, para las personas humanas, una figura legítima de apego (Cherniak, Mikulincer, Shaver y Granqvist, 2021).

Uno de los teóricos más conocidos del desarrollo espiritual y de la fe, como se ha mencionado, es el teólogo James Fowler, autor del libro *Etapas de la fe* (1981). Su obra, de orientación cristiana, podría proporcionar un marco para la investigación neuroteológica del impacto de los cambios en el desarrollo con respecto a perspectivas espirituales del individuo y su práctica religiosa (Newberg y Halpern, 2018, pp. 248-249). Las etapas son: (0) fe primigenia, (1) intuitiva-proyectiva, (2) mítico-literal, (3) sintética-convencional, (5) individual-reflexiva, (6) conjuntiva y (7) fe universalizadora (Milstein y Manierre, 2012, pp. 14-15). Estas, a su vez, pueden asociarse con etapas del desarrollo cerebral a lo largo de la vida (Newberg y Newberg, 2008; Werk, Steinhorn y Newberg, 2021).

Un interesante estudio de Milstein y Manierre (2012) considera las etapas de la fe de Fowler como una medida para que los consejeros evalúen el desarrollo espiritual/religioso de los clientes para así integrar la espiritualidad en el tratamiento. El proceso de *ontogenia de la cultura* entiende que las nociones abstractas de religión y cultura se incorporan biológicamente con la neurofisiología del cerebro en desarrollo. Se anima a los asesores a asumir el significado de la religión para los clientes en su autoestructura emocional, considerando tanto la *imagen de Dios* (resonancia emocional interiorizada personalmente) como el *concepto de Dios* (nociones cognitivas, doctrinales) y el grado de consonancia entre ambos. En el modelo de Fowler

> Con cada etapa del desarrollo, existe la posibilidad de un sentido de Dios cada vez más complejo y relacional. A medida que envejecemos, el desarrollo a lo largo de la vida de nuestra búsqueda personal orgánica de

sentido, inicialmente irreflexiva, puede expandirse en una complejidad autorreflexiva (Fowler, 1981). Una razón para estas etapas escalonadas se encuentra en la anatomía del neurodesarrollo. (Milstein y Manierre, 2012, p. 12)

La neurociencia puede integrarse con la religión y la salud mental para ayudar a explorar racionalmente cuestiones como el yo, la autonomía, la conciencia, el libre albedrío, la moralidad y las emociones, y cómo vivir con sentido y un propósito en la vida. La neurociencia puede aclarar dimensiones de las creencias, actitudes, la toma de decisiones, los sesgos y comportamientos relacionados con la religión, y puede ayudar a perseguir objetivos espirituales y una vida floreciente (Klemm, 2019, pp. 8-9).

La experiencia religiosa puede estar mediada o no por Dios. Las experiencias interpersonales ordinarias se producen a través de objetos, personas e interacciones con el mundo. Cuando se piensa que Dios se comunica *simbólicamente*, se trata de experiencias religiosas mediadas, cuyo significado se encuentra en elementos o patrones de acontecimientos del mundo (Peacocke, 2002, p. 243). *Las señales* de Dios son reconducibles a las ciencias naturales o humanas. El significado religioso puede encontrarse a través de la fe. El sujeto de las experiencias religiosas mediadas suele tener ciertas vivencias, normalmente indescriptibles, cuando es consciente de Dios o de la realidad espiritual o eterna. El sujeto identifica la experiencia religiosa a través de percepciones personales únicas para él (Swinburne, 1979, p. 251).

Aunque Dios se comunica normalmente a través de elementos del mundo y utilizando la estructura y las funciones del cerebro humano, Dios como Creador ciertamente puede comunicarse de otra manera. Dios también puede comunicarse directa y sutilmente sin la advertencia humana. El otorgamiento divino de la capacidad real y santificadora para la unión y la transformación puede ser y es frecuentemente comunicado sin contar con la conciencia humana, por ejemplo, en el bautismo de niños o en la noche oscura del crecimiento espiritual.

Las experiencias religiosas *no mediadas*, sea cual sea su impacto revelador, no están privadas del todo de mediación. "Surgen en el contexto de un trasfondo cultural y social concreto, en una historia de un desarrollo personal particular y con los recuerdos derivados de ella, y además de un conjunto particular de conceptualizaciones sobre la naturaleza y la voluntad de Dios" (Watts, 2002, p. 345). La acción divina suele ser eficaz cuando la persona tiene fe para reconocer y responder conscientemente a la comunicación de Dios. "La incredulidad, sin embargo, no lo deja a la persona fuera de la órbita de la providencia divina" (p. 327). Una gran variedad de experiencias puede entenderse en términos de acción divina.

Capacidad de relación con Dios y sus efectos

Las personas humanas, con nuestra capacidad de relación, podemos tanto relacionarnos adecuadamente con Dios como malinterpretar lo que Dios puede estar intentando comunicarnos (Watts, 2002). La comunicación del Espíritu Santo se conoce principalmente a través de la experiencia humana individual y colectiva. La acción emprendida supuestamente bajo la dirección del Espíritu se manifestará en frutos del Espíritu: "amor, alegría, paz, paciencia, benignidad, bondad, confianza, mansedumbre y dominio propio" (Gal 5:22).

Dado que Dios interactúa con las personas, éstas deben estar abiertas. La inhabitación de Dios en los creyentes implica su receptividad. Las personas pueden sintonizar o resonar con Dios en diversos grados. La sintonía sugiere un estilo interactivo divino que suele ser suave y pacífico, y que permite a la persona responder o seguir sus planes. La providencia general suele coincidir con una sensación creíble de que Dios guía el pensamiento humano. Sin embargo, en lugar de que Dios inserte pensamientos específicos en la mente de las personas, es más probable que "las personas se dejen arrastrar hacia una forma de pensar que concuerde con la mente de Dios" (Watts, 2002, p. 346). Una vez alcanzada la resonancia, se producen posibilidades de empoderamiento que de otro modo no se habrían considerado (Watts, 2002, p. 343).

Por lo general, las experiencias religiosas o de ultimidad relativizan los supuestos humanos y ofrecen un atisbo de algún tipo de realidad a la que no se puede acceder normalmente en la vida cotidiana. La reflexión teológica prevé efectos psicológicos y conductuales y, a menudo, tales experiencias se convierten en fuentes de una transformación duradera del carácter (Wildman y Brothers, 2002, p. 411). Los receptores de experiencias religiosas a los que se les ha asegurado la veracidad de su fe, por ejemplo, suelen adquirir una marcada tranquilidad. Los efectos de la experiencia religiosa en la disposición y la vida desempeñan un papel en el discernimiento individual y comunitario sobre la autenticidad de la experiencia (p. 354).

Al final, la psicología y el catolicismo pueden entablar una rica interacción que, en última instancia, contribuya al bienestar de las personas en su vida cotidiana, así como en la forma en que se comprometen con sus creencias religiosas. La dimensión añadida de la neuroteología proporciona un marco neurológico para profundizar en nuestra comprensión de la psicología y el catolicismo. La neuroteología proporcionaría un potencial para la investigación al explorar los trastornos psicológicos y los tratamientos desde una perspectiva católica. Dicha investigación debería ser capaz, en la práctica, de encontrar formas eficaces de integrar el catolicismo y la psicología para promover el bienestar humano, el desarrollo espiritual y el crecimiento de la gracia.

Preguntas de estudio

1. ¿Cuáles son algunos ejemplos de la relación entre psicología y religión?
2. ¿Cuáles son los casos de trastornos psicológicos que tienen su origen en una estructura o función cerebral anormal?
3. ¿Cómo pueden las prácticas espirituales y religiosas alterar el funcionamiento o la estructura del cerebro para bien o para mal? Explícalo con ejemplos.
4. ¿Cuáles son los casos de enfermedades que apuntan a una asociación entre la experiencia religiosa y el cerebro?
5. ¿Qué sugieren las ECM respecto a la experiencia espiritual y religiosa?
6. ¿Cuáles son algunos de los retos a la hora de distinguir lo que es anormal?
7. ¿Qué se puede decir de la experiencia espiritual inducida por las drogas?
8. ¿Cuáles son algunas de las perspectivas católicas respecto a la psicología?
9. Desde un punto de vista católico, ¿cuáles son las limitaciones y los beneficios de las teorías psicológicas y los modelos de tratamiento? Explicar.
10. ¿Qué consideran problemático Bellah et al. en la actual cultura occidental subjetiva e individualista? ¿Qué recomiendan?
11. ¿Está de acuerdo con Taylor en que la ciencia hace que la religión sea irrelevante?
12. ¿Por qué y cómo podríamos volver a conectar con la trascendencia? Explícalo.
13. ¿Cuáles son algunos ejemplos de modelos psicológicos/teorías de *counseling*, como la psicología humanista, existencial, positiva y la TCC, que se acercan a los valores católicos de libertad, parámetros morales y énfasis en la virtud?
14. ¿Cuáles son las diferencias entre las teorías profanas de la personalidad y los principios católicos sobre el desarrollo?
15. ¿Cuáles son los elementos de la antropología cristiana católica?
16. ¿Cómo entiende el catolicismo la persona humana? ¿Cuáles son sus implicaciones?
17. ¿Cuáles son algunos elementos que distinguen un modelo católico de un modelo profano de psicología?
18. ¿Cuáles son los aspectos fundamentales de la antropología católica respecto a la psicología clínica?

19. ¿Cómo ve la relacionalidad una perspectiva católica de la psicología? (poner ejemplos)
20. ¿Cuáles son algunas formas de integración psicología-teología?
21. ¿Cómo puede el ser humano relacionarse con Dios, y cuáles son los efectos de tal relación?

Notas finales

[1] La psicología define la autotrascendencia como el estado en el que uno puede mirar más allá de sí mismo para preocuparse por los demás. www.dictionary.apa.org/self-transcendence.

[2] En psicología, normal y anormal eran originalmente términos matemáticos/estadísticos, por ejemplo, el CI a escala completa es *normal* en la distribución de las puntuaciones de CI entre 85 y 115 y anormal si la puntuación de CI está más de dos desviaciones estándar por encima o por debajo de la media de 100. Las personas con un CI elevado son estadísticamente *anormales*, aunque en su caso, ser anormal no es peyorativo.

[3] Durante los dos primeros tercios del siglo XX, el pensamiento católico era en gran medida desfavorable a la psicología debido a los primitivos presupuestos deterministas y ateos del psicoanálisis. Hoy la teoría y la práctica psicológicas son mucho más amplias y humanistas. La Iglesia fomenta la psicología y otras ciencias sociales en la atención pastoral.

[4] Para más detalles, véase Vitz, P. C., Titus, C. S., & Nordling, W. J. (Eds.). (2020). *Un metamodelo católico-cristiano de la persona: Integración con la psicología y la práctica de la salud mental.* Sterling, VA: Divine Mercy University Press.

[5] *Integratus: Revista de la Asociación Católica de Psicoterapia.*

[6] La teoría psicodinámica ya no es un sistema uniforme. La segunda generación ha empezado a divergir de Freud con la teoría de las relaciones objetuales y la psicología del yo.

[7] El individualismo occidental puede tener su origen en la época del Renacimiento/Reforma y en la sociedad capitalista occidental.

[8] Fowler, que fue pastor metodista unido, es citado aquí no porque apoye plenamente el catolicismo, sino por su valiosa contribución a la comprensión de las etapas universales de la fe.

[9] Burgos, J. M. (2022). *Antropología personalista: Una guía filosófica para la vida.* Wilmington, DE: Vernon Art and Science. Vincelette, A. (2020). *Filosofías católicas recientes: Twentieth Century* (2nd ed.). Louis, MO: Enroute Books and Media.

[10] Como vimos en el quinto cCapítulo quinto, esta postura contrarresta la de los neurocientíficos que argumentan contra el libre albedrío extrayendo implicaciones injustificadas de la investigación, por ejemplo con relación a los experimentos de Libet.

[11] Un correctivo para quienes exageran la importancia de las neuronas espejo es Hickok, G. (2014). *El mito de las neuronas espejo: La verdadera neurociencia de la comunicación y la cognición.* Nueva York: W. W. Norton & Company.

Capítulo 10

La espiritualidad desde una perspectiva neuroteológica

La espiritualidad y el cerebro

Al examinar la espiritualidad desde una perspectiva neuroteológica, es importante tener en cuenta la variedad de conexiones potenciales que vinculan la espiritualidad con el cerebro, pero también explorar aspectos que podrían ir más allá de nuestra comprensión neurocientífica actual. Por un lado, se han propuesto teorías que ayudan a comprender cómo la espiritualidad podría estar vinculada a las funciones cerebrales. Sin embargo, podría decirse que la espiritualidad también tiene aspectos no materiales que van más allá de las funciones cerebrales generales. En este capítulo exploraremos las perspectivas científicas, pero debemos subrayar que la neuroteología requiere que miremos más allá de lo puramente científico.

Gran parte de los primeros trabajos con neuroimágenes se han centrado en las prácticas y experiencias espirituales a las que nos hemos referido a lo largo de este libro. Los escáneres cerebrales de personas dedicadas a la oración, la meditación y otras prácticas espirituales nos han ayudado a comprender mejor muchas de las áreas cerebrales que podrían estar implicadas (Sporns, 2016). Hemos indicado que la espiritualidad a menudo incluye emociones, pensamientos, experiencias y comportamientos. Por lo tanto, es probable que estén implicadas muchas áreas cerebrales diferentes, dependiendo de los aspectos específicos de la espiritualidad que se investiguen.

Quizá lo más importante es que parece haber algo específico en las experiencias espirituales, y más en general en la espiritualidad, que diferencia este fenómeno de las creencias y experiencias cotidianas. Hay algo que distingue específicamente la espiritualidad de otros aspectos del pensamiento y la experiencia humanos. ¿Qué tipo de característica o proceso cerebral podría ayudarnos a comprender la naturaleza única de la espiritualidad? Esta ha sido una pregunta destacada para los estudiosos de diversos campos que exploran la naturaleza de la espiritualidad.

A partir de mi trabajo previo (A.B.N) con colegas en neuroteología, hemos tratado de dilucidar elementos específicos a los que se refieren las personas cuando identifican fenómenos espirituales. En concreto, se trata de sentimientos de intensidad, claridad, unidad, entrega y transformación. Además, cada uno de estos elementos puede considerarse en relación con procesos cerebrales. Pero estos términos también pueden utilizarse para tipos de experiencias "normales". Podemos tener un intenso sentimiento de alegría cuando tenemos éxito en el trabajo, y podemos tener un sentimiento de claridad cuando experimentamos un momento de inspiración al resolver un problema. Las experiencias espirituales parecen tener algo especial, ya que llevan estas cualidades a sus respectivos extremos. Aun así, parece haber un continuo de experiencias que se denominan "espirituales". Algunas personas consideran que estar en la iglesia es una experiencia espiritual, mientras que otras piensan primero en una experiencia que tiene elementos místicos hasta cierto punto. Ambas se consideran espirituales, pero parecen situarse en un continuo. A pesar de este continuo, parece haber un "salto cuántico" entre las experiencias ordinarias y las espirituales que las distingue.

Hipótesis del marcador somático

Un enfoque que se ha sugerido es la llamada *hipótesis del marcador somático*. Esta teoría propuesta por el conocido neurocientífico Antonio Damasio propone que un grado de intensidad identifica varios sentimientos como más importantes que otros. Lo más probable es que esto se caracterice por una mayor actividad en centros emocionales como la amígdala, junto con el córtex prefrontal ventromedial y sus conexiones. En cierto sentido, esto es coherente con la dimensión de intensidad a la que nos hemos referido como un componente central de las experiencias espirituales. Sin embargo, los críticos de esta teoría se preguntan hasta qué punto las emociones guían por sí solas el pensamiento y el comportamiento humanos. Nosotros argumentaríamos que esas respuestas emocionales pueden ser fundamentales para la espiritualidad, aunque no sean el único factor. Los santos, por ejemplo, a menudo experimentaban periodos de sequedad en los que no sentían nada en respuesta a sus oraciones, pero, lo que es más importante, seguían siendo fieles. La Madre Teresa, monja albanesa-india y fundadora de las Misioneras de la Caridad, mantuvo su espiritualidad incluso durante largos años de aridez.

Recordar e interpretar las experiencias espirituales

El elemento transformador al que nos hemos referido anteriormente tiene algo que ver con el modo en que interpretamos y recordamos las experiencias espirituales de un modo marcadamente distinto a otras experiencias de nuestra vida. La espiritualidad, y más concretamente las experiencias espirituales, parecen suscitar fuertes recuerdos relacionados con ideas o conceptos de interés último (radical), como afirmaría el filósofo y teólogo existencialista germano-americano Paul Tillich (1886-1965). Así, las experiencias espirituales se interpretan como únicas y separadas de nuestras experiencias de la realidad cotidiana. Las experiencias espirituales se recuerdan intensamente y pueden incluso incorporarse a las creencias y comportamientos cotidianos. Los individuos altamente espirituales pueden considerar todos los aspectos de su vida desde una perspectiva espiritual. Los recuerdos profundos y el significado de la espiritualidad impregnan todos los aspectos de sus pensamientos, sentimientos y comportamientos.

Predominio subcortical

Algunos han argumentado que la espiritualidad brota más bien de las estructuras subcorticales. Esto incluiría los centros emocionales del cerebro. El sistema límbico, esto es, la amígdala, el hipocampo y la corteza límbica: el giro cingulado y el giro parahipocampal, así como estructuras centrales como el hipotálamo y el área gris periacueductal, regula muchos procesos corporales. Estas estructuras también afectan al sistema nervioso autónomo, regulando la excitación y las funciones quiescentes del organismo. El estudio de estas estructuras y sus funciones, especialmente sus conexiones con las regiones frontal y temporal, puede ayudarnos a comprender la intensidad de las experiencias espirituales y los efectos transformadores, a menudo poderosos, que experimentan las personas. Los efectos no sólo afectan a la mente, sino también al cuerpo.

Procesos cerebrales integrales

Por supuesto, como hemos argumentado a lo largo de este libro, es probable que en la espiritualidad y las experiencias espirituales intervengan muchas áreas diferentes del cerebro. Las intrincadas redes del cerebro permiten a una persona procesar la complejidad de las experiencias espirituales: las emociones intensas (excepto en periodos de sequedad), los poderosos aspectos cognitivos y de memoria, y la transformación de todo el ser. Pero aunque es útil pensar en los muchos procesos cerebrales diferentes que trabajan juntos como parte de la espiritualidad humana, de nuevo estamos planteando la cuestión de qué es lo que diferencia específicamente la espiritualidad de muchas otras situaciones humanas que incorporan pensamientos, sentimientos y experiencias.

Neurotransmisores y espiritualidad

En los primeros modelos de prácticas y experiencias espirituales, la neurociencia planteó la hipótesis de que estaban implicados muchos sistemas neurotransmisores diferentes. Se sabe que neurotransmisores como la serotonina y la dopamina afectan a las respuestas emocionales. La intensa actividad de la serotonina se asocia a las experiencias psicodélicas, que a menudo se describen como espirituales. De hecho, en un estudio sobre experiencias inducidas por la psilocibina, un gran porcentaje de participantes declaró que la experiencia era una de las más espirituales que habían sentido nunca. Ya hemos mencionado anteriormente que éste es un factor que complica la interpretación de las experiencias espirituales, ya que resulta importante distinguir las que ocurren bajo la influencia de compuestos psicodélicos de las que ocurren de forma más "natural".

La dopamina forma parte del sistema de recompensa del cerebro. Algunos estudios han sugerido una liberación de dopamina durante las prácticas intensas de meditación. Además, como hemos descrito anteriormente, mi estudio (ABN) con colegas de un programa de retiro espiritual produjo cambios significativos en la receptividad del cerebro a la dopamina. Dado que las experiencias espirituales están asociadas a muchas áreas diferentes del cerebro que se comunican entre sí en amplias redes, es probable que también estén implicados neurotransmisores como la acetilcolina, que participan en la comunicación cerebral global. También hemos sugerido que el GABA (ácido gamma-aminobutírico), el principal neurotransmisor inhibidor del cerebro, puede estar relacionado con la desaferentación del lóbulo parietal y la consiguiente experiencia de unidad que destaca en las experiencias espirituales.

También es probable que intervengan otros neurotransmisores, en función de elementos específicos del sentido de la espiritualidad. Pero, una vez más, debemos preguntarnos por qué ciertos tipos de experiencias se etiquetan de espirituales cuando todas las experiencias implican sistemas de neurotransmisores.

Pensamiento no localizado en las neuronas

Aunque podemos considerar una amplia gama de procesos cerebrales que pueden ayudarnos a entender la espiritualidad, junto con muchas cuestiones teológicas, filosóficas y científicas diferentes, todavía no podemos identificar claramente de dónde proceden los pensamientos espirituales. Hemos mencionado diferentes áreas cerebrales, neuronas, neurotransmisores, flujo sanguíneo, metabolismo y complejas redes neuronales.

Pero, ¿de dónde surgen nuestros pensamientos?

La neurociencia aún está muy lejos de encontrar la respuesta a esa pregunta. Por sí solos, ninguno de los aspectos de la neurofisiología define el pensamiento y la conciencia subjetiva. Para la neurociencia, la cuestión fundamental sigue sin respuesta. Sin embargo, en algún lugar de todos esos cuatrillones de conexiones neuronales se producen la conciencia y los pensamientos. También la filosofía y la teología, con respuestas sobre la conexión hilemórfica cerebro-alma, encuentran un elemento de misterio, con una comprensión esquiva.

Desde el punto de vista neurocientífico, en el campo de los estudios sobre la conciencia se plantea la profunda cuestión de si ésta surge de procesos neuronales o es distinta de la fisiología cerebral. Algunos han argumentado que la conciencia surge de las interacciones increíblemente complejas de las células nerviosas que trabajan juntas. Propiedades emergentes como la humedad, por ejemplo, surgen de las moléculas de agua. Una molécula de agua no es húmeda, pero miles de millones de moléculas de agua sí lo son. Una neurona no es consciente. ¿Es posible que cuando miles de millones de neuronas interactúan, la persona sea consciente?

La conclusión es que no sabemos cómo podemos vincular los procesos observados en el exterior del cerebro con nuestras experiencias subjetivas interiores. Ninguna teoría neurocientífica actual parece estar siquiera cerca de ayudarnos a comprender el misterio de la conciencia. Y si no podemos comprender la conciencia, la espiritualidad parece estar igualmente fuera de nuestro alcance. Está por ver si la neuroteología nos ayudará a identificar la relación entre el cerebro material y la conciencia inmaterial que todos experimentamos. Esperamos que la neuroteología nos brinde una oportunidad para aclarar este problema.

Búsqueda de una teoría del campo unificado: naturaleza de la experiencia religiosa

A lo largo de este libro hemos discutido las diferencias y similitudes entre ciencia y religión. Es sobre todo en lo que respecta a la espiritualidad donde podemos empezar a ser capaces de explorar alguna teoría de campo unificado que aúne ciencia y religión de forma más eficaz. La idea de que la experiencia religiosa no es sólo una conexión espiritual, sino también biológica o material, se encuentra en el centro de dicha teoría.

La neuroteología sostiene desde hace tiempo que este enfoque puede ofrecer la mayor probabilidad de aunar religión y ciencia. La neuroteología se pregunta si puede existir un enfoque integrado que incorpore lo espiritual y lo biológico. Aunque se desconoce la naturaleza exacta de esa relación final hasta que pueda o no determinarse, la neuroteología nos pide que estemos abiertos a todas las perspectivas.

La neuroteología también reconoce que conceptos como la conciencia y la mente pueden plantear problemas similares a la neurociencia. De hecho, puede que sea a través de la exploración de la conciencia desde una perspectiva espiritual como la neurociencia intente desvelar mejor sus misterios.

Mente y creación de sentido

Es importante darse cuenta de que la mente y el cerebro nos ayudan a dar sentido al mundo que nos rodea, así como a quiénes somos como seres humanos y cómo nos relacionamos con el mundo. Como comentamos en el Capítulo segundo (sección *Cuerpo, mente y alma*), *mente* es un término preferido por la ciencia empírica que surgió con la filosofía moderna, con énfasis en la conciencia.[1] La ciencia proporciona enfoques importantes para comprender el mundo que pueden ayudarnos a desarrollar disciplinas como la física, la química y la biología, que han producido avances tecnológicos asombrosos hasta el siglo XXI. Por otro lado, la ciencia a menudo se queda corta a la hora de abordar la condición humana, en particular las formas de aliviar el sufrimiento humano y las muchas maneras en que los seres humanos adoptan comportamientos destructivos tanto para ellos mismos como individuos como para la humanidad. Por ejemplo, una cosa es que la ciencia nos ayude a entender cómo podemos afectar al clima. Sin embargo, la ciencia no nos da una respuesta clara sobre cómo los seres humanos deberían abordar eficazmente el problema del cambio climático, teniendo en cuenta los aspectos económicos, sociales y políticos de la vida humana.

La religión proporciona orientación y significado para ayudar a la humanidad a comprender cuál es la mejor manera de gestionar los asuntos individuales y comunitarios. Uno de los problemas es que hay muchas religiones distintas con perspectivas diferentes para resolver tales asuntos. Una preocupación más amplia es integrar el significado y el propósito que la religión puede evocar con la ciencia y la tecnología que, por su lado, pueden ayudar a conectar eficazmente con el mundo físico.

La neuroteología fomenta la exploración de estas cuestiones para comprender cómo el sentido y el propósito de la vida pueden abordarse teológica, filosófica, espiritual y religiosamente, además de científicamente. Desde una perspectiva católica, *la ciencia* como exploración del universo físico podría integrarse de una forma valiosa, pero limitada; *la ciencia* como enfoque racionalmente organizado del conocimiento podría contribuir de forma más exhaustiva.

Un puente para la teología y la ciencia

Con estos elevados objetivos en mente, la neuroteología puede ser un puente para el diálogo entre la teología y la ciencia. La neuroteología trata de entender cómo el cerebro humano aborda las cuestiones teológicas al tiempo que nos ayuda a lidiar con el sentido del yo, el significado y el propósito de la vida. La teología también puede ayudarnos a comprender cómo podemos utilizar la ciencia de forma que preserve la más alta consideración moral y conduzca a un cambio positivo para las personas y la sociedad. La neuroteología examina diversas cuestiones para ser *optimistamente críticos* a la hora de encontrar formas óptimas de aunar lo que tanto la teología como la ciencia tienen que decir respecto al uso de nuestros actuales recursos individuales y comunitarios y para avanzar hacia el futuro.

Espiritualidad y trascendencia

Trascendencia individual y comunitaria

La conciencia individual de la trascendencia o el "numen" ha sido bien descrita por el teólogo luterano alemán Rudolph Otto (1869-1937). En su clásica obra *Idea de lo sagrado* (1917/1958), Otto observaba que el numen se presenta como *totalmente Otro*, con un misterio que evoca un sentimiento de asombro, humildad y desconcierto, pero también fascinación y una sensación de contacto con una bondad reconfortante y atractiva, junto con una alegría espiritual (Spitzer, 2015). Las principales religiones del mundo atribuyen a un Poder Superior cualidades de amor, belleza, familiaridad y felicidad elevadas a la perfección (Otto, pp. 36-39, 31, en Spitzer).

Según el filósofo y "padre de la psicología estadounidense" William James (1942-1910), así como Otto, casi todas las grandes religiones y culturas relatan experiencias del numen. La trascendencia no se alcanza mediante el esfuerzo humano, sino que es iniciada por lo divino *totalmente Otro*. "Cuando esto sucede, nos transformamos: ya no pensamos que somos meramente físicos o materiales, sino que somos trascendentes, poseedores de un alma que solo puede ser satisfecha por la misma bondad suprema" (Spitzer, 2015, p. 36).

Dado que la experiencia de la trascendencia es principalmente subjetiva e inmerecida, puede que no sea posible demostrar que sea objetivamente cierta. Como trascendente, tal experiencia no puede someterse al método científico, a pruebas empíricas ni a evidencias deductivas del modo en que pueden estudiarse los objetos materiales (Spitzer, 2015). La mayoría de la población mundial (84%, según el PEW Research Center, 2012) pertenece a una religión, y muchos han tenido la experiencia de la presencia divina. Esto significa que, o bien algo inherente a la naturaleza humana genera la experiencia de trascendencia, o bien existe un Otro misterioso y santo, o ambas cosas. Investigadores como Otto encuentran una cualidad relacional en la presencia del numen, una sensación de ser invitados a responder, y luego, con encuentros repetidos, una sensación de profundización en la respuesta (Spitzer, p. 49). Lo Trascendente opera interpersonalmente y entabla un diálogo. La conciencia humana, de hecho, puede entenderse como una forma de diálogo entre la interioridad humana y un buscador trascendente de corazones. La conciencia como rectitud moral intuida puede entenderse como derivada de valores inherentes a la naturaleza humana (p. 94).

Mircea Eliade (1907-1986), estudioso de la historia transcultural de las religiones, descubrió que la mayoría de las personas de todo el mundo y a lo largo de los siglos experimentan lo sagrado. Expresan su experiencia religiosa a través de la cultura en mitos y rituales, símbolos y comunidades. Estos se convierten en vehículos de conexión comunitaria con lo trascendente (Spitzer, 2015). Eliade apoya y amplía el argumento de Otto sobre la experiencia individual de lo trascendente, mostrando que la expresión comunitaria está asociada a la religión. En cuanto al catolicismo, ya abordamos el tema de los rituales en el séptimo capítulo séptimo.

El deseo de la verdad, la bondad y la belleza últimas

La conciencia humana apunta a lo Trascendente en el sentido de que nuestra búsqueda de la verdad, la bondad y la belleza nunca está satisfecha. Siempre hay algo más que desear y buscar. Algunos investigadores en neurociencia llaman a esto el "imperativo cognitivo" (Newberg y d'Aquili, 2008). Como dijo San Agustín, "nos has hecho para ti, y nuestro corazón está inquieto hasta que descanse en ti" (*Confesiones* I, 1). El teólogo jesuita alemán Karl Rahner llama a esto un *horizonte trascendente* con el que medimos todo lo que podamos alcanzar de verdad, bondad o belleza. Según Rahner

> La experiencia de sí y la experiencia de Dios, en primer lugar, constituyen una unidad. Pues cuando, como sujetos, nos vemos a nosotros mismos como *trascendentales*, este sujeto trascendental es absolutamente diferente de (lo que) queremos decir cuando hablamos de *Dios*. Incluso la verdad más radical de la experiencia de sí reconoce que somos finitos, aunque, en su pura trascendentalidad, (contenemos) una orientación absoluta hacia lo infinito y lo incomprensible. (Rahner, 1975, *Investigaciones teológicas* XIII, pp. 124-129, en Lehmann, Raffelt y Egan, 2000, p. 222)

El filósofo jesuita canadiense Bernard Lonergan (1904-1984), al igual que Rahner, observó que los seres humanos tienen un deseo inconmensurable de buscar la causalidad y de saberlo todo sobre todo. Hasta un niño pregunta ¿por qué? y espera una respuesta real, correcta e inteligible. Tenemos un sentido de la inteligibilidad global de la realidad. Hay una conciencia implícita de que toda la realidad puede ser conocida. Lonergan empezó con la contingencia. Tiene que haber:

> una explicación que va más allá de cualquier cosa y de todo lo que podemos imaginar o conocer comprendiendo correctamente todos los datos de los sentidos y de la conciencia. (Debe haber Alguien) cuya existencia fundamenta la inteligibilidad del ser (pero que no es)

tangible, visible o mensurable. Él es el primer agente y la causa final, el Creador del cielo y la tierra, de todo lo que se ve y lo que no se ve. (Hefling, 1988, pp. 134-135)

Los seres humanos no sólo buscamos la inteligibilidad perfecta en el nivel de la verdad y el ser, la causa última de toda la realidad, sino que también perseguimos bienes trascendentes como el amor, la bondad moral o la justicia, y la belleza. También estos aspectos los encontramos sólo imperfectamente en la vida. Desde la infancia hasta la vejez, buscamos y esperamos más amor, bondad y belleza de lo que encontramos. Parece un hecho obvio de la experiencia que, al esforzarse uno y alcanzar incluso el logro más elevado, pronto se demuestra que no ha sido suficiente y que no dura. También nuestros deseos, como observa Lonergan, apuntan a un horizonte infinito.

El amor de Dios actualiza la base última (de la autotrascendencia), el potencial ilimitado de nuestro conocimiento y amor. El amor de Dios que describe la Escritura cristiana (Mc 12,30; Rm 5,5) es obra de Dios. El testimonio de Lonergan es claramente que el amor de Dios es el *quid* de la autenticidad humana, el florecimiento más pleno de la autotrascendencia humana. Es el calor y la luz derramados en nuestros corazones por el Espíritu Santo, el Dios cristiano, dado a nosotros y recibido por nosotros. La autotrascendencia y el amor de Dios estructuran el discurso de Lonergan sobre la experiencia religiosa. Cuando estamos enamorados de Dios, nuestro constante ir más allá se ha comprometido con un amado digno. Podemos seguir yendo más allá con Dios sin fin. Siempre hay más luz, vida y amor para servir, admirar y desear. (Conn, 1988, p. 61, en Gregson, 1988)

Experiencias autotrascendentes

La espiritualidad es difícil de definir y es una realidad polifacética que afecta a muchos ámbitos de la vida humana (Zinnbauer y Pargament, 2005). Espiritualidad puede significar relacionarse con lo *sagrado* como "un ser divino, un objeto divino, la Realidad Última o la Verdad Última tal y como la percibe el individuo (Hill et al., 2000, p. 66). Lo sagrado "también puede incluir personas, rituales, objetos, narraciones, textos, tiempos y espacios que se distinguen por ser especiales, singularmente trascendentes y distintos de lo ordinario o profano" (Schults y Sandage, 2005, p. 161).

Una forma de entender la espiritualidad es examinar las experiencias autotrascendentes. Se trata de estados mentales temporales caracterizados por una disminución de la auto-saliencia (*self-salience*) y un aumento de la relacionalidad. "La autotrascendencia puede considerarse un estado psicológico, un rasgo de personalidad, un proceso de desarrollo, una orientación de valores, una motivación y una visión del mundo" (Wong, 2016). El psiquiatra austriaco y fundador de la logoterapia Viktor Frankl (1905-1997) define la autotrascendencia como el impulso para ayudar a los demás en lugar de buscar la propia realización posible (1966). La autotrascendencia puede significar la búsqueda de un significado último o situacional o la propia vocación hacia una meta superior (Kitson et al., 2020, p. 2). Los teóricos de la psicología añaden a la jerarquía de necesidades del psicólogo Abraham Maslow (1908-1970) (1943), después de la autorrealización, una sexta necesidad -la autotrascendencia- en la que el individuo es libre de expandirse más allá de su propia cultura, grupo o entorno, y que ya no depende de las opiniones de los demás. La persona autotrascendente se caracteriza por la compasión, la gratitud y el asombro: compasión para abrirse al otro necesitado, gratitud para reconocer haber recibido y asombro para aumentar la humildad ante algún aspecto de lo trascendente (Kitson et al., p. 2).

Rahner, como hemos visto, reclama universalmente para las personas humanas una apertura trascendente al misterio de la autocomunicación de Dios, aunque sea "atemática" e implícita. La profesora noruega de teología Ingvild Rosok muestra que la espiritualidad de Rahner completa su teología trascendental y asegura su fundamento en el cristianismo. Rahner sigue la exhortación de San Pablo en Filipenses 2: 5-11 afirmando que los cristianos necesitan tener la mente kenótica y autodonante de Cristo, entregarse mediante la indiferencia (ignaciana), la disposición a hacer la voluntad de Dios y la entrega amorosa autodonante posibilitada por la gracia, cueste lo que cueste (Rosok, 2011).

Las experiencias pueden ser autotrascendentes cuando dan lugar a una reducción de la autoimportancia y a una sensación de asociación con algo más allá de uno mismo. Los eventos familiares que tienen un elemento autotrascendente incluyen "la atención plena, el flujo, las experiencias cumbre, las experiencias de tipo místico y ciertas emociones positivas, como el amor y el asombro" (Yaden et al., 2017a, p. 1). En las experiencias autotrascendentes se puede experimentar una sensación de unidad con los demás o con el entorno. El grado de intensidad puede variar desde abrirse ante un hermoso concierto o puesta de sol hasta un sentimiento de unidad con el universo. Por otro lado, existen experiencias negativas y patológicas de autotrascendencia que pueden diagnosticarse como trastornos, como la despersonalización. Aun así, los picos autotrascendentes notablemente positivos o las experiencias místicas pueden tener una notable influencia afirmativa y duradera en el bienestar y promover un comportamiento desinteresadamente generoso durante periodos prolongados (Griffiths et al., 2008; Yaden et al., 2017a). La autotrascendencia es esencial para la espiritualidad.

Cualidades y medidas de la autotrascendencia

Se piensa que la espiritualidad es más elemental que la religión y que está asociada a un sentido de conexión con uno mismo, con los demás, con el mundo y con un Poder Superior (por ejemplo, Fisher, 1997; O'Murchu, 2008; Hay y Nye, 1998; Tracy, 2000, 2003; Bosacki, 2001; Elton-Chalcraft, 2002). La espiritualidad, que puede motivar la acción en favor de la justicia, incorpora un sentido de totalidad que relaciona el yo con el universo y con los demás, vistos en su totalidad (Zohar y Marshall, 2000; Priestley, 2002). Waldman y yo (A.B.N), en nuestro estudio sobre el despertar espiritual, encontramos cuatro componentes elementales al respecto: un sentido de unidad, intensidad, claridad y entrega (2016). Un estudio de Yaden et al. (2016) asoció el despertar espiritual con el desinterés y la relación con algo trascendente (Newberg y Waldman, 2018). Las personas que experimentan autotrascendencia informan con frecuencia de sentimientos de asombro, unidad con el mundo, una reducción de la autoimportancia y una asociación creciente con la verdad esencial (Johnstone et al., 2016). En *The Varieties of Religious Experience* (1902), William James observó que la espiritualidad provoca una ampliación en el ámbito de la vida y el poder, junto con el conocimiento y la comprensión de la verdad que ayudan al individuo a hacer frente a las dificultades de la vida (Hyde, 2004).

Medir la autotrascendencia, como ocurre con la mayoría de los aspectos de la espiritualidad o la religiosidad, es un reto. La experiencia de autotrascendencia es subjetiva y requiere típicamente una medida basada en un informe de sí mismo. Esto suele implicar una pregunta directa sobre la autotrascendencia o una figura que muestre la relación entre el yo y el mundo, por un lado separados, pero por otro lado completamente unificados. Dado que se trata de algo puramente subjetivo, no existen medidas objetivas u observables, y las escalas de autotrascendencia siguen siendo subjetivas. Un inventario que se acerque a la objetividad podría incluir informes de observadores, pero incluso éstos seguirían siendo subjetivos.

Las medidas de autotrascendencia incluyen la "Escala de Trascendencia Espiritual (Piedmont, 1999), la Escala de Autotrascendencia (Reed, 1991), la Escala de Autotrascendencia Adulta (Levenson, Jennings, Aldwin y Shiraiski, 2005) y la Escala de Autotrascendencia del Inventario de Temperamento y Carácter (TCI) (Cloninger, Pryzbeck, Svrakic, Dragan y Wetzel, 1994)" (Johnstone, 2016, p. 291). La inclinación a la autotrascendencia puede ser hereditaria. Los estudios genéticos han descubierto que los gemelos idénticos, incluso separados al nacer y criados aparte, tienen un índice más alto de trascendencia espiritual que los gemelos fraternos (Bouchard, Lykken, McGue, Segal y Tellegen, 1990, 1999; Bouchard y McGue, 2003; Kirk, Eaves y Martin, 1999; Kirk y Martin, 1999). Genes específicos podrían correlacionarse con una proclividad a la trascendencia espiritual (Comings, Gonzales, Saucier, Johnson, y MacMurray, 2000; Gillespie, Cloninger, Heath, y Martin, 2003; Hamer, 2004; Lorenzi et al., 2005). (Johnstone, p. 291).

Trascendencia y neurofisiología

Neurociencia y espiritualidad

Aunque la medición de la autotrascendencia es puramente subjetiva, una vez que se ha establecido que alguien al menos expresa ese sentimiento, pueden obtenerse medidas de la función cerebral y otros procesos fisiológicos. De este modo, las medidas objetivas pueden correlacionarse con las medidas subjetivas comunicadas por el individuo.

En *Variedades de la experiencia religiosa* (1902), William James sostenía que la experiencia espiritual o religiosa no es simplemente una forma de razón, sino que proporciona una capacidad y un rango de poder únicos (1977, p. 64). La experiencia espiritual capacita al individuo para resolver problemas en los retos de la vida. Los estados místicos ofrecen una visión de la verdad que de otro modo no se comprendería plenamente y conllevan un sentido de credibilidad para su futura aplicación (Hyde, 2004).

Se han hecho esfuerzos por encontrar un "punto de Dios" concreto en el cerebro. El Centro de Terapéutica de Circuitos Cerebrales del Hospital Brigham and Women's de Boston ha desarrollado recientemente una estrategia para demostrar los sistemas neuronales cognitivos: *el mapeo de redes de lesiones.* La técnica utiliza imágenes cerebrales para ilustrar el conectoma cerebral (el sistema de vías neuronales consideradas globalmente) con el fin de averiguar cómo las lesiones o heridas en una zona del cerebro repercuten en un circuito de funcionamiento de otras zonas. El neurocientífico Michael Ferguson, que desarrolló la cartografía de redes de lesiones, explica que "es como una cadena de luces en la que se afloja una bombilla y se apaga toda la cadena" (Yasinski, 2021, p. 1).

Ferguson y sus colegas acaban de publicar una investigación (*Biological Psychiatry*) que demuestra que la zona gris periacueductal (PAG) del tronco encefálico, que regula la respiración y el ritmo cardíaco, el equilibrio, la coordinación, el condicionamiento del miedo y la modulación del dolor, también parece estar relacionada con la espiritualidad y la religión. En su estudio participaron 88 pacientes preparados para someterse a la extirpación de un tumor cerebral a los que se preguntó por su religión y espiritualidad. Los pacientes cuyos tumores afectaban al GAP informaron de un aumento o una disminución de la religiosidad o la espiritualidad. Se trata de un nuevo dato que respalda la conjetura de que determinadas zonas del cerebro pueden estar relacionadas con la espiritualidad y la religión (Yasinski, 2021, p. 4).

La neuroimagen ha demostrado que nuestras experiencias espirituales y religiosas, así como todo lo que experimentamos, están ligadas a nuestras redes neuronales (Jeeves y Ludwig, 2018). Sin embargo, las neuroimágenes también revelan que las percepciones religiosas y espirituales y las respuestas conductuales son complejas y multifacéticas, e implican al GAP, pero también a muchas otras redes cerebrales que trabajan juntas. Puesto que el cuerpo está estrechamente conectado con el cerebro, y los estados mentales abarcan una dimensión misteriosa más allá de las neuronas, parecería más exacto decir que toda la persona humana es espiritual o religiosa (Newberg, 2018b, p. 238).

La interinfluencia del cerebro y el cuerpo es bidireccional: nuestras acciones y comportamientos físicos tienen efectos recíprocos en nuestros pensamientos, sentimientos y convicciones. Con la acción concurrente, por ejemplo, al participar en la Eucaristía, es probable que el pensamiento y las convicciones se refuercen y expresen más de lo que se dice en el rito (Jeeves y Ludwig, 2018).

Aplicaciones clínicas de la espiritualidad

Se ha descubierto que la espiritualidad y la religión tienen un posible efecto neuroprotector contra la depresión. La psiquiatra y epidemióloga Myrna Weissman inició en 1982 un estudio con 220 pacientes diagnosticados de trastorno depresivo mayor. Realizó encuestas periódicas a los pacientes y a los controles emparejados sobre las actividades que probablemente evitarían la depresión o las recaídas, entre las que se incluía dar gran importancia a la religión. A lo largo de varias décadas, incluyó en el estudio a los descendientes de los pacientes. En la década de 2010, los investigadores buscaron diferencias en los cerebros de quienes concedían o no importancia a la religión. Realizaron resonancias magnéticas a 106 de los hijos y nietos de la cohorte original. Se descubrió que los participantes que consideraban importante la religión tenían menos adelgazamiento neuronal cortical en zonas del cerebro, adelgazamiento que indicaría un riesgo de depresión. Los resultados mostraron una correlación entre atribuir importancia a la religión y una menor incidencia de la depresión (Yaskinski, 2021, p. 4).

Según estudios realizados en EE.UU., entre el 50% y el 90% de los posibles sujetos han experimentado acontecimientos capaces de provocar un trastorno de estrés postraumático (TEPT), mientras que sólo alrededor del 8% de la población desarrolla un TEPT. No son los factores estresantes por sí mismos los que provocan síntomas traumáticos (Peres et al., 2007, p. 344). Los hallazgos clínicos sugieren que las personas que desarrollan TEPT tienen dificultades para integrar la experiencia traumática en una narrativa coherente. El tratamiento del TEPT implica trabajar los síntomas sintetizando los fragmentos sensoriales en un relato cognitivo. La espiritualidad ayuda a promover la resiliencia en los supervivientes (Peres et al., p. 343).

La neurociencia sugiere que el cerebro almacena fragmentos sensoriales o información en lugar de recuerdos completos. Cuando se recupera un acontecimiento, éste puede no ser completamente real, pero cada vez que se recuerda, el acontecimiento puede estar alterado desde el punto de vista cognitivo o emocional. Los escáneres cerebrales de pacientes con TEPT muestran un volumen reducido del hipocampo y una menor activación del hemisferio izquierdo. También se observó una baja activación en el córtex prefrontal medial, el cíngulo anterior, el córtex prefrontal, el córtex dorsolateral y el área de Broca. Se encontró una mayor activación en los centros emocionales del cerebro, como la amígdala, consistente con una respuesta emocional fuertemente negativa (Bremmer, 2002; Hull, 2002, en Peres et al., 2007, p. 345).

Se piensa que el hipocampo elabora un mapa cognitivo para categorizar la información asociada a otros datos autobiográficos con el fin de desempeñar un papel significativo en el aprendizaje, la integración y la evaluación de la información (Peres et al., 2007). La reducción del volumen y la activación del hipocampo pueden explicar la disociación del TEPT y los problemas para etiquetar recuerdos e incluso nuevas experiencias con emociones negativas fuertes (Gilbertson et al., 2002). Los modelos de TEPT muestran un aumento de la activación de la amígdala que provoca un aumento del miedo (Hull, 2002). Las cortezas prefrontal y cingulada anterior proporcionan integración cognitiva y se proyectan a la amígdala para la memoria emocional y al tálamo y las estructuras temporales para la memoria a largo plazo (Barbas, 2000). Una activación cortical prefrontal reducida puede inhibir la integración cognitiva y la obstrucción normal de las señales negativas de la amígdala. Esto daría lugar a una disminución de la regulación del miedo y las emociones, como se observa en los síntomas del TEPT (Nutt y Malizia, 2004, en Peres et al., 2007, p. 345).

El *sentido de coherencia* (SOC) está estrechamente relacionado con el funcionamiento adecuado de la integración cognitiva en las cortezas frontales (Antonovsky, 1987). El SOC está en su sitio cuando sus tres dimensiones están activas: (1) comprensibilidad de que la vida y sus incidentes juntos tienen sentido racional; (2) significatividad, es decir, captar que la vida tiene sentido emocionalmente, de modo que las dificultades pueden entenderse como retos superables; (3) manejabilidad, esto es, el hecho de que uno tenga recursos para afrontar las pruebas de la vida. Se descubrió que el SOC está estrechamente relacionado con la percepción de una mejor salud física y mental (Eriksson y Lindstrom, 2006). Las víctimas de traumas que desarrollan resiliencia para percibir y procesar la experiencia suelen encontrar más fácil abordar los síntomas del TEPT (Peres et al., 2007). Las víctimas de traumas mejoran al recordar experiencias en las que demostraron resiliencia, sobrevivieron al evento y se beneficiaron de algún modo de haber pasado por la adversidad (p. 346).

La espiritualidad y la religión se basan en respuestas personales a una búsqueda de comprensión de las cuestiones últimas de la vida y el significado. El desarrollo de narrativas razonables que impliquen un reprocesamiento cognitivo basado en una visión global, preguntas últimas y perspectivas espirituales o religiosas puede ayudar a integrar fragmentos sensoriales y reducir los síntomas traumáticos de forma eficaz (Peres et al., 2007, p. 343). Las prácticas y experiencias espirituales implican muchas de las estructuras cerebrales mencionadas anteriormente como regiones asociadas con el TEPT. Así pues, la neurociencia respalda aún más los beneficios de los enfoques espirituales y religiosos.

Neurobiología interpersonal

La neurobiología interpersonal (IPNB), un campo interdisciplinar relativamente nuevo bautizado por el profesor clínico de psiquiatría Daniel Siegel, estudia cómo las relaciones a lo largo de la vida moldean la estructura y el funcionamiento del cerebro humano. La IPNB se centra en la asociación recíproca de los patrones de apego y los sistemas neuronales. "El cerebro es un sistema interpersonal dinámico: al igual que las neuronas están constituidas por sus continuas conexiones sinápticas con otras neuronas, también los cerebros se forman y reforman continuamente a través de interacciones continuas con otros cerebros" (Hollingsworth, 2008, p. 841).

Estructuras y redes cerebrales específicas, en concreto el córtex prefrontal y el sistema límbico, son claves para las interacciones que implican la neurobiología, las relaciones y la personalidad. Mientras que el psicólogo Louis Cozolino (*Neuroscience of Human Relationships*, 2006) se centra en las conexiones sociales entre cerebros, Siegel subraya que la mente humana es "un proceso que regula el flujo de energía e información" (2007, pág. 5) tanto neurobiológicamente dentro del cuerpo como interpersonalmente (2006, pág. 248). "Se dice que la mente emerge en la interfaz dinámica de los procesos corporales y relacionales, situando las relaciones en el centro de la experiencia humana de la realidad" (Hollingsworth, 2008, p. 842).

Las relaciones sociales dependen de importantes estructuras cerebrales. Los datos sensoriales externos y emocionales internos se sintetizan a través del córtex prefrontal medial orbital (OMPFC) para influir en la percepción y la interacción, conectando la información externa con las redes de motivación y recompensa. El hipotálamo asocia la experiencia consciente con procesos como el hambre, la sed y la agresividad. El hipocampo organiza la memoria y el aprendizaje secuencial emocional y espacial. Las respuestas de miedo están mediadas por la amígdala, que evalúa y reacciona rápidamente ante amenazas o peligros. La corteza cingulada del sistema límbico facilita la empatía, la cooperación social y los vínculos emocionales duraderos. El cíngulo anterior se asocia con la conciencia de los estados corporales y la consideración de las experiencias afectivas. Estas estructuras cerebrales claves, conectadas con las redes sensoriales, motoras y emocionales, así como otras áreas corticales y subcorticales, conforman el cerebro social (Cozolino, 2006, pp. 51-57, en Hollingsworth, 2008, p. 843).

Los modelos de apego de trabajo interno están moldeados por la experiencia temprana del cuidador. La IPNB se centra en modelos de apego que pueden ser seguros o inseguros. Es probable que un estilo relacional seguro muestre empatía, expectativas optimistas, autorregulación emocional y conductual, y facilidad para narrar la vida de forma coherente. Los estilos inseguros se manifiestan en dificultades con la regulación emocional, problemas con la consecución de objetivos a largo plazo, narrativas vitales breves e incoherentes, dificultades con la memoria y la planificación, sentimientos de vergüenza interiorizada y dificultades con la adopción de perspectivas empáticas.

La amígdala evalúa rápida y poderosamente las circunstancias internas y externas y activa la hiperexcitación autonómica mucho antes de que se active la conciencia. Las respuestas de miedo toman su señal, generalizan a partir de aprendizajes pasados e inician la ansiedad basándose en desencadenantes internos y externos. En situaciones sociales, la amígdala inhibe el contacto social con personas desconocidas hasta que se haya verificado la sensación de seguridad. A menos que se produzca algún tipo de intervención, es probable que los patrones de apego tempranos perduren a lo largo de la vida. Sin embargo, el córtex prefrontal puede interactuar con la reactividad automática insegura, reprogramando a través de la neuroplasticidad los sesgos de la experiencia vital temprana a favor de la afiliación frente a la temerosa cautela. Las relaciones de apoyo y resonancia en algún momento de la vida y el esfuerzo deliberado por desarrollar habilidades atencionales pueden alterar el apego disfuncional en una dirección más saludable (Hollingsworth, 2008, p. 845).

Según la IPNB, el control consciente de la atención a través de procesos como la conciencia plena (*mindfulness*) y la autorreflexión no crítica, en su regulación descendente de la reactividad automática, pueden contribuir a la integración neuronal. La sintonización deliberada en un estado relajado con diversos aspectos del yo puede permitir la generación de nuevos enlaces sinápticos (sinaptogénesis) y la aparición de nuevas células cerebrales (neurogénesis). Curiosamente, el proceso de conciencia plena que puede abrir a la autorreflexión sintonizada se parece notablemente a la sintonización empática con otra persona. "Las mismas zonas del córtex prefrontal parecen reforzarse tanto si se experimenta una conexión empática con uno mismo como con otro ser humano" (Wiegel, 2007; Lazar et al., 2005). Para desarrollar la compasión y la empatía, parece que tanto la resonancia neurológica intrapersonal como la interpersonal promueven el bienestar (Hollingsworth, 2008, p. 846).

Empatía neurobiológica y espiritualidad

La conciencia empática de la experiencia de los demás es una actividad consciente plenamente personal que va más allá de la biología y alcanza la dimensión espiritual de la persona. Se necesita *una* atención *doble*: prestar atención al mismo tiempo a los pensamientos propios y a los del otro (Baron-Cohen, 2011). Esta atención doble implica dos dimensiones complementarias: el reconocimiento de lo que el otro está pensando y sintiendo y una respuesta adecuada. Este proceso se produce sin problemas en la persona empática. Nuestras relaciones personales, sociales y profesionales dependen de nuestra capacidad para comprender y responder con empatía.

El neurocientífico italiano Giacomo Rizzolatti y sus colegas descubrieron las neuronas espejo en monos macacos en la década de 1990. Las neuronas espejo de las áreas corticales frontales y parietales humanas (Cozolino, 2006) están situadas en la confluencia de las secciones emocional, visual y motora. En la base, las neuronas espejo intervienen en la detección de acciones con un fin. ¿Tienen también la clave de la percepción empática de las intenciones de los demás? ¿Existe un *sistema de neuronas* espejo esencial para experimentar lo que sienten los demás y responder con compasión? ¿Y nos permiten predecir lo que probablemente hará otra persona, actuando como simulaciones virtuales de las intenciones de los demás?

Al principio, las ciencias sociales dedujeron que así era, que las neuronas espejo eran clave para la empatía y la interacción social. En 2012, *Perspectives in Psychological Science* publicó los resultados de un foro sobre neuronas espejo en el que los autores "debatieron el papel de las neuronas espejo en la comprensión de la acción, el habla, la imitación y el autismo" (Heyes y Catmur, 2022). Este foro, junto con investigaciones posteriores, incluido el libro del profesor de ciencias cognitivas Gregory Hickok *The Myth of Mirror Neurons* (2014), descubrió que, de hecho, la contribución de las neuronas espejo es mucho más modesta. Las áreas cerebrales de las neuronas espejo están activas durante la observación y la ejecución de la acción. Menos del 10% (de Pellegrino et al., 1992) de las neuronas de las áreas cerebrales donde se encuentran las neuronas espejo tienen propiedades espejo. Estas áreas se encuentran en la corteza premotora ventral y el lóbulo parietal inferior, la corteza premotora dorsal, el lóbulo parietal superior, el cerebelo (Molenberghs et al., 2012), el área motora suplementaria y el lóbulo temporal medial (Mukamel et al., 2010, en Heyes y Catmur, 2022, p. 155). No está claro que dichas áreas constituyan un sistema. Las neuronas espejo contribuyen al procesamiento de bajo nivel de las acciones percibidas y contribuyen a la copia del movimiento corporal (p. 161). Las neuronas espejo no contribuyen a la interpretación de alto nivel y no infieren las intenciones de los actores (p. 156). La teoría del "espejo roto" del autismo no fue apoyada (p. 157).

La empatía abre a los individuos a compartir necesidades, experiencias y objetivos. La conectividad se produce a través de la ínsula con el sistema límbico, que es esencial para el procesamiento emocional y el comportamiento. El córtex temporal superior codifica una representación visual de una acción percibida y transmite estos datos al córtex parietal posterior, que codifica la dimensión cinestésica del movimiento. Esta información se envía a las neuronas espejo frontales inferiores. De este modo, la descripción visual de la acción percibida coincide con las consecuencias previstas de la posible acción imitativa, y puede comenzar la imitación. La ínsula se conecta con los córtex parietal posterior, frontal inferior y temporal superior, así como con las áreas límbicas, especialmente la amígdala, para recibir información emocional. "La resonancia empática se produce a través de la conexión entre las redes de representación de la acción y las áreas límbicas, proporcionada por la ínsula" (Carr et al., 2003).

Aunque las neuronas espejo no influyen tanto en la comprensión e interpretación de los demás como se pensaba, la relacionalidad a través de la neurobiología interpersonal desempeña un papel importante en la espiritualidad. La resonancia en la neurobiología interpersonal se produce a través de la sincronía entre las uniones temporoparietales derechas de ambos participantes, incluyendo estructuras subcorticales como la amígdala, la ínsula y el córtex frontal medial cingulado anterior (Schore, 2021).

La espiritualidad suele abordar cuestiones existenciales que pueden expresarse en narraciones coherentes. En los ritos sagrados destaca la narración de historias, un medio central de integración neuronal.

> Dado que las narraciones requieren la participación de múltiples estructuras de todo el cerebro, nos obligan a combinar, en la memoria consciente, nuestros conocimientos, sensaciones, sentimientos y comportamientos. Al reunir múltiples funciones de diversas redes neuronales, las narraciones proporcionan al cerebro una herramienta de integración tanto emocional como neuronal. (Cozolino, 2006, p. 304, en Hollingsworth, 2008, p. 852)

Mediante la integración neuronal de la IPNB, la espiritualidad abre a los participantes a sí mismos y a lo sagrado. Es probable que la empatía y la compasión implicadas en la IPNB se produzcan en relaciones seguras y basadas en la confianza. Este tipo de entorno suele ser característico de la expresión y la experiencia de la espiritualidad.

Fisiología de las experiencias transformadoras

Las experiencias transformadoras de despertar espiritual incluyen pensamientos, sentimientos y comportamientos asociados con áreas cerebrales que se relacionan con las emociones y un sentido de sí mismo como estrechamente conectado con el universo o Dios (Newberg y Waldman, 2018). Investigaciones recientes enfatizan que el cerebro funciona como un todo unificado, con sistemas o redes que contribuyen a las percepciones, pensamientos y sentimientos (Ledoux, 1998). Las cogniciones que implican memoria, conceptos y conciencia de causalidad implican a los lóbulos frontal y temporal. Las experiencias sensoriales implican a las áreas visuales, auditivas, táctiles y olfativas que se proyectan a la corteza somatosensorial del tálamo e incluyen regiones de memoria (Newberg y Waldman, 2009). Las áreas emocionales incorporan estructuras límbicas como el hipocampo y la amígdala, la ínsula y sistemas corticales más amplios (Touroutoglou, Hollenbach, Dickerson y Feldman Barrett, 2012; Feldman Barrett, 2017). Dado que las experiencias espirituales a menudo se extienden por todo el cuerpo, el sistema nervioso autónomo participa en la regulación de la frecuencia cardíaca, la presión arterial, la respiración y otras funciones fisiológicas (Newberg e Iversen, 2003; Newberg y Waldman, 2018, p. 120).

Hemos observado que la experiencia espiritual, cuando es autotrascendente, implica una reducción de la autosaliencia, una pérdida del sentido del yo. Dado que el sentido del yo, así como la autoorientación en el espacio, se registra en especial en el lóbulo parietal derecho, es probable que la trascendencia espiritual implique una reducción de la activación parietal, en particular en el lóbulo parietal inferior derecho (Johnstone, 2016). Tales cambios en el lóbulo parietal se han observado en estudios de neuroimagen de prácticas espirituales intensas.

Curiosamente, aunque las experiencias trascendentes afectan a la transformación hasta cierto punto, también pueden incluir, paradójicamente, un mayor sentido de uno mismo. Las experiencias espirituales significativas conducen casi uniformemente a cambios a mejor. La investigación muestra que la mayoría con diferencia (95-97%) de las personas encuestadas informaron de una mejora general en sus relaciones, su sentido de la vocación, la salud, el propósito y el significado de su vida, y el sentido de sus creencias espirituales o religiosas (Newberg y Waldman, 2018, p 126). Solo el 3-5% de los encuestados indicaron un empeoramiento en las relaciones, en su trabajo o con respecto a su sentido de la espiritualidad o la religión. La neuropsicología explica científicamente cómo se procesa el altruismo en el cerebro durante las experiencias espirituales. Las religiones hacen hincapié en el valor del desinterés para relacionarse con un poder superior o para profundizar en la comprensión del sentido de la vida. Las tradiciones religiosas fomentan el altruismo como algo necesario para la salvación y como una cualidad humana admirable (Johnstone, 2016).

Los investigadores ofrecen al menos una razón por la que las experiencias espirituales pueden ser transformadoras. Los centros cerebrales emocionales y de memoria se encuentran en los lóbulos temporales. El aumento de la actividad de los lóbulos temporales en el sistema límbico emocional enlaza con el hipocampo, esencial para registrar las experiencias en la memoria. Zohar y Marshal sostienen que una experiencia espiritual, aunque sólo dure unos segundos, puede activar intensamente el hipocampo, registrando un impacto emocional fuerte, duradero y posiblemente de por vida. Esto puede explicar en parte la cualidad, a veces transformadora, de las experiencias espirituales (Hyde, 2004, p. 45).

Cuando las experiencias espirituales son emocionalmente fuertes, las estructuras límbicas las codifican en la memoria a largo plazo, asegurando que puedan ser recordadas con intensidad y claridad. Mientras que el sistema límbico facilita la percepción de las emociones, la ínsula, una estructura cortical, parece ayudar a interpretarlas. Se ha descubierto que la meditación y la oración activan el sistema insular (Newberg, 2018b, p. 100). Los neurotransmisores que afectan a la intensidad emocional de las experiencias espirituales positivas incluyen la dopamina, que registra sentimientos de recompensa en los ganglios basales, así como en el sistema límbico. Se piensa que la dopamina desempeña un papel decisivo en la recompensa a corto plazo, y la serotonina en las secuelas a largo plazo de la experiencia (p. 101).

Con una mayor activación de los centros emocionales del cerebro, el sistema límbico, los ganglios basales y los centros cognitivos corticales superiores reducen su activación. Esto puede explicar la dificultad para describir las experiencias espirituales y el hecho de que parezcan trascender la racionalidad. Después de la experiencia, la persona puede recuperar su agudeza cognitiva e intentar comprender lo sucedido, probablemente de acuerdo con sus creencias establecidas (Newberg, 2018b, p. 102).

Dimensiones teológicas de la espiritualidad

Conciencia de la presencia de Dios

El neuropsicólogo canadiense Michael Persinger descubrió que la estimulación del lóbulo temporal podía provocar una *presencia sentida*. Se pensó que esto demostraba que las experiencias religiosas son sólo fenómenos biológicos neuroquímicos (1987, p. 4). Algunos afirmaron que esto significaba que los estados mentales están localizados en el cerebro. Un problema con esta idea es que, aunque la activación de partes del cerebro puede evocar una percepción artificial, no está claro cómo se relaciona esto con los sentimientos genuinos, ya que los estados mentales normalmente se conectan con el mundo real y con el significado (Jastrzebski, 2018). Confundir una percepción artificial, estimulada desde el exterior, con los estados mentales representa una confusión categorial. Las neuronas que generan pensamientos están en el cerebro; los pensamientos en sí no tienen una ubicación ni ocupan un espacio (Edwards, 1997 en Hyde, 2004, p. 47).

La investigación en neuroteología ofrece la ventaja de demostrar que la espiritualidad está plasmada en la biología humana. "Las imágenes funcionales del cerebro están dejando cada vez más claro que nuestras experiencias religiosas y espirituales, como todas nuestras experiencias, se basan en redes neuronales dentro de nuestros cerebros" (Jeeves y Ludwig, 2018, p. 136). Al mismo tiempo, no son totalmente equivalentes a efectos neuronales. Las experiencias religiosas y espirituales deben incorporar estados mentales que, si bien están conectados a redes neuronales, incluyen una dimensión que se percibe como independiente del cerebro.

Teológicamente, la espiritualidad se entiende como la experiencia consciente de la presencia de Dios en lugar de centrarse en un alma sólo interior, privada y aislada del mundo social y exterior. La espiritualidad comienza con la actividad y la comunicación de la persona con el mundo en conjunción con el espíritu de Dios (Brown y Strawn, 2017).

Autotrascendencia cristiana

Hemos señalado que la espiritualidad pone el acento en la autotrascendencia, es decir, en la disminución de la autosaliencia y la conexión con los demás, el universo y Dios. La caída de Adán y Eva demostró que los seres humanos creados a imagen de Dios son falibles cuando intentan ser como Dios por sí mismos. Desde el punto de vista teológico, los seres humanos se asemejan a Dios aceptando con fiel obediencia la oferta divina gratuita de incorporación espiritual al Hijo encarnado de Dios. "Un cristiano debe llegar a ser desinteresado, entregándose totalmente a Jesús sin reservas. Aquí, el desinterés representa el amor divino, incondicional, voluntario y abnegado. El punto central es que en el cristianismo, el abandono de uno mismo es crítico" (Johnstone et al., 2016, p. 295). Los cristianos eligen imitar el auto-vaciamiento de Cristo: "El cual, siendo en forma de Dios, no estimó el ser igual a Dios como cosa a que aferrarse. Sino que se despojó de sí mismo" (Flp 2, 6-7).

La autotrascendencia cristiana, como hemos visto, tiene también una dimensión comunitaria. Respecto al encuentro religioso personal con lo divino, mientras que el pensamiento influye en la acción, la acción influye recíprocamente en el pensamiento. La participación en la Eucaristía, por ejemplo, así como en la oración, los sacramentos, los sacramentales y las prácticas religiosas, involucran al cuerpo para influir en "pensamientos, sentimientos, creencias y comportamiento futuro" (Jeeves y Ludwig, 2018, p. 141). Es probable que la creencia y el culto con actividad concurrente sean formativos tanto para el individuo como para la comunidad cristiana (Brown y Strawn, 2012).

Aplicación a la espiritualidad católica

La tradición cristiana ha hablado generalmente de espiritualidad como la variedad de formas con que los cristianos se esfuerzan por vivir su fe con mayor devoción. Algunos optan por seguir una escuela de espiritualidad establecida o un movimiento eclesial (Cunningham, 2006). Originalmente, el término espiritual asociaba la espiritualidad con el Espíritu Santo (Rupnik, 2000, pp. 8-9. Ireneo señalaba que "los hombres son espirituales por participación en el Espíritu" [*Adv. Haer.* 5.6.1]). "No hay situación ni lugar que no pueda ser *espiritual* porque el Espíritu Santo crea, penetra, mantiene y santifica todo" (Kohut, 2012, p. 157).

En su libro *¿Qué nos hace católicos?* (2003), el profesor de teología Thomas Groome sostiene que "el catolicismo no *tiene* espiritualidad. Más bien, *es* espiritualidad" (Fox, 2004). Señala componentes centrales como el optimismo católico, una perspectiva de encarnación centrada en Jesús, el sentido del asombro, el carácter sagrado de la vida, la gratitud y, fundamentalmente, el amor incondicional y el perdón de Dios (Fox). Siguiendo la admonición de San Pablo de "transformaros mediante la renovación de vuestra mente, para que podáis discernir cuál es la voluntad de Dios: lo bueno, lo agradable y lo perfecto" (Rom 12:2), la espiritualidad católica es sacramental. La participación en el misterio de Jesús a través del Espíritu Santo conduce al crecimiento en la gracia y a la madurez espiritual (Kohut, 2012).

Originalmente, espiritualidad significaba un estilo de vida específico seguido por un grupo de cristianos. A lo largo de los siglos, ha evolucionado hasta convertirse en la búsqueda de una perspectiva y un modo de vida espiritual a menudo perfilados por institutos religiosos (órdenes y congregaciones) o movimientos eclesiales que siguen espiritualidades específicas. Los estilos de vida de los institutos religiosos se diseñaron para revivir algún aspecto de la vida terrenal de Jesús a través de un carisma o gracia específica del Espíritu Santo. El carisma actúa con la colaboración humana en circunstancias históricas y se transmite a otros.

El clero secular católico y los laicos pueden no pertenecer a una escuela o movimiento de espiritualidad claramente definido y estructurado, pero sin embargo tienen una espiritualidad. Su espiritualidad podría considerarse una forma de *piedad popular*, auténtica y fructífera. Es probable que, como toda espiritualidad, necesite una renovación regular y constante (Kohut, 2012, p. 161). Los institutos religiosos masculinos y femeninos cuentan hoy con laicos asociados que, sin hacer votos, comparten la espiritualidad del carisma fundacional. Las órdenes y congregaciones religiosas que tienen apostolados en colegios y universidades, como los Asociados de la Santa Cruz y los Voluntarios Jesuitas, forman a graduados para que se dediquen a corto plazo al trabajo misionero. El creciente interés de los estudiosos por la espiritualidad ha dado lugar a programas de espiritualidad en colegios y universidades, algunos de ellos con programas de postgrado para formar a líderes de retiros y directores espirituales. La Sociedad para el Estudio de la Espiritualidad Cristiana, por ejemplo, publica la revista *Spiritus*. Su libro *Minding the Spirit* (2005) explica metodologías, límites y cuestiones en el campo de la espiritualidad (Cunningham, 2006, p. 15). La espiritualidad vuelve así a la búsqueda de sentido y coherencia dentro de los parámetros de la creencia y la vida católicas. La espiritualidad católica extiende las prácticas fundamentales de participación en la liturgia y adhesión al credo a una variedad de otras expresiones de la vida espiritual.

Puesto que la espiritualidad católica deriva de la gracia -la acción del Espíritu Santo- a la que responde la persona humana, la espiritualidad parecería surgir de la misteriosa dimensión del alma (intelecto y voluntad) donde Dios se comunica con la persona. Desde el punto de vista neurofisiológico, varias regiones del cerebro parecen desempeñar un papel activo y subordinado en la recepción y respuesta a la gracia divina. Aquí sólo se sugieren algunas aplicaciones, pero podría haber muchas más.

La espiritualidad puede referirse a la búsqueda de la autotrascendencia mediante el desarrollo de una vida espiritual. La autotrascendencia como búsqueda de sentido y la sensación de coherencia están vinculadas a la integración neuronal a través de la narración. La base de la vida espiritual católica es el fortalecimiento de la fe a través de la narración en forma de revelación, tal como se encuentra en las Escrituras. "La fe viene por el oír" (Hb 11:1). Neurobiológicamente, la receptividad a la Escritura hablada o escrita implica sistemas sensoriales auditivos y visuales y proyecciones a las cortezas frontales para su interpretación. La proclamación de la Palabra de Dios implica sistemas lingüísticos receptivos y expresivos.

La teología católica atribuye toda expresión de espiritualidad a la iniciativa divina: "No es que nosotros hayamos amado a Dios, sino que Él nos amó a nosotros" (1 Jn 4,10). "Hay diversas clases de dones espirituales, pero un mismo Espíritu; hay diversas formas de servicio, pero un mismo Señor; hay diversas obras, pero un mismo Dios que las produce todas en todos" (1 Co 12,4-11). Se entiende que las espiritualidades derivan de la gracia. Ya sea en un instituto religioso o en un movimiento laico, la búsqueda de la espiritualidad católica, al menos en cierto grado y con diversos énfasis, prefiere la pobreza y la sencillez de vida a la riqueza, la pureza y la entrega a la sensualidad, y la obediencia a la autopromoción.

Las espiritualidades contemplativas vividas en comunidades de clausura, como los cartujos, los carmelitas y las ramas de los benedictinos, los dominicos, las clarisas, las Misioneras de la Caridad y otros institutos, dan primacía a la oración en la Eucaristía, la Liturgia de las Horas, la lectura espiritual y la meditación. La mayoría de los demás institutos religiosos son activo-contemplativos o institutos de espiritualidad apostólica. También dan prioridad a la oración con horas diarias obligatorias para la Eucaristía, partes de la Liturgia de las Horas, en particular la oración de la mañana y de la tarde, u otras oraciones comunitarias prescritas, la lectura espiritual y la meditación.

Los institutos apostólicos reciben de la Iglesia el encargo de realizar ministerios específicos que sirven a las necesidades eclesiales y del mundo, según sus carismas, según la diversidad de dones del Espíritu.

La espiritualidad católica crece y se desarrolla con el reconocimiento apreciativo del misterio de Jesús, encarnado y "sometido a la misma prueba que nosotros, sin pecado" (Hb 4,15), y él mismo sujeto en su vida mortal a las limitaciones cerebrales humanas. La doctrina de la redención da espacio y sentido para que los fallos morales sean sanados y restaurados mediante el sistema sacramental fundado en el Misterio Pascual de su muerte, resurrección y ascensión. El objetivo de la espiritualidad católica, incluidos sus componentes neurofisiológicos, es "madurar hasta la plena medida de la estatura de Cristo" (Ef 4,13).

La espiritualidad como disciplina teológica

La espiritualidad en el catolicismo también se refiere a una disciplina teológica independiente. La teología espiritual evolucionó a partir de lo que se denominó el *problema místico*. La controversia sobre la teología en torno a este problema dio lugar a la gravitación de tres escuelas basadas en institutos religiosos: Dominicos, Jesuitas y Carmelitas, y dio lugar a un nuevo departamento académico: la *teología ascética y mística*. El primer departamento teológico de este nuevo campo se abrió en Roma, en la Universidad *Gregoriana* de los jesuitas, en 1919, y en el *Angelicum de* los dominicos, en 1920. Unos veinte años más tarde, las dos ramas se fusionaron en la disciplina de la *teología espiritual*. La teología espiritual, basada en la revelación bíblica y en la auténtica experiencia cristiana, explora sistemáticamente la unión humana con Dios en Cristo efectuada a través del Espíritu Santo en la historia de la Iglesia y del mundo, implicando la colaboración humana con su desarrollo e individualidad (Kohut, 2012, p. 161). La espiritualidad como campo investiga teológicamente la vida espiritual y el estilo de vida.

La espiritualidad, como vimos, puede referirse a escuelas para vivir la vida católica más intensamente, derivadas de institutos religiosos establecidos como los jesuitas o los carmelitas, o la participación en movimientos como la Legión de María. Aquí destaca la neurobiología interpersonal. Las regiones cerebrales asociadas con la creación de espacios seguros basados en la confianza para el desarrollo, la expresión y la comunicación espirituales, incluyen el córtex prefrontal orbitofrontal, el hipotálamo, el córtex cingulado, el cíngulo anterior, la ínsula, la amígdala y el córtex prefrontal. El sistema de neuronas espejo puede desempeñar un papel importante en la vida comunitaria espiritual y en el crecimiento espiritual a través de la virtud. Es probable que las experiencias trascendentes impliquen centros cerebrales cognitivos y emocionales, áreas corticales superiores, el sistema límbico, la ínsula y los ganglios basales.

Espiritualidades católicas

Hay muchas escuelas de espiritualidad católica desarrolladas a lo largo de más de 2.000 años; aquí sólo podemos tratar las más destacadas. Podría decirse que las escuelas más significativas de espiritualidad católica derivadas de institutos religiosos establecidos son: "Basilianos, agustinos, benedictinos, dominicos, franciscanos, carmelitas, jesuitas, oratorianos, salesianos, vicentinos, pasionistas y redentoristas" (Kohut, 2012, p. 160). Los principales santos y líderes espirituales que representan las diversas escuelas de espiritualidad incluyen:

Patrística (Ss. Atanasio, Agustín, Gregorio de Nisa y Dionisio Areopagita), Monástica (Ss. Benedicto, Bernardo de Claraval, Hildegaard de Bingen y Cecile Bruyère), Mendicante (Ss. Domingo, Catalina de Siena, Francisco de Asís, Buenaventura y Ángela de Foligno), mística española (Ss. Juan de Ávila, Ignacio de Loyola, Teresa de Ávila y Juan de la Cruz), Escuela Francesa de Espiritualidad (Cardenal Bérulle, Ss. Luis de Montfort, Teresa de Lisieux e Isabel de la Trinidad), y contemporáneas de Europa Central y Oriental (Ss. Faustina Kowalska, Teresa Benedicta de la Cruz [Edith Stein], Maximiliano Kolbe, Teresa de Calcuta y el Papa Juan Pablo II). (Instituto de Ávila)

Basilianos: Una de las varias comunidades monásticas (rito bizantino) que siguen la Regla de San Basilio (330-379), teólogo y arzobispo de Cesarea de Capadocia (actual Turquía). Su lema es "Enséñame bondad, disciplina y conocimiento" (Salmo 119). Los basilianos viven en comunidad bajo obediencia con horas de oración litúrgica, trabajo manual y mental, y atención a los pobres. La Congregación de San Basilio fue fundada en 1822 por diez sacerdotes seculares en Francia, con San Basilio como patrón. Viven en comunidad y se dedican a la educación cristiana, la enseñanza y la evangelización.

Agustinos: En 1244, el Papa Inocencio IV unió varias comunidades de ermitaños en Italia y les dio la regla de San Agustín. Su lema es "Un solo corazón y una sola alma en Dios". Orden mendicante, visten hábito negro. La espiritualidad agustiniana consiste esencialmente en aplicar la caridad a la vida cotidiana (Downey, 1993). Las características de la orden incluyen la vivencia comunitaria del Evangelio y la liturgia, la búsqueda de Dios y la interioridad centrada en la Trinidad, la imagen de Dios, la gracia, Cristo Mediador y Médico, las actividades apostólicas según las necesidades de la Iglesia y el cultivo de la vida intelectual. Entre sus miembros destacan San Agustín, Ruysbroeck, Santa Rita de Casia, Gregorio de Rímini, Walter Hilton y Luis de León.

Benedictinos: Fundados en 529 por San Benito de Nursia en Italia, su lema es "Ora y trabaja". Organizados como orden monástica, visten un hábito blanco o negro. El Dios de San Benito es soberano, y el monje responde con reverencia, humildad y obediencia (Downey, 1993). Sus características son la oración y el trabajo manual diario, la vida comunitaria y la obediencia como discernimiento de la voluntad de Dios. Entre los santos más destacados se encuentran San Benito, Santa Escolástica y San Gregorio Magno. Los benedictinos equilibran la devoción a Dios y la atención a las necesidades de uno mismo, de la comunidad y del mundo. El ritmo diario de oración es la Liturgia de las Horas. Los benedictinos desarrollaron la tradición de oración monástica de la *lectio divina* (*lectura sagrada*), que incluye la *lectio* (lectura), la *meditatio* (relectura lenta y orante), *la oratio* (oraciones breves) y la *contemplatio* (presencia y comunicación con Dios).

Cistercienses: Fundados en 1098 por San Roberto de Solesme, San Alberico y San Esteban Harding como una rama más estricta de los benedictinos. Su lema es "Oración y trabajo". Su padre espiritual es San Bernardo de Claraval, que ingresó en la comunidad en 1112. En el siglo XVII, el abad de Rancé del monasterio de La Grande Trappe, en Normandía, promulgó reformas. Los trapenses y las trapenses llegaron a Estados Unidos a finales del siglo XVIII. Orden monástica, visten un hábito de túnica blanca, escapulario negro con capucha y cinturón de cuero negro. Siguen la Regla de San Benito, que equilibra la oración, la lectura y el trabajo con la clausura, haciendo hincapié en el silencio, la pobreza y la sencillez. Existen dos observancias: la estricta O.C.S.O. (trapenses) y la más moderada O.Cist., ambas con un renacimiento de la obra literaria. Entre sus miembros destacan San Bernardo de Claraval, la beata María Gabriela Sagheddu y Thomas Merton.

Cartujos: Fundados en 1084 por San Bruno de Colonia, su lema es "La cruz es firme mientras el mundo gira". Orden religiosa monástica, visten hábito blanco. Se caracterizan por la contemplación, la soledad y una mezcla de vida solitaria y comunitaria. La liturgia cartujana se caracteriza por la sencillez y la sobriedad.

Dominicos: Fundados en 1216 por Santo Domingo de Guzmán en Francia, su lema es "Alabar, bendecir, predicar". Orden religiosa mendicante, visten un hábito blanco con un rosario que cuelga del cinturón y una capucha negra. Se caracterizan por una vida comunitaria de oración, estudio, predicación y enseñanza. Entre sus santos destacan Santo Tomás de Aquino, Santa Catalina de Siena y San Alberto Magno.

Franciscanos: Fundados en 1209 por San Francisco de Asís en Italia, su lema es "La paz y el bien". Orden religiosa mendicante, visten un hábito gris/negro o marrón. Sus ramas son los Hermanos Menores, los Hermanos Menores Conventuales y los Hermanos Menores Capuchinos. Se caracterizan por vivir el Evangelio, seguir a Jesucristo, la pobreza y la fraternidad. Entre sus santos destacan San Francisco de Asís, San Antonio de Padua, San Buenaventura, Santa Clara de Asís, San Pío de Pietrelcina y San Maximiliano Kolbe.

Clarisas: Fundadas en 1212 por Santa Clara de Asís en Italia. Segunda de las tres órdenes franciscanas, hacen un cuarto voto de clausura. Se dedican a la oración, la penitencia, la contemplación y el trabajo manual, con clausura estricta, ayunos y austeridades. Con la moderación de la regla en 1264 por el Papa Urbano IV, la Orden de Santa Clara (O.S.C.) se diferenció de las primitivas originales. En 1406, Santa Colette, abadesa franciscana en Francia, reformó a las Clarisas, volviéndolas a la severidad original de la regla. Las Hermanas Capuchinas de Nápoles de 1538 y las Alcantarinas de 1631 son también Clarisas de estricta observancia.

Carmelitas: Comenzaron como una comunidad de ermitaños en el monte Carmelo, en Palestina, inspirados en el profeta Elías. La Regla de San Alberto, con la Virgen María y Elías como modelos, fue aprobada en 1247. Su lema es "Con celo, he sido celoso del Señor Dios de los ejércitos". Orden mendicante, visten hábito marrón y manto blanco. Se caracterizan por la contemplación y la oración, la fraternidad y el servicio. Entre sus santos destacan Santa Teresa de Ávila, San Juan de la Cruz, Santa Teresa de Lisieux y Santa Edith Stein (carmelitas reformados, llamados "descalzos", por contraposición a los "calzados").

Jesuitas: La Compañía de Jesús fue fundada en 1540 por San Ignacio de Loyola en Francia. Su lema es "Para mayor gloria de Dios". Orden religiosa apostólica, actualmente no visten un hábito especial. Sus características se basan en los *Ejercicios Espirituales* ignacianos: encontrar a Dios en todo, evangelización, servicio, discernimiento espiritual y educación. Entre sus santos destacan San Ignacio de Loyola, San Francisco Javier, San Isaac Jogues, San Alfonso Rodríguez y San Luis Gonzaga.

Oratorianos: El Instituto del Oratorio fue fundado en 1575 por San Felipe Neri en Roma. Los Oratorianos son comunidades independientes de sacerdotes seculares y hermanos bajo obediencia, pero no ligados por votos, dedicados a la oración, la predicación y los sacramentos. Su hábito es una sotana negra con un cuello blanco que se pliega sobre el cuello. Están asociados a la Hermandad del Pequeño Oratorio, una cofradía de sacerdotes y laicos. Entre sus miembros destacan San Felipe Neri, San Francisco de Sales, San Juan Enrique Cardenal Newman y Federico Guillermo Fabro.

Los miembros de la Congregación del Oratorio de Jesús y María Inmaculada se llaman Berulianos, o también Oratorianos. Esta congregación tiene algunas reglas de San Felipe, pero fue fundada de modo especial por el cardenal Pierre de Berulle y aprobada en 1613. La Sociedad de San Sulpicio fue fundada en 1641 por Jean-Jacques Olier para formar candidatos al sacerdocio. Juan Eudes fue oratoriano antes de fundar la congregación de Jesús y María.

Salesianos: Fundados en 1859 por San Juan Bosco en Italia, su lema es "Dame almas; quítame lo demás". Esta congregación religiosa clerical no viste un hábito especial. Las Hermanas Salesianas de San Juan Bosco visten un hábito gris. Se caracterizan por la caridad pastoral, la alegría y el optimismo, el trabajo y la templanza, la atención pastoral a los jóvenes y una ascesis de bondad. Son santos notables, entre sus miembros, San Juan Bosco, Santo Domingo Savio y Santa María Mazzarello.

Vicentinos: La Congregación de la Misión fue fundada en 1633 por San Vicente de Paúl. Puso en marcha organizaciones benéficas que integraban la evangelización y la caridad para atender las necesidades materiales y espirituales. Su lema es "Me envió a llevar la Buena Noticia a los pobres" (Lc 4, 18), y su enfoque es "Todo lo que hagáis por el más pequeño de los míos, por mí lo hacéis" (Mt 25, 40). Su hábito es una camisa clerical negra. La espiritualidad vicentina evangeliza y es evangelizada por los pobres con bajos ingresos y confía en la providencia divina.

La colaboradora de Vicente en el ministerio, Santa Luisa de Marillac, fundó las Hijas de la Caridad en 1633, la primera comunidad de religiosas sin clausura. En 1809, Santa Isabel Ana Seton fundó las Hermanas de la Caridad. En 1810 estableció la primera escuela católica gratuita atendida por religiosas para niñas necesitadas. Su lema es "La caridad de Cristo nos apremia". (2 Co 5,14). El Beato Federico Ozanam fundó la Sociedad de San Vicente De Paúl en 1833 en Francia para el servicio de los que experimentan la situación de pobreza. Entre sus miembros destacan San Vicente de Paúl, Santa Luisa de Marillac, el Beato Federico Ozanam y Santa Catalina Labouré.

Pasionistas: Fundados por San Pablo de la Cruz en 1720. "Buscamos la unidad de nuestras vidas y nuestro apostolado en la Pasión de Jesús". Congregación religiosa clerical, visten una túnica con el emblema *Jesu XPI Passio* (Pasión de Jesucristo) y tradicionalmente calzan sandalias en lugar de zapatos. Hacen voto de mantener viva la Pasión de Jesús y se dedican principalmente a predicar misiones y retiros, a la dirección espiritual y el trabajo pastoral, a proyectos de asistencia social y a la educación en misiones.

Las Hermanas de la Cruz y de la Pasión fueron fundadas en 1852 por el padre Gaudencio Rossi. Son santos notables San Pablo de la Cruz y San Gabriel de Nuestra Señora de los Dolores. Santa Gema Galgani y Santa María Goretti se cuentan por haber sido guiadas por pasionistas, aunque ambas murieron antes de poder ser miembros.

Redentoristas: Fundados por San Alfonso de Ligorio en 1696 en Italia. Ven a Dios en lo ordinario, sirven a los pobres y a los más abandonados espiritualmente, trabajan en parroquias y santuarios y con inmigrantes, y evangelizan a través de los medios de comunicación. Su lema es "Imitar a Jesús, especialmente predicando la palabra de Dios a los pobres". Se dedican a evangelizar sobre Belén, el Calvario, la Eucaristía y Nuestra Señora del Perpetuo Socorro. Entre sus miembros más destacados se encuentran San Alfonso de Ligorio, San Juan Neumann y el Beato Francisco Xavier Seelos.

Misioneras de la Caridad: Fundadas en 1950 por Santa Madre Teresa en la India. Su lema es "Tengo sed", que resume la experiencia religiosa de la Madre Teresa de que Dios tiene sed de nosotros. Hacen un cuarto voto para servir a los más pobres entre los pobres. Las religiosas visten un sari blanco con un borde azul. Se caracterizan por el amor universal, la irradiación de Cristo y el misterio de Jesús en los necesitados. Otras ramas son los sacerdotes Misioneros de la Caridad, los hermanos Misioneros de la Caridad y los hermanos y hermanas Contemplativas.

Hermanas de la Vida: Fundadas en 1991 por el cardenal John O'Connor en Nueva York, promueven el valor de la vida humana desde la concepción hasta la muerte natural y hacen un cuarto voto "para proteger y realzar el carácter sagrado de toda vida humana." Visten hábito blanco con escapulario azul. Sus ministerios apoyan el embarazo, la ayuda tras el aborto y las cuestiones relacionadas con el final de la vida.

Hermanas de Notre Dame: Congregación fundada en 1850 en Coesfeld, Alemania, en el espíritu y la regla de Santa Julie Billiart por las Hermanas Mary Aloysia Wolbring e Ignatia Kuhling. La congregación es testigo de la bondad y el cuidado providente de Dios. Sirven en 20 países en educación, pastoral, sanidad, hospicios, *counseling*, con personas discapacitadas, pastoral juvenil, comunicaciones, guarderías para personas mayores y misiones.

Marianos de la Inmaculada Concepción: Fundados en 1631 por San Estanislao Papcsyznski en Polonia. Es un instituto clerical que promueve la Divina Misericordia, atiende el Santuario Nacional de la Divina Misericordia y publica el *Diario de Santa Faustina*. Se dedican a la evangelización, las obras de misericordia y la oración por las almas del purgatorio. Entre sus miembros destacan San Estanislao Papczynski y el Beato Jorge Matulaitis.

Norbertinos. Fundados por San Norberto de Xanten en 1121 en Francia, canónigos regulares de Premontre (premonstratenses). Su lema es "Enseñar con la palabra y el ejemplo" a animar la fe con la acción. Siguen la regla de San Agustín y se inspiran en los cistercienses. También hay monjas norbertinas, que son una orden religiosa de clausura. En 1893 el reverendo Bernard Pennings, O. Praem., fundó la abadía de San Norberto en DePere, Wisconsin. Visten hábito blanco y se dedican a ministerios de educación, trabajo parroquial, radiodifusión y un centro de espiritualidad norbertina. Entre sus miembros destacan San Norberto de Xanten, San Evermodo de Ratzeburg y la Beata Gertrudis de Aldenburg.

Los movimientos eclesiales de laicos católicos, que a veces incluyen a sacerdotes, sobre todo desde el Concilio Vaticano II, suelen ser formas más recientes de expresar la fe y la vida espiritual. Los católicos laicos bautizados se organizan para colaborar en la catequesis, el apoyo mutuo, los ministerios culturales o la labor misionera. El número de asociaciones eclesiales no deja de crecer: el Directorio Internacional de Asociaciones de Fieles (2006) recoge 122 movimientos. El Papa Juan Pablo II se refirió a una "nueva era de iniciativas de grupos de fieles laicos", animando a estos movimientos a "la comunión eclesial en la diversidad y la complementariedad de carismas" (www.laic.va/content). Entre ellos están los Focolares, los Legionarios de Cristo, Regnum Christi, Obra de Schonstatt, Legio Mariae, Cursillo de Cristiandad, Encuentro Matrimonial, Carismáticos Católicos, Comunidad de Sant'Egidio, Opus Dei, El Arca, Vida-Luz, Oasis, Camino Neocatecumenal, Comunión y Liberación, y nuevas formas de vida religiosa masculina y femenina (Kohut, 2012, p. 160; Cunningham, 2006, p. 12).

Los movimientos laicos no asumen directamente las obligaciones de los votos religiosos, sino que siguen el espíritu de los consejos evangélicos. Trabajan "en el mundo" para ser fermento, esforzándose por transformar su trabajo ordinario y su interacción social con la luz del Evangelio. También existen diversas expresiones culturales del catolicismo, a grandes rasgos, por ejemplo, el catolicismo del norte y del sur de Europa, el irlandés y el italiano, siempre en la única Iglesia (cf. McGoldrick, *Ethnicity and Family Therapy*, 2005).

Neurobiología de las espiritualidades

¿Cómo podría relacionarse la rica diversidad de espiritualidades católicas en órdenes religiosas, congregaciones y movimientos eclesiales con la neuroteología? Algunos centros cerebrales que podrían verse afectados por las espiritualidades católicas incluyen el área gris periacueductal (PAG) del cerebro, que parece asociarse con la espiritualidad y la religión (Yasinski, 2021, p. 4) cuando se conecta en red con otras múltiples áreas (Newberg, 2018b, p. 238). Las prácticas y experiencias espirituales que promueven la comprensión de las respuestas a las preguntas últimas de la vida y el significado pueden vincularse con un *sentido de coherencia* (SOC) (Antonovsky, 1987) y el funcionamiento cognitivo en las cortezas frontales. La teología católica encuentra en las Escrituras y la Tradición, a pesar de las tragedias y los caprichos de la vida, un SOC de comprensibilidad, sentido y manejabilidad (Eriksson y Lindstrom, 2006).

Para la vida en comunidad y las comunicaciones multifacéticas en los ministerios, la neurobiología interpersonal se "forma y se vuelve a formar continuamente a través de las interacciones con otros cerebros" (Hollingsworth, 2008, p. 841). Para la neurobiología de las relaciones y la personalidad son fundamentales la corteza prefrontal y el sistema límbico, las regiones "sociales" del cerebro: la corteza prefrontal medial orbital, el hipotálamo, el hipocampo, la amígdala, la corteza cingulada y las redes sensoriales, motoras y emocionales corticales y subcorticales (Cozolino, 2006, pp. 51-57; Hollingsworth, 2008, p. 843).

El sistema de neuronas espejo, como hemos visto, sintoniza el cerebro con los estados emocionales de los demás y fomenta la empatía, la bondad y el altruismo (Cozolino, 2006, p. 59). La "atención doble" tiene en cuenta tanto los pensamientos y sentimientos propios como los de los demás (Baron-Cohen, 2011), lo que favorece el surgimiento de la espiritualidad (deSouza, 2014, p. 48).

La neurobiología interpersonal fomenta narrativas coherentes que ayudan a integrar "conocimientos, sensaciones, sentimientos y comportamientos" (Cozolino, 2006, p. 304), utilizando historias para dar sentido a la vida y promoviendo el desarrollo espiritual. Para los católicos, la Encarnación y la Redención logradas a través de la Segunda Persona de la Trinidad, en particular mediante su muerte, resurrección, ascensión y envío del Espíritu, son las narrativas centrales que dan coherencia y sentido a dimensiones de la vida humana que de otro modo serían incomprensibles, como el sufrimiento, el mal y la muerte, mostrando que al final vence el Amor.

Es probable que las espiritualidades, al ser autotrascendentes, con una autosaliencia reducida, impliquen una activación reducida del lóbulo parietal derecho (Johnstone et al., 2016). Sin embargo, paradójicamente, un mayor desinterés fortalece el sentido del yo hacia la madurez espiritual y humana (Newberg y Waldman, 2018, p. 126; Johnstone et al., 2016). La oración y la meditación son fundamentales para las espiritualidades católicas y pueden fomentar recuerdos duraderos de la experiencia espiritual a través de la activación del hipocampo, con neurotransmisores reforzadores como la dopamina y la serotonina (Newberg, 2018, p. 101). Tras la experiencia espiritual, ya sea a través de los sacramentos, la interacción interpersonal o de otro modo, es probable que la persona intente comprender la vivencia de acuerdo con sus creencias (Newberg, 2018, p. 102).

Algunos principios teológicos clave del catolicismo apoyan la interacción de la mente con otras mentes y con el entorno. Es probable que afecten a la percepción, la cognición, la emoción y el comportamiento católicos:

- la presencia constante del Dios omnipotente y omnisciente;
- la creación continuamente renovada del universo;
- el eterno intercambio de vida y amor entre las Personas de la Trinidad;
- la creación continua de la persona humana hecha a imagen de Dios con un aparato neurobiológico fisiológico más unas misteriosas capacidades espirituales de intelecto y voluntad, identidad, conciencia y toma de decisiones;

- la atención providencial de Dios tanto al curso de la historia como a los más pequeños detalles de la vida;
- la entrega redentora de Cristo en el Misterio Pascual;
- la inhabitación divina del Padre, del Hijo y del Espíritu en el alma;
- la iniciativa divina en la concesión de la gracia (participación en la vida divina), que santifica a la persona y proporciona asistencia práctica momento a momento;
- la eficacia de la oración para influir con el poder divino en el curso de los acontecimientos humanos;
- la obra del Espíritu al otorgar carismas y trabajar activamente para llevar a las personas humanas, junto con la creación, a un reino celestial eterno de vida y amor.

Las espiritualidades católicas comienzan con la comunicación de la persona con el mundo en conjunción con el Espíritu de Dios (Brown y Strawn, 2017). El componente de la comunicación de la persona probablemente tiene una variedad de correlatos neurofisiológicos que pueden ayudar a entender cómo se percibe e incorpora esa comunicación en la vida de una persona. Además, podríamos esperar patrones neurofisiológicos únicos asociados con las diferentes espiritualidades en el catolicismo, una orientación potencialmente fascinante para futuros estudios neuroteológicos.

Preguntas de estudio

1. ¿Cuáles son algunas cualidades de la experiencia espiritual?
2. ¿Cómo podría aplicarse la hipótesis del marcador semántico de Damasio a la experiencia espiritual?
3. ¿Qué diferencia hay entre la interpretación y el recuerdo de la experiencia espiritual?
4. ¿Qué tienen que ver el predominio subcortical y el procesamiento de todo el cerebro con la experiencia espiritual?
5. ¿Qué neurotransmisores parecen estar asociados a la experiencia espiritual?
6. ¿Cómo explica el catolicismo que las personas humanas puedan pensar y decidir, así como experimentar sensaciones, imaginación y emociones?
7. ¿Qué se entiende por teoría del campo unificado en relación con la experiencia religiosa?
8. ¿Qué se entiende por experiencia individual y comunitaria de la trascendencia?

9. ¿Cómo caracterizan Rahner y Lonergan la búsqueda humana de la trascendencia?
10. ¿Qué se entiende por experiencias autotrascendentes?
11. ¿Cuáles son algunas cualidades y medidas de la trascendencia?
12. ¿Qué aportan la cartografía de redes de lesiones y el GAP a la asociación de la neurociencia con la espiritualidad?
13. ¿Cuáles han sido las aplicaciones clínicas de la espiritualidad en relación con la depresión y el TEPT, en especial en lo que se refiere a las perspectivas del SOC y de las preguntas últimas?
14. ¿Qué aporta la IPNB, incluidos los modelos de apego interior, a la comprensión de la conexión entre la relacionalidad y la neurociencia?
15. ¿Cómo se asocia la empatía neurobiológica, incluidas en cierta medida las neuronas espejo, con la espiritualidad?
16. ¿Cuáles son las características fisiológicas de las experiencias espirituales transformadoras, en particular en lo que respecta al sentido del yo y la emocionalidad?
17. ¿Cuál es el problema de evocar una experiencia espiritual mediante la estimulación de una región cerebral?
18. ¿Cómo entiende la teología la espiritualidad?
19. ¿Por qué la autotrascendencia, tanto individual como comunitaria, es esencial para la espiritualidad cristiana?
20. ¿Cuáles son las características de la espiritualidad católica?
21. ¿Qué puede incluirse en la disciplina teológica de la espiritualidad?
22. ¿Qué áreas cerebrales pueden estar implicadas en la práctica de la espiritualidad?
23. ¿Cuáles son algunas escuelas de espiritualidad católica asociadas a órdenes y congregaciones, su fundador, lema o carisma, obra y santos notables?
24. ¿Qué son los movimientos eclesiales laicales católicos y cuáles son algunos ejemplos?
25. Atribuyendo las espiritualidades católicas a la gracia y a la iniciativa divina, ¿cuáles son las características que se encuentran en todas, con distintos énfasis?
26. Distinguir los institutos contemplativos de los apostólicos.
27. ¿Cómo se asocia la neurobiología con los elementos primarios de las espiritualidades católicas?

28. ¿Cuáles son algunas creencias teológicas católicas clave que afectan a la espiritualidad católica en relación con la percepción, las emociones y el comportamiento?

Notas finales

[1] Una perspectiva católica podría preferir el término *alma (intelecto y voluntad)*, de base metafísica y teológica. *Mente* se refiere por lo general a las potencias del alma. La ciencia hoy alude más típicamente a la *mente*, más que al *alma*, para los tópicos como la comprensión, las ideas, etc. metafísica y teológica. *Mente* se refiere generalmente a un poder del alma. La ciencia actual suele referirse más a *la mente* que al *alma* en temas como la creación de sentido.

Capítulo 11
Misticismo, catolicismo y cerebro

Neuropsicología de la experiencia

¿Qué relación guarda la neurociencia con la mística? Empezaremos con las experiencias espirituales y religiosas, y después exploraremos las experiencias místicas. En primer lugar, sería útil explorar qué entiende la neuropsicología por *experiencia*. Se trata de un área que la neurociencia aún no ha abordado de forma definitiva (Johnstone, Cohen y Dennison, 2021), pero se han desarrollado varias teorías. Para tener una experiencia, hay que partir de un *yo* que hace la experiencia. Vimos en el cCapítulo tercerotercero que en la edad moderna (siglos XVI al XVIII) Occidente experimentó un "giro hacia el sujeto" en el que el orden metafísico y teológico previo del ser fue sustituido por un énfasis primario en la mente humana individual (Zagzebski, 2021, p. 67). La ciencia empírica y el enfoque político en individuos autónomos que se autogobiernan se alinearon, y el *yo*, con su subjetividad única, alcanzó prioridad (p. 18).

El neurocientífico Antonio Damasio (2010) ofrece un modelo neuropsicológico que explica que la experiencia se produce a través de un *yo* integrador con (1) un yo central que responde instintivamente a los estímulos sensoriales procesados en el tronco encefálico y (2) un yo autobiográfico que integra las experiencias sensoriales con los recuerdos.

La teoría microgenética (2015) de Jason W. Brown, neurólogo de la Facultad de Medicina de la Universidad de Nueva York, analiza la experiencia consciente a través de la introspección fenomenológica. Propone que la experiencia subjetiva comienza con la activación del tronco encefálico, organizada a través de *generadores de patrones del cerebro medio* desarrollados con la memoria y el significado emocional del sistema límbico y potenciados con la articulación sensorial y motora neocortical (Tucker, 2013, p. 725). Brown considera que la experiencia implica la integración de señales sensoriales, memoria, emoción, interpretación y lenguaje.

El profesor alemán de psicología Julius Kuhl y sus colegas sugieren un modelo para explicar la experiencia con (1) un *yo integrado* que combina procesos cognitivos, emocionales, motivacionales y volitivos y (2) un *yo conceptual* que piensa analíticamente (Kuhl et al., 2015 p. 119; Koole, 2009; Koole y Kuhl, 2007; Kuhl y Quinn, 2011). El yo integrado busca un propósito y un significado existenciales, como describen el psiquiatra y psicoanalista suizo Carl Jung (1985-1961) (1969) y el psiquiatra austriaco Viktor Frankl (1905-1997) (2014) en sus teorías psicológicas: la psicología analítica y la logoterapia, respectivamente (Johnstone, Cohen y Dennison, 2021). El profesor alemán de psicología Markus Quirin y sus colegas (2015) descubrieron que el yo implícito, lateralizado a la corteza anterior derecha, un sistema neuropsicológico implicado en la regulación de los afectos, es "necesario para la selección autodeterminada y consciente de objetivos" y para la toma de decisiones (Quirin, Frohlich y Kuhl, 2016, sección Yo implícito, párr. 3).

El profesor estadounidense de psicología Brick Johnstone y sus colegas explican la *experiencia* a través de un modelo neuropsicológico en el que el área de asociación del hemisferio derecho integra "sensaciones (por ejemplo, vista, sonido, tacto, gusto, olfato, propiocepción) y experiencias mentales (por ejemplo, pensamientos, emociones, cognición)" en un *sentido* unificado *del yo* que explica la experiencia subjetiva (Johnstone, Cohen y Dennison, 2021, p. 2). El sentido del yo puede aumentar, disminuir o distorsionarse. El aumento positivo del sentido del yo puede fomentar una mayor empatía (Cozolino, 2006; Shamay-Tsoory et al., 2004). Un sentido del yo negativo puede provocar vergüenza, resentimiento u orgullo. El deterioro del sentido del yo se asocia a trastornos como la esquizofrenia. Trastornos como el autismo o la sociopatía pueden correlacionarse con un sentido exagerado del yo en detrimento de los demás. La reducción del funcionamiento de la corteza de asociación derecha a través de lesiones o rituales espirituales o religiosos como la oración centrada puede reducir el flujo sanguíneo cerebral al lóbulo parietal inferior derecho (Newberg e Iversen, 2003), lo que puede aumentar la capacidad neuropsicológica para la trascendencia espiritual (Barnby et al., 2015). También se ha descubierto que el funcionamiento reducido del área de asociación derecha promueve rasgos de carácter y virtudes como la voluntad de perdonar, al reducir la rumiación sobre los agravios percibidos hacia uno mismo (Li y Lu, 2017). Johnstone, Cohen y Dennison consideran que la experiencia se basa en un sentido del yo que deriva del córtex de asociación derecho, que integra las percepciones sensoriales con los contenidos mentales -pensamientos, emociones y esquemas cognitivos- para formar la experiencia subjetiva.

En resumen, *el sentido del yo* puede entenderse generalmente como un sentido implícito de identidad, un núcleo de conciencia subjetiva, junto con capacidades de regulación afectiva, elección de objetivos y toma de decisiones.

Teniendo en cuenta la neurofisiología de los estados místicos y la conciencia, ¿cómo podemos saber si los estados místicos no son meras ocurrencias subjetivas? Exploraremos el significado de las experiencias místicas desde una perspectiva católica, con reflexiones desde la neurociencia. La virtud y la santidad son esenciales para un misticismo auténtico. ¿Cómo identificar una experiencia de gracia en uno mismo o en otra persona? ¿Qué consideraciones neurocientíficas podrían aplicarse? Consideraremos las etapas que conducen a una unión mística y cómo es para quien llega a ella. Nos preguntaremos por la epistemología del conocimiento místico. Por último, consideraremos la virtud y la santidad según el teólogo Karl Rahner y el filósofo Bernard Lonergan presentan la experiencia de la gracia, para así considerar la contribución de la neurociencia.

Experiencias espirituales y religiosas

Las experiencias espirituales suelen estar relacionadas con el propósito o el sentido de la propia vida (Hodge y McGrew, 2006), el crecimiento psicológico (Hall, Dixon y Mauzey, 2004) o la relación con un poder superior (Rose, Westefeld y Ansley, 2008). Las experiencias religiosas suelen asociarse a rituales específicos y a un sistema polifacético de tradiciones (Fukuyama y Sevig, 1999; Worthington, 1989). Muchos estudiosos clasifican las experiencias espirituales y religiosas como trascendentes, sagradas o místicas (por ejemplo, Andresen, 2001; Bulkeley, 2005; Park y McNamara, 2006; Roberts, 2006). Yo (ABN) observo (2014) que esto sitúa tales experiencias fuera del ámbito de la medición científica (Dixon y Wilcox, 2016, p. 92).

Las experiencias espirituales, religiosas o místicas fueron estudiadas por la Unidad de Investigación de Experiencias Religiosas (1966-1985) del Manchester College de Oxford (Inglaterra). El equipo dirigido por el biólogo marino Alister Hardy (1896-1995) recogió más de 4.000 informes personales de experiencias trascendentes. Los participantes relataron haber sido conscientes de un "poder no físico benévolo que parece estar parcial o totalmente más allá, y mucho más grande, que el yo individual". Muchos participantes indicaron que habían sentido una presencia numinosa que evocaba *confianza, asombro, alegría* o *felicidad*, o que habían percibido luces, voces o la sensación de haber sido tocados (Beauregard, 2008, pp. 198-199). Se han registrado experiencias espirituales o religiosas en todo el mundo y a lo largo de la historia. "En la tradición cristiana, el Absoluto se experimenta típicamente como una Personalidad Trascendente, llena de amor y compasión, con la que la propia personalidad se funde temporalmente y se transforma en una personalidad similar, aunque finita" (p. 203). Curiosamente, los relatos de experiencias místicas muestran notables similitudes entre distintas lenguas y culturas.

La neuroteología reconoce que las experiencias espirituales y religiosas también son psicológicas y tienen importantes correlatos neurobiológicos. Dado que las experiencias trascendentes son subjetivas, personales y emocionales, no son fáciles de definir o medir (Newberg et al., 2005). La neuroteología, que conecta la trascendencia y la ciencia con la experiencia humana, podría hacer descubrimientos significativos (Dixon y Wilcox, 2016). Un reto para la neuroteología es estudiar la experiencia espiritual utilizando las ciencias naturales sin inventar nuevos conceptos dentro de los métodos de investigación y los informes convencionales (Beauregard, 2008).

La conexión entre el cerebro y las experiencias espirituales y religiosas puede ser de aplicación clínica. Durante varias décadas, se ha animado a los asesores a considerar las vidas de sus clientes de forma holística, incluyendo las dimensiones espirituales y religiosas. La inclusión de las visiones espirituales del mundo de los clientes pertenece a la práctica terapéutica ética, una dimensión de competencia multicultural (Fukuyama y Sevig, 1999; Moodley, 2007). La neuroteología puede contribuir al *counseling* mediante la investigación continua de los efectos neurobiológicos mensurables de las creencias en la función cerebral (Beauregard y O'Leary, 2008; Nelson et al., 2011; Newberg, 2014). El *counseling* con clientes que son religiosos o espirituales debe incluir un enfoque en la comprensión de cómo sus creencias afectan sus síntomas y copingel modo de afrontarlos (Dixon y Wilcox, 2016).

Para Lonergan, la experiencia religiosa tiene lugar en niveles de la conciencia que van más allá de la experiencia que recogen los datos sensibles. Sitúa la experiencia religiosa en la conciencia intencional humana, en un cuarto nivel, que es la realización trascendente de la conciencia deliberativa (Rixon, 2001, pp. 490, 495). En una carta de 1968, Lonergan, respondiendo a una pregunta, responde que:

> Aunque en esta vida no experimentamos a Dios, no le conocemos aparte de la experiencia, pues es nuestra experiencia de este mundo y de su completa inteligibilidad lo que proporciona las premisas de donde inferimos su existencia. (p. 489)

Para Lonergan, la experiencia religiosa es un "estar enamorado de Dios sin límites ni cualificaciones ni condiciones ni reservas, la realización propia de la capacidad irrestricta de autotrascendencia de la persona humana" (1957, pp. 105-106) (p. 490).

En mi reciente trabajo (ABN), basado en una encuesta sobre experiencias espirituales en la que participaron aproximadamente 2.000 encuestados (Yaden y Newberg, 2022), las experiencias espirituales se dividieron en nueve categorías. Tres pertenecían al ámbito numinoso: luminoso, revelador y sincrónico; cuatro al ámbito místico: unidad, pérdida de sí mismo, estética natural y estética artística; y dos al ámbito paranormal, conocido o desconocido. Esta categorización reveló que *la espiritualidad* puede abarcar una amplia gama de experiencias. Pueden estar orientadas a Dios, ser numinosas o místicas en el sentido de estar asociadas a algo absoluto en el universo, una entidad discreta, pero no necesariamente. Puede haber un componente sobrenatural, incluyendo experiencias paranormales de fantasmas, demonios, espíritus, etc., o conexiones numinosas con Dios. Cada una de estas experiencias se consideraba espiritual. El término es muy amplio.

Misticismo: Definición

La descripción que hace Lonergan de la experiencia religiosa parece acercarse al misticismo. ¿Cómo se define un concepto tan elusivo? La escritora y mística inglesa Evelyn Underhill (1875-1991), en su obra clásica *Mysticism* (1911), lo entiende como "el proceso que implica la consumación perfecta del amor de Dios: el logro aquí y ahora de la herencia inmortal del hombre, el arte de establecer una relación consciente con lo Absoluto" (p. 81). Underhill insiste en que, para el místico, un punto intenso, fundamento o sustancia del espíritu humano, toca la vida divina Absoluta que sostiene la realidad. Esto implica la reivindicación mística de la posibilidad de unión con Dios (Beauregard y O'Leary, 2008, p. 206).

¿Qué significa la unión con Dios, participar en el conocimiento, el sentimiento y la voluntad de Dios? Para el catolicismo, son necesarias algunas distinciones teológicas.

> El conocimiento de Dios es muy diferente del conocimiento humano. Cuando Dios conoce algo, lo hace realidad. Su conocimiento es creativo, no receptivo como el nuestro. Dios es pura subjetividad, totalmente trascendente para nosotros; Dios es "no-cosa", como los místicos pueden experimentar en la noche [del espíritu]. Nuestro conocimiento de Dios procede de los efectos de Dios que experimentamos: su amor, su perdón, su creación, etc.". (G. Bednar, comunicación personal, 23 de abril de 2023)

Para el catolicismo, la persona que crece en la fe, la esperanza y el amor responde a la iniciativa divina. Cristo se convierte en la clave de su ser y de su actividad. Viven en humilde servicio y esperan la llamada a la vida eterna (McGonigle, 1993).

El estudio científico social del misticismo cristiano se basa en dos definiciones principales. En primer lugar, la unión con un Dios personal y, en segundo lugar, un estado de conciencia alterada con la disolución del yo y la unión con una realidad cósmica que puede o no ser un Dios personal (Hood y Chen, 2013, en Lamm [ed.], p. 577).

Según los estudiosos partidarios de tradiciones teístas como el cristianismo, el misticismo es una sensación directa de proximidad divina. Para el estudioso de la mística católica Bernard McGinn, la experiencia mística es "una conciencia especial de la presencia de Dios que, por definición, excede la descripción y tiene como resultado la transformación de quien la recibe" (1998, p. 26; Alexander, 2018, p. 296). Al faltar el deseo de amor, "no hay adoración, no hay entrega, no hay reciprocidad de sentimientos entre conocedor y conocido" (Beauregard y O'Leary, 2008, p. 184). Para las tradiciones teístas -donde los místicos luchan por la unión con un Dios personal- la motivación es más que intelectual y se extiende al amor, la participación y la unión; para el catolicismo, comprende las distinciones teológicas relativas a la unión entre lo Divino y lo humano.

La segunda definición apunta en cambio a la conciencia en un estado alterado, con la disolución del yo y la unión con una realidad cósmica que puede o no ser un Dios personal (Hood y Chen, 2013, en Lamm [ed.], p. 577). Las experiencias místicas parecen representar experiencias espirituales y religiosas intensas con características intrínsecas y transformadoras (Newberg, 2018b, p. 261). Personalmente (ABN) pude agregar los hallazgos de los escáneres cerebrales de las experiencias místicas en cinco atributos centrales: intensidad, claridad, unidad, entrega y un efecto transformador (p. 267).

Clasificaciones

Los estados místicos pueden clasificarse en varias categorías: extrovertidos e introvertidos, dualistas y monistas, apofáticos y catafáticos. El educador, filósofo y epistemólogo británico Walter Stace (1886-1967) (1960) distinguió las experiencias místicas *extrovertidas* de las *introvertidas* (véase también Otto, 1932, pp. 57-72). La experiencia mística extrovertida incluye la percepción de los sentidos, como la conciencia de la unidad del mundo y la naturaleza o la *conciencia cósmica*. La experiencia extrovertida incorpora la fusión subjetiva con todo lo que es. La experiencia introvertida es la conciencia de Dios o de *la nada* más allá del tiempo y el espacio con pérdida del yo (Hood y Chen, 2013, en Lamm [ed.], p. 587). La experiencia introvertida no incluye contenido diferenciado ni percepción sensorial (Jones y Gellman, 2022, p. 4). Existen pruebas experimentales de que los dos tipos de experiencia (Dunn et al., 1999) dan lugar a diferentes lecturas neurológicas que sugieren diferentes estados de conciencia (Hood, 1997; Jones, 2018, p. 997).

La experiencia mística puede clasificarse *como dualista* o *monista*. La experiencia dualista demuestra cierta distinción, aunque sea débil, entre el experimentador y lo que percibe. Los individuos teístas suelen tener experiencias dualistas, que mantienen una disimilitud ontológica entre el místico, como persona, y Dios. Estas experiencias son comunes en las tradiciones monoteístas, en las que existe una conexión profunda con Dios sin llegar a unificarse con Él. Los experimentadores monistas afirman tener una sensación de unidad última que disuelve toda distinción (Merkur, 1999), ya sea percibiendo la unidad metafísica de todo o pasando a la conciencia pura (Jones y Gellman, 2022, p. 4). Esto es más común en tradiciones como el budismo, el taoísmo y el hinduismo. El místico se convierte en uno con la realidad última.

El misticismo puede ser *apofático* o *catafático*. Los místicos apofáticos sostienen que lo que experimentan es *inefable*, totalmente indescriptible, y que no se puede decir nada positivo sobre ello. Sólo se puede decir, por ejemplo, lo que Dios no es. Típico de la *vía negativa* cristiana es el pseudo-Dionisio Areopagita, teólogo cristiano griego y filósofo neoplatónico de finales del siglo V y principios del VI que escribió *Teología mística* dentro de la tradición teológica apofática. El Pseudo-Dionisio influyó en el autor anónimo de finales del siglo XIV de *La nube de lo desconocido*. La oración apofática subraya la diferencia entre Dios y cualquier medio creado para representarlo, que sólo puede ser captado por el amor (cap. 4). La persona humana, abierta a lo trascendente, se abre ante todo al Dios incomprensible (Egan, 1993b).

La experiencia catafática intenta describir a Dios o al objeto de la experiencia en términos positivos, lo que San Agustín llamó *las huellas de Dios*. Este enfoque puede utilizar el simbolismo religioso o exponer los nombres de Dios. La oración catafática hace hincapié en la semejanza entre Dios y la creación. *Los Ejercicios Espirituales* de San Ignacio de Loyola utilizan un método catafático para meditar sobre la vida de Cristo (Egan, 1993a). Estos dos estilos pueden designar dos etapas en la vida mística, y el apofático suele considerarse más avanzado (Jones y Gellman, 2022, p. 5).

Atributos del misticismo

El misticismo se caracteriza por sus atributos. Algunos de los más universales son: *noético, inefable* y *paradójico*. Las experiencias místicas noéticas ofrecen conocimiento de lo que el experimentador percibe (véase James, 2017). "La cualidad noética se refiere a una fuerte sensación de obtener una visión genuina y no mediada, o de encontrarse con la realidad última; la experiencia mística, por definición, se siente como 'más real que real'" (Letheby, 2021, p. 25).

Los místicos que sostienen que su experiencia es *inefable*, que no se puede expresar nada auténtico sobre ella. No suelen, sin embargo, no tener nada que decir. Según William James (2017, pp. 292-293), la indescriptibilidad es un elemento esencial de la experiencia mística. Incluso las analogías, el arte y las metáforas deben encontrarse finalmente en falta al respecto (Jones y Gellman, 2022, p. 5). Puesto que Dios es infinito, las criaturas no pueden comprender su naturaleza intrínseca ni describirla adecuadamente.

A veces se asocia con la inefabilidad la naturaleza *paradójica* del misticismo. Walter Stace (1960, p. 212) considera que la pretendida contradicción lógica en cualquier descripción es un atributo común de la experiencia mística (Jones y Gellman, 2022, p. 6). Los místicos pueden intentar expresar su percepción de la realidad utilizando términos fenoménicos, para luego descubrir que deben negar lo que han dicho. La realidad más allá del lenguaje y del símbolo resulta paradójica.

Neurofisiología de los estados místicos: sustrato neural y conciencia

Los aspectos fisiológicos de las experiencias místicas se correlacionan con la biología, la química y la física. Las dimensiones no fisiológicas como la conciencia, la espiritualidad y lo divino no son directamente mensurables por las ciencias naturales. Sin embargo, como hemos visto, debido a la unidad hilemórfica del cuerpo y el alma, los aspectos no fisiológicos pueden tener un sustrato neural. El tálamo, el sistema límbico y las regiones de la memoria están implicados. El neurotransmisor dopamina contribuye a determinar la saliencia. La dopamina comunica información sobre con qué objetos y entidades hay que conectar o evitar (Newberg, 2018, p. 260). El sistema límbico genera respuestas temerosas y agresivas. Es probable que los pensamientos sobre Dios como crítico o vengativo activen la amígdala y proyecten sobre Dios una imagen distante y autoritaria. El cíngulo anterior, entre el sistema límbico y la corteza prefrontal, predispone alternativamente a la empatía, suprime la ansiedad y la ira, e inclina a la persona a la aceptación y la tolerancia, a ver a Dios como amoroso (Newberg y Waldman, 2009, pp. 110-111).

Las áreas cerebrales que se activan con las experiencias místicas incluyen "la corteza frontal (orbitofrontal medial derecha, prefrontal medial izquierda), la corteza temporal (temporal media derecha) y la corteza parietal (inferior y superior derecha, inferior izquierda) entre otras áreas corticales y subcorticales" (Dixon y Wilcox, 2016, p. 94). Actualmente se están estudiando las moléculas neurotransmisoras que se unen a los receptores postsinápticos de la serotonina. De particular interés son la liberación gradual de las moléculas neurotransmisoras, la modulación de la captación y el número de neuronas sobre las que influyen. Los neurotransmisores tienen propiedades psicoactivas y pueden afectar a cambios visuales y estados alterados de la conciencia que podrían incluir experiencias trascendentes. La industria farmacéutica se basa en los efectos de las moléculas neurotransmisoras sobre los circuitos cerebrales y sus consecuencias potencialmente duraderas para los estados mentales, al igual que los rituales de las religiones antiguas (Anderson, 2013, en Lamm [ed.], p. 598).

Los estudios realizados con fMRI para hallar correlatos neuronales de la experiencia mística se han centrado en las afirmaciones de los sujetos de haber experimentado la presencia de Dios. Al comparar las lecturas con las de sujetos que realizaban tareas de memoria ordinarias, los investigadores descubrieron, para la experiencia y el recuerdo de estados místicos, la activación de varias regiones a ambos lados del cerebro. Por supuesto, interpretar con precisión las activaciones de las regiones cerebrales es difícil. Los investigadores han sacado algunas conclusiones provisionales, entre ellas que el estado místico en áreas cerebrales está asociado con la sensación de los sujetos de contactar con una realidad espiritual (Beauregard y Paquette, 2006, pp. 186-190; Anderson, 2013, en Lamm [ed.], pp. 600-601).

Las investigaciones neurocientíficas sobre los estados místicos y asociados descubren que el cerebro aporta actividad modular adicional para alcanzar estados alterados de la conciencia.

Existen ciertos modos estables y estructurados o por defecto llamados "estados atractores" dentro de los cuales funciona el cerebro. Debido a la naturaleza de los sistemas complejos, "perturbaciones muy pequeñas pueden causar grandes efectos o ningún efecto en absoluto" (Buzsaki, 2006, p. 110). (Anderson, 2013, en Lamm [ed.], pp. 601-603)

La modulación de los datos de los cinco sentidos más el dolor y la temperatura oscilan constantemente entre la excitación y la inhibición, lo que asegura la estabilidad y prepara para cambios inmediatos en la conciencia y el comportamiento. De esta "matriz progresiva e inimaginablemente compleja de circuitos neuronales esculpidos" (p. 603) surgen la percepción, la disciplina y la maduración del místico.

Como hemos visto en el capítulo tercero sobre epistemología, según la teoría de Lonergan, la mente humana consta de organismo, psique y espíritu. La experiencia mística derivaría de la psique y se situaría entre los niveles de conciencia. La experiencia mística sigue estando siempre asociada a algunos aspectos de la actividad neuronal del organismo. Las experiencias místicas, como todas las experiencias humanas, están asociadas a procesos bioquímicos neurológicos en el cerebro (Jones, 2018, p. 993). "Toda actividad consciente humana, religiosa o no, tiene una contrapartida subyacente en el cerebro" (Sloan, 2006, pp. 247, 249, en Jones, p. 993). La ciencia puede establecer que determinadas configuraciones neuronales se correlacionan con estados místicos; sin embargo, no puede concluir que las experiencias místicas sean generadas únicamente por el cerebro (véase Jones, 2016, cap. 4).

Cuando la neurociencia intenta investigar las experiencias místicas, se topa con el difícil problema de la conciencia (Chalmers, 1995). La ciencia puede ser capaz de distinguir las zonas del cerebro que se ven afectadas por un acontecimiento místico; captar la experiencia mística en sí es otra cosa. La experiencia subjetiva vivida de los *qualia* (propiedades experienciales de las sensaciones, percepciones y sentimientos) -el sentido de unidad, desinterés y sensación de estar más allá del tiempo y el espacio- es cualitativamente diferente de su base neural concurrente (Jones, 2018, p. 1000). La ciencia no puede explicar ni qué es la conciencia, ni por qué existe, ni cómo la experiencia consciente está ligada a los mecanismos fisiológicos del cerebro. La conciencia no puede referirse directamente a procesos neurofisiológicos o bioquímicos.

La neurociencia podría realizar experimentos de neuroimagen para identificar diferencias en la actividad cerebral que se registran al escuchar ruido blanco o escuchar a Mozart. Aun así, ¿explicaría la activación de regiones cerebrales específicas todo lo que hay que saber sobre estas experiencias? (Sloan, 2006, p. 253). No parece haber ninguna forma de evaluar las experiencias subjetivas con absoluta precisión a partir de informes objetivos de terceras personas. Decir que la actividad neuronal se correlaciona con un estado mental o una experiencia no explica lo que está ocurriendo. La ciencia puede observar, por ejemplo, un cambio en la frecuencia de las ondas alfa cerebrales; eso no significa que entendamos por qué ocurre (Stall, 1975, p. 109, en Jones, 2018). Del mismo modo, la neurociencia estudia las subestructuras cerebrales estrechamente relacionadas con la experiencia; no puede explicar la conciencia en sí misma (Shear y Jevning, 1999, p. 189). Como hemos visto, el tema de los estados mentales pertenece a la filosofía y a la psicología.

El catolicismo, como hemos visto respecto a la epistemología, no está de acuerdo con la especulación científica de que la conciencia surja únicamente de la interacción sensorial del cerebro con el entorno. Si así fuera, con la muerte se disolvería la conciencia, incluyendo la identidad personal, el intelecto y la voluntad. Una explicación científica puramente materialista se contradice con la revelación de que los seres humanos están hechos a imagen de Dios (Gn 1:27) y destinados a la vida eterna (2 Pe 3:13). Cuando los neurocientíficos estudian los correlatos biológicos de los eventos perceptivos, incluso los místicos, no estudian las experiencias místicas (Jones, 1986). "Medir el significado espiritual o religioso que un experimentador ve en estas experiencias después de que han terminado no es medir las experiencias en sí mismas" (Jones, 2018, p. 1003).

La conciencia puede surgir en una forma alterada como conciencia mística a través de la formación y la práctica espiritual, por ejemplo, a través de la meditación, un hecho respaldado por las imágenes fMRI. La investigación demuestra que las prácticas de meditación "cambian la arquitectura del cerebro y, por lo tanto, cambian la forma en que uno aprende, procesa la memoria, regula la emoción, se apropia de la información y comprende diversas perspectivas. La meditación puede cambiar cómo uno conoce el mundo, a sí mismo y a Dios" (Alexander, 2018, p. 258). Se descubrió que la práctica de la oración se correlaciona con cambios neurológicos y epistémicos a largo plazo, incluida la propia comprensión de la vida y el mismo propósito (p. 244).

Las investigaciones con individuos en estado de meditación descubrieron que incluso doce minutos de práctica diaria de meditación se asocian a una mayor activación cerebral del hipocampo y los lóbulos frontales (Newberg y Waldman, 2009). Esto podría conllevar los beneficios para la salud, al ralentizar el envejecimiento y el deterioro cognitivo. Puede conducir a la mejora de la perspectiva positiva, a la mejora de la regulación emocional y al aumento de la capacidad de atención (Davis y Hayes, 2011; Newberg et al., 2002; Dixon y

Wilcox, 2016, pp. 101-102). Curiosamente, la meditación con un mantra de orientación espiritual, en lugar de profana, resultó ser más eficaz para reducir el dolor físico (Newberg, 2014).

Limitaciones del estudio neurocientífico de la experiencia mística

Como hemos empezado a ver, la neurociencia se enfrenta a críticas y reconoce limitaciones en su estudio de las experiencias místicas. En primer lugar, está el difícil problema de la conciencia y los *qualia* (experiencia subjetiva). Los críticos observan que la medición de la actividad cerebral no capta la fenomenología subjetiva de la experiencia mística. Y puesto que toda experiencia humana tiene correlatos neuronales, no es sorprendente encontrar correlatos neuronales de las experiencias espirituales. La correlación no es una explicación. La actividad cerebral no es todo. Observar los efectos fisiológicos de la experiencia mística no trivializa la religión ni reduce la experiencia espiritual a procesos bioquímicos. Los defensores de la experiencia de la práctica espiritual responderían que los meditadores no buscan un beneficio psicológico o emocional, ni tratan de explorar estados mentales. La meditación, para ellos, es solo un elemento de una vida espiritual integral orientada hacia la Realidad tal y como la identifica su tradición religiosa (Jones, 2018).

Algunos estudios sobre los efectos neurológicos de la meditación son criticados en la perspectiva metodológica. En capítulos anteriores se han planteado cuestiones sobre la validez de los resultados de tales estudios (por ejemplo, Cahn y Polich, 1999; Azari, 2006; Ratcliffe, 2006). Por ejemplo, cuando las muestras experimentales son pequeñas, como un total de once sujetos de dos tradiciones religiosas diferentes en un experimento de imágenes SPECT sin grupo de control, ¿hasta qué punto son generalizables los resultados? (Kelly y Grasso, 2006, p. 247) ¿Apoya un cambio mínimo en el flujo sanguíneo la idea de que existe la "conciencia pura" (d'Aquili y Newberg, 1999, p. 118)? Como señalan los experimentadores, no está claro qué porcentaje de cambio en el flujo sanguíneo constituiría un cambio significativo: ¿un 10% o un 20%? (Newberg y Lee, 2005, p. 477) Dado que los acontecimientos mentales son extraordinariamente complejos, dicen algunos críticos, ¿tiene siquiera mucho valor buscar correlaciones entre la actividad cerebral y las prácticas espirituales? (Uttal, 2001, en Jones, 2018, p. 997). ¿Puede la neurociencia aportar algo a nuestra comprensión del contenido subjetivo de las experiencias meditativas? (p. 992). Los partidarios responden que los experimentos relativos a los correlatos cerebrales de la experiencia espiritual, tanto si la ciencia puede verificar que los sujetos contactan con la Realidad como si no, al menos contribuyen al conocimiento neurocientífico sobre cómo funciona el cerebro (véase Goleman y Thurman, 1991; Austin, 1998, en Howard-Jones, p. 1010).

Una crítica al estudio neurocientífico de la religión es que omitiría la dimensión moral (sentimientos morales y comportamiento ético), uno de los aspectos más significativos de la religión (Peters, 2001, p. 494). Peters sugiere una investigación neurobiológica del sistema límbico y de la red neuronal del lóbulo frontal que da valor a la experiencia (pp. 56-57). Además, las cualidades morales como la equidad, la justicia, la empatía, el egoísmo, el sentido de la responsabilidad, la distinción entre el bien y el mal y el libre albedrío, podrían estudiarse en sus fundamentos neurobiológicos (d'Aquili y Newberg, 1999, pp. 55, 83, 86-87, en Peters, 2001, p. 495).

Acontecimientos de conciencia pura y constructivismo

Entre las posibles limitaciones del estudio neurocientífico de los eventos místicos está la cuestión de la *conciencia pura*. ¿Es la experiencia mística un ejemplo de conciencia pura, o las influencias culturales afectan a lo que el místico percibe e informa? Esta cuestión salta a la palestra, por ejemplo, con las neuroimágenes de sujetos budistas y cristianos, que muestran las mismas estructuras cerebrales afectadas por supuestamente el mismo ejercicio espiritual. Sin embargo, ellos afirman tener experiencias muy diferentes, cada una correspondiente a su tradición religiosa. El enfoque constructivista (Katz, 1978) intenta explicar este enigma. El constructivismo apunta al supuesto epistemológico de que "no hay experiencias puras (no mediadas)" (Jones, 2018, p. 1004). Esto significa que todas las experiencias pasan por el entorno cultural del sujeto para su percepción o interpretación, o ambas. El modelo *de procesamiento predictivo* en neurociencia señala que cuando la persona se encuentra con nuevos datos, el cerebro los procesa en función de experiencias previas. La persona interpreta lo que encuentra en función de sus expectativas y predicciones actuales. El cerebro también compara continuamente los nuevos datos con sus expectativas y, cuando falla la coincidencia, se ajusta (véase Griffiths et al., 2008; Clark, 2013).

Los no constructivistas se preguntan si sería posible vaciar la mente de contenidos que generasen predicciones o expectativas culturales, de modo que al menos algunas experiencias místicas (Forman, 1990) fuesen "acontecimientos de conciencia pura" directos y sin mediación. ¿Podría el acontecimiento místico ser el mismo en diversas culturas, interpretándolo después los sujetos según sus tradiciones específicas? En otras palabras, "la experiencia no tiene por qué ser construida socialmente, aunque el conocimiento sobre ella sí lo sea" (Hood, 2002, p. 100, en Jones, 2018, p. 1004).

Una importante crítica filosófica o limitación de la neurociencia en el estudio de la mística es la que hemos considerado en el capítulo tercero sobre epistemología. Este es claramente un ejemplo de nuestro enfoque cíclico del tema. Temas similares se repiten una y otra vez cuando se abordan desde distintos puntos de vista. Hablando en nombre de la filosofía y la teología, el profesor de filosofía Michael Dodds (2017, pp. 45-104) compara las premisas ontológicas de la ciencia empírica con la metafísica aristotélico-tomista. La ciencia contemporánea y el método científico parecen constreñir y reducir la causalidad y su alcance. Dodds cita a Bunge (1979, p. 206) para caracterizar la causalidad en la ciencia:

> (a) la restricción de la causalidad a la causalidad *natural* (naturalismo); (b) la restricción adicional de todas las variedades de causas naturales a la causalidad *eficiente*; (c) el esfuerzo por reducir las causas eficientes a causas *físicas (mecanicismo)*; la exigencia de *probar* las hipótesis causales mediante observaciones repetidas y, siempre que sea posible, mediante la reproducción en experimentos controlables; (e) la extrema *cautela* en la asignación de causas y el esfuerzo incesante por minimizar el número de causas naturales supuestamente últimas (parsimonia); (f) la focalización en la búsqueda de *leyes*, causales o no; (g) la traducción *matemática* de las conexiones causales. (Dodds, 2017, p. 48; en Alexander, 2018, p. 114)

En relación con la experiencia mística, es importante considerar la cuestión de la conciencia pura frente al constructivismo. ¿Un místico entra en contacto con un evento de conciencia pura, o lo construye durante o después a partir de una interpretación basada en su tradición mística, religiosa o cultural? (Jones y Gellman, 2022, p. 7). *Los eventos de conciencia pura* afirman que el experimentador, mientras está despierto y consciente, opera en un vacío de conciencia desprovisto de imágenes sensoriales, pensamientos y conceptos, al menos durante el evento místico. ¿Es esto posible? Los contextualistas o *constructivistas* afirman que las influencias culturales, como los recuerdos, las expectativas y las creencias de la tradición cultural del místico, conforman su percepción e interpretación del acontecimiento mientras ocurre, así como después. Sostienen que "no hay forma de separar las experiencias místicas de sus interpretaciones, ya que nuestro aparato conceptual da forma a cada una de nuestras experiencias (véase Jones, 1909, introducción; Katz, 1978 y 1983; para críticas, véase Evans, 1989; Forman, 1990 y 1999; Stoeber, 1992)" (Jones y Gellman, p. 9). El acontecimiento místico, dicen los constructivistas, pertenece a la experiencia, ya que, aunque se haya producido un acontecimiento de conciencia pura, el hecho de que el sujeto emerja del acontecimiento y le atribuya un significado pertenece a la misma experiencia.

Mis experimentos (ABN) con el Dr. d'Aquili (1999) sugieren la probabilidad de eventos de conciencia pura en nuestro hallazgo neurológico de que el flujo sanguíneo en el lóbulo parietal se redujo durante la supuesta experiencia de pérdida de sí mismo y la unidad con el Todo (véase también Hood, 2006). Los estudiosos conjeturan que:

Debería ser posible para un místico que experimenta un acontecimiento de conciencia pura recordar inmediatamente después la conciencia que estuvo presente en el acontecimiento. El acontecimiento de conciencia pura más la intuición (*insight*) constituirían una experiencia mística compleja (con) la conciencia de un estado de cosas no accesible de otro modo. (Jones y Gellman, 2022, p. 11)

La consideración del constructivismo surge de los resultados de los experimentos de d'Aquili y míos (ABN) (1999). Las lecturas neurológicas de las monjas católicas y los monjes budistas fueron similares. Los cristianos experimentaron *la unión con Dios*. Los budistas percibían estar "interminable e íntimamente entrelazados con todos y todo lo que la mente percibe" (Newberg et al., 2001, pp. 6-7). Las prácticas espirituales externamente similares de los dos grupos eran radicalmente diferentes en significado e intención. Al mismo tiempo, ambos grupos alcanzaron un sentido de unidad trascendente que tuvo un efecto fisiológico similar en los cerebros de todos: la reducción de la activación de los lóbulos parietales superiores posteriores (Newberg et al., 2001, pp. 4-5)". (Jones, 2018, p. 998)

Si hubo diferencias entre las dos experiencias místicas, ¿fue el problema de la tecnología SPECT que no es lo suficientemente fina como para detectar variaciones neurológicas sutiles? ¿O los dos grupos tuvieron la misma experiencia de conciencia pura, pero la interpretaron después según sus propias tradiciones religiosas y culturales? En este último caso, el constructivismo se vería favorecido.

¿Puede una misma configuración neuronal producir diferentes eventos mentales y estados de conciencia? La teoría de la *realizabilidad múltiple* de la filosofía de la mente afirma que pueden surgir múltiples eventos y estados mentales a partir de la misma configuración neuronal (véase Jones, 2013; Polger y Shapiro, 2016, pp. 38-39, 47-48). Aunque incluso dos percepciones sensoriales similares no serían iguales neurológicamente, según las realizaciones múltiples, diferentes experiencias o estados mentales podrían implicar la misma red neuronal general. "Cada evento mental tendría una configuración neuronal única a menos que sea realizable de forma múltiple" (Jones, 2018, p. 999). Además, si el evento o estado mental (experiencia) fuera realizable de forma múltiple, podría ser alcanzable por diferentes configuraciones neuronales.

Se plantea entonces la cuestión inversa: ¿puede una misma configuración neuronal sustentar dos acontecimientos mentales diferentes (es decir, experiencias espirituales), como sería el caso de los meditadores cristianos y budistas? Para complicar la cuestión, investigamos las experiencias mentales de los sujetos a través de relatos que pueden haber sido filtrados *a posteriori* por interpretaciones culturales o religiosas, cuando no por información en tercera persona. ¿Cómo podríamos saber si los relatos iguales o similares de distintos meditadores son experiencias equivalentes? (Schmidt y Walach, 2014, p. 3) Los patrones cerebrales son extremadamente individualizados. Además, las neuroimágenes no ofrecen una imagen simple y directa de la configuración fisiológica correspondiente a un acontecimiento mental. Las imágenes cerebrales deben depender de promedios estadísticos. ¿El promedio estadístico de las neuroimágenes oculta la singularidad de los patrones cerebrales individuales? Incluso cuando se trata de la misma técnica meditativa, no hay consenso para verificar el patrón neural en estado meditativo de los participantes (Jones, 2018, p. 999).

Esto, de nuevo, lleva a la conclusión de que configuraciones neuronales específicas no equivalen a estados mentales específicos. Los participantes podrían utilizar la misma técnica meditativa y experimentar diferentes estados alterados de conciencia o experiencias místicas. Sin una correlación consistente uno-a-uno entre configuraciones neuronales y estados mentales (experiencias), la neurociencia no podrá explicar las experiencias místicas. Siempre sería posible provocar una experiencia comparable con una configuración neural diferente (Jones, 2018, p. 999). Volvemos a la brecha entre los patrones neuronales y la conciencia (Chalmers, 1995, p. 205; Jones, 2013, pp 109-110). Las experiencias subjetivas sentidas de la mente no pueden equipararse ni corresponderse coherentemente con las condiciones fisiológicas del cerebro. La brecha es conceptual y metodológica, además de ontológica. "Ningún análisis de la materia sugiere la presencia de fenómenos de naturaleza radicalmente diferente ni por qué debería aparecer" (Jones, 2018, p. 1000). Vimos en los capítulos tercero y cuarto que una explicación antropológica hilemórfica aristotélico-tomista incluye la conjunción de un sustrato fisiológico con un alma que comprende niveles psíquicos y espirituales de la conciencia.

Debido a la brecha entre la subjetividad de las experiencias y la neurobiología, además de la observación de meditaciones en el sentido de que el mismo sustrato neural puede fundamentar múltiples estados alterados de conciencia, puede suceder que no sea posible una visión neurocientífica precisa y fiable de la experiencia mística. Las cuestiones del constructivismo y de si los místicos encuentran y pueden informar sobre *la conciencia pura* se suman a las limitaciones de la neurociencia para investigar las experiencias místicas. La neurociencia puede observar configuraciones neuronales únicas para los estados alterados de conciencia y, por tanto, puede verificar que los informes místicos son algo más que simples exageraciones bienintencionadas de estados mentales ordinarios. La experimentación, junto con la fenomenología de los estados mentales, siempre planteará desafíos a la comprensión de la sensación subjetiva sentida de las experiencias místicas (Jones, 2018, p. 1008). Si alguna vez será posible desarrollar métodos que puedan salvar esta brecha es algo que queda para la futura investigación neuroteológica.

La veridicidad de las experiencias místicas

Las experiencias místicas se consideran cada vez más como tipos específicos de fenómenos mentales que se sienten *reales* y no imaginarios (Newberg et al., 2001, p. 7, 143). Yo (ABN) sostengo que las experiencias de iluminación "provocan cambios a largo plazo que afectan a los centros emocionales y cognitivos del cerebro" y "son reales en el sentido de que están relacionadas con acontecimientos neurológicos específicos que pueden cambiar permanentemente la estructura y el funcionamiento del cerebro" (Newberg y Waldman, 2016, pp. 42, 25). Los místicos experimentan una transformación tanto neurológica como espiritual. Cuando utilizan el término *real*, los neurocientíficos quieren decir que las experiencias místicas tienen bases neurológicas genuinas que pueden medirse. Los místicos suelen afirmar que su experiencia *es más real* que la vida cotidiana, y generalmente les afecta mucho tiempo después. En la actualidad, la ciencia no puede decir si esas experiencias son auténticas o delirantes, si representan la verdadera realidad o son meras construcciones humanas (por ejemplo, Newberg et al., 2001, pp. 143, 178-179).

La cuestión filosófica básica para la neurociencia en relación con las experiencias místicas es si son verídicas, no sólo para la experiencia, sino si tienen algo que decir sobre la realidad misma. Si, durante las experiencias místicas, la actividad disminuye en las áreas de asociación y orientación del lóbulo parietal que mantienen el sentido de un yo separado, ¿significa eso que el *yo* deja de existir, que va y viene con la actividad neuronal (Jones, 2018, p. 1011)? ¿O es solo la *experiencia* del yo la que desaparece? *El yo* aquí (véase más arriba) no se refiere al egoísmo egocéntrico en un sentido de actitud o moral - el yo que uno debe negar para seguir a Cristo (Mt. 16:24-25)- sino a la identidad individual única, aunque implícita, a la conciencia subjetiva, con la elección de metas y la capacidad de tomar decisiones. El yo que Jesús expresa en "doy mi vida por mis ovejas" (Jn 10:17).

La verificación de la autenticidad de las experiencias místicas resulta problemática debido a la ausencia de procedimientos de verificación intersubjetiva de las experiencias de Dios. No existen directrices consensuadas para evaluar si la persona se encontraba en una situación corporal y psicológica adecuada para tener una experiencia mística. Y, por supuesto, si Dios está implicado, Dios es libre de revelarse o no a esta o aquella persona (Jones y Gellman, 2022, p. 15).

La validez de una experiencia mística se busca generalmente en la experiencia de la vida. ¿Se hacen santos los que la tienen? (Wainright, 1981, pp. 83-88) ¿Se manifiestan resultados positivos en la vida en general, habiéndose uno vuelto más virtuoso? (Jones y Gellman, 2022, p. 14). Teresa de Ávila aconsejaba que el discernimiento de si una experiencia procedía de Dios o del demonio se encontraría en los frutos de la experiencia: acciones posteriores, personalidad, viveza del recuerdo del acontecimiento místico, correspondencia con las Escrituras y confirmación por parte de los ministros de la Iglesia (Jones y Gellman, p. 16).

William James se preguntó si la experiencia mística otorgaba credibilidad a las afirmaciones teológicas y a la santidad de los que vivían tales experiencias (1958, p. 415). Esto supone preguntarse, en primer lugar, ¿son las experiencias místicas contactos genuinos y evidentes con una Realidad superior, valiosos no sólo para los sujetos implicados, sino para cualquiera? Para responder a esta pregunta existen formas establecidas de evaluar epistémicamente la validez de las experiencias místicas, denominadas *prácticas doxásticas*. En segundo lugar, ¿deben otras personas que no han tenido experiencias místicas considerarlas auténticas y probatorias de las creencias religiosas? La defensa de una respuesta positiva puede encontrarse en el "argumento de la experiencia" (Jones y Gellman, 2022, p. 13).

Práctica doxástica y argumentación a partir de la experiencia

La práctica doxástica, o razonamiento lógico sobre las creencias, según el epistemólogo y filósofo de la religión anglicano William Alston (*Perceiving God: The Epistemology of Religious Experience,* 1991), permite evaluar la autenticidad de la experiencia mística cristiana como una contribución para la fe (Steup, 1997). Tradicionalmente, la práctica doxástica cristiana incluye un *sistema de control (o de garantía)*. Tal control incluye la coherencia con las Escrituras, la doctrina cristiana establecida y las directrices basadas en el discernimiento de los eventos místicos históricos (Jones y Gellman, 2022, p. 14). Se entiende que la verificación de la autenticidad de las experiencias místicas abarca algo más que la simple percepción de algo por parte del que tiene la experiencia mística. Su vida moral debe corroborar su afirmación de interacción con Dios (Shannon, 2017). En cuanto a la objeción de que la neurofisiología podría explicar la experiencia mística, Alston señala que:

> La causa próxima de las percepciones sensoriales (se entiende generalmente que son) procesos neurales causados por objetos físicos. ¿Por qué, entonces, la premisa de que los procesos neuronales son la causa próxima de las percepciones místicas debería ser una buena razón para suponer que no son (en casos normales) causadas por Dios? (p. 231s). (Steup, 1997, p. 411)

Esto no implica que Dios sea comparable a un objeto físico, sino que Dios podría causar procesos neuronales.

El argumento en favor de la experiencia señala que las experiencias místicas suelen ocurrir en las circunstancias propicias para que se produzcan (Underhill, 1911, pp. 90-94), como la santidad, una vida de virtud moral, el desinterés de base y una cierta sintonía con Dios. Otras personas también podrían optar por emprender un camino místico para verificar las afirmaciones del que tiene tales experiencias (véase Bergson, 1977, p. 210) (Jones y Gellman, 2011).

Experiencia mística: significado

¿Qué se entiende exactamente por experiencia mística y cuáles son sus características? Una definición técnica que incluye diversas tradiciones religiosas y no religiosas es: "Una conciencia supuestamente no sensorial o una experiencia sensorial no estructurada que permite conocer realidades o estados de cosas que no son accesibles mediante la percepción sensorial ordinaria estructurada por concepciones mentales, modalidades somatosensoriales o introspección estándar" (Jones y Gellman, 2022, p. 2). Desglosando esto, *el misticismo* se refiere a todo lo que tiene que ver con las experiencias místicas -prácticas, textos, tradiciones, comunicación escrita o hablada- en todas las religiones del mundo.

Hoy se tiende a identificar el misticismo con fenómenos como los que describe Santa Teresa de Ávila en la sexta mansión *de El castillo interior: visiones*, locuciones, éxtasis, etcétera. Santa Teresa de Lisieux no describió experiencias místicas (salvo quizá una sonrisa de la Santísima Virgen en su juventud), sobre todo no las tuvo en los 18 meses de su noche oscura, con tentaciones contra la fe, y sin embargo siguió practicando la virtud. Ella podría ejemplificar el misticismo *cotidiano* o *invernal* de Rahner que, sin experiencias místicas, se mantiene en la vida fe. Más que una conciencia total de la presencia de Dios, el misticismo genuino implica estar "plenamente convencido de que Cristo vive en nosotros y (actuar) de acuerdo con esa convicción" (Bouyer, *Mysterion*, p. 348) sin sentir necesariamente nada (Wiseman, 1993, p. 689). El conocimiento místico es no conceptual, confiere un contacto con la Realidad tal como es, percibiendo sus rasgos esenciales, incluida la no permanencia de todas las cosas. Por lo general, se entiende que el místico se transforma a través de sus prácticas espirituales hasta alcanzar un estado iluminado, en lugar de someterse simplemente a episodios místicos dispares (Jones y Gellman, 2022, p. 3).

Para la reconocida autoridad en este tema de Evelyn Underhill, el misticismo es "ese proceso que implica la consumación perfecta del amor de Dios: la consecución aquí y ahora de la herencia inmortal del hombre. Es el arte de establecer una relación consciente con el Absoluto" (1911, p. 81). En su monumental obra clásica *Mysticism: A Study of the Nature and Development of*

Man's Spiritual Consciousness (1911), Underhill observa que, en el contexto cristiano, la mística se ha desarrollado de forma saludable y fructífera. La mayoría de los contemplativos europeos que han dejado relatos perdurables de experiencias místicas han sido cristianos. "Los más grandes místicos han sido santos católicos" (p. 105).

Es importante distinguir lo específicamente místico del tema más amplio de la experiencia religiosa. Esta última puede incluir lo místico, pero también visiones y voces, sentimientos espirituales y una sensación de sobrecogimiento en un contexto religioso. La experiencia religiosa fundamental, según el filósofo protestante y biblista Friedrich Schleiermacher, consiste en una sensación de *dependencia absoluta* (1963). Para el teólogo protestante y especialista en religiones comparadas Rudolph Otto, las experiencias son *numinosas* (del latín *numen*, que significa *divino* o *espíritu*) cuando se perciben como *totalmente* distintas de quien las experimenta, provocando fascinación o pavor ante un misterio incomprensible (2010). Técnicamente, siguiendo las distinciones clasificatorias, la experiencia de Otto sería dualista, en cuanto se percibe una diferencia entre el sujeto y el Otro numinoso, en lugar de ser una experiencia monista. Una *sensación típica de la presencia de Dios* sería numinosa. "Depende de la intensidad de la *presencia*. Puede llegar a ser tan abrumadora que se suspenda el sentido de la diferenciación" (S. Payne, comunicación personal, 17 de abril de 2023). También es posible que el misticismo sea profano, no religioso (Jones y Gellman, 2022, p. 3).

El filósofo y epistemólogo británico Walter Stace (1886-1967) delineó *el núcleo común* del misticismo en ocho componentes fenomenológicos básicos. Éstos fueron operacionalizados, excepto respecto a la cualidad de la *paradoja*, en la escala de misticismo (M) del psicólogo de la religión estadounidense Ralph Hood (1942-). Los ocho elementos incluyen:

> *Intemporalidad/aespacialidad*, una sensación de estar fuera de las limitaciones espaciotemporales; *Unidad*, una visión unificadora del mundo como uno; *Subjetividad interior*, una percepción de la conciencia interior en todos los seres; *Afecto positivo*, sentimientos dichosos que acompañan a la experiencia mística; *Sacralidad*, una sensación de lo sagrado; *Cualidad noética*, un avance cognitivo en la comprensión del mundo; e *Inefabilidad*, la supuesta inexplicabilidad de la experiencia mística. (Hood y Chen, 2013, en Lamm [ed.], p. 587)

Esto no quiere decir que los puntos de vista de los estudiosos del misticismo, como Schleiermacher, Otto, James y Stace, sean de algún modo complementarios o acumulativos. De hecho, a veces discrepan. Simplemente estamos reuniendo elementos que contribuyen a este estudio.

Los intentos de medir objetivamente los informes de experiencias místicas tanto de personas espiritualmente no religiosas como de personas religiosamente devotas arrojan características generalmente similares. Entre los científicos sociales con mentalidad empírica, una suposición común es que cualquier explicación supuestamente divina de las experiencias místicas sería inadmisible (p. 579). Los místicos que carecen de una tradición de fe suelen puntuar más bajo en cuanto a explicaciones significativas para tales experiencias (Hood y Chen, 2013, en Lamm [ed.], p. 588). Cuando en las experiencias místicas interviene la búsqueda de significado, esto afecta positivamente a las relaciones (Hogue, 2014). Las personas con una mayor orientación espiritual encuentran sentido a los acontecimientos difíciles y dolorosos y consideran que las circunstancias difíciles son transitorias (Kohls, Sauer, Offenbacher y Giordano, 2011, en Dixon y Wilcox, 2016, p. 100).

Una característica distintiva de la mística cristiana sobre cualquier otra práctica trascendente es su impulso hacia la caridad generosa. La mística en otras tradiciones de fe puede o no reivindicar la importancia de la caridad. El cristianismo señala su Fuente y Fin en una Trinidad de Personas en eterna entrega amorosa. El amor místico es una tendencia total y profunda del alma hacia su Origen, más plena y eficaz que la visión filosófica intelectual.

> Porque el silencio no es Dios, ni el hablar es Dios; el ayuno no es Dios, ni el comer es Dios; la soledad (sic) no es Dios, ni la compañía es Dios; ni ninguna de las otras dos cantidades semejantes. Él está escondido entre ellas y no puede ser encontrado por ninguna obra de tu alma, sino sólo por el amor de tu corazón. No puede ser conocido por la razón, no puede ser obtenido por el pensamiento, ni concluido por el entendimiento, pero puede ser amado y elegido con la verdadera y hermosa voluntad de tu corazón. Tal disparo ciego con el dardo afilado del amor anhelante nunca puede fallar de la punzada, que es Dios. (Johnston, *The Cloud of Unknowing*, 1996, p. 108)

En mi trabajo (ABN) con Mark Waldman, descrito en *How Enlightenment Changes Your Brain*, 2015), descubrimos, como se ha mencionado, que un análisis de aproximadamente 2000 descripciones de las experiencias místicas o de iluminación más intensas sugería cinco elementos centrales. Esos elementos incluían una sensación de unidad, como la descrita anteriormente. También está presente un sentido de intensidad, que puede referirse a elementos experienciales, aspectos emocionales, a la sensación de sobrecogimiento o a otros elementos que se perciben como más intensos que las experiencias cotidianas y que delinean lo místico como algo único. Hay una sensación de claridad que proporciona conocimiento o sabiduría al individuo de una forma de la que no había sido consciente antes de la experiencia mística. Este conocimiento puede llevar a un cambio de creencias y comportamientos, así como a cambios morales o altruistas. La experiencia mística se asocia a una sensación de dejarse llevar o entregarse a la experiencia, ya que se siente como si viniera a la persona en lugar de que ella vaya a ella. Por último, está el elemento de transformación, que hace que la persona sienta que todo ha cambiado para ella. También hay que señalar que todos estos elementos están asociados a alteraciones en la actividad cerebral, como ya hemos comentado.

Transformación del carácter y la vida

El término *nacer de nuevo*, utilizado principalmente por los cristianos protestantes a partir de los años sesenta, procede del Nuevo Testamento: "Nadie puede ver el reino de Dios si no nace de nuevo" (Jn 3,3). Los católicos suelen hablar, en cambio, de renovación de la fe bautismal. Sea cual sea la terminología, es probable que las renovaciones carismáticas, tanto entre católicos como entre protestantes, se caractericen por encuentros con el Espíritu Santo que transforman y cambian la vida de las personas. Las experiencias carismáticas proliferan en los países en vías de desarrollo (Beauregard y O'Leary, 2008, p. 184).

¿Cuál es la diferencia entre las manifestaciones carismáticas y las experiencias místicas? El Concilio Vaticano II en *Lumen Gentium* 12 reafirma los carismas que siempre se han encontrado entre los fieles. Son "gracias del Espíritu Santo.. ordenadas a la edificación (de la Iglesia), al bien de los hombres y a las necesidades del mundo" (*CIC*, 799). Los carismas son muy variados: dones para expresar sabiduría, ciencia, fe, curaciones, milagros, profecías, discernimiento de espíritus ... para el bien común (1 Co 12,7). En 2 Co 12:2-4, San Pablo se refiere a una experiencia mística que tuvo cuando fue "arrebatado al tercer cielo". Se abstiene de compartir el contenido y lo acepta como una gracia personal extraordinaria que le fortalece para perseverar en su misión. Puede haber un solapamiento entre carismas y experiencias místicas. El discernimiento con un guía espiritual puede ser necesario para determinar si el don es un carisma que debe compartirse para el ministerio a los demás o una gracia mística personal que es mejor mantener en privado, aunque, en última instancia, es para la edificación de todos (Carisma, 2021).

La investigación ha demostrado cómo el cerebro se adapta a la experiencia, la preparación, el entrenamiento y la educación, que son las fases introductorias de la conciencia mística. Desde una perspectiva teológica, el misticismo incluye un contacto intenso con Dios, pero también una vida que se transforma. Comenzando con el ascetismo, la lectura de las Escrituras, los grados iniciales de oración y la dirección espiritual, los encuentros místicos se convierten en una nueva forma de vida (McGinn, 2006, p. 519). Las redes neuronales del cerebro se consolidan, se revisan y son esculpidas progresivamente mediante la vida cristiana fiel y la renovación diaria de la vida. En palabras de San Pablo: "Transformaos mediante la renovación de vuestra mente" (Rom 12:2) (Anderson, 2013, en Lamm [ed.], p. 604).

En cuanto a la causalidad, Dios actúa en todas las criaturas en la medida en que buscan la bondad de su naturaleza y participan en la causalidad divina. En el contexto de la oración cristiana, la participación de las criaturas humanas en la causalidad divina tiene el efecto de alterar la base neuronal del místico a medida que llega gradualmente a comprender el mundo y a sí mismo como lo hace Dios (Alexander, 2018, p. 299). Dios está siempre ya presente en cada persona, invitándola desde dentro a reconocer que en Dios "vive, se mueve y es" (cf. Hch 17,28). Este es el *telos* u orientación final de la práctica mística. "Cuanto más se llega a reconocer esta acción participativa, más se quiere cooperar con ella, y más se acerca epistémicamente al centro donde Dios y el alma ya existen en unión" (Alexander, 2018, p. 301). El misticismo en contextos distintos al cristiano puede tener descripciones y explicaciones similares, aunque alternativas, para las experiencias místicas.

Teresa de Ávila describe la progresión gradual de la oración y sus efectos transformadores desde los comienzos hasta la unión mística. En *El libro de su vida*, describe la progresión en la oración meditativa como "Cuatro formas de sacar agua". Vuelve sobre el tema de los grados de oración en su *Castillo interior (CI)*. El primer grado es como sacar agua de un pozo, laboriosamente. Los esfuerzos ascéticos extenuantes demuestran a Dios el deseo de la persona de seguir un camino de santidad (*IC* V, 11, 15). Se trata de una primera transformación del deseo. El objetivo de comenzar con la meditación discursiva -consideración racional, paso a paso, del contenido religioso para facilitar la transformación de la vida- es "llegar al punto de fracaso con el intelecto, junto a la habilidad para continuar" (*IC* V, 15.11, 15.13). El segundo grado de la oración permite al intelecto descansar en los momentos en que la voluntad está ligada a Dios por el amor (*IC* V, 14. 2, 4). La memoria es molesta en esta etapa porque vuelve a llamar la atención hacia los apegos. Poco a poco, la persona se transforma y adopta gradualmente las cualidades del amor divino (*IC*, V, 15.4). Comienza a comprender que Dios habita en su interior y coopera con su acción transformadora (Alexander, 2018, pp. 204-205, 211-212).

Al considerar la transformación que resulta de la experiencia mística, se pueden señalar los efectos neurológicos de la experiencia espiritual y religiosa, los cuales se abordarán en las secciones siguientes. Una mayor exploración de los efectos neurofisiológicos de la experiencia mística sería un reto para la futura investigación neuroteológica. Teóricamente, dado que una persona experimenta nuevas creencias y comportamientos, se producirán alteraciones en diversas partes del cerebro que apoyan estos cambios. Los datos actuales sobre imágenes cerebrales sugieren que hay cambios a largo plazo en la función cerebral que resultan de las prácticas y experiencias espirituales. Los estudios sobre la oración y la meditación revelan que, incluso en reposo, el cerebro parece diferente con el paso del tiempo. Los practicantes de meditación y oración a largo plazo presentan cambios en los lóbulos frontales, la ínsula y el tálamo, cambios que intervienen en los procesos ejecutivos, cognitivos y emocionales.

Unión mística

Etapas de transformación: vías purgativa, iluminativa, unitiva

Underhill describe las etapas de transformación en el camino místico. El despertar de la conciencia trascendental desplaza la conciencia a niveles superiores. No se trata simplemente de una conversión religiosa, de una aceptación repentina de creencias religiosas, sino de un cambio que implica a toda la persona en la reconstrucción de la conciencia y en un cambio de actitud hacia el mundo (pp. 176-177). El despertar se caracteriza por una sensación de victoria y libertad, y una convicción sobre la proximidad de Dios y amor hacia Dios. La nueva perspectiva podría describirse como "una percepción repentina, intensa y gozosa de Dios inmanente en el universo y una nueva vida correspondiente a este nuevo hecho dominante de la existencia" (p. 179).

La etapa de purificación es un perpetuo perfeccionamiento de la conversión, mediante el ajuste del carácter, volviéndose uno hacia la Realidad y la Verdad, así como alejándose del interés propio, de las distracciones irreflexivas y de las búsquedas vacías. Si un hilo delgado o una cuerda ata a un pájaro, dice San Juan de la Cruz, está atado y no puede volar (*Subida al Monte Carmelo*, I,1, en Underhill, 1911, p. 212).

Cuando cierto grado de purificación ha reorientado a la persona hacia Dios con cierta estabilidad en el control de los apegos instintivos, el proficiente ha alcanzado normas sólidas de pensamiento y de conducta, junto con la confianza en la relación con Dios (Underhill, 1911, p. 234). La persona puede encontrar una ampliación afectiva en su sentido de la presencia de Dios, un mayor significado en las cosas creadas e intuiciones respecto a los símbolos, y la energía para las realidades intangibles puede aumentar enormemente (p. 240).

La noche oscura de los sentidos puede aparecer antes del camino iluminador de los proficientes, y la noche oscura del espíritu puede ocurrir después. Estos pasajes de transición obligan a la persona a reconocer facetas de sí misma que necesitan una mayor purificación y virtudes que necesitan fortalecerse. En la primera noche, la persona aprende a amar sin recompensa, desapegada de la gratificación sensorial y egocéntrica. En la segunda noche se produce una purificación más profunda. La persona se ve a sí misma con verdaderas imperfecciones y debilidades que había pasado por alto. Experimenta vacío, sequedad y oscuridad, así como dificultades y angustia en las circunstancias de la vida. Esto contribuye a reducir la autosatisfacción y a sustituirla por una humildad cada vez más profunda[1] (Underhill, 1911, pp. 391-393).

La vida unitiva simplifica las potencias del alma, ahora transformada en unión con Dios. En el cristianismo siempre hay una distinción entre Dios y el alma. Sin embargo, ahora la persona experimenta una participación estable de sus potencias en el modo de conocer, sentir y actuar de Dios. El místico siente que vive en Dios como en su casa, ahora identificado con cualquier parte de ella, pero conservando su personalidad (Underhill, 1911, p. 420).[2]

Epistemología del conocimiento místico

Con este estudio de la mística y la neurociencia, surgen preguntas sobre lo que ocurre precisamente en la experiencia mística desde las perspectivas de la causalidad, la epistemología, la teología y la psicología. Podrían plantearse otros ámbitos, pero comenzaremos con una somera referencia a éstos.

Desde el punto de vista católico, en última instancia, Dios es la causa de la existencia de todo lo demás. Pero la existencia de Dios es totalmente distinta. Es subsistente en sí mismo, lo que significa que su existencia es lo mismo que su esencia (*ST* I, q. 3, a. 4, res.). Puesto que las cosas creadas no pueden existir aparte de Dios, el Aquinate explica que las entidades creadas participan de la existencia de Dios (*ST* I, q. 104, A. 1 res.). "La causalidad de todas las cosas creadas se entiende mejor como una participación en la causalidad última de Dios" (Alexander, 2018, pp. 89-90).

Dios, pues, actúa en las criaturas, sustentándolas en el ser y confiriéndoles el poder por el que actúan. Desde el punto de vista de las criaturas, éstas participan de la existencia de Dios, es decir, del Ser de Dios. Es Dios quien confiere un ser participado a las criaturas y las dirige a su fin, a actuar según la bondad última de sus naturalezas. En todas las cosas creadas se puede encontrar cierta participación en el ser y el obrar de Dios. "Dios es la causa final que a la vez crea y extrae las causas formales, materiales y eficientes" (Alexander, 2018, p. 101). Esto significa que, en última instancia, Dios es el *telos* de todas las causas. Todo lo que existe, en virtud de su creación, comienza y termina en Dios. Para el místico cristiano, esto incluye su conocimiento experimental de que "Dios es en quien vivimos, nos movemos y existimos" (Hechos 17:28).

El conocimiento místico puede entenderse como una capacidad epistémica que transforma gradualmente las estructuras neurológicas a través de la oración y la meditación para alcanzar una conciencia permanente de la presencia de Dios, que vive y actúa en la persona humana. Los estudios neurológicos han demostrado que la práctica de la oración, en particular la meditación a lo largo del tiempo, puede mejorar la autorregulación, la atención, el control de los impulsos y la flexibilidad mental (Newberg, 2013; Congleton, Holzel y Lazar, 2015). Las transformaciones neurobiológicas físicas alteran la forma de regular las emociones, el aprender, el recordar, el asimilar información sobre uno mismo y adoptar perspectivas. Con la práctica regular de la oración meditativa o la contemplación, donde predomina la acción de Dios, el sujeto puede desarrollar más fácilmente capacidades que amplían sus potencialidades humanas y mejoran su habilidad para pensar, sentir y actuar virtuosamente. El místico puede fomentar la transformación con vistas a la unión participativa con Dios.

En el proceso de unión mística con Dios, el conocimiento espiritual de la persona se transforma, sorprendentemente, en el modelo de la Trinidad. Según Juan de la Cruz, el místico no se limita a conocer humanamente a Dios, sino que alcanza la perfección del conocimiento humano y divino. "La estructura del alma se incluye en la estructura del autoconocimiento de Dios a través de la transformación mística en la Trinidad" (Howells, 2002, pp. 33-34). Mientras que Tomás de Aquino sostiene que hay dos facultades espirituales humanas, intelecto y voluntad, Juan de la Cruz sigue a Agustín al considerar tres facultades: memoria, intelecto y voluntad (Bord, 976, pp. 75-80, en Howells, 2002, p. 16).

Puesto que el alma humana está hecha a imagen de Dios, la transformación mística lleva a la perfección la relación esencial de la persona con Dios. La persona profundiza gradualmente para acomodarse a la presencia de Dios en su interior y en una unión con Él. Al principio, la persona sólo había conocido a Dios a través de las criaturas, como el Artista se refleja de algún modo en las obras de arte que produce. En la unión mística, Dios mismo es conocido antes que las criaturas (Howells, 2002, p. 59). La estructura cognitiva natural del alma conoce imágenes y formas naturales de las cosas; el conocimiento espiritual utiliza "formas espirituales" "generales, indistintas", que no dependen de las formas naturales (p. 39). El conocimiento espiritual se produce sobrenaturalmente a través de las virtudes teologales y las capacidades otorgadas en el bautismo para relacionarse con Dios en la fe, la esperanza y el amor. Dios se pone en contacto con nosotros directamente, espiritualmente, a través de las virtudes teologales porque los sentidos no pueden percibir a Dios. El conocimiento natural y sobrenatural se unen en un solo centro en la unión mística, donde la Trinidad perfecciona y transforma el conocimiento humano natural (p. 39).

El proceso de transformación mística consiste en un movimiento continuo entre un estado espiritual y otro, entre órdenes naturales y sobrenaturales

(Morel,1960, 2:26; de Longchamp, 1997, pp. 36-39, 86-87). Juan de la Cruz observa que Dios visita el alma en la parte espiritual, no en la sensorial.

> Cuando se conceden estos favores. . . (sólo en el espíritu, como hemos dicho), la persona suele darse cuenta, sin saber cómo, de que la parte superior y espiritual de su alma se retira y se aleja de la parte inferior y sensorial. Este alejamiento le hace consciente de dos partes tan distintas que una parece no tener relación con la otra y estar muy alejada de ella. Y, de hecho, esto es en cierto modo cierto, porque en la actividad -entonces enteramente espiritual- no hay comunicación con la parte sensorial. (*DN*, 23:14)

El alma no permanece quieta, sino que pasa constantemente de un estado espiritual a otro (Juan de la Cruz, *DN* 18:3-4). Para Juan, "el alma vive donde ama" (*SC*, 8:3), ya que es definida principalmente por sus apegos. El yo identifica su orientación no por lo que conoce, sino por lo que desea y persigue. En la experiencia mística, la vitalidad natural hacia los objetos del mundo se encuentra con la orientación de la Trinidad, y se produce una profundización de las capacidades espirituales de la persona. Se distinguen dos sistemas cognitivos -uno que tiende hacia objetivos naturales y otro sobrenaturalmente dirigido hacia la unión con Dios- en niveles superficiales, y luego gradualmente más profundos, de relacionalidad unificada (Howells, 2002, p. 41). En correspondencia con la distinción entre sentido y espíritu, el alma tiene dos direcciones y capacidades correspondientes, interrelacionadas en una única unión. Una vez realizado el conocimiento espiritual, el sistema sensorial sigue siendo funcional. Aún así, la persona es capaz, *en el primer movimiento* de percepción sensorial, de elevar su atención y cooperar con Dios (p. 34).

Por la gracia, la persona recibe la capacidad de relacionarse con Dios dentro de su creaturalidad ontológica, en cuanto se ve y se ama a sí misma (Maritain, 1932, p. 394). En virtud de su relación inmediata con Dios, la persona ve y ama a través de Dios, en unión con Dios y participando de él, aunque siempre ontológicamente distinta, en cuanto la criatura se distingue del Creador (Howells, 2002, p. 43). El dinamismo natural de desarrollar conceptos a través de la información sensorial no entra en conflicto con la actividad cognitiva sobrenatural, porque desde la perspectiva católica el conocimiento espiritual no deriva de los sentidos sino de capacidades espirituales y sobrenaturales. "Ser humano es ser espíritu, es decir, vivir la vida buscando incesantemente lo absoluto, en apertura hacia Dios" (Rahner, 1941/1994, p. 53).

Para la persona en unión con Dios, la experiencia mística no perdura como visión intelectual, lo que es insostenible en esta vida. Momentos de visión pueden ocurrir a veces, pero sólo como acción virtuosa (Howells, 2002, p. 128). El intelecto, la memoria y la voluntad transformados se orientan a servir a Dios y a poner en práctica su voluntad, libre y deliberadamente (*LF* 3:77; 1:9). La relación de la persona humana con Dios es recíproca: cada uno se entrega voluntariamente al otro. "El alma no puede practicar ni adquirir las virtudes sin la ayuda de Dios, ni Dios las realiza solo en el alma sin la ayuda de ella. Dios y el alma trabajan juntos" (*SC* 30:6) (Howells, pp. 37-38).

Desde la perspectiva de la neurociencia, se puede reflexionar sobre cómo procesa el cerebro conceptos como alma, gracia y conocimiento espiritual. Mientras que la perspectiva católica es decididamente sobrenatural, la neurociencia puede dilucidar los correlatos neurobiológicos. La implicación es que cualquier proceso sobrenatural tendría necesariamente que cruzarse con algo que ocurre en el cerebro. Así pues, si es posible averiguar los cambios cerebrales asociados a estas experiencias y determinar cómo se relacionan esos cambios cerebrales con los cambios en las creencias y los comportamientos, quizá sea posible comprender mejor cómo se producen esas interacciones.

Virtud, connaturalidad y santidad

Experiencia de la gracia y del Espíritu

Según la teleología tomista, "todo agente actúa en razón de un fin" (*Cont.gent.* 3.2), y "toda acción es en vistas a un bien" (3.4). Esto significa que los seres humanos orientan su conciencia hacia el ser/la realidad como verdadero y bueno. Cuando la conciencia está bien formada, los seres humanos están habitualmente en sintonía con la virtud; hay una connaturalidad epistemológica natural (Ryan, 2014, p. 8). La teología añade que, por gracia, los seres humanos llegan a ser "partícipes de la naturaleza divina" (2 Pe 1:4) y desarrollan una aptitud sobrenatural para participar en la vida de Dios. Mediante los dones del Espíritu Santo (sabiduría, inteligencia, consejo, ciencia, fortaleza, piedad y temor del Señor [Is 11:2]), la persona humana sintoniza sus capacidades cognitivas, afectivas y volitivas con el Espíritu de Dios. Contribuyen al proceso las virtudes teologales y morales infundidas en el bautismo (fe, esperanza, caridad, prudencia, justicia, fortaleza y templanza). También es fundamental para el crecimiento en la connaturalidad la práctica de las bienaventuranzas (bienaventurados los pobres de espíritu, los mansos, los que lloran, los que tienen hambre y sed de justicia, los misericordiosos, los limpios de corazón, los que trabajan por la paz, los que sufren persecución por causa de la justicia [Mt 5, 3-10]). Los frutos del Espíritu (caridad, alegría, paz, paciencia, benignidad, bondad, confianza, mansedumbre y dominio de sí [Ga 5,22-23]) verifican la presencia de la gracia y del Espíritu de Dios. En conjunto, esto hace que la persona humana agraciada experimente una connaturalidad epistemológica sobrenatural con Dios (Ryan, p. 9).

Andrew Pinsent sugiere que la transformación moral de la conciencia de natural a sobrenatural ocurre, como observa Tomás de Aquino basado en Agustín, a través de Dios ,"quien obra la virtud en nosotros, sin nosotros" (*De Grat. et Lib. Arb. xvii*). Para este proceso son esenciales las virtudes, los dones, las bienaventuranzas y los frutos del Espíritu (VDBF). Pinsent observa que los recientes estudios sobre la atención conjunta triádica, en la que dos personas dirigen su atención a un punto de referencia común para desarrollar una cognición social coordinada, se aplican bien a la comprensión que tiene el Aquinate de las virtudes, los dones, las bienaventuranzas y los frutos del Espíritu. La persona humana comparte gradualmente una perspectiva y una actitud comunes, al sintonizar con el Espíritu de Dios, hasta que se produce una resonancia epistemológica sobrenatural. Sobre la base de la comprensión *yo-tú* de Buber de la dinámica interpersonal orientada a la amistad, la atención conjunta en segunda persona fomenta el esfuerzo cooperativo en el amor y, finalmente, la unión (Riordan, 2015). *El intercambio de mentes* que se produce en la amistad refleja la interacción y el instinto de virtud entre la persona humana y Dios en una relación de gracia (Ryan, 2014).

Según el catolicismo, cualquier persona, incluso el agnóstico o el ateo, que "busca la verdad y hace la voluntad de Dios según su comprensión de ella, puede salvarse" (*CIC*, 1260). La recepción de la gracia y el sistema VDBF que alinea a la persona humana en amistad con Dios están actuando en sus vidas, aunque no sean conscientes de ello. Tal no creyente tendría un conocimiento no consciente de Dios (Ryan, 2014, p. 130). Según Rahner, los santos viven de puro espíritu:

> Es la razón de su extraño modo de vida, de su pobreza, de su deseo de humildad, de su anhelo de muerte, de su disposición al sufrimiento y de su secreto anhelo de martirio. Saben que el ser humano debe vivir como espíritu en la existencia humana concreta, no meramente en el pensamiento especulativo, sino verdaderamente en la frontera entre Dios y el mundo, el tiempo y la eternidad. (2010, pp. 186-187)

Los santos y los místicos experimentan la gracia, el movimiento del Espíritu Santo en sus vidas. Hay grados probables de la experiencia de la gracia, algunos de los cuales son accesibles a cualquiera. Rahner describe la experiencia de la gracia:

> ¿Nos hemos callado alguna vez aunque quisiéramos defendernos, aunque nos hubieran tratado injustamente? ¿Hemos perdonado alguna vez, aunque no obtuviéramos recompensa por ello, y el silencioso acto de perdonar se diera por supuesto? ¿Hemos sido alguna vez obedientes, no porque tuviéramos que serlo y quisiéramos evitar consecuencias

negativas, sino puramente a causa de ese Ser misterioso, silencioso e incomprensible al que llamamos Dios y su voluntad...? ¿Alguna vez hemos estado completamente solos? ¿Hemos tomado alguna vez una decisión basándonos únicamente en la voz más profunda de nuestra conciencia, el lugar donde uno no puede hablar con nadie, no puede aclarar las cosas a nadie, donde uno está totalmente solo y sabe que está tomando una decisión que no será aceptada ni siquiera por una sola persona. . . ¿Hemos intentado alguna vez amar a Dios cuando ... sentíamos que llamábamos a un vacío y a una absoluta falta de respuesta, ... cuando todo parecía inasible y sin sentido? ¿Alguna vez hemos sido buenos con alguien y no hemos recibido ninguna palabra de gratitud, ningún reconocimiento, ni siquiera la recompensa de ser reconocidos por haber actuado desinteresadamente, con justicia o amabilidad?

Cuando encontremos (tales experiencias), reconoceremos que hemos experimentado el espíritu del que estamos hablando. La experiencia de la eternidad, [esto es]. . . la experiencia de que el propósito del ser humano no sube y baja con el significado y la felicidad de este mundo, la experiencia del coraje y de una fe que se arriesga a dar un salto, una fe que no se apoya en la razón ni se deriva de los principios o el éxito del mundo. (Rahner, 2010, p. 186)

Lonergan, como hemos visto, hace hincapié en la conciencia humana, mostrando sistemáticamente cómo la espiritualidad puede integrar mente y corazón. La unión de los cuatro niveles de conciencia, tal como se delinean en su modelo -experimentar, comprender, juzgar y decidir-, es el deseo, es decir, el ímpetu de su movimiento. Para Lonergan, como para Agustín, el deseo motiva la espiritualidad, que transforma la conciencia (Moloney, 2004, p. 124). Entiende la espiritualidad como el deseo de valor, el movimiento hacia la autotrascendencia y, en última instancia, para alcanzar a Dios, se reconozca esto o no. "Esta orientación de nuestra intencionalidad consciente da nuestra mejor definición de Dios: Dios es la realidad que cumple esa orientación fundamental (1972, p. 341, en Moloney, 2004, p. 127).

Lonergan ve las nociones trascendentales de experiencia, comprensión, juicio y decisión como una llamada a la autotrascendencia que puede ser transformada y completada por el don sobrenatural de la gracia de Dios, conduciendo a la persona humana a un horizonte místico (Rixon, 2001). Más que un filósofo, Lonergan es un teólogo de la gracia, pues muestra que el reconocimiento de Dios como Misterio definitivo emerge de la conciencia humana que persigue lo último en el plano del valor. Un joven jesuita en un retiro predicado por Lonergan en 1941 recordaba su énfasis: "Le métier de l'homme est de se passer". (La tarea del hombre es trascenderse a sí mismo.) (Rixon, pp. 482-483). La autotrascendencia significa finalmente superarse a sí mismo en el amor auténtico (Moloney, 2004).

Michael McCarthy (*Authenticity as Self-Transcendence: The Enduring Insights of Bernard Lonergan*, 2015) observa que Lonergan, siguiendo al filósofo católico canadiense Charles Taylor, cuestionó la suficiencia de un humanismo exclusivo que se contentara con los niveles de conciencia y no persiguiera una orientación última. Taylor se refiere a un *marco inmanente*, el trasfondo intelectual y moral común de "descripción, explicación, elección y acción" que sería compartido por creyentes y no creyentes por igual y "que puede entenderse sin referencia a lo sobrenatural o lo trascendente" (McCarthy, 2015, p. 185, en Byrne, 2016, p. 7). La crítica de Taylor a esta postura es que se conforma en la investigación científica con respuestas inteligibles, pero sin preguntarse por qué el universo *es* inteligible. "¿Puede el universo ser inteligible sin un fundamento inteligente?". (Lonergan, 1972, p. 101, en Byrne, 2016, p. 9).

Los preceptos trascendentales de Lonergan o niveles de conciencia ilustran la dinámica de la interioridad humana y apoyan todos los dominios del esfuerzo humano y la autenticidad en la cultura, así como en la religión (Byrne, 2016). Su filosofía de la mente y de Dios apunta a una llamada autotrascendente a la santidad. Para Lonergan, esto significaba un enamoramiento de un otro-mundo con Dios, una autoentrega completa y permanente, el patrón para la espiritualidad de una persona y la vida que de ahí se sigue (Lonergan, 1972, p. 240). Según la teología cristiana, tal enamoramiento no depende de la persona humana, sino de la iniciativa de Dios, "El amor de Dios ha sido derramado en nuestros corazones por el Espíritu Santo que nos ha sido dado" (Rm 5, 5).

Tras el movimiento descendente iniciador de Dios, la conversión requiere una respuesta humana ascendente a medida que los sucesivos niveles de la conciencia humana se corresponden con el don de Dios y manifiestan los frutos del Espíritu (caridad, alegría, paz, etc. [Rom 5:22-23]). Para Lonergan, como para la teología mística católica en general, la gracia de la caridad es la clave de la experiencia religiosa. Es la persona de fe que ama la que percibe que el universo está lleno de amor y significado (1972, p. 290) (Moloney, 2004, p. 130). Lonergan concluyó que la reflexión teológica y el servicio amoroso fluyen de un misticismo de unión transformadora (Rixon, 2001, p. 479).

La gracia increada de la Trinidad que inhabita en el alma, así como las gracias santificantes y actuales, asimilan a la persona humana en el proceso de unión transformadora a la participación en la gracia de Cristo. La gracia produce en las personas humanas una participación en la iluminación del entendimiento y en el alineamiento de la voluntad que caracterizaron la humanidad de Cristo

(Doran, 1990, Lonergan Folder 18, 2, en Rixon, 2001, p 485). Al hablar de los *Ejercicios Espirituales* ignacianos, Lonergan reflexiona sobre la suposición de Ignacio de que Dios actúa directamente en la persona humana y da prioridad a la unión como fuente de la que mana el servicio (*Ejercicios Espirituales*, anotación, 15) (Rixon, p. 487). Lonergan, siguiendo a Augustin Poulain, S.J. (1836-1919), autor del clásico libro *Las gracias de la oración interior* (1901), describió la oración mística en unión transformadora como una permanente "transformación del intelecto consciente y de la voluntad" (Carpeta 19, en Doran 1990) (Rixon, 2001, p. 486). Con Dios operando sobrenaturalmente en el intelecto y la voluntad, uno podría esperar encontrar que "el conocimiento y la voluntad conscientes de una persona a través de la oración unitiva anticipan y estimulan una correspondiente transformación y reintegración de sus sensibilidades biológicas y psíquicas espontáneas" (véase Doran, 1990, en Rixon, p. 486). Según Lonergan, estar enamorado no sustituye los deseos humanos de conocimiento ilimitado y bondad que motivan la auténtica mejora cultural, sino que los asimila a un nivel sobrenatural impulsado por el amor en sintonía con los deseos de Dios (Byrne, 2016, p. 13).

De nuevo, el propósito de la neuroteología en este contexto sería examinar conceptos como virtud, connaturalidad y santidad desde una perspectiva relacionada con el cerebro. ¿Cómo abarca e involucra el cerebro las virtudes? En primer lugar, podemos considerar qué significa virtud, cómo somos capaces de delinear cognitivamente virtudes específicas y cómo se diferencian del pecado y el vicio. ¿Están las virtudes determinadas por comportamientos, emociones, cogniciones o alguna combinación de todos ellos? Y dependiendo de cómo se responda a esa pregunta, podemos explorar qué áreas cerebrales podrían estar implicadas. Como en todas las discusiones neurocientíficas vistas hasta ahora, hay una riqueza añadida a la discusión teológica sobre estos conceptos que va más allá de los textos sagrados o de lo escrito por los teólogos, para incluir lo que la ciencia podría tener que decir sobre estas importantes ideas en el catolicismo.

Preguntas de estudio

1. Para la neuropsicología y la teoría neurocientífica, ¿qué es la experiencia?
2. ¿Cómo distingue Kuhl el yo conceptual del yo integrado? Explíquelo.
3. Según Johnstone, ¿qué ocurre cuando el sentido del yo que da cuenta de la experiencia subjetiva aumenta, disminuye o se distorsiona?
4. ¿Qué se entiende por "sentido del yo"?
5. ¿Cómo distinguir la experiencia espiritual de la religiosa? ¿Qué tienen en común?

6. ¿Cómo se caracterizan las experiencias espirituales, religiosas o místicas en general y por parte de los cristianos?
7. Lonergan sitúa la experiencia religiosa en la conciencia intencional trascendente (véase el capítulo tercero, epistemología). Explica.
8. En un estudio reciente, ¿cómo se clasificaron las experiencias espirituales como numinosas, místicas o paranormales? Explíquelo.
9. ¿Cómo define Underhill el misticismo?
10. ¿Qué entiende el catolicismo por unión con Dios? ¿Experiencia mística?
11. ¿Cuáles son las dos definiciones de misticismo para los estudios científicos sociales?
12. ¿Cuáles son los cinco atributos de la experiencia mística según los estudios de escáner cerebral?
13. ¿Cuáles son las tres principales clasificaciones duales del misticismo y qué significan?
14. ¿Qué significa atribuir al misticismo las cualidades de ser noético, inefable y paradójico?
15. ¿Qué regiones cerebrales o procesos químicos se correlacionan hasta cierto punto con las dimensiones de la trascendencia percibida?
16. La correlación de los estados místicos con la estructura o función cerebral, ¿significa que los procesos fisiológicos causan la experiencia religiosa? Explíquelo.
17. ¿Significan los hallazgos de asociación entre procesos neuronales y experiencias místicas que éstas deben derivar de algún modo del cerebro? Explíquelo.
18. ¿Qué se entiende por *qualia*?
19. ¿Cuál es la posición actual de la ciencia con respecto a la conciencia?
20. ¿Por qué parece imposible que la neurociencia evalúe objetivamente las experiencias subjetivas de la conciencia?
21. ¿Por qué el catolicismo, desde perspectivas filosóficas y teológicas, no acepta una teoría materialista o emergentista respecto a la conciencia y la experiencia religiosa?
22. La conciencia, en sí misma aparentemente inexplicable, puede modificarse mediante el entrenamiento y la práctica espirituales. ? ExplicarExplicar.
23. ¿Cuáles son las limitaciones del estudio neurocientífico de la experiencia mística?

24. Según Peters, ¿cómo podría rectificarse la supuesta omisión del estudio neurocientífico de la dimensión moral de la religión?
25. ¿Cómo responde el constructivismo a la cuestión de la conciencia pura en el estudio neurocientífico de la experiencia mística?
26. ¿Qué significa decir que ninguna experiencia está exenta de mediación?
27. ¿Qué opina de la afirmación de los no constructivistas de que la experiencia no tiene por qué ser construida socialmente?
28. ¿Qué quiere decir Dodds, citando a Bunge, al afirmar que la ciencia parece constreñir la causalidad y su alcance?
29. ¿Cree que los acontecimientos de conciencia pura son posibles, o son siempre construidos? Explíquelo.
30. ¿Qué aportan las realizaciones múltiples a la cuestión de la conciencia pura y la experiencia mística?
31. ¿Qué problemas de precisión en la imagen cerebral plantea la promediación estadística?
32. ¿Cómo explica el hilemorfismo la falta de una correlación consistente entre los patrones neurales y la conciencia?
33. Las limitaciones en la medición de los eventos místicos, ¿apoyan la conclusión de que las experiencias místicas son ilusorias? Explíquelo.
34. ¿Qué se entiende por la realidad de la experiencia mística?
35. ¿En qué medida puede verificarse en general la veridicidad de las experiencias místicas?
36. ¿Cómo puede evaluarse la autenticidad de la experiencia mística cristiana a través de la práctica doxástica, incluido un "sistema de control"?
37. ¿Es válida la objeción de que la neurofisiología podría explicar las experiencias místicas? Explíquelo.
38. ¿Qué significa que el argumento de la experiencia puede autentificar la experiencia mística?
39. ¿Qué se entiende por experiencia mística?
40. ¿En qué se diferenciaba Santa Teresa de Lisieux de Santa Teresa de Ávila en cuanto a la mística?
41. ¿En qué se distingue la mística de la experiencia religiosa?
42. Según Stace, ¿cuáles son los ocho elementos básicos de la experiencia mística?
43. ¿Por qué las experiencias místicas que incluyen la búsqueda de sentido pueden tener un impacto positivo en las relaciones humanas?

44. ¿Por qué la experiencia mística cristiana privilegia la caridad generosa?
45. ¿Cómo se distinguen los carismas de las experiencias místicas?
46. Cuando la experiencia mística es transformadora, ¿qué ocurre teológica y neurofisiológicamente?
47. ¿Cuál es el *telos* de la experiencia mística cristiana?
48. ¿Cómo explica Teresa de Ávila la progresión de la oración y la transformación que produce?
49. ¿Cómo caracteriza Underhill el despertar de la conciencia trascendental?
50. ¿Qué ocurre en la etapa espiritual de purificación?
51. ¿Cómo se puede caracterizar la etapa iluminadora de la proficiencia?
52. ¿Qué ocurre en las noches de transición del sentido y el espíritu?
53. ¿Cómo se puede describir a la persona transformada en la vida unitiva?
54. ¿Qué significa decir que Dios es el *telos* de todas las causas?
55. ¿Qué significa llamar capacidad epistémica al conocimiento místico?
56. ¿Cómo transforma el conocimiento místico las facultades del alma humana?
57. ¿Cómo transforman las virtudes teologales el conocimiento humano?
58. ¿Por qué la transformación mística implica un movimiento continuo entre estados espirituales, naturales y sobrenaturales?
59. ¿Qué determina la orientación hacia uno mismo? Explíquelo.
60. ¿Cómo trabajan juntos la persona y Dios en la transformación mística?
61. ¿Qué puede aportar la neuroteología a la comprensión de la transformación a través de la experiencia mística?
62. ¿Cómo contribuyen las virtudes teologales y morales, los dones del Espíritu, las bienaventuranzas y los frutos del Espíritu (VDBF) a la connaturalidad con Dios en una vida humana agraciada?
63. ¿Cómo podría la noción de Pinsent de atención conjunta triádica ayudar a explicar la resonancia sobrenatural humana con Dios?
64. Cualquier persona que siga sinceramente su conciencia, viva por la gracia y el sistema de la FDBF está en la amistad de Dios ? ExplicarExplicar.
65. ¿Cómo describe Rahner la experiencia de la gracia?
66. ¿Cuál es, según Lonergan, la orientación de los cuatro preceptos trascendentales: experiencia, entendimiento, juicio y decisión?
67. Según Lonergan, ¿por qué la caridad sobrenatural es clave en la experiencia religiosa?

68. ¿Cómo describen Lonergan y Poulain los efectos de la oración mística en la unión transformadora?
69. ¿Qué conceptos relacionados con las etapas superiores de la vida espiritual podría explorar la neuroteología?

Notas finales

[1] San Juan de la Cruz distingue entre noches activas y pasivas del sentido y del espíritu. Las noches pasivas son particularmente purificadoras, ya que no están bajo nuestro control (S. Payne, comunicación personal, 16 de abril de 2023).

[2] Underhill modifica el esquema tradicional "purgativo, iluminativo, unitivo" para sus fines explicativos a (1) Despertar, (2) Purgativo, (3) Iluminativo, (4) Noche oscura del alma y (5) Etapas unitivas.

Capítulo 12
Implicaciones teológicas católicas

La neuroteología fomenta el diálogo entre neurociencia y teología. ¿Qué implicaciones tiene para la teología católica su conversación con la neurociencia? En primer lugar, debemos definir la *teología*. Teología podría significar una disciplina orientada a la revelación, la fe y la filosofía que suele restringirse al cristianismo, pero con temas que también pueden incluir otras religiones, como el judaísmo (cf. Theilicke y Louthe, 2022). Este capítulo considerará cómo la teología se basa en la revelación divina; las formas en que la neurociencia y la ciencia cognitiva de la religión se relacionan con la teología; una comprensión católica del alma, de nuevo, esta vez desde una perspectiva teológica; y reflexiones neurocientífico-teológicas sobre la persona social-relacional. Ofreceremos algunas reflexiones sobre la ética neurobiológica católica, incluyendo el razonamiento moral, los ejemplos de vida, la narrativa, la cognición encarnada y la bioética al final de la vida. Se invita al lector a discernir por sí mismo cómo la teología podría entablar un diálogo con la neurociencia y quizá ofrecer sugerencias adicionales.

Autorrevelación divina

¿Cómo contactan los humanos con Dios o con el Ser divino? O tal vez la pregunta debería ser: ¿Cómo contacta Dios con los humanos? A lo largo del mundo y de la historia, los hombres han llegado a conocer lo trascendente de múltiples y variadas maneras. No podemos abarcar todas las formas posibles en que los humanos reciben la revelación divina, y menos en profundidad; nos referiremos brevemente al judaísmo y al cristianismo.

Un primer medio humano para llegar a conocer lo trascendente es bíblico: la autorrevelación de Dios a los hombres (Delio, 2003). La Biblia hebrea y cristiana relata cómo Dios habla a las personas, como a Moisés desde la zarza ardiente (Ex. 3) o a los profetas en sueños, o de otro modo.

En el marco de la neuroteología, notemos que la autorrevelación de Dios en el judaísmo y el cristianismo se percibe a través de los sentidos. Los sistemas visual y auditivo humanos, por ejemplo, percibieron la división del Mar Rojo, o al carpintero de pueblo Jesús anunciando: "Yo soy el Camino, la Verdad y la Vida" (Jn 14:6).[1]

Antes de adentrarnos en el misterioso ámbito de la fe que es la teología, nos encontramos con un problema que la neurobiología no puede explicar. La neurociencia se centra en los aspectos fisiológicos del encuentro entre el sistema nervioso y el mundo, incluidas las dimensiones abstractas y espirituales, un proceso complejo e intrincado. La neurología básica sólo registra las percepciones inmediatas y responde fisiológicamente a los estímulos sensoriales. Uno de los principales interrogantes de la neurociencia *es el problema del enlace (binding) neuronal* (PEN), es decir, cómo los elementos que codifican los circuitos cerebrales específicos pueden enlazarse para la percepción, la decisión y la acción, en orden a un compromiso consciente integrado y continuo con el entorno y otras mentes.[2] El PEN, al igual que el *problema mente-cuerpo,* sigue siendo un reto importante porque la neurociencia no puede explicar actualmente cómo se produce esa especial conexión neuronal. Y quizá nunca lo consiga.

Es interesante observar que el cerebro reacciona de forma similar cuando imaginamos algo que cuando percibimos un objeto real. "Sería difícil, si no imposible, utilizar las imágenes cerebrales para demostrar qué experiencias del mundo son reales y cuáles no". Las imágenes cerebrales, por ejemplo, no podrían determinar si Moisés vio una zarza ardiente o solo la imaginó (Newberg, 2018, pp. 323-324). La cognición de nivel superior interpreta lo que capta como que tiene un propósito y un significado, y no le va bien dejar percepciones anómalas. Al encontrarse con una zarza ardiendo, pero sin consumirse, o al escuchar a un hombre aparentemente corriente que obra milagros asombrosos, el cerebro buscará y probablemente encontrará una explicación.

El judaísmo y el cristianismo insisten en que la revelación no deriva del pensamiento y la expresión humanos. El que percibe con fe recibe y acepta un significado religioso del acontecimiento visto como autorrevelación divina. La tradición religiosa discierne la autenticidad de la revelación y moldea su influencia en las personas humanas (Newberg, 2018, p. 325). Los católicos sostienen que Dios ha revelado gradualmente a los humanos su misterio a través de acciones y palabras *(CIC,* 69). El catolicismo afirma que Dios se ha comunicado amorosamente a sí mismo, proporcionando las respuestas a las preguntas que los humanos se plantean sobre el propósito y el significado de la vida (*CIC*, 68).

Además de la revelación aceptada por la fe, una segunda forma humana de llegar a conocer lo trascendente consiste en que a Dios se le puede encontrar a través de la creación. Como afirma San Pablo, "a partir de la creación del mundo, las cualidades invisibles de Dios -su poder eterno y su naturaleza divina- se manifiestan claramente, entendiéndose por medio de las cosas hechas" (Rom 1,20). San Agustín observa:

Interroga a la belleza de la tierra, del mar, del aire distendiéndose y difundiéndose, interroga a la belleza del cielo. . . Interroga todas estas realidades. Todos responden: "Mira, somos bellos". Su belleza es una confesión. Estas bellezas están sujetas a cambios. ¿Quién las hizo sino el Hermoso, que no está sujeto al cambio? *(Sermo* 241, 2; Migne, *Patrologia Latina* 38, 1134). (*CIC,* 32)

La espiritualidad de San Ignacio de Loyola (jesuita) busca encontrar a Dios en todas las cosas.

En tercer lugar, los seres humanos pueden llegar a conocer lo trascendente a través de la razón natural. Dios, "primer principio y fin último de todas las cosas, puede ser conocido con certeza a partir del mundo creado" (Concilio Vaticano I, *Dei Filius* 2) (CIC 36). La Iglesia católica confía en que todos los seres humanos pueden conocer a Dios, un supuesto que apoya "el diálogo con las demás religiones, la filosofía y la ciencia, así como con los no creyentes y los ateos" (*CIC,* 39). A través de la revelación divina, las verdades religiosas y morales cognoscibles por la razón natural pueden ser "conocidas por todos los hombres con facilidad, con firme certeza y sin mezcla de error" (*Humani Generis,* 561) (*CIC,* 38).

La neuroteología se pregunta *cómo* se comunica Dios con los humanos. ¿Acaso Dios altera el funcionamiento de las neuronas? ¿Tiene el cerebro humano alguna forma de percibir lo sobrenatural? La ciencia no puede responder a esta pregunta (Clarke, 2015, p. 223). Pertenece a un orden diferente, fuera del alcance de la investigación científica. Pero aunque las respuestas a tales preguntas no estén próximas, analizar cómo contribuye el cerebro a los fenómenos espirituales y religiosos humanos sigue teniendo importantes implicaciones tanto filosóficas como clínicas.

Neurociencia y teología

La teología, basada en la revelación divina, puede verse cuestionada por ciencias naturales como la neurociencia y la ciencia cognitiva de la religión. Cuando los profesionales de estos campos trabajan dentro de un marco materialista, pueden ignorar o negar la dimensión espiritual de la vida humana o la existencia del Creador, cuyas huellas cabe encontrar en la creación. El cristiano que se encuentra con los resultados de sus investigaciones quizá debe discernir si es necesario analizar los resultados científicos para reconciliarlos con la fe. Como hemos observado, la verdad que descubre la ciencia no contradice de hecho la verdad de la fe, aunque pueda no ser inmediatamente evidente que esto es así. Consideramos la neuroteología como un intento de relacionar armoniosamente la ciencia y la fe, un intento de ver cómo la neurobiología se asocia con la espiritualidad, y también de considerar cómo la ciencia cognitiva de la religión podría relacionarse con la fe cristiana.

Neuroteología y revelación

La neuroteología estudia "cómo funciona el cerebro respecto a la relación del ser humano con Dios o la realidad última" (d'Aquili y Newberg, 1999, en Burns, 2005, p. 177). Desde el punto de vista de la neuroteología, la revelación tiene una orientación más religiosa que neurológica al abordar las formas en que los seres humanos comprenden que Dios existe y da a conocer sus intenciones y su voluntad. Aun así, los seres humanos sólo pueden comprender de forma limitada lo que Dios quiere comunicar. Los seres humanos sólo percibiremos y comprenderemos a Dios contando con el alcance de nuestro aparato neurofisiológico, incluida la capacidad espiritual, que también es siempre limitada. Y el pecado original que da lugar al pecado personal oscurece nuestro intelecto. Dado que las creencias, rituales y comportamientos religiosos repercuten en los procesos cerebrales, es posible que entre en juego la neurobiología. Dada la complejidad de las religiones, prácticamente todas las áreas cerebrales están comprometidas en la expresión de experiencias, creencias y prácticas religiosas (Newberg, 2018, p. 315).

La neurociencia podría preguntarse si determinados genes, neurotransmisores o procesos cerebrales potencian la facilidad para recibir revelaciones. El genetista Dean Hamer, que trabaja en los Institutos Nacionales de Salud (NIH), sugiere (*The God Gene*, 2005) que un gen llamado transportador vesicular de monoaminas 2 (VMAT2), la variante del polimorfismo A33050 en el cromosoma 10, puede ser portador de un *alelo* C (citosina) o *espiritual*. Hamer encontró una asociación clara entre la C del polimorfismo VMAT2 y una predisposición a la espiritualidad, medida por la Escala de Autotrascendencia de Cloninger (Muller, 2008). También se ha descubierto que niveles más altos de autotrascendencia se correlacionan con un aumento dopaminérgico o serotoninérgico. Así, la neuroteología invita a explorar las formas en que las experiencias espirituales y religiosas se correlacionan con los procesos cerebrales (Newberg, 2018, p. 327).

Neurobiología y espiritualidad

Se ha dicho que la neurociencia es uno de los campos actuales con mayor proyección de futuro, ya que influye en otras muchas áreas de estudio. Utilizando el método científico, la neurociencia suele seguir un modelo materialista. Directa o indirectamente, puede preguntarse: ¿qué es la persona humana? (Horvat, 2017, p. 1). Entre las respuestas teóricas, el epifenomenalismo materialista afirma que los estados mentales surgen de los disparos neuronales y nada más (Burns, 2005). Esto reduce la mente a la neuroquímica y niega la existencia de un alma espiritual que informa al cuerpo y perdura más allá de la muerte. Como resultado, la investigación neurocientífica puede ignorar a menudo las dimensiones de intelecto y voluntad de la persona humana basadas en el alma espiritual. Los neurocientíficos han descubierto áreas del cerebro relacionadas con la sensación física, la respuesta emocional y el funcionamiento ejecutivo. Sin embargo, no se ha encontrado ninguna zona del cerebro que haga que la persona elija y tome decisiones. Si las decisiones estuvieran causadas por el funcionamiento del cerebro, no serían libres. "Está claro que los seres humanos tienen una capacidad mental que, en cierto sentido, funciona de forma extraneurológica" (Jewett y Shuster, 1996, en Burns, 2005, p. 185).

La neurociencia se centra en el cerebro humano y el sistema nervioso central, a menudo a través de una lente materialista. Algunos neurocientíficos encuentran en la constitución humana una proclividad intrínseca a la espiritualidad; otros pueden ignorar o negar la dimensión espiritual de la persona humana. Una perspectiva católica, recordemos, ve a la persona como una unidad de cuerpo y alma, siguiendo el hilemorfismo aristotélico-tomista. El catolicismo integra así la filosofía y la teología con las ciencias naturales (Horvat, 2017, p. 1)

Ciencia cognitiva de la religión y fe cristiana

Otro campo relativamente reciente, la ciencia cognitiva de la religión, puede también resultar problemático para los cristianos que vieran en ella *una eliminación de* su comprensión de las cosas basada en la fe.

La ciencia cognitiva de la religión (CCR) es un campo de estudio interdisciplinar que se centra en las mentes y su funcionamiento, en lugar del cerebro y el sistema nervioso, como es el caso de la neurociencia. La CCR puede solaparse con los campos de la neurociencia, la psicología, la antropología, la lingüística, la filosofía y la informática (Barrett, 2017, p. 4).

La ciencia cognitiva de la religión podría explicar la religión como un subproducto de las predisposiciones cognitivas humanas (White, 2017, p. 44). Los estudiosos de la CCR buscan limitaciones y predisposiciones culturales, como sesgos de contenido y contexto, que podrían proporcionar una explicación perfectamente natural para que los individuos, las comunidades y las sociedades adopten creencias y prácticas basadas en la fe. La CCR podría observar que las mentes humanas están naturalmente inclinadas a explicar los misterios con entidades invisibles, sobrehumanas, mentales e intencionales que operan para favorecer o frustrar los esfuerzos humanos (Guthrie, 1993; Bering, 2011). Las mentes humanas están naturalmente dispuestas a atribuir a seres sobrenaturales una información pertinente sobre los seres humanos, la orquestación de la salvación o el sufrimiento. Las ideas, creencias y comportamientos humanos podrían derivar del contexto o de otras personas del entorno. Las nociones de esas personas a veces se aceptan en función de indicios sociales como la edad, la habilidad, el prestigio o las manifestaciones que aumentan la credibilidad (CRED) (Gervais et al., 2011, p. 6). Los seres humanos tienden también a aceptar lo que cree la mayoría de su entorno y a emular a los modelos que tienen éxito, son más antiguos y se captan como creíbles (Ruczaj, 2022, p. 8).

La CCR puede tender a hacer hincapié en lo observable y a utilizar el empirismo, dejando de lado lo inmaterial, principalmente porque la CCR trabaja con el método científico. Además, lo físico y lo concreto son importantes y accesibles. Pero esto no significa que los estudiosos de la CCR rechacen necesariamente realidades no materiales como la divinidad o las almas humanas (Barrett, 2017).

Por lo general, los cristianos consideran que Dios se comunica con los hombres a través de la revelación ordinaria en el mundo natural y a través de la revelación extraordinaria, concretamente las Escrituras. Dios, como hemos visto antes, puede revelar su carácter y sus atributos a través de la belleza y las maravillas de la naturaleza, contando con y la razón y la reflexión humanas sobre la vida. La revelación general también podría abarcar las expresiones culturales, los rituales, los mitos, los códigos morales, la búsqueda de un propósito y la apreciación de los valores. El hecho de que la CCR destaque estos aspectos de la experiencia humana no lleva necesariamente a la conclusión de que las explicaciones naturales de diversos aspectos de la vida humana excluyan la dimensión de la espiritualidad o la fe.

Por creencia se entiende la aceptación cognitiva (por tanto, relacionada con el cerebro) de una proposición específica como verdadera (Nola, 2018, p. 75). La fe puede ser más que una actividad cognitiva, pero es al menos eso (Plantinga, 2000, p. 247). Los teólogos cristianos reconocen tradicionalmente que Dios puede ser conocido a través de la naturaleza y el mundo creado (cf. Rm 1:20). Sin embargo, sostienen que el contenido esencial de la fe cristiana no puede aceptarse sin la gracia de la fe. Las creencias contraintuitivas propias del cristianismo, como que Dios es Trino, que Jesús es Dios y hombre, que Jesús murió y resucitó para la redención humana, sólo pueden aceptarse mediante la gracia de la fe. Cuando San Pedro confesó que Jesús es el Cristo, el Hijo de Dios vivo, Jesús le declaró que esta revelación no venía "'de la carne y la sangre, sino de 'mi Padre que está en los cielos'" (Mt 16,17). La teología entiende que la explicación última de la aceptación de las creencias cristianas es la gracia de la fe.

La explicación de algunos autores de la CCR de que los seres humanos no necesitan la gracia plantea un problema. Por prejuicios contextuales, ellos siguen naturalmente las inclinaciones humanas naturales a aceptar lo que la cultura acepta. La CCR diría que los mecanismos cognitivos de aprendizaje y las inclinaciones culturales suplantan cualquier necesidad de intervención divina y que la religión parece irrelevante. El papel de Dios se reduce, entonces, a proporcionar el contenido de la fe en las enseñanzas de Jesús. La respuesta de la teología a la CCR sería que Dios es el originador último de los mecanismos naturales que conducen a la fe y que Dios transforma los instrumentos naturales por gracia. La proclividad humana a creer podría ser más bien la gracia que la religión institucionaliza [S. Payne, comunicación personal, 16 de abril de 2023]. Además, hay numerosos casos de individuos, incluido San Pablo, que se convirtieron sin que hubiera ninguna oportunidad de predisposición contextual. La CCR no explica de forma convincente la formación de las creencias cristianas (Ruczak, 2022, pp. 12-13).

El catolicismo es claro sobre la capacidad humana de aceptar doctrinas que no podrían conocerse a partir de la observación del mundo natural.

La fe es un don de Dios, una virtud sobrenatural infundida por Él. Antes de que la fe pueda ejercitarse, el hombre debe tener la gracia de Dios que lo mueva y lo asista; debe tener las ayudas interiores del Espíritu Santo, que mueve el corazón y lo convierte a Dios, que abre los ojos de la mente y facilita a todos aceptar y creer la verdad" (*Dei Verbum* 5). (*CIC*, 153)

La neuroteología describe el misterio de Dios o la realidad última en estrecha relación con el cerebro humano. Para el judaísmo, el islam, el cristianismo y otras religiones, Dios es mucho más que los circuitos y redes del cerebro. La teología cristiana describe a Dios en términos absolutos y trascendentales, tanto que las palabras transmiten significados demasiado grandes para abarcarlos: incomprensible, omnipotente, ilimitado. La neurociencia observa correctamente que si Dios ha de ser conocido por las personas humanas, el cerebro será el medio físico a través del cual se produzca la percepción de lo divino. Sin embargo, la teología se extiende mucho más allá de la razón hasta el Misterio, la Fuente y el Fin personales trinitarios que todo lo abarcan. Para la teología, una correlación entre un evento neural electroquímico y un sentido de unidad con todo lo que es sería un descubrimiento interesante e informativo. Sin embargo, los cambios en las redes cerebrales humanas no llevarían a la conclusión de que Dios es fácilmente accesible a la mente humana (Delio, 2003, p. 583).

Visión católica del alma

Como mencionamos en el primer capítulo, algunos términos básicos difíciles de definir, como *mente, alma* y *conciencia*, se han ido repitiendo una y otra vez en estos capítulos. En cada ocasión, tratamos de ofrecer una definición adecuada al tema que estamos considerando. En algún capítulo posterior, un mismo término vuelve a aparecer, pero con matices adicionales a tener en cuenta. Y, por supuesto, probablemente no cubramos todas las posibilidades; los lectores pueden aportar reflexiones adicionales. Este enfoque cíclico se aplica ahora al *alma*.

En el segundo capítulo segundo tratamos del *alma* como algo distinto de la *mente*, con antecedentes históricos, y así vimos la comprensión filosófica básica de la interacción cuerpo-alma, cómo *el alma* se asocia con el cerebro, y la postura católica sobre el alma y el significado de la conciencia. En el tercer capítulo consideramos el *alma* desde la perspectiva de la epistemología, y así vimos las dimensiones de la conciencia o la mente según Lonergan, y el significado del alma racional-volitiva. En el cuarto capítulo consideramos el *alma* como forma organizativa. El quinto capítulo se centró en la dimensión del libre albedrío del *alma*. Ahora, en este duodécimo capítulo duodécimo, nos ocupamos de las implicaciones teológicas de una comprensión católica del *alma* en relación con la neurociencia.

Alma: distinciones entre las perspectivas científica y teológica

Distinguir el concepto de alma tanto desde el punto de vista teológico como científico ha sido todo un reto, sobre todo porque tal concepto suele ser ajeno a la investigación científica. Por ejemplo, el teólogo Ilia Delio se pregunta:

> ¿Por qué experimentamos la trascendencia? ¿Por qué los seres humanos, en su composición biológica, no son entidades autosuficientes, autosuficientes y completamente realizadas? ¿Qué nos convierte en seres *espirituales*? ¿Qué nos impulsa a buscar la relación con otro fuera y más allá de nosotros mismos? Es decir, ¿por qué necesitamos o deseamos meditar o rezar? Se trata de preguntas fundamentales que no pueden responderse ni plantearse en su totalidad únicamente desde la disciplina de la neurociencia. (2003, p. 580)

El Papa Juan Pablo II, saludando en una conferencia (1996) del Centro de Teología y Ciencias Naturales (CTNS) y en el Observatorio Vaticano (1996), confirmó la búsqueda por parte de la Iglesia de la investigación intelectual entre ciencia y religión.[3] El Papa subrayó la importancia de considerar la revelación y de incluir la filosofía y la teología en debates que, de otro modo, podrían desembocar en teorías materialistas y reduccionistas. Subrayó que la persona humana ha sido creada a imagen de Dios, tiene un valor intrínseco y está hecha para la comunión con los demás y con Dios. El Papa aclaró que mientras el cuerpo humano está formado por materia viva, el alma es espiritual, creada directamente por Dios. La mente no surge de la materia, ni es epifenoménica (visión según la cual surge inadvertidamente de procesos fisiológicos). La persona humana es ontológicamente diferente del resto de la creación natural. Los métodos científicos no pueden medir lo espiritual. La filosofía debe explicar atributos humanos como la autoconciencia, la libertad y la conciencia moral. Más allá, la teología busca su sentido último. La revelación bíblica llama a la humanidad a reconocer al Dios vivo y el destino humano de la vida eterna (Juan Pablo II, 1996).

Algunos autores de la neurociencia contemporánea suelen sostener que no existe el alma y que la actividad mental humana es únicamente un subproducto de la actividad electroquímica del cerebro. Por su parte, los primeros pensadores cristianos, como Justino Mártir (ca. 100-165 d.C.), refutaron la idea platónica de que el alma es vida y defendieron la idea cristiana de que el alma sólo tiene vida porque "Dios quiere que viva... porque no es propiedad del alma tener vida por sí misma"...porque no es propiedad del alma tener vida en sí misma" (Wolfson, 1993, p. 305, en Burns, 2005, p. 190). En la época medieval, como hemos visto, con la incorporación de la metafísica aristotélica a la teología por parte de Tomás de Aquino, el pensamiento cristiano consideraba el *alma* como la forma espiritual y vivificante del cuerpo, que actualiza la potencia de la persona humana para pensar y amar. El alma da cuenta tanto de la vida biológica como de la dimensión espiritual del cuerpo, convirtiéndolo en persona. El cristianismo considera tradicionalmente que el alma designa la dimensión personal que sobrevive a la muerte, ya que no está sujeta a disolución. En la teología, *alma* se refiere a veces sólo a la dimensión espiritual de la persona. En un sentido hilemórfico, el alma significa la forma del ser humano de cuerpo y alma. El alma espiritual después de la muerte, que no es plenamente un ser humano de cuerpo y alma, espera la reunificación con un cuerpo (G. Bednar, comunicación personal, 25 de abril de 2023). El alma es el principio de la persona responsable de sus decisiones y capaz de unirse a Dios (Burns, 2005, p. 181).

En general, la neurociencia trata de explicar el pensamiento y el comportamiento humanos como derivados no de un alma inmaterial, sino de procesos cerebrales. El neuropsicólogo canadiense Michael Persinger, por ejemplo, descubrió que la estimulación eléctrica del lóbulo temporal puede inducir una *presencia sentida*. Concluyó que, por tanto, la experiencia religiosa de Dios podía reducirse a la neuroquímica (1987, p. 4). La replicación del experimento de Persinger con sujetos que se ponían un "casco de Dios" falso (sin corriente eléctrica) sugirió que factores como la propensión a las anomalías, la tendencia a las creencias paranormales, la privación sensorial y el efecto placebo influían en el informe de los sujetos sobre la presencia sentida de Dios (Simmonds-Moore, Rice, O'Gwin y Hopkins, 2019).

Un problema que surge al reducir la experiencia religiosa a la neurofisiología es que las experiencias religiosas, notoriamente difíciles de definir, incluyen estados mentales. Los estados mentales se registran biológicamente, pero no se localizan por completo en el cerebro. El intelecto existe en la materia sólo porque pertenece al alma, que es la forma del cuerpo (*ST* Ia, q. 76, a. 1 ad 1). Las neuronas están en el cerebro, pero los pensamientos que generan no ocupan espacio ni tienen una ubicación (Edwards, 1977). De hecho, para que el alma racional actúe, el Aquinate sostenía que no necesitaba un órgano material (*ST* Ia, q. 78, a. 1 co). La potencia intelectual es diferente, por ejemplo, de la capacidad de visión, que depende del ojo.

"El alma no es inteligencia, pero es un principio de conocimiento intelectual" (Gilson, 2002, p. 231). Ésta podría ser la asociación esencial entre la investigación neurocientífica y el hilemorfismo: el hecho de que la racionalidad del alma no depende enteramente de la neurofisiología y que la capacidad intelectual cambia continuamente con la dinámica de la neuroplasticidad. Las conexiones neuronales en el órgano cerebral vivo siempre se están formando y podando a medida que la educación y la experiencia vital de la persona se adaptan al entorno y a las relaciones (Battro et al., 2013, p. 233). La capacidad de razonar se realiza a través de la base biológica de la neuroplasticidad. Existe una interdependencia entre el sustrato neural y la capacidad humana de pensar y amar, que cambia constantemente a lo largo de la vida.

Esto lleva a considerar las causas formales y finales. La ciencia empírica hace hincapié en las causas materiales y eficientes, pero normalmente no presta atención a las causas formales o finales. Recordemos que Aristóteles define a la causa *material como aquello* de lo que está hecho un objeto; la causa eficiente es su principio de cambio; la causa *formal* es lo que el objeto es; y la causa *final* es su meta o propósito. Una mesa, por ejemplo, está hecha de madera (causa material), está estructurada con un plano y cuatro patas (causa formal), mediante el oficio de la carpintería (causa eficiente), para comer (causa final).

El Aquinate observó que, puesto que "la naturaleza no falla en las cosas necesarias" (*ST* Ia, q. 78, a. 4 co), el cerebro humano se armoniza con las capacidades del alma al asegurar la unidad de la persona humana. El alma racional, que guía las capacidades cognitivas y volitivas humanas, anima al cerebro y afecta a su funcionamiento. El espíritu actúa sobre la materia (Lejeune, 1992, p. 24). Tomás de Aquino no ve ningún problema en que las potencias del alma incidan en su fisicalidad (*ST* Ia, q. 76, a. 1 y 4) (Horvat, 2017, p. 20). En cuanto a las causas formales y finales, "la naturaleza ha modelado el cerebro humano (para que) armonice con las potencias del alma asegurando la unidad" de la persona humana (Horvat, p. 20).

Los neurocientíficos pueden describir las neuronas y sus conexiones (causa material) y cómo funcionan los procesos neuronales (causa eficiente), pero no pueden decir *a qué propósito general sirven* (causa final) (Northoff, 2014, p. xi). Para el Aquinate y el catolicismo, la causa final de la persona humana es la beatitud, "con sus connotaciones de sentido, plenitud y apertura al ser infinito y trascendente (Larrivée y Gini, 2014, p. 3)" (Horvat, 2017, pp. 21-22).

La comprensión de la identidad personal plantea cuestiones que exigen distinguir las perspectivas científicas de las teológicas. ¿Depende la identidad humana de la continuidad de la memoria? Las redes cerebrales, incluido el hipocampo, son responsables del aprendizaje y la memoria. Los correlatos físicos de la identidad se derivan de la memoria de las experiencias formativas y de las historias/narrativas personales. Si no hay dimensión espiritual de la persona, ni alma, la muerte es el fin de la identidad humana. Un punto de vista neurocientífico materialista hace que la cuestión de la conciencia y la existencia de la mente sea más difícil de explicar de lo que sería si la Mente (Dios) se postulara como el *fundamento del ser* (Tillich) y el origen del universo (Clarke, 2015, p. 223) Una forma mecánica de pensar dista mucho de la de los escritores bíblicos, los primeros Padres de la Iglesia y los filósofos católicos medievales, llegando hasta los contemporáneos (p. 219).

Con las neuroimágenes podemos observar la activación de zonas de nuestro cerebro mientras pensamos o rezamos, expresando así las capacidades del alma. Con la función del alma como acto, tenemos un sentido del yo. El alma humana hace posible que el ser humano sea trascendente y que la dimensión espiritual sea real. Según la tradición católica, la dimensión espiritual de la persona dotada de intelecto y voluntad sobrevive a la muerte. La Iglesia, tanto desde la Escritura como desde la tradición, designa este elemento con la palabra "alma" (Sagrada Congregación para la Doctrina de la Fe, *Carta sobre algunas cuestiones de escatología*) (Horvat, 2017, p. 7). Vinculada a la moral, el alma es lo que representa más auténticamente a la persona, el lugar de la acción divina dentro del individuo, donde la Sabiduría hace a los humanos "amigos de Dios y profetas" (Sab 7,27). Más que la conciencia o el yo, el alma puede considerarse el lugar de la relacionalidad humana (Burns, 2005, p. 193).

La persona social y relacional

Las mentes humanas individuales se convierten en personas a través de las relaciones con los demás y con Dios. El teólogo reformado alemán Jürgen Moltmann señala que la persona surge en el "campo de resonancia de las relaciones yo-tú-nosotros" y a través de la llamada de Dios (Brown et al., 1998, p. 225) (Burns, 2005, p. 192). La teología cristiana señala a la Trinidad como la comunión de personas a cuya imagen están hechos los seres humanos. En lugar de una visión individualista de la persona, los teólogos cristianos suelen referirse a la persona relacional con connotaciones de significado, pensamiento y experiencia intersubjetivos (Laidlaw, 2007). De hecho, las interacciones sociales contribuyen esencialmente al desarrollo cognitivo, al lenguaje y a la configuración del comportamiento humano (Jeeves y Brown, 2009).

Jesús llama al individuo a la relación: "Si alguno tiene sed, que venga a mí y beba. El que crea en mí… de su interior brotarán torrentes de agua viva" (Jn 7,37-38). San Pablo, al nombrar a Cristo "imagen del Dios invisible" (Col 1:15), subraya la importancia de que el creyente individual se relacione con Cristo: estar "en Cristo" (Rom 8:1; 1 Tes 4:16), "con Cristo" (Fil 1:23), en el "cuerpo de Cristo" (Rom 12: 4-5, 1 Co 12:27) (Wall, 2015, p. 48). Desde la perspectiva teológica cristiana, Jesús enraizó su identidad en la narrativa de Dios. Caminando con los discípulos de Emaús, explicó a partir de las Escrituras todo lo que se refería a sí mismo (Lc 24:27). Los cristianos, hechos partícipes del cuerpo de Cristo y miembros de la familia de Dios (Ef 2:19), se ven a sí mismos como pertenecientes a la narrativa de Dios, con un destino de vida eterna con Dios y la familia humana redimida.

El alma también puede entenderse como la apertura del ser humano al mundo. Aristóteles observó que "el alma es en cierto modo todo lo existente" (1991, p. 431b, 21). Ser "todo lo existente" significa aquí la posibilidad de relacionarse con todo lo que le rodea y de acogerlo, conocerlo. En esta relación dinámica, la persona humana y su entorno se influyen mutuamente a través del alma que anima y une todas las partes del individuo. Joseph Ratzinger (Benedicto XVI) observa que la apertura en la relación con el mundo, los demás y Dios "constituye lo más profundo del ser (humano). No es otra cosa que lo que llamamos 'alma" (*Escatología: muerte y vida eterna*, 1988, p. 155). "Cuanto más abiertos estamos, más somos… El hombre que se abre a todo el ser, en su totalidad y en su Tierra, y se convierte así en un 'yo', es verdaderamente una persona (p. 155)" (Horvat, 2017, p. 18).

> Nuestra apertura al mundo es lo que llamamos *alma* en su sentido espiritual, y cuanto más abiertos estamos, más nos convertimos en persona. Esto significa que convertirse en persona es una tarea, al igual que convertirse en humano. Esta forma de utilizar el *alma* deriva de que el alma es la forma del cuerpo como forma física y espiritual. (G. Bednar, comunicación personal, 25 de abril de 2023)

Ética neurobiológica católica: razonamiento moral

En el quinto capítulo, sobre el libre albedrío, comenzamos a considerar la moralidad desde una perspectiva neurocientífica y las formas en que se asocia con la teología moral católica. Aquí volveremos a tratar el tema desde la perspectiva de las implicaciones teológicas morales cuando la neurociencia contribuye a comprender la moralidad humana, el carácter y la virtud.

Para investigar los procesos autorreferenciales y autobiográficos a nivel neuronal, los estudios de neuroimagen apuntan a la red neuronal en el modo por defecto (DMN, según las siglas en inglés) (Immordino-Yang et al., 2012). La DMN es el cerebro en reposo. Curiosamente, y de forma contraintuitiva, el cerebro está más activo en reposo que cuando se dirige cognitivamente hacia un objetivo. Cuatro regiones de la DMN se ponen en movimiento: el córtex prefrontal medial (CPFM), el lóbulo parietal inferior (LPI), el córtex cingulado posterior (CCP) y la ínsula. Se piensa que estas áreas se correlacionan con operaciones psicológicas introspectivas orientadas hacia uno mismo (Han, 2016, p. 209). Se descubrió que la admiración de la virtud moral de otra persona activa áreas en la DMN, la CCP y el precuneus (Immordino-Yang et al., 2009; Englander et al., 2012). Se encontró que otras regiones de la DMN, la corteza prefrontal ventromedial (CPRVM) y la corteza orbitofrontal (COF), se correlacionan significativamente con la cognición moral y con la emoción prosocial y moral (Moll et al., 2007; Moll y de Oliveira-Souza, 2007; Reniers et al., 2012; Han et al., 2014, 2016; Sevinc y Spreng, 2014). Se piensa que la DMN es fundamental para el yo moral, de interés en la psicología del carácter. Esto significa que la neurociencia, sorprendentemente, al medir la fuerza de la conectividad funcional entre las regiones de la DMN y las áreas correlacionadas con cualidades morales como la compasión y la indignación, podría cuantificar a nivel neuronal el nivel de virtud moral de los individuos (Han, 2016, p. 209).

¿Qué ocurre con la virtud como hábito y no como acto individual? ¿Habría alguna diferencia neuronal observable entre las imágenes cerebrales de un acto virtuoso único y las de una persona que se comporta de forma virtuosa con relativa constancia? La catedrática italiana de Ciencias Humanas Claudia Navarini reflexiona sobre el hallazgo de que las virtudes afectan a la estructura cerebral. Los comportamientos virtuosos adquiridos, llamados *hipótesis de acción (HA)*, confirman patrones de comportamiento predecibles con probabilidad (aunque no con certeza o necesidad) de respuesta virtuosa. "Las huellas neuronales de las virtudes pueden interpretarse como indicadores principales de las *HAs*" (Navarini, 2020, p. 309).

La neurociencia puede medir el grosor de la materia gris en regiones específicas mediante imágenes estructurales de alta resolución en orden a mensurar alteraciones patológicas o del desarrollo (Fischl y Dale, 2000). La microestructura del cerebro humano también puede cuantificarse mediante un método denominado imágenes de tensor de difusión. Este método mide los efectos de la anisotropía (el movimiento aleatorio de las moléculas de agua en campos magnéticos para reflejar su movilidad en los tejidos) en los tractos de fibras nerviosas de la sustancia blanca (los conectores axónicos entre las neuronas del cerebro) (Assaf y Pasternak, 2008). Hay varias condiciones en las que los tractos de fibras entre las células nerviosas se ven afectados de un modo tal que ayuda a entender por qué el cerebro no funciona correctamente, como en el caso de los traumatismos craneoencefálicos o las enfermedades neurodegenerativas (Muller et al., 2021). Además, existen algunas pruebas iniciales de que diversas prácticas espirituales, como la meditación, podrían afectar a estos tractos de materia blanca, con la implicación de ser beneficiosas desde una perspectiva clínica (Laneri et al., 2016).

Se descubrió que la medición del grosor cortical de la Red Frontotemporal Ventral (RFTV) se correlacionaba con la experiencia espiritual, el altruismo y el amor al prójimo, que era más delgada con un diagnóstico de depresión mayor y que, cuando era más gruesa, mostraba la improbabilidad neuroanatómica de síntomas depresivos (Miller et al., 2021, p. 1). La RFTV comprende las cortezas caudal-medio-frontal, entorrinal, fusiforme, inferior-temporal, medial-orbitofrontal, pars-opercularis, rostral-medio-frontal, superior-temporal e ínsula (Desikan et al., 2006, en Miller et al., 2021, p. 3).

Curiosamente, dado que el cerebro es un órgano vivo, la amplificación o reducción de las cualidades del carácter se registra en la estructura cerebral y también puede cuantificarse mediante mediciones neuronales. *La phronesis* (sabiduría práctica), por ejemplo, se deriva de algo más que de los aspectos intelectuales de la moralidad; también implica motivación, emoción y comportamiento (Stovall, 2011; Kristjansson, 2014; Han, 2016, p. 211).

La investigación neurocientífica revela que la emoción desempeña un papel en el razonamiento y la elección morales. Numerosos estudios han descubierto que los individuos con un funcionamiento cerebral intacto, pero con daños en las regiones asociadas a la emoción, mostraban déficits significativos en el razonamiento práctico, el discernimiento social y las relaciones interpersonales (Tranel, Hathaway-Nepple y Anderson, 2007, pp. 319-332). Spezio descubrió que las complejas interconexiones cerebrales incluyen señales emocionales inextricablemente mezcladas con circuitos relacionados con el juicio y la acción cuando estos se refieren a uno mismo y a los demás (2011, p. 352).

Desde una perspectiva teológica cristiana, se plantea la hipótesis de que la activación de diversos sistemas cerebrales refleje una visión neuroteológica de la experiencia de Dios. La psicoterapia con una dimensión espiritual/religiosa identifica sistemas psicológicos de búsqueda, apego y teoría de la mente (comprender a otras personas atribuyéndoles estados mentales), cada uno de los cuales puede identificarse neurobiológicamente. La sed espiritual puede estar relacionada con el sistema de búsqueda que refleja el anhelo espiritual, la inquietud y una relación de búsqueda de objetos con Dios. La experiencia de una relación con Dios puede estar asociada con el sistema de apego de conexión emocional e interpersonal con Dios. El sistema de la "teoría de la mente" puede reflejar atribuciones personales respecto a Dios, o también la fe espiritual en torno a la presentación bíblica de la vida, enseñanzas y persona de Jesús (Fayard, Pereau y Clovica, 2009, p. 167, 169). La relación con Dios implica claramente aspectos cognitivos, emocionales, decisionales, evaluativos y conductuales del cerebro y la mente.

Ejemplares, narrativa y cognición incorporada

La ética de la virtud suele hacer hincapié en la importancia del desarrollo moral de los ejemplares o modelos de conducta. La teóloga católica contemporánea Linda Zagzebski se centra en la persona excepcionalmente buena, ejemplar, cuyo ejemplo demuestra y promueve la bondad y la virtud (2009, pp. 41-57). La bondad moral se conoce cuando se ve en el testimonio auténtico de las personas buenas (cf. *CIC*, 2030). En la encíclica *Veritatis Splendor* Juan Pablo II señalaba a Jesús como ejemplo y norma última para los cristianos. El encuentro con Jesús se produce tanto tal como se presenta en los Evangelios como en los encuentros con Cristo vivo (Melina, 2001).

Estudios recientes en neurociencia y psicología también señalan la importancia de los ejemplos (Peterson, 2012) y las formas en que las personas en entornos comunitarios aprenden el comportamiento virtuoso y lo transmiten (Keimer, 2009; Vogt, 2016). La neuroimagen, como hemos visto, puede incluso medir la amplitud de las conexiones neuronales en ejemplos morales que actualizan la virtud en sus vidas. Los índices fisiológicos de la estructura neuronal de los individuos ejemplares que han adquirido virtud moral pueden compararse con los de los controles ordinarios (Han, 2016, p. 208). Los investigadores descubren que los individuos que son ejemplares morales integran la virtud en su sentido del yo. Esto significa que la conectividad funcional entre sus regiones cerebrales de la red ventral frontal-temporal (RVFT) difiere significativamente de la de las personas dentro de los límites normales (p. 110). Cuando se han llevado a cabo múltiples experimentos sobre la virtud y el carácter, los meta-análisis de los resultados pueden arrojar conclusiones válidas y fiables sobre la medición a nivel neuronal del carácter y la virtud (p. 212).

En un interesante estudio que combinaba la activación de las neuronas espejo con la respuesta a dilemas morales, los investigadores descubrieron que los sujetos que demostraban una mayor empatía y asunción de perspectiva también eran más propensos a resolver los dilemas morales en la dirección de las tendencias de respuesta afectiva de rechazo de causar daño (deontológica [rectitud o deber intrínseco]). Esto contrasta con las tendencias de respuesta cognitivas de maximización de resultados (utilitaristas [el fin justifica los medios]). Los sujetos que mostraron una mayor resonancia neural o activación de neuronas espejo de áreas sensoriomotoras, incluida la corteza frontal posterior inferior (CFPI), mientras presenciaban un vídeo en el que se infligía un dolor leve a otra persona, se correlacionaron con una mayor preocupación genuina centrada en el otro a la hora de resolver dilemas morales desafiantes (Christov-Moore, Conway y Iacoboni, 2017).

El profesor emérito estadounidense-danés de historia de las religiones Armin Geertz propone una *teoría biocultural* de la religión (2010), señalando que la investigación en el estudio cognitivo de la religión debe observar que la cognición está "encarnada, enculturada, extendida y distribuida" (p. 304, en Turner, 2020, p. 223). O, como señalamos en el capítulo tercerotercero, el cerebro está *encarnado, incrustado, y es enactivo y extendido*. Tanto si consideramos el cerebro como el entorno social, la persona se ve afectada relacionalmente por su contexto social, físico y cultural, incluida la religión. Dado que la religión es una poderosa institución cultural, la neurociencia tiene en cuenta no solo la neurobiología del cerebro individual, sino también su condición encarnada y el impacto formativo de la cultura en las circunstancias humanas (Geertz, 2010, p. 317). La Iglesia moldea la creencia, la práctica y el carácter hacia la virtud moral, como hemos visto en los capítulos séptimo y octavo, a través de recursos que incluyen la narrativa (las Escrituras, los escritos de los santos y las descripciones de sus vidas ejemplares), el ciclo santoral (la conmemoración de los santos a lo largo del año litúrgico), la Liturgia, en particular la Eucaristía, los sacramentos y sacramentale, y la enseñanza magisterial.

Bioética católica: Muerte cerebral y resurrección

Para una noción reduccionista/materialista del problema cuerpo-mente, la muerte del individuo es especialmente preocupante. Si la identidad humana, la mente, la conciencia, el intelecto y la toma de decisiones derivan exclusivamente del cerebro, la muerte y la disolución del cuerpo son claramente el fin de la persona. La supervivencia de la persona más allá de la muerte quedaría descartada. En claro contraste, el cristianismo y otras religiones del mundo creen firmemente en la vida después de la muerte para un aspecto de la persona humana tradicionalmente llamado *alma*. Aunque la mentalidad popular podría pensar en el *alma* de forma dualista, también podría aceptarse una comprensión más precisa desde el punto de vista filosófico.

La definición cristiana de la muerte ha sido tradicionalmente la separación del alma del cuerpo. Tanto los Papas Pío XII como Juan Pablo II han remitido la determinación de los criterios específicos para constatar la muerte no a la Iglesia, sino a la ciencia médica.[5] El criterio habitual para determinar el momento de la muerte ha sido el cardiopulmonar, es decir, cuando cesan los latidos del corazón y la respiración. Hoy en día, sin embargo, se pueden utilizar medios tecnológicos para mantener los latidos del corazón y la respiración después de que el cerebro haya dejado de funcionar. Actualmente, los profesionales médicos, con la aprobación de la Iglesia, determinan la muerte mediante criterios neurológicos (muerte cerebral). Éstos consisten en "tres signos básicos: coma profundo o falta de respuesta inexplicable, ausencia de reflejos cerebrales y en el tronco encefálico, y apnea" (National Catholic Bioethics Center [NCBC], 2020).

El uso de criterios neurológicos sigue siendo controvertido porque los medios artificiales para mantener el latido del corazón pueden hacer que el sujeto parezca vivo a la vista y al tacto. En cambio, la confirmación de los signos neurológicos muestra el cese de la integración organísmica. En el momento de la muerte, "habrá cesado la actividad neurológica en todo el cerebro, incluidos el cerebro, el cerebelo y el tronco encefálico" (NCBC). Los detractores de esta tesis sostienen que:

> (1) la muerte encefálica no interrumpe la unidad integradora somática ni el funcionamiento biológico coordinado de un organismo vivo, y (2) las directrices para determinar la muerte encefálica carecen de la potencia suficiente... para detectar elementos del cerebro que puedan conservar el potencial de recuperación (con) una atención médica óptima. (Verheijde y Potts, 2010, p. 246)

Los especialistas en ética médica pueden seguir discutiendo la cuestión de la muerte cerebral. Aun así, un católico puede recibir un órgano de un donante declarado fallecido por criterios neurológicos cuando éstos se aplican con rigor y coherencia. Los criterios de muerte cerebral no causan la muerte del sujeto; sólo evalúan que la muerte ya se ha producido. "Cuando toda la función cerebral se pierde completa e irreversiblemente, esto puede tomarse como un indicador razonable de que el alma inmortal, inmaterial y racional ya no está presente" (NCBC).

Para los clínicos que intentan evaluar si un paciente se encuentra en un estado vegetativo sin posibilidad de recuperar la consciencia y la identidad, o los que se encuentran en un estado transitorio con consciencia mínima, o en un estado de enclaustramiento, las imágenes de fMRI podrían ser cruciales. Pero esto debe utilizarse con cautela. Los clínicos deben discriminar si los signos de actividad neuronal indican una activación cerebral inespecífica y genérica o una respuesta voluntaria con conciencia. Está en juego la protección de la vida y la dignidad humanas (Vicini, 2012, pp. 183-184).

El cristianismo se distingue por creer en la resurrección de Jesús de la muerte. Su resurrección representa la misma condición de perspectiva para todas las personas humanas en el momento de su muerte. Las enseñanzas de Jesús sobre el mundo venidero y el Reino de Dios apuntan a una realidad ética y relacional (Burns, 2005). Como hemos visto, la dignidad humana deriva de la creación a imagen de Dios, y Dios es una Trinidad de personas. Por tanto, la persona humana también es constitutivamente relacional. El alma inmortal de la persona es un don de Dios, preservada más allá de la muerte, tanto como identidad consciente sostenida de la persona en la que uno subsiste, como en "los efectos cumulativos de la propia vida en la memoria cultural y comunitaria" (p. 193).

Aunque el Nuevo Testamento muestra una firme creencia en la resurrección del cuerpo, no se describe con claridad el estado intermedio en el que los muertos y aún no resucitados esperan en unión con Cristo. Las Escrituras indican que los humanos, en su núcleo de persona, mantienen su existencia más allá de la muerte sin cuerpos terrenales (Burns, 2005, p. 189). La resurrección y ascensión de Jesús no apuntan a un alma separable-completa-sin-cuerpo, sino a una persona-cuerpo transformada, informada y animada por el alma. La Iglesia resume lo que sabemos sobre la esquiva y misteriosa vida después de la muerte:

> Por la muerte, el alma se separa del cuerpo, pero en la resurrección, Dios dará vida incorruptible a nuestro cuerpo, transformado por la reunión con nuestra alma. Así como Cristo ha resucitado y vive para siempre, así resucitaremos todos nosotros en el último día. (*CIC*, 1016)

Preguntas de estudio

1. ¿Cómo se define la teología?
2. ¿Qué significa para el judaísmo y el cristianismo la autorrevelación divina?
3. En neurobiología, ¿qué se entiende por el problema del enlace neuronal (PEN)?
4. ¿Distinguiría el escáner cerebral entre una percepción imaginaria y una real? ¿Por qué podría importar esto en la experiencia religiosa del escáner cerebral?
5. Cuando los seres humanos se topan con un evento desconcertante, ¿qué es probable que intenten? ¿Por qué sería esto importante en los estudios religiosos?
6. ¿Cuáles son las tres formas en que los seres humanos pueden llegar a saber que Dios existe y cómo es Dios?
7. ¿Cuáles son algunas de las limitaciones humanas para comprender y responder a la revelación?

Implicaciones teológicas católicas

8. ¿Cuáles son los indicios de que la genética puede predisponer a algunas personas a la espiritualidad?
9. ¿Qué sostiene el epifenomenalismo respecto al alma humana?
10. ¿Por qué la toma de decisiones humana plantea un enigma para la neurociencia materialista?
11. ¿Cuál es la visión católica de la persona humana?
12. ¿Cómo puede la CCR, cuando es materialista y empírica, tender a eliminar las creencias religiosas?
13. ¿Por qué las explicaciones naturales de la vida humana pueden, de todos modos, conducir a la fe?
14. ¿Cómo entienden los cristianos la capacidad humana de aceptar proposiciones verdaderas que son contraintuitivas y no verificables empíricamente?
15. ¿Cómo respondería la teología a los intentos de la CCR de reducir las creencias cristianas a un nivel humano sociológico, cultural o psicológico?
16. ¿Cómo entiende el catolicismo la fe?
17. ¿Por qué, desde una perspectiva católica, la correlación neural con la interacción divino-humana no comunicaría mucho sobre Dios, la persona humana o su relación?
18. ¿Habría alguna diferencia si la teología incorporara a la neurociencia en el diálogo interpretativo?
19. ¿Cómo entiende la teología el alma humana?
20. ¿Los pensamientos, los eventos mentales y las experiencias religiosas que incluyen estados mentales se encuentran en las redes neuronales del cerebro? Explíquelo.
21. ¿Cuáles son los cuatro tipos de causalidad de Aristóteles? Explicar con ejemplos.
22. ¿De qué causas se ocupa generalmente la neurociencia? ¿Y la teología?
23. ¿Cómo entiende el catolicismo el alma humana?
24. ¿Cómo son teológicamente las personas sociales, relacionales y abiertas al mundo?
25. ¿Por qué la DMN es fundamental para el yo moral?
26. ¿Cómo pueden las hipótesis de acción (HA) ser consideradas huellas neuronales de las virtudes?
27. ¿Cómo puede la medición neural de la RVFT mostrar cualidades de carácter registradas en la estructura cerebral?

28. ¿Cómo ha comprobado la neurociencia que la emoción contribuye al razonamiento moral y a la toma de decisiones?
29. ¿Cómo ve la teología cristiana la experiencia de Dios reflejada en sistemas psicológicos identificables neurobiológicamente?
30. ¿Cómo puede la neuroimagen medir la virtud en ejemplares morales?
31. ¿Cómo se demuestra que la medición neurobiológica de la empatía en las áreas sensoriomotoras neuronales se correlaciona con las preocupaciones centradas en el otro a la hora de resolver dilemas morales?
32. ¿Cómo puede aplicarse a la Iglesia la teoría biocultural de la religión de Geertz?
33. ¿Cuáles son los tres signos de los criterios neurológicos que la Iglesia utiliza para determinar la muerte?
34. ¿Qué cree el catolicismo sobre la inmortalidad del alma, la supervivencia de la identidad personal más allá de la muerte y una persona final transformada de cuerpo y alma?

Notas finales

[1] Existe un debate considerable entre los teólogos cristianos sobre el significado de la autorrevelación divina, tanto como proceso como contenido (cf. Wahlberg, 2020). Agustín "enfatizó que la fe cristiana es producida por Dios obrando internamente en el creyente a través de la gracia". "El Aquinate afirma tanto el carácter sobrenatural, inducido por la gracia, de la fe cristiana como su garantía racional" (sección Puntos de vista tradicionales, párr. 4-5). *El Catecismo de la Iglesia Católica* señala que "'aunque contengan cosas imperfectas y provisionales' (*Dei Verbum* [*DV*] 15), los libros del Antiguo Testamento dan testimonio de toda la pedagogía divina del amor salvífico de Dios" (122).

> Los escritos del Nuevo Testamento (*DV* 17, Rm 1:16) ... se refieren a la verdad última de la Revelación de Dios. Su objeto central es Jesucristo, el Hijo encarnado de Dios: sus actos, enseñanzas, su Pasión y glorificación, y los comienzos de su Iglesia bajo la guía del Espíritu (cf. *DV* 20). (*CIC*, 124)

[2] La integración multimodal de los nodos sensoriales (grupos de células que trabajan juntas) puede producirse a través de oscilaciones bioquímicas coordinadas por el tálamo y las conexiones corticotalámicas. Los marcos sensoriales pueden encajar en un marco oscilatorio global sincrónico que puede subyacer a la experiencia humana (Jerath y Beveridge, 2019).

[3] Un recurso para el diálogo entre catolicismo y ciencia desde 1990 ha sido la colaboración plurianual del "Center for Theology and Natural Sciences" (CTNS), junto con el Observatorio Vaticano, con sede en la Graduate

Theological Union de Berkeley, California. De su conferencia de 1996 surgió el volumen de ponencias *Neuroscience and Person* (1999).

[4] Esto podría ser un error categorial, comparable a decir que por estimular el área del cerebro que tiene que ver con los números, las matemáticas deben ser reducibles a la neuroquímica (S. Payne, comunicación personal, 22 de abril de 2023).

[5] Juan Pablo II. (2000). Discurso del Santo Padre Juan Pablo II al XVIII Congreso Internacional de la Sociedad de Trasplantes. http://www.vatican.va/content/john-paul-ii/en/speeches/2000/jul-sep/documents/hf_jpii_spe_20000829_transplants.html.

Capítulo 13
Santidad, gracia, alma y cerebro

Llamada a la santidad: Conciencia, espiritualidad y gracia

El teólogo jesuita Karl Rahner, como hemos visto en el capítulo undécimo, se replanteó el significado de la conciencia. Observó que la conciencia y el conocimiento pueden verse desde ángulos diferentes. Pensando en ello, nos damos cuenta de que no necesariamente sabemos o no sabemos una cosa. Podemos saber y no saber algo al mismo tiempo. En un estilo denso, Rahner resume las diversas formas en que podemos ser conscientes. Merece la pena detenerse, quizá releer, lo que significa distinguir distintos niveles de nuestra singular capacidad de conciencia:

La conciencia humana es una esfera infinita y multidimensional: existe la conciencia refleja[1] (conciencia automática, no intencionada) y las cosas a las que atendemos explícitamente;

- existe la conciencia conceptual[2] de los objetos a los que atendemos explícitamente;
- existe una conciencia conceptual de los objetos y un conocimiento trascendental e irreflexivo[3] unido al polo subjetivo de la conciencia;
- hay sintonía[4] (resonar con el estado interno de otra persona) y conocimiento proposicional[5] (saber qué o acerca de una cosa, persona o acontecimiento), conocimiento permitido y suprimido
- existen acontecimientos espirituales en la conciencia y su interpretación refleja (automática);
- existe un conocimiento no objetivado de un horizonte formal;
- y, por último, está el conocimiento sobre este objeto en sí. (*Reflexiones dogmáticas sobre el conocimiento y la autoconciencia de Cristo [KSC]*, en Kelly, 1992, p. 187).

La conciencia, con sus diversas dimensiones, deriva de la condición humana fundamental de ser espiritual, autocomprensión, trascendencia y libertad. Rahner describe un estado básico omnipresente, presente incluso en personas que nunca han reparado en él; siempre está ahí, se sea consciente de ello o no.

Siempre que las personas apartan la mirada de sí mismas y se comprometen intencionadamente con las realidades externas, lo hacen desde una posición de simple autoconciencia, una "condición básica, aparentemente incolora, de un ser espiritual, ... un estado ineludible de estar iluminado por uno mismo, en el que la realidad y la propia conciencia de la realidad aún no están separadas entre sí, (una conciencia) ... alcanzada sólo muy inadecuadamente y nunca completamente", aunque uno pueda afirmar que siempre la ha conocido como el fundamento de todo su conocimiento (*KSC*, en Kelly, 1992, pp. 194-195). Rahner entiende que el conocimiento humano comprende implícitamente el ser en su totalidad como un *horizonte habilitador* siempre que capta cosas individuales (Coolman, 2009, p. 793).

Lonergan hace una observación similar:

> Puesto que a través de la conciencia humana un sujeto psicológico se alcanza a sí mismo no por el lado del objeto bajo la formalidad de lo definible o de lo verdadero y del ser, sino sólo por el lado del sujeto y bajo la formalidad de lo experimentado, se sigue que la conciencia humana no es un conocimiento completo en sí mismo, sino que por su misma formalidad y naturaleza es una conciencia preliminar no estructurada que debe ser estructurada y completada por la indagación intelectual. (2002, p. 269)

Rahner reflexiona teológicamente que en cada persona humana "hay algo así como una experiencia básica anónima, no temática, tal vez reprimida, de estar orientado hacia Dios... que no puede (ser) destruida" (Egan, 2013, p. 44). Del mismo modo que a menudo no nos damos cuenta de nuestra respiración, de los latidos de nuestro corazón o de la conciencia de nosotros mismos, a menudo no nos damos cuenta del horizonte o de la *conciencia sin objeto* de Dios y de la gracia, que es nuestra condición espiritual fundacional, tenuemente percibida y dada por sentada porque está más cerca de nosotros que nosotros mismos. A menudo pasamos por alto o negamos esta presencia siempre presente de Dios (p. 45).

¿Cómo es que algunas personas, a veces, pueden percibir y nombrar la presencia de Dios? O si no la perciben realmente, ¿pueden discernir que Dios interviene? La teología católica atribuye esta capacidad a *la fe* y llama *gracia a* la intervención de Dios.

¿Qué es la *gracia*? El teólogo de la gracia Rahner define la gracia como esencialmente la autocomunicación de Dios, dirigida a todas las personas humanas.

> Por tanto, toda actividad verdaderamente humana es una respuesta libre, positiva o negativa, a la oferta de Dios de sí mismo: la gracia en el corazón de la existencia humana. Puesto que Dios ofrece a todos nada menos que su propio ser, la persona humana es... mística. Esta relación imprime a todas las experiencias personales al menos una experiencia implícita y primordial de Dios". (Egan, 2013, pp. 43-44)

"Rahner se refiere aquí a la *gracia increada*, es decir, a la autodonación de Dios. Los teólogos suelen distinguir esto de la *gracia creada*, el efecto de esa autocomunicación en nosotros" (S. Payne, comunicación personal, 24 de abril de 2023).

Según Rahner, todo el mundo experimenta a Dios, al menos de forma oculta, constantemente, no de forma intermitente.

> Las personas... tienen un conocimiento implícito pero verdadero de Dios, quizás no reflexionado y no verbalizado, o mejor expresado; tienen una experiencia genuina de Dios enraizada en última instancia en su existencia espiritual, en su trascendentalidad, en su personalidad. (Egan, 2013, p. 45)

La experiencia de la gracia fundamenta la vida de toda persona que vive según su conciencia (p. 44). En el capítulo décimodécimo hemos visto observaciones de Lonergan sobre la espiritualidad. Filósofos, teólogos y santos a lo largo de los siglos han observado que las personas humanas somos buscadores empedernidos, siempre deseando más, siempre viendo aquello por lo que luchamos contra un horizonte infinito. Rahner llama a esto una experiencia de Dios al menos implícita.

Rahner entendía que la apertura humana natural representaba la mente que busca implícitamente a Dios en todo pensamiento y acción. Ontológicamente, el ser humano está trascendentalmente dispuesto a que Dios se dirija a él. Rahner llamó a esto una *potencia obediencial*, la "actitud de escucha de una eventual revelación" de Dios por parte de la criatura humana (*Hearer of the Word*, p. 16). La persona humana está ordinariamente, de forma cotidiana, interactuando con las cosas ordinarias, naturalmente orientada hacia Dios, hacia un horizonte infinito (Coolman, 2009, p. 794).

Hemos visto que la psicología intenta medir diversas dimensiones de la autotrascendencia de un individuo, y que la neurociencia busca rastros neurofisiológicos y electroquímicos de espiritualidad y trascendencia. La neurociencia puede contribuir al diálogo con la teología católica y, de hecho, es hoy un interlocutor necesario a medida que avanza la neurociencia. Ofrece la ventaja potencial de clarificar y apoyar la fe de los creyentes.

Neurobiología y trascendencia

Desde el punto de vista católico, la persona humana experimenta su naturaleza espiritual en la conciencia y la vida mental. Incluso a nivel celular, la mente racional está fisiológicamente ligada al cuerpo. Aunque lo físico influye poderosamente en lo mental, la conciencia y el alma otorgan a la persona la capacidad, dentro de las restricciones de la ignorancia y los límites de la física, de tomar decisiones libres que trascienden la atracción del cuerpo (los neurocientíficos materialistas rebatirían estos supuestos. Véase nuestra explicación de la postura católica en el capítulo tercero sobre epistemología).

> Los científicos reconocen hoy con frecuencia la necesidad de mantener una distinción entre la mente y el cerebro, o entre la persona que actúa con libre albedrío y los factores biológicos que sustentan su intelecto y su capacidad de aprendizaje. En esta distinción, que no tiene por qué ser una separación, podemos ver el fundamento de esa dimensión espiritual propia de la persona humana, que la revelación bíblica explica como una relación especial con Dios Creador (cf. Gn 2, 7) a cuya imagen y semejanza está hecho todo hombre y toda mujer (cf. Gn 1, 26-27). (Papa Juan Pablo II, 2003, p. 2)

Desde la perspectiva católica, la conciencia espiritual humana persigue, aprecia y se deleita en la bondad, la verdad y la belleza, y se considera obligada a promover creativamente los bienes de la vida. La tradición católica sostiene que la persona humana, en un mundo material con una fisiología que incluye el cerebro, está llamada a llevar los dominios espirituales de la verdad, la bondad y la belleza al mundo material. Mediante esta vocación, la persona humana glorifica a Dios, el Creador de los órdenes material y espiritual (McGoldrick, 2012, p. 498).

> Los propios científicos perciben en el estudio de la mente humana el misterio de una dimensión espiritual que trasciende la fisiología cerebral y parece dirigir todas nuestras actividades como seres libres y autónomos, capaces de responsabilidad y amor y marcados por la dignidad. Así lo demuestra el hecho de que vosotros (miembros de la Pontificia Academia de las Ciencias) hayáis decidido ampliar vuestras investigaciones a los aspectos del aprendizaje y de la educación, que son actividades específicamente humanas. Vuestras consideraciones se centran no sólo en la vida biológica común a todos los seres vivos, sino que incluyen también la labor interpretativa y valorativa de la mente humana. (Papa Juan Pablo II, 2003, p. 2)

Esta tradición católica de *vocación a la santidad* nos anima a comprometernos tanto en la autorrealización como en ser instrumentos para promover valores positivos y edificantes en el mundo. El Vaticano II, el más reciente concilio ecuménico católico, hizo hincapié en ello:

> Cuando un hombre se entrega a las diversas disciplinas de la filosofía, la historia y las ciencias matemáticas y naturales, y cuando cultiva las artes, puede hacer mucho para elevar a la familia humana a una comprensión más sublime de la verdad, la bondad y la belleza, y a la formación de opiniones ponderadas que tengan valor universal. La humanidad puede ser iluminada más claramente por aquella maravillosa Sabiduría que estaba con Dios desde toda la eternidad, componiendo todas las cosas con Él, regocijándose en la tierra, deleitándose en los hijos de los hombres. (*Gaudium et spes*, 1965, par 57)

Para resumir la postura católica sobre el alma, la dimensión espiritual de la persona, digamos que el alma es el núcleo de la existencia racional y moral cuerpo/alma. La persona humana es una unidad hilemórfica y, después de la muerte, vive como alma separada. Tras la Segunda Venida de Cristo, al final de los tiempos, la persona humana seguirá viviendo con un cuerpo resucitado y transformado. La vida interior de la conciencia es el lugar del sentido del yo, donde se encuentra la intimidad con Dios, que mantiene el alma y la persona en la existencia en todo momento. Desde el punto de vista católico, los seres humanos están hechos para Dios y no encontrarán la bondad, la verdad o la belleza plenas si no es en Dios.

> La conciencia es la imagen de lo divino en el ser humano, y las neuronas son herramientas de un tipo particular de vida espiritual que está unida a un cuerpo y constituye la persona humana. A medida que la neurociencia intente desentrañar las múltiples facetas de la conciencia humana en concierto con el mundo en general, se encontrará continuamente con la presencia de la dimensión espiritual de la vida racional consciente y con la parte formativa de la persona en todas sus complejidades idiosincrásicas. (McGoldrick, 2012, p. 499).

La gracia hace posible la respuesta a la Palabra divina

Al llegar al tema de la santidad y la gracia y su interacción con la neurobiología humana, sólo podemos ofrecer reflexiones provisionales que necesitarán un examen más profundo y exhaustivo y distinciones propias de la filosofía y la teología. Es importante tener presente que en cuanto entramos en el dominio de la revelación divina, la teología y la fe, nos encontramos en el ámbito del misterio. El Revelador es el Misterio último, y el receptor de la revelación humana, hecho a imagen de Dios, se apoya en el misterio.

La Iglesia católica sostiene que existe una llamada universal a la santidad, que todas las personas están llamadas a ser santas. "Sed perfectos, como vuestro Padre celestial es perfecto" (Mt 5,48). En el Génesis, Dios dice a Abraham: "Camina delante de mí y sé irreprensible" (Gn 17,1). "El Señor nos ha elegido a cada uno de nosotros "para que seamos santos e irreprochables ante Él en el amor" (Ef 1,4). Los cristianos, en particular, están llamados a la santidad, a ser santos (Papa Francisco, *Gaudete et exsultate* [*GE*] 1-2). "Todos los cristianos, en cualquier estado o condición de vida, están llamados a la plenitud de la vida cristiana y a la perfección de la caridad (*Lumen gentium* [*LG*] 40.2)" (*CIC*, 2013).

Gracia significa "*favor, ayuda gratuita e inmerecida* que Dios nos da para responder a su llamada a ser hijos de Dios, hijos adoptivos, partícipes de la naturaleza divina y de la vida eterna (cf. Jn 1,12-18; 17,3; Rm 8,14-17; 2 Pe 1,3-4)" (*CIC*, 1996). "La gracia es *participación en la vida de Dios*" (*CIC*, 1997). "Esta vocación a la vida eterna es *sobrenatural*. Depende enteramente de la iniciativa gratuita de Dios, pues sólo Él puede revelarse y darse a sí mismo. Supera el poder del intelecto y de la voluntad humana, como el de cualquier otra criatura (1 Co 2, 7-9)" (*CIC*, 1998).

Como hemos señalado, "por pertenecer al orden sobrenatural, la gracia escapa a nuestra experiencia y no puede ser conocida sino por la fe" (*CIC*, 2005). Rahner fundamenta nuestra experiencia de la gracia en la trascendentalidad de la naturaleza humana:

> Dios es tanto una realidad dada como una experiencia del sujeto que conoce: una realidad dada en la medida en que constituye la situación de cualquier cosa que encontremos y una experiencia en la medida en que está presente atemáticamente como la orientación de la trascendencia humana hacia la coherencia. (Buckley, 1980, p. 39)

Según Rahner, "Dios está siempre ya dándose a sí mismo, y todo ser humano debe, por tanto, estar comprometido con este misterio" (Shae, 2021, p. 652), al menos implícita o inconscientemente. Los estudios neuroteológicos se refieren generalmente a la *experiencia mística* y a sus correlatos neuronales, que implican en particular un sentido consciente de unidad con todo lo que es, con la correspondiente deaferenciación del lóbulo parietal. Una interpretación católica del significado de lo *místico* podría aceptar los hallazgos neurocientíficos, pero también buscaría un significado teológico.

El progreso espiritual tiende a la unión con Cristo. Esta unión se llama *mística* porque se participa en el misterio de Cristo a través de los sacramentos -los *santos misterios*- y en Él, en el misterio de la Santísima Trinidad. Dios nos llama a todos a esta unión íntima con Él, aunque las gracias especiales o los signos extraordinarios de esta vida mística se concedan sólo a algunos para manifestar el don gratuito concedido a todos. (*CIC*, 2014)

Para la teología, *mística* se refiere a los sacramentos y a los efectos de sus gracias específicas. En el capítulo undécimo definimos y describimos la mística desde la perspectiva del esfuerzo espiritual hacia la unión con Dios. Aquí volvemos a abordarlo desde la perspectiva de la gracia y la santidad. El término *mística* ha evolucionado. En el Nuevo Testamento, San Pablo se refería a los apóstoles como "servidores de los misterios de Cristo" (1 Co 4,1). Los Padres de la Iglesia (también Orígenes) se refirieron a una interpretación *mística* de las Escrituras y a la ocultación de Cristo en el pan y el vino eucarísticos. San Bernardo (siglo XII) entendía por *mística* una conciencia más allá de la experiencia ordinaria a través de la unión con Dios. Santa Teresa de Ávila (siglo XV) señaló criterios psicológicos para discernir las etapas del viaje místico. Por misticismo, Thomas Merton (siglo XX) entendía la conciencia de ser transformados en Cristo, y Rahner subrayaba la trascendencia "cotidiana" por la gracia en el misterio ilimitado de Dios (Wiseman, 1993, pp. 682-689). "La iniciativa divina en la obra de la gracia precede, prepara y suscita la respuesta libre del hombre. La gracia responde a los anhelos más profundos de la libertad humana, llama a la libertad a cooperar con ella y perfecciona la libertad" (*CIC*, 2022).

Rahner explica la gracia creada (santificante y actual)[7] como la autocomunicación de Dios al espíritu humano trascendente, ordenando a la persona humana a la presencia directa de Dios, percibida conscientemente o no. La gracia transforma la dimensión trascendente de la persona para que el hombre o la mujer de fe reciban una participación en la santidad de Dios y puedan alcanzar a Dios mismo. De hecho, la gracia increada -la *inhabitación divina*- es Dios mismo, fundamento y meta de los actos orientados a Él. "A esta gracia no se le asigna ningún objeto de conciencia particular y categórico, sino que está presente en la experiencia trascendente" (Rahner, 1979, pp. 40-41).

Crecimiento en gracia y santidad: conciencia transformadora

El principal estudioso católico de la tradición mística occidental, Bernard McGinn, considera que la dimensión mística del cristianismo son sus creencias y prácticas que conducen a la conciencia de la presencia directa de Dios (Egan, 2013, p. 540). Según McGinn, el místico toma conciencia inmediata de nuevas formas de conocer y amar cuando Dios se convierte en el centro directo y transformador de su vida (p. 550).

Rahner entiende que la conciencia nos hace presentes a nosotros mismos y a Dios. "Lo que se conoce o se ama como finito y particular ('categórico') se conoce y se ama contra el 'horizonte trascendental' del Misterio santo, como un barco lejano visto contra el cielo" (Egan, 2013, p. 550). Rahner sostiene que vemos el conocimiento específico contra una implícita y oscura conciencia espiritual del misterioso Ser absoluto -espíritu, libertad y Dios.

En cuanto a la libertad de una criatura finita, Rahner observa que un cierto grado de ignorancia -el reto de no conocer el resultado, de no tener claras las consecuencias- se produce con la autorrealización que se produce en la toma de decisiones humanas (Rahner, *KSC*, p. 189). La fe cristiana señala al Verbo eterno encarnado en Jesús como Alfa y Omega. Dios se hizo humano, de modo que verle a él es ver al Padre (Jn 14:9). Él es la fuente y la cumbre de la fe católica cristiana, el ejemplo de toda virtud y santidad. El misterio incomprensible está en cómo el Hijo de Dios, al hacerse Hombre, ha asumido la naturaleza humana. "Él es *ahora* y por toda la eternidad la *apertura permanente* de nuestro ser finito al Dios vivo de la vida eterna infinita. Siempre se ve al Padre sólo a través de Jesús" (Rahner, 1974, p. 44).

Cristo es el ejemplar de virtud y santidad, en quien habita corporalmente toda la plenitud de la Divinidad (Col 2:9). En Cristo, dos naturalezas con dos conciencias están sin mezclar y sin cambiar en un sujeto, una persona divina consciente de sus dos conciencias (Lonergan, 2002, p. 245). El filósofo y teólogo alemán Romano Guardini (1885-1968) concluye respecto a Jesús que "la mente nunca debe dejarse engañar en una aparente 'comprensión'. Todo el problema -de su persona y de su conciencia- es un misterio, el misterio sagrado de la relación del Dios trino con su Hijo encarnado" (1954, p. 27).

Estamos considerando la virtud humana y la santidad, la llamada de toda persona humana a esforzarse por perfeccionar la imagen de Dios que es ontológicamente. Los católicos entienden que las virtudes humanas se fundamentan en "las virtudes teologales, que adaptan las facultades (humanas) a la participación en la naturaleza divina (cf. 2 Pe 1,4)", ya que se relacionan directamente con Dios. Las virtudes teologales de la fe, la esperanza y la caridad "disponen a los cristianos a vivir en relación con la Santísima Trinidad. Tienen a Dios Uno y Trino por origen, motivación y objeto". (*CIC*, 1812)

> Las virtudes teologales de la fe, la esperanza y la caridad son el fundamento de la actividad moral cristiana. Dios las infunde en el alma de los fieles para hacerlos capaces de actuar como hijos suyos y de merecer la vida eterna. Son la prenda, la presencia y la acción del Espíritu Santo en las facultades del ser humano. (*CIC*, 1813)

Experiencia de gracia

Según Rahner, "el misticismo como experiencia de la gracia fundamenta no sólo la vida ordinaria de fe, esperanza y amor del cristiano, sino también la de cualquiera que viva según su conciencia" (Egan, 2013, p. 44). Rahner aborda no sólo eventos excepcionales y notables de unidad mística con el Todo, sino una *mística enmascarada* de las masas, en su forma más profunda, que es el amor sin reservas por el otro. "Aceptar las profundidades de la propia humanidad, las profundidades de la vida y, por lo tanto, el Misterio mismo -fomentado ya sea con o sin fe, esperanza y caridad cristianas explícitas- es la característica sobresaliente en la mística de la vida cotidiana de Rahner" (p. 46).

En el capítulo undécimoundécimo sobre el misticismo examinamos la descripción que hace Rahner de la gracia. Él ve su evidencia menos en la euforia espiritual que en la fidelidad a Dios cuando parece ausente, en la generosidad desinteresada o en la fidelidad al deber en la vida ordinaria cuando no hay gratitud, o en el compromiso con una obligación onerosa sin la sensación de haber realizado una acción noble (Teología de la vida espiritual, en *Theological Investigations*, 3, 1974, pp. 87-88). Intenta discernir el punto sutil en el que lo natural se convierte en sobrenatural cuando el Espíritu Santo transforma al receptor humano de la gracia mediante un acto de fe para reconocer y responder a la revelación e invitación divinas. Allí donde la racionalidad y la inclinación humanas no se aventurarían, interviene la virtud sobrenatural.

> Una vez que experimentamos el espíritu de esta manera, nosotros (al menos, nosotros como cristianos que vivimos en la fe) también hemos experimentado ya, de hecho, lo *sobrenatural*. No es simplemente el Espíritu, sino el Espíritu Santo el que actúa en nosotros. Entonces es la hora de su gracia. Entonces la profundidad aparentemente insólita y sin fondo de nuestra existencia, tal como la experimentamos, es la profundidad sin fondo de Dios comunicándose a nosotros, el amanecer de su infinitud que se acerca, que ya no tiene caminos establecidos, que sabe a nada porque es infinito. (Rahner, 1974, p. 89)

La gracia, como hemos visto, difiere ontológicamente de la cognición, la emoción, la actitud y el comportamiento naturales, y no se registra necesariamente en la conciencia humana. A partir de las Escrituras, la doctrina de la Iglesia y la vida de los santos, podemos decir que la gracia actúa cuando la persona humana se somete a lo divino. La actitud radicalmente deferente y obediente que rige las relaciones entre las Personas de la Trinidad caracteriza también a la persona humana, imagen de Dios, en su pensar, sentir y actuar.

> Cuando nos hemos dejado ir y ya no nos pertenecemos, cuando nos hemos negado a nosotros mismos y ya no disponemos de nosotros, cuando todo (incluso nosotros mismos) se ha alejado de nosotros como hacia una distancia infinita, entonces empezamos a vivir en el mundo de Dios mismo, el mundo del Dios de la gracia y de la vida eterna. (1974, p. 89)

La autocomunicación de Dios a la humanidad, a la persona humana individual, es fundamental para la comprensión de Rahner de la *kénosis* divina. Dios ha creado a las personas humanas con la capacidad de recibir a Dios en lo más íntimo de su ser (*Fundamentos de la fe cristiana [FCF]*, 1976, p. 223) (Rosok, 2017, p. 52). Rahner ve a la persona humana como necesariamente *trascendiendo* el yo y todos los demás objetivos hacia un horizonte infinito (Dios). La persona humana trascendente llamada por el Dios que se comunica a sí mismo alcanza este misterio, ya sea conscientemente o no (*FCF*, p. 210). La persona humana espera la unidad con Aquel hacia quien se dirige su trascendencia (*FCF*, p. 208). Esta esperanza es una consecuencia de la gracia de Dios y de la respuesta de la persona humana a la gracia, aunque sea implícita y no consciente (Rosok, 2017, p. 53).

En *Hearer of the Word* (1941), Rahner se centra en la naturaleza trascendental de la persona que escucha implícitamente una palabra de revelación. Describe *el llenarse de gracia* humano como "un *existencial sobrenatural* que eleva, ilumina y orienta la trascendencia humana hacia su fin en Dios" (Coolman, 2009, p. 794). Rahner sostiene que la persona humana se encuentra trascendentalmente en sintonía con la autocomunicación divina. "Curiosamente, esta descripción de la naturaleza humana parece estar confirmada por estudios recientes en neurociencia que sugieren que la sintonización está, por así decirlo, genéticamente 'cableada'. (Véase Newberg, d'Aquili y Rause, 2001)" (p. 796).

Podemos o no ser conscientes de la gracia. El profesor jesuita de teología Henry Shae señala que la trascendentalidad de Rahner que busca verificación en la filosofía y la teología para la voluntad salvífica universal de Dios (1 Tim 2:4), donde todo ser humano está ininterrumpidamente en contacto con la experiencia no matemática de un horizonte infinito y oyente de la revelación autodonadora de Dios, al menos de modo implícito, tropieza con dificultades internas que podrían denominarse una "sobreextensión trascendental" (2021, p. 661).[10] Puede que todavía no podamos resolver la cuestión de cómo se podría experimentar implícitamente lo trascendente cuando no se registra en la conciencia humana.

Connaturalidad y condiciones para la sintonización espiritual

Como hemos visto, Rahner considera a todos los humanos como criaturas trascendentales, espirituales, que están directamente presentes a Dios como fundamento y horizonte de su existencia, frente al cual tienen lugar su quehacer en la vida cotidiana (*Investigaciones Teológicas* [*IT*], 5, p. 209). En Jesús esta condición espiritual intrínseca es el resultado de una asunción hipostática[8] por el Logos de una naturaleza humana completa. A lo largo de su desarrollo humano, Jesús estuvo siempre "completamente en sintonía con el amor inspirador de su Padre" (Kelly, 1992, p. 186). La unión hipostática de Jesús es única para él, pero análoga a la condición espiritual trascendental de todas las personas humanas. Rahner describe esta relación *de presencia directa con Dios* como una *sintonía* (*Gestimmtheit*) que sirve de fundamento y horizonte de la conciencia, el "marco en el que se producen la cognición y la volición" (Coolman, 2009, p. 793). En el plano ético, la sintonía puede referirse a la resonancia o a la connaturalidad. A través de actos repetidos de conocimiento y amor virtuosos, la persona sintoniza connaturalmente con el bien (p. 798). La conexión esencial entre naturaleza y gracia, para Rahner, se encuentra en su armonía o sintonía (p. 799).

Según el Aquinate, "la caridad nos hace 'connaturales' con Dios, uniéndonos a Dios' (*ST* II-II, q.45, a.2)", de modo que Dios se nos hace directamente presente. A través de la connaturalidad con Dios, comprendemos intuitivamente las realidades divinas que conocemos a través de la fe, y si no fuera así estaríamos sin caridad (Garrigou-Lagrange, 1937, p. 315). La caridad, dice el Aquinate, "se adhiere a Dios inmediatamente" (*ST* II-II, q. 27, a. 4, sed contra). Por el don de sabiduría del Espíritu Santo, percibimos a Dios como más alto y más excelente de lo que el conocimiento humano puede captar, que "más se esconde en las cosas de la fe de lo que la fe misma revela" (Juan de Santo Tomás, en Maritain, 1959, p. 262, en Duke, 2018, pp. 14-16).

Perspectiva en segunda persona e inhabitación divina

Para entender *la connaturalidad* o *sintonía*, el físico y sacerdote católico Andrew Pinsent, Director de Investigación del Centro de Ciencia y Religión de la Universidad de Oxford, señala la experiencia de la *atención conjunta*, o relación de segunda persona. Se trata de *pensar con* una resonancia sintonizada entre personas que implica la atención conjunta a una tercera entidad. Esta experiencia humana comienza en la infancia, cuando un bebé sigue la mirada de su madre, y se prolonga a lo largo de toda la vida en la atención compartida de amigos que observan el mundo. La atención conjunta es una experiencia subjetiva triádica: persona-persona-objeto. *El encuentro de las mentes* (Elian et al., 2005) implica (1) la conciencia de la otra persona, (2) la coordinación cognitiva con el otro, (3) una inclinación a aprobar su sincronización, y (4) una comprensión conjunta, junto con una actitud intencionada hacia el objeto (Pinsent, 2015a, p. 1610). Desde una perspectiva teológica, la relación en segunda persona se proyecta a un nivel sobrenatural. La fe en un Dios personal y amoroso que puede infundir capacidades espirituales en las personas humanas hace que Dios faculte a los seres humanos para relacionarse con Dios en segunda persona como un *yo contigo* o un *yo-tú* (Buber, 1923). Con el tiempo, la experiencia puede culminar en una amistad divino-humana en sintonía (Pinsent, 2015a, p. 1607).

La psicología experimental constata que la atención conjunta de un bebé con su cuidador contribuye al desarrollo socio-neurobiológico del niño. "La atención conjunta plena requiere que una persona 'comparta una conciencia de compartir el foco de atención que a menudo implica compartir una actitud hacia la cosa o evento en cuestión'" (Hobson y Bishop, 2003, p. 185, en Pinsent, 2015b, p. 43).

El don sobrenatural divinamente concedido de la gracia santificante y actual inclina a la persona humana a la amistad y cooperación con Dios, a una connaturalidad y a una sintonía en desarrollo. Con el bautismo, la persona humana se convierte en morada de las Personas de la Trinidad, destinataria de la gracia increada de la inhabitación divina.

> El fin último de toda la economía divina es la entrada de las criaturas de Dios en la unidad perfecta de la Santísima Trinidad (cf. Jn 17, 21-23). Pero también ahora estamos llamados a ser morada de la Santísima Trinidad. "Si alguno me ama -dice el Señor-, guardará mi palabra, y mi Padre le amará, y vendremos a él y haremos morada en él" (Jn 14, 23). (*CIC*, 260)

La ética occidental de la virtud, basada en el principio aristotélico de *la eudaimonia-felicidad, florecimiento*, se amplió con la introducción de las virtudes *infusas* por parte de Tomás de Aquino (Pinsent, 2015a, p. 1603). Las virtudes infusas difieren de la comprensión ordinaria de la virtud como habituación a una actitud o comportamiento a través de una práctica repetida. Las virtudes infusas son más bien disposiciones o capacidades que inclinan a una persona a una especie de relación de atención conjunta con Dios. El receptor de virtudes divinamente infundidas desarrolla actitudes hacia una variedad de temas que, sin la relación, no tendría (p. 1606). Podría pensarse que las virtudes teologales infundidas pretenden revertir una especie de *autismo* espiritual causado por la caída original. La pregunta de Dios a Adán: "¿Dónde estás?" (Gn 3:9) manifestaba una ruptura en la sintonía de las relaciones divino-humanas (pp. 1606-1607).

Tomás de Aquino explica que las virtudes infusas difieren de la típica habituación actitudinal/conductual en el hecho de que el fracaso en la forma de una sola ofensa moral grave y deliberada puede cortar la relación de la persona con Dios y privar a los actos posteriores de su mérito. El estado de amistad divina y la relación armoniosa de segunda persona pueden terminar incluso con una sola ofensa grave. Sería como una relación marido-mujer en la que uno de los cónyuges es infiel. El infractor puede seguir ayudando con las tareas de la casa y fingir que nada ha cambiado, pero a menos que se resuelva la infidelidad fundamental, la relación queda seriamente dañada. Cuando se resuelve mediante el perdón y la reconciliación, puede restablecerse una relación armoniosa en segunda persona (Pinsent, 2015a, p. 1607).

Neurobiología interpersonal y santidad

Hemos visto cómo la teología católica podría entender la santidad desde una perspectiva psicológica relacional y de desarrollo como connaturalidad humana o sintonía con Dios, o como una relación de segunda persona con la Trinidad Moradora. ¿Cómo puede contribuir la neurociencia a entender la perspectiva de la segunda persona en relación con la santidad? Un reciente estudio de escáner cerebral demostró que, al enfrentarse a dilemas morales, los católicos, a diferencia de los no creyentes, utilizan la toma de perspectiva teniendo en cuenta el punto de vista y las actitudes de otra persona.

Se ha descubierto que las creencias católicas demuestran reacciones neuronales específicas ante los dilemas morales. Un estudio de escáner cerebral investigó si las creencias religiosas influían en las respuestas neuronales y conductuales a los problemas morales (Christensen et al., 2014). Se presentaron 48 dilemas morales a 11 mujeres católicas y 13 ateas. Los resultados mostraron una activación diferencial entre los dos grupos del precuneus y en las regiones prefrontales, frontales y temporales. Para las acciones deontológicas (aunque sólo moralmente buenas), los católicos reclutaron el precuneus y la unión tempo-parietal, y para los juicios morales utilitarios, el córtex prefrontal dorsolateral (CPFDL) y los polos temporales. Los ateos no mostraron diferenciación en el área; sólo reclutaron la circunvolución parietal superior tanto para el juicio deontológico como para el utilitario. Ambos grupos fueron evaluados en relación con problemas morales personales e impersonales. Para las respuestas utilitarias a dilemas morales impersonales, los católicos mostraron una mayor activación en el CPFDL y el córtex cingulado posterior (CCP). Para los juicios morales deontológicos ante problemas personales, los católicos mostraron respuestas matizadas en el córtex cingulado anterior (CCA) y el surco temporal superior. Una limitación de este estudio fue el tamaño reducido y no generalizable de la muestra. Por lo tanto, se necesita mucha más investigación en esta dirección.

Los resultados muestran que las normas adquiridas a través de la doctrina y la práctica religiosas influyen en el juicio moral. Los dilemas incluían una confrontación entre dos prohibiciones inconmensurables de las creencias católicas (en este caso, cuidar y ayudar frente a no matar). La lucha cognitiva de los católicos con proposiciones morales desafiantes se hizo evidente en las imágenes neuronales de su proceso de razonamiento moral (Christensen et al., 2014, p. 240). Los hallazgos sugieren que los católicos se involucraron en la toma de perspectiva considerando lo que su fe indicaba que Dios aprobaría o, según el dicho popular cristiano, "¿Qué haría Jesús?". Esto parecería sugerir una perspectiva en segunda persona que no se observa en los individuos que se autoidentifican con el ateísmo.

La relacionalidad parece prevalecer cuando se trata de la santidad. La persona humana se relaciona con la Trinidad y promueve el bienestar de otras personas humanas. La neurobiología interpersonal (NBIP), en intersección con la espiritualidad, ofrece ideas y sugerencias terapéuticas para el crecimiento psicológico y espiritual humano conducente a la santidad.

Espiritualidad es uno de los términos de nuestro enfoque cíclico de los temas principales de este estudio que se repite una y otra vez, cada vez con significados desde un nuevo ángulo. La espiritualidad puede considerarse "un aspecto importante, perdurable, multinivel y multidimensional de la experiencia humana que afecta a múltiples dimensiones de la vida, incluidas las socioculturales, intelectuales, emocionales, conductuales, neurobiológicas y existenciales" (Zinnbauer y Pargament, 2005) o, más sencillamente, "una forma de relacionarse con lo sagrado" (Hollingsworth, 2008, p. 839). La neurobiología interpersonal se encuentra en una posición única para promover una conciencia concomitante de uno mismo y de los demás que fomente la empatía. En este caso, el intercambio recíproco no significa una fusión sin límites, sino que incluye una adecuada autodiferenciación (mantener la identidad y la autonomía a la vez que se establece una relación significativa con el otro).

El cerebro puede considerarse un sistema abierto. La persona interactúa continuamente con otras personas y con el entorno, desarrollándose y revisándose a lo largo de la vida. El profesor clínico de psiquiatría Daniel Siegel considera que la *mente* humana es tanto interpersonal como neurobiológica, "un proceso que regula el flujo de energía e información" (2007, p. 5). Puede considerarse que la mente surge "en la interfaz dinámica de los procesos corporales y relacionales" (Hollingsworth, 2008, p. 842).

La NBIP como teoría y modelo de trabajo hace especial hincapié en las regiones cerebrales, como el córtex prefrontal y el sistema límbico, que implican la interacción de la neurobiología con las relaciones y la formación de la personalidad. Las regiones cerebrales límbicas derechas son fundamentales para la autorregulación y el procesamiento socioemocional (Schore, 2003a), así como para la empatía. El córtex prefrontal medio es clave para el "flujo funcional de los estados mentales a lo largo del tiempo" (Siegel, 1999, p. 8), que es el proceso de coordinación de la integración neuronal. Con una mejor integración neuronal, la persona es más capaz de ser consciente de sí misma, regular la emoción, modular la respuesta al estrés, desarrollar narrativas biográficas, responder empáticamente y establecer relaciones satisfactorias (Hollingsworth, 2008).

Cozolino destaca las áreas críticas para el cerebro social. Las conexiones emocionales a largo plazo, la empatía y la cooperación con los demás están vinculadas al córtex cingulado. Para dirigir percepciones, comportamientos e interacciones e integrar datos sensoriales externos y emocionales internos con redes de motivación y recompensa, está el córtex prefrontal medial orbital (CPFMO). Para conectar la conciencia con procesos físicos como el hambre y la sed, el comportamiento sexual y la agresividad, se activa el hipotálamo. Para la conciencia de los estados físicos y la consideración de las experiencias afectivas, está operativo el cíngulo anterior, y para negociar una amplia gama de emociones, el córtex de la ínsula. El hipocampo ayuda a organizar el aprendizaje y la memoria afectivos, espaciales y secuenciales. La amígdala detecta rápidamente el peligro y responde a las amenazas con una reacción de lucha o huida. Además, las redes sensoriales, afectivas y motoras corticales y subcorticales y los sistemas reguladores constituyen el cerebro social (2006, pp. 51-57, en Hollingsworth, 2008, p. 843).

Los neurobiólogos consideran que la sintonía -interpersonal e intrapersonal- contribuye significativamente al bienestar humano. Las relaciones interpersonales de confianza y amor, como la amistad, el matrimonio, la psicoterapia o cualquier vínculo interpersonal significativo, pueden activar procesos neuroplásticos. Éstos pueden curar heridas psicológicas y reparar disfunciones neuronales. El proceso intrapersonal del mindfulness (conciencia plena), que implica la atención sin prejuicios a los pensamientos y sentimientos internos centrándose en el momento presente puede facilitar la integración cerebral, así como la regulación emocional y el control de los impulsos.

El sistema de neuronas espejo, situado en la confluencia de los centros neuronales visuales, emocionales y motores de los lóbulos frontal y parietal, ayuda a sintonizar con los estados mentales y emocionales de los demás. Los seres humanos que se sienten en sintonía afectiva con otra persona atenta tienen más probabilidades de desarrollar y expresar empatía y responder con compasión efectiva, al tiempo que mantienen un estado seguro de autoconciencia. Desde una perspectiva espiritual, la sintonía intra e interpersonal segura y la resonancia con los demás pueden fomentar un sentido de trascendencia en contacto con lo sagrado. La neurobiología interpersonal y la espiritualidad juntas pueden fomentar relaciones seguras y de confianza. Éstas facilitan la neuroplasticidad hacia niveles superiores de integración neuronal, lo que conduce a la empatía, a la compasión hacia los demás y a la receptividad espiritual hacia lo sagrado (Hollingsworth, 2008, p. 852).

"La santidad es el rostro más atractivo de la Iglesia", reflexionó el Papa Francisco. "Pero (también) fuera de la Iglesia católica y en contextos muy diferentes, el Espíritu Santo suscita 'signos de su presencia'" (*GE*, 2018, nº 9). La Iglesia católica utiliza los procesos de beatificación y canonización (reconocimiento oficial de un difunto como santo) para verificar signos de virtud heroica como el martirio o una vida abnegada. El santo es proclamado digno de veneración por los fieles como ejemplar en la imitación de Cristo. Pero entre los santos no sólo están los beatificados o canonizados. También son santos los hombres y mujeres corrientes a quienes el Espíritu Santo concede la gracia de vivir la santidad (*GE*, nn. 5-6).

> Muy a menudo, la santidad se encuentra en nuestros vecinos de al lado, en aquellos que, viviendo en medio de nosotros, reflejan la presencia de Dios. En esos padres que crían a sus hijos con inmenso amor, en esos hombres y mujeres que trabajan duro para mantener a sus familias, en los enfermos, en los religiosos ancianos que nunca pierden la sonrisa. Cada santo es una misión programada por el Padre para reflejar y encarnar, en un momento concreto de la historia, un determinado aspecto del Evangelio. (*GE*, nn. 7, 19)

Salud psicológica y crecimiento en santidad

¿Cómo pueden ayudar a promover la santidad la neurociencia o las aportaciones psicológicas concomitantes, como la neurobiología interpersonal y la espiritualidad? Tengamos presente que la santidad deriva de la gracia más que del esfuerzo humano, pero la cooperación humana es indispensable.

Un estudio de FMRIfMRI en el que participaron 17 niños con trastorno del espectro autista (TEA) de alto funcionamiento descubrió que la administración intranasal de oxitocina (OT) aumentaba significativamente la actividad cerebral en torno a los juicios sobre imágenes socialmente significativas (ojos), en contraste con las socialmente no significativas (vehículos). La OT afectó al cuerpo estriado, a la circunvolución frontal media, al córtex prefrontal medial, al córtex orbitofrontal derecho y al surco temporal superior izquierdo. Además, los juicios sociales se asociaron con un aumento de las concentraciones salivales de OT, junto con un aumento de la activación de la amígdala derecha y del córtex orbitofrontal. Por lo tanto, se encontró que la oxitocina afecta selectivamente a los niños con TEA en relación con la forma en que procesan los estímulos socialmente significativos y así fomentan su sintonía social.

(Gordon et al., 2013, p. 20953). Sería interesante realizar un seguimiento de esta investigación con otras más amplias, así como estudios diseñados para ver si la oxitocina podría facilitar las relaciones de segunda persona.

La investigación sobre el coping (*coping*) religioso encuentra que la resiliencia al estrés de un individuo se asocia positivamente con el apego a Dios, lo que es "un vínculo emocional relativamente estable que se forma a través de la comunicación continua y requiere interacción, placer y relajación" (Sharifi, 2018). En un estudio transversal realizado en 2018 en Irán participaron 300 pacientes ancianos con lumbalgia crónica. Se les administró un formulario demográfico, una encuesta de *copingcoping* religioso y cuestionarios sobre el apego a Dios y la intensidad del dolor percibido. Se encontraron correlaciones significativas entre la intensidad del dolor y el grado de apego a Dios y el *copingcoping* religioso (Hatefi et al., 2019, p. 465). El apego seguro, a diferencia de los estilos inseguro, ansioso o evitativo, se asocia con una mejor salud psicológica. Se observó que las personas con un apego seguro que valoraban su relación con Dios tenían una mejor salud mental (Leman et al., 2018, en Hatefi et al., p. 466).

En un estudio sobre el apego a Dios, el apego interpersonal, la religiosidad y la falta de compromiso moral participaron 30 delincuentes de cárceles italianas. Se administró a los sujetos una entrevista semiestructurada para obtener datos demográficos, médicos, sociales y legales, así como escalas sobre el apego a Dios, el estilo de apego general y la religiosidad intrínseca/extrínseca. Los resultados encontraron que la religiosidad extrínseca predice la desvinculación moral y se asocia con el apego evitativo a Dios (D'Urso, 2019, p. 1). El apego a Dios es un constructo apoyado por un estudio realizado por Kirkpatrick y Shaver (1992). Muestra que a medida que un niño se relaciona con su cuidador con un estilo de apego seguro, ambivalente o evitativo, Dios puede servir como figura de apego. Puede servir como base segura que tranquiliza, protege y permite la exploración porque está disponible en situaciones estresantes. Dios puede representar un lugar seguro para almacenar esperanzas, deseos, ansiedades y problemas con un sentido de pertenencia y de ser escuchado y apoyado (Kirkpatrick y Shaver, 1992; Pace, Cacioppo y Schimmenti, 2011).[9] Cassiba, Granqvist, Costontini, y Gatto (2008) descubrieron que una relación personal con Dios puede considerarse apego, aunque nadie aparte de la presencia sacramental de Cristo aparezca normalmente al creyente (D'Urso et al., 2019, p. 2).

La religiosidad intrínseca valora la fe, es motivadora, promueve la autotrascendencia e implica sacrificio y compromiso. La fe implica la aceptación de un conjunto de creencias que las personas interiorizan y deciden perseguir; se convierte en una razón importante para vivir (Fizzotti, 2008). El apego a Dios con religiosidad intrínseca se vincula al pensamiento prosocial y altruista (D'Urso, 2019, p. 8).

Santidad

¿Cuál es el final del camino hacia la santidad? ¿Qué es para la teología católica la *unio mystica* que la neurociencia correlaciona con la desaferentación neuronal del lóbulo parietal? Podríamos preguntar a los principales místicos católicos, Teresa de Ávila y Juan de la Cruz, sobre los objetivos de la vida mística. Al igual que Agustín, afirman que, a través del alma, la persona humana hecha a imagen de Dios está ya desde el momento de la creación en una relación intersubjetiva y trinitaria con Dios (Howells, 2002, p. 125). Con una unión mística o transformadora, el yo profundizado sale de los límites de su vida natural y se adentra en Dios. El yo se incluye en la vida de la Trinidad en la medida en que todo lo que la persona hace está en relación con el Dios trinitario. "En la unión, el yo místico conoce a Dios y a sí mismo a la vez, sin pasar por las criaturas como en el conocimiento natural" (p. 126). En el cielo, la persona gozará de la hermosa visión de Dios. Aquí, habiendo alcanzado la unión permanente con Dios, la persona sale a hacer la obra de Cristo en el mundo con mayor fuerza (Teresa de Ávila, 7 M 4:4-10) (Howells, p. 128). Teresa concluyó: "¿Sabes lo que significa ser verdaderamente espiritual? Significa convertirse en esclavos[11] de Dios. Las personas espirituales pueden ser vendidas por Él como esclavos de todos, como lo fue Él" (7 M, 4:8).

El proceso espiritual de llegar a una unión transformadora implica una mayor conciencia de Dios, en la que el conocimiento amoroso de la presencia divina se convierte en algo habitual. La persona humana, habiendo "limpiado la mente de formas creadas y habiendo eliminado todos los deseos desordenados ... se convierte en un espíritu con Dios, no sustancialmente, sino conscientemente" (Granville, 1991, p. 186). La persona toma conciencia del misterio eterno y responde a la gracia con buenas obras: "Porque nosotros, contemplando la gloria del Señor a cara descubierta (abierta), somos transformados de gloria en gloria en la misma imagen, como por el Espíritu del Señor" (2 Co 3,18) (p. 186).

El Papa Francisco, reflexionando sobre los santos beatificados y canonizados, observa que no son "amargados", sino hombres y mujeres de corazón alegre y abierto a la esperanza. Fundamentados en una "existencia cotidiana de lazos familiares, estudio y trabajo, vida social, económica y política, se esfuerzan constantemente por cumplir la voluntad de Dios". Los santos, "siempre vivos y actuales, ofrecen un comentario fascinante del Evangelio". (Causas de los santos, 2022). El Papa recomienda una oración que reza diariamente desde hace 40 años por Santo Tomás Moro:

> Concédeme, Señor, una buena digestión y también algo que digerir. Concédeme un cuerpo sano y el buen humor necesario para mantenerlo. Concédeme un alma sencilla que sepa atesorar todo lo que

es bueno, y que no se asuste fácilmente a la vista del mal, sino que encuentre los medios para poner las cosas en su sitio. Dame un alma que no conozca el aburrimiento, las quejas, los suspiros y los lamentos, ni el exceso de estrés a causa de esa cosa obstructiva llamada "yo". Concédeme, Señor, sentido del humor. Concédeme la gracia de poder aceptar una broma para descubrir un poco de alegría en la vida y poder compartirla con los demás. (*GE*, 2018, fn 101)

La visión católica de la Palabra como Verdad plena

El catolicismo apoya alentadoramente la ciencia. "Quienes enseñan teología en seminarios y universidades colaboran con los versados en ciencias, compartiendo sus recursos y puntos de vista (Papa Pablo VI, *Gaudium et spes*, 62 [1965]). Existe un principio católico fundamental de no contradicción. "El mismo Dios que establece la inteligibilidad del orden natural se revela como Padre del Verbo eterno; en Él está 'toda la verdad'" (cf. Jn 1,14-16) (Juan Pablo II, *Fides et ratio.*, [1998]).

El Papa Juan Pablo II explica cómo la Iglesia que busca la verdad natural y la basada en la fe llega a la conclusión de que la verdad definitiva que buscan tanto la ciencia como la fe puede encontrarse en el Verbo, la segunda Persona de la Trinidad, encarnado en Cristo:

> La unidad de la verdad es una premisa fundamental del razonamiento humano, como pone de manifiesto el principio de no contradicción. La Revelación hace cierta esta unidad, mostrando que el Dios de la creación es también el Dios de la historia de la salvación. Es el mismo Dios que establece y garantiza la inteligibilidad y la razonabilidad del orden natural de las cosas, del que dependen con confianza los científicos, y que se revela como Padre de nuestro Señor Jesucristo. Esta unidad de la verdad, natural y revelada, se encarna de modo vivo y personal en Cristo, como nos recuerda el Apóstol: "La verdad está en Jesús" (Ef 4,21; Col 1,15-20). Él es el Verbo eterno en quien fueron creadas todas las cosas, y es el Verbo encarnado que en toda su persona revela al Padre (cf. Jn 1,14.18). Lo que la razón humana busca "sin saberlo" (cf. Hch 17,23) sólo puede encontrarlo a través de Cristo: lo que en Él se revela es "la verdad plena" (cf. Jn 1,14-16) de todo lo que en Él y por Él fue creado y que, por tanto, en Él encuentra su cumplimiento (cf. Col 1,1). (Juan Pablo II, 1998, *Fides et ratio*, par. 34)

En última instancia, el misterio

Recordemos que este capítulo trata del ámbito del misterio. Cuando Dios se comunica con la persona humana por la gracia, la presencia y la operación de Dios podrían registrarse a nivel fisiológico, de modo que un escáner cerebral podría captarlo. Pero también puede que no. Dios podría actuar en el plano puramente espiritual del intelecto y la voluntad, y su presencia podría no ser observable ni mensurable. Hubo santos como San Pablo de la Cruz y Santa Madre Teresa de Calcuta que pasaron largos años practicando la fe, la esperanza y la caridad hasta un grado heroico y fueron conscientes más de la ausencia que de la presencia de Dios. Se les conocía por sus frutos (cf. Mt 7,16). Podemos apreciar a los santos y encontrar en ellos ejemplos excepcionales. Junto con la exploración neurocientífica, una perspectiva católica respetaría el misterio del alma humana y de la persona hecha a imagen de Dios y el misterio de la interacción de Dios con sus santos.

Implicaciones del diálogo entre teología y neurociencia

En los capítulos duodécimo y trigésimo consideramos varias dimensiones del diálogo entre teología y neurociencia desde una perspectiva católica y reflexionamos sobre las implicaciones para el crecimiento en la gracia y la santidad. Adelantar algunos puntos destacados de nuestras exploraciones podría ayudarnos a reflexionar sobre los posibles beneficios para la conversación en vista de un nuevo campo potencial de la neuroteología. Estas sugerencias no son exhaustivas; las revisiones o ideas adicionales son bienvenidas. Comenzamos con sugerencias de la Iglesia en apoyo del diálogo entre fe y ciencia.

Como hemos visto, la Constitución pastoral sobre la Iglesia en el mundo actual, *Gaudium et spes* (1965) lo reconoce:

> Aunque la Iglesia ha contribuido mucho al desarrollo de la cultura, la experiencia demuestra que … a veces es difícil armonizar la cultura con la enseñanza cristiana. Estas dificultades no perjudican necesariamente la vida de fe. Al contrario, pueden estimular la mente hacia una comprensión más profunda y precisa de la fe. Los recientes estudios y descubrimientos de la ciencia, la historia y la filosofía plantean nuevas cuestiones que afectan a la vida y exigen nuevas investigaciones teológicas. Además, los teólogos, dentro de las exigencias y métodos propios de la teología, están invitados a buscar continuamente modos más adecuados de comunicar la doctrina a los hombres de su tiempo, pues una cosa es el depósito de la fe o las verdades, y otra el modo de enunciarlas, en el mismo sentido y comprensión. En la atención pastoral se debe hacer un uso suficiente no sólo de los principios teológicos, sino también de los descubrimientos de las ciencias profanas, especialmente de la psicología y de la sociología, para llevar a los fieles a una vida de fe más adecuada y madura.

La teología católica respalda el modelo aristotélico hilemórfico del Aquinate del alma como una forma del cuerpo y la unidad de la persona humana. Cuando un creyente vive su fe utilizando la cognición, la emoción, la actitud y el comportamiento, se registran efectos fisiológicos en el cerebro. Mientras que la ciencia cognitiva de la religión tiende a interpretar la práctica religiosa a un nivel empírico y natural, los cristianos, en cambio, entienden la práctica religiosa en términos de la gracia de la fe. La teología conoce a Dios como el Misterio trascendente absoluto y la revelación divina como originada en Dios. La neurociencia estudia el aparato neural a través del cual, desde una perspectiva católica, la persona humana agraciada con la fe percibe y aprehende la autocomunicación divina de un modo humano limitado. La neuroteología interdisciplinar podría explorar las formas en que la persona humana podría interiorizar la revelación y vivir su mensaje.

Desde una perspectiva católica, las dimensiones del alma humana, como la identidad, el intelecto, la conciencia y la toma de decisiones, derivan de las capacidades espirituales dotadas por el Creador que infunde el alma en la concepción. Estar hechos a imagen de Dios es la fuente de la dignidad humana inalienable para toda persona. La neurociencia puede observar, hasta cierto punto, pero no medir ni controlar, los aspectos espirituales del alma humana. Aun así, dado que lo espiritual, lo psicológico y lo fisiológico están estrechamente entrelazados, la neurociencia puede aportar una valiosa contribución a la comprensión de las bases neurales del funcionamiento humano.

El cristianismo sostiene que los seres humanos reflejan la naturaleza social de la Trinidad -relacionalidad interdependiente- con vistas al desarrollo personal humano y a la búsqueda social del bien común. Abiertos al mundo y a los demás, los seres humanos se esfuerzan por alcanzar la Verdad, la Bondad y la Belleza. La teología lleva mucho tiempo recomendando la virtud para el florecimiento humano. La neurociencia está empezando a demostrar que puede mostrar pruebas mensurables de la práctica de la virtud en regiones neuronales específicas. La teoría neurocientífica también amplía la comprensión del cerebro como encarnado, inmerso, enactivo y extendido. La neurociencia podría seguir explorando la promesa de la virtud en sus dimensiones neuronales para el florecimiento social y espiritual humano.

La teología católica sostiene que la dimensión neurofisiológica de la persona humana fue asumida con corporeidad de cuerpo y alma por el Verbo encarnado. El catolicismo sostiene que el alma sobrevive más allá de la muerte y se reunirá con el cuerpo en la resurrección general final. Jesús es inmortal y, en virtud de su alma, también lo son todos los seres humanos, que en última instancia nos reuniremos con nuestros cuerpos, transformados más allá de la muerte para vivir eternamente. La neurociencia podría aportar una valiosa contribución si siguiera explorando las cuestiones del final de la vida desde una perspectiva católica.

La práctica pastoral católica puede beneficiarse del estudio neurocientífico de la conciencia informado por la teología de la trascendencia de Rahner, con la comprensión teológica apropiada, y por otros teólogos avalados por la Iglesia. El respeto por el don de Dios a todas las personas humanas y la presencia de la gracia, aunque sea implícita, cuando las personas actúan con buena voluntad, puede promover la consideración apreciativa de todos los demás, por diversos o desfavorecidos que sean, con una actitud abierta a las personas de cualquier tradición religiosa o sin ella. La connaturalidad o sintonía, la relación de segunda persona y la neurobiología interpersonal asocian la teología y la neurociencia con el objeto de describir desde una perspectiva católica la dinámica de la interacción social, la gracia que se desarrolla en unión con Dios, la apreciación de la gracia y la inhabitación divina y la santidad.

Preguntas de estudio

1. ¿Qué significados o niveles de conciencia sugiere Rahner?
2. ¿Cómo entiende Lonergan la conciencia humana?
3. ¿Por qué, según Rahner, a menudo no advertimos el horizonte de nuestra conciencia?
4. Para la teología católica, ¿qué es *la gracia*?
5. ¿Qué quiere decir Rahner al afirmar que todos reciben la gracia increada de Dios?
6. ¿Qué significa *potencia obediencial*?
7. ¿Cómo puede beneficiar a la teología católica el diálogo con la neurociencia?
8. Según el Papa Juan Pablo II, ¿cuáles son los indicios de que los científicos perciben una dimensión espiritual de la mente humana?
9. ¿Cuál es, en resumen, la posición católica sobre el alma?
10. ¿Qué entiende el catolicismo por la llamada universal a la santidad habilitada por la gracia?
11. ¿Cómo ha evolucionado, para la teología católica, el significado de *mística*?
12. En relación con la experiencia mística, ¿cómo podría interpretar la comprensión católica los descubrimientos neurocientíficos de la

unidad consciente con todo lo que es, correspondiente a la desaferentación del lóbulo parietal?

13. ¿Qué dimensiones de una comprensión católica de la experiencia mística podría explorar ulteriormente la investigación en el campo emergente de la neuroteología?

14. ¿Qué se entiende por conciencia transformadora?

15. ¿Cómo entiende Rahner la experiencia de la gracia?

16. ¿Qué entiende Rahner por *existencial sobrenatural*?

17. ¿La gracia y la unión mística son siempre percibidas o experimentadas por el místico o por otros? Explicar.

18. ¿Qué se entiende por sintonía, resonancia o connaturalidad con Dios?

19. ¿Cómo describe Pinsent la connaturalidad como atención conjunta?

20. ¿Cómo podría la concepción tomista de las virtudes infusas facilitar la sintonía de la persona humana con Dios?

21. ¿Qué conclusiones preliminares arrojaron las investigaciones neurocientíficas sobre el juicio moral en relación con la adopción de perspectivas por parte de individuos religiosos?

22. ¿Por qué el estudio de la NBIP puede contribuir a comprender los fundamentos de la santidad?

23. 23. ¿Cómo se relaciona la salud psicológica con el crecimiento en santidad?

24. ¿Qué ocurre en una unión santa transformadora en lo que respecta a la actitud, la conciencia y el comportamiento?

25. ¿Cómo se aplica el principio católico de no contradicción al diálogo entre ciencia y fe?

26. ¿Es la gracia necesariamente escaneable en el cerebro? Explicar

27. ¿Cuáles son algunas implicaciones de un diálogo de la neurociencia con la teología?

Notas finales

[1] Reflejo se refiere a una respuesta involuntaria, automática y no consciente a un estímulo.

[2] Conceptual se basa en conceptos mentales.

[3] No se reflexiona ni se tiene en cuenta.

[4] La sintonía se refiere a la resonancia o a estar en armonía con el mundo interno de otra persona.

[5] El conocimiento proposicional es el conocimiento de "que" o "sobre qué".

[6] Filosofía: realidad o sustancia subyacente

[7] "La gracia santificante es un don habitual, una disposición estable y sobrenatural que perfecciona el alma misma para capacitarla para vivir con Dios, para actuar según su amor. *La gracia habitual*, disposición permanente para vivir y actuar según la llamada de Dios, se distingue de *las gracias actuales*, que se refieren a las intervenciones de Dios, ya sea al comienzo de la conversión o en el curso de la obra de santificación" (*CIC*, 2000).

[8] "Confesamos que uno y el mismo Cristo, Señor e Hijo unigénito, debe ser reconocido en dos naturalezas, sin confusión, cambio, división o separación. La distinción entre las naturalezas nunca fue abolida por su unión, sino que se conservaron las características propias de cada una de las dos naturalezas, al reunirse en una sola persona y en una sola hipóstasis" (Concilio de Calcedonia [451 d.C.]: DS 302; *CIC*, 467).

[9] Por supuesto, este significado psicológico de Dios como figura de apego debe incluir la comprensión de Dios tal como es, no simplemente una proyección personal que puede estar distorsionada.

[10] El propio Rahner, en una conferencia con motivo de su octogésimo cumpleaños, justo antes de su muerte, reconoció: "Naturalmente, sé que quizá hay muchas cosas en mi teología que no encajan claramente y sin ambigüedades". Pidió "tanto a los partidarios como a los oponentes que se acercaran a su teología con amable buena voluntad", considerando más su enfoque y sus preguntas que "resultados" que "nunca pueden ser realmente concluyentes" (Shae, 2021, pp. 637-638). "Las dimensiones simbólica, fantasmática, lingüística e histórica de la experiencia . . . de nuestra participación en la autocomunicación divina, . . . un papel recíprocamente constitutivo para lo concreto, simplemente nunca se transpone a la teología de la trascendentalidad de Rahner" (p. 660).

[11] Por "esclavos" se entiende aquí una actitud de servicio humilde y voluntario a los demás por amor a Dios, que nos sirve humilde y voluntariamente. No pretende justificar la servidumbre involuntaria ni la deshumanización.

Capítulo 14
Críticas, aclaraciones y orientaciones futuras

Apoyo católico al estudio de la neurociencia y la teología

A través de los capítulos de este libro hemos reflexionado sobre las interrelaciones entre la neurociencia y la teología católica en el campo potencial emergente de la neuroteología. Han surgido críticas al campo en su conjunto y a diversos temas. Nos gustaría aquí recapitular las principales reflexiones y modelos de la neuroteología, revisar las críticas y ofrecer algunas aclaraciones desde una perspectiva católica. Por supuesto, no cubriremos toda la temática, pero esperamos estimular el diálogo, la investigación y el estudio en el futuro.

En primer lugar, ¿apoya el catolicismo el estudio de la neurociencia y la teología y las formas en que se interrelacionan? Papas recientes apoyan inequívocamente la investigación y el progreso en las ciencias biológicas y el diálogo de los científicos con la comunidad filosófica y teológica. El Papa Juan Pablo II escribe:

> Estoy cada vez más convencido de que la verdad científica . . . puede ayudar a la filosofía y a la teología a comprender cada vez mejor a la persona humana y la revelación de Dios sobre el hombre. . . . Por este importante enriquecimiento mutuo en la búsqueda de la verdad y en beneficio de la humanidad, estoy con toda la Iglesia profundamente agradecido. . . La neurociencia . . . mediante el estudio de los procesos químicos y biológicos del cerebro, contribuye en gran medida a la comprensión de su funcionamiento. Pero el estudio de la mente humana implica algo más que los datos observables propios de las ciencias neurológicas. . . Los propios científicos perciben en el estudio de la mente humana el misterio de una dimensión espiritual que trasciende la fisiología cerebral y parece dirigir todas nuestras actividades como seres libres y autónomos, capaces de responsabilidad y amor, y marcados por la dignidad. . . Así pues, sus consideraciones no se centran únicamente en la vida biológica. . . sino que también incluyen la labor interpretativa y valorativa de la mente humana. . . En (la) distinción (entre la mente y el cerebro), podemos ver el fundamento

de esa dimensión espiritual propia de la persona humana, que la Revelación bíblica explica como una relación especial con Dios Creador (cf. Gn 2,7) a cuya imagen y semejanza está hecho todo hombre y toda mujer (cf. Gn 1,26-27). (10 de noviembre de 2003).

El Papa Benedicto XVI escribe:

> Un enfoque interdisciplinario de la complejidad muestra que las ciencias no son mundos intelectuales desconectados de la realidad, sino que están interconectadas y dirigidas a una realidad unificada, inteligible y armoniosa... originada en la Palabra creadora de Dios... Estoy convencido de la urgente necesidad de un diálogo y una cooperación continuos entre los mundos de la ciencia y de la fe para la construcción de una cultura del respeto... y para el desarrollo sostenible a largo plazo de nuestro planeta. Sin esta necesaria interacción, las grandes cuestiones de la humanidad abandonan el dominio de la razón y de la verdad... con gran daño para la humanidad, para la paz mundial y para nuestro destino final. (2012)

El Papa Francisco escribe:

> Las neurociencias ofrecen cada vez más información sobre el funcionamiento del cerebro humano. Realidades fundamentales de la antropología cristiana, como el alma, la autoconciencia y la libertad, aparecen ahora bajo una luz sin precedentes e incluso pueden ser seriamente cuestionadas por algunos... Como he querido afirmar en la Encíclica *Laudato Si'*, "Necesitamos urgentemente un humanismo capaz de reunir los diversos campos del saber... al servicio de una visión más integral e integradora" (n. 141), para superar la trágica división entre las "dos culturas": la humanístico-literaria-teológica y la científica... para favorecer un mayor diálogo entre la Iglesia, la comunidad de creyentes y la comunidad científica. (18 de noviembre de 2017)

El Observatorio Vaticano, como hemos visto, colabora desde 1990 con el Center for Theology and Natural Sciences (CTNS) de Berkeley, California. Su publicación conjunta, *Neuroscience and the Person* (1999), apoya a la neuroteología como una colaboración mutua entre teología y neurociencia. La neurociencia, con sus recientes avances, puede dilucidar aspectos fisiológicos del ser humano, y la teología puede ampliar y enriquecer la conciencia de dimensiones de la persona más allá de lo físico (Gaitán, 2017).

Modelos de neuroteología: una ciencia multidisciplinar

El escritor y filósofo británico Aldous Huxley (1894-1963) introdujo el término neuroteología (*La isla*, 1962, p. 112) con la idea de que podría convertirse en una *ciencia de frontera* que desarrollase conocimientos basados en el supuesto de que la cognición humana en la persona humana es potencialmente inagotable. Hemos visto que la neuroteología es multidisciplinar e incorpora campos como la ciencia cognitiva, la neurobiología, la medicina, la genética, la física, la psicología, la antropología y la sociología, así como la neurociencia, la teología y los estudios religiosos. La neuroteología, centrada en la experiencia y la práctica religiosas, se esfuerza por desarrollar un discurso compartido basado en la investigación de una amplia gama de disciplinas, abarcando niveles que van desde lo neurológico hasta lo teológico-místico (Gaitán, 2017). "La religión es, sin duda, la manifestación más compleja del fenómeno más complejo conocido por la ciencia, la mente humana (2006)" (2017, p. 11).

La neuroteología ha sido un campo potencial en desarrollo durante aproximadamente 40 años. Como ocurre con cualquier nueva área de estudio, hay aspectos que aún deben resolverse. Por ejemplo, a mí (A.B.N) nunca me satisfizo del todo la palabra *neuroteología*. Fue el término que se impuso para el campo que estudia la intersección entre neurociencia y religión (2010 en Gaitán, 2017, p. 5). Mi motivo para desarrollar la neuroteología como un campo independiente de investigación es que podría ser capaz de: (1) responder a preguntas importantes, como las cuestiones relativas a la experiencia subjetiva, la mente y el alma; (2) ofrecer nuevos ángulos de la neurociencia y la teología; y (3) enriquecer algunos de los campos interdisciplinarios afectados (2010) (du Toit, 2015, pp. 15-16).

Algunos críticos objetan que la neuroteología no debería ser un campo autónomo; sería más apropiado que fuera una subdivisión de la neurología o de la teología. Si la neuroteología estuviera subordinada a la neurociencia, los neurocientíficos podrían objetar que las ciencias no están pensadas para satisfacer necesidades religiosas; se centran en construir un fondo de conocimiento empírico sobre el universo (Capra et al., 1992, p. 139). Si la neuroteología estuviera subordinada a la teología, cada religión tendría su neuroteología que abordaría las dimensiones neurológicas de las experiencias religiosas/místicas/espirituales (RME) (du Toit, 2015, p. 114). *En Theological Neuroethics: Christian Ethics Meets the Science of the Human Brain* (2017), el teólogo protestante reformado británico Neil Messer entabla un debate entre teología y ciencia. Sostiene que la teología, en tanto que más amplia, debería tener la voz dominante (Alexander, 2020). Observa que la teología cristiana "a menudo requerirá que las cuestiones neuroéticas estándar (y podríamos decir, neuroteológicas) sean repensadas y replanteadas de nuevas maneras, permitiendo respuestas creativas, iluminadoras y, a veces, inesperadas" (Nairn,

2017). Los resultados de la investigación de la neuroteología como campo independiente pretenden beneficiar tanto a la neurología como a la teología o los estudios religiosos.

Correlacionar la experiencia RME con el cerebro

Gaitán y Castresana (2021) constatan que, desde la década de 1980, la neuroteología ha seguido uno de dos modelos. El primer modelo, y el más prevalente, ha consistido en buscar correlaciones entre las experiencias religiosas/místicas/espirituales (RME) y las estructuras y funciones cerebrales (Runehov, 2007). Este modelo sigue dos vías: es causalmente agnóstico y metodológicamente reduccionista. Uno de los enfoques para hallar correlatos neuronales de las experiencias RME ofrece información complementaria a campos afectados como la psicología, la antropología o los estudios religiosos. Los investigadores evitan especular sobre lo que ocurre ontológicamente y sólo describen las explicaciones causales de sus sujetos (Asprem y Taves, 2018; Beauregard y Paquette, 2006; en Gaitán y Castresana, 2021, p. 2).

Un segundo enfoque sigue supuestos cientificistas al describir las experiencias religiosas en términos exclusivamente neurocientíficos (Shukla et al. 2013). El neurocientífico canadiense Michael Persinger (1983) y el neurocientífico indio-estadounidense V. S. Ramachandran (1998) siguen esta tendencia. Esto desemboca en el reduccionismo ontológico, con Dios visto como producto del cerebro (Gaitán y Castresana, 2021, p. 2). Se piensa que la teoría causal naturalista y reduccionista prevalece en los últimos años debido a su teoría y método aparentemente rigurosos. Pero dado que la ciencia no puede opinar sobre Dios como causa, este enfoque puede ser más ideológico que la neurociencia (pp. 2-3).

Un modelo dialógico

Mi modelo alternativo (ABN) puede denominarse dialógico, e implica una interacción epistemológica equilibrada entre neurociencia y teología. Ambos campos del conocimiento contribuyen al enriquecimiento mutuo de cada uno (*Principios de la Neuroteología*, 2010). El objetivo es "facilitar un intercambio de ideas y conceptos a través de la frontera entre ciencia y religión. Este diálogo puede considerarse un enfoque constructivo que aporta información a ambas perspectivas al enriquecer la comprensión tanto de la ciencia como de la religión" (2010, p. 2, en Gaitán y Castresana, 2021, p. 3). Dado que el cerebro es fundamental para la persona humana, es probable que los eventos teológicos *-en* el sentido de religiosos- se registren neurológicamente. Esto convierte a la neuroteología en un amplio campo de investigación. La teología podría entablar un debate considerable sobre la variedad y especificidad de los temas que podría abordar la neurociencia.[1] I (ABN) reconoce que no todos los temas teológicos se explorarán en la misma medida. La neuroteología podría contribuir mínimamente a algunos temas y de forma más completa a otros (pp. 3-4).

Neuroteología integradora

Un modelo denominado neuroteología integradora se centra en las experiencias religiosas y fenómenos afines, incorporando un amplio abanico de disciplinas con la intención de articular una base de conocimiento interdisciplinar. La teóloga sueca Anne Runehov indica que si yo (ABN) mejorara mi modelo "añadiéndole la experiencia de, por ejemplo, sociólogos, teólogos, filósofos de la religión y psicólogos, tendría un modelo exploratorio que, aunque adopte una reducción metodológica, evitará conclusiones reductoras precipitadas" (Gaitán y Castresana, 2021, p. 4).

Siempre he tenido la esperanza (ABN) de que sea factible un modelo verdaderamente integrador para la neuroteología. Lo más probable es que requiera un planteamiento inicial más dialogante para encontrar un terreno común y desarrollar enfoques que estén abiertos tanto a las investigaciones científicas como a las teológicas. Espero que este libro sea el comienzo de un modelo que integre las ideas religiosas con las científicas e incorpore el descubrimiento espiritual personal junto con el científico.

Críticas y aclaraciones

La neuroteología, como se ha señalado, es una disciplina emergente abierta al diálogo y al ajuste. Hay algunas lagunas e imprecisiones, algunas omisiones en lo que respecta a la filosofía y la antropología teológica que es necesario trabajar, al menos para el diálogo con las cuestiones planteadas por el cristianismo y el catolicismo. Algunas críticas tienen que ver con lo que algunos católicos y otros consideran lagunas filosóficas o preocupaciones epistemológicas (algunas de las cuales se abordaron en el capítulo tercerotercero), y otras cuestiones son metodológicas (algunas de las cuales se abordaron en el capítulo cuartocuarto). Intentaremos recapitular aquí algunas de las principales críticas. Aunque el término *neuroteología* incluye *la teología*, que típicamente connota el cristianismo, el campo está abierto a todas las religiones, incluidas las no teístas. Dado que este libro examina la neuroteología a través de un prisma católico, algunas de las críticas han sido formuladas por católicos. Intentaremos ofrecer aclaraciones al respecto. Algunas críticas deben tenerse en cuenta; otras pueden representar cierto grado de malentendido; algunas de las cuestiones planteadas pueden necesitar más reflexión y diálogo. En algunos casos, el diálogo neurociencia-teología en curso puede considerar un ajuste en las concepciones iniciales de la neuroteología.

Ontología relativista y epistemología subjetivista

Una objeción básica a la neuroteología es lo que parece ser una ontología relativista y una epistemología subjetivista, tal vez reflejo de la postura kantiana de que el mundo solo puede captarse mediante operaciones del cerebro y la mente humanos (du Toit, 2015, p. 15-16). *A priori*, dado que el cerebro produce una visión de *segunda mano* o *preprocesada* de la realidad, cualquier cosa que pueda pensarse sobre la realidad es una suposición (Newberg, 2010, p. 69; cf. d'Aquili et al., 1999, pp. 170-171). "Nunca podemos saber con certeza si los pensamientos que albergamos… se corresponden con la realidad que existe en el mundo" (Newberg, 2010, p. 249). Una perspectiva católica tomista estaría de acuerdo en que el sesgo perceptivo o la preconcepción pueden distorsionar el juicio humano; aun así, la mente humana puede conocer el mundo real tal y como es (Critchley, 2013, p. 171).

Asociado a un supuesto relativista está el principio de que la neuroteología no privilegia ni la neurociencia ni la teología (Newberg, 2010, p. 145). "No debe darse prioridad ontológica ni al universo material ni a Dios. Las perspectivas neurocientíficas y teológicas deben considerarse contribuyentes comparables a las investigaciones neuroteológicas (Newberg, 2010, p. 54)" (du Toit, 2015, pp. 12, 23). Corolario de una epistemología subjetivista es la descripción que hace la neuroteología de las relaciones entre el cerebro, la mente y Dios: "Dios no puede existir como concepto o como realidad en otro lugar que no sea tu mente. (La mente es mística por defecto" (Newberg, d'Aquili y Rause, 2002, p. 37). Puesto que la suposición *a priori* del teólogo es que Dios existe y se ocupa personalmente de la creación, igualar la fe fundamental en Dios con la ciencia humana razonable plantea un problema para la teología. Un teólogo católico sostendría que, aunque se pudiera encontrar ciencia para apoyar doctrinas establecidas, la doctrina religiosa descansa en la revelación más que en la teoría científica (du Toit, 2015, p. 87).

> La fe y la ciencia abordan realidades diferentes que exigen métodos distintos. La ciencia se ocupa de las cosas, mientras que la fe se ocupa del misterio de Dios que no es "ninguna cosa". La ciencia investiga el funcionamiento de las cosas (sus diversas causas y relaciones físicas), y la fe investiga el significado de las cosas (su fuente y su objetivo, junto con sus implicaciones para la conducta humana). La fe, por tanto, busca proposiciones diferentes de las que busca la ciencia" (Bednar, 2023, comunicación personal).

El camino que seguir por la neuroteología reafirmaría su principio ya establecido de respeto a las convicciones tanto de la teología como de la ciencia, lo que conduciría a un diálogo fructífero y beneficioso para ambos campos.

La neuroteología aspira a convertirse en una meta- y mega-teología (Newberg, 2010, pp. 64-65; Barrett, 2011, p. 133; Jeftic, 2013, p. 274; du Toit, 2015, pp. 3, 53, 115-116). Algunos analistas concluyen que con ello se pretende caracterizar en última instancia a todas las experiencias religioso-místico-espirituales (RME), incluido el ser unitario absoluto (d'Aquili y Newberg, 1999, p. 195s), por su sustrato neurológico. La neuroteología mostraría entonces a las religiones del mundo sus fundamentos neurológicos subyacentes. Se piensa que la neuroteología persigue un cambio de paradigma desde la neurociencia o la teología, o ambas, a la hora de explicar la realidad (du Toit, 2015, pp. 53-54). Un problema relacionado con el predominio de la neurociencia o la teología sería que la ciencia no puede responder a preguntas últimas que caen fuera de su ámbito experimental, y la teología no puede depender para su verificación de la falsabilidad científica (Jeftic, 2013, p. 276). La gracia que se manifiesta en la oración, por ejemplo, podría ser autentificada no por un escáner PET, sino por los frutos del Espíritu (Gal 5:22) en la vida de cada uno (du Toit, 2015, p. 115).

Anticipar un cambio de paradigma mantendría a la neurociencia y a la teología en tensión creativa. Como señalé (A.B.N) en el capítulo segundo (sección *Objetivos de la Neuroteología*), aunque ni la neurociencia ni la teología tendrían precedencia, esto no implica que la teología quedaría subsumida bajo la neurociencia. Si la investigación futura demuestra que, de hecho, algunas experiencias religiosas no pueden rastrearse neurológicamente, me parecería interesante estudiarlo (*Principios de la Neuroteología,* 2010, p. 120). Tendremos que pensar con originalidad para encontrar una teoría y una metodología apropiadas para el nuevo campo potencial de la neuroteología.

Naturalista o abierto a lo espiritual/sobrenatural

Una cuestión recurrente en el campo de la neuroteología es si es reduccionista/materialista o abierta a lo espiritual y sobrenatural. Hemos visto que algunos neurocientíficos del campo sostienen la primera postura, otros la segunda y algunos, en ocasiones, matizan hacia una u otra. Los naturalistas reduccionistas afirman que las experiencias religiosas derivan de la activación de redes en los lóbulos frontal y temporal y el sistema límbico, con la consiguiente desactivación de la corteza parietal (Boyer, 2003; d'Aquili y Newberg, 1993; Ramachandran, 1998; Persinger, 1983). Los naturalistas afirman que, puesto que la estimulación electromagnética de zonas cerebrales específicas puede evocar experiencias religiosas, éstas deben ser naturales, no sagradas ni místicas. Una postura naturalista señala la coexistencia de experiencias religiosas con trastornos como la esquizofrenia, la epilepsia o el trastorno bipolar (Persinger, 1997). Los naturalistas observan que la experiencia religiosa puede inducirse farmacológicamente con drogas como las anfetaminas, el LSD, la mescalina (el ingrediente activo del peyote) y la ayahuasca (Roberts, 2006). Algunos naturalistas concluyen que las experiencias religiosas pueden tener su origen en una actividad cerebral residual debida a una activación insuficiente de estructuras cerebrales específicas (Dawes y MacLaurin, 2013; Boyer, 2003; Atran, 2002; en Gaitán, 2017, pp. 14-15).

Los neurocientíficos dedicados a temas neuroteológicos que mantienen una postura alternativa al materialismo observan que muchas áreas cerebrales, aproximadamente doce sistemas neuronales, contribuyen a las experiencias religiosas, según Beauregard y Paquette (2006). Hasta la fecha no se han encontrado regiones cerebrales que sirvan únicamente para las experiencias religiosas; cada red se activa también para contextos no religiosos. Los sujetos de los estudios con escáner cerebral durante actividades religiosas no presentaron psicopatología ni durante los experimentos ni antes de ellos (Beauregard y Paquette, 2006). Y hay hallazgos de neuroimagen que parecen verificar la causalidad mental para los resultados neurobiológicos (Gaitán, 2017, p. 15). Las experiencias religiosas han demostrado un impacto causal descendente positivo en la salud mental y física (Fingelkurts y Fingelkurts, 2009; Ellis, 2009; Beauregard, 2007; en Gaitán, 2017, p. 15).

Por otra parte, algunos estudiosos están abiertos a la posibilidad de que existan aspectos sobrenaturales relacionados con las experiencias espirituales. Esto puede presentarse de dos formas principales: una deidad sobrenatural que interviene para causar toda o parte de una experiencia espiritual o un modelo de conciencia humana que *no es local* y que puede afectar a cosas a distancia y verse afectada por ellas. Analizando estas dos posibilidades con más detalle, la primera es más obvia desde el punto de vista religioso. Tiene sentido que si Dios existe e interactúa con los seres humanos, entonces Dios esté provocando alguna comunicación o experiencia espiritual dentro de un individuo determinado. Algunos de los tipos más comunes de experiencias espirituales son las numinosas, que pueden incluir también experiencias reveladoras. En tales experiencias, la persona entra en contacto más directo con Dios. Algunos estudios han sugerido que prácticas como la oración de intercesión podrían afectar a los resultados biológicos (Baesler y Ladd, 2009). Si se cree en la existencia de Dios, esa experiencia es real y está asociada a la interacción real con un ser sobrenatural.

El segundo tipo, el de la conciencia no local, tiene que ver con la idea de que la conciencia puede extenderse más allá del cerebro o incluso tener su origen fuera de él. Algunos científicos han encontrado pruebas de que la conciencia puede extenderse más allá del cerebro utilizando procesos mentales para mover o cambiar objetos físicos, lo que es un hipotético fenómeno paranormal. Hasta la fecha, los hallazgos experimentales no han sido concluyentes al respecto. Si se asume que la propia conciencia es la materia prima del universo, entonces la conciencia y la experiencia humanas derivan de una conciencia más universal, no material. Aunque este tipo de teoría se asocia más a tradiciones orientales como el budismo o el hinduismo, el relato de la creación en la Biblia sugiere que el mundo físico deriva de la conciencia de Dios. De este modo, el mundo físico deriva de lo no material y, por tanto, nuestras experiencias también pueden tener orígenes no materiales.

Neuroteología basada en la experiencia

La neuroteología es criticada por apoyar una *hermenéutica neuroteológica* basada en *el experiencialismo* (Newberg, 2010, p. 87), es decir, la tesis de que todos los pensamientos, ideas y sentimientos fluyen de la experiencia humana (du Toit, 2015, pp. 15-16). La neuroteología fue precedida por científicos significativos como "William James (1842-1910), Rudolph Otto (1869-1937), Sigmund Freud (1856-1939) y James Leuba (1867-1946)" (Gaitán, 2017, p. 13), todos los cuales estudiaron la experiencia religiosa dentro de la disciplina de la psicología. La experiencia religiosa, y en particular la mística, es extremadamente subjetiva. "La neuroteología se mueve en un campo de experiencias difíciles de definir en términos exactos debido a la gran cantidad de matices con los que se pueden presentar" (pp. 12-13).

Los críticos de la neuroteología afirman que es difícil decir hasta qué punto la experiencia religiosa o el misticismo son fundamentales para la práctica de la religión. La religión es individual y colectiva, variada y multi-nivel, situada en contextos culturales, sociales y lingüísticos. No puede decirse que la religión se base fundamentalmente en la experiencia, y tampoco puede explicarse totalmente mediante procesos neurológicos. Los nueve operadores cognitivos presentados en *The Mystical Mind* (d'Aquili y Newberg, 1999), en particular los operadores causal y holístico, al no ser términos habituales en neurociencia, deben tomarse con cautela (Russell et al., 1999). El psicólogo y ministro anglicano Fraser Watts observa que no está claro que la teoría neuroteológica altamente especulativa pueda aplicarse bien a las preocupaciones teológicas basadas en la revelación y la fe (Burns, 2005, p. 179).

Se critica a la neuroteología por basarse en la experiencia religiosa de sujetos implicados en un comportamiento religioso generado intencionadamente, como recitar el Salmo 23 o la "oración centrada". La experiencia religiosa generalmente ocurre de forma espontánea y es impredecible, como cuando Tomás de Aquino, hacia el final de su vida, dejó de escribir la *Summa Theologiae* porque, en comparación con lo que se le había revelado, su obra le parecía "paja". Sería imposible demostrar que la experiencia religiosa va acompañada sistemáticamente de un cambio en el flujo sanguíneo neurológico (Burns, 2005, p. 179). Las experiencias de unidad con el Ser Divino pueden variar a lo largo de un continuo que va desde una ligera sensación de unidad viendo una puesta de sol o asistiendo a la liturgia de una iglesia hasta la extraordinaria sensación de conexión con algo más allá de uno mismo en una experiencia mística (Newberg, 2010, p. 164, en Gaitán, 2017, p. 12).

Los críticos de la neuroteología señalan que tampoco está del todo claro que la sensación de unidad del ser sea fundamental para la vida religiosa o el estado subyacente de toda experiencia religiosa. Otros rasgos de la experiencia religiosa son (a) la conciencia de una Presencia que lo incluye todo, (b) la conciencia de un plan divino para la propia vida, (c) la respuesta a las oraciones, (d) la sensación de guía y ayuda divinas, (e) la ausencia de sentido del tiempo y el espacio, (f) sentimientos de paz alegría y amor, (g) sentido positivo del momento presente (Fingelkurts y Fingelkurts, 2009), (h) sentimientos de bienestar físico y mental, (i) inefabilidad de la experiencia, (j) cambios de actitud y comportamiento en una dirección positiva (Rubia, 2009, en Gaitán, 2017). Estaríamos de acuerdo con estas críticas, pero también destacaríamos que la neuroteología, tal como la concebimos, puede abordar muchas de estas cuestiones y no debería limitarse únicamente a tipos específicos de experiencias o prácticas religiosas. Al ampliar el ámbito de la neuroteología para abarcar todos los aspectos relacionados con las tradiciones religiosas y espirituales, la neuroteología tiene el potencial de convertirse en un vibrante campo de exploración.

Las imágenes de escáner cerebral con FMRIfMRI durante el informe de experiencias religiosas de sujetos sometidos a experimentos muestran patrones neurológicos, pero los críticos de la neuroteología sostienen que los escáneres cerebrales no pueden considerarse "una fotografía de Dios" (d'Aquili, Newberg y Rause, 2002; d'Aquili y Newberg, 1999). Anne Runehov observa que:

> Las manchas azules-rojas o amarillas que los neurocientíficos ven en la pantalla del SPECT cuando escanean el cerebro de un meditador que experimenta SUA [Ser unitario absoluto] o come tarta de manzana son imágenes de la neuroquímica y no imágenes de Dios o de la tarta. (2007, en Brandt et al., 2010, p. 307)

Una vez más, yo (A.B.N) estaría de acuerdo en que los escáneres cerebrales solo muestran efectos neurológicos: no registran los objetos de la percepción del sujeto. En la actualidad, los escáneres cerebrales no pueden distinguir si están mostrando el cerebro que inicia o que responde a una experiencia (du Toit, 2015, p. 26). Sin embargo, a medida que avancen los estudios, tal vez sea posible determinar mejor qué hace el cerebro durante una serie de estados y experiencias relacionados con las percepciones del mundo exterior.

Como hemos visto, la gracia podrá o no registrarse neurológicamente. Las experiencias místicas pueden ser transformadoras sin ser perceptibles conscientemente. Consideremos el misticismo apofático o la noche de la fe (cf. Madre Teresa), donde la virtud heroica continúa manifestándose durante décadas mientras el sujeto informa de una ausencia de experiencia religiosa.

La práctica religiosa implica una amplia gama de experiencias con una interacción compleja (Jeftic, 2013, p. 272), lo que significa que, neurológicamente, es probable que sea imposible localizar áreas cerebrales específicas para la experiencia religiosa.

Los críticos de la neuroteología observan que, en ocasiones, Dios puede parecer que se confunde con el cerebro o con el Ser Unitario Absoluto (SUA) del cerebro y que es otro y superior a esa experiencia (Newberg, d'Aquili y Rause, 2002, pp. 140, 172). Es improbable que la identificación del SUA con Dios proceda de la neurociencia, sino que sería una afirmación de fe (Delio, 2003, p. 577). También se podría concluir que la experiencia religiosa es sólo uno de los múltiples estados cerebrales o que no existe una distinción real entre el cerebro y Dios. Los datos neurológicos no dicen nada concreto sobre la existencia o la actividad de Dios. Los críticos se preguntan acerca de la afirmación de la neuroteología de que cuando el sujeto experimental se encuentra con un SUA "realmente real" que se siente más real que la realidad externa o la conciencia subjetiva del yo, "el yo y el mundo deben estar contenidos en, y quizás creados por, la realidad del Ser Unitario Absoluto" (Newberg et al., 2001, p. 155). Para la teología, las conclusiones se derivan de la revelación, no de observaciones empíricas o experiencias subjetivas (Burns, 2005, p. 179). No estaría claro para los teólogos que la interpretación neurocientífica del SUA condujera a la revisión conceptual de la teología (cf. d'Aquili y Newberg, 1999, en Jeftic, 2013, p. 263).

Personalmente (ABN) estaría de acuerdo con el mérito de estas críticas, pero también destacaría que la neuroteología puede abordar muchas de estas cuestiones. No debería limitarse únicamente a tipos específicos de experiencias o prácticas religiosas. Al ampliar el ámbito de la neuroteología para abarcar todos los aspectos relativos a las tradiciones religiosas y espirituales, la neuroteología tiene el potencial de ser un campo vibrante de exploración.

Reduccionista o religionista

La neuroteología, como hemos visto, puede entenderse como reduccionista o como religionista. La neurociencia reduccionista de la religión intenta demostrar que la religión puede sustituirse por "funciones (o disfunciones) neurológicas no misteriosas" (Brandt, Clément y Manning, 2010, p. 306). D'Aquili y yo (ABN), en nuestros experimentos con monjes budistas meditadores y monjas franciscanas, seguimos una concepción religionista de la neurociencia de la religión, mostrando la autenticidad de la conciencia religiosa (1999). Nuestras imágenes de escáner cerebral demostraban la incidencia de las experiencias religiosas o místicas de las que se informaba. Los críticos de nuestro enfoque conjeturan que la neuroteología pretende sustituir la teología no científica por la nueva disciplina científicamente verificable de la neuroteología (Brandt, Clément y Manning, 2010, p. 306). De hecho, pretendemos respetar la disciplina de la teología y entablar un diálogo mutuamente beneficioso entre la neurociencia y la teología. Una interpretación dialógica de la neuroteología (recordemos el modelo de Barbour de interacción entre ciencia y teología: conflicto, independencia, diálogo e integración) beneficiaría tanto a la neurociencia como a la teología.

Hay que reconocer que la noción de nueve operadores cognitivos introduce términos no habituales en el campo de la neurociencia. Los operadores se consideran formas hipotéticas de agregar combinaciones teóricas de redes neuronales orientadas en direcciones comunes. Los *operadores cognitivos* (d'Aquili y Newberg, 1999), en particular los operadores *causal* y *holístico*, conducen a conclusiones teológicas sobre los correlatos neurológicos de las experiencias religiosas. El *operador causal*, situado en el lóbulo parietal inferior del hemisferio izquierdo y en la convexidad anterior de los lóbulos frontales, principalmente izquierdos, y sus respectivas conexiones, confieren una atribución causal a las percepciones sensoriales, incluso cuando la causalidad parece incierta. En las experiencias religiosas, el *operador holístico*, situado en el lóbulo parietal superior posterior del hemisferio no dominante y las áreas circundantes, activa un estado de *ser unitario absoluto* (SUA), que puede ser fundamental para todas las experiencias religiosas. Los sistemas de reposo (parasimpático) y de excitación (simpático) se activan simultáneamente, y se tiene la sensación de estar abrumado tanto por las redes de calma como por las de excitación. Se produce una desaferentación del área de orientación y se pierde el sentido subjetivo del yo. El sentido de los límites se disuelve, y uno se queda sin pensamientos, palabras o sensaciones (2002). Reconozco (ABN) que la interpretación anterior puede no ser válida y que es necesario seguir investigando.

Los críticos de la orientación teológica de la neuroteología consideran objetable la localización del principio de causalidad en el cerebro humano en lugar de atribuirlo a Dios. Y se oponen a atribuir a un sentimiento de unidad, junto con todo lo que implica la base fundamental de toda experiencia religiosa. Consideran que, para la neuroteología, "los conceptos teológicos no son determinantes, sino derivados de la experiencia mística previa" (Brandt, Clément y Manning, 2010, pp. 306-307). Se oponen a la conclusión de que los nuevos hallazgos neurocientíficos llevarían a reconstruir la teología basándose en "un conocimiento neurológico de la mente mística" (p. 307). Como vimos, aunque la teología está abierta a aportaciones verificables de la neurociencia, la teología deriva de la revelación y no de la teoría científica.

Constructivismo

Los críticos de la neuroteología afirman que su objetivo es encontrar correlaciones directas entre la actividad cerebral y las experiencias religiosas subjetivas cuando, como hemos visto, los procesos cerebrales y mentales son tan idiosincrásicos como las huellas dactilares, y dependen de interpretaciones contextuales complejas, culturales y lingüísticas, con muchos niveles. El constructivismo observa que las experiencias siempre están mediadas culturalmente. Las experiencias místicas son instantáneas e impredecibles, y se ven afectadas por los procesos constructivos del sujeto en cuanto a expectativas, memoria, lenguaje y cultura. Estas dimensiones afectan a la espiritualidad del sujeto y, por tanto, a su experiencia mientras ésta tiene lugar y a su interpretación posterior. La espiritualidad, la religión, la experiencia religiosa y la mística son extraordinariamente complejas (Gaitán, 2017, pp. 11-12). Como ya hemos comentado en el capítulo cuarto sobre la metodología de la neuroteología, es extremadamente difícil operacionalizar el constructo de la *experiencia religiosa* y aplicar rigurosamente el método científico para una evaluación precisa y unos resultados experimentales generalizables en múltiples sujetos, cada uno de los cuales es único en lo que respecta a la experiencia religiosa.

Desde una perspectiva teológica y religiosa, Dios no es una construcción mental, sino una misteriosa Realidad última. La teología basada en la Biblia sostiene que Dios es "el Señor de toda la creación, creador y redentor, trascendente, determinante, autolimitante, inmanente, participante creativo en la narrativa cósmica (Barbour, 1997, p. 329f)" (du Toit, 2015, p. 118). La fe no deriva del conocimiento humano, sino que es un don y una relación con Dios. La revelación confiere certeza sobre las verdades reveladas. Las verdades reveladas no son irracionales, aunque estén más allá de la razón humana. La creencia en Dios y la experiencia religiosa van acompañadas de una convicción intensa, que da propósito y motivación a la vida de muchas personas en todas las culturas y a lo largo de la historia, sobre todo en lo que respecta a la vida después de la muerte. Esta convicción de fe conlleva una experiencia religiosa compleja que implica a toda la persona (Sanguineti, 2015).

Los críticos de la neuroteología observan que no puede haber una neuroequivalencia de la teología (Martínez-Selio, 2009) porque la teología trata de Dios, sus perfecciones y atributos, y del conocimiento humano sobre Dios a través de la razón o la fe. La existencia y cualidades de Dios no pueden ser epistemológicamente objeto de la neurociencia (Gaitán, 2017, p. 5). Por otro lado, desde la perspectiva de la neuroteología, *la teología* podría tener un significado más amplio, incluyendo trascendencia, espiritualidad, religión, misticismo y Dios, entre otros constructos (Acosta, 2015). La neuroteología podría entenderse como una disciplina que se ocupa de las formas en que "Dios se hace accesible a la experiencia humana" (Gaitán, 2017, p. 5).

Desde una perspectiva teológica, los críticos sostienen que la neuroteología no puede producir una meta o mega teología. La neuroteología no sería capaz de demostrar que no existe una diferencia real entre "Dios es Trinidad" y "Dios no es Trinidad" (Jeftic, 2013, pp. 274-275). El resultado sería un proyecto de superreligiosidad universalista y neurológicamente orientado, con las teologías y prácticas de las religiones individuales igualadas (Graf, 2007, p. 260). La religión perdería su dimensión de compromiso relacional y personal. Se diluiría en otro ejercicio reflexivo (Jeftic, 2013).

Los críticos observan que la neuroteología intenta investigar qué es la realidad, pero a través de una lente biológica y no filosófica o teológica (Newberg, d'Aquili y Rause, 2001, págs. 142-156). Este enfoque explora la experiencia religiosa y llega a conclusiones teológicas sobre Dios basándose en datos neurocientíficos de exploración cerebral. A veces no ha quedado claro si los neurocientíficos suscriben un orden ontológico que incluya a Dios o, siguiendo el paradigma científico moderno, empiezan y terminan con la mente humana. "No hay otra forma de que Dios entre en tu cabeza sino a través de las vías neuronales del cerebro. En consecuencia, Dios no puede existir como concepto o realidad en otro lugar que no sea tu mente (p. 37)" (Delio, 2003, p. 576). Esto deja la existencia de Dios como una cuestión abierta sin apoyo metafísico definitivo.

> La realidad de un Ser Unitario Absoluto no es una prueba concluyente de que exista un Dios superior. Sin embargo, es un argumento de peso para afirmar que la existencia humana es algo más que mera existencia material. Mientras nuestros cerebros estén dispuestos como están, Dios, sea como sea que definamos ese concepto majestuoso y misterioso, no desaparecerá. (Newberg, d'Aquili y Rause, 2001, p. 172)

El paradigma científico que excluye a Dios sólo deja una persistente indagación experiencial a partir de la búsqueda teleológica humana de la verdad, la bondad y la belleza últimas.

¿Se puede considerar que el Ser Unitario Absoluto equivale a Dios? Sin investigación filosófica y teológica, habría confusión al respecto:

> El mundo externo objetivo (material) o nuestra conciencia subjetiva de ese mundo y el sentido del yo (mundo espiritual) deben ser la realidad primaria y última, la fuente de todo lo real. La realidad subjetiva y la objetiva no pueden ser ambas (últimas). Una debe ser la fuente de la otra. (Newberg, d'Aquili, & Rause, 2001, p. 144, en Delio, 2003, p. 581)

Este estudio del encuentro del catolicismo con un campo potencial de la neuroteología en evolución y desarrollo ofrece un análisis filosófico y epistemológico de la perspectiva naturalista (materialista) frente a una trascendente (espiritual/sobrenatural). La neurociencia, en ocasiones, coincide con un punto de vista científico paradigmáticamente empírico que comienza y termina con la mente humana, pero también puede encajar en uno en el que se sitúa el catolicismo -metafísicamente fundamentado en un orden filosófico realista con Dios como Originador y Fin de todo, incluida la realidad humana. La neuroteología, como campo emergente y en desarrollo, está abierta al diálogo con sus críticos y a revisiones apropiadas de algunas de sus conjeturas originales.

Peligros filosóficos en el estudio neurocientífico de la religión

El académico del Centro de Ciencia y Religión de Oxford Daniel de Haan observa que, desde una perspectiva filosófica, quienes estudian neurocientíficamente la religión deben ser conscientes de los peligros o falacias. Éstas se dan comúnmente en muchos estudios de neuroteología y causan confusión. Es de esperar que se hayan evitado o se evitarán en mis estudios (ABN). Algunos ejemplos son:

(1) *La falacia mereológica:* Se toma la parte por el todo, las funciones subpersonales por las características humanas. Las personas humanas son religiosas, no sus cerebros. El cerebro sólo puede ser objeto de atributos psicológicos como forma de hablar, no en realidad (Bennet y Hacker, 2003, p. 3, en de Haan, 2020, p. 49, 56).

(2) *La falacia de la persona que desaparece:* Esta falacia es como la primera. Son las personas las que tienen creencias, deseos e intenciones, no sus cerebros o su sistema nervioso (de Haan, 2020, p. 58). Además, las personas humanas no pierden su identidad ontológica por tener demencia o déficits neurológicos, por graves que sean sus deficiencias psicológicas (p. 59).

(3) *El peligro del marco conceptual irreflejo:* Los neurocientíficos deben ser cuidadosos a la hora de operacionalizar sus definiciones e interpretar sus resultados experimentales (p. 52). Es especialmente importante distinguir conceptualmente entre la terminología de nivel personal y los mecanismos de nivel subpersonal. Los términos de la psicología del sentido común, como la cognición, la memoria y las emociones conscientes como *el miedo*, no deben confundirse acríticamente con mecanismos no conscientes como *la detección de amenazas* (que confundió los resultados experimentales de LeDoux) (p. 52).

(4) *El peligro del monismo causal:* Está estrechamente relacionado con el peligro del reduccionismo extremo o del principio de parsimonia. Un ejemplo obvio de reducción de una multiplicidad de explicaciones de una realidad compleja a una única explicación causal es atribuir la experiencia religiosa a operaciones neurobiológicas.

(5) *La falacia de la contingencia equivocada:* En este contexto, la realidad de Dios depende de la propia experiencia de Dios. "Para que Dios exista, nosotros debemos existir porque los seres humanos damos una voz consciente a la existencia de Dios" (Delio, 2003, p. 578).

(6) *Peligros de la ciencia cognitiva:* Los enfoques alternativos de la teoría cognitiva no están resueltos y son discutibles. Por ejemplo, las cuatro "E" de la cognición, que es encarnada, incorporada, enactiva y extendida, no son necesariamente aceptadas por todos los neurocientíficos. Estas teorías son teóricas y no están probadas en la neurociencia.

(7) *El peligro del cientificismo:* Este identifica el método científico como la única fuente verdadera y fiable de conocimiento a partir de la investigación científica empírica. Esta posición epistemológica es contraproducente porque el propio cientificismo no puede verificarse empíricamente. Y descarta disciplinas no empíricas, como la lógica y las matemáticas, que son necesarias para la experimentación científica (de Haan, 2020, pp. 64-65).

(8) *El peligro de la localización neuronal numinosa:* Representa el esfuerzo por utilizar métodos neurocientíficos, en particular las imágenes cerebrales, para localizar las zonas del cerebro que se correlacionan con la experiencia religiosa. Como hemos visto, tanto la función cerebral como la experiencia religiosa son extremadamente complejas, e implican múltiples conexiones en varias áreas cerebrales y numerosos niveles de interpretación que se entrecruzan. También existe la dificultad, si no la imposibilidad, de aislar y replicar una experiencia religiosa duplicable para una muestra representativa lo suficientemente grande como para que los hallazgos puedan generalizarse a una población.

Se mencionan aquí algunas posibles dificultades de la neuroteología como campo potencial, aunque este estudio desde una perspectiva católica puede haberlas evitado en gran medida. Una preocupación central es el riesgo (véase el capítulo tercero) de que la neuroteología intente sobrepasar sus límites epistémicos abordando preocupaciones filosóficas y teológicas últimas dentro de los límites de la ciencia empírica. Los principales problemas incluyen (1) la afirmación de que la neuroteología puede probar o negar la existencia de Dios; (2) la pretensión de encontrar el *punto de Dios* en el cerebro humano; (3) la confusión sobre el problema mente-cerebro (niveles mentales y espirituales frente a fisiológicos) y su impacto en la interpretación de los hallazgos experimentales; (4) el compromiso de los neurocientíficos investigadores con la religión o con el agnosticismo o el ateísmo, que puede influir en el análisis de los hallazgos (Gaitán, 2017, pp. 13-14).

Personalmente (A.B.N) sostendría que se trata de temas que pueden abordarse cuidadosamente en el contexto de la neuroteología. Para que la neuroteología tenga éxito, hay que tener cuidado de no sobrepasar sus límites, pero también hay que aprovechar las oportunidades para explorar cómo el cerebro nos ayuda a abordar filosófica y teológicamente cada uno de estos conceptos. En otras palabras, lo más probable es que la neuroteología no pruebe ni refute la existencia de Dios, pero puede decirnos cómo y por qué la ciencia del cerebro intenta abordar estas cuestiones y puede sugerirnos hasta cierto punto cómo y por qué llegamos a ciertas respuestas.

La neuroteología, dicen algunos críticos, no debería entenderse como un campo separado, sino como un aspecto de la neurología o de la teología. La neuroteología podría ser tanto un estudio neurocientífico de los fenómenos religiosos como una aplicación teológica de los resultados de la investigación neurocientífica (Jeftic, 2013, p. 262). Los críticos de la neuroteología como un campo separado recomiendan que (a) funcione dentro de la neurociencia o la teología como complementaria e informadora, no tratando de transformarlas; (b) no intente desarrollar una imposible meta- o mega-teología; (c) reconozca que no todas las experiencias RME pueden explicarse a través de la experiencia; y (d) promueva el diálogo entre la neurociencia y la teología, en lugar de tratar de integrar los dos campos de manera fundamental (du Toit, 2015, pp. 115-116). Personalmente (A.B.N) argumentaría que el nuevo campo de la neuroteología también podría querer probar los límites para ver hasta dónde puede llegar, teniendo en cuenta sus fronteras epistemológicas.

Orientaciones futuras: Expectativas neuroteológicas

Como hemos visto en el capítulo tercero sobre epistemología, el alma humana se considera a menudo como la forma sustancial animadora del cuerpo y co-constituyente con el cuerpo de la persona humana individual. *La mente* es la potencia racional del alma. Las operaciones del alma, como la percepción sensorial, los apetitos y las emociones, y la conciencia, están esencialmente asociadas a estructuras neuronales que proporcionan su *causa material* necesaria. Dado que los pensamientos y las acciones voluntarias son totalmente espirituales y tratan no sólo con objetos físicos, sino con realidades ontológicas como posibilidades, seres metafísicos y Dios, dependen para su funcionamiento de un cerebro y un sistema nervioso como causa material, pero no derivan esencialmente de un órgano físico (Sanguineti, 2013, pp. 1067).

Los poderes del alma intelectual (mente) y volitiva humana superan las capacidades del cuerpo. Sin embargo, requieren la activación del cerebro como algo necesario pero no suficiente para su funcionamiento. "Nuestra mente va mucho más allá del cerebro. Está abierta a toda la realidad, al universo y a Dios, tanto en el conocimiento (pensamiento, autoconciencia) como en el amor, con la posibilidad del pensamiento y la libre elección" (Sanguineti, p. 1067). Existe una diferencia de nivel entre las operaciones mentales o psíquicas y su correspondiente base neuronal (Sanguineti, 2007, 2014, 2015).

Para estudiar la relación entre las neurociencias empíricas y la teología y para la investigación de cuestiones como la experiencia religiosa y la creencia en Dios, la filosofía desempeña un necesario papel clarificador. ¿Evalúan los estudios neurocientíficos la verdad o autenticidad de los contenidos religiosos? ¿Tienen consecuencias para las interpretaciones filosóficas de la religión de forma universal? ¿Puede el estudio del cerebro contribuir a la evaluación de la actividad espiritual? El profesor de filosofía de la Universidad Pontificia de la Santa Cruz, Roma, y de la Universidad Austral, Argentina, P. Juan José Sanguineti, responde negativamente. Los ámbitos y contenidos de la filosofía y la teología operan en niveles epistémicos diferentes a los de las ciencias.

Los estudios neuroteológicos pueden aportar una valiosa contribución a la comprensión de las dimensiones neurales y psicológicas de las actividades religiosas. La neurociencia puede apoyar el discernimiento sobre la autenticidad de algunas experiencias religiosas y síntomas de trastornos pseudoreligiosos (Sanguineti, 2015). La neuroteología también podría observar en algunos individuos una causalidad predispositiva a aspectos específicos de la religiosidad (*ST* II-II, q. 155, a. 4, ad 2; q. 156, a. 1, ad 2), aunque la causalidad sería parcial y material (Sanguineti, 2015).

Una crítica a la neuroteología previa a este estudio es que las posibilidades de su dimensión neurocientífica serían "difícilmente justificables en términos epistemológicos y metodológicos. Por el contrario, sí parece posible estudiar las experiencias religiosas, independientemente del marco cultural, social, geográfico y doctrinal en el que se vivan, apelando a diferentes métodos y enfoques" (Gaitán y Castresana, 2021, p. 5).

Un reto importante para la neuroteología, como hemos visto en los capítulos tercero y cuarto, es que intenta combinar las ciencias naturales con las humanidades-filosofía y teología (Sanguineti, 2018). Estudios sociológicos sugieren (Reiner, 2011; McCabe y Castel, 2008; Weisberg et al., 2008) que tanto la comunidad científica como la opinión popular dan preferencia a la neurociencia sobre otras disciplinas (Gaitán y Castresana, 2021, p. 8).

Las orientaciones futuras de la neuroteología que se exponen a continuación sólo ofrecen sugerencias generales sobre las vías a explorar.

Ninguna de ellas se desarrolla en detalle con ejemplos. Se invita a los expertos en estas áreas a considerar e investigar, criticar, ajustar o desarrollar estas ideas.

Pluralismo coordinado

Hemos estado hablando de la ciencia como si derivara de un modelo científico auto-comprendido que llega a conclusiones sólidas, racionales y empíricamente derivadas de rigurosas pruebas de hipótesis. Sin embargo, algunos filósofos de la ciencia de mediados del siglo XX han observado que la ciencia es bastante compleja en la práctica social. Los esfuerzos por resolver problemas globales como el cambio climático o sanitarios como una pandemia y las iniciativas multidisciplinares, interdisciplinares y transdisciplinares complican el panorama. Los filósofos de la ciencia han cuestionado la noción de un único método científico universal (Feyerabend, 1975). Una filosofía pluralista de la ciencia considera diversas teorías, modelos y explicaciones en la práctica científica (Ludwig y Ruphy, 2021).

La bióloga y filósofa Sandra Mitchell sugiere que la visión de Huxley (1962) de la neuroteología como una serie de disciplinas que estudian la experiencia religiosa podría desarrollarse con un modelo no reduccionista denominado pluralismo integrador. Ella observa (2009) que un enfoque más pragmático y pluralista de la experimentación científica tendría que reconocer la complejidad de combinar diferentes ciencias y niveles de explicación. Mitchell observa que será necesaria una epistemología ampliada de la ciencia para dar cabida a aspectos de la persona humana y de los problemas humanos que no encajan en el modelo científico clásico. Un ejemplo obvio es la experiencia religiosa, con su subjetividad y extraordinaria complejidad. Indica que una epistemología ampliada incorporaría (a) el pluralismo epistemológico, con múltiples explicaciones y métodos en varios niveles de análisis; (b) una especie de pragmatismo democrático, reconociendo que la realidad abarca numerosos tipos de certeza y niveles de conceptualización; y (c) una "dimensión evolutiva y dinámica del conocimiento" que exige formas innovadoras de analizar la naturaleza y organizar el conocimiento (p. 13, en Gaitán y Castresana, 2021, pp. 8-9).

> La profesora canadiense de filosofía Jacqueline Anne Sullivan (2017) observa que los pluralistas en la filosofía de la ciencia han enfatizado la importancia de una pluralidad de teorías, conceptos/marcos conceptuales, perspectivas, métodos, modelos y explicaciones (en psicología y neurociencia) para el avance del conocimiento científico (véase, por ejemplo, Chang, 2012; Kellert, Longino y Waters, 2006; Mitchell, 2003). (p. 141)

Por otro lado, Sullivan advierte de que un pluralismo sin restricciones puede bloquear el progreso por falta de directrices taxonómicas. En su lugar, recomienda un *pluralismo coordinado* a través de iniciativas de creación de conocimiento, como Cognitive Atlas, Cog Po y Experiment Factory. La coordinación podría facilitarse mediante bases de datos en línea "(BrainMap, NeuroSynth), ontologías (Cognitive Atlas, CogPo) y software de código abierto (Experiment Factory)" (Sullivan, 2017, p. 141).

Mitchell señala que para comprender las formas en que las funciones psicológicas surgen del cerebro, diversos campos de la ciencia necesitan integrar sus datos, constructos y explicaciones (por ejemplo, Bilder, Howe y Saab, 2013; Cuthbert y Kozak, 2013; Piccinini y Craver, 2011; Poldrack et al., 2011; Sanislow et al., 2010; Stinson, 2016). El esfuerzo integrador, sin embargo, se ve obstaculizado por la falta de terminología uniforme para los constructos hipotizados para las operaciones psicológicas "(por ejemplo, Bilder, Hoew, y Saab, 2013; Poldrack et al., 2011; Poldrack y Yankoni, 2016; Sullivan, 2016a, 2016b, 2016c; Uttal, 2001)" (Sullivan, 2017, p. 129). *El pluralismo coordinado* pretende armonizar las "prácticas conceptuales, de investigación, taxonómicas e integradoras de los científicos de manera que se logre un equilibrio adecuado entre objetivos pragmáticos y realistas" (p. 130). Observa que, dado que la persona humana es compleja, aspectos como la neurofisiología y la experiencia religiosa deben investigarse desde múltiples perspectivas. La neurociencia por sí sola, por ejemplo, no puede ocuparse de las dimensiones espirituales, incluso sobrenaturales. "Necesitamos múltiples capas de explicaciones porque la persona humana es una realidad física, biológica, psicológica y espiritual, y porque estos aspectos de su realidad, aunque interdependientes, no son mutuamente reducibles" (Clayton, 2004, p. 148, en Gaitán y Castresana, 2021, p. 9).

Espacios transversales

La teoría de los espacios transversales de J. Wentzel van Huyssteen (1942-2022) sugiere un modelo para un "diálogo no reductivo y no asimilativo entre neurociencia y teología"[3] (Bennett, 2019b, p. 108). Van Huyssteen, el difunto profesor de teología y ciencias de Princeton y ministro reformado holandés-sudafricano, utiliza la noción de *racionalidad transversal* del filósofo Calvin Schrag. Puede ilustrarse con la metáfora matemática de una línea que se cruza con otras líneas para indicar la intersección de comunicaciones alternativas. Van Huyssteen sostiene que el diálogo o la integración entre ciencia y religión, cuando cada ámbito es variado, diverso y carece de terminología común, necesita una visión ampliada de la racionalidad. Se busca una "conversación interdisciplinar con plenas convicciones personales pero abierta a la crítica en un espacio seguro para la conversación" (Stone, 2000,

p. 417). Van Huyssteen sugiere la transracionalidad, en la que cada interlocutor en el diálogo mantiene sus convicciones a la vez que busca áreas de intersección para que cada disciplina pueda hacer una aportación que merezca la pena. "Los individuos someten su juicio a la evaluación de sus compañeros, pero no necesariamente lo aceptan. Debemos buscar una relación de retroalimentación continua entre la evaluación comunitaria y el juicio individual" (p. 419).

Para van Huyssteen es esencial que el diálogo no conduzca necesariamente a un compromiso que diluya o contemporice con las inalienables convicciones de fe. Hay apertura al diálogo para encontrar un terreno común y un beneficio potencial para el bien común, con humildad para ver que, aunque esté basada en la verdad, la postura de uno incluye cierto grado de interpretación personal falible.

La experiencia nunca es pura e inmediata, sino siempre interpretada. Nunca hay un acceso directo a la verdad. Con las "historias de nuestras vidas, o nuestras tradiciones, nuestras creencias religiosas, nuestras ciencias y nuestras teologías" (van Huyssteen, 1999, p. 212), la epistemología y la hermenéutica están siempre entrelazadas. (Stone, 2000, p. 421)

Las ciencias naturales hacen hincapié en la observación y la experimentación controladas y precisas. La filosofía se centra en el cognoscente. El teólogo hace hincapié en la experiencia religiosa, el relato y el ritual. Las explicaciones religiosas comparten con las explicaciones filosóficas respuestas a preguntas últimas, "generalidad o profundidad y un énfasis en la coherencia sistemática y el sentido" (van Huyssteen, 1999, p. 261, en Stone, 2000, p. 421-422). La teología ofrece una visión complementaria a la ciencia que puede aclarar elementos relativos a la cosmovisión y la finalidad. El teólogo Walter Brueggeman calificó el planteamiento de van Huyssteen de "invitación convincente a repensar la ciencia y la religión de un modo que se nieguen a ser adversarios" (2007, p. 30).

Una perspectiva de transracionalidad se hace eco del principio de la neuroteología de que ni los supuestos de la ciencia ni los de la teología se toman como normativos (Bennett, 2019b, p. 121). "Cualquier material admitido en el diálogo espacio-transversal debe mostrarse primero como racionalmente defendible. Ninguna creencia ni materiales ya sean científico o teológicos, puede reclamar un estatus privilegiado con respecto a la interrogación dentro de dicho diálogo" (p. 122). Se identifican intereses o términos comunes o investigaciones en distintas disciplinas, y luego se exploran juntos problemas compartidos. "Los espacios transversales son lugares dinámicos de interacción basados en las herramientas compartidas de la investigación racional, que cobran existencia transitoria como parte de compromisos transdisciplinarios específicos" (van Huyssteen, 2006, p. 35). La transracionalidad aporta un optimismo para una conversación auténtica entre disciplinas y para "solapamientos y recursos compartidos de racionalidad, incluso con diferentes estándares de racionalidad en diferentes contextos" (Stone, 2000, p. 416). La neurociencia podría atenerse a una norma experimental de base empírica de comprobación de hipótesis más o menos rigurosa. La teología, basada en la revelación, se apoya en la racionalidad de la disciplina hermenéutica, en el caso del catolicismo con las Escrituras, el magisterio de la Iglesia y la tradición como garantes de la autenticidad de sus conclusiones.

"El desarrollo de resultados transversales recibe impulso de un elemento integral de la reconfiguración de van Huyssteen, a saber, la búsqueda de una comprensión óptima, y su realineación con la mejora de la capacidad de resolución de problemas, en lugar de quedarse en la correlación con la 'verdad absoluta'" (Bennett, 2019b, p. 124). Advierte el autor contra la transferencia de principios teológicos como datos a la ciencia (van Huyssteen, 2006, pp. 323-324). En temas como el alma y la identidad, la intencionalidad y el libre albedrío, la responsabilidad y la moralidad, la neurociencia puede contribuir con datos experimentales que pueden desafiar conceptos teológicos de larga datación. Tanto la teología como la neurociencia tienen valiosas contribuciones para una comprensión más completa de lo humano (Bennett, 2019b, pp. 126-127). Van Huyssteen es reconocido por abrir posibilidades de superposiciones epistemológicas y una comprensión más amplia de la racionalidad (Stone, 2000, p. 416).

Teóricamente, el diálogo en los espacios transversales da lugar a que las disciplinas contribuyentes vuelvan a sus campos para "ampliar, aclarar o cuestionar sus respectivas comprensiones del área explorada" (van Huyssteen, 2006, p. 264), así como a que posiblemente realicen descubrimientos en los límites donde se encuentran esas disciplinas contribuyentes. La cuestión sigue siendo, sin embargo, si este proceso logra sus objetivos. La teología, derivada de la revelación más que de la razón, pronto podría verse constreñida por el principio de que todo el proceso descansa en *la racionalidad,* dando primacía a la ciencia. Bennett cree que los espacios transversales de van Huyssteen pueden seguir desarrollándose en favor de la neuroteología (2019b, p. 122).

Formación de futuros especialistas en neuroteología

Aunque el campo de la neuroteología (explícita o implícita) ha ido creciendo en los últimos 30 años, siempre se tiene la sensación de que sólo estamos "arañando la superficie". Por lo tanto, se necesitan muchos estudiosos en el futuro para explorar y ampliar este campo. Esperamos que haya varias vías importantes para el desarrollo de futuros estudiosos. El camino actual lo suelen tomar personas como quien escribe (ABN), que tienen experiencia en un aspecto de la neuroteología, en este caso, el neurocientífico, y luego desarrollan una comprensión práctica del lado teológico o religioso. Por paradigma, hay muchos caminos, ya que la gente puede entrar en el campo de la neuroteología desde un conjunto diverso de campos científicos y de orientación religiosa, incluyendo, entre otros:

- Ciencias físicas o de la salud: neurociencia, neurobiología, neurociencia cognitiva, neuroimagen, psiquiatría, psicología, neurología, medicina, estudios de la conciencia;
- Ciencias Sociales: sociología, antropología, trabajo social, psicología social;
- Religioso/Filosófico: estudios religiosos, teología, pastoral, estudios teológicos, clero, filosofía.

Además, los estudiosos pueden proceder de casi cualquier trasfondo religioso o espiritual, incluidas religiones importantes como el cristianismo, el judaísmo, el islam, el budismo y el hinduismo, así como muchas otras tradiciones como el sijismo, el mormonismo, el jainismo, el yoguismo, el bahaísmo y miles de religiones populares. Más allá de estas tradiciones, hay varios enfoques que la gente puede adoptar cuando se involucra en la neuroteología, incluyendo el monoteísmo, el politeísmo, el henoteísmo, el animismo, el totemismo, el ateísmo, el agnosticismo, el panteísmo, el duoteísmo y el deísmo. En definitiva, existen literalmente miles de enfoques de la neuroteología.

Además de que la neuroteología explora desde diversos sistemas religiosos/espirituales, existe el reto de desarrollar programas educativos más específicos. Es cierto que actualmente existen algunos programas que combinan ciencia y religión en el contexto de la mente o el cerebro.[3] Sin embargo, es de esperar que en el futuro se desarrollen programas que ofrezcan titulaciones avanzadas en neuroteología, ya sean programas de máster o de doctorado. Estos programas probablemente requerirían cursos tanto de ciencias como de disciplinas religiosas o espirituales.

Quizá lo ideal sería que se dedicaran a la neuroteología personas con un doble título superior en una disciplina científica y una disciplina religiosa o espiritual, por ejemplo, personas con un máster y un doctorado en teología o personas con un doctorado en psicología y en estudios religiosos. O tal vez podría haber clérigos con títulos científicos, como un rabino que también tiene un título en neurociencia cognitiva o una monja que tiene un título en psicología.

Y lo que es más importante, para que la neuroteología sea un campo pujante, es probable que se necesiten muchos tipos distintos de estudiosos, lo que favorecerá el enfoque interdisciplinar e integrador que debe adoptar la neuroteología del futuro.

Conclusión

El catedrático español de Filosofía Leandro Gaitán concluye que "la neuroteología, aun con las lagunas e inconsistencias propias de una ciencia todavía emergente, reúne las condiciones necesarias para ser reconocida como tal" (2017, p. 24). Su núcleo, las complejidades de la experiencia religiosa, junto con las dificultades inevitables de su método y la dificultad de mantenerse dentro de los parámetros de investigación, hacen de la neuroteología una disciplina desafiante. Al abordar la relación cerebro-religión, los neurocientíficos deben ser conscientes de que sólo pueden hacer una contribución parcial. La ciencia contribuye, pero no puede agotar un tema que requiere un nivel de reflexión más inclusivo (p. 24).

El profesor de filosofía en Roma y Argentina, Rev. Juan José Sanguineti, está de acuerdo:

> La colaboración de la filosofía y la neurociencia implica el enriquecimiento mutuo de ambas disciplinas. En algunos ámbitos, si la filosofía ignora la neurociencia, corre el riesgo de ser incompleta o imprecisa. Por otra parte, la neurociencia sin la filosofía corre el riesgo del reduccionismo. (2013, p. 1068).

La persona humana, como hemos visto, es extraordinariamente compleja, en particular la relación entre cuerpo y alma como una unidad sustancial. El Concilio Católico de Viena (1312) sostuvo el hilemorfismo para explicar la unidad cuerpo-alma humana, y los aristotélicos, incluido el Aquinate, propusieron reflexiones sobre las que la neurociencia podría basarse en la tradición cristiana. Los niveles de conciencia que atraviesan los dominios de la neurobiología, la psicología, la espiritualidad y la mística, desde lo fisiológico a lo espiritual, pasando por la gracia, la virtud y la santidad, son difíciles de comprender por su sutil interconexión, y más aún cuando el Espíritu de Dios se mueve entre ellos.

Hemos intentado explorar los aspectos positivos y el potencial de la neuroteología para comprender el cerebro desde una perspectiva inspirada en la teología católica. Como ya se ha dicho, no queremos decir que una función cerebral concreta haga de alguien un creyente católico. Más bien, hemos intentado comprender cómo la persona se involucra desde un punto de vista neurológico en muchas dimensiones diversas de la fe católica: desde la teología a la oración, pasando por los rituales, los comportamientos y la experiencia. Esperamos que esta perspectiva neuroteológica ayude a los católicos a encontrar nuevas formas de explorar su fe y a aquellos que no son católicos para comprender el poder y la belleza de la tradición cristiana.

Nos despedimos con estas importantes y alentadoras palabras del Papa Francisco:

> Queridos amigos, me complace que diversas universidades de todo el mundo, católicas y no católicas participen en este evento (Conferencia sobre cuerpo, mente y alma). Os animo a emprender y proseguir investigaciones interdisciplinares que impliquen a diversos centros de estudio, en aras de una mejor comprensión de nosotros mismos y de nuestra naturaleza humana, con todos sus límites y posibilidades, teniendo siempre presente el horizonte trascendente al que tiende nuestro ser. Pido a Dios que bendiga vuestro trabajo, y expreso mi esperanza de que conservéis siempre vuestro entusiasmo, y más aún vuestro asombro, ante el misterio cada vez más profundo del hombre. Porque, como nos dice San Agustín haciéndose eco de la Biblia y con palabras que siguen siendo siempre actuales: el hombre es verdaderamente un vasto abismo" (*Confesiones* IV, 14, 22). Gracias. (2021)

Preguntas de estudio

1. ¿Cuál ha sido la actitud de la Iglesia ante el estudio conjunto de la neurociencia y la teología?
2. ¿Debería la neuroteología ser una subdivisión de la neurología o la teología o un campo disciplinario independiente? Explicar.
3. Un modelo de neuroteología correlaciona las experiencias RME con la estructura y el funcionamiento del cerebro. ¿Qué significa llamar a este modelo causalmente agnóstico? ¿Significa esto que es metodológicamente reduccionista?
4. ¿Qué se entiende por modelo dialógico de la neuroteología?
5. ¿Qué problemas plantea a la teología católica la supuesta ontología relativista y la epistemología subjetivista de la neuroteología? Explicar.
6. ¿Cuáles son las implicaciones de la neurociencia reduccionista/materialista?
7. ¿Cuáles son las implicaciones de la neurociencia abierta a lo espiritual/sobrenatural?
8. ¿Cuáles serían los problemas de basar la neuroteología en la experiencia? ¿Por qué la experiencia no puede explicarse enteramente por procesos neurológicos?

9. Utilizar términos que no son estándar en neurociencia, como operadores causales, ¿sería problemático para la neuroteología, o legítimamente creativo? Explicar.
10. ¿Está de acuerdo con Watts en que la neuroteología podría no aplicarse bien a las cuestiones teológicas? Explicar.
11. Si la neurociencia mide los aspectos neurofisiológicos de la experiencia religiosa, ¿hasta qué punto puede la neuroteología comentar toda la experiencia? Explicar con ejemplos de críticas en este sentido.
12. ¿Cuáles son algunas de las dimensiones complejas de la experiencia religiosa?
13. ¿Puede la neurociencia concluir que Dios es percibido en la experiencia subjetiva "real" de SUA? Explicar.
14. ¿Por qué se opondría la teología a considerar las conclusiones de los hallazgos neurocientíficos derivadas de la experiencia humana subjetiva?
15. ¿Qué objeciones a la neuroteología plantean los constructivistas?
16. ¿Cuáles son las objeciones teológicas a la neuroteología desde el punto de vista de Dios y de la fe?
17. ¿Qué quieren decir los críticos al oponerse a un "neuroequivalente" de la teología?
18. ¿Cómo podría la neuroteología ampliar el significado de la teología?
19. ¿Por qué podría haber, o no, una metaneuroteología o meganeuroteología?
20. ¿Cuál es el problema de que la neuroteología investigue la realidad desde una perspectiva biológica y no filosófica o teológica?
21. ¿Cuál sería el problema de equiparar SUA con Dios?
22. ¿Qué es la falacia mereológica?
23. ¿Cuál es la falacia de la persona que desaparece?
24. ¿Cuál es el peligro del marco conceptual irreflejo?
25. ¿Cuál es el peligro del monismo causal?
26. ¿Qué es la falacia de la contingencia mal planteada?
27. ¿Cuáles son los peligros de la ciencia cognitiva?
28. ¿Cuál es el peligro de la localización neural numinosa?
29. ¿Qué significa la preocupación central de la neuroteología: superar sus límites epistémicos abordando cuestiones filosóficas y teológicas dentro de los límites de la ciencia?

30. ¿Qué alternativas recomiendan los críticos de la neuroteología como campo independiente? Explicar.
31. ¿Cómo se distinguen el cuerpo y la mente, lo neuronal y lo mental, lo físico y lo espiritual en el alma y la persona humanas?
32. ¿Cuáles son las diferencias epistemológicas entre la filosofía, la teología y las ciencias?
33. ¿Pueden las ciencias evaluar el contenido religioso y las interpretaciones filosóficas de la religión o la actividad espiritual? Explicar.
34. Según Sanguineti, ¿qué podría aportar la neuroteología a las actividades religiosas?
35. ¿Por qué la preferencia científica y popular por la neurociencia frente a otras disciplinas haría que la investigación neuroteológica fuera problemática para la teología?
36. ¿Qué entiende Mitchell por *pluralismo coordinado*?
37. ¿Podría aplicarse el modelo de *espacios transversales* de van Huyssteen al diálogo entre neurociencia y teología?
39. ¿Cuáles son algunas sugerencias para el desarrollo de estudiosos de la neuroteología, en especial desde la perspectiva católica o cristiana?

Notas finales

[1] Por ejemplo, la demostrabilidad de la existencia de Dios, la naturaleza de Dios, el bien y el mal, la libertad, el pecado y la virtud, la revelación, la relación de Dios con los seres humanos, la existencia de un alma y cómo se puede lograr la salvación (Newberg, 2010).

[2] *The Shaping of Rationality: Toward Interdisciplinarity in Science and Theology*, 1999, y *Alone in the World: Human Uniqueness in Science and Theology*, 2006.

[3] Hay varios programas disponibles para los interesados, entre ellos estudios en la Universidad Saybrook; el Seminario Teológico Fuller; el Teachers College de la Universidad de Columbia y el Spirituality Mind Body Institute; el Centro de Espiritualidad, Teología y Salud de la Universidad Duke; y el Instituto de Espiritualidad y Salud de la Universidad George Washington (GWish).

Bibliografía

Abbott, W. M. (Ed.). (1966). *Documents of Vatican II*. New York: Herder and Herder.

Abu, H. O., Ulbricht, C., Ding, E., Allison, J. J., Salmoirago-Blotcher, E., Goldberg, R. J., & Kiefer, C. I. (2018). Association of religiosity and spirituality with quality of life in patients with cardiovascular disease: A systematic review. *Quality of Life Research, 27(11)*, 2777-2797. doi:10.1007/s11136-018-1906-4. https://doi.org/10.1007/s11136-018-1906-4

Acosta, M. (2015). Neuroteologia. ¿Es hoy la nueva teologia natural? Naturaleza y Libertad: *Revista de estudios interdisciplinares*, 5, 11-51. https://doi.org/10.24310/NATyLIB.2015.v0i05.6315

Adolphs, R., Glascher, J., & Tranel, D. (2018, enero 16). Searching for the neural causes of behavior. *Proceedings of the National Academy of Sciences of the United States of America, 115*(3), 451-452. doi: 10.1073/pnas.1720442115

Afford, P. (2020, Septiembre). Using neuroscience to map the whole person: Peter Afford guides us through the systems that influence emotions, behavior, and personality. *Therapy Today, 31*(7), 1-7.

Alcorta, C. S., & Sosis, R. (2005). Ritual, emotion, and sacred symbols: The evolution of religion as an adaptive complex. *Human Nature, 16*(4), 323-359. doi: 10.1007/s12110-005-1014-3. https://doi.org/10.1007/s12110-005-1014-3

Alexander, A. (2020). (Reseña). *Theological neuroethics: Christian ethics meets the science of the human brain* por Neil Messer. *Journal of Moral Theology, 9*(2), 209-211.

Alexander, A. R. (2018). *Mystical brain, divine consciousness: A theological appropriation of cognitive neuroscience*. (Tesis doctoral sin publicar). Fordham University, New York.

Allen, C., & Trestman. (2020, Winter). Animal consciousness. En E. N. Zalta (Ed.), *The Stanford encyclopedia of philosophy*. Obtenido de https://plato.stanford.edu/archives/win2020/entries/consciousness-animal

Allen, J. A. (2016). Bernard Lonergan's critique of knowing as taking a look. *Heythrop Journal, 57*(3), 451-460. doi: 10.1111/heyj.12147. https://doi.org/10.1111/heyj.12147

Alston, W. (1991). *Perceiving God: The epistemology of religious experience*. Ithaca, NY: Cornell University Press.

Amen. W. (2023). *The Daniel plan*. Obtenido de https;//www.danielplan.com/start

American Psychological Association. (2013). What role do religion and spirituality play in mental health? (Entrevista con K. I. Pargament). Obtenido de https://www.apa.org

Ammon, K., & Gandevia, S. C. (1990). Transcranial magnetic stimulation can influence the selection of motor programs. *Journal of Neurology, Neurosurgery, and Psychiatry, 53* (8), 705-707. https://doi.org/10.1136/jnnp.53.8.705

Anderson, D. E. (2012). Neuroscience. En J. A. Lamm (ed.), *The Wiley-Blackwell Companion to Christian mysticism* (pp. 592-609). Hoboken, NJ: Wiley-Blackwell. https://doi.org/10.1002/9781118232729.ch39

Anderson, E. (2013). Neuroscience. En J. A. Lemm (Ed.), *The Wiley-Blackwell companion to Christian mysticism* (pp. 592-609). West Sussex, U.K.: John Wiley & Sons. https://doi.org/10.1002/9781118232729.ch39

Andresen, J. (2001). *Religion in mind: Cognitive perspectives on religious belief, ritual, and experience.* Cambridge, U.K: Cambridge University Press. https://doi.org/10.1017/CBO9780511586330

Anscombe, G. E. M. (1957/2000). *Intention* (2nd ed.). Cambridge, MS: Harvard University Press.

Antonovsky, A. (1987). *Unraveling the mystery of health: How people manage stress and stay well.* San Francisco: Jossey-Boss.

Aquinas, T. (1250s/2023). *On the principles of nature.* Obtenido de https://www3.nd.edu/~afreddos/papers/Aquinas

Aquinas, T. (1259/1952). *De veritate: On truth.* Washington, DC: Henry Regnery Publishing.

Aquinas, T. (1265/2019) *Summa contra gentiles. 4 vols.* (The Aquinas Enstitute, Ed.). Steubenville, OH: Emmaus Academic Publishing.

Aquinas, T. (1948). *Summa theologica.* (Vols. 1-3). (Fathers of the English Dominican Province, Trad.). New York: Benziger Brothers.

Aristotle, & McMahin, J. H. (1991). *The metaphysics.* Amherst, NY: Prometheus Publishing.

Aristotle, & Reeve, C. D. C. (350 BC/2017). *De anima.* Indianapolis, IN: Hackett Publishing.

Arraj, J. (1993) *Mysticism, metaphysics, and Maritain: On the road to the spiritual unconscious.* Chiloquin, OR: Enner Growth Books.

Ashbrook, J. B., & Albright, C. R. (1997). *The humanizing brain: Where religion and neuroscience meet.* Cleveland, OH: Pilgrim Press.

Aspren, E., & Taves, A. (2018). Explanation and the study of religion. En B. Stoddard (Ed.), *Method today: Redescribing approaches to the study of religion* (pp. 133-157). London, U.K.: Equinox.

Assaf, Y., & Pasternak, O. (2008). Diffusion tensor imaging (DTI)-based white matter mapping in brain research: A review. *Journal of Molecular Neuroscience, 34,* 51-61. doi:10.1007/s12031-007-0029-0. https://doi.org/10.1007/s12031-007-0029-0

Atran, S. (2002). *In gods we trust: The evolutionary landscape of religion.* Oxford, U.K.: Oxford University Press.

Augustine, St. (400/2012). *De Trinitate*: On the Trinity. New York: New City Press.

Austin, J. H. (1998). *Zen and the brain.* Cambridge, MA: MIT Press. https://doi.org/10.7551/mitpress/7347.001.0001

Avila Institute. (2023). Obtenido de Avila-institute.org/spiritual-formation

Azari, N. (2006). Neuroimaging studies of religious experience: A critical review. En P. McNamara (Ed), *Where God and science meet: How brain and evolutionary studies alter our understanding of religion, vol. 3: The psychology of religious experience* (pp. 33-54). Westport, CT: Greenwood Press.

Azari, N., Nickel, J., Niedeggen, M., Hefter, H., Tellman, L., Herzog, H., Seitz, R. J. (2001). Neural correlates of religious experience. *European Journal of Neuroscience, 13,* 1649-1652. https://doi.org/10.1046/j.0953816x.2001.01527.x

Baesler, E. J., & Ladd, K. (2009). Exploring prayer contexts and health outcomes: From the chair to the pew. *Journal of Communication and Religion, 32*(2), 347-384. Obtenido de https://digitalcommons.odu.edu/communication_fac_pubs. https://doi.org/10.5840/jcr200932215

Baglow, C. T. (2020). Faith and science: The foundation of a Catholic approach to science. McGrath Enstitute for Church Life. Notre Dame University. En C. T. Baglow (Ed.), *Faith, science, and reason: Theology on the cutting edge* (2nd ed.). Downers Grove, IL: Midwest Theological Forum.

Barbour, I. (1990). *Religion in an age of science.* San Franciso, CA: Harper One.

Barbour, I. (1997). *Religion and science: Historical and contemporary issues.* New York: HarperCollins.

Barbour, I. G. (2000). *Religion and science: Historical and contemporary issues.* New York: HarperCollins.

Barnby, J. M., Bailey, N. W., Chambers, R., & Fitzgerald, P. B. (2015, Noviembre). How similar are the changes in neural activity resulting from mindfulness practice in contrast to spiritual practice? *Consciousness and Cognition, 36,* 219-232. https://doi.org/10.1016/j.concog.2015.07.002

Barrett, J. L. (2017). Cognitive science of religion and Christian faith: How may they be brought together? *Perspectives on Science and Christian Faith, 69*(1), 3-12.

Barrett, N. F. (2011). [Reseña del libro *Principles of Neurotheology* de Andrew Newberg]. Ars Disputandi, 11, 133-136. Obtenido de http://www.ArsDisputandi.org. https://doi.org/10.1080/15665399.2011.10820062

Basilian Fathers: Our charism. (2023). Obtenido de https://basilian.org/en/

Basilian: Byzantine rite monasticism. (2023). Obtenido de https://basilian.org/en/about-us/our-charism

Battro, A. M., Dehaene, S., Sorondo, M. S., Singer, W. J. (Eds.). (2013). *Neurosciences and the human person: New perspectives on human activities.* Vatican, Rome: Pontifical Academy of Sciences.

Beauregard, J. (2019). *Philosophical neuroethics: A personalist approach. Vol. 1: Foundations.* Wilmington, DE: Vernon Press.

Beauregard, J. (2023). *Philosophical neuroethics: A personalist approach. Vol. 2. Practical neuroethics.* Wilmington, DE: Vernon Press.

Beauregard, M. (2007). Mind does really matter: Evidence from neuroimaging studies of emotional self-regulation, psychotherapy, and placebo effect. *Progress in Neurobiology, 81,* 218-236. https://doi.org/10.1016/j.pneurobio.2007.01.005

Beauregard, M., & O'Leary, D. (2008). *The spiritual brain: A neuroscientist's case for the existence of the soul.* Capítulos 7-10. New York: HarperCollins.

Beauregard, M., & Paquette, V. (2006). Neural correlates of a mystical experience in Carmelite nuns. *Neuroscience Letters, 405*(3), 186-190. https://doi.org/10.1016/j.neulet.2006.06.060

Beck, A. T. (1979). *Cognitive therapy and emotional disorders.* New York: Plume. Penguin Books.

Beck, A. T., Rush, A. J., Shaw, B. F., & Emery, G. (1967/1987). *Cognitive therapy of depression*. New York: Guilford Press.

Bellah, R. N. (1986, febrero 21). Habits of the heart: Implications for religion. Lecture 5: St. Mark's Catholic Church, Isla Vista, California. Obtenido de http://www.robertbellah. com/lectures_5.htm

Benedicto XVI, Papa. (2007). *Spes Salvi*. Encyclical Letter on Christian Hope. Obtenido de https://www.vatican.va/content/benedictxvi/en/encyclicals/documents/hf_ben-xvi_enc_20071130_spe-salvi.html

Benedicto XVI, Papa. (2012, noviembre 8). Discurso de Su Santidad el Papa Benedicto XVI a los miembros de la Academia Pontificia de Ciencias con ocasión de la asamblea plenaria. Obtenido de www.vatican.va/content/benedictxvi/en/speeches/2012/november/documents/hf_ben-xvi_spe_20121108_academy-sciences.htm

Bennet, P. (2019a). "Landscape plotted and pieced": Exploring the contours of engagement between (neuro)science and theology. *Zygon: Journal of Religion and Science, 54*, 86-106. https://doi.org/10.1111/zygo.12491

Bennet, P. (2019b). "Things counter, original, spare, strange:" Developing a postfoundational transversal model for science/religion dialogue." *Zygon: Journal of Religion and Science, 54*, 107-128. https://doi.org/10.1111/zygo.12493

Bennet, P. (2019c). "All trades, their gear, and tackle and trim:" Theology, cognitive neuroscience, and psychoneuroimmunology in transversal dialogue. *Zygon: Journal of Religion and Science, 54*, 129-148. https://doi.org/10.1111/zygo.12497

Bennett, M. R., & Hacker, P. M. S. (2003). *Philosophical foundations of neuroscience* (1st ed.). Malden, MA: Blackwell.

Berger, P. L., & Luckmann, T. (1966/1975). *The social construction of reality*. London, U.K.: Penguin.

Bergman, R. (2008). Teaching justice after MacIntyre: Toward a Catholic philosophy of moral education. *Catholic Education: A Journal of Enquiry and Practice, 12*(1), 7-24. https://doi.org/10.15365/joce.1201022013

Bering, J. (2011). *The belief instinct: The psychology of souls, destiny, and the meaning of life*. New York: W. W. Norton.

Bianchini, D. A. (2015, Diciembre 7). What are the differences between religious orders? Obtenido de www.religious-vocation.com.

Bilder, R. Howe, A., & Saab, F. (2013). Multilevel models from biology to psychology: Mission impossible? *Journal of Abnormal Psychology, 122*(3), 917-927. https://doi.org/10.1037/a0032263

Bingaman, K. A. (2013). The promise of neuroplasticity for pastoral care and counseling. *Pastoral Psychology, 62*(5), 549-560. doi: 10.1007/s11089-013-0513-0. https://doi.org/10.1007/s11089-013-0513-0

Black, D. S., & Slavich, G. M. (2016). Mindfulness meditation and the immune system: A systematized research of randomized controlled trials. *Annals of the New York Academy of Sciences, 1373*(1), 13-24. doi: 10.1111/nyas.12998. https://doi.org/10.1111/nyas.12998

Bloch. M. (1989). *Ritual, history, and power*. London, U.K.: Athlone Press.

Blommestijn, H., Huls, J., & Waaijman, K. (2000). *The footprints of love: John of the Cross as guide in the wilderness.* (Trad. J. Vriend). Leuven, Belgium: Peeters.

Boccia, M., Piccardi, L, & Guarriglia, P. (2015). The meditative mind: A comprehensive meta-analysis of MRI studies. *BioMed research international,* 2015. https://doi.org/10.1155/2015/419808

Boston University Medical Center. (2021, abril 21) Association versus causation. Module 1: Population health. Obtenido de https://sphweb. bumc. bu.edu/otlt/MPH-Modules/PH717-QuantCore/PH717-Module1A-Populations/PH717-Module1A-Populations6.html

Bourgignon, E. (Ed.). (1973). *Religion, altered states of consciousness, and social change.* Columbus, OH: Ohio State University Press.

Bourgignon, E. (Ed.). (1976). *Possession.* San Francisco, CA: Chandler and Sharpe.

Bouyer, P. (2003). Religious thought and behavior as by-products of brain function. *Trends in Cognitive Sciences,* 7(3), 119-124. https://doi.org/10.1016/S1364-6613(03)00031-7

Brandt, P.-Y., Clément, F., & Manning, R. R. (2010). Neurotheology: Challenges and opportunities. *Schweitzer Archiv fur Neurologie und Psychiatrie, 161,* 305-309. Obtenido de http://www.sanp.ch. https://doi.org/10.4414/sanp.2010.02209

Brown, J. W. (2015). *Microgenetic theory and process thought.* Bedfordshire, U.K.: Andrews, U.K., Ltd.

Brown, W. S., Murphy, N., & Malony, H. N. (Eds.). (1998). *Whatever happened to the soul? Scientific and theological portraits of human nature.* Minneapolis, MN: Fortress.

Brueggemann, W. (2007, Diciembre 25). Wired to believe. [Reseña del libro *Alone in the world: Human uniqueness in science and theology,* de J. W. van Huyssteen]. *Christian Century, 26,* 28-30.

Brugger, C. (2009). Psychology and Christian anthropology. *Edification: Journal of the Christian Association of Psychology Studies, 3,* 5-18.

Buber, M. (1923). *I and thou.* Eastford, CT: Martino Publishing.

Buckley, M. J. (1980). Within the holy mystery. En L. O'Donovan (Ed.), *A world of grace* (pp. 31-49). New York: Seabury Press.

Bulkeley, K. (2005). *Soul, psyche, brain: New directions in the study of religion and brain-mind science.* New York: Palgrave Macmillan. https://doi.org/10.1057/9781403979230

Bunge, M. (1979/2008). *Causality and modern science.* 4ª ed. Philadelphia, PA: Routledge.

Burgos, J. M. (2021). *Personalist anthropology: A philosophical guide to life.* Wilmington, DE: Vernon Press.

Burkhart, J. J. "Sensus Fidelium." (2023, Febrero 23). *New Catholic encyclopedia.* Obtenido de https://www.encyclopedia.com

Burns, C. P. E. (2005). Cognitive science and Christian theology. En K. Bulkeley (Ed.), *Soul, psyche, brain: New directions in the study of religion and brain-mind science.* New York: Springer. https://doi.org/10.1057/9781403979230_9

Butera, G. (2011). Second Harvest: Further reflections on the promise of the Thomistic psychology. *Philosophy, Psychiatry, and Psychology, 17*(4), 317-346. doi: 10.1353/ppp.2010.0029. https://doi.org/10.1353/ppp.2010.0029

Butera, G. (2011). Thomas Aquinas and cognitive therapy: An exploration of the promise of the Thomistic psychology. *Philosophy, Psychiatry, and Psychology, 17*(4), 347-366. doi: 10.1353/ppp.2010.0023. https://doi.org/10.1353/ppp.2010.0023

Butler, P. M., McNamara, P., Ghofani, J., Durso, R. (2011). Disease-associated differences in religious cognition in patients with Parkinson's Disease. *Journal of Clinical and Experimental Neuropsychology, 33*(8), 917-928. doi: 10.1080/13803395.2011.575768.https://doi.org/10.1080/13803395.2011.57578

Buzsaki, G. (2006). *Rhythms of the brain*. New York: Oxford University Press.

Byrne, P. H. (2021). Notre Dame Philosophical Reviews. [Reseña del libro *Authenticity as self transcendence: The enduring insights of Bernard Lonergan* de M. H. McCarthy]. Obtenido de https://ndpr.ne.edu/reviews/authenticity-asself-transcendence-the-enduring-insights-ofbernard-lonergan

Cacioppo, J. T., Gardner, W. L., & Berntson, G. G. (2002). The affect system has parallel and integrative processing components: Form follows function. En J. T. Cacioppo, G. G. Berntson, R. Adolphs, et al., (Eds.), *Foundations in Social Neuroscience* (pp. 493-522). Cambridge, MA: MIT Press. https://doi.org/10.7551/mitpress/3077.003.0036

Cahn, B. R., & Polich, J. (1999). Meditation states and traits: EEG, ERP, and neuroimaging studies. *Psychological Bulletin*, 132, 180-211. https://doi.org/10.1037/0033-2909.132.2.180

Candelario, D. A. (2009). George Tyrrell and Karl Rahner: A dialogue on revelation. *Heythrop Journal, 50*(1), 44-57. doi: 10.1111/j.1468-2265.2008.00416.x. https://doi.org/10.1111/j.1468-2265.2008.00416.x

Caponi, F. J. (2007). A speechless grace: Karl Rahner on religious language. *International Journal of Systematic Theology, 9*(2), 200-222. doi: 10.1111/j.1468-2400.2007.00253.x. https://doi.org/10.1111/j.1468-2400.2007.00253.x

Cappas, N. M., Andres-Hymen, R., & Davidson, H. (2005). What psychotherapists can begin to learn from neuroscience: Seven principles of brain-based psychotherapy. *Psychotherapy: Theory, Research, Practice, Training, 42*, 374-383. https://doi.org/10.1037/0033-3204.42.3.374

Capra, F., Steindl-Rast, D., & Matus, T. (1992). *Belonging to the universe: New Thinking about God and nature*. New York: Penguin Books.

Carlson, N. R. (2007). *Physiology of behavior*. (9ª ed.). Boston, MA: Allyn and Bacon.

Carmelite Sisters of the Most Sacred Heart of Los Angeles. (2013, Junio 10). Meditation and contemplation—What is the difference? Obtenido de https://carmelitesistersocd.com/2013/meditation-contemplation/

Carr., L. Iacoboni, M., Dubeau-M.-C., & Lenzi, G. L. (2003, abril 7). Neural mechanisms of empathy in humans: A relay from neural systems for imitation to limbic areas. *Biological Sciences, 100*(9), 5497-5502. Obtenido de https://doi.org/10.1073/pnas.0935845100

Cassibba, R., Granqvist, P., Costantini, A., & Gatto, S. (2008). Attachment and God representations among lay Catholics, priests, and religious: A matched comparison study based on the adult attachment interview. *Developmental Psychology, 44*(6),1753–1763. https://doi.org/10.1037/a0013772

Catholic Church. (1995). *Catechism of the Catholic Church*. New York: Image, Doubleday.

Catholic Culture. (2023). *Fr. John Hardon's Modern Catholic dictionary.* Obtenido de www.catholicculture.org/culture/library/dictionary/index.cfm?id=36024

Chalmers, D. (1995). Facing up to the problem of consciousness. *Journal of Consciousness Studies,* 2(3), 200-219.

Chang, H. (2012). Is water H2O? Evidence, realism, and pluralism. *Boston Studies in the Philosophy of Science,* 293. Dordrecht: Springer Netherlands. https://doi.org/10.1007/978-94-007-3932-1

Charis Doctrinal Commission. (2021, Julio 28). What is the difference between mystical experiences and charismatic manifestations? Catholic Charismatic Renewal International Service. Obtenido de https://www.charis.international/en/what-is-the-difference-between-mystical-experiences-and-charismatic-manifestations.

Chaves, M., Konieczny, M. E., Beyerlein, K., & Barman, E. (1999). The national congregations' study: Background, methods, and selected results. *Journal for the Scientific Study of Religion,* 38, 458-476. https://doi.org/10.2307/1387606

Chen, Y., Kim, E. S., & VanderWeele, T. J. (2020, Diciembre). Religious-service attendance and subsequent health and well-being throughout adulthood: Evidence from three prospective cohorts. *International Journal of Epidemiology,* 49(6), 2030–2040. doi: 10.1093/ije/dyaa120. https://doi.org/10.1093/ije/dyaa120

Cherniak, Mikulincer, Shaver, & Grandqvist. (2021). Attachment theory and religion. Elsevier. Obtenido de www.sciencedirect.com/science/article/pii/S2352250X2030172X. https://doi.org/10.1016/j.copsyc.2020.08.020

Christensen, J., et al. (2014). Roman Catholic beliefs produce characteristic neural responses to moral dilemmas. *Social Cognitive and Affective Neuroscience,* 9(2), 240-249. doi: 10.1093/scan/nss121. https://doi.org/10.1093/scan/nss121

Christov-Moore, L., Conway, P., & Iacoboni, M. (2017). Deontological dilemma response tendencies and sensorimotor representations of harm to others. *Frontiers in Integrative Neuroscience,* 11, 1-9. doi: 10.3389/fnint.2017.00034. https://doi.org/10.3389/fnint.2017.00034

Churchill, N.W., Hutchsion, M. G., Graham, S. J., & Schweitzer, T. A. (2021, mayo 21). Ensular connectivity is associated with self-appraisal of cognitive function after a concussion. *Frontiers in Neurology,* 12. Obtenido de https://doi.org/10.3389/2021.653442.https://doi.org/10.3389/fneur.2021.653442

Clark, A. & Chalmers, D. (1998). The extended mind. *Analysis,* 58(1), 7-19. Oxford, U.K.: Oxford University Press. https://doi.org/10.1093/analys/58.1.7

Clark, A. (2013). Whatever next? Predictive brains, situated agents, and the future of cognitive science. *Behavioral Brain Science,* 36, 181-204. https://doi.org/10.1017/S0140525X12000477

Clarke, P. (2015). *All in the mind? Does neuroscience challenge faith?* Oxford, U.K.: Lion Hudson.

Clayton, P. (2000). Neuroscience, the person, and God: An emergentist account. *Zygon: Journal of Religion and Science,* 35(3), 613-652. doi: 10.1111/0591-2385.00301. https://doi.org/10.1111/0591-2385.00301

Clayton, P. (2004). *Mind and emergence: From quantum to consciousness.* New York: Oxford University Press.

Clayton, T. (n.d.). Political philosophy of Alasdair MacIntyre. *Internet encyclopedia of philosophy: A peer-reviewed academic resource*. Obtenido de http://iep.utm.edu/p-mac

Clifford, A. M. (2004). Catholicism and Ian Barbour on theology and science. En R. J. Russell (Ed.), *Fifty years in science and religion: Ian G. Barbour and his legacy*. Hants, U.K.: Ashgate.

Clinton, T., & Sibcy, G. (2012). Christian counseling, interpersonal neurobiology, and the future. *Journal of Psychology and Theology, 40*, 141-145. https://doi.org/10.1177/009164711204000211

Coffee, D. (2004). The whole Rahner on the supernatural existential. *Theological Studies, 65*, 95-118. https://doi.org/10.1177/004056390406500135

Cohen, M. R., & Nagel, E. (2007). *An introduction to logic and scientific method*. NY: Harcourt, Brace, & World.

Comstock, G. W., & Patridge, K. B. (2008, Octubre). Historical paper: Church attendance and health. *American Journal of Epidemiology, 168*(7), 819-826. https://doi.org/10.1093/aje/kwn326

Congleton, C., Holzel, B. K., & Lazar, S. W. (2015). Mindfulness can literally change your brain. *Harvard Business Review*. Obtenido de https://hbr.org/2015/01/mindfulness-can-literally-change-your-brain

Congregation for Catholic Education. (2016). The Gift of Priestly Formation, *Ratio fundamentalis institutionis sacerdotatis*. Obtenido de www.semscience.net.

Conn, W. E. (1988). The desire for authenticity: Conscience and moral conversion. En V. Gregson (Ed.), *The desires of the human heart: Introduction to the theology of Bernard Lonergan*. NY: Paulist Press.

Coolman, B. T. (2009). Gestimmtheit: Attunement as a description of the nature-grace relationship in Rahner's theology. *Theological Studies, 70*, 782-800. https://doi.org/10.1177/004056390907000402

Cortez, M. (2017, abril). [Reseña del libro *Neuroscience and the soul: The human person in philosophy, science, and theology* de T. M. Crisp, S. L. Porter, y G. A. Ten Elshof (Eds.)]. *Science and Christian Belief, 30*(1), 78-79.

Cosgrove, M. (2018). *The brain, the mind, and the person within the enduring mystery of the soul*. Grand Rapids, MI: Kregel Academic.

Cozolino, L. (2006). *The neuroscience of human relationships: Attachment and the developing social brain*. New York: W. W. Norton and Company.

Craig, A. D. (2004). Human feelings: Why are some more aware than others? *Trends in Cognitive Sciences, 8*(6), 239-341. https://doi.org/10.1016/j.tics.2004.04.004

Craig, A. D. (2009, enero). How do you feel—now? The anterior insula and human awareness. *Nature Reviews Neuroscience, 10*(1), 59-70. https://doi.org/10.1038/nrn2555

Crawford, S. (Ed.). (2011). General introduction. *Philosophy of mind: Critical concepts of philosophy*. (4 Vols.). London, U.K.: Routledge.

Crescentini, C., Aglioti, S. M., Fabbro, F., & Urgesi, C. (2013). P 140. Virtual lesions of the inferior parietal and prefrontal cortex alter implicit religiousness and spirituality in healthy individuals. *Clinical Neuropsychology, 124*(10). doi: 10.1016/j.clinph.2013.04.217. https://doi.org/10.1016/j.clinph.2013.04.217

Critchley, H. D., Wiens, S., Rotshtein, P., Ohman, A., & Dolan, R. J. (2004). Neural systems supporting interoceptive awareness. *Nature Neuroscience*, 7, 189-195. https://doi.org/10.1038/nn1176

Critchley, P. (2013). Being and knowing: A Thomist reading of Immanuel Kant. Obtenido de https://mmu.academia.edu/PeterCritchley/Books.

Crowe, F. E., & Doran, R. M. (1988). *Collected works of Bernard Lonergan*. Toronto, Canada: University of Toronto Press.

Cunningham, L. S. (2006, febrero 24). Catholic spirituality: What does it mean today?" *Commonweal, 133*(4), 11-15.

Cunningham, P. (2011, Summer). Are religious experiences really localized within the brain? The promise, challenges, and prospects of neurotheology. *Journal of Mind and Behavior, 32*(3), 223-249.

Curtis, J. M., & Curtis, M. J. (2016). Factors related to susceptibility and recruitment by cults. *Psychological Reports, 73*(2). Obtenido de https://doi.org/10.2466/pro.1993.73.2.451.

D'Aquili, E., & Newberg, A. B. (1993). Mystical states and the experience of God: A model of the neuropsychological substrate. *Zygon*, 22, 177-200. https://doi.org/10.1111/j.1467-9744.1993.tb01026.x

D'Aquili, E., & Newberg, A. B. (1999). *The mystical mind: Probing the biology of religious experience*. Minneapolis: Fortress Press.

D'Urso, G., Petruccelli, I, & Pace, U. (2019). Attachment style, attachment to God, religiosity, and moral disengagement: A study on offenders. *Mental Health, Religion, and Culture, 22*(1), 1-11. doi: 10.1080/13674676.2018.1562429. https://doi.org/10.1080/13674676.2018.1562429

Dadosky, J. D. (2010). Is there a fourth stage of meaning? *Heythrop Journal, 51*(5), 768-780. doi: 10.1111/j.1468-2265.2009.00518.x. https://doi.org/10.1111/j.1468-2265.2009.00518.x

dal Covolo, E. (Marzo 17, 1999). The encounter of faith and reason in the Fathers of the Church. Vatican City, Europe: *L'Osservatore Romano*, 9-10.

Damasio, A. (1994/2005). *Descartes' error: Emotion, reason, and the human brain*. London, England: Penguin Books.

Damasio, A. (2000). *The feeling of what happens: Body, emotion, and the making of consciousness*. London, U.K.: Vintage.

Damasio, A. (2010, noviembre 9). *Self comes to mind: Constructing the conscious mind [Recurso electrónico]*. Westminster, MD: Pantheon Books. Random House Digital.

Damasio, A. (2012). *Self comes to mind: Constructing the conscious mind*. New York: Pantheon Books.

Daniel, A. F, (2013). The immortality of the soul in the thought of Thomas Aquinas. Academia. Obtenido de https://academia.edu/29459315/

Darr, R. (2020). Virtues as qualities of character: Alasdair MacIntyre and the situationist critique of virtue ethics. *Journal of Religious Ethics, 48*(1), 7-25. https://doi.org/10.1111/jore.12297

Davidson, B., & Irwin, W. (2002). The functional neuroanatomy of emotion and affective style. En J. T. Cacioppo, G. G. Berntson, R. Adolphs, et al., (Eds.), *Foundations in Social Neuroscience* (pp. 473-490). Cambridge, MA: MIT Press. https://doi.org/10.7551/mitpress/3077.003.0035

Davidson, J. R. (1976, primavera). The physiology of meditation and mystical states of consciousness. *Perspectives in Biology and Medicine*, 345-379. https://doi.org/10.1353/pbm.1976.0042

Davis, D., & Hayes, J., A. (2011). What are the benefits of mindfulness? A practice review of psychotherapy-related research. *Psychotherapy*, 48(2), 198-208. https://doi.org/10.1037/a0022062

Dawes, G. W., & MacLaurin, J. (Eds.). (2013). *A new science of religion*. New York: Routledge. https://doi.org/10.4324/9780203086131

Dawkins, R. (2008). *The God delusion*. Boston: HarperCollins.

De Gregorio, D., Aguilar-Valles, A., Preller, K. H., Heifets, B. D., Hibicke, M., Mitchell, J., & Gobbi, G. (2021, febrero 3). Hallucinogens in mental health: Preclinical and clinical studies on LSD, psilocybin, MDMA, and ketamine. *Journal of Neuroscience*, 41(5), 891-900. Obtenido de https://doi.org/10.1523/JNEUROSCI.1659-20.2020.

De Haan, D. D. (2018). Hylomorphism and the new mechanist philosophy in biology, neuroscience, and psychology. En W. Simpson, R. Koons, & N. The (Eds), *Neo-Aristotelian perspectives on contemporary science* (pp. 1-27). Oxfordshire, U.K.: Routledge. https://doi.org/10.4324/9781315211626-15

De Haan, D. D. (2020). Philosophical hazards in the neuroscientific study of religion. En A. Coles & J. Colicutt (Eds.), *Neurology and religion* (pp. 48-70). Cambridge, U.K.: Cambridge University Press. https://doi.org/10.1017/9781316014165.007

Deacon, T. W. (1997). *The symbolic species: The co-evolution of language and the brain*. Scranton, PA: W. W. Norton.

Deeley, P. Q. (2004, diciembre). The religious brain: Turning ideas into convictions. *Anthropology & Medicine*, 11(3), 245-267. https://doi.org/10.1080/1364847042000296554

Dehaene, S., & Changeux, J. P. (2000). Reward-dependent learning in neuronal networks for planning and decision making. *Progress in Brain Research*, 126, 217-229. https://doi.org/10.1016/S0079-6123(00)26016-0

Dehaene, S., & Cohen, L. (2011, junio). The unique role of the visual word form area in reading. *Trends in Cognitive Sciences*, 15(6). doi:10.1016/j.tics.2011.04.003. https://doi.org/10.1016/j.tics.2011.04.003

DeKlerk, B. J., & Kruger, F. P. (2016). Continuous formation of liturgy through social cognition, *Theological Studies*, 72. Obtenido de http://dx.doi.org/10.4102/hts.v7213.3170. https://doi.org/10.4102/hts.v72i3.3170

Delio, I. (2003, septiembre). Brain science and the biology of belief: A theological response. *Zygon: Journal of Religion and Science*, 38(3), 573-585. doi: 10.1111/1467-9744.00522. https://doi.org/10.1111/1467-9744.00522

Delio, I. (2013). Faith and the cosmos. *America*. En P. McCaffrey (Ed.). *Faith and Science*. Ipswitch, MA: EBSCO.

Depue, R. A., Luciana, M., Arbisi, R., Collins, P., & Leon, A. (2002). Dopamine and the structure of personality: Relation of agonist-induced dopamine activity to positive emotionality. En J. T. Cacioppo, G. G. Berntson, R. Adolphs, et al., (Eds.), *Foundations in Social Neuroscience* (pp. 1071-1092). Cambridge, MA: MIT Press. https://doi.org/10.7551/mitpress/3077.003.0075

Desikan, R. S., Ségonne, Fischl, B., Quinn, B. T., Dickerson, B. C., . & Killiany, R. J. (2006). An automated labeling system for subdividing the human cerebral cortex on MRI scans into gyral-based regions of interest. *Neuroimage*, 31(3), 968-980. https://doi.org/10.1016/j.neuroimage.2006.01.021

Devine, A. (1911/2023). Passionists. En *The Catholic encyclopedia*. New York: Robert Appleton. Obtenido de http://www.newadvent.org/cathen/11521d.htm

Devinsky, O., & Lai, G. (2008, mayo). Spirituality and religion in epilepsy. *Epilepsy and Behavior*, 12(4), 636-643. Obtenido de https://doi.org/10.10 16/j.yebeh.2007.11.011.

Díaz, J.-L. (2000, septiembre). Mind-body unity, dual aspect, and the emergence of consciousness. *Philosophical Psychology*, 13(3), 393-403. https://doi.org/10.1080/09515080050128187

DiChiara, G. (1995). The role of dopamine in drug abuse viewed from the perspective of its role in motivation. *Drug and Alcohol Dependence*, 38, 95-137. https://doi.org/10.1016/0376-8716(95)01118-I

Dillern, T. (2020). The act of knowing: Michael Polani meets contemporary natural science. *Foundations of Science*, 25, 573-585. Obtenido de https://doi.org/10.1007/s10699-019-09626-3.

DiPaolo, E., & De Jaegher, H. (2012). The interactive brain hypothesis. *Frontiers in Human Neuroscience*, 6. Article 163. Obtenido de https://doi.org/10 .3389/fnhum.2012.00163.

Dixon, S., & Wilcox, G. (2016). The counseling implications of neurotheology: A critical review. *Journal of Spirituality in Mental Health*, 18(2), 98-107. doi: 10.1080/19349637. 2015.1064804. https://doi.org/10.1080/19349637.2015.10 64804

Dodds, M. J. (2009). Hylomorphism and human wholeness: Perspectives on the mind-brain problem. *Theology and Science*, 7(2), 141-162. doi: 10.1080/147 46700902796759. https://doi.org/10.1080/14746700902796759

Dodds, M. J. (2014). *Philosophical anthropology*. (2ª ed.). Oakland, CA: Western Dominican Province.

Dodds, M. J. (2017). *Unlocking divine action: Contemporary science and Thomas Aquinas*. Washington DC: Catholic University of America Press.

Dodds, M. J. (2019, verano). The reality of the soul in an age of neuroscience. *Nova et Vetera*, 17(3), 893-912. doi: 10.1353/nov.2019.0056. https://doi.org/ 10.1353/nov.2019.0056

Dorman, D. (2021). The liturgical brain: Neuroscience of habit. Obtenido de https://godandnature.asa3.org/dorman-liturgical-brain.html. https://doi.or g/10.1201/9780429352874-1

Downey, M. (Ed). (1993). *New dictionary of Catholic spirituality*. Collegeville, MN: Liturgical Press.

du Toit, D. (2015). *What science? Whose theology? A reformed theological response to Andrew Newberg's neurotheological model*. (Tesis de Máster inédita). University of Stellenbosch, Cape Town, South Africa.

Duke, M. (2018). A loving kind of knowing: Connatural knowledge as a means of knowing God in Thomas Aquinas's Summa Theologica. *Lumen et Vita 8*, 12-18. https://doi.org/10.6017/lv.v8i2.10506

Dunn, B. R., Hartigan, J. A., & Mikulas, W. L. (1999). Concentration and mindfulness meditations: unique forms of consciousness? *Applied psychophysiology and biofeedback*, 24(3), 147–165. https://doi.org/10.10 23/a:1023498629385

Dunne, T. (2003). Generalized empirical method in ethics. Obtenido de https://www.academia.edu/32843646/Generalized_Empirical_Method_in_Ethics.

Durkheim, E. (1915/1969/2016). *Elementary forms of the religious life: A study in religious sociology*. Oxford, U.K.: Oxford University Press.

Edwards, K. J. (2015). When Word meets Flesh: A neuroscience perspective on embodied Spiritual Formation. *Journal of Psychology and Christianity 34*, 228-239.

Egan, H. D. (1993a). Affirmative way. En M. Downey (Ed.), *The new dictionary of Catholic spirituality* (pp. 14-17). Collegeville, MN: Liturgical Press.

Egan, H. D. (2013). The mystical theology of Karl Rahner. *The Way, 52*, 43-62.

Egan. H.D. (1993b). Negative way. En M. Downey. *The new dictionary of Catholic spirituality* (pp. 700-04). Collegeville, MN: Liturgical Press.

Ekstrom, R. R. (1982). *New concise Catholic dictionary*. Mystic, CN: Twenty-Third.

Eliade, M. (1958). *Rites and symbols of initiation: The mysteries of birth and rebirth*. Dallas, TX: Spring Publications.

Eliade, M. (1959). *The sacred and the profane: The nature of religion*. New York: Harcourt Brace Jovanovich.

Eliade, M. (1968). *Myth and reality*. Scranton, PA: HarperCollins.

Ellis, G. F. (2009). Top-down causation and the human brain. En N. Murphy, G. F. R Ellis, & T. O'Connor (Eds.), *A downward causation and the neurobiology of free will* (pp. 63-82). Berlin-Heidelberg: Springer-Verlag. https://doi.org/10 .1007/978-3-642-03205-9_4

Ellis, R. D. (1999, Spring). Integrating neuroscience and phenomenology in the study of consciousness. *Journal of Phenomenological Psychology, 30*(1), 1-27. doi: 10.1163/156916299X00020. https://doi.org/10.1163/156916299X00020

Emmons, R. A., & McNamara, P. (2006). Sacred emotions and affective neuroscience: Gratitude, costly signaling, and the brain. En P. McNamara (Ed.), *Where God and science meet: How brain and evolutionary studies alter our understanding of religion* (pp. 11-30). Westport, CT: Praeger. https://doi .org/10.5040/9798216193777

Encyclopedia Britannica. (2018). *Psychokinesis. Encyclopedia Britannica*. Obtenido de https://www.britannica.com/topic/psychokinesis

Encyclopedia Britannica. (2023). Basilian. Obtenido de http://basilian.org/en /about-us/our-charism/

Encyclopedia Britannica. (2023). Cistercian. Obtenido de http://www.britannica. com/topic/Cistercians

Encyclopedia Britannica. (2023). Epistemology. Obtenido de https://www.brita nnica.com/topics/epistemology

Encyclopedia Britannica. (2023). History of science. Obtenido de https://www. britannica.com

Encyclopedia Britannica. (2023). Oratorian. Obtenido de https://www.brita nnica.com/topic/Oratorians

Encyclopedia Britannica. (2023). Poor Clare Spirituality. Obtenido de https://www.britannica.org

Englander, Z. A., Haidt, J., & Morris, J. P. (2012). Neural basis of moral elevation demonstrated through inter-subject synchronization of cortical activity during free-viewing. Plos One, 7, e39384. doi: 10.1371/journal.pone.0039384. Public Library of Science. https://doi.org/10.1371/journal.pone.0039384

Evans, D. (1989). Can philosophers limit what mystics can do? A critique of Steven Katz. *Religious Studies,* 25(1). 53-60. https://doi.org/10.1017/S0034412500019715

Exline, J. (2013). Religious and spiritual struggles. En K. I. Pargament (Ed.), *APA handbook of psychology, religion, and spirituality: Context, theory, and research* (pp. 459-475). Washington, DC: American Psychological Association. https://doi.org/10.1037/14045-025

Exline, J. J., & Geyer, A. L. (2004, abril-Junio). Perceptions of humility: A preliminary study. *Self and Identity,* 3(2), 95-114. https://doi.org/10.1080/13576500342000077

Fagerberg, D. (2019). *Liturgical mysticism.* Steubenville, OH: Emmaus Academic.

Fakhri, O. (2021). The ineffability of God. *International Journal for Philosophy of Religion, 89,* 25-41. https://doi.org/10.1007/s11153-020-09762-y

Fayard, C., Pereau, M. J., and Ciovica, A. (2009). "Love the Lord with all your mind": Explorations on a possible neurobiology of the experience of God and some implications for the practice of psychotherapy. *Journal of Psychology and Christianity, 28,* 167-181.

Ferguson, M. A., Schaner, F. L. W. V. J., Cohen, A., Siddiqi, Sh., Merrill, S. M., Nielsen, J. A. .& Fox, M. A. (2022, febrero). A neural circuit for spirituality and religiosity derived from patients with brain lesions. *Biological Psychiatry,* 91(4), 380-388. https://doi.org/10.1016/j.biopsych.2021.06.016

Ferguson, M. A., Schaper, F. L. W. V. J., Cohen, A., Siddiq, S., Merrill, S. M., Nielsen, J. A., Fox, M. D. (2022). A neural circuit for spirituality and religiosity derived from patients with brain lesions. *Biological Psychiatry,* 91(4), 380-388. doi: 10.1016/j.biopsych.2021. 06.016. https://doi.org/10.1016/j.biopsych.2021.06.016

Fields, S. (1996, junio). Balthasar and Rahner on the spiritual senses. *Theological Studies,* 57(2), 224-241. doi: 10.1177/004056399605700202. https://doi.org/10.1177/004056399605700202

Finglehurts, A., & Finglehurts, A. (2009). Is our brain hardwired to produce God, or is our brain hardwired to perceive God? A systematic review on the role of the brain in mediating religious experience. *Cognitive Process,* 10, 293 326. https://doi.org/10.1007/s10339-009-0261-3

Fishbane, M. D. (2019, diciembre). Healing intergenerational wounds: An integrative relational-neurobiological approach. *Family Process, 58*(4). Obtenido de https://web-s-ebscohost-com.eresources.cuyahogalibrary.org/ehost/detail/detail?vid=56sid=25621a8b-8c17-41a8. https://doi.org/10.1111/famp.12488

Flippen, D. (2006, Spring). Was John Paul II a Thomist or a Phenomenologist? En *Faith and Reason* (pp. 65-106). Front Royal, VA: Christendom College. Obtenido de https://www.catholicculture.org/culture/library/*view.cfm? Rec num-8105.*

Fontana, L. L. B. (2018). Human transcendence as a locus of revelation and foundation for theological work: Implications from Rahner's *Hearer of the Word*. *Teocomunicacao, 48*(1), 82-96. doi: 10.15448/1980-6736.2018.1.31907. https://doi.org/10.15448/1980-6736.2018.1.31907

Forman, R. K. C. (1999). *Mysticism, mind, consciousness*. Albany, NY: State University of New York Press. https://doi.org/10.1515/9781438403021

Fowler, J. W. (1981/1995). *Stages of faith: The psychology of human development and the quest for meaning*. San Francisco, CA: HarperOne.

Fowler, J. W. (1991). *Weaving the new creation: Stages of faith and the public church*. New York: HarperCollins. https://doi.org/10.1002/cd.23219915204

Fox, K. C., Dixon, M.L., Nijeboer, S., Girn, M., Floman, J. L., Litshitz, M., et al., (2016). Functional neuroanatomy of meditation: A review and meta-analysis of 78 functional neuroimaging investigations. *Neuroscience & Biobehavioral Review*, 2016, 65, 208-228. https://doi.org/10.1016/j.neubiorev.2016.03.021

Fox, K. C., Nijeboer, S., Dixon, M. L., Floman, J. L., Ellamil, M., Rumak, S. P. et al. (2014). Is meditation associated with altered brain structure? A systematic review and meta-analysis of morphometric neuroimaging in meditation practitioners. *Neuroscience & Biobehavioral Reviews*, 2014, 43, 48-72. https://doi.org/10.1016/j.neubiorev.2014.03.016

Fox, T. C. (2004, febrero 27). Mapping the spirituality of Catholicism. [Reseña del libro *What makes us Catholic: Eight Gifts for Life* de T. H. Groome]. *National Catholic Reporter, 40*(17), 21.

Francisco, Papa. (2013, noviembre 24). *Evangelii Gaudium:* Apostolic exhortation on the proclamation of the Gospel in today's world. 242, 243. Obtenido de https://www.Vatican.va/content/francesco/en/apost_exhortations/documents/
papa-francesco_ esortazione-ap_20131124_ evangelii-gaudium.html.

Francisco, Papa. (2017, noviembre 18). Discurso de Su Santidad el Papa Francisco a los participantes en la sesión plenaria del Consejo Pontificio para la Cultura. Obtenido de www.vatican.va/content/franncesco/en/speech es/2017/november/documents/papa-francesco_20171118_plenariacultura.html

Francisco, Papa. (2018). *Gaudete and Exsultate:* Sobre la llamada a la santidad en el mundo actual. Obtenido de http://www.vatican.va/content/vatica n/en/search.html?q=Gaudete+et+exsultate

Francisco, Papa. (2021). Mensaje en vídeo de Su Santidad el Papa Francisco a los participantes en la V Conferencia Internacional titulada, "Exploring the mind, body, and soul: How innovation and novel delivery systems improve human health." Obtenido de www.vatican.va/content/francesco/en/messages/pont-messages/2021/documents/papa-frances co_20210508_videomessaggio-mindbodysoul

Francisco, Papa. (2022). Discurso del Santo Padre Francisco a los participantes en el simposio promovido por el Dicasterio para las Causas de los Santos. Obtenido de https://www.vatican.va/content/francesco/en/speeches/202 21006-convegno-causedeisanti.html

Frankl, V. E. (1993). *Man's search for meaning: an introduction to logotherapy*. Cutchogue, NY: Buccaneer Books.

Frankl, V. E. (2014). *The will to meaning: Foundations and applications of logotherapy*. New York: Penguin USA.

Freud, S. (1895/2004). *Studies in hysteria.* London, U.K.: Penguin Classics.

Froese, T. (2015). Enactive neuroscience, the direct perception hypothesis, and the socially extended mind. (Manuscrito inédito para *Behavior and Brain Sciences*). Obtenido de https://www.academia.edu. https://doi.org/10.1017/S0140525X14000892

Fukuyama, M. A., & Sevig, T. D. (1999). *Integrating spirituality into multicultural counseling: Multicultural aspects of series 13.* Thousand Oaks, CA: Sage. Https://doi.org/10.4135/9781452231945

Gailliardetz, R. R., & Clifford, C. E. (2012). *Keys to the Council: Unlocking the teaching of Vatican II.* Collegeville, MN: Liturgical Press.

Gaitan, L. M. (2017). *Neurotheology.* Obtenido de https://www.academia.edu.

Gaitan, L. M., & Castresana, J. S., & Zollner, H. (2021). Is an integrative model of neurotheology possible? *Religions, 12*(4), 1-11. Obtenido de https://mdpi.com/journal/religions. doi: 10.3390/rel12040277.https://doi.org/10.3390/rel12040277

Galanter, M., Hansen, H., & Potenza, M. N. (2021) The role of spirituality in addiction medicine: A position statement from the spirituality interest group of the International Society of Addiction Medicine. *Substance Abuse, 42*(3), 269-271. https://doi.org/10.1080/08897077.2021.1941514

Gall, T. L. & Guirguis-Youngr, M. (2013). Religious and spiritual coping: Current theory and research. En K. I. Pargament (Ed.), *APA handbook of psychology, religion, and spirituality: Context, theory, and research* (pp. 349-364). Washington, DC: American Psychological Association. https://doi.org/10.1037/14045-019

Gallagher, H. L., & Frith, C. (2003). Functional imaging of "theory of mind." *Trends in Cognitive Sciences,* 7(2), 77-83. https://doi.org/10.1016/S1364-6613(02)00025-6

Gambrel, L. E., Faas, C., Kaestle, C. E., & Savla, J. (2016, febrero 12). Interpersonal neurobiology and couple relationship quality: A longitudinal model. *Contemporary Family Therapy.* doi: 10.1007/s10591-061-9381-y. https://doi.org/10.1007/s10591-016-9381-y

Garcia-Valdecasas, M. (2005, septiembre). Psychology and mind in Aquinas. *History of Psychiatry, 16,* 291-310. doi: 10.1177/0957154X05051920. https://doi.org/10.1177/0957154X05051920

Garrigou-Lagrange, R. (1937). *Christian perfection and contemplation.* Freiburg, Germany: B. Herder.

Gay, V. P. (Ed.). (2009). *Neuroscience and religion: Brain, mind, self, and soul.* Lanham, MD: Lexington.

Geertz, A. W. (2008). How *not* to do cognitive science of religion today. *Method and Theory in the Study of Religion, 20,* 7-21. https://doi.org/10.1163/157006808X260232

Geertz, A. W. (2010). Brain, body, and culture: A biocultural theory of religion. *Method and Theory in the Study of Religion, 22*(4), 304-321. doi: 10.1163/157006810X531094. https://doi.org/10.1163/157006810X531094

Geertz, C. (1993/2017). *Religion as a cultural system. En The Interpretation of Cultures.* New York: Fontana Books.

Gellhorn, E., & Keily, W. F. (1972). Mystical states of consciousness: Neurophysiological and clinical aspects. *Journal of Nervous and Mental Disease*, 154, 399-405. https://doi.org/10.1097/00005053-197206000-00002

George, M. (2020). Neuroscience and the human soul [Audio recording]. The Thomistic Enstitute. Obtenido de https://www.soundcloud.com/thomisticinstitute/neuroscience-and-the-human-soul-prof-marie-george

Gervais, W., Willard, A., Norenzayan, A., & Henrich, J. (2011). The cultural transmission of faith: Why innate intuitions are necessary, but insufficient, to explain religious belief. *Religion*, 41, 6. https://doi.org/10.1080/0048721X.2011.604510

Gilson, E. (1932/1991). *The spirit of medieval philosophy*. South Bend, IN: Notre Dame University Press.

Goleman, D., & Thurman, R. A. F. (Eds.). (1991). *MindScience: An east-west dialogue*. Boston, MA: Wisdom Publications.

Golink, R. A., Meijboom, R., Vernooij, M. W., Smits, M., Hunink, M. M., (2016). Eight-week mindfulness-based stress reduction induces brain changes similar to traditional long-term meditation practice—A systematic review. *Brain and Cognition*, 108, 32-41. Obtenido de https://doi.org/10.1016/bandc.2016.07.001 PMID:27429096

Goodman, R. (2021, Spring). William James. En *The Stanford encyclopedia of philosophy*. Obtenido de https://plato.stanford.edu/archives/spr2022/entries/james

Gordon, I, VanderWyk, B.C., Bennet, R. H., Cordeaux, C., Lucas, M. V., Eilbott, J. A., Pelphrey, K. A. (2013). Oxytocin enhances brain function in children with autism. *Proceedings of the National Academy of Sciences*, 110(52), 20953-20958. Obtenido de http://www.pnas.org/cgi/doi/10.1073/pnas.1312857110. https://doi.org/10.1073/pnas.1312857110

Graf, F. W. (2007). God's brain: Some critical remarks on modern neurotheology. *European Review*, 15, 257-264. https://doi.org/10.1017/S1062798707000257

Granfield, D. (1991). *Heightened consciousness: The mystical difference*. Mahwah, NY: Paulist.

Grassie, W. (2008). The new sciences of religion. *Zygon: Journal of Religion and Science*, 43(1), 127-158. doi: 10.1111/j.1467-9744.2008.00903.x. https://doi.org/10.1111/j.1467-9744.2008.00903.x

Gregson, V. (Ed.). (1988). *The desires of the human heart: An introduction to the theology of Bernard Lonergan*. Mahwah, NJ: Paulist.

Grialou, Marie-Eugene. (1986). *I want to see God: A practical synthesis of Carmelite spirituality*. Westminster, MD: Christian Classics.

Griffiths, T. L., Kemp, C., and Tenenbaum, J. B. (2008). Bayesian models of cognition. En R. Sun (Ed.), *The Cambridge handbook of computational psychology* (pp. 59-100). Cambridge, U.K.: Cambridge University Press. https://doi.org/10.1017/CBO9780511816772.006

Grim, B.J., & Grim M. E. (2019). Belief, behavior, and belonging: How faith is indispensable in preventing and recovering from substance abuse. *Journal of Religion and Health*, 58(5), 1713-1750. doi: 10.1007/s10943-019-00876-w. https://doi.org/10.1007/s10943-019-00876-w

Guardini, R. (1954). *The Lord*. Chicago, IL: Henry Regnery.

Guntrip, H. (1952). The psychotherapist is a parent and exorcist. En J. Hazell (Ed.), *Personal relations therapy: The collected papers of H. J. S. Guntrip* (pp. 63-88). Northvale, NJ: Jason Aronson.

Guthrie, S. E. (1993). *Faces in the clouds: A new theory of religion.* Oxford, U.K.: Oxford University Press. https://doi.org/10.1093/oso/9780195069013.001.0001

Haggerty, D. (2022. *Saint John of the Cross: Master of contemplation.* San Francisco: Ignatius.

Haidt, J. (2001). The emotional dog and its rational tail: A social intuitionist approach to moral judgment. *Psychological Review, 108*(4), 814-834. doi: 10.1037/0033-295X.108.4.814. https://doi.org/10.1037/0033-295X.108.4.814

Hamer, D. (2005). *The God gene: How faith is hardwired into our genes.* New York: Anchor Knopf Doubleday.

Hampson, P. (2019). [Reseña del libro *The brain, the mind, and the person within: The enduring mystery of the Soul,* de M. Cosgrove]. *Science and Christian Belief, 31*(2), 217-218.

Han, H. (2016). How can neuroscience contribute to moral philosophy, psychology, and education based on Aristotelian virtue ethics? *International Journal of Ethics Education, 1,* 201-217. https://doi.org/10.1007/s40889-016-0016-9

Han, H., Chen, J., Jeong, C., & Glover, G. H. (2016). Influence of the cortical midline structures on moral emotion and motivation in moral decision-making. *Behavioral Brain Research, 302,* 237-251. doi:10.1016j.bbr.2016.01.001.

Han, H., Glover, G. H., & Jeong, C. (2014). Cultural influences on the neural correlate of moral decision-making processes. *Behavioral Brain Research, 259,* 215-228. doi.10.1016/j.bbr2013.11.012. https://doi.org/10.1016/j.bbr.2013.11.012

Han, S., Mao, L., Gu, X., Zhu, Y., Ge, J., & Ma, Y. (2008, marzo). Neural consequences of religious belief on self-referential processing. *Social Neuroscience, 3*(1), 1-15. https://doi.org/10.1080/17470910701469681

Han, S., Northoff, G., Vogeley, K., Wexler, B. E., Kitayama, S., & Varnum, M. E. W. (2013). A cultural neuroscience approach to the biosocial nature of the human brain. *Annual Review of Psychology, 64,* 333-359. doi: 10.1146/annurev-psych-071112-054629. https://doi.org/10.1146/annurevpsych-071112-054629

Happel, S. (1989). The sacraments: Symbols that redirect our desires. En V. Gregson (Ed.). *The desires of the human heart: An introduction to the theology of Bernard Lonergan* (pp. 237-254). Mahwah, NJ: Paulist.

Hardon J. A. (2001, Spring). The meaning of virtue in St. Thomas Aquinas. *Faith and Reason: The Journal of Christendom College, 26,* 1-6.

Hardon, J. A. (1980). *Modern Catholic dictionary.* Garden City, NY: Doubleday.

Hatefi, M., Tarjoman, A., & Borji, M. (2019). Do religious coping and attachment to God affect perceived pain? Study of the elderly with chronic back pain. *Journal of Religion and Health, 58*(2), 465-475. doi: 10.1007/s10943-018-00756-9. https://doi.org/10.1007/s10943-018-00756-9

Hazan, C., & Shaver, P. (1987). Romantic love conceptualized as an attachment process. *Journal of Personality and Social Psychology*, 52, 511-524. https://doi.org/10.1037//0022-3514.52.3.511

Hefling, C. C. (1988). Philosophy, theology, and God. En V. Gregson (Ed.). *The desires of the human heart: An introduction to the theology of Bernard Lonergan*. New York: Paulist Press.

Heiden, P., Heinz, A., & Sieferth, N. R. (2017). Pathological gambling in Parkinson's disease: What are the risk factors, and what is the role of impulsivity? *European Journal of Neuroscience*, 45(1), 67-72. doi: 10.1111/ejn.13396. https://doi.org/10.1111/ejn.13396

Helminiak, D. (2010). "Theistic psychology and psychotherapy:" A theological and scientific critique. *Zygon*, 45(1), 47-74. doi: 10.1111/j.1467-9744.2010.01058.x. https://doi.org/10.1111/j.1467-9744.2010.01058.x

Helminiak, D. A. (2006, marzo). The role of spirituality in formulating a theory of the psychology of religion. *Zygon*, 1(1), 191-224. doi: 10.1111/j.1467-9744.2006.00733.x. https://doi.org/10.1111/j.1467-9744.2006.00733.x

Helminiak, D. A. (2015). *Brain, consciousness, and God: A Lonerganian integration*. Albany, NY: University of New York Press. https://doi.org/10.1515/9781438457161

Helminiak, D. A. (2021, abril). A genuinely scientific psychology based on Lonergan's analysis of consciousness. *Clinical Psychiatry*, 7, 1-4. Obtenido de http://www.imedpub.com

Henson, D., Morrill, B., & Barina, R. (2023). Healing health care: Moving the sacramental tradition from the edges to the center of Catholic healthcare. Conference on Medicine and Religion. Obtenido de http://www.medicineandreligion.com

Hess, N. J., & Allen, P. L. (2008). *Catholicism and science*. Westport, CT: Greenwood. https://doi.org/10.5040/9798400623882

Heyes, C., & Catmur, C. (2022). What happened to mirror neurons? *Perspectives on Psychological Science*, 17(1), 153-168. Obtenido de http://www.psychologicalscience.org/PPS doi: 10.1177/1745691621990638. https://doi.org/10.1177/1745691621990638

Hickok, G. (2008). Eight problems for the mirror neuron theory of action understanding in monkeys and humans. *Journal of Cognitive Neuroscience*, 21(7), 1229-1243. doi: 10.1162/jocn.2009.21189. https://doi.org/10.1162/jocn.2009.21189

Hickok, G. (2014). *The myth of mirror neurons: The real neuroscience of communication and cognition*. New York: W. W. Norton & Company.

Highfield, R. (1995). The freedom to say "No"? Karl Rahner's doctrine of sin. *Theological Studies*, 56(3), 485-505. doi: 10.1177/004056399505600304. https://doi.org/10.1177/004056399505600304

Hilgers, J. (1912). Scapular. En *The Catholic encyclopedia*. New York: Robert Appleton. En *New Advent Catholic Encyclopedia*. Obtenido de https://www.newadvent.org/cathen/13508b

Hill, P. C., & Hood, R. W. (1999). *Measures of religiosity*. Birmingham, AL: Religious Education Press.

Hill, P. C., & Pargament, K. I. (2003, enero). Advances in the conceptualization and measurement of religion and spirituality: Implications for physical and mental health research. *American Psychologist, 58*(1). pp. 64-74. doi: 10.1037/0003-066X.58.1.64. https://doi.org/10.1037/0003-066X.58.1.64

Hobson, R. P., & Bishop, M. (2003) The pathogenesis of autism: Insights from congenital blindness. *Philosophical Transactions of the Royal Society B: Biological Sciences* 358, 335–344. https://doi.org/10.1098/rstb.2002.1201

Hoche, F., Guell, X., Sherman, J. C., Vangel, M. G., & Schmahmann, J. D. (2016). Cerebellar contribution to social cognition. *Cerebellum, 15*(6), 732-743. doi: 10.1007/s12311-015-0746-9. https://doi.org/10.1007/s12311-015-0746-9

Hochman, E. Y., Vaidya, A. R., & Fellows, L. K. (2014). Evidence for a role for the dorsal anterior cingulate cortex in disengaging from an incorrect action. *Plos ONE, 9*(6), 1-11. doi: 10.1371/journal.pone.0101126. https://doi.org/10.1371/journal.pone.0101126

Hoffman, L. W., & Strawn, B.D. (2009). Normative thoughts, normative feelings, normative actions: A Protestant, relational psychoanalytic reply to E. Christian Brugger and the faculty of IPS. *Journal of Psychology and Theology, 37*, 125-136. https://doi.org/10.1177/009164710903700204

Hoffman, T., & Michon, C. (2017, mayo). *Aquinas on free will and intellectual determinism.* Obtenido de http://www.philosophersimprint.org/017005

Hole, S. (2017). [Reseña del libro *Neuroscience and the soul: The human person in philosophy, science, and theology,* de T. M. Crisp, S. L. Porter, and G. A. Ten Elshof (Eds.)]. *Reviews in Religion and Theology, 24*(3), 460-462. doi: 10.1111/rirt.12974. https://doi.org/10.1111/rirt.12974

Hollingsworth, A. (2008). Neuroscience and spirituality: Implications of interpersonal neurobiology for a spirituality of compassion. *Zygon: Journal of Religion and Science, 43*, 837-860. https://doi.org/10.1111/j.1467-9744.2008.00963.x

Hood, R. W. Jr. (2006). The common core thesis in the study of mysticism. En P. McNamara (Ed.), *Where God and science meet, Vol. 3: The psychology of religious experience* (pp. 119-138). Westport, CT: Praeger.

Hood, R. W., & Chen, Z. (2013). The social scientific study of Christian mysticism. En J. A. Lemm (Ed.), *The Wiley-Blackwell companion to Christian mysticism* (pp. 577-591). West Sussex, U.K.: John Wiley & Sons. https://doi.org/10.1002/9781118232729.ch38

Hood, R. W., Jr. (2002). The mystical self: Lost and found. *International Journal for the Psychology of Religion, 12*(1), 1-14. https://doi.org/10.1207/S15327582 IJPR1201_01

Horvat, S. (2017). Neuroscientific findings in the light of Aquinas' understanding of the human being. *Scientia et Fides, 5*, 1-27. https://doi.org/10.12775/SetF.2017.021

Houston, P. (2021). Expanding historical theological perspectives through transdisciplinary meta-methodological engagement. *Studia Historiae Ecclesiasticae, 47*, 1-14. Obtenido de http://dx.doi.org/10.25159/2412-4265/9150. https://doi.org/10.25159/2412-4265/9150

Howard-Jones, P. (2010). *Introducing neuroeducational research: Neuroscience, education, and the brain from context to practice.* Philadelphia, PA: Routledge. https://doi.org/10.4324/9780203867303

Howells, E. (2002). *John of the Cross and Teresa of Avila: Mystical knowing and selfhood*. New York: Crossroad.

Hugh of St. Victor. (1130/1992). The moral/mystical ark of Noah. En C. Mathuen & A. Spicer (Eds.), *Studies in Church history*, 28 (pp. 99-116). Cambridge, UK: University of Cambridge Press. https://doi.org/10.1017/S0424208400012407

Hummer, R., Rogers, R., Nam, C., Ellison, C. G. (1999). Religious involvement and U.S. adult mortality. *Demography*, 36, 273-285. https://doi.org/10.2307/2648114

Hunter, J. D. (1986, septiembre). [Reseña del libro *Habits of the heart: Endividualism and commitment in American life*]. *Journal for the Scientific Study of Religion*, 25(3), 373-374. doi: 10.2307/1386303. https://doi.org/10.2307/1386303

Huxley, A. (1962/2009). *The island*. New York: Harper Perennial Modern Classics.

Hyde, B. (2004). The plausibility of spiritual intelligence: Spiritual experience, problem-solving, and neural sites. *International Journal of Children's Spirituality*, 9(1), 39-52. https://doi.org/10.1080/1364436042000200816

Immordino-Yang, M. H., McColl, A., Damasio, H., Damasio, A. (2009). Neural correlates of admiration and compassion. *Proceedings of the National Academy of Sciences, U.S.A.*, 106(19), 8021-8026. https://doi.org/10.1073/pnas.0810363106

James, W. (1902/1958/2017). *The varieties of religious experience: A study in human nature*. Edinburgh, Scotland: CrossReach Publications. https://doi.org/10.1037/10004-000

Jastrzebski, A. K. (2018). The neuroscience of spirituality: An attempt at critical analysis. *Pastoral Psychology*, 67(5), 515-524. doi: 10.1007/s11089-018-0840-2. https://doi.org/10.1007/s11089-018-0840-2

Jeeves, M. (2013). *Minds, brains, souls, and gods: A conversation on faith, psychology, and neuroscience*. Downers Grove, IL: InterVarsity Press.

Jeeves, M. A., & Ludwig, T. E. (2013). *Psychological science and Christian faith: Insights and enrichments from constructive dialogue*. Conshohocken, PA: Templeton.

Jeeves, M. A., & Ludwig, T. E. (2018). *Psychological science and Christian faith: Insights and enrichments from constructive dialogue*. Conshohocken, PA: Templeton.

Jeeves, M., & Brown, W. S. (2009). *Neuroscience, psychology, and religion: Illusions, delusions, and realities about human nature*. Conshohocken, PA: Templeton Foundation Press.

Jeftic, A. (2013). Andrew Newberg's model of neurotheology: A critical overview. *Philotheos*, 13, 261-278. https://doi.org/10.5840/philotheos20131323

Juan de la Cruz, Sto. (1591/1991). *The collected works of St. John of the Cross: the Ascent of Mount Carmel, the Dark Night, the Spiritual Canticle, the Living Flame of Love, Letters*, and *Minor Works*. Washington, DC: ICS Publications.

Juan Pablo II, Papa. (1979). Apostolic Exhortation *Catechesi Tradendae*. Obtenido de https://www.vatican.va/content/john-paul-ii/en/apost_exhortations/documents/hf_jp-ii_exh_16101979_catechesi-tradendae.html

Juan Pablo II, Papa. (1983). *Code of Canon Law*. Obtenido de https://www.vatican.va>cic-cann1364-1399_en

Juan Pablo II, Papa. (1985, Julio 17). Church document: Scientists and God. Obtenido de http://www.semscience.net

Juan Pablo II, Papa. (1988). Church document: Message to Rev. G. V. Coyne, S.J., Director of the Vatican Observatory. Obtenido de http://www.semscience.net

Juan Pablo II, Papa. (1993). *Veritatis splendor* (El esplendor de la verdad). Obtenido de https://www.vatican.va/content/john-paul-ii/en/encyclicals/documents/hf_jp-ii_enc_06081993_veritatis-splendor.html

Juan Pablo II, Papa. (1994). *Crossing the threshold of hope*. New York: Alfred A. Knopf Publishing.

Juan Pablo II, Papa. (1996). Mensaje a la conferencia del Observatorio Vaticano sobre biología evolutiva y molecular. Obtenido de http://www.ctns.org/research/past-research/sceintific-perspectives-divine-action/neuroscience-and-person

Juan Pablo II, Papa. (1998). Encyclical letter: *Fides et ratio*, 29, 34. Obtenido de http://www.semscience.net

Juan Pablo II, Papa. (2000). Discurso del Santo Padre Juan Pablo II en el XVIII Congreso Internacional de la Sociedad de Trasplantes. Obtenido de http://www.vatican.va/content/john-paul-ii/en/speeches/2000/julsep/documents/hf_jpii_spe_20000829_transplants.html

Juan Pablo II, Papa. (2001). *Novo millennioi Inuente*. At the beginning of the third millennium. Obtenido de http://www.vatican.va/content/john-paul-ii/en/apost_letters/2001/documents/hf_jp-ii_apl_20010106_novo-millennio-ineunte.html

Juan Pablo II, Papa. (2003). Discurso de Juan Pablo II a los miembros de la Academia Pontificia de Ciencias (10 noviembre). Obtenido de http://www.vatican.va/content/john-paulii/en/speeches/2003/november/documents/hf_jp-ii_spe_20031110_academy-sciences.html

Johnston, W. (Ed.). (1996). *The cloud of unknowing and the book of privy counseling*. New York: Image Random House.

Johnston, W. H. (2011, septiembre). Schools of spirituality: Drawing from the wealth of the Catholic tradition. *Catechist*. Obtenido de http://www.catechist.com

Johnstone, B., Cohen, D., & Dennison, A. (2021, agosto 20). The integration of sensations and mental experiences into a unified experience: A neuropsychological model for the "sense of self." *Neuropsychologia, 159*, 1-35. Obtenido de https://www.sciencedirection.com/science/article/pii/SOO28393221001901. https://doi.org/10.1016/j.neuropsychologia.2021.107939

Johnstone, B., Cohen, D., Konopacki, K., & Ghan, C. (2016). Selflessness as a foundation of spiritual transcendence: Perspectives from the neurosciences and religious studies. *International Journal for the Psychology of Religion, 26*(4), 287-303. doi: 10.1080/10508619.2015.1118328. https://doi.org/10.1080/10508619.2015.1118328

Jones, M. K. (2015). The four transcendental imperatives of Bernard Lonergan. Obtenido de https://equivalentexchange.blog/2015/12/09/the-four-transcendental-imperatives-of-bernard-lonergan

Jones, R. H. (2018). Limitations on the scientific study of mystical experiences. *Zygon: Journal of Science and Religion*, 53(4), 992-1017. https://doi.org/10.1111/zygo.12468

Jones, R. H. (2018, diciembre). Limitations on the neuroscientific study of mystical experiences. *Zygon: Journal of Religion and Science*, *53*(4), 992-1017. https://doi.org/10.1111/zygo.12468

Jones, R., & Gellman, J. (2022, otoño). Mysticism. En E. N. Zalta (Ed.), *Stanford Encyclopedia of Philosophy*. Obtenido de https://plato.stanford.edu/archives/fall 2022/entres/mysticism.

Jordan, K. D., Niehus, K. L., & Feinstein, A. M. (2021). Ensecure attachment to God and interpersonal conflict. *Religions 12*(9), 1-12. Obtenido de https://www.mdpi.com/journal/religions. doi: 10.3390/rel12090739. https://doi.org/10.3390/rel12090739

Jordan, K. D., Niehus, K. L., & Feinstein, A. M. (2021, septiembre). Ensecure attachment to God and interpersonal conflict. *Religions* 12(9), 739-739. https://doi.org/10.3390/rel12090739

Jowett, B. (n.d.) Tripartite soul theory. Obtenido de http://www.tripartite-soul-theory. com/platos-republic/chariot-allegory.html.

Jung, C. J. (1969). *On the nature of the psyche.* Princeton, NJ: Princeton University Press. https://doi.org/10.1515/9780691214719

Kant, I. (1787/2088). *Critique of pure reason.* (M. Weigelt, Ed.). London, England: Penguin Classics.

Kapogiannis, D., Barbey, A. K., Su, M., Zamboni, G., Kreuger, F., & Grafman, J. (2009). Cognitive and neural foundations of religious belief. *Proceedings of the National Academy of Sciences, 106*(12), 4876-4881. doi:10.1073/pnas.0811717106.

Kapur, S. (2003). Psychosis as a state of aberrant salience: A framework linking biology, phenomenology, and pharmacology in schizophrenia. *American Journal of Psychiatry, 160*(1), 13-24. https://doi.org/10.1176/appi.ajp.160.1.13

Kapur, S. Mizrahi, R., & Ming, L. (2005). From dopamine to salience to psychosis—linking biology, pharmacology, and phenomenology of psychosis. *Schizophrenia Research, 79*, 59-68. https://doi.org/10.1016/j.schres.2005.01.003

Karatsoreos, I. N., Bhagat, S., Bloss, E. B., Morrison, J. H., & McEwen, B. S. (2011). Disruption of circadian clocks has ramifications for metabolism, brain, and behavior. *Proceedings of the National Academy of Sciences, 108*(4), 1657-1662. doi: 10.1073/pnas.1018375108. https://doi.org/10.1073/pnas.1018375108

Karo, R., & Friedenthal, M. (2008). Kenosis, anamnesis, and our place in history: A neurophenomenological account. *Zygon, 43*(4), 823-836. https://doi.org/10.1111/j.1467-9744.2008.00962.x

Kasamatsu, A., & Hirai, T. (1966). An electroencephalographic study on Zen meditation. *Folio Psychiatrica & Neurologica Japonica*, 20, 315-336. https://doi.org/10.1111/j.1440-1819.1966.tb02646.x

Katz, S. T. (1978). Language, epistemology, and mysticism. En S. T. Katz (Ed.), *Mysticism and philosophical analysis* (pp. 22-74). New York: Oxford University Press.

Katz, S. T. (Ed.). (1983). *Mysticism and religious traditions.* Oxford, U.K.: Oxford University Press.

Kavanaugh, K. & Lisi, C. (2010). Teresa of Avila. *The interior castle: Study edition.* Trad. K. Kavanaugh & O. Rodriguez. Washington, DC: Enstitute of Carmelite Studies.

Kavanaugh, K., & Rodriguez, O. (Trad.). (1991). *The collected works of St. John of the Cross.* Washington, DC: Enstitute of Carmelite Studies.

Kellert, S. H., Longino, H. E., & Waters, C. K. (Eds.). (2006). *Scientific pluralism. Minnesota Studies in the Philosophy of Science,* Minneapolis, MN: University of Minnesota Press.

Kelly, E. F., & Grosso, M. (2007). Mystical experience. En Kelly, E. F., Kelly E. W., Crabtree, A., Gauld, A., Grosso, M., & Greyson, B, *Irreducible mind: Toward a psychology for the 21st century* (pp. 495-575). Lanham, MD: Rowman & Littlefield.

Kelly, G. B. (Ed.). (1992). *Karl Rahner: Theologian of the graced search for meaning.* Minneapolis: Fortress Press.

Kernberg, O. (2015). Neurobiological correlates of object relations theory: The relationship between neurobiological and psychodynamic development. *International Forum of Psychoanalysis, 24*(1), 38–46, http://dx.doi.org/10.1080/0803706X.2014.912352. https://doi.org/10.1080/0803706X.2014.912352

Kiecolt-Glaser, J. K., McGuire, L., Robles, T. F., & Glaser, R. (2002). Emotions, morbidity, and mortality: New perspectives for psychoneuroimmunology. *Annual Review of Psychology, 53*(1), 83-108. https://doi.org/10.1146/annurev.psych.53.100901.135217

Kirchoff, R. W., Tata, B., McHugh, J, Kingsley, T., Burton, M. C., Manning, D., Chaudhary, R. (2021, abril). Spiritual care of inpatients focusing on outcomes and the role of chaplaincy services: A systematic review. *Journal of Religion and Health, 60*(2), 1406-1422. doi: 10.1007/s10943-021-01191-z. https://doi.org/10.1007/s10943-021-01191-z

Kirkpatrick, L. A., & Shaver, P. R. (1992). An attachment-theoretical approach to romantic love and religious belief. *Personality and Social Psychology Bulletin, 18*(3), 266–275. https://doi.org/10.1177/0146167292183002

Kirsch, K. M. (2023). How "Catholic" should a Catholic studies program aspire to be? *Logos Supplement, 26*(5), 32-37. https://doi.org/10.1353/log.2023.a904238

Kitson, A., Chirico, A., Gaggioli, A., & Reicke, B. (2020). A review of research and evaluation methods for investigating self-transcendence. *Frontiers in Psychology, 11,* 1-14. doi: 10.3389/fpsyg.2020.547687. https://doi.org/10.3389/fpsyg.2020.547687

Klemm, W. R. (2019). Whither neurotheology? *Religions, 10* (11), 1-16. https://doi.org/10.3390/rel10110634

Knight, C. (1999). Sex and language as pretend play. En R. Dunbar, C. Knight, & C. Power (eds.), *The evolution of culture.* Edinburgh, Scotland: Edinburgh University Press. https://doi.org/10.1515/9781474467889-014

Knuuttila, S. (2022, otoño). Medieval Theories of the Emotions, En E. N. Zalta (Ed.), *The Stanford Encyclopedia of Philosophy.* Obtenido de https://plato.stanford.edu/archives/fall2022/entries/medieval-emotions.

Koenig, H. G. (2001). Religion and medicine IV: Religion, physical health, and clinical implications. *International Journal of Psychiatry in Medicine, 31*(3), 321-336. https://doi.org/10.2190/X28K-GDAY-75QV-G69N

Koenig H. G. (2012). Religion, spirituality, and health: the research and clinical implications. *ISRN Psychiatry*, 2012, 278730. https://doi.org/10.5402/2012/278730

Koenig, H. G., Hays, J. C., Larson, D. B., George, L. K., Cohen, H. J., McCullough, M. E., Meador, K. G., & Blazer, D. G. (1999). Does religious attendance prolong survival? A six-year follow-up study of 3,968 older adults. *The Journals of Gerontology. Series A, Biological Sciences and Medical Sciences*, 54(7), M370–M376. https://doi.org/10.1093/gerona/54.7.M370

Kohut, P. V. (2012). The offer of Catholic spirituality. *European Journal of Theology, 21*(2), 156-165.

Kok, B. E., Coffey, K. A., Cohn, M. A., Catalino, L. I., Vacharkulksemsuk, T., Algoe, S. B. ... Frederickson, B. L. (2013, julio). How positive emotions build physical health: Perceived position social connections account for the upward spiral between positive emotions and vagal tone. *Psychological Science, 24*(7), 1123-1132. https://doi.org/10.1177/0956797612470827

Kollar, R. (2011, mayo). [Reseña del libro *A secular age* de Charles Taylor. *Heythrop Journal, 52* (3), 535-536. doi: 10.1111/j.1468-2265.2011.00663_77.x.

Koole, S. L. (2009). The psychology of emotion regulation: An integrative review. *Cognition and Emotion*, 23, 4-41. https://doi.org/10.1111/j.1468-2265.2011.00663_77.x. https://doi.org/10.1080/02699930802619031

Koole, S. L., & Kuhl, J. (2007). Dealing with unwanted feelings: The role of affect regulation in volitional action control. En J. Shah & W. Gardner (Eds.), *Handbook of motivational science*. New York: Guilford.

Korup, A. K., Thygesen, L. C., Christiensen, R. D., Johansen, C. Sondergaard, J., & Hvidt, N. C. (2016). Association between sexually transmitted diseases and church membership: A retrospective cohort study of two Danish religious minorities. *Biomedical Journal, 6*. doi: 10.1136/bmjopen-2015-010128. https://doi.org/10.1136/bmjopen-2015-010128

Korzybski, A. (1958). *Science and sanity: An introduction to non-Aristotelian systems and general semantics*. Lakeville, CT: International Non-Aristotelian Library Publishing.

Kotchoubey, B., Tretter, F., Braun, H. A., Buchheim, T., Draguhn, A., Fuchs, T., Tschacher, W. (2016). Methodological problems on the way to integrative human neuroscience. *Frontiers in Integrative Neuroscience, 10*, 1-19. https://doi.org/10.3389/fnint.2016.00041

Krebs, V. J. (2016). [Reseña del libro *Soul machine: The invention of the modern mind*, de George Makari]. *Analytical Psychology, 63*, 538-542. Obtenido de www.academia.edu/37294753/Review_of_George_Makaris_Soul_Machine.

Kreeft, P. (2011). *The God who loves you: Love divine, all loves excelling*. San Francisco: Ignatius Press.

Kroenke, C. H., Kubzanski, L.D., Schernhammer, E. S., Holmes, M. D., & Kawachi, I. (2006). Social networks, social supports, and survival after breast cancer diagnosis. *Journal of Clinical Oncology, 24*(7), 1105-1111. https://doi.org/10.1200/JCO.2005.04.2846

Kuhl, J., & Quirin, M. (2011). *Seven steps to freedom and two ways to lose it.* Gottingen, Germany: Hogrefe Publishing. https://doi.org/10.1027/1864-93 35/a000045

Kuhl, J., Quirin, M., & Koole, S. (2015, marzo). Being someone: The integrated self as a neuropsychological system. *Social and Personality Psychology Compass, 9*(3), 115-132. Abstract Obtenido de https://web-s-ebscohost-com.eresources. https://doi.org/10.1111/spc3.12162

Kuhn, T. S. (1962/2012). *The structure of scientific revolutions.* (3rd ed.). Chicago, IL: University of Chicago Press.

Laidlaw, J. (2007). A well-disposed social anthropologist's problems with the 'Cognitive Science of Religion.' En H. Whitehouse & J. Laidlaw (Eds.), *Religion, anthropology, and cognitive science,* (pp. 211-246). Durham, NC: Carolina Academic Press.

Laird, M. (2005). The "open country" whose name is prayer: Apophasis, deconstruction, and contemplative practice. *Modern Theology, 21*(1), 141-155. doi: 10.1111/j.1468-0025.2005.00279.x. https://doi.org/10.1111/j.1468-0025.2005.00279.x

Laneri, D., Schuster, V., Dietsche, B., Jansen, A., Ott, U., & Sommer, J. (2016). Effects of Long-Term Mindfulness Meditation on Brain's White Matter Microstructure and its Aging. *Frontiers in Aging Neuroscience, 7,* 254. https://doi.org/10.3389/fnagi.2015.00254

Larrivee, D., & Echarte, L. (2018). Contemplative meditation and neuroscience: Prospects for mental health. *Journal of Religion and Health, 57*(3), 960-978. doi: 10.1007/s10943-017-0475-0. https://doi.org/10.1007/s10943-017-0475-0

Larrivée, D., & Gini, A. (2014). Is the philosophical concept of 'habitus operativus bonus' compatible with the modern neuroscience concept of human flourishing through neuroplasticity? A consideration of prudence as a multidimensional regulator of virtue. *Frontiers in Human Neuroscience,* 8, 1-4. https://doi.org/10.3389/fnhum.2014.00731

Larson, D. B., Sawyers, J. P., & McCullough, M. E. (Eds.). (1998). *Scientific research on spirituality and health: A report based on the scientific progress in spirituality conferences.* Rockville, MD: National Enstitute for Healthcare Research.

Lazar, S. W., Bush, G., Gollub, R. L., Fricchione, G. L., Khalsa, G., & Benson, H. (2000, mayo 15). Functional brain mapping of the relaxation response and meditation. *Neuroreport.* London, U.K.: Lippincott, Williams, & Wilkins. https://doi.org/10.1097/00001756-200005150-00042

Lazar, S. W., Kerr, C. E., Wasseman, R.H., Gray, J. R., Greve, D.N., Treadway, M. T., et al., (2005). Meditation experience is associated with increased cortical thickness. *Neuroreport,* 16(17), 1893. https://doi.org/10.1097/01.wnr.000018 6598.66243.19

Leaf, C. (2021). How are the mind and the brain different? A neuroscientist explains. *Integrative Health.* Obtenido de http://www.mindbodygreen.com

Lee, B., & Newberg, A. (2005). Religion and health: A review and critical analysis. *Zygon: Journal of Religion and Science, 40,* 443-468. https://doi.org/10.1111/j .1467-9744.2005.00674.x

Lehmann, K., Raffelt, A., & Egan, H. D. (Eds.). (1993). T*he best of Karl Rahner's Theological Writings.* NY: Crossroad.

Lehmann, K., Raffelt, A., & Egan, H. D. (Eds.). (2000). *The content of faith: The best of Karl Rahner's theological writings.* New York: Crossroad.

Lehtonen, J. (2010). Dimensions in the dialogue between psychoanalysis and neuroscience. Routledge: *International Forum of Psychoanalysis, 19*(4), 218-223. doi: 10.1080/0803706X.2010.499136. https://doi.org/10.1080/0803706X.2010.499136

Lejeune, J. (1992). A geneticist's point of view. En G. del Re (Ed.), Brain research and the mind-body problem: Epistemological and metaphysical issues. Vatican, Rome: Pontifical Academy of Sciences.

Leman, J., Hunter, W., Fergus, T., & Rowatt, W. (2018). Secure attachment to God and trust with psychological health in a national, random sample of American adults. The International *Journal for the Psychology of Religion, 28*, 116-123. https://doi.org/10.1080/10508619.2018.1477401

León XIII, Papa. (1879). *Aeterni Patris:* On the Restoration of Christian Philosophy. Obtenido de https://www.vatican.va/content/leo-xiii/en/encyclicals/documents/hf_l-xiii_enc_04081879_aeterni-patris.html

Letheby, C. (2017). Naturalizing psychedelic spirituality. *Zygon: Journal of Science and Religion, 52*(3), 623-642. https://doi.org/10.1111/zygo.12353

Lewis, R. (2019, febrero 24). What actually is a thought? And how is information physical? *Psychology Today.* Obtenido de http://www.psychologytodaycom/us./blog/finding-purpose/201902/what-actually-is-thought-ahd-how-is-information-physical.

Lex, B. W. (1979). The neurobiology of ritual trance. En E. G. d'Aquili, C. D. Laughlin, Jr., and J. McManus (Eds.), *The Spectrum of Ritual* (pp. 117-151). New York: Columbia University Press.

Li, H., Chen, Q., Lu, J., & Qiu, J. (2017, diciembre). Brain structural bases of tendency to forgive: evidence from a young adults sample using voxel-based morphometry. *Scientific Reports, 7*, 16856-16856. https://doi.org/10.1038/s41598-017-16868-3

Libet, B. (1999). Do we have free will? *Journal of Consciousness Studies, 6*(8-9), 47–57.

Ling, S., Umbach, R., & Raine, A. (2019). Biological explanations of criminal behavior. *Psychology, Crime, and Law, 25*(6), 626-640. doi: 10.1080/1068316X.2019.1572753. https://doi.org/10.1080/1068316X.2019.1572753

Lombard, J. (2017). *The mind of God: Neuroscience, faith, and a search for the soul.* New York: Harmony.

Lonergan, B. (1957/1992). *Insight: A study in human understanding.* (F. Crowe & R. Doran, (Eds.). Toronto, Ontario, Canada: University of Toronto Press.

Lonergan, B. (1967). *Collection: Papers by Bernard Lonergan.* Montreal, Quebec, Canada: Palm Publishers.

Lonergan, B. (1972/2017). *Method in theology.* Toronto, Ontario, Canada: University of Toronto Press.

Lonergan, B. (2002). *The ontological and psychological constitution of Christ.* En *Collected Works of Bernard Lonergan.* Lonergan Research Institute. Toronto, Canada: Regis College. https://doi.org/10.3138/9781442681958

Lou, H. C., Kjaer, T. W., Friberg, L., Wildschiodtz, G., Holm, S., & Nowak, M. (1999). A 150-H20 PET study of meditation and the resting state of normal consciousness. *Human Brain Mapping,* 7(2), 98-105. https://doi.org/10.1002/(SICI)1097-0193(1999)7:2<98::AID-HBM3>3.0.CO;2-M

Ludwig, D., & Ruphy, S. (2021, Winter). Scientific pluralism. En E. N. Zalta (Ed.), Stanford Encyclopedia of Philosophy. Obtenido de https://plato.stanford.edu/archives/win2021/entries/scientific-pluralism

Lutz, A., Greischar, L. L., Rawlings, N. B., Davidson, R. J., et al. Long-term meditators self-induce high-amplitude gamma synchrony during mental practice. (2004, diciembre). *Proceedings of the National Academy of Sciences,* 101(46), 16369-16373. https://doi.org/10.1073/pnas.0407401101

Maas, A. (1912/2021). Salvation. En *The Catholic encyclopedia.* New York: Robert Appleton. En *New Advent Catholic Encyclopedia.* Obtenido de https://newadvent.org/cathen/13407a.htm.

MacIntyre, A. C. (1984/2007) *After virtue: A study in moral theory.* Notre Dame, IN: Notre Dame University Press.

MacLean, C. R. K., Walton, K. G., Wenneberg, S. R., Levitsky, D. K., Mandarino, J. P., Wziri, R., & Schneider, R.H. (1997). Effects of the transcendental meditation program on adaptive mechanisms: Changes in hormone levels and responses to stress after four months of practice. *Psychoneuroimmunology,* 22, 277-295. https://doi.org/10.1016/S0306-4530(97)00003-6

Madden, J. (2013). Thomistic hylomorphism and philosophy of mind and philosophy of religion. *Philosophy Compass, 8,* 664-676. https://doi.org/10.1111/phc3.12041

Manalili, M. M. C. (2018). On neurotheology? Why engage empirical studies on theological concepts. *Lumen et Vita, 9,* 35-45. https://doi.org/10.6017/lv.v9i1.10872

Mandel, A. (1980). Toward a psychobiology of transcendence: God in the brain. En J. Davidson & R. Davidson (Eds.), Psychobiology of consciousness (pp. 379-464). New York: Plenum Press.

Marcel, G., & Fraser, G. S. (1950-1951/2001). *The mystery of being. Gifford Lectures (1949-1950). Vol 1: Reflection and Mystery; Vol 2: Faith and Reality.* South Bend, IN: St. Augustoine's Press. https://doi.org/10.1007/978-1-4684-3456-9_14

Maritain, J. (1932/1959/1995). *The degrees of knowledge.* (Trad. G. B. Phelan). Notre Dame, IN: University of Notre Dame Press.

Maritain, J. (1953). *The range of reason.* Obtenido de https://maritain.nd.edu/jmc/etext/range05.htm.

Maritain, J. (1954/1962). *Approaches to God.* New York: Colliers.

Markie, P., & Folescu, M. (2021, otoño). Rationalism vs. Empiricism, En E. N. Zalta (Ed.), *The Stanford Encyclopedia of Philosophy.* Obtenido de https://plato.stanford.edu/archives/fall2021/entries/rationalism-empiricism.

Marmion, D. (1996). The notion of spirituality in Karl Rahner. *Louvain Studies, 21,* 61-86. https://doi.org/10.2143/LS.21.1.542236

Martinez Selio, A. (2009). Neuroteologia, Neurologia Suplementos 51(1), 21-27.

Maturana, H. R., & Varela, F. J. (1992). *The Tree of Knowledge: the Biological Roots of Human Understanding (revised edition).* Boston: Shambala.

McAndrew, F. T. (2019). Costly signaling theory. En T. K. Shakelford & V. A. Weekes-Shackelford (Eds.), *Encyclopedia of Evolutionary Psychological Science.*

doi.org/10.1007/978-3-319-16999-6_3483-1. https://doi.org/10.1007/978-3-319-16999-6_3483-1

McCabe, D., & Castel, A. (2008). Seeing is believing: The effect of brain images on judgments of scientific reasoning. *Cognition, 107,* 343-352. https://doi.org/10.1016/j.cognition.2007.07.017

McCarthy, M. H. (2015). *Authenticity as self-transcendence: The enduring insights of Bernard Lonergan.* South Bend, IN: University of Notre Dame Press. https://doi.org/10.2307/jj.21995971

McCauley, R. N. (2001). Ritual, memory, and emotion: Comparing two cognitive hypotheses. En J. Andresen (Ed.), *Religion in mind* (pp. 115-140). Cambridge, UK: Cambridge University Press. https://doi.org/10.1017/CBO9780511586330.005

McGilchrist, I. (2021). *The matter with things.* Vol 2: *What then is true?* Padstow, Cornwall, U.K.: TJ Books.

McGilchrist, I. (2021). *The matter with things.* Vol. 1: *The ways to truth.* Padstow, Cornwall, U.K.: TJ Books.

McGinn, B. (2006). *The essential writings of Christian mysticism.* New York: Random House.

McGoldrick, T. A. (2012, septiembre). The spirituality of human consciousness: A Catholic evaluation of some current neuro-scientific interpretations. *Science and Engineering Ethics, 18*(3), 483-501. doi: 10.1007/s11948-012-9387-2. https://doi.org/10.1007/s11948-012-9387-2

McGonigle, T. D. (1993). Union, unitive way. En M. Downey (Ed.), *The new dictionary of Catholic spirituality* (pp. 987-988). Collegeville, MN: Liturgical Press.

McIlhenny, R. (2011). "God is in your head": Neurotheology and religious belief. *American Theological Enquiry, 3*(2), 29-44.

Meissner, W. W. (1984). Transformative Processes in *The Spiritual Exercises.* En J. J. Heaney (Ed.), *Psyche and Spirit: Readings in Psychology and Religion.* NY: Paulist Press.

Meissner, W. W. (1992). *Ignatius of Loyola: The psychology of a saint.* New Haven, CT: Yale University Press.

Menary, R. (2014). Neural plasticity, neuronal recycling, and niche construction. *Mind & Language, 29*(3), 286-303. Obtenido de https://doi.org/10.1111/MILA.12051

Merkur, D. (1999). *Mystical moments and unitive thinking.* Herndon, VA: State University of New York Press.

Merton, T. (1949/2015). Is mysticism normal? En P. F. O'Connell (Ed.), *Thomas Merton; Early Essays, 1947-1952* (pp. 50-58). Collegeville, MH: Liturgical Press.

Merton, T. (2003). *The inner experience.* San Francisco: HarperCollins.

Messer, N. (2017). *Theological neuroethics: Christian ethics meets the science of the human brain.* New York: Bloomsbury Publishing.

Mesulam, M. M. (1998). From sensation to cognition. Brain, 121, 1013-1052. https://www.vatican.va/archive/hist_councils/ii_vatican_council/documents/vat-ii_const_19631204_sacrosanctum-concilium_en.html. https://doi.org/10.1093/brain/121.6.1013

Michaud, D. (Ed.). (2005). Karl Rahner (1904-1984). En *Boston collaborative encyclopedia of Western theology*, W. Wildman (Ed.). Obtenido de https://people.bu.edu/wwildman/bce/rahner.htm

Miller, J. B. (2012, septiembre). Haunted by the ghost in the machine. Commentary on "The spirituality of human consciousness: A Catholic evaluation of some current neuroscientific interpretations." *Science of Engineering Ethics, 18*(3), 503-507. doi: 10.1007/s11948-012-9389-0. https://doi.org/10.1007/s11948-012-9389-0

Miller, L., & Kelley, B. S. (2005). Relationships of religion and spirituality with mental health and psychopathology. En R. F. Paloutzian & C. Park (Eds.). *Handbook of the psychology of religion and spirituality*. New York: Guilford.

Miller, L., Balodis, I. M., McClintock, C. H., Xu, J., Lacardie, C. M., Sinha, R., & Potenza, M. N. (2019, Junio). Neural correlates of personalized spiritual experiences. *Cerebral Cortex, 29*(6), 2331-2338. doi: 10.1093/cercor/bhy102. https://doi.org/10.1093/cercor/bhy102

Miller, L., Wickramaratne, P., Hao, X., McClintock, C. H., Pan, L., Svo, C., Weissman. M. M. (2021, septiembre). Altruism and "love of neighbor" offer neuroanatomical protection against depression. *Psychiatry Research: Neuroimaging, 315*, 1-9. doi: 10.1016/j.pscychresns.2021.111326. https://doi.org/10.1016/j.pscychresns.2021.111326

Milstein, G., & Manierre, A. (2012). Culture ontogeny: Lifespan development of religions and the ethics of spiritual counseling. *Counseling and Spirituality, 31*, 8-29.

Miner, M., & Dowson, M. (2012). Spiritual experiences reconsidered: A relational approach to the integration of psychology and theology. *Journal of Psychology and Theology, 40*, 55-59. https://doi.org/10.1177/009164711204000111

Mitchell, S. (2003). *Biological complexity and integrative pluralism*. Cambridge, U.K.: Cambridge University Press. https://doi.org/10.1017/CBO9780511802683

Mitchell, S. D. (2009). *Unsimple truths: Science, complexity, and policy*. Chicago: University of Chicago Press. https://doi.org/10.7208/chicago/9780226532653.001.0001

Mitchen, S. (2000). Mind, brain, and material culture: An archeological perspective. En P. C. Caruthers & A. Chamberlain (eds.), *Evolution and the human mind: Modularity, language, and metacognition*. Cambridge, U.K.: Cambridge University Press.

Moberg, K. U. (2003). *The oxytocin factor: Tapping the hormone of calm, love, and healing*. Lebanon, IN: Da Capo Press.

Moghadosi, A.N. (2014). Ability to gain religious experiences as a part of cognitive abilities. *Iranian Journal of Neurology, 13*, 191-192.

Moll, J., de Oliveira-Souza, R. (2007). Moral judgments, emotions, and the utilitarian brain. *Trends in Cognitive Sciences, 11*, 319-321. doi:10.1016/j.tics.2007.06.001. https://doi.org/10.1016/j.tics.2007.06.001

Moll, J., de Oliveira-Souza, R., Garrido, G.J., Bramati, I. E., Egas, M. A., Caparelli-Daquar, E. M. A., Paiva, L. M. M. F, et al. (2007). The self as a moral agent: Linking the neural bases of social agency and moral sensitivity. *Social*

Neuroscience, 2, 336-352. doi:10.1080/17470910701392024. https://doi.org/10.1080/17470910701392024

Moll, J., Kreuger, F., Zahn, R., Pardini, M., de Oliveira-Souza, R., & Grafmar, J. (2006, octubre 17). Human fronto-mesolimbic networks guide decisions of charitable donation. *Proceedings of the National Academy of Sciences,* U.S.A., 103(42), 15623-15628. https://doi.org/10.1073/pnas.0604475103

Moloney, R. (2004). Conversion and spirituality: Bernard Lonergan (1904-1984). *The Way, 43*(4), 123-134.

Mouch, C. A., & Sonnega, A. J. (2012). Spirituality and recovery from cardiac surgery: a review. *Journal of religion and health, 51*(4), 1042–1060. https://doi.org/10.1007/s10943-012-9612-y

Mueller, J. J. (1984). *What are they saying about theological method?* New York: Paulist Press.

Muller, J., Middleton, D., Alizadeh, M., Zabrecky, G., Wintering, N., Bazzan, A. J., Lang, J., Wu, C., Monti, D. A., Wu, Q., Newberg, A. B., & Mohamed, F. B. (2021). Hybrid diffusion imaging reveals altered white matter tract integrity and associations with symptoms and cognitive dysfunction in chronic traumatic brain injury. *NeuroImage, Clinical, 30,* 102681. Obtenido de https://doi.org/10.1016/j.nicl.2021.102681

Muller, R. J. (2008, mayo). Neurotheology: Are we hardwired for God? *Psychiatric Times, 25*(6). Obtenido de http://www.psychiatrictimes.com/view/neurotheology-are-we-hardwired-god

Murphy, B. (2023). The development of doctrine. Simply Catholic. Obtenido de https://www.simplycatholic.com/the-development-of-doctrine/#:~:text=in Newman's view

Murray, P. (2012). *In the grip of light.* London, U.K.: Bloomsbury.

Murray, P. D. (2000, abril). [Reseña del libro *The shaping of rationality: Toward interdisciplinarity in theology and science,* de J. W. van Huyssteen (pp. 215-217). *Reviews in Religion & Theology, 7*(2), 215.

Nairn, A. K. (2017). [Reseña del libro *Theological neuroethics: Christian ethics meets the science of the human brain,* de Neil Messer]. International Society for Science and Religion. Obtenido de https://www.issr.org.uk/blog/theological-neuroethics-christian-ethics-meets-science-human-brain-neil-messer

National Catholic Bioethics Center. (2020, mayo 11). FAQ: On the determination of death using neurological criteria (brain death). Obtenido de https://www.ncbcenter.org/resources-and-statements-cms/faq-on-the-determination-of-death-using-neurologica-criteria-brain-death

Navarini, C. (2020). The likelihood of actions and the neurobiology of virtues: Veto and consent power. *Ethical Theory and Moral Practice, 23,* 309-323. Obtenido de https://doi.org/ 10.1007/s10677-020-10081-4.

Neher, A. (1962). A physiological explanation of unusual behavior in ceremonies involving drums. *Human Biology, 34,* 151-161.

Nelson, J.A., Kirk, A. M., Ane, P., Serres, S. A. (2011, abril). Religious and spiritual values and moral commitment in marriage: Untapped resources in couples counseling? *Counseling and Values, 55*(2), 228-246. https://doi.org/10.1002/j.2161-007X.2011.tb00034.x

Newberg. A. B. (2010). *Principles of neurotheology.* Burlington, VT: Ashgate Publishing.

Newberg, A. (2018). *Neurotheology: How science can enlighten us about spirituality.* New York: Columbia University Press. https://doi.org/10.7312/newb17904

Newberg, A. B. (2013). How does meditation change our brains? Obtenido de https://andrewnewberg.com/research-blog/how-does-meditation-change-our-brains

Newberg, A. B. (2014). The neuroscientific study of spiritual practices. *Frontier on Psychology,* 5(215), 1-6. https://doi.org/10.3389/fpsyg.2014.00215

Newberg, A. B., & Halpern, D. (2018). *The rabbi's brain: Mystics, moderns, and the science of Jewish thinking.* Nashville, TN: Turner.

Newberg, A. B., & Iversen, J. (2003). The neural basis of the complex mental task of meditation: neurotransmitter and neurochemical considerations. *Medical Hypotheses,* 61(2), 282-291. https://doi.org/10.1016/S0306-9877(03)00175-0

Newberg, A. B., & Lee, B. Y. (2005). The neuroscientific study of religious and spiritual phenomena: Or why God doesn't use biostatistics. *Zygon,* 40(2), 469-489. https://doi.org/10.1111/j.1467-9744.2005.00675.x

Newberg, A. B., & Newberg, S. (2008, enero). Hardwired for God: A neuropsychological model for developmental spirituality. En K. K. Kline (Ed.), *Authoritative communities: The scientific case for nurturing the whole child* (pp. 165-186). New York: Springer. https://doi.org/10.1007/978-0-387-72721-9_8

Newberg, A. B., & Waldman, M. (2009). *How God changes your brain: Breakthrough findings from a leading neuroscientist.* New York: Ballantine. https://doi.org/10.24972/ijts.2018.37.2.119

Newberg, A. B., & Waldman, M. R. (2016). *How enlightenment changes your brain: The new science of transformation.* New York: Penguin Random House.

Newberg, A. B., & Waldman, M. R. (2018b). A neurotheological approach to spiritual awakening. *International Journal of Transpersonal Studies,* 37, 119-130. https://doi.org/10.24972/ijts.2018.37.2.119

Newberg, A. B., Wintering, N., Yaden, C. B., Zhong, L., Bowen, B., Averick, N., & Monti, D. (2018). Effect of a one-week spiritual retreat on dopamine and serotonin transporter binding: A preliminary study. *Religion, Brain, and Behavior,* 8(3), 265–278. Obtenido de https://doi.org/10.1080/2153599X.2016.1267035

Newberg, A., Alavi, A., Baime, M., Pourdehmed., M., Santanna, J., & d'Aquili, E. (2001, abril 10). The measurement of regional cerebral blood flow during the complex cognitive task of meditation: A preliminary SPECT study. *Psychiatry Research,* 106(2), 113-122. doi: 10.1016/s0925-4927(01)00074-9. https://doi.org/10.1016/S0925-4927(01)00074-9

Newberg, A., d'Aquili, E., & Rause, V. (2002). *Why God won't go away: Brain science and the biology of belief.* New York: Random House.

Newberg, A., Wintering, N., & Waldman, M. (2019, noviembre). Comparison of different measures of religiousness and spirituality: Implications for neurotheological research. *Religions,* 10(11), 637. doi: 10.3390/rel10110637. https://doi.org/10.3390/rel10110637

Newberg. A. B. (2010). *Principles of neurotheology*. Burlington, VT: Ashgate Publishing.

Newen, A., Gallagher, S., & De Bruin, L. (2018). 4E cognition: Historical roots, key concepts, and central issues. En A. Newen, L. De Bruin, & S. Gallagher, *Oxford Handbook of 4E cognition* (pp. 1-16). Oxford, UK: Oxford University Press. https://doi.org/10.1093/oxfordhb/9780198735410.013.1

Newman, J. H. (1845/2023). *Essay on the development of Christian doctrine*. Chapter 8. Application of the Third Note of a True Development—Assimilative Power. En Newman Reader. Obtenido de https://www.newmanreader.org/works/development/chapter8.html

Noble, W., & Davidson, I. (1996). *Human evolution, language, and mind*. Cambridge, U.K.: Cambridge University Press.

Noe, A. (2010). *Out of our heads: Why you are not your brain and other lessons from the biology of consciousness*. New York: Hill & Wang.

Nola, R. (2018). Demystifying religious belief. En H. van Eyghen, R. Peels, & G. van den Brink (Eds.), *New developments in the cognitive science of religion* (pp. 71-92). New York: Springer International. https://doi.org/10.1007/978-3-319-90239-5_5

Northoff, G. (2014). *Unlocking the brain. Vol. 1: Coding*. Oxford, U.K.: Oxford University Press. https://doi.org/10.1093/acprof:oso/9780199826988.001.0001

Northoff, G. (2014). *Unlocking the brain. Vol. 2: Consciousness*. Oxford, U.K.: Oxford University Press. https://doi.org/10.1093/acprof:oso/9780199826995.001.0001

Northoff, G., & Bermpohl, F. (2004). Cortical midline structures and the self. Trends in *Cognitive Sciences, 8*(3), 102-107. https://doi.org/10.1016/j.tics.2004.01.004

O'Callaghan, J. (2000). From Augustoine's mind to Aquinas' soul. Jacques Maritain Center: Thomistic Enstitute. Obtenido de https://maritain.nd.edu/jmc/ti00/ocallagh.htm

O'Dougherty, J., et al. (2000). Abstract reward and punishment representations in the human orbitofrontal cortex. *Nature Neuroscience*, 4(1), 95-102. https://doi.org/10.1038/82959

Oomen, P. M. F. (2003). On brain, soul, self, and freedom: An essay in bridging neuroscience and faith. *Zygon: Journal of Religion and Science, 38*, 377-391. https://doi.org/10.1111/1467-9744.00505

Otto, R. (1923/2010). *Idea of the holy*. London: Oxford University Press.

Otto., R. (1932/2016). *Mysticism East and West: A comparative analysis of the nature of mysticism*. Eugene, OR: Wipf and Stock.

Pablo VI, Papa. (1963). Dogmatic constitution Sacrosanctum concilium. Obtenido de Sacrosanctum Concilium (vatican.va)

Pablo VI, Papa. (1964). Lumen Gentium: Dogmatic constitution on the Church. Obtenido de https://www.vatican.va/archive/hist_councils/ii_vatican_council/documents/vat-ii_const_19641121_lumen-gentium_en.html

Pablo VI, Papa. (1965). Dei Verbum. Dogmatic constitution on Divine Revelation. Obtenido de Dei Verbum (Vatican.va)

Pablo VI, Papa. (1965). Gaudium et spes: Pastoral Constitution on the Church in the Modern World. Obtenido de https://www.vatican.va/archive/hist_cou

ncils/ii_vatican_council/documents/vat-ii_const_19651207_gaudium-etspes_en.html

Pace, U., Cacioppo, M., & Schimmenti, A. (2011). The moderating role of father's care on the onset of binge eating symptoms among female late adolescents with insecure attachment. Child Psychiatry and Human Development, 43(2), 282-292. https://doi.org/10.1007/s10578-011-0269-7

Pargament, K. I., Koenig, H. G., Tarakeshwar, N., & Hahn, J. (2004, noviembre). Religious coping methods as predictors of psychological, physical, and spiritual outcomes among medically ill elderly patients: A two-year longitudinal study. *Journal of Health Psychology, 9*(6), 713-730. doi: 10.1177/1359105304045366. https://doi.org/10.1177/1359105304045366

Park, C. L. & McNamara, P. (2006). Religion, meaning, and the brain. En P. McNamara (Ed.), *Where God and science meet* (pp. 67-90). Westport, CT: Praeger. https://doi.org/10.5040/9798216193777

Payne, S. (2022). Some definitions of spirituality, Christian spirituality, and spiritual theology. [panfleto del curso, *Introduction to the History of Spirituality*, Primer semester 2022-2023]. Washington, DC: Catholic University of America.

Peacock, B. (2022, septiembre). A-118 Psychedelic interventions for neuropsychological conditions. *Archives of Clinical Neuropsychology, 37*(6), 1270. doi: 10.1093/arclin/acac060.118. https://doi.org/10.1093/arclin/acac060.118

Peacocke, A. (2002). The sound of sheer silence. En R. J. Russell, N. Murphey, T. C. Meyering, T. C., & M. A. Arbib, (Eds.). *Neuroscience and the person: Scientific perspectives on divine action* (pp. 215-247). Notre Dame, IN: University of Notre Dame Press.

Pearce, M. J. (2013). Addressing religion and spirituality in health care systems. En K. I. Pargament, A. Mahoney, & E. P. Shafranske (Eds.), *APA handbook of psychology, religion, and spirituality*, Vol 2 (pp. 527-541). Washington, DC: American Psychological Association. https://doi.org/10.1037/14046-027

Peres, J. F. P., Moreira-Almeida, A., Nasella, A. G., & Koenig, H. G. (2007). Spirituality and resilience in trauma victims. *Journal of Religion and Health, 46*, 343-350. doi: 10.1007/s10943-006-9103-0. https://doi.org/10.1007/s10943-006-9103-0

Persinger, M. A. (1983). Religious and mystical experiences as artifacts of temporal lobe function: A general hypothesis. *Perceptual Motor Skills, 57*, 1255-1262. https://doi.org/10.2466/pms.1983.57.3f.1255

Persinger, M. A. (1987). Neuropsychological bases of God beliefs. New York: Praeger.

Persinger, M. A. (1997). I would kill in God's name: Role of sex, weekly church attendance, report of a religious experience, and limbic lability. *Perceptual and Motor Skills, 85*, 128-130. https://doi.org/10.2466/pms.1997.85.1.128

Peters, K. E. (2001, septiembre). Neurotheology and evolutionary theology: Reflections on *The mystical mind*. *Zygon, 36*(3), 493-500. doi: 10.1111/0591-2385.00376. https://doi.org/10.1111/0591-2385.00376

PEW Research Center. (2012, diciembre 18). The global religious landscape. Washington, DC: PEW Research Center. Obtenido de https://www.pewresearch.org/religion/2012/12/18/global-religious-landscape-exec/

Phelps, E. O. C., Gatenby, C. J., Gore, J., Grillon, C., & Davis, M. (2001). Activation of the left amygdala to a cognitive representation of fear. *Nature Neuroscience*, 4(4), 437-441. https://doi.org/10.1038/86110

Picard, F. (2023). Ecstatic or mystical experience through epilepsy. *Journal of Cognitive Neuroscience*, 35(9), 1372-1381. https://doi.org/10.1162/jocn_a_02031

Pigliucci, M. (2004). God in the brain. *Skeptic*, 10(4), 82-83.

Pike, N. (1992). On the possibility of theistic experience. En *Mystic union* (pp. 116-153). Ithaca, NY: Cornell University Press.

Pinsent, A. (2015a). Neurotheological eudaimonia. En J. Clausen & N. Levy (Eds.). *Handbook of neuroethics* (pp. 1603-1617). Dordrecht, Germany: Springer Science and Business Media. doi: 10. 1007/978-94-007-4707-4_100. https://doi.org/10.1007/978-94-007-4707-4_100

Pinsent, A. (2015b). *The second-perspective in Aquinas' ethics: Virtues and gifts*. New York: Routledge.

Planche, V., Manjon, J. K., Mansencal, B., Lanuza, E., Tordias, T., Catheline, G., Coute, P. (2023, Febrero 7). Structural progression of Alzheimer's disease over decades: The MRI staging scheme. *Brain Communications*, 4, fcas109. Obtenido de https://doi.org/10.1093/braincomms/fcas109

Podgorny, P., & Shepard, R. N. (1978). Functional representations common to visual perception and imagination. *Journal of Experimental Psychology: Human Perception and Performance*, 9, 380-393. https://doi.org/10.1037//0096-1523.9.3.380

Polanyi, M. (1966). *The tacit dimension*. Chicago, IL: University of Chicago Press.

Poldrack, R., & Yankoni, T. (2016). From brain maps to cognitive ontologies: Informatics and the search for mental structure. *Annual Review of Psychology*, 67, 587-612. https://doi.org/10.1146/annurev-psych-122414-033729

Poldrack, R., Kittur, A., Kalar, D., Miller, E., Seppa, C., Gil, Y., & Bilder, R. (2011). The Cognitive Atlas: Toward a knowledge foundation for cognitive neuroscience. *Neuroinformatics*, 5(17), 1-11. https://doi.org/10.3389/fninf.2011.00017

Polger, T. W., & Shapiro, L. A. (2016). *The multiple realization book*. New York: Oxford University Press. https://doi.org/10.1093/acprof:oso/9780198732891.001.0001

Poulin, A. (1901/2016). *Graces of interior prayer: A treatise on mystical theology*. Jeffersonville, IN: Caritas Publishing.

Premack, D. (2007). Human and animal cognition: Continuity and discontinuity. *Proceedings of the National Academy of Sciences*, 104(35), 13861-13867. Obtenido de http://www.pnas. org/cgidoi/10.1073/pnas.0706147104. https://doi.org/10.1073/pnas.0706147104

Pressman, P., Lyons, J. S., Larson, D. B., & Strain, J. J. (1990). Religious belief, depression, and ambulation status in elderly women with broken hips. *American Journal of Psychiatry*, 147, 758-760. https://doi.org/10.1176/ajp.147.6.758

Price, C. J., & Devlin, J. T. (2011, Junio). The interactive account of ventral occipitotemporal contribution to reading. *Trends in Cognitive Sciences*, 15(6), 246-253. https://doi.org/10.1016/j.tics.2011.04.001

Puderbaugh, M. & Emmady, P. D. (2022). Neuroplasticity. *StatPearls*. Obtenido de http://www.ncbi.nom.nih.gov/books/NBK557811

Pulvermuller, F., Garagnani, M, & Wennekers, T. (2014, octubre). Thinking in circuits: Toward neurobiological explanation in cognitive neuroscience. *Biological Cybernetics, 108*(5), 573-593. doi: 10.1007/s00422-014-0603-9. https://doi.org/10.1007/s00422-014-0603-9

Purves, D., Augustoine, G. J., Fitzpatrick, D., Hall, W. C., Lamantia, A-S. Mooney, R. D., White, L. E. (2019). *Neuroscience*. International Sixth Edition, New York: Sinauer.

Pylyshyn, Z. W. (1973). What the mind's eye tells the mind's brain. *Psychological Bulletin*. 80: 1–24. doi:10.1037/h0034650.S2CID145431092. https://doi.org/10.1037/h0034650

Pyysiainen, I. (2006). Amazing grace: Religion and the evolution of the human mind. En P. McNamara (Ed.), *Where God and science meet: How brain and evolutionary studies alter our understanding of religion* (pp. 209-225) Westport, CT: Praeger.

Quartz, S., & Sejnowski, T. J. (2002). *Liars, lovers, and heroes: What the new brain science reveals about how we become who we are*. Mosaic, PA: HarperCollins.

Quirin, M., Frohlich, S., & Kuhl, J. (2016). Implicit self and the right hemisphere: Increasing implicit self-esteem and implicit positive affect by left hand contractions. *European Journal of Social Psychology* Obtenido de http://dx.doi.org/10.1002/ejsp.2281

Quirin, M., Kent, M., Bokeem, M. A. S., & Tops., M. (2015, julio). Integration of negative experiences: A neuropsychological framework for human resilience. *Behavioral and Brain Sciences*, 38. https://doi.org/10.1017/S0140525X14001666

Rachlin, H. (2012, Julio). Is the mind in the brain? Reseña del libro *Out of our heads: Why you are not your brain, and other lessons from the Biology of consciousness* de Alva Noe. *Journal of Experimental Analysis of Behavior, 98*(1), 131-17. doi: 10.1901/jeab.2012.98-131. https://doi.org/10.1901/jeab.2012.98-131

Rahm, C., & Sorman, K. (2019). From brain to symptom: Introduction to neuroscientific psychiatry. [Online Course, Coursera]. Karolinska Institute, Sweden.

Rahner, K. (1941/1994). *Hearer of the Word*. New York: Continuum Books. https://doi.org/10.5040/9781472972187

Rahner, K. (1958). *Happiness through prayer*. Dublin, Ireland: Conmore and Reynolds.

Rahner, K. (1961-1992). *Theological investigations*. 23 vols. Baltimore, MD: Helicon.

Rahner, K. (1963/2010). *The mystical way in everyday life*. Maryknoll, New York: Orbis Books.

Rahner, K. (1964). *Nature and grace*. New York: Sheed and Ward.

Rahner, K. (1966). Dogmatic reflections on the knowledge and self-consciousness of Christ. En *Theological investigations*, Vol. 5. Oxfordshire, U.K.: Helicon Press.

Rahner, K. (1967/1974). Theology of the spiritual life. En *Theological investigations*, Vol. 3. Oxfordshire, U.K.: Helicon Press.

Rahner, K. (1968/1994). *Spirit in the world.* New York: Continuum. https://doi.org/10.05040/9780567692573

Rahner, K. (1974). The theology of the spiritual life. En *Theological investigations,* Vol. 3. New York: Seabury Press.

Rahner, K. (1979). Experience of the Spirit: Source of theology. En *Theological investigations,* Vol. 16. New York: Seabury Press.

Ramachandran, V. S., & Blakeslee, S. (1998). *Phantoms in the brain: Probing the mysteries of the human mind.* New York: William Morrow.

Rao, T. S. S., Asha, M. R., Rao, K. S. J., & Vasedevaraju, P. (2009). The biochemistry of belief. *Endian Journal of Psychiatry, 51*(4), 230-241. doi: 10.4103/00 19-5545.58285. https://doi.org/10.4103/0019-5545.58285

Rappaport, R. A. (1999). *Holiness and humanity: Ritual in the making of religious life.* Bridgewater, NJ: Cambridge University Press.

Rappaport, R. A. (1999). *Ritual and religion in the making of humanity.* London, UK: Cambridge University Press. https://doi.org/10.1017/CBO9780511814686

Ratcliffe, M. (2006). Neurotheology: A science of what? En P. McNamara (Ed.), *Where God and science meet: How brain and evolutionary studies alter our understanding of religion.* Vol 2. Westport, CT: Praeger.

Ratzinger, J. (1989). *Letter to the bishops of the Catholic Church on some aspects of Christian meditation.* Vatican City: Congregation for the Doctrine of the Faith.

Rausch, T. P. (1998, enero 31). Divisions, dialogue, and the catholicity of the church. *America Magazine,* pp. 20-29.

Reddy, V., & Uithol, S. (2016). Engagement: Looking beyond the mirror to understand action understanding. *British Journal of Developmental Psychology, 34*(1), 101-114. doi: 10.1111/bjdp.12106. https://doi.org/10.1111/bjdp.12106

Reddy, V., & Uithol, S. (2016, marzo). Engagement: Looking beyond the mirror to understand action understanding. *British Journal of Developmental Psychology, 34*(1), 101-114.

Redemptorist Spirituality. (2023). Obtenido de https://redemptorists.net

Redfern, C., & Coles, A. (2015, julio 15). Parkinson's Disease, religion, and spirituality. *Movement Disorders in Clinical Practice, 2*(4), 341-346. doi: 10.1 002/mdc3.12206. https://doi.org/10.1002/mdc3.12206

Reeves, J. (2020, septiembre). Methodology in science and religion: A reply to critics. *Zygon, 55*(3), 824-836. doi: 10.1111/zygo.12630. https://doi.org/10.11 11/zygo.12630

Reimao, S. (2020). A window into the mind? Neuroimaging and our understanding of the human being [Grabación de audio]. Obtenido de https://soundcloud.com/thomisticinstitute/a-window-into-the-mind-neuroimaging-and-our-understanding-of-the-human-being-pro-sofia-reimao.

Reiner, P. (2011). The rise of neuroessentialism. En J. Illes & Shhakian, B. J. (Eds)., *The Oxford handbook of neuroethics* (pp. 161-175). Oxford, U.K.: Oxford University Press. https://doi.org/10.1093/oxfordhb/9780199570706.0 13.0049

Reniers, R. L. F. P., Corcoran, R., Vollm, B. A., Asha, M., Richard, H., & Liddle, P. F. (2012). Moral decision-making, ToM, empathy, and the default mode network. *Biological Psychology, 90*, 202-210. doi.10.1016/j.biopsycho.2012. 03.009. https://doi.org/10.1016/j.biopsycho.2012.03.009

Riordan, P. (2015, julio). [Reseña del libro, *The second-person perspective in Aquinas' ethics*, de Andrew Pinsent]. *Heythrop Journal, 56*(4), 694-696. doi: 10.1111/heyj.12250_10. https://doi.org/10.1111/heyj.12250_10

Rites of the Catholic Church. (2023). Catholic News Agency. Obtenido de http ://www.catholicnewsagency.com/resources/56009/the-rites-of-the-cath olic-church

Ritvo, E., Haji, L., Baker, L, & Albright, J. (2021, junio 2). The pandemic's impact on well-being. *Psychology Today*. Obtenido de https://www.psychologytoda y.com/us/blog/vitality/202106/the-pandemics-impact-well-being

Rixon, G. (2001). Bernard Lonergan and mysticism. *Theological Studies, 62*, 479-497. https://doi.org/10.1177/004056390106200302

Roache, R. (2014, abril). Can brain scans prove criminals unaccountable? *AJOB Neuroscience, 5*(2), 35-37. doi: 10.1080/21507740.2014.884188. https://doi.o rg/10.1080/21507740.2014.884188

Roberts, R. (2021, primavera). Emotions in the Christian Tradition. En E. N. Zalta (Ed.). *The Stanford encyclopedia of philosophy*. Obtenido de https:// plato.stanford.edu/archives/spr2021/entries/emotion-Christian-tradition.

Roberts, T. B. (2006). Chemical input, religious output—entheogens: A pharmatheology sampler. En P. McNamara (Ed.), *Where God and science meet* (pp. 235-267). Westport, CT: Praeger.

Robillard, R., Naismith, S. L., Smith, K. L., Rogers, N. L., White, D., Terpening, Z., & Hickie, I. B. (2014). Sleep-wake cycle in young and older persons with a lifetime history of mood disorders. *Plos One, 9*(2), 1-8. https://doi.org/10. 1371/journal.pone.0087763

Robles, T. F., & Kiecolt-Glaser. (2003, agosto). The physiology of marriage: Pathways to health. *Physiology and Behavior, 79*(3). 409-417. https://doi.org /10.1016/S0031-9384(03)00160-4

Robson, J. A. (1983). The morphology of corticofugal axons to the dorsal lateral geniculate nucleus in the cat. *Journal of Comparative Neurology, 216*, 89-103. https://doi.org/10.1002/cne.902160108

Rohlf, M. (2020, otoño). Immanuel Kant. En E. N. Zalta (Ed.), *The Stanford encyclopedia of philosophy*. Obtenido de https://plato.stanford.edu/arch ives/fall2020/entries/kant .

Rolls, E. T. (1999). *The brain and emotion*. Oxford, U.K.: Oxford University Press.

Rose, E., Westefield, J., & Ansley, T. (2008). Spiritual issues in counseling: Clients' beliefs and preferences. *Psychology of Religion and Spirituality, S*(1), 18-33. https://doi.org/10.1037/1941-1022.S.1.18

Rosok, I. (2011). Unconditional surrender and love: How spirituality illuminates the theology of Karl Rahner. *The Way, 50*(4), 121-132.

Rosok, I. (2017, enero). The kenosis of Christ revisited: The relational perspective of Karl Rahner. *Heythrop Journal, 63*(1), 51-63. doi: 10.1111 /j.1468-2265.2012.00773.x. https://doi.org/10.1111/j.1468-2265.2012.00773.x

Rossano, M. J. (2007). Did meditating make us human? *Cambridge Archaeological Journal, 17*(1), 47-58. doi: 10.1017/S0959774307000054. https://doi.org/10.1 017/S0959774307000054

Roth, G., & Dicke, U. (2005). Evolution of the brain and intelligence. *Trends in Cognitive Sciences, 9*(9). https://doi.org/10.1016/j.tics.2005.03.005

Rottschaefer, W. A. (1999, marzo). The image of God of neurotheology: Reflections on culturally based religious commitment or evolutionarily based neuroscientific theories? *Zygon, 34*(1), 57-65. doi: 10.1111/0591-2385.1921999192. https://doi.org/10.1111/0591-2385.1921999192

Rowe, C. (1999). Receiver psychology and the evolution of multi-component signals. *Animal Behavior, 58*, 921-931. https://doi.org/10.1006/anbe.1999.1242

Roy, L. (2001). *Transcendent experiences: Phenomenology and critique*. Toronto, Canada: University of Toronto Press. https://doi.org/10.3138/9781442682733

Ruczaj, S. (2022). Grace contra nature: The etiology of Christian religious beliefs from the perspective of theology and the cognitive science of religion. *Theology and Science*. Obtenido de https://www.tandfonline.com/loi/rtas20. https://doi.org/10.1080/14746700.2022.2124480

Runehov, A. L. (2007). *Sacred or neural? The potential of neuroscience to explain religious experience*. Gottingen: Vandenhoeck & Ruprecht.

Russell, R. J., Murphy, N., Meyering, T. C., & Arbib, M. A. (1999/2004). Neuroscience and the person: Scientific perspectives on divine action. Castel Gondolfo, Italy: Vatican Observatory.

Ryan, T. (2014, abril). Second-person perspective, virtues, and the gifts in Aquinas' ethics. *Australian eJournal of Theology, 21*(1), 1-14.

Sanguineti, J. J. (2011). Can free decisions be both intentional and neural operations? En J. J. Sanguineti, A. Acerbi, & J. A. Lombo (Eds.), *Moral behavior and free will: A neurobiological and philosophical approach* (pp. 179-202). Morolo, Italia: IF Press.

Sanguineti, J. J. (2013). Can the self be considered a cause? En G. Auletta. I. Colage, & M. Jeannerod (Eds.), *Brains top down: Is top-down causation challenging neuroscience?* (pp. 121-142). Hackensack, NJ: World Scientific. https://doi.org/10.1142/9789814412469_0006

Sanguineti, J. J. (2013). Neuroscience, philosophical relevance of. En R. L. Fastiggi [Ed.]. *New Catholic encyclopedia supplement 2012-2013: Ethics and philosophy*. Vol. 3 (pp. 1065-1068). Detroit, MI: Gale.

Sanguineti, J. J. (2015). The relevance of neuroscience in the study of religiosity. *Scientia et Fides*. Obtenido de http://www.academia.edu

Sanguineti, J. J. (2019). Freedom. En Philosophica: *Enciclopedia filosofica*. Obtenido de http://www.philosofica.info/archivo/2019/voces/libertad/libertad.html

Sanguineti, J. J. (2022). For a philosophy of the human brain. Obtenido de http://www.academia.edu

Sanislow, C., Pine, D., Quinn, K., Kozak, M, Garvey, M., Heinssen, R., & Cuthbert, B. (2010). Developing constructs for psychopathology research: Research domain criteria. *Journal of Abnormal Psychology, 199*(4), 631-639. https://doi.org/10.1037/a0020909

Sapolsky, R.M. (2023). *Determined: A science of life without free will*. New York, NY: Penguin Press.

Sarbacker, S. (2016, agosto 31). Rudolf Otto and the Concept of the Numinous. Oxford Research Encyclopedias. Obtenido de https://doi.org/10.1093/acrefore/9780199340378.013.88.

Sattler, D. (2022). Being Roman Catholic today in a worldwide context: Ecumenical perspectives on confessional reform efforts. *Ecumenical Review, 74*(1), 84-97. https://doi.org/10.1111/erev.12677

Sbarra, D. A., & Hazan, C. (2008). Coregulation, dysregulation, self-regulation: An integrated analysis and empirical agenda for understanding adult attachment, separation, loss, and recovery. *Personality and Social Psychology Review, 12*(2), 141-167. https://doi.org/10.1177/1088868308315702

Scaramelli, G. B. (1913/2005). *A handbook of mystical theology.* Berwick, ME: Nicolas-Hays.

Schall, J. D. (2009). Actions, reasons, neurons, and causes. En V. P. Gay (Ed.), *Neuroscience and religion: Brain, mind, self, and soul* (pp. 175-198). Lanham, MD: Rowman & Littlefield.

Scherer, K. R., & Zentner, M. R. (2001). Emotional effects of music: Production rules. En J. Juslin & J. Sloboda (Eds.), *Music and emotion* (pp. 361-3920. Oxford, U. K.: Oxford University Press. https://doi.org/10.1093/oso/9780192631886.003.0016

Schleiermacher, F. (1799/1996). *On religion: Speeches to its cultured despisers. Cambridge texts in the history of philosophy.* Cambridge, U.K.: Cambridge University Press.

Schmidt, S. N. L., Hass, J., Kirsch, P., & Mier, D. (2021, mayo). The human mirror neuron system—A common neural basis for social cognition? *Psychophysiology, 58*(5). Obtenido de https://doi.org/10.1111/psyp.13781.

Schmidt, S., & Walah, H. (eds.). (2014). *Meditation: Neuroscientific approaches and philosophical implications.* New York: Springer. https://doi.org/10.1007/978-3-319-01634-4

Schore, A. N. (2003a). *Affect regulation and the repair of the self.* New York: Norton.

Schore, A. N. (2021, abril 20). The interpersonal neurobiology of intersubjectivity. *Frontiers in Psychology, 12*:648616. Obtenido de http://doi.org/10.3389/fpsyg.2021.648616.

Schwartz, M. E. (2012). Consciousness, spirituality, and postmaterialist science: An empirical and experiential approach, En L. Miller (Ed.), *Handbook of Psychology and Spirituality.* New York: Oxford University Press. https://doi.org/10.1093/oxfordhb/9780199729920.013.0037

Science Council. (2023). Science. Obtenido de https://sciencecouncil.org/aboutscience/our-definition-of-science.

Scott, B. (2004). Second-order cybernetics: An historical introduction. *Kybernetes, 33*(9), 1365-1378. https://doi.org/10.1108/03684920410556007

Seligman, M. E. P., & Csikszentmihalyi, M. (2000). Positive psychology: An introduction. *American Psychologist, 55,* 5-14. https://doi.org/10.1037//0003-066X.55.1.5

Sevine, G., & Spreng, R.N. (2014). Contextual and perceptual brain processes underlying moral cognition: A quantitative meta-analysis of moral reasoning and moral emotions. *Plos One,* 9, c87427. doi:10.1371/journal.pone.0087427. https://doi.org/10.1371/journal.pone.0087427

Shae, H. (2021, julio). Internal difficulties in the theology of Karl Rahner. *Modern Theology, 37*(3). doi:10.1111/moth.12652. https://doi.org/10.1111/moth.12652

Shamay-Tsoory, S. G., Tomoer, R., Goldsher, D., Berger, B. D. & Aharon-Peretz, J. (2004). Impairment in cognitive and affective empathy in patients with brain lesions: Anatomical and cognitive correlates. *Journal of Clinical and Experimental Neuropsychology 26*(8), 1113-1127. https://doi.org/10.1080/13803390490515531

Shannon. N. D. (2017, septiembre). Believe and confess: Revisiting Christian doxastic intentionality. *Heythrop Journal, 58*(5), 749-761. doi: 10.1111/j.1468-2265.2012.00795.x. https://doi.org/10.1111/j.1468-2265.2012.00795.x

Shantz, D. H. (2010). The place of religion in a secular age: Charles Taylor's explanation of the rise and significance of secularism in the West. Calgary, Canada: University of Calgary. Obtenido de https://arts.ucalgary.ca/sites/default/files/teams/2/CLARE/ ChairChristian_Thought/2009march16_schantz_charles_taylorlecture.pdf.

Sharifi, S. (2018). Relationship between attachment style to God and depression in female breast-cancer patients: The mediating role of illness perception. *Pakistan Journal of Medical and Health Sciences, 61*(1), 27-35.

Shear, J., & Jevning, R. (1999). Pure consciousness: Scientific exploration of meditation techniques. *Journal of Consciousness Studies, 6*(2-3), 189-210.

Shukla, S., Acharya, S., & Raiput, C. (2013). Neurotheology: Matters of the mind or matters that mind? *Journal of Clinical and Diagnostic Research, 7,* 1486-1490. https://doi.org/10.7860/JCDR/2013/5409.3181

Siegel, D. J. (1999/2020). Th*e developing mind: How relationships and the brain interact to shape who we are. (3rd. ed.).* New York: Guilford.

Siegel, D. J. (2006). An interpersonal neurobiology approach to psychotherapy. *Psychiatric Annals, 36,* 248-256. Obtenido de http://www.healio.com/psychiatry/journals/psycann/2006-4-36-3. https://doi.org/10.3928/00485713-20060401-06

Siegel, D. J. (2007). *The mindful brain: Reflection and attunement in the cultivation of well-being.* New York: W. W. Norton.

Siegel, D. J. (2012). *Pocket guide to interpersonal neurobiology: An integrative handbook of the mind.* New York: W. W. Norton.

Siegel, D. J., & Drulis, C. (2023, febrero 3). An interpersonal neurobiology perspective on the mind and mental health: Personal, public, and planetary wellbeing. *Annals of General Psychiatry, 22*(5). Obtenido de doi: 10.1186/s1991-023-0043405

Simmonds-Moore, C., Rice, D. L., O'Gwin, A., & Hopkins, R. (2019). Exceptional experiences following exposure to a sham "God helmet:" Evidence for placebo, individual difference, and time of day influences. *Imagination, Cognition, and Personality: Consciousness in Theory, Research, and Practice, 39*(1), 44-87. https://doi.org/10.1177/0276236617749185

Simmons, J. A. (2019). Robert Cummings Neville, Defining religion: Essays in philosophy of religion. *International Journal for Philosophy of Religion.* Obtenido de https://research-ebsco-com.eresources.cuyahogalibrary.org/e/oeuzzwh/viewer/html/dvcohi4liv. https://doi.org/10.1007/s11153-019-09705-2

Singh, N., & Telles, S. (2015). Neurophysiological effects of meditation based on evoked and event-related potential recordings. *BioMed Research International*, 1-11. Obtenido de http://dx.doi. org/10.1155/2015/406261

Sisters of Notre Dame. (2023). Obtenido de http://www.snd1.org

Skrzypinska, K. (2021). Does spiritual intelligence (SI) exist? A theoretical investigation of a tool useful for finding the meaning of life. *Journal of Religion and Health*, 60(1), 500-516. doi: 10.1007/s10943-020-01005-8. https://doi.org/10.1007/s10943-020-01005-8

Smith, D. W. (2013, verano). Phenomenology, En E. N. Zalta (Ed.), *The Stanford encyclopedia of philosophy*. Obtenido de https://plato.stanford.edu/archives/sum2013/entries/phenomenology

Smith, E. E. (2017, verano). How does the brain experience God? Interview on neurotheology with Andrew B. Newberg. *Sufi*, 31-37.Snead, O. C. (2020, Diciembre 1). The anthropology of expressive individualism. *Church Life Journal: A Journal of the McGrath Institute for Church Life*. Notre Dame, IN: University of Notre Dame. Obtenido de https://churchlifejournal.nd.edu/articles/the-anthropology-of-expressive-individualism

Society of Catholic Scientists. (2023). Obtenido de http://www.catholicscientists.org

Sohn, Y. H. I., Kaelin-Lang, A., & Hallett, M. (2003, julio). The effect of transcranial magnetic stimulation on movement selection. *Journal of Neurology, Neurosurgery, and Psychiatry*, 74 (7), 985-987. doi: 10.1136/jnnp.74.7.985. https://doi.org/10.1136/jnnp.74.7.985

Song, Y., Tian, M., & Liu, J. (2012, agosto 29). Top-down processing of symbolic meanings modulates the visual word form area. *Journal of Neuroscience*, 32(35), 12277-12283. doi: https://doi.org/10.1523/JNEUROSCI.1874-12.2012. https://doi.org/10.1523/JNEUROSCI.1874-12.2012

Sorenson, S. J. (2013). Depression and God: The effect of major depressive disorder on theology and religious identity. *Pastoral Psychology*, 62(3), 343-353. doi: 10.1007/s11089-012-0479-3. https://doi.org/10.1007/s11089-012-0479-3

Sosis, R. (2000). Religion and intragroup cooperation: Preliminary results of a comparative analysis of utopian communities. *Cross-Cultural Research*, 34, 70-87. https://doi.org/10.1177/106939710003400105

Sosis, R. (2003). Why aren't we all Hutterites? *Human Nature*, 14(2), 91-127. https://doi.org/10.1007/s12110-003-1000-6

Sosis, R., & Bressler, E. (2003). Cooperation and commune longevity: A test of the costly signaling theory of religion. *Cross-Cultural Research*, 37, 211 239. https://doi.org/10.1177/1069397103037002003

Sosis, R., & Ruffle, B. (2003). Religious ritual and cooperation: Testing for a relationship on Israeli religious and secular kibbutzim. *Current Anthropology*, 44, 713-722. https://doi.org/10.1086/379260

Sosis, R., & Ruffle, B. (2004). Ideology, religion, and the evolution of cooperation: Field experiments on Israeli Kibbutzim. *Research in Economic Anthropology*, 23, 87-115. https://doi.org/10.1016/S0190-1281(04)23004-9

Sousa, D. A. (2011). *How the brain learns. (4ª ed.)*. Thousand Oaks, CA: Corwin. https://doi.org/10.4135/9781452219684

Spezio, M. (2000, marzo 1). [Reseña del libro, *Whatever happened to the Soul? Scientific and theological portraits of human nature* de W. S. Brown, N. Murphy, & H. N. Malony (Eds.)]. *Zygon: Journal of Religion & Science, 35*(2), 202-204.

Spezio, M. L. (2011, marzo). The neuroscience of emotion and reasoning in social contexts: Implications for moral theology. *Modern Theology, 27*(2), 339-356. doi:10.1111/j.1468-0025.2010.01680.x. https://doi.org/10.1111/j.1468-0025.2010.01680.x

Spezio, M. L. (2013, junio). Social neuroscience and theistic evolution: Intersubjectivity, love and the social sphere. *Zygon: Journal of Religion and Science, 48*(2), 428-438. doi: 10.1111/zygo.12005. https://doi.org/10.1111/zygo.12005

Spirituality: Canons Regular of Premontre. (2023). Obtenido de https://www.norbertines.org.uk/the-order/spirituality

Spitzer, R. (2015) *The soul's upward yearning: Clues to our transcendent nature from experience and reason.* San Francisco, CA: Ignatius Press.

Sporns, O. (2016). *Networks of the brain.* Cambridge, MS: MIT Press.

Stace, W. (1960). *Mysticism and philosophy.* London, U.K.: Macmillan.

Stanton, S. (2023). Epistemology and how we come to know. Obtenido de magiscenter.com/blog/epistemology.

Statistics & Data. (2022). "Most popular religions in the world—1945-2022." Obtenido de www.statisticsanddata.org/data/most-popular-religions-in-the-world

Stein, E. (2000). Individual and Community. En E. Stein & M. Sawicki et al. (Eds.), *Philosophy of psychology and the humanities: The collected works of Edith Stein, vol. 7.* Washington, DC: ICS Publications.

Steup, M. (1997). [Reseña del libro *Perceiving God. The epistemology of religious experience* de W. Alston]. *Nous, 31*(3), 408-421. https://doi.org/10.1111/0029-4624.00052

Stinson, C. (2016). Mechanisms in psychology: Ripping nature at its seams. *Synthese,* 193(5), 1585-1614. https://doi.org/10.1007/s11229-015-0871-5

Stockigt, B., Jeserich, F., Walach, H., Elies, M., & Brinkhaus, B. (2021, Diciembre). Experiences and perceived effects of rosary praying. *Journal of Religion and Health, 60*(6), 3886-3906. doi: 10.1007/s10943-021-01299-2.

Stoeber, M. (1992). Constructivist epistemologies of mysticism: A critique and a revision. *Religious Studies,* 28, 107-116. https://doi.org/10.1017/S0034412500021417

Stone, J. A. (2000, junio). J. Wentzel van Huyssteen: Refiguring rationality in the postmodern age. *Zygon: Journal of Religion and Science, 35*(2), 415-426. doi: 10.1111/0591-2385.00284. https://doi.org/10.1111/0591-2385.00284

Stovall, P. (2011). Professional virtue and professional self-awareness: A case study in engineering ethics. *Science and Engineering Ethics,* 17, 109-132. doi:10.1007/s11948-009-9182-x. https://doi.org/10.1007/s11948-009-9182-x

Strawn. B. D., & Brown, W. S. (2013). Liturgical animals: What psychology and neuroscience tell us about formation and worship. *Liturgy, 28*(4). Fuller Theological Seminary. doi: 10.1080/0458063X. 2013.803838 Obtenido de http

://www.tandfonline.com/loi/ultg20. https://doi.org/10.1080/0458063X.2013.803838

Stuckey, H. L., & Nobel, J. (2010, febrero). The connection between art, healing, and public health: A review of current literature. *American Journal of Public Health, 100*(2), 254-63. doi: 10.2105/AJPH.2008.156497. https://doi.org/10.2105/AJPH.2008.156497

Stucky, K., Kirkwood, M. W., Donders, J., & Liff, C. (Eds.). (2014/2020). *Clinical neuropsychology study guide and board review*. New York: Oxford University Press.

Stuhlmeuller, C. (Ed.). (1996). *The Collegeville pastoral dictionary of Biblical theology*. Collegeville, MN: Liturgical Press.

Sullivan, J. (2016a). Construct stabilization and the unity of the mind-brain sciences. *Philosophy of Science, 83*, 662-673. https://doi.org/10.1086/687853

Sullivan, J. (2016b). Stabilizing constructs across different research fields as a way to foster the integrative approach of the research domain criteria project. *Frontiers in Human Neuroscience, 10*, 309. https://doi.org/10.3389/fnhum.2016.00309

Sullivan, J. (2016c). Neuroscientific kinds through the lens of scientific practice. En C. Kendig (Ed.), *Natural kinds and classification in scientific practice* (pp. 47-56). New York: Routledge.

Sullivan, J. A. (2017, Junio). Coordinated pluralism as a means to facilitate integrative taxonomies of cognition. *Philosophical Explorations, 20*(2), 129-145. doi: 10.1080/13869795.2017.1312497. https://doi.org/10.1080/13869795.2017.1312497

Swaab, D. F. (2001, agosto 20-24). Plasticity in the adult brain: From genes to neurotherapy. *Proceedings of the 22nd International Summer School of Brain Research*. (M. A. Hoffman et al., Eds.). University of Amsterdam: Elsevier.

Sweet, W. (2019). Jacques Maritain. En *Stanford encyclopedia of philosophy*. Obtenido de https://plato.stanford.edu/entries/maritain. https://doi.org/10.1017/9781108669979.024

Tangney, J. P. (2009). Humility. En S. J. Lopez & C. R. Snyder (Eds.), *Oxford Handbook of Positive Psychology, 2nd Edition* (pp. 483-490). New York: Oxford University Press. https://doi.org/10.1093/oxfordhb/9780195187243.013.0046

Taylor, C. (1989). *Sources of the self: The making of modern identity*. Cambridge, MA: Harvard University Press.

Taylor, C. (2003). *Varieties of religion today: William James revisited. Series: Institute for Human Sciences Vienna Lecture*. Cambridge, MA: Harvard University Press. https://doi.org/10.2307/j.ctv1p6hqbp

Taylor, C. (2018). *A secular age*. Cambridge, MA: Belknap, Harvard University Press.

Taylor, K. I., et al. (1999). Qualitative hemispheric differences in semantic category matching. *Brain and Language, 70*(1), 119-131. https://doi.org/10.1006/brln.1999.2148

Taylor, K., Zach, P., & Brugger, P. (2002). Why is magical ideation related to leftward deviation on an implicit line bisection task? *Cortex, 38*(2), 247-252. https://doi.org/10.1016/S0010-9452(08)70653-1

Teresa of Avila, St. (1577/1980). *The collected works of Teresa of Avila, vol. 2, The Way of Perfection and Interior Castle*. Washington, DC: ICS Publications.

Thielicke, H. & Louth, A. (2022). Theology, En *Encyclopedia Britannica*. Obtenido de http://www.britannica.com/topic/theology

Thurston, H. (1911/2023). Relics. En *The Catholic encyclopedia*. New York: Robert Appleton. En *New Advent Catholic encyclopedia*. Obtenido de https://www.newadvent.org/cathen/12734a

Titus, C. S., & Moncher, F. (2009). A Catholic Christian positive psychology: A virtue approach. *Edification: Journal of the Society for Christian Psychology,* 57-63.

Tranel, D., Hathaway-Nepple, J., & Anderson, S. W. (2007). Impaired behavior on real-world tasks following damage to the ventromedial prefrontal cortex. *Journal of Clinical and Experimental Neuropsychology,* 29(3), 319–332. Obtenido de https://doi.org/10.1080/13803390600701376

Traska, B. (2017, marzo). [Reseña del libro *Brain, Consciousness, and God* de D. A. Helminiak]. *Zygon: Journal of Religion and Science,* 52(1), 282-284. doi: 10.1111/zygo.12323. https://doi.org/10.1111/zygo.12323

Trepanier, L. (2017). Culture and education in Josef Pieper's thought. Obtenido de http://www.voegelinview.com/culture-education-josef-piepers-thought

Trevena, J., & Miller, J. (2010). Brain preparation before a voluntary action: Evidence against unconscious movement initiation. *Consciousness and Cognition,* 19(1), 447-456. https://doi.org/10.1016/j.concog.2009.08.006

Tucker, D. M. (2013, agosto). [Reseña]. Neuropsychological foundations of conscious experience. *The Journal of Nervous and Mental Disease,* 201(8), 724-725. Obtenido de http://www.jonmd.com https://doi.org/10.1097/NMD.0b013e31829db73c

Turner, L. (2020). Isolating the individual: Theology, the evolution of religion, and the problem of abstract individualism. *Zygon: Journal of Religion and Science,* 55(1), 207-228. doi: 10.1111/zygo.12580. https://doi.org/10.1111/zygo.12580

Turner, R. (2016). Uses, misuses, new uses and fundamental limitations of magnetic resonance imaging in cognitive science. *Philosophical Transactions B,* 371(1705), 1-11. doi: 10.1098/rstb.2015.0349. Obtenido de http://www.rstb.royalsocietypublishing.org https://doi.org/10.1098/rstb.2015.0349

Turner, V. (1967). *The forest of symbols*. New York: Cornell University Press.

Turner, V. (1969). *The ritual process*. Chicago, IL: Aldine.

Turri, J., Alfano, M., & Greco. J. (2021, invierno). Virtue Epistemology, En E. N. Zalta (Ed.), *The Stanford encyclopedia of philosophy.* Obtenido de https://plato.stanford.edu/archives/win2021/entries/epistemology-virtu

Uddin L. Q. (2020). Bring the noise: Reconceptualizing spontaneous neural activity. *Trends in Cognitive Sciences,* 24(9), 734–746. https://doi.org/10.1016/j.tics.2020.06.003

Umpleby, S. A. (2016). Second-order cybernetics as a fundamental revolution in science. *Constructivist Foundations,* 11(3), 455-465.

Underhill, E. (1911). *Mysticism: A study in the nature and development of man's spiritual consciousness*. New York: E. P. Dutton and Company.

University of Edinburgh. (2016). Science and religion: Three views. [Curso online, modulo 2: *Philosophy, Science, and Religion*]. Obtenido de https://www.coursera.org/learn/philosophy-science-religion-3

Uttal, W. (2001). *The new phenomenology: The limits of localizing cognitive processes in the brain.* Cambridge, MA: MIT Press.

van Dongen, J. D. M. (2020, abril 6). The empathic brain of psychopaths: From social science to neuroscience in empathy. *Frontiers in Psychology, 11,* 1-12. Obtenido de https://doi.org/10.3389/fpsyg.2020.00695

von Hildebrand, D. (2001). *Transformation in Christ: On the Christian attitude.* San Francisco, CA: Ignatius Press.

van Huyssteen, J. W. (1999). *The shaping of rationality: Toward interdisciplinarity in theology and science.* Grand Rapids, MI: William Eerdmans.

van Huyssteen, J. W. (2006). *Alone in the world? Human uniqueness in science and theology.* Grand Rapids, MI: William Eerdmans.

van Inwagen, P., & Sullivan, M. (2021, Winter). Metaphysics, in E. N. Zalta (Ed.). *Stanford encyclopedia of philosophy.* Obtenido de https://plato.stanford.edu/archives/win2021/entries/metaphysics/

Varela, F., & Singer, W. (1987). Neuronal dynamics in the visual cortico-thalamic pathway as revealed through binocular rivalry. *Experimental Brain Research,* 66(1), 10-20. https://doi.org/10.1007/BF00236196

Varela, F., Thompson, E., & Rosch, E. (1991/2017). *The embodied mind: Cognitive science and human experience.* Cambridge, MA: MIT Press. https://doi.org/10.7551/mitpress/6730.001.0001

Verheinjde, J. L., & Potts, M. (2010). Commentary on the concept of brain death within the Catholic bioethical framework. *Christian Bioethics, 16,* 246-256. https://doi.org/10.1093/cb/cbq019

Vicini, A. (2012). Imaging in severe disorders of consciousness: Rethinking consciousness, identity, and care in a relational key. *Journal of the Society of Christian Ethics, 32,* 169-191. https://doi.org/10.1353/sce.2012.0012

Vicini, A. (2014). Neuroscience and bioethics. *La Civilta Cattolica, 2,* 143-158.

Vieten, C., Scammel, S., Pilato, R., Ammondson, I., Pargament, K. I., & Lukoff, D. (2013). Spirituality and religious competencies for psychologists. *Psychology of Religion and Spirituality, 5*(3), 129-144. doi: 10.1037/a0032699. https://doi.org/10.1037/a0032699

Vieten, C., Wahbeh, H., Cahn, B. R., MacLean, K., Estrada, M., Mills, P., Delorme, A. (2018). Future directions in meditation research: Recommendations for expanding the field of contemplative science. *PLoS One, 13*(11), 1-30. doi: 10.1371/journal.pone.0205740. https://doi.org/10.1371/journal.pone.0205740

Vincelette, A. (2011). *Recent Catholic philosophy: The twentieth century.* Milwaukee, WI: Marquette University Press.

Vincelette, A. (2020). *A reader in recent Catholic philosophy.* St. Louis, MO: Enroute.

Vincentian Spirituality. (2023). Obtenido de https://vinformation.org

Vitz, P. C. (2009). Reconceiving personality theory from a Catholic Christian perspective. *Edification, 3,* 42-50.

Vitz, P. C. (2011). Christian and Catholic advantages for connecting psychology with the faith. *Journal of Psychology and Christianity, 30,* 294-306.

Vitz, P. C., Nordling, W. J., & Titus, C. S. (Eds.). (2020). *A Catholic Christian metamodel of the person.* Sterling, VA: Divine Mercy University Press.

Vogt, C. P. (2016). Virtue: Personal formation and social transformation. *Theological Studies, 77,* 181-196. https://doi.org/10.1177/0040563915620509

Von Hildebrand, D. (2001). *Transformation in Christ.* San Francisco, CA: Ignatius.
Wahlberg, M. (2020, Fall). Divine revelation. En E. N., Zalta (Ed.), *The Stanford encyclopedia of philosophy.* Obtenido de https://plato.stanford.edu/archives/fall2020/entries/divine-revelation
Wainright, W. J. (1981). *Mysticism: A study in its nature, cognitive value, and moral implications.* Madison, WI: University of Wisconsin Press.
Wainright, W. J. (2011). The spiritual senses in Western spirituality and the analytic philosophy of religion. *European Journal for the Philosophy of Religion, 3,* 21-41. https://doi.org/10.24204/ejpr.v3i1.379
Walch, J. (2015). Nested narratives: Interpersonal neurobiology and Christian formation. *Christian Education Journal, 12,* 151-161. https://doi.org/10.1177/073989131501200111
Wall, T. (2015, abril). Resurrection and the natural sciences: Some theological insights on sanctification and disability. *Science and Christian Belief, 27*(1), 41-58.
Walter, V. J., & Walter, W. G. (1949). The central effects of rhythmic sensory stimulation. *Electroencephalography and clinical* neurophysiology, 1, 57-86. https://doi.org/10.1016/0013-4694(49)90164-9
Watts, F. (2002). Cognitive neuroscience and religious consciousness. En R. J. Russell, N. Murphey, T. C. Meyering, T. C., & M. A. Arbib, (Eds.), *Neuroscience and the person: Scientific perspectives on divine action* (pp.327-346). Notre Dame, IN: University of Notre Dame Press.
Weaver, E. (2023). *Overcoming the darkness: Shining the light on mental illness, trauma, and suicide.* Obtenido de www.overcomingthedarkness.com/eric-weaver
Weisberg, D. S., Keil, F. C., Goodstein, J., Rawson, E., & Gray, J. R. (2008). The seductive allure of neuroscience explanations. *Journal of Cognitive Neuroscience, 20,* 470-477. https://doi.org/10.1162/jocn.2008.20040
Weissenbacher, M. C. (2015, marzo). Ten principles for interpreting neuroscientific pronouncements regarding human nature. *Dialogue: A Journal of Theology, 54*(1), 41-50. doi: 10.1111/dial.12153 https://doi.org/10.1111/dial.12153
Weker, M. (2016, diciembre). Searching for neurobiological foundations of faith and religion. *Studia Humana, 5*(4), 57-63. doi: 10.1515/sh-2016-0024. https://doi.org/10.1515/sh-2016-0024
Werk, R. S., Steinhorn, D. M., & Newberg, A. (2021). The relationship between spirituality and the developing brain: A framework for pediatric oncology. *Journal of Religion and Health, 60*(1), 389-405. doi: 10.1007/s10943-020-01014-7. https://doi.org/10.1007/s10943-020-01014-7
White, C. (2017). What the cognitive science of religion is (and is not). En A. W. Hughes (Ed), *Theory in a time of excess: Beyond reflection and explanation in religious studies scholarship* (pp. 95-114). London, U.K.: Equinox Publishing.
Whitehouse, H. (2000). *Arguments and icons: Divergent modes of religiosity.* Oxford, U.K.: Oxford University Press. https://doi.org/10.1093/oso/9780198234142.001.0001
Wildman, W. & Brothers, L. (2002). A neuropsychological-semiotic model of religious experiences. En R. J. Russell, N. Murphey, T. C. Meyering, T. C., & M. A. Arbib, (Eds.). *Neuroscience and the person: Scientific perspectives on divine*

action (pp. 347-416). Notre Dame, IN: University of Notre Dame Press. https://doi.org/10.1163/15709256-12341274

Wildman, W. J. (2013). Spiritual experiences: A quantitative-phenomenological approach. *Journal of Empirical Theology, 26*(2), 139-164. doi: 10.1163/157092 56-12341274.

Wilson, C., Bungay, H., Munn-Giddings, C., & Boyce, M. (2016, abril). Healthcare professionals' perceptions of the value and impact of the arts in healthcare settings: A critical review of the literature. *International Journal of Nursing Studies, 56,* 90-101. doi: 10.1016/j.ijnurstu.2015.11.003. https://doi.org/10.1016/j.ijnurstu.2015.11.003

Wilson, E. O. (1998). *Consilience: The unity of knowledge.* Visalia, CA: Vintage Press.

Winkleman, M. (2000). *Shamanism: The neural ecology of consciousness and healing,* Westport, CT: Bergin. https://doi.org/10.5040/9798216986232

Wintering, N., Yaden, D. B., Conklin, C., Alizadeh, M., Mohamed, F. B., Zhong, L., Newberg, A. B. (2021). Effect of a one-week spiritual retreat on brain functional connectivity: A preliminary study. *Religions,12*(1), 23. doi: 10.33 90/rel12010023. https://doi.org/10.3390/rel12010023

Wiseman, J. A. (1993). Mysticism. En M. Downey (Ed.), *The new dictionary of Catholic spirituality* (pp. 681-692). Collegeville, MN: Liturgical Press.

Wolff, H. W. (1974). *Anthropology of the Old Testament.* Philadelphia, PA: Fortress Press.

Woodward, G. (2023). Karl Rahner (1904-1984). *Internet encyclopedia of philosophy: A peer-reviewed academic resources.* Obtenido de http://iep.utm.edu/rahner

Worthington, E. L. (1989). Religious faith across the life span: Implications for counseling and research. *The Counseling Psychologist, 17*(4), 555-612. https://doi.org/10.1177/0011000089174001

Yaden, D. B., & Newberg, A. B. (2022). *The varieties of spiritual experiences: 21st century research and perspectives.* Oxford, U.K.: Oxford University Press. https://doi.org/10.1093/oso/9780190665678.001.0001

Yaden, D. B., Haidt, J., Hood, R. W., Vago, D. R., & Newberg, A. B. (2017, junio). The varieties of self-transcendent experience. *Review of General Psychology, 21*(2), 1-18. doi: 10.1037/gpr0000102. https://doi.org/10.1037/gpr0000102

Yaden, D. B., Le Nguyen, K. D., Kern, M. L., Belser, A. B., Eichstaedt, J. C., Iwry, J., Newberg, A. B. (2017, julio). Of roots and fruits: A comparison of psychedelic and nonpsychedelic mystical experiences. *Journal of Humanistic Psychology, 57*(4), 1-16, 338-353. doi: 10.1177/0022167816674625. https://doi.org/10.1177/0022167816674625

Yamane, D. (2007). Introduction: *Habits of the heart at 20*: Symposium on the 20th Anniversary of *Habits of the Heart. Sociology of Religion, 68*(2), 179-187. https://doi.org/10.1093/socrel/68.2.179

Yasinski, E. (2021, julio 12). Religion on the brain. *The Scientist.* Obtenido de https://www.the-scientist.com/news-opinion/religion-on-the-brain-68969

Zagzebski, L. T. (2009). *On epistemology.* Belmont, CA; Wadsworth.

Zagzebski, L. T. (2021). *The two greatest ideas: How our grasp of the universe and our minds changed everything.* Princeton, NJ: Princeton University Press. https://doi.org/10.1515/9780691211244

Zarzycka, B., & Zietek, P. (2019, agosto). Spiritual growth or decline and meaning making as mediators of anxiety and satisfaction with life during religious struggle. *Journal of Religion and Health, 58*(4), 1072-1086. doi: 10.1007/s109 43-018-0598-y. https://doi.org/10.1007/s10943-018-0598-y

Zinnbauer, B. J., & Pargament, K. I. (2005). Religiousness and spirituality. En R. F. Paloutzian & C. Park (Eds.), *Handbook of the psychology of religion and spirituality* (pp. 21-42). New York: Guilford.

Zohar, D., & Marshall, I. (2000). *Spiritual Intelligence: The Ultimate Intelligence.* London: Bloomsburry.

Bibliografía complementaria

Anderson, E. B. (1997, verano). Liturgical catechesis: Congregational practice as formation. *Religious Education, 93*(3), 349-363.

Anscombe, G. E. M., Schneewind, J. B., & Reiman, J. H. (1958/2004). O'Hear, A. (Ed.), *Modern Moral Philosophy.* Cambridge, U.K.: Cambridge University Press.

Augustín, Sto. (400/1947). *De libero arbitrio voluntatis.* Richmond, VA: Dietz Press.

Benedicto XVI, Papa. (1988/2007). *Eschatology: Death and eternal life.* 2ª ed. Washington, DC: Catholic University of America Press.

Bouyer, L. (2017). *Mysterion: De mystère à la mystique.* Paris, France: Edition du Cerf.

Byrne, P. (2016). [Reseña del libro *Authenticity of self-transcendence: The enduring insights of Bernard Lonergan* de M. H. McCarthy). Obtenido de https://ndor.n d.edu/reviews/

Carlson, J. W. (2012). *Words of wisdom: A philosophical dictionary for the perennial tradition.* South Bend, IN: University of Notre Dame Press. https:// doi.org/10.2307/j.ctvpj7586

Catholic Church. (1983/2022). *Code of Canon Law* (4ª ed.) Arrieta, J. I. (Ed.). Montreal, Quebec, Canada: Librarie Wilson & Lafleur.

Catholic Church. Council of Trent, Session XXV. (2023). Obtenido de http://ww w.thecounciloftrent.com/ch25.htm

Cuthbert, B., & Kozak, M. (2013). Constructing constructs of psychopathology: The NIMH research domain criteria (RDoC). *Journal of Abnormal Psychology, 122*(3), 928-937. https://doi.org/10.1037/a0034028

dal Covolo, E. (1999, Marzo 17). The encounter of faith and reason in the Fathers of the Church. Vatican City: *L'Osservatore Romano,* 9-10.

Deely, J. (1997). Quid sit postmodernismus? En R. T. Ciapalo (Ed.), *Postmodernism and Christian Philosophy.* Washington, DC: Catholic University of America Press.

de Longchamp, M. H. (1997). *Lectures de Jean de la Croix : Essai d'anthropologie mystique.* Paris, France: Beauchesne éditeur.

Dixon, T. (2003). *From passions to emotions: The creation of a secular psychological category.* Cambridge, U. K.: Cambridge University Press. https://doi.org/10.1 017/CBO9780511490514

Doran, R. M. (1990). *Theology and the dialectics of history.* Toronto, Ontario, Canada: University of Toronto Press. https://doi.org/10.3138/9781442682603

Eckstrom, R. R. (1982/1995). *The new concise Catholic dictionary.* Mystic, CT: Twenty-Third Publications.

Edwards, J. S. (1977). Pathfinding by arthropod sensory nerves. En G. Hoyle (Ed.), *Identified neurons and behavior of arthropods* (pp. 484–493). New York: Plenum.

Elian, M., Hoerl, C., McCormack, T., & Koesler, J. (Eds.). (2005). *Joint attention: Communication and other minds: Issues in philosophy and psychology.* Oxford, U. K.: Clarendon Press. https://doi.org/10.1093/acprof:oso/978019 9245635.001.0001

Fairbairn, W. R. D. (1952a). *An object relations theory of the personality.* New York: Basic Books.

Fairbairn, W. R. D. (1952b). *Psychoanalytic studies of the personality.* London, U.K.: Routledge & Kegan Paul.

Feyerabend, P. (1975). *Against method.* New York: New Left Books.

Fizzotti, E. (2008). *Introduzione alle psicologia della religione.* Milano, Italy: FrancoAngeli.

Gilson, E. (1919/2002). *Thomism: The philosophy of Thomas Aquinas.* Toronto, Ontario, Canada: Pontifical Institute of Medieval Studies.

Gilson, E. (1941/2002). *God and philosophy.* New Haven, CT: Yale University Press.

Hall, C. R., Dixon, W. A., & Mauzey, E. D. (2004). Spirituality and religion: Implications for counselors. *Journal of Counseling & Development, 82*(4), 504– 507. https://doi.org/10.1002/j.1556-6678.2004.tb00339.x

Hardon, J. A. (1980). *Modern Catholic dictionary.* New York: Doubleday.

Harre, R. S., & Secord, P. F. (1972). *The explanation of social behavior.* Oxford, U.K.: Blackwell.

Hodge, D. R., & McGrew, C. C. (2006). Spirituality, religion, and the interrelationship: A nationally representative study. *Journal of Social Work Education, 42*(3), 637-654. doi: 10.5175/JSWE.2006.200500517. https://doi.org/10.5175/JSW E.2006.200500517

Jewett, P. K., & Shuster, M. (1996). *Who we are: Our dignity as human: A neo-evangelical theology.* Grand Rapids, MI: William B. Eerdmans.

Johnson, S. (1996/2004). *Creating connection: The practice of emotionally focused marital therapy.* New York: Brunner/Mazel (now Brunner/Routledge).

Jones, R. H. (2013). *Analysis and the fullness of reality: An introduction to reductionism and emergence.* New York: Jackson Square Books.

Jones, R. H. (2016). *Philosophy of mysticism: Raids on the ineffable.* Albany: State University of New York Press. https://doi.org/10.1515/9781438461205

Jones, R. M. (1909). *Studies in mystical religion.* London, U.K: Macmillan.

Kelly, M. (2002/2014). *Rediscover Catholicism: A spiritual guide to living with passion and purpose.* North Palm Beach, FL: Blue Sparrow Books.

Kenny, A. (1988). *The self: Aquinas lecture.* Milwaukee, WI: Marquette University Press.

Kristjanson, K. (2014). Phronesis and moral education: Treading beyond the truisms. *Theory and Research in Education.* doi:10.10.1177/147787851453024 4. https://doi.org/10.1177/1477878514530244

Kruger, F. P., & de Klerk, B. J. (2017, Jan.). The mediating influence of liturgy on the way of life: Disposing oppressing powers in oneself and appropriating compassion toward the other. *HTS Theological Studies, 73*(1). https://doi.org/10.4102/hts.v73i2.4517

Lambek, M. (2002). *A reader in the anthropology of religion.* Oxford, U.K.: Blackwell.

Lamm, J. A. (2013). *The Wiley-Blackwell companion to Christian mysticism.* West Sussex, U. K.: John Wiley & Sons. https://doi.org/10.1002/9781118232729

MacIntyre, A. (2016). *Ethics in the conflicts of modernity: An essay on desire, practical reasoning, and narrative.* Cambridge, U.K.: Cambridge University Press. https://doi.org/10.1017/9781316816967

Maritain, J. (1946). *The twilight of civilization.* Andesite Press. https://openlibrary.org/publishers/Andesite Press

Maritain, J. (1951). *Philosophy of nature.* New York: Philosophical Library Publishing.

McGinn, B. (2001, Fall). The language of inner experience in Christian mysticism. *Spiritus: A Journal of Christian Spirituality, 1*(2), 56-171. Baltimore, MD: Johns-Hopkins University Press. https://doi.org/10.1353/scs.2001.0038

Melina, L. (2001, primavera). Christ and the dynamism of action: Outlook and overview of Christocentrism in moral theology. *Communio: International Catholic Review, 28, 112-139.*

Mittlestrass, J. (2011). On transdisciplinarity. *Trames 4,* 329-338. doi.org/10.3176/tr.2011.4.01

Moodley, R. (2007). (Re)placing multiculturalism in counseling and psychotherapy. *British Journal of Guidance & Counseling, 35*(1), 1-22. doi: 10.1080/03069880601106740. https://doi.org/10.1080/03069880601106740

Morel, G. (1960). *Le sens de l'existence selon Saint Jean de al Croix.* Aubier, Paris : Presses Universitaires de France.

Muñoz, C. P. D. (2012). En torno a dos lecturas posibles sobre el conocimiento de las esencias en Tomas de Aquino. *Tópicos: Revista de Filosofía (México),* 43: 123– 151. https://doi.org/10.21555/top.v0i43.34

Nédoncelle, M. (1942). *La réciprocité des consciences : Essai sur la nature de la personne.* Paris, France: Aubier.

Nédoncelle, M. (1946/1966). *Love and the person.* New York: Sheed and Ward.

Nicolescu, B. (2014, mayo). Methodology of transdisciplinarity. *World Futures: The Journal of General Evolution, 70*(3-4), 186-199. https://doi.org/10.1080/02604027.2014.934631

Pablo VI, Papa. (1963). *Sacrosanctum concilium.* Decree on the Sacred Liturgy. Obtenido de https://www.vatican.va/archive/hist_councils/ii_vatican_council/documents/vat- ii_const_19631204_sacrosanctum-concilium_en.html

Pablo VI, Papa. (1964). *Orientalium Ecclesiarum:* Decree on the Churches of the Eastern rite. https://www.vatican.va/archive/hist_councils/ii_vatican_council/documents/vat- ii_decree_19641121_orientalium-ecclesiarum_en.html

Pablo VI, Papa. (1965). *Presbyterorum ordinis.* Decree on the life and ministry of priests. Obtenido de Presbyterorum ordinis (vatican.va)

Pablo VI, Papa. (1971). *Divinae consortium naturae.* Apostolic Constitution on the Sacrament of Confirmation. Obtenido de https://www.vatican.va/content/paul-vi/la/apost_constitutions/documents/hf_p-vi_apc_19710815_divina-consortium.html

Pablo VI, Papa. (1974). *Marialis cultus.* Apostolic exhortation for the right ordering and development of devotion to the Blessed Virgin Mary. Obtenido de https://www.vatican.va/paul-vi/en/apost_exhortations/documents/hf_p-vi_exh_19740202_marialis-cultus.html

Peterson, G. R. (2012). Exemplarism: Some considerations. En *Theology and the science of moral action.* Philadelphia, PA: Routledge.

Piccinini, G., & Craver, C. (2011). Integrating psychology and neuroscien https://doi.org/10.1007/s11229-011-9898-4 ce: Functional analyses as mechanism sketches. *Synthese 183*(3), 283-311.

Pico della Mirandolla, G. (1486/1996). *Oration on the dignity of man.* Southlake, TX: Gateway Publishing.

Pío IX, Papa. (1870/2023). Dogmatic constitution *Dei filius.* Obtenido de https://www.vatican.va/content/pius-ix/la/documents/constitutio-dogmatica-dei-filius-24-aprilis-1870.html

Pío XII, Papa. Encyclical *Humani generis.* Obtenido de https://www.vatican.va/content/pius-xii/en/encyclicals/documents/hf_p-xii_enc_12081950_humani-generis.html

Plantinga, A. C. (2000). *Warranted Christian belief.* New York: Oxford University Press. https://doi.org/10.1093/0195131932.001.0001

Rahner, K. (1976/1982). *Foundations of Christian faith: An introduction to the idea of Christianity.* New York: Herder & Herder.

Rahner, K. (1982). Theology of freedom. En *Theological investigations.* Vol. 6 (pp. 178-196). New York: Crossroad.

Rubia, F. J. (2009). *La conexión divina: La experiencia mística y la neurobiología.* Barcelona, España: Crítica.

Sandok, T. H. (1993). *Person and community: Selected essays: Catholic thought from Lublin.* Lausanne, Switzerland: Peter Lang International Academic Publishing.

Sanguineti, J. J. (2007). *Filosofía de la mente.* Madrid, España: Palabra.

Sanguineti, J. J. (2014). Neurociencia y filosofía del hombre. Madrid, España: Palabra.

Sanguineti, J. J. (2018). La relevancia de la neurociencia en el estudio de la religiosidad. *Scientia et Fides, 6,* 85-99. https://doi.org/10.12775/SetF.2018.018

Shaw, S. M. (1999). *Storytelling in religious education.* Birmingham, AL: Religious Education Press.

Slatcher, R. B. (2010, Junio). When Harry and Sally met Dick and Jane: Creating closeness between couples. *Personal Relationships, 17*(2), 279-297. https://doi.org/10.1111/j.1475-6811.2010.01276.x

Smith, J. K. A. (2009). *Desiring the kingdom: Worship, worldview, and cultural formation.* Grand Rapids, MI: Baker Academic.

Solomon, M. F., & Tatkin, S. (2011). *Love and war in intimate relationships: Connection, disconnection, and mutual regulation in couple therapy.* Scranton, PA: W. W. Norton.

Stuhlmueller, C., Bergant, D., Dumm, D., et al. (Eds.). (1996). *The Collegeville pastoral dictionary of biblical theology.* Collegeville, MN: Liturgical Press.

United Nations. (1948). *Universal declaration of human rights.* Obtenido de https://www.un.org>udhr_booklet_en_web

von Balthasar, H. U. (1990). *The glory of the Lord.* 7 vols. San Francisco, CA: Ignatius Press.
von Glasserfeld, E. (Ed.). (1991). Editor's introduction. En *Radical constructivism in mathematics education.* Dordrecht, Netherlands: Kluwer.
von Hildebrand, D. (1953). *Christian ethics.* Philadelphia, PA: David McKay Publishing.
von Hildebrand, D. (2016). *Liturgy and personality.* New York: Hildebrand Books. Harper Collins.
Wolfson, H. A. (1956/2022). *Philosophy of the Church Fathers: Vol. 1: Faith, Trinity, Encarnation.* Cambridge, MA: Harvard University Press.
Wojtyla, K. (1960/1993). *Love and responsibility.* San Francisco, CA: Ignatius Press.
Wojtyla, K. (1969/1979). *The acting person.* Dordrecht, Netherlands: D. Reidle Publishing.

Índice

A

ácido gamma aminobutírico (GABA), 220
actividad cerebral, 43, 94, 102-103, 109, 168, 180, 259, 261, 271, 324, 345
Aeterni patris, 28, 32
San Agustín de Hipona, 30
Alberico, San 242
Alberto del Monte Carmelo, San, 243, 273
Alberto Magno, San, 242
Alejandría, 2
alma humana, 50, 58, 65, 70, 97, 115, 275, 297, 328-329, 349, 356
Alston, William, 75, 267
altruismo, 130, 155, 235
amígdala, 34-37, 117, 151, 167, 185, 191, 218-219, 241, 247, 258, 323
Ángela de Foligno, Santa, 241
Anscombe, Elizabeth, 31, 112
ansiedad, 23, 123, 126, 176, 188, 196, 201, 232, 258
Antonio de Padua, San, 243
antropología
  cristiana, 7, 206-208, 211
  filosófica, 262
apego a Dios, 325
áreas del lenguaje, 161
Aristóteles, 28, 33, 42, 57, 68, 79, 96, 212, 296, 298
ateísmo, 95, 122, 206, 322, 349, 355,
atención, 3, 34-38, 60, 66-67, 91, 103, 155-158, 164, 176, 179-180, 211, 233, 275, 278, 319-320, 323
ateos, 79, 196, 200, 321

B

Barbour, Ian, 344
Basilio, San, 241
bautismo, 2, 15, 110, 116, 128, 141, 143-145, 148-151, 213, 275, 320
Beauregard, James, 13
Beauregard, Mario, 253-255, 270, 340
Bednar, Gerald, 13, 255, 295, 298, 338
bendiciones, 189, 191
Benedicto, San, 241
Bernardo de Claraval, San, 241, 242
bienaventuranzas, 140, 277-278
Bonhoeffer, Dietrich, 110, 111
Brueggeman, Walter, 353
Brugger, Christian, 206-209
Budismo, 22, 45, 46, 91, 256, 340, 355
Buenaventura, San, 139, 241, 243
Burns, Charlene, 290, 295, 297, 304, 341

C

caridad, 32, 69-71, 82, 111, 130, 179-180, 188, 209, 244-245, 270, 277, 316, 317, 319
carismas, 193, 240, 248, 271
Carmelitas, 176, 190, 239, 240, 241, 243

Catechesi tradendae, 8
Catecismo de la Iglesia Católica (CIC), 1-2, 16, 40, 42, 104, 174
centros emocionales, 38, 112, 117, 188, 196, 218-219, 230, 236, 266
cerebro y libre albedrío, 101-120
ciencias del cerebro, 3
Clara de Asís, Santa, 243
Cloninger, Roberto, 227, 290
Código de Derecho Canónico, 262
cognición, 81
Colette, Santa, 243
compasión, 12, 23, 50, 113, 155, 180, 226, 232-234, 299, 323
complejidad, 85,103, 182, 191, 219, 351
comportamientos
 complejos, 10, 11, 13, 23, 152, 175, 261
 criminales, 112
 sectarios, 127, 197
comprensión
 de la acción, 153
 humana, 70
comunicación, 132,150,158-159, 213-214, 220,237, 240-244, 248, 340
comunión, 2, 8, 28, 144-149, 162, 168, 177, 193, 294
conciencia
 mística, 63, 141, 260, 271
 pura, 256, 261-265, 283
 subjetiva, 43, 220, 252, 266, 343, 346
condición humana, 21-25, 73,178, 222, 309
connaturalidad, 15, 32, 69, 74, 277, 281, 319-321, 330
conocimiento
 científico, 80, 83, 351
 empírico, 335

humano, 32-33, 54, 57, 61, 82-83, 275, 310, 319, 345
 metafísico, 55, 56, 69
conciencia intencional, 59, 61, 64, 67, 254
consideraciones epistemológicas y fe, 49-76
contemplación, 3, 69, 132-133, 175-176, 242-243, 275
conversión, religiosa, 129, 137-138, 273
corteza auditiva, 159
corteza cingulada
 anterior, 152, 176, 183, 230
 posterior, 184, 299, 321
Cozolino, Louis, 231-234, 247, 323
creencia católica, 65
creencias 2, 5, 24-26, 41, 80, 87, 116-118, 156, 182, 198-200, 254, 267, 290, 321
 cristianas, 41, 186, 292, 293
 espirituales, 85
creyentes, 27, 42, 69, 79, 147, 185, 204, 214, 280, 311, 321
crítica filosófica, 262
cruz, 143, 157, 187-189
Cuerpo de Cristo, 150, 290
cuerpo humano, 64, 294
cuerpo y alma, 59, 64, 65, 291, 295, 329, 356
cultura, 27, 80, 163, 167, 187, 192, 202, 212, 226, 302, 345

D

Damasio, Antonio, 107,108, 218, 251
de Montfort, San Luis, 241
Dei filius, 113, 289
Dei verbum, 174, 293, 306
depresión, 23, 26, 86, 87, 91-94, 126, 128, 176, 196, 201, 229, 300

desarrollo
  duración de la vida, 149,175-178, 205
Descartes, René, 20, 30-32, 51
destino, 2, 65, 82,114, 295, 298, 334
devoción, 6, 186-189, 242
diálogo
  constructivo, 80
  neurociencia-teología, 49, 337
  transversal, 353
dinámica interpersonal, 278
Dionisio Areopagita, 241, 257
Dios
  miedo a, 36
  vivir en Dios, 70,116
  amor a Dios, 63, 154, 225, 255, 268
Divinae consortium naturae, 143
divino, 26, 29, 47, 70, 108, 132, 138, 139, 141,146, 150, 213, 223, 237-238, 272, 275, 287, 317, 320
  acción divina, 213, 297
  plan divino, 109, 342
Doctrina cristiana, 9-10, 202, 267
doctrina, 9, 83, 113, 139, 144, 202, 208-209, 240, 267, 322, 338
Dodds, Michael, 29, 39, 50, 64-65, 79, 96, 263
dopamina, 94,108,164, 219-220, 236, 247, 258

E

electroencefalografía, 95
emergencia, 35, 144
empatía, 12, 41, 112, 113, 149, 151-153, 165, 180, 183, 231-234, 247, 252, 258, 262, 301, 322-324
envejecimiento, 174
epilepsia, 198, 339
epistemología, 14,16, 23, 32, 39, 49, 53-64, 71, 82, 85-86, 121, 211, 253, 259-260, 274-277, 312, 338-339, 349, 351
escáneres cerebrales, 52, 84, 93, 96, 199, 200, 217, 230, 256, 342
espiritualidad cristiana, 217-250
espiritualidades católicas, 15, 241, 246-248
estructuras cerebrales, 37, 231, 232, 262, 340
ética cristiana, 31
Evangelii gaudium, 262
Evermode, San, 98
existencial, 32, 81, 140, 141, 204, 318
exorcismo, 189-190
experiencias de iluminación, 266

F

fe
  católica, 16, 28, 72, 82, 98, 122, 148, 174, 187, 203, 316, 356
  cristiana, 8, 111, 127, 290-292, 316
  religiosa, 42, 73, 123, 164
  y ciencia, 328
  y razón, 3, 33, 80
fenomenología, 31, 33, 54, 261, 265
Ferguson, Miguel, 36, 199, 228
Fides et ratio, 3, 33, 69, 80, 327
filosofía cristiana, 7, 28
  moral, 108, 112
  natural, 56-57, 70
  política, 112
filósofos
  presocráticos, 99
  y ciencias, 351
física, 3, 19, 78, 89,138, 258, 312, 335
florecimiento, humano, 205, 206, 210, 329
Fowler, James, 147, 205, 212-213

Franciscanos, 189, 241, 242
Francisco de Asís, San, 242-243
Francisco, Papa, 8, 11-12, 98, 193, 324, 326, 334, 357
Freud, Sigmund, 58,196, 203, 208, 341
funciones cerebrales, 141, 195, 196, 217, 336

G

Gabriel de Nuestra Señora de los Dolores, 244
ganglios basales, 164, 167-168, 197, 236, 241
Gaudete et exsultate, 314
Gaudium et spes, 28, 202, 313, 327, 328
Gemma Galgani, Santa, 244
Gilson, Etienne, 32, 296
Gonzaga, San Luis, 243
gracia, 14-16,23,70-73,110,111,132,139,143,145-146,154,175-178,187,238-240,271,277-280,292-293,309-332
Gregorio de Rímini, San, 241
Groome, Thomas, 238
Guzmán, Santo Domingo, 242

H

Haidt, Jonathan, 106
Harding, San Esteban, 242
Hardon, Juan, 1, 114
hermenéutica, 80, 82, 341, 354
Hildegarda de Bingen, Santa, 241
hilemórfica,14, 52, 65, 67, 140, 220, 258, 265, 313
 metafísica aristotélico-tomista, 52-54, 57-59, 79, 86, 263
himnos, 124, 157, 159-160, 186

hipocampo, 34, 36-38, 68, 118, 151, 181, 185, 219, 230-231, 247, 260, 297, 323
hipotálamo, 34-37, 149, 164, 174, 219, 231, 241, 247, 323
Hugo de San Víctor, 174
Humanae generis, 289
humanismo, 280, 334

I

identidad, 9, 31, 40, 59, 81, 97, 164, 207, 247, 252, 260, 266, 297, 302-304, 322, 329, 354
Iglesia Católica, 1-2, 8, 19, 25, 104, 129, 132, 173, 174, 202, 289, 314, 324
imágenes por tensor de difusión (ITD), 93, 299
individuos autónomos, 52, 251
inefabilidad, 257, 342
ínsula anterior, 151
ínsula, 111, 112, 149, 151,167, 180-183, 196-199, 234-236, 241, 273, 299-300
inteligencia, 54, 58, 61, 63, 98, 115, 140, 166, 207, 277
interocepción, 151
Islam, 91,124, 293, 355

J

James, William, 195, 223, 227, 228, 257, 267, 341
Jesucristo, 2, 137, 186, 198, 243, 244
Jesuitas, 1, 57, 167, 224, 289, 309
Jogues, San Isaac, 243
Johnson, Joel, 14
Juan Bosco, San, 244
Juan de la Cruz, 241, 243, 273, 275-276, 326

Juan Pablo II, San Papa, 165
Judaísmo, 124, 287-288, 293, 355
juicio moral, 322
Jung, Carl, 203, 251

K

Kant, Emmanuel, 30, 32
Koenig, Harold, 24, 125, 126
Kolbe, San Maximiliano, 241, 243
Kuhl, Julius, 251

L

lateralidad, 180
Lehmann, Kevin, 181, 224, 385-386
lenguaje, 3, 20, 38-39, 41, 50, 141-144, 148-149, 151-153, 160-161, 163, 168, 170-171, 181-182, 198, 252, 257, 298, 345
lesión cerebral traumática (LCT), 135
Libet, Benjamin, 102-103, 108, 115, 119, 216, 386
libre albedrío, 7, 15, 26, 31, 41, 85, 101-120, 205, 213, 262, 298
liturgia, 14, 20, 82, 98, 135, 137, 141, 144-145, 147-149, 152-153, 157, 168-169, 173-174, 239-242
lóbulo occipital, 39, 44
lóbulo parietal, 39, 112, 157, 183-184, 199, 202, 230, 233, 235, 247, 252, 263, 266, 299, 314, 326, 331, 344
lóbulos frontales, 35, 38, 102, 106, 155-156, 196-197, 260, 344
lóbulos temporales, 39, 198, 236
Lonergan, Bernard, 14, 32-33, 46, 49, 57-63, 66-67, 74, 82-85, 137-138, 168, 224-225, 249, 253-255, 259, 279-282, 284-285, 294, 310-311, 316, 330, 361, 366, 368-369, 376, 378, 381, 386, 388, 390, 397, 408
Lumen gentium, 8, 271, 314, 392

M

MacIntyre, Alasdair, 113, 116, 368-369
mandamientos, 16, 118, 204
Marcel, Gabriel, 3, 387
María, madre de Jesús, 132, 188, 191-192, 240, 243
Maritain, Jacques, 49, 53, 276, 319, 362, 387, 392, 403
martirio, 9, 278, 324
matemáticas, 38, 53, 55, 65, 92, 99, 179, 307, 313, 348
Mazzarello, Santa María, 244
McGilchrist, Iain, 180-183, 194, 388
meditación, 15, 23-24, 35, 91, 93-95, 124, 129-130, 132, 163, 165, 173, 175-181, 187, 193, 197, 199
 contemplativa, 178
 individual, 187
meditación y oración, 273
 verbal/mantra, 181
mejor paradojas, 235, 247
memoria
 autobiográfica, 149, 185
 episódica, 165
 explícita, 151
 a largo plazo, 230, 236
mente
 consciente, 45, 61, 85
 y alma, 11, 28, 189, 222, 367
Merton, Thomas, 242, 315, 388
Messer, Neil, 335, 361, 388, 390
metacognición, 177

método científico, 20, 59, 74, 77, 79-80, 82-83, 86, 98, 223, 263, 290, 345, 348, 351
milagros, 132, 134, 191, 271, 288
misterio
de Cristo, 2, 28, 193, 314
de la oración, 176
eterno, 326
misticismo cristiano, 251-286
misticismo, 14-15, 32, 69, 251-253, 255-258, 268-269, 271-272, 280, 282, 315, 317, 341-342, 345
místico, 15, 22, 55, 69, 73, 138, 141, 147-148, 218, 226, 228, 240, 252-260, 262-278, 282-284, 314-315, 326, 331, 335, 339
Mitchell, Sandra, 351-352, 359, 389
modelo científico, 351
dialógico, 336-337
modelos de neuroteología, 335
neuropsicológicos, 251-252
Moltmann, Jürgen, 297
moralidad, 7, 23, 27, 39, 41, 73, 108, 116-118, 205, 213, 298-300, 354
Mormonismo, 355
muerte cerebral, 15, 302, 303
música, 104, 130, 159-160, 163, 165, 168, 171, 181

N

naturaleza humana, 7, 19, 28, 31, 139, 162, 208, 223, 314, 316, 318, 319, 357
Nédoncelle, Maurice, 31-41
Neri, San Felipe, 243
Neumann, San Juan, 245

neurobiología interpersonal, 15, 150, 211, 231, 234, 240, 246, 321-324, 330
neurociencia
afectiva, 167
cognitiva, 22-23, 34, 43, 91-92, 178, 355
contemplativa, 173, 175, 177-178
social, 89
neuronas espejo, 153, 170, 180, 211, 216, 233-234, 241, 247, 249, 301-302, 323
neuroteología
católica, 1-18
interdisciplinar, 291, 329, 337, 356
y libre albedrío, 117
metafísica, 49
neurotransmisores, 26, 73, 94-95, 106, 111, 116, 197, 219-220, 236, 247-248, 258, 290
Newberg, Andrew, 5, 12-13, 21, 23-24, 40-42, 46, 48, 52, 80, 108, 117, 129, 131, 157, 163, 165, 179-180, 182, 184, 191, 212, 224, 227, 229, 235-236, 246-247, 252-254, 256, 258, 260-262, 264, 266, 275, 288, 290, 318, 338-344, 346, 359, 363, 369, 371, 385, 390-392, 401, 406-407
Newman, San Juan Henry, cardenal, 9, 27, 33
Norberto, San, 245
Nuevo Testamento, 69, 109 173, 175, 271, 304, 306, 315
numinoso, 254, 269

O

operadores cognitivos, 341, 344
optimismo, 130-131, 205, 209, 238, 244, 354

oración, 11,15,16, 24, 35, 42, 69,
    122, 128-130, 132-134, 137, 143,
    146, 153, 163, 173-174, 176-177,
    179-180, 187, 189, 191, 193, 197,
    199, 205, 217, 236-237, 239-240,
    242-243, 245, 247-248, 252, 257,
    260, 272-275, 261, 284-285,
    339-340, 356
  apofática, 256-257, 342
  catafática, 256-257
  centrada, 252, 341
  contemplativa, 132, 165, 175-176
  de intercesión, 122, 132, 191, 340
  de orden sobrenatural, 70, 72, 154,
    314
  individual, 187,223-224, 341
  litúrgica, 146, 241
  meditativa, 272, 275
Orientalium ecclesiarum, 8, 410
Otto, Rodolfo, 7, 191, 195, 399

P

Pablo de Tarso, San, 159, 166, 178,
    192, 226, 238, 271-272, 288, 293,
    298, 315
Papcsyznski, San Estanislao, 245
paradigmas, 14, 77-78, 80, 88
parasimpático, 35-36, 129, 134,
    344
Pargament, Kenneth, 225, 322,
    361, 373, 375, 379, 393, 405,
    408
pasiones, 20, 50, 74, 112
Payne, Steven, 269, 285, 293, 307,
    311, 393
paz, 128, 144, 146, 149, 152, 160,
    184, 214, 242, 277, 280, 334,
    342
pecado original, 7, 108-111, 119,
    290

penitencia, 142, 145-146, 150, 152,
    154, 170, 243
percepciones sensoriales, 264,
    266, 314
percibir a Dios, 275
perdón, 113, 152, 187, 238, 321
peregrinaciones, 15, 141, 192, 194
Persinger, Michael, 236, 295, 336
personalismo, 31, 206
perspectiva de la neuroteología,
    64, 345
perspectiva neurocientífica, 22,
    102, 106, 298
perspectiva neuroteológica, 5, 15-
    16, 26, 68, 88, 95, 114, 121, 137,
    193, 195, 200-201, 217, 356
perspectivas religiosas, 5
Pike, Nelson,138, 394
Pinsent, Andrew, 278, 284, 319-21,
    394, 397
Pío de Pietrelcina, San, 243
pluralismo integrador, 351
Polanyi, Michael, 102, 394
prácticas
  ascéticas,162
  católicas, 173-194
  de meditación, 93. 95, 124, 175-
    177
  espirituales, 52, 72, 96, 167, 183-
    184, 194, 215, 217, 235, 261,
    264, 268, 300
  litúrgicas, 166-168, 174
prácticas devocionales, 16, 194
precúneus, 111, 185-186, 299, 321
Presbyterorum ordinis, 154, 410
presión arterial, 129, 134, 165, 176,
    235
principios teológicos, 14, 202, 247,
    328, 354
problema
  de enlace neuronal (PEN), 304

mente-cuerpo, 288
problemas psicológicos, 174, 196-197
profetas, 9, 209, 288, 297
protestantes, 2, 271
psicología clínica, 48, 207, 209-210
psicología filosófica, 112, 208, 210
  positiva, 203-205
psiconeuroinmunología, 155
psicoterapia, 208, 211, 216, 300, 323

R

racionalidad, 51, 57, 148, 236, 296, 317, 352, 354
  transversal, 325, 352-353, 364
Rahner, Karl, 32, 81, 101, 139-141, 168-169, 224, 226, 249, 253, 268, 276, 278-279, 284, 309-311, 314-319, 330-332, 366, 368, 373,378. 383, 385-387, 389, 395-397, 400, 407, 411
  misticismo, 317
  espiritualidad, 226
  teología, 329-330
razón
  humana, 27, 114
  natural, 27, 207, 289
razonamiento moral, 17, 106, 287, 298, 306, 322
realidad de la experiencia mística, 283
realismo, 14, 32, 49, 54-55, 76, 208
reconciliación, 15, 145-146, 150-151, 168-169, 321
red de modo predeterminado (RMP), 184, 299
redención, 206, 240, 247, 292
redes
  de memoria, 156,231
  neuronales, 15, 106, 111, 119, 164, 166, 179, 181, 194, 197, 202-203, 220, 229, 234, 237, 271, 344
reduccionismo, 20, 52, 336, 348, 356
Reforma, 51, 178, 204, 216
refutabilidad científica, 83
relacionalidad, 13, 210, 216, 225, 234, 249, 276, 322, 329
relaciones humanas, 130, 178
relaciones
  causales, 134
  marido-mujer, 321
  sociales, 180
relativismo, 27, 31, 207
religión y salud, 121-122, 125, 12, 129, 133-134
religiones
  antiguas, 258
  folklóricas, 355
religiosidad, 15, 122-126, 133, 179, 199, 227-228, 350, 411
  intrínseca/extrínseca, 325
representaciones
  abstractas, 167
  cognitivas, 167
  complejas, 142
resonancia magnética (RM), 92-93, 196
respuesta del cuerpo a la experiencia religiosa, 121-136
resultados de salud, 13,15,125
resurrección
  de Cristo, 188, 193
  final, 43, 56, 65, 76
revelación
  bíblica, 240-295, 312, 334
  explícita, 140
  extraordinaria, 292
  implícita, 140

ordinaria, 292
trascendental, 140, 168-169
Rita de Casia, Santa, 241
ritmos circadianos, 174
ritmos, 165, 174, 184, 194
ritos
  litúrgicos, 144
  sacramentales, 159
  sagrados, 234
rituales, 162-169, 171, 183, 189, 191-192, 224-225, 252-253, 258, 290, 292, 356
  católicos, 137-172
  religiosos, 122, 163-165, 167, 171
Rodríguez, San Alfonso, 243
Runehov, Anne, 336-337, 342, 398
Ruysbroeck, 241

S

sacralidad, 269
sacramentales, 15-16, 141, 159, 173, 187, 189, 191-194, 237
sacramentos
  católicos, 141-142, 168
  de curación, 145
  de iniciación, 143, 148, 168
Sacrosanctum concilium, 17, 173, 388, 392, 410
salud
  física, 24, 121-130, 133, 155, 174, 180, 230
  psicológica, 168, 331, 324-325
salvación, 7, 81, 138, 142, 146, 235, 292, 327, 359
Sanguineti, Juan José, 13, 345, 349-350, 356, 359, 398, 411
sentido del yo, 39, 66, 175, 188, 202, 222, 235, 247, 249, 252, 281, 297, 301, 313, 346

Ser Unitario Absoluto (SAU), 339, 342-345
ser, 49-52, 58, 64-66, 224-225, 237, 255-256, 287, 310
seres sobrenaturales, 291
serotonina, 94-95, 108, 201, 229, 236, 247, 258
Seton, Santa Isabel Ana, 344
símbolos
  abstractos, 163-164
  antropomórficos, 157
  emocionales, 137, 163, 173
  religiosos, 39, 142-143, 157, 164, 169
  sagrados, 163, 168
  visuales, 158-159
sintonización, 232, 319
sistema
  de creencias, 2, 27, 157, 175, 177
  límbico, 36-39, 47, 106, 112, 130, 150-151, 176, 184, 187, 196-197, 219, 231, 234, 236, 241, 247, 252, 258, 262, 322, 339
sistema nervioso, 25, 35-37, 43, 57, 89, 117, 129-130, 134, 149, 162, 180, 184, 219, 235, 288, 291, 347, 349
  nervioso autónomo (SNA), 25, 35-36, 117, 129, 149, 162, 184, 219, 235
  nervioso simpático (SNS), 35-36, 134
Smith, James, 166
Spezio, Michael, 7, 300, 402
Stein, Edith, Santa, 31, 241, 243, 402
Sullivan, Jacqueline Anne, 204, 351-352, 403, 405
Suma Teológica, 42, 49

T

Taylor, Charles, 31, 204, 280, 384
teología
   católica, 5, 16, 29, 69, 71-73, 80-81, 202, 210, 239, 287, 311, 321, 326, 329, 333, 356
   cristiana, 287-308
   espiritual, 175, 240
   mística, 69, 257, 280, 315
   moral, 27, 298
teoría de la ciencia cognitiva, 121, 202
teorías psicológicas, 203, 206, 208, 215, 252
terapia cognitivo-conductual (TCC), 47-48, 205, 210
Teresa de Ávila, Santa, 138, 205, 266, 268, 272, 283-284, 315, 326
Teresa de Calcuta, Santa, 241, 328
Teresa de Lisieux, Santa, 241, 243, 268
textos sagrados, 10, 79, 157, 195, 281
Thompson, Evan, 68
Tillich, Paul, 63, 218, 297
Tomás de Aquino, 20-21, 26, 28-32, 42-43, 49-50, 57-59, 79, 96, 111, 113-114, 144, 178, 212, 242, 275, 278, 295-296, 320-321, 341, 410
tomismo, 20, 28, 31-32, 53, 74, 81
tomografía
   computarizada por emisión monofotónica (SPECT), 94
   por emisión de positrones (TEP), 93
tradiciones
   apostólicas, 241
   culturales, 8, 263, 291, 292
   de fe, 270
   devocionales, 82
   litúrgicas, 2
   religiosas, 12, 80, 88, 121, 123, 129, 200, 206, 235, 261, 264, 268, 342-343
Transformación en Cristo, 135
transformación
   espiritual, 166, 168, 171, 178-179, 193-194, 256-257, 269, 283, 402
   mística, 275, 284
transportador vesicular de monoaminas (VMAT), 290
trascendencia, 46, 125, 209, 215, 223, 227-228, 235, 248-249, 252-253, 282, 294, 309, 311-312, 314-315, 318, 323, 330, 345
trastorno de estrés postraumático (TEPT), 201, 229-231
trastornos
   de cerebro dividido, 44, 45
   emocionales, 210
Trinidad, 70, 315, 316, 320
tronco encefálico, 34, 36, 149, 161, 196, 198, 228, 251, 303

U

unción de los enfermos, 128, 145, 152
Underhill, Evelyn, 255, 268, 404
unión mística, 133, 253, 272-273, 275-276, 331

V

van Huyssteen, J. Wentzel, 352-354, 365, 390, 402, 405
Varela, Francisco, 68
Vega, Margarita, 13
verdad

absoluta, 354
basada en la fe, 72, 130, 206, 291
científica, 333
moral, 27
Veritatis splendor, 27, 33, 301, 381
Vicente de Paúl, San, 244
víctimas de trauma, 230
vida
   espiritual, 73, 130, 135, 174, 238-240, 285, 313, 317
   mística, 72, 75, 148, 257, 315, 326
virtudes
   humanas, 116, 316
   morales, 17, 116, 119, 178
   teologales, 70-73, 116, 178, 209, 275, 277, 316, 320
visión beatífica, 70-71

Vitz, Paul, 48, 203-205, 207-209, 211, 216, 405
von Balthasar, Hans Urs, 139, 168, 412
von Hildebrand, Dietrich, 25, 31, 135, 405-406, 412

Y

yo
   autobiográfico, 251
   espiritual, 130
   moral, 299, 305
   religioso, 25

Z

Zagzebski, Linda, 51, 301, 407

www.ingramcontent.com/pod-product-compliance
Lightning Source LLC
Chambersburg PA
CBHW071226290426
44108CB00013B/1305